KOREa Special Education Teacher

박문각 임용

동영상강의 www.pmg.co.kr

김남진
KORSET 특수교육학 기출분석 2

• 영역별 마인드맵 수록 • 2009~2024년 기출문제 수록

특수교사임용시험 대비

김남진 편저

박문각

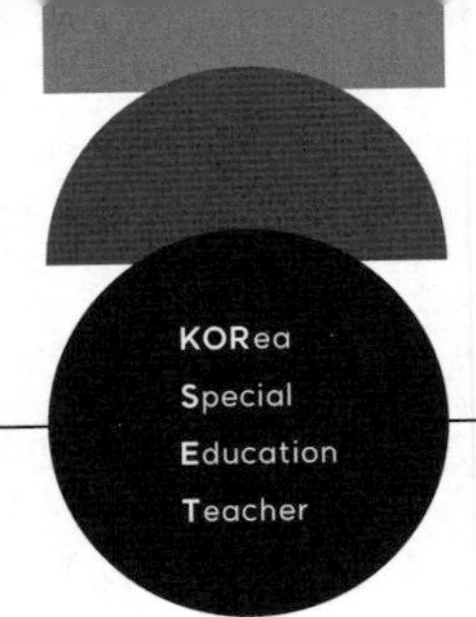

이 책의 **머리말**

기출문제를 풀고, 분석하고, 이를 토대로 시험을 준비하는 일련의 과정은 시험을 준비하는 수험생들에게는 가장 기본이면서 필수적인 과정에 해당한다. 그만큼 기출문제 풀이 및 분석의 중요성은 아무리 강조해도 지나침이 없는 것이다. 이에 기출문제 분석집을 개정하는 입장에서는 심적으로 상당한 부담이 될 수밖에 없다. 편저자의 문제 풀이 접근 방식 및 제시하는 모범답안이 수험생들에게 절대적인 영향을 미친다는 것을 너무나 잘 알기에 더욱 그러하다. 그간 본인이 보고, 듣고, 생각했던 모든 것을 원형 그대로 교재에 활자로 담아내고자 욕심을 부려 본 적도 있으나 현실적으로 많은 제약이 있을 수밖에 없음을 체득한 만큼 이번 개정판은 다음과 같은 변화에 초점을 두었다.

첫째, 기출문제를 14개 영역별로 구분한 후, 문제를 연도별(2009~2024년)로 제시하였다. 지난 기출분석집의 경우도 영역별로 제시하였으나, 문제를 전체적으로 인용하는 과정에서 관련없는 영역의 문제가 섞여 제시되기도 하는 아주 소소한 문제가 있었다. 그러나 이번 개정판은 하나의 문제를 구성하더라도 서로 다른 영역인 경우는 문제의 흐름을 깨지 않는 선에서 별개로 분리, 제시함으로써 내용 정리 및 기출 동향 파악을 보다 수월하게 할 수 있도록 하였다.

둘째, 내용을 보다 정확하고 명료하게 전달하는 데 초점을 두었다. 이는 기출문제 분석집이 갖추어야 할 기본에 해당하는 것으로, 정답 혹은 모범답안의 내용을 더 깔끔하게 정리하여 제시함과 동시에 정답 또는 모범답안의 근거를 수험생들이 자주 접하는 각론서를 중심으로 명확히 제시하였다.

셋째, 문제 및 해설과 관련하여 반드시 확인해야 할 내용을 보다 간결하게 정리하여 'Check Point'로 제시하였다. 이를 통해 반복학습을 유도함으로써 학습에서의 효율성 증진을 추구하였다.

넷째, 필요한 경우 '지문 돋보기'를 통하여 제시된 지문의 내용을 보다 구체적으로 분석하였다. 이는 문제와 제시된 내용에 대한 분석이 동시에 가능하게 하였다.

수험서를 써 내려가다 보면 뭔가 이전과는 다른 형식에 남들과는 다른 내용으로 채워 넣어야 할 것만 같은 욕심이 마음 한편에 지속적으로 남아 있던 것이 사실이다. 그러나 교재가 목적으로 삼고 있는 바를 고려하여 현재의 범위와 깊이 내에서 마무리 지었다. 끝으로 이 책이 특수교사 임용시험을 준비하고 있는 수험생들이 한 걸음 더 나아갈 수 있도록, 그래서 모두가 바라는 자랑스러운 대한민국 특수교사의 꿈을 이루는 데 조금이나마 도움이 되었으면 하는 바람이다.

Put on your KORSET, Be a KORSET

2024년 3월

김남진

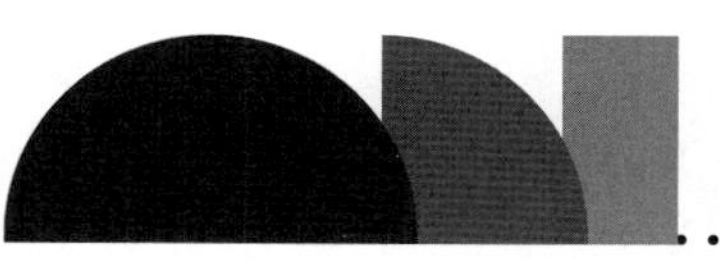

KORea Special Education Teacher

이 책의 차례

KORea Special Education Teacher

김남진

KORSET 특수교육학 기출분석 2

PART 06

정서·행동 장애아교육

Mind Map

Chapter 1 정서 · 행동장애의 이해

1 정서 · 행동장애의 개념
- 장애인 등에 대한 특수교육법
- 정서 · 행동장애 정의의 다양성

2 정서 · 행동장애의 분류
- 의학적 분류
- 교육적 분류
  - 내재화 장애(요인)
  - 외현화 장애(요인)
- 장애의 공존

3 정서 · 행동장애 학생의 특성
- 인지적 특성
- 학업적 특성
- 언어적 특성
- 사회적 특성
- 행동적 특성

Chapter 2 정서 · 행동장애의 원인과 진단 · 평가

1 정서 · 행동장애의 원인
- 생물학적 요인
- 환경적 요인
  - 가족 구조
  - 애착
    - 안정 애착
    - 불안정 애착
      - 회피 애착
      - 저항 애착
      - 혼란 애착
  - 아동 관리
  - 아동 학대
- 학교 요인
- 문화적 요인

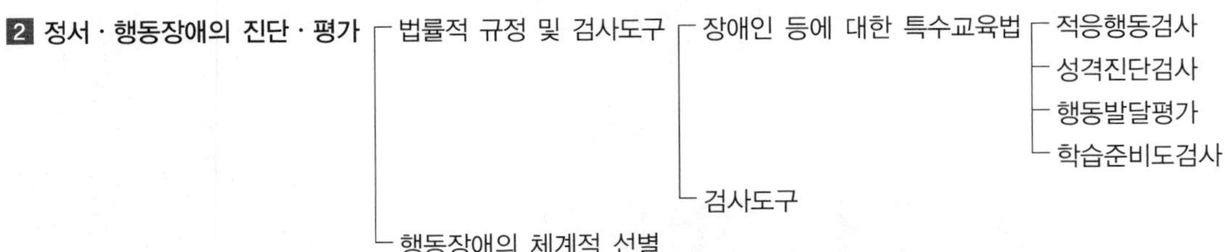

Chapter 3 정서 · 행동장애의 이론적 관점

1 신체생리적 모델
- 기본 관점
- 원인
  - 유전적 요인
  - 뇌와 신경생리학적 요인
  - 기질적 요인
    - 순한 기질
    - 까다로운 기질
    - 느린 기질(더딘 기질)
- 진단 · 평가
- 신체생리적 모델의 중재

2 정신역동적 모델
- 기본 관점
- 원인
  - 정신분석학적 견해
  - 인본주의 견해: Maslow의 욕구위계 이론
- 진단 · 평가
- 정신역동적 모델의 중재

3 행동주의 모델
- 기본 관점
- 원인
- 진단 · 평가
- 행동주의 모델의 중재
  - 사회적 기술 훈련
  - 행동 증가 기법 및 행동 감소 기법

4 인지주의 모델
- 기본 관점
- 원인
  - 인지결함
  - 인지왜곡
  - 사회인지이론
    - 관찰학습과 부적응행동
    - 대리효과와 부적응행동
    - 기능부전적 자기효능감
- 진단 · 평가
- 인지주의 모델의 중재
  - 인지결함에 대한 중재
    - 인지 전략
    - 자기교수
      - 자기교수 훈련 절차
      - 자기진술문
    - 사회적 문제해결 전략
  - 인지왜곡에 대한 중재
    - 귀인 재훈련: 귀인의 특성, 귀인의 종류
    - 합리적 정서행동치료
      - ABC 체계
      - ABCDE 모델
    - 분노대처 프로그램
  - 모델링을 이용한 중재

5 생태학적 모델
- 기본 관점: 미시체계, 중간체계, 외체계, 거시체계, 시간체계
- 원인
- 진단 · 평가
- 생태학적 모델의 중재
  - Re-ED 프로젝트
  - 아동청소년 서비스 체계 프로그램(CASSP)
  - 랩어라운드 서비스

Chapter 4 정서 · 행동장애의 하위 유형

1 품행장애

- 품행장애의 개념
- DSM-5의 품행장애 진단기준
  - 사람과 동물에 대한 공격성
  - 재산/기물 파괴
  - 사기 또는 절도
  - 심각한 규칙위반
- 품행장애의 원인
- 품행장애의 중재
  - 부모 훈련
  - 기능적 가족 중재
  - 학교 중심 프로그램: 1차 예방, 2차 예방, 3차 예방
  - 지역사회 기반 프로그램
  - 다중체계 중재
  - 인지행동 중재: 문제해결 훈련, 분노조절 훈련, 자기관리 훈련, 자기교수, 대안반응 훈련, 귀인 재훈련, 합리적 정서행동치료
  - 사회적 기술 훈련

2 적대적 반항장애

- 적대적 반항장애의 개념
- DSM-5의 적대적 반항장애 진단기준
  - 분노/과민한 기분
  - 논쟁적/반항적 행동
  - 보복적 특성
- 적대적 반항장애의 원인
- 적대적 반항장애의 중재

3 주의력결핍 과잉행동장애

- 주의력결핍 과잉행동장애의 개념
- DSM-5의 주의력결핍 과잉행동장애 진단기준
  - 부주의
  - 과잉행동 및 충동성
- 주의력결핍 과잉행동장애의 원인
- 주의력결핍 과잉행동장애의 중재
  - 약물치료
  - 행동 중재
  - 인지행동 중재

4 틱장애

- 틱장애의 개념
- DSM-5의 틱장애 진단기준
  - 뚜렛장애
  - 만성(지속성) 운동 또는 음성 틱장애
  - 일과성 틱장애
- 틱장애의 중재
  - 정신치료
  - 환경조작과 이차적 문제관리
  - 습관 반전
  - 상황 역실행
  - 약물치료
- 틱이 나타났을 때 지켜야 할 주의사항

5 우울장애
- 우울장애의 개념
- 우울장애의 하위 유형
  - 파괴적 기분조절장애
  - 주요 우울장애
  - 지속적 우울장애
- 우울장애의 중재

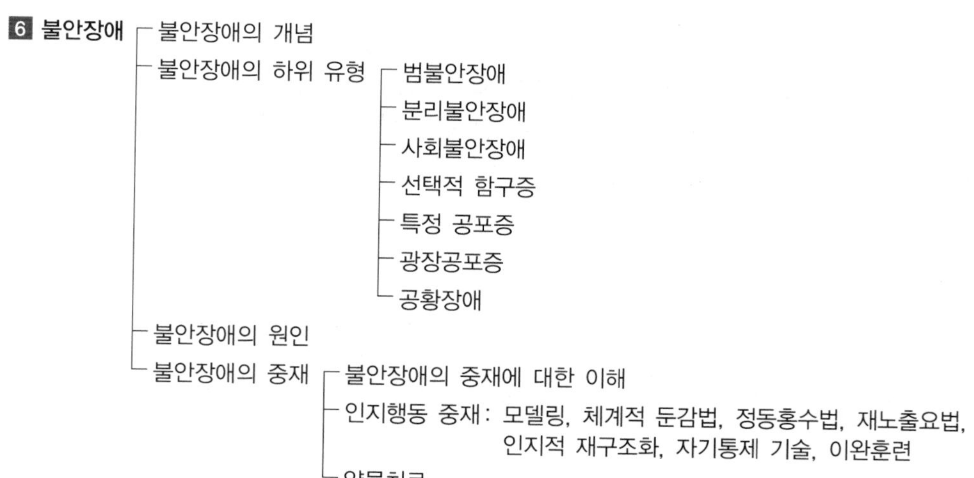

6 불안장애
- 불안장애의 개념
- 불안장애의 하위 유형
  - 범불안장애
  - 분리불안장애
  - 사회불안장애
  - 선택적 함구증
  - 특정 공포증
  - 광장공포증
  - 공황장애
- 불안장애의 원인
- 불안장애의 중재
  - 불안장애의 중재에 대한 이해
  - 인지행동 중재: 모델링, 체계적 둔감법, 정동홍수법, 재노출요법, 인지적 재구조화, 자기통제 기술, 이완훈련
  - 약물치료

7 외상 및 스트레스 관련 장애
- 외상후 스트레스장애(PTSD)
- 반응성 애착장애

8 강박 및 관련 장애
- 강박장애
- 신체추형장애

9 양극성장애
- 양극성장애의 개념
- 양극성장애의 하위 유형
  - 제Ⅰ형 양극성장애
  - 제Ⅱ형 양극성장애
  - 순환성장애
- 양극성장애 진단 시 유의점
- 양극성장애의 중재

10 기초신체기능 관련 장애
- 급식 및 섭식장애
  - 유형
  - 중재
- 배변장애
- 수면장애

기출문제 다잡기

정답 및 해설 p.4

01

2009 초등1-29

〈보기〉는 황 교사가 정신지체 학생 현우에게 두 자리 수 덧셈을 지도하기 위해 적용한 전략이다. 황 교사가 적용한 교수법의 실행 절차를 바르게 나열한 것은?

〈 보기 〉

ㄱ. 현우가 과제의 각 단계를 속으로 생각하며 수행하도록 하였다.
ㄴ. 현우가 과제의 각 단계를 큰 소리로 말하며 수행하도록 하였다.
ㄷ. 현우가 과제의 각 단계를 혼잣말로 중얼거리며 수행하도록 하였다.
ㄹ. 황 교사가 과제의 각 단계를 큰 소리로 말하며 수행하는 시범을 보였다.
ㅁ. 황 교사가 과제의 각 단계를 수행하면서 현우에게는 각 단계를 큰 소리로 말하도록 하였다.

① ㄱ → ㄴ → ㅁ → ㄷ → ㄹ
② ㄷ → ㄱ → ㄹ → ㅁ → ㄴ
③ ㄷ → ㄹ → ㅁ → ㄴ → ㄱ
④ ㄹ → ㄴ → ㅁ → ㄱ → ㄷ
⑤ ㄹ → ㅁ → ㄴ → ㄷ → ㄱ

02

2009 중등1-6

「장애인 등에 대한 특수교육법 시행령」에 명시된 정서 · 행동장애를 지닌 특수교육대상자 선정기준에 해당하는 것을 〈보기〉에서 고른 것은?

〈 보기 〉

장기간에 걸쳐 다음 각 목의 어느 하나에 해당하여, 특별한 교육적 조치가 필요한 사람
ㄱ. 또래나 교사와의 대인관계에 어려움이 있어 학습에 어려움을 겪는 사람
ㄴ. 지적 · 감각적 · 건강상의 이유로 설명할 수 없는 학습상의 어려움을 지닌 사람
ㄷ. 인지능력에 비하여 언어 수용 및 표현능력이 낮아 학습에 어려움이 있는 사람
ㄹ. 사회적 상호작용과 의사소통에 결함이 있어 학교생활 적응에 어려움이 있는 사람
ㅁ. 일반적인 상황에서 부적절한 행동이나 감정을 나타내어 학습에 어려움이 있는 사람
ㅂ. 학교나 개인 문제에 관련된 신체적인 통증이나 공포를 나타내어 학습에 어려움이 있는 사람

① ㄱ, ㄴ, ㅁ, ㅂ　　② ㄱ, ㄷ, ㄹ, ㅂ
③ ㄱ, ㄹ, ㅁ, ㅂ　　④ ㄴ, ㄷ, ㄹ, ㅁ
⑤ ㄷ, ㄹ, ㅁ, ㅂ

03

2009 중등1-18

A중학생이 보이는 행동 특징에 가장 적합한 장애는?

2008년 1월부터 현재까지 A는 의도적으로 부모나 교사가 화낼 일을 자주해 왔다. 부모나 교사가 주의를 줄 때마다 그들과 말다툼을 하거나 성질을 부리면서 화를 낸다. 또한 자신이 실수를 하거나 나쁜 행동을 하고도 다른 친구 때문이라고 그 친구들을 비난하는 일이 잦다.

① 틱장애(tic disorder)
② 품행장애(conduct disorder)
③ 투렛장애(tourette disorder)
④ 반항성장애(oppositional defiant disorder)
⑤ 주의력결핍 과잉행동장애(attention deficit hyperactivity disorder)

04

2009 중등2A-2

김 교사는 중학교 2학년 통합학급을 맡고 있다. 김 교사의 학급에는 공격행동으로 따돌림을 당하고 있는 정서·행동장애 학생인 영수가 있다. 김 교사와 특수교사인 최 교사의 대화 내용에 입각하여 다음 물음에 답하시오.

김 교사: 영수는 친구들의 말이나 행동에 쉽게 기분이 상하여 화를 내고 욕을 하거나 친구를 때리곤 해요. 저는 그때마다 영수와 함께 상황을 이야기하고, 자신의 생각을 글로 쓰도록 합니다. 그러면 영수는 대체로 잘못을 인정하지만, 시간이 지나면 같은 행동을 반복합니다. 학급의 아이들이 점점 영수를 피하고 있어서 안타까워요.

최 교사: 제 생각에 영수의 공격적인 행동은 환경적인 탓인 것 같습니다. 영수 부모님은 이혼을 하였고, 어머니 대신 할머니가 주로 집안 살림을 하신대요. 그리고 아버지가 가끔 술에 취한 상태로 영수를 꾸짖으며 때리는 모양이에요. 방과 후에는 주로 오락실에서 게임을 하거나 놀이터에서 놀다가 집으로 들어간답니다.

김 교사: 영수가 아버지의 폭력적인 행동을 모방했을 수도 있겠네요. 무엇보다도 화가 났을 때, 영수가 자신의 감정을 조절하면서 적절하게 표현할 수 있는 방법을 배워야 할 것 같습니다.

최 교사: 부분적으로 동의합니다만, 아무리 개인에게 문제가 없더라도 주위 환경이 나쁘면 부정적인 영향을 받을 수밖에 없습니다. 특수학급에서는 공격적인 행동을 거의 하지 않고 친구들과도 잘 지내는 편이거든요. 통합학급의 상황을 잘 관찰할 필요가 있지 않을까요?

김 교사: 하지만 영수가 친구들의 행동을 이유 없이 부정적으로 해석하는 것이 더 큰 문제라고 생각합니다. 우선 화가 나면, 그 즉시 자신에게 '욕하지 말자.'라고 말하도록 하고, 상황을 객관적으로 보는 훈련을 시켜야겠어요. 그 과정에서 서서히 자신의 생각이 잘못되었다는 사실을 깨닫게 될 것입니다.

김 교사는 영수의 문제를 인지론적으로 접근하고 있다. 이러한 사실을 뒷받침하는 근거를 위 대화 내용에서 찾아 설명하고, 김 교사의 인지론적 접근을 보완하는 방법 중 하나인 생태학적 접근을 미시체계(microsystem)와 중간체계(mesosystem) 측면에서 논하시오.

05 2010 유아1-4

다음은 특수학급 강 교사가 학습장애 아동 영규와 나눈 대화이다. 영규의 말에 나타난 귀인과 그 특성이 바르게 연결된 것은?

강 교사: 지난 시간에 했던 단어카드 놀이 재미있었니?
영　규: (머뭇거린다.)
강 교사: 단어카드에서 나온 단어를 기억할 수 있니? 한 번 말해보렴.
영　규: 기억이 잘 안나요. ㉠ <u>저는 잘할 수 있는 게 전혀 없어요.</u>
강 교사: 그렇게 생각하니? 너도 얼마든지 잘할 수 있어.
영　규: 하지만, ㉡ <u>선생님은 질문을 할 때마다 제가 모르는 것만 물어보세요.</u>
강 교사: 영규는 선생님이 좀 쉬운 것을 물어봤으면 좋겠다고 생각하는구나.
영　규: 예. 그리고 ㉢ <u>저는 단어카드 놀이가 어려워서 하기 싫어요.</u>
강 교사: 단어카드 놀이가 어렵니?
영　규: 예. 그래도 ㉣ <u>공부를 잘하는 은혜에게 도움을 받으면 할 수 있을 것 같기도 해요.</u>
강 교사: 은혜의 도움을 받는 것도 좋지만, 네가 스스로 열심히 해야 한다고 생각하지 않니?
영　규: (머리를 긁적이며) 그럴 것 같아요. ㉤ <u>그럼 앞으로는 열심히 해 볼게요.</u>

구분	영규의 말	귀인	특성		
			안정성	원인의 소재	통제성
①	㉠	노력	불안정	내적	통제 불가능
②	㉡	행운	불안정	외적	통제 가능
③	㉢	과제	안정	외적	통제 불가능
④	㉣	타인	안정	외적	통제 가능
⑤	㉤	능력	불안정	내적	통제 불가능

06 2010 유아2A-1

강 교사는 민수와 함께 (가)와 같은 퍼즐 맞추기 활동을 하면서 (나)와 같은 민수의 문제점을 발견하였다. 강 교사는 민수의 문제점을 고려하여 (다)와 같은 자기 교수 프로그램을 적용하여 지도하였다.

(가) 퍼즐 맞추기 활동

- 목표: 6조각 동물그림 퍼즐을 맞출 수 있다.
- 활동: 동물그림 퍼즐 맞추기
- 준비물: 동물이 그려진 여러 종류의 동일한 조각 형태의 퍼즐 세트(1세트 6조각)
- 유의사항: 아동이 각자 선호에 따라 동물그림 퍼즐 3세트를 선택하여 활동하게 함.

(나) 강 교사가 발견한 민수의 문제점

- 자신의 퍼즐을 맞추는 과정이 올바른지, 퍼즐을 잘 맞추었는지 확인하지 않는다.
- 한 종류의 동물그림 퍼즐은 맞출 수 있으나, 다른 동물그림 퍼즐을 맞추지 못한다.
- 동물 형태를 보고 퍼즐을 맞추도록 배웠으나, 퍼즐 조각의 연결부분(⊔⊓)만을 맞추려고 하여 퍼즐을 완성하지 못한다.

(다) 자기 교수 프로그램 지도 원리와 지도 활동

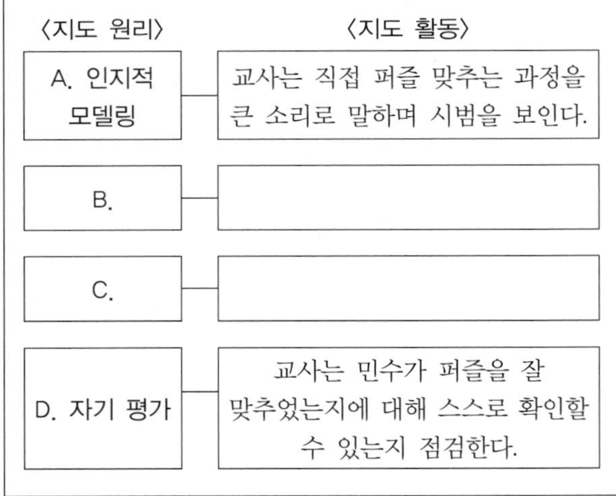

(나)에 제시된 민수의 문제점에서 1) 민수의 인지적 전략 특성 3가지를 유추해내고, 2) 강 교사가 민수의 인지적 전략 특성 문제를 해결하기 위하여 (다)와 같이 자기 교수 프로그램을 적용한 이유 3가지를 논하시오. 그리고 3) 강 교사가 적용한 자기 교수 프로그램의 B와 C에 들어갈 지도 원리와 구체적인 지도 활동 1가지를 각각 제시하시오. (500자)

07

2010 초등1-9

다음은 정신장애 진단 통계편람(DSM-IV-TR)에 따라 주의력결핍과잉행동장애 하위 유형 중 하나로 진단된 나래의 행동 관찰 기록이다. 이에 비추어 나래에게 나타나는 장애 유형의 특성과 이를 개선하기 위한 교수 전략을 가장 적절하게 짝지은 것은?

〈행동 관찰〉

- 이름: 이나래
- 관찰자: 교사 박민수
- 관찰 기간: 2009년 3월 9일 ~ 10월 15일
- 관찰 내용
  - 수업시간에 이유 없이 자리를 뜬다.
  - 다른 사람의 활동을 방해하고 간섭한다.
  - 여가활동에 조용히 참여하거나 놀지 못한다.
  - 선생님의 질문이 끝나기 전에 성급하게 대답한다.
  - 점심시간에 식당에서 자기 차례를 기다리지 못한다.
  - 책상에 앉아 있을 때 손이나 발을 가만히 있지 못하고 계속 움직인다.
- 관찰자 의견: 학교생활에서 위와 같은 행동이 자주 나타난다.

	특성	교수 전략
①	능력 결여	– 인지적 능력을 증진시키기 위하여 행동계약 전략을 사용한다.
②	동기 결여	– 주어진 과제에 집중하는 시간을 증가시키기 위하여 모델링 전략을 사용한다.
③	억제력 결여	– 행동의 지침이 될 규칙을 마음속으로 생각해보도록 자기대화 전략을 사용한다.
④	작업기억 결여	– 단기기억을 증진시키기 위하여 자기교수 전략을 사용한다.
⑤	자기조절력 결여	– 자기가 행동을 통제하도록 주기적 전략을 사용한다.

08

2010 중등1-19

정서 · 행동장애 학생의 문제행동에 대한 특수교사의 관점에 따른 지도 내용을 바르게 설명한 것을 〈보기〉에서 모두 고른 것은?

〈보기〉

ㄱ. 문제행동의 원인을 정신내적 과정상의 기능장애에 의한 것으로 보고, 자기점검 및 행동형성 절차를 적용하여 학생의 행동 변화를 이끌어 낸다.
ㄴ. 문제행동의 원인을 잘못된 학습에 의한 것으로 보고, 문제행동과 관련된 환경적 변인을 파악하고, 이를 조작하여 학생들의 행동 변화를 이끌어 낸다.
ㄷ. 문제행동은 개인의 기질 등에 기인하나 이러한 문제가 환경적 요인으로 발현될 수 있다고 보고, 문제행동을 직접 중재하기보다는 의사 등 관련 전문가에게 의뢰한다.
ㄹ. 문제행동이 사고, 감정, 행동 간 상호작용에 의해 발생하는 것으로 보고, 학생이 자신의 욕구와 갈등을 표현할 수 있도록 환경을 지원하여 건강한 성격 발달이 이루어지도록 한다.

① ㄱ, ㄷ
② ㄴ, ㄷ
③ ㄴ, ㄹ
④ ㄱ, ㄴ, ㄹ
⑤ ㄱ, ㄷ, ㄹ

09 2010 중등1-21

다음 사례와 같이 우울증이 있는 정서 · 행동장애 학생에 대한 지도방법으로 가장 거리가 먼 것은?

> • **대상** : 중학교 2학년 특수교육대상자
> • **관찰 및 상담 내용** : 일반교사에 의하면, 학생은 평소 우유부단함을 보이고 꾸중을 듣거나 일이 자기 뜻대로 되지 않으면 잘 울며, 자주 죽고 싶다고 말하기도 한다. 친구들과 함께 있을 때에도 대부분 혼자서 무관심하게 시간을 보내고, 수업 시간에 과제를 완수하지 못하거나 종종 실패하기도 한다. 1학기에 실시한 중간고사와 기말고사에서 성적이 부진했다. 부모에 의하면, 밤에 쉽게 잠들지 못하고 만성적 피로감을 호소한다고 한다. 학생의 성격검사 결과, 자신에 대해 지나친 죄책감을 지니고 있는 것으로 나타났으며, 현재 의사의 처방에 따라 약물 치료를 받고 있다.

① 이완훈련으로 충동 조절을 할 수 있도록 지도한다.
② 멘토를 지정해 사회적 관계를 확대하고 교우관계의 범위를 넓혀가도록 지도한다.
③ 부정적인 자동적 사고에 대한 신념을 논박하고 왜곡된 사고를 재구조화할 수 있도록 지도한다.
④ 일반교사, 상담교사, 부모 등과 팀을 이루어 다양한 인지적 접근방법으로 학생의 문제를 지도한다.
⑤ 정동홍수법을 사용하여 주어진 과제를 완수하게 하고 단기간에 학업 성취도를 높일 수 있도록 지도한다.

10 2011 유아1-9

다음의 영기와 인수는 공통된 장애가 있다. 정신장애 진단 및 통계 편람 제4판(DSM-IV-TR)에 제시된 이 장애의 진단준거에 해당하는 것은?

> • 영기는 어느 날 집 앞에서 심한 교통사고를 당한 후, 지금까지 자동차를 보면 몹시 초조해하고 집 앞 도로를 혼자 다니지 못한다. 또한 혼자서 장난감 자동차 충돌을 재연하며 논다.
> • 인수는 엄마와 함께 지하철을 타고 가다 화재로 심한 화상을 입은 후, 밤에 잠을 이루지 못하고 자주 악몽을 꾼다. 또한 텔레비전에서 불이 나오는 장면만 보면 심하게 울면서 안절부절못하며 엄마에게 안긴다.

① 손 씻기와 같은 반복적인 행동이 적어도 하루에 한 시간 이상 나타난다.
② 여러 사건이나 활동에 대한 과도한 불안이나 걱정이 적어도 6개월 이상, 최소한 한 번에 며칠 이상 일어난다.
③ 말을 해야 하는 특정한 사회적 상황에서 말을 할 수 있음에도 불구하고 1개월 이상 지속적으로 말을 하지 않는다.
④ 외상과 관련된 사건의 재경험, 그 사건과 관련된 자극의 회피, 일반적인 반응의 마비, 각성 상태의 증가가 1개월 이상 지속적으로 나타난다.
⑤ 애착이 형성된 사람으로부터 분리되는 것에 대해 부적절하고 과다하게 반응하며, 이러한 반응은 4주 이상 지속되고 18세 이전에 나타난다.

11 2011 유아2A-2

다음의 (가)는 두 아동이 나타내는 정서 및 행동상의 특성이며, (나)와 (다)는 각 아동이 보이는 인지 행동적 특성과 이에 대해 교사가 적용한 인지적 중재의 사례이다.

(가) 아동 특성

건희	• 다음의 5가지 특성이 연속 2주 동안 지속되었다. 특별한 병이 없는데도 배가 아프거나 머리가 아프다고 한다. 재미있게 놀던 활동도 재미없어 하며 친구들과 노는 활동이 크게 줄어들었다. 식욕이 줄고 체중이 감소한다. 잠을 잘 자지 못한다. 슬픈 기분이나 초조감을 나타낸다.
성호	• 다음의 3가지 특성이 최근 1년 동안 지속되었다. 친구들에게 자주 몸싸움을 건다. 원하는 물건을 얻기 위해 부모님에게 거짓말을 한다. 동물을 잔인하게 괴롭힌다. • 위의 특성 중 친구들에게 자주 몸싸움을 거는 행동은 지난 6개월 동안 심하게 지속되었다.

(나) 건희의 인지 행동적 특성과 중재
- 인지 행동적 특성: 일상적인 생활 사건에 대해 늘 극단적이고 부정적으로 생각한다.
- 중재:

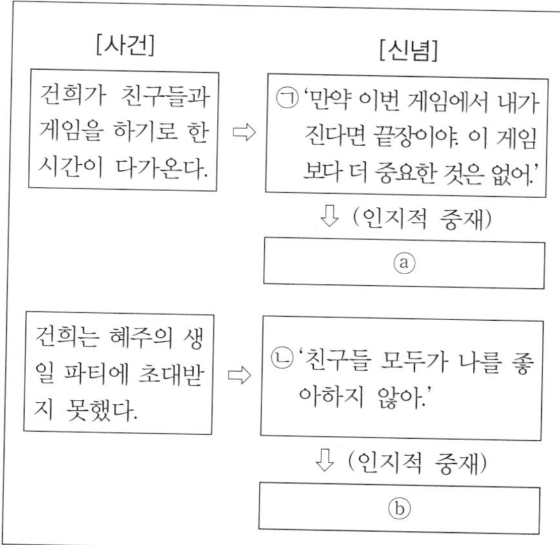

(다) 성호의 인지 행동적 특성과 중재
- 인지 행동적 특성: 누군가가 자신의 기분을 상하게 하는 말을 하면 상대방을 주먹으로 때리는 행동을 먼저 한다.
- 중재:

[단계]	[중재 활동]
문제 확인 및 정의	내가 고쳐야 할 문제는 '친구가 나에게 기분 나쁘게 말을 할 때 친구를 주먹으로 때린다.'는 것이다.
⇩	
대안 모색	친구가 기분 나쁘게 말을 할 때 가능한 다른 대안들을 생각해 본다. – 대안 1. 그 친구에게 "네가 그렇게 말하니까 기분이 나쁘잖아."라고 말한다. – 대안 2. 선생님께 "친구가 기분 나쁜 말을 했다."고 고자질을 한다.
⇩	
ⓒ	
⇩	
ⓓ	
⇩	
실행 및 평가	자신이 선택한 해결방법을 시도하고, 그 결과를 평가한다.

건희와 성호가 보이는 (가)의 특성에 해당하는 장애 진단명을 「정신장애의 진단 및 통계 편람 제4판(DSM-IV)」의 진단기준에 근거하여 각각 제시하시오. 그리고 (나)에서 건희가 가진 ㉠, ㉡의 비합리적 신념이 바뀌어 도달해야 될 합리적 신념 ⓐ, ⓑ를 각각 제안하고, (다)에서 성호에게 적용한 대인간 문제 해결(interpersonal problem solving) 중재 사례 중 ⓒ, ⓓ에 들어갈 단계명과 중재 활동을 각각 제시하시오. 또한 교사가 (나)와 (다)의 사례에서 적용한 중재 방법을 각 아동의 인지 행동적 특성에 근거하여 비교하시오. (500자)

12

2011 중등1-20

학생 A(중1, 13세)는 2년 전부터 다음과 같은 행동문제가 심화되었다. 학생 A의 행동에 대한 설명으로 옳은 것만을 〈보기〉에서 모두 고른 것은?

- 친구의 농담이나 장난을 적대적으로 해석하여 친구와 자주 다툰다.
- 행위의 결과에 대한 고려 없이 자주 타인의 물건을 훔치고 거짓말을 한다.
- 부모와 교사에게 매우 반항적이며, 최근 1년 동안 가출이 잦고 학교에 무단결석하는 일이 빈번해졌다.
- 부모의 금지에도 불구하고 자주 밤늦게까지 거리를 돌아다니며, 주차된 자동차의 유리를 부수고 다닌다.
- 자신의 학업성적이 반에서 최하위권에 머무는 것을 공부 잘하는 급우 탓으로 돌리며 신체적 싸움을 건다.

〈보기〉

ㄱ. 학생 A의 행동은 DSM-Ⅳ-TR의 진단준거에 따르면 적대적 반항장애이다.
ㄴ. 학생 A의 대인관계 기술은 다양한 행동중재 기법을 종합적으로 적용하는 사회적 기술 훈련(SST)을 통하여 향상될 수 있다.
ㄷ. 학생 A가 보이는 행동의 원인으로 신경생리적 요인, 뇌 기능 관련 요인, 기질과 같은 생물학적 요인을 배제할 수 없다.
ㄹ. 학생 A가 보이는 공격행동의 외적 변인을 통제하고자 한다면, 인지처리과정의 문제를 다루는 인지행동적 중재가 적합하다.

① ㄱ, ㄴ　② ㄴ, ㄷ
③ ㄷ, ㄹ　④ ㄱ, ㄴ, ㄹ
⑤ ㄱ, ㄷ, ㄹ

13

2012 유아1-7

다음은 일반학급의 김 교사가 자신의 학급에 통합되어 있는 민지에 대해서 특수학급 교사에게 한 이야기이다. 김 교사의 이야기를 근거로 할 때, 민지가 보이는 DSM-Ⅳ 분류상의 장애 유형(㉠)과 귀인 유형(㉡~㉣)을 바르게 제시한 것은?

㉠ <u>민지는 평소 학급 활동에 매우 소극적이고 수업에 잘 집중하지 못합니다. 사소한 일에도 부적절한 죄책감을 가지고 있으며, 또래들과 잘 어울리지 못하는 아이입니다. 민지 어머니도 민지가 지난 달 초부터는 매사 흥미를 잃고 피곤하다고 하면서 별로 먹지도 않고 과민해져서 걱정이 많으시더군요.</u>
제가 보기에는 충분히 해낼 수 있는 과제에 대해서도 자신을 스스로 낮게 평가하고 과제를 회피하는 것 같습니다. 어제는 수업 중에 친구들과 게임을 하였는데, ㉡ <u>자기가 게임에서 진 것은 자신의 무능함 때문이라고 말하더군요.</u> 또한 ㉢ <u>자기는 언제나 시험을 잘 치지 못하고,</u> ㉣ <u>학급의 모든 활동에서 다른 친구들에게 뒤지고 잘하지 못한다고 하더군요.</u>

	장애 유형	귀인 유형		
	㉠	㉡	㉢	㉣
①	우울장애	내적	안정적	전체적
②	우울장애	외적	불안정적	전체적
③	범불안장애	내적	안정적	특정적
④	범불안장애	외적	불안정적	특정적
⑤	강박장애	내적	불안정적	전체적

14

2012 중등1-21

품행장애에 대한 설명으로 적절한 것만을 〈보기〉에서 있는 대로 고른 것은?

〈보기〉

ㄱ. 적대적 반항장애의 전조가 되는 외현화 장애이다.
ㄴ. 만 18세 이전은 아동기 품행장애로 구분되며, 성인의 경우에는 반사회적 성격장애의 기준에 부합하여야 한다.
ㄷ. 교사의 차별 대우, 폭력, 무관심으로 인한 적개심, 낮은 학업 성취, 일탈 또래와의 상호작용 경험 등이 품행장애의 발현에 영향을 미칠 수 있다.
ㄹ. 사람과 사물에 대한 공격성, 재산 파괴, 사기 또는 절도 등의 행동들이 품행장애의 진단준거에 포함되나, 방화와 심각한 규칙위반 행동은 제외된다.
ㅁ. 부모의 부정적 양육 태도, 가정 내 학대 등이 품행장애의 원인이 될 수 있으므로, 가족 내의 긍정적 요인을 증가시키는 것이 품행장애 예방의 한 가지 방법이다.

① ㄱ, ㄴ
② ㄷ, ㅁ
③ ㄱ, ㄷ, ㄹ
④ ㄴ, ㄹ, ㅁ
⑤ ㄱ, ㄷ, ㄹ, ㅁ

15

2012 중등1-23

(가)~(마)의 정서 · 행동장애학생들의 사례에 나타난 이론적 모델과 중재방법으로 옳은 것은?

(가) 학생 A는 학교에서 과잉행동과 충동성을 보였다. 이에 교사는 부모에게 병원에서 진단을 받도록 권유하였다. 학생 A는 병원에서 약물을 처방받아 복용하고 있다. 약물처방 후의 학생 행동에 대하여 교사는 주의를 기울였다.
(나) 학생 B는 인근 작업장에서 일하고부터 감정 기복이 심하고, 친구들에게 자주 분노를 표출하였다. 이에 교사는 작업장, 가정, 학교의 환경을 조사하고, 일어날 수 있는 사건에 대한 체크리스트를 만들었다.
(다) 학생 C는 무단결석을 빈번히 하고, 친구들과 자주 싸운다. 이에 교사는 학생에게 자신이 처한 상황에서의 문제를 파악해 기록하게 한 후, 그 문제를 해결할 수 있는 여러 방법과 결과에 대해 생각해보도록 하였다. 그리고 자신이 선택하여 실행한 방법과 결과를 기록하도록 지도하였다.
(라) 학생 D는 여러 사람 앞에서 소리 내어 책을 읽는 것을 두려워하여, 그런 상황을 자주 회피한다. 이에 교사는 두려움 유발 자극을 낮은 단계부터 높은 단계로 서서히 직면하도록 하는 이완훈련을 통해 두려움을 극복할 수 있도록 지도하였다.
(마) 학생 E는 경쟁적 학습과 스트레스 등으로 인해 스스로 좌절하고 친구들과 어울리지 못한다. 이에 교사는 타인 위로하기, 감정 공유하기 등과 같은 집단 프로그램을 통해 소외당하거나 우울해 하는 학생 E가 자존감을 회복할 수 있도록 지도하였다.

① (가)는 신체생리학적 모델을 근거로 교사가 학교에서 약물요법을 실행한 것이다.
② (나)는 생태학적 모델을 근거로 교사가 분노통제훈련을 실행한 것이다.
③ (다)는 심리역동적 모델을 근거로 합리적 정서치료의 절차를 적용한 것이다.
④ (라)는 행동주의 모델을 근거로 체계적 둔감화 절차를 적용한 것이다.
⑤ (마)는 인지 모델을 근거로 자기교수 절차를 적용한 것이다.

16

2012 중등1-24

다음은 「정신장애진단통계편람」을 근거로 하여 제시한 정서 · 행동장애 유형의 주요 특성 중 일부이다. (가)~(다)에 해당하는 장애 유형이 바르게 짝지어진 것은?

(가) 여러 사건이나 활동에 대한 지나친 불안 또는 걱정(염려스런 예견)이 적어도 6개월 동안, 최소한 한 번에 며칠 이상 발생한다. 걱정을 조절하는 것이 어렵다는 것을 스스로 인식한다. 안절부절못함, 쉽게 피로해짐, 집중 곤란, 쉽게 화를 냄, 과민 기분, 근육 긴장, 수면 문제 등과 같은 부수적 증상을 3개 이상 동반한다.

(나) 비합리적인 생각을 반복하거나 특정 의식 또는 행동을 반복한다. 이러한 소모적이고 심각한 사고 또는 행동이 과도하거나 불합리하다는 것을 스스로 인식한다. 흔히 오염에 대한 생각, 반복적 의심 등과 더불어 반복적인 손 씻기, 정돈하기 등의 행동을 한다.

(다) 적어도 2년 동안 하루의 대부분이 우울하고, 우울하지 않은 날보다 우울한 날이 더 많다. 아동과 청소년은 최소한 1년 이상 과민한 상태를 보이기도 한다. 식욕 부진 또는 과식, 불면 또는 수면 과다, 기력 저하 또는 피로감, 자존감 저하, 절망감 등과 같은 부수적 증상을 2개 이상 동반한다.

	(가)	(나)	(다)
①	외상후스트레스 장애	기분부전장애	양극성장애
②	외상후스트레스 장애	강박장애	주요우울장애
③	범불안장애	강박장애	기분부전장애
④	공황장애	분리불안장애	기분부전장애
⑤	범불안장애	공황장애	주요우울장애

17

2013 초등B-3

다음의 (가)는 통합학급에 입급된 정서 · 행동장애 학생 은수의 특성이다. 물음에 답하시오.

(가) 은수의 특성

- 무단결석을 자주 한다.
- 친구로부터 따돌림을 당한다.
- 교사의 요구를 자주 무시한다.
- 친구들의 학용품이나 학급 물품을 부순다.
- 수업시간에 5분 이상 자기 자리에 앉아 있지 못한다.

1) (가)에서 DSM-IV-TR에 따른 품행장애의 주된 진단기준에 해당하는 특성 2가지를 찾아 쓰시오.

18

2013 중등1-30

정신장애진단통계편람(DSM-Ⅳ-TR)에 근거하여 주의력결핍과잉행동장애(ADHD)에 관련된 내용을 기술한 것 중 옳은 것은?

① 손상을 초래하는 과잉행동 및 충동 또는 부주의 증상들이 만 3세 이전에 나타난다.
② 부주의에는 흔히 질문이 채 끝나기도 전에 성급하게 대답하는 증상이 포함된다.
③ 충동성에는 흔히 다른 사람이 직접적으로 말을 할 때 경청하지 않는 것처럼 보이는 증상이 포함된다.
④ 과잉행동에는 흔히 손발을 가만히 두지 못하거나 의자에 앉아서도 몸을 움직이는 증상이 포함된다.
⑤ 주의력결핍과잉행동장애 복합형은 부주의와 충동성에 관한 증상들 중 5가지가 2개월 동안 부적응적이고 발달수준에 적합하지 않은 정도로 지속되는 경우이다.

19

2013 중등1-32

반사회적 행동을 하는 학생들에 대한 학교 차원의 긍정적 행동지원에 관한 설명 중 옳은 것은?

① 교사는 집단 따돌림이 발생한 것을 알았더라도, 즉각적으로 개입하지 않는다.
② 반사회적 문제행동에 대한 3차적 예방 조치로 학교는 발생한 반사회적 행동을 조기에 판별·중재하거나 개선하는 노력을 해야 한다.
③ 문제행동의 공격성 수준을 낮출 수 있도록 학교 분위기를 긍정적으로 조성하기 위하여 교직원에게 학생들의 모든 행동을 수용하도록 교육한다.
④ 행동 문제가 발생되지 않도록 하는 1차적 예방 조치로서, 반사회적 행동의 개선 가능성이 높은 학생들을 대상으로 집중적인 행동 지도를 시행한다.
⑤ 학교가 미리 설정한 행동 규칙을 위반한 경우에는 지속적으로 일관성 있게 제재를 가하되, 적대적이고 신체적인 제재나 가해는 하지 않는 것이 효과적이다.

20

2013 중등1-33

정서 · 행동장애의 진단 · 분류체계와 관련된 설명 중 옳은 것만을 〈보기〉에서 있는 대로 고른 것은?

〈보기〉

ㄱ. 행동적 · 차원적 분류체계는 문제행동의 유형을 두 가지 차원으로 범주화하는데, 그중 하나는 외현화 문제행동의 범주로 과잉통제행동이라고도 하며, 반항, 불복종, 불안 등이 포함된다.

ㄴ. 행동적 · 차원적 분류체계의 내재화 문제행동 범주에는 사회적 위축, 우울 등과 같이 개인의 정서 및 행동적 어려움을 야기하는 문제가 포함된다.

ㄷ. 정서 · 행동장애가 학습장애 등과 같이 다른 장애와 함께 나타나거나, 정서 · 행동장애의 하위 유형인 품행장애와 우울장애 등이 함께 나타나는 경우, 이를 장애의 공존(comorbidity) 또는 동시발생이라고 한다.

ㄹ. 정신장애진단통계편람(DSM-IV-TR)과 같은 의학적 분류체계는 정서 · 행동장애의 각 하위 유형을 식별하는 데 초점을 두는 분류체계로 특수교육대상 학생들에 대한 표찰(labeling) 문제를 줄일 수 있다.

① ㄱ, ㄴ
② ㄴ, ㄷ
③ ㄱ, ㄴ, ㄷ
④ ㄱ, ㄷ, ㄹ
⑤ ㄴ, ㄷ, ㄹ

21

2013추시 중등A-6

다음은 정서·행동 문제가 있는 영수와 은지의 행동 특성을 기술한 것이다. 물음에 답하시오.

영수의 행동 특성	영수는 잠시도 가만히 있지 못하며 발을 꼼지락거린다. 때로는 멍하니 딴 생각을 하다가 교사가 주의를 주면 바른 자세를 취한다. 그리고 친구를 때리고 괴롭히는 행동이 잦아 ㉠ 자기교수 훈련을 실시했더니, 때리는 행동이 조금 줄어들었다. 그러나 친구들의 놀이를 방해하는 행동은 여전히 심하다. 특히, 과제를 수행할 때 실수를 자주 범한다. 소아정신과 의사는 영수의 이런 특성이 ㉡ 기질과 관련이 있을 수 있다고 했다.
은지의 행동 특성	은지는 2년 전 자신을 키워 준 할머니가 돌아가신 후부터 수업 시간마다 눈을 깜빡이거나 코를 찡그리고 쉬는 시간에는 코를 킁킁거려서 친구들로부터 "조용히 해."라는 소리를 많이 듣는다. 한동안 ㉢ 자신의 물건에 집착하는 행동을 보여서 심리극을 실시한 결과 집착 행동이 많이 줄어들었다. 그러나 학습에 대한 흥미는 점점 떨어지고 있다. 소아정신과 의사는 은지의 행동이 내과적 질환에 의한 것은 아니라고 했다.

1) 다음은 ㉠의 단계별 교수·학습 활동이다. ①과 ②에 들어갈 알맞은 활동을 쓰시오.

단계	교수 · 학습 활동
1단계 : 인지적 모델링	교사 : ① __________ 학생 : 이를 관찰한다.
2단계 : 외현적 외부 지도	학생 : 교사의 지시에 따라 ①에서 교사가 보여준 것을 그대로 한다. 교사 : 학생이 과제를 수행하는 동안 큰 소리로 자기교수의 내용을 말한다.
3단계 : 외현적 자기교수	학생 : 큰 소리로 자기교수의 내용을 말하면서 교사가 보여준 것을 그대로 한다. 교사 : 이를 관찰하고 피드백을 제공한다.
4단계 : 자기교수 용암	학생 : ② __________ 교사 : 이를 관찰하고 피드백을 제공한다.
5단계 : 내재적 자기교수	학생 : 자기교수의 내용을 속으로 말하며 그대로 행동한다.

• ① :

• ② :

2) 토마스(A. Thomas)와 체스(S. Chess)가 분류한 ㉡의 3가지 유형을 쓰시오.

• 유형 :

3) 정서·행동장애 학생에게 적용 가능한 개념적 지도 모델 중 ㉢에 해당하는 모델을 쓰시오.

• 모델 :

4) DSM-IV-TR(2000)의 장애 진단 기준에 의하면 은지의 행동 특성은 어떤 장애에 해당하는지 쓰시오.

• 장애 :

22

2013추시 중등B-6

(가)는 A 중학교 2학년에 재학 중인 학습장애 학생들의 대화 중 일부이다. 물음에 답하시오.

(가) 학생들의 대화

> 민지 : 수영아! 나 시험 엉망이었어. ㉠ 나는 공부에 재능이 없나 봐.
> 수영 : 나도 시험 잘 못 봤어. ㉡ 시험 공부를 열심히 안 했기 때문에 그런 것 같아.
> 진주 : 이번 시험은 너무 어렵지 않았니? ㉢ 선생님이 문제를 너무 어렵게 냈기 때문에 시험을 잘 못 본 것 같아. 다음에는 쉬운 문제가 나왔으면 좋겠어.
>
> … (중략) …
>
> 민지 : 진주야, 중학교에 올라오니 공부하는 것이 더 힘든 것 같아. 초등학교 때보다 과목도 많고, 암기해야 할 것도 많아서 무척 힘들어.
> 진주 : 나는 순서대로 암기해야 하는 것을 기억하기 어렵더라. 나중에 박 선생님을 찾아가서 어떻게 공부해야 하는지 여쭤봐야겠어.

1) 민지, 수영, 진주는 시험 결과를 각각 ㉠, ㉡, ㉢과 같이 귀인하였다. Weiner의 귀인이론에 근거하여 ①~③에 알맞은 말을 쓰시오.

학생	귀인	통제 소재	안정성
민지	①	학습자 내부	안정(바꿀 수 없음)
수영	노력	학습자 내부	②
진주	과제 난이도	③	안정(바꿀 수 없음)

- ① :
- ② :
- ③ :

23

2014 유아B-2

통합유치원에 다니는 은수는 5세로 정서 및 행동상의 문제를 보이고 있다. (가)는 은수의 행동 특성이고, (나)는 활동계획안의 일부이다. 물음에 답하시오.

(가) 은수의 행동 특성

- 작은 실수에도 안절부절못하면서 울어버림.
- 놀이 활동 시 주의를 기울이지 않고 규칙을 잘 따르지 않음.

(나) 활동계획안

활동명	친구야, 함께 공놀이 하자		
활동 목표	• 공놀이에 적극적으로 참여한다. • 공을 다양한 방법으로 전달한다. • 서로 협동하며 함께 하는 즐거움을 느낀다.	누리 과정 관련 요소	• 신체운동 · 건강: ㉠ • 사회관계: 다른 사람과 더불어 생활하기－친구와 사이좋게 지내기
활동 자료	고무공		
활동 방법	• 공을 탐색하고 공을 전달하는 다양한 방법에 대해 이야기를 나눈다. －4~5명이 같은 방향을 바라보고 한 줄로 서서 머리 위로 공을 전달한다. －공을 전달받은 마지막 사람은 줄의 제일 앞으로 뛰어가 다시 머리 위로 공을 전달한다. －처음 섰던 줄 순서가 될 때까지 계속한다. … (중략) …		
활동 관찰 내용	• ㉡ <u>은수가 차례를 기다리지 못하고 친구를 밀어버림.</u> • 은수는 머리 위로 공을 전달하다 갑자기 ㉢ <u>공을 떨어뜨리자 "나는 바보야"라고 울며 공놀이를 하지 않겠다고 함.</u>		

3) 다음은 (나)의 ㉢에 나타난 은수의 행동을 엘리스(A. Ellis)의 합리적 정서행동치료 이론에 근거하여 ABC를 작성한 것이다. ①과 ②에 해당하는 내용을 각각 쓰시오.

A (활성화 사건)	B (①)	C (결과)
공을 떨어뜨렸다.	나는 바보다.	울면서 공놀이에 참여하지 않는다.
	괜찮아, 누구나 실수로 공을 떨어뜨릴 수 있어.	②

①:

②:

24

2014 초등B-1

(가)는 정서 · 행동장애 학생 영희의 특성이고, (나)는 통합학급 김 교사가 사회과 '사회 변화와 우리 생활' 단원을 지도하기 위해 작성한 교수 · 학습 과정안이다. 물음에 답하시오.

(가) 영희의 특성

- 외국인 어머니에게 태어난 다문화 가정의 자녀임.
- 친구들이 자신을 자꾸 쳐다보는 상황에 대해 '자신이 너무 이상하게 생겼기 때문'이라고 생각하여 친구들 눈에 띄지 않게 항상 혼자 다님.
- 영희의 행동을 이해하지 못하는 친구들로부터 놀림과 따돌림을 당함.

(나) 교수 · 학습 과정안

단원명	사회 변화와 우리 생활
제재	사회의 다양성과 소수자의 권리
학습 목표	서로의 차이를 이해하고 존중하는 태도를 기르고 실천한다.
단계	교수 · 학습 활동
(생략)	• 따돌림 동영상 자료를 보고 상황에 대한 심각성 인식, 관심과 공감 갖기 • 친구 간의 갈등 경험에 대해 이야기 나누기
㉠	• 소집단별로 따돌림의 원인을 다양한 측면에서 토론하기 • 토론 내용을 기초로 '서로의 차이를 이해하지 못하기 때문에 따돌림 문제가 나타난다.'라는 (㉡)하기
정보 수집	• 따돌림의 대처 방안에 대한 다양한 자료 조사하기 • 수집된 자료를 토대로 따돌림의 이유와 대처 방안 찾기
대안 제시	• 다양한 측면에서 따돌림에 대한 대처 방안 생각해 보기 • 작성한 평가 기준에 따라 각 대처 방안을 평가한 후 최선책 선택하기
검증	• 최선책을 실천하기 위한 계획 세우기 • 단기적 방안과 장기적 방안을 정리 · 보고하기

1) 김 교사는 영희에게 엘리스(A. Ellis)의 합리적 정서 행동 치료(REBT)전략을 사용하여 지도 방안을 수립하였다. 다음의 ①에 들어갈 내용을 쓰고, ②~④에 들어갈 내용을 각각 쓰시오.

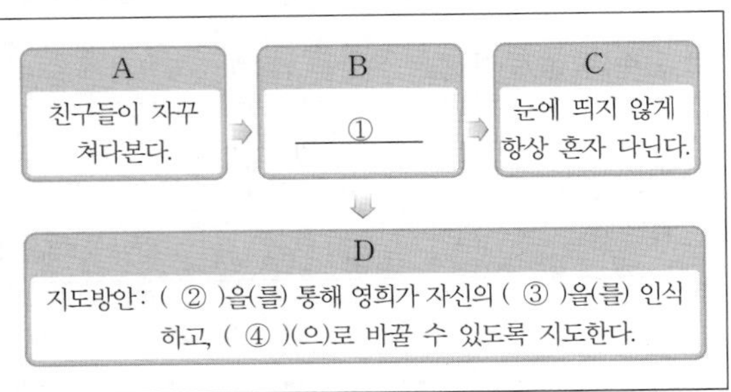

①:

②:

③:

④:

25

2015 유아A-3

다음은 통합학급 김 교사와 특수학급 박 교사 간의 대화이다. 물음에 답하시오.

김 교사: 선생님, 지난주에 백색증을 가진 저시력 유아 진수가 입학했는데 여러 가지 어려움이 있네요.
박 교사: 대개 저시력 유아들이 환경이 바뀌면 어려움이 있을 수 있어요. 그래서 진수를 지도할 때 여러 가지를 고려해야 해요. 진수에게 잔존시력이 있긴 하지만 필요에 따라서는 ㉠ <u>보행훈련</u>을 해야 할 수도 있어요. 그래서 실내 활동과 ㉡ <u>실외 활동</u>을 할 때 잘 살펴 보세요.
… (중략) …
김 교사: 선생님, 또 한 가지 걱정이 있어요. 진수는 어머니가 데리러 와도 별 반응이 없어요. 어머니가 부르는데도 진수는 별로 반가워하는 것 같지가 않아요. 아침에 헤어질 때 울지도 않고 어머니에 대한 반응이 별로 없어요. 어머니와 진수의 애착 관계가 괜찮은 걸까요?
박 교사: 글쎄요. 진수의 애착 행동은 (㉢) 유형의 유아들이 나타내는 특성이긴 한데……. 안정 애착 유형의 유아들은 어머니가 돌아오면 반기며 좋아해요. 그리고 어머니를 (㉣)(으)로 생각하기 때문에 낯선 상황에서도 적극적으로 환경을 탐색하거든요. 앞으로 진수를 더 많이 관찰해야 할 것 같아요.

3) 에인스워드(M. Ainsworth)의 애착 이론에 근거하여 ㉢에 해당하는 애착 유형 1가지를 쓰고, ㉣에 알맞은 말을 쓰시오.

㉢ 애착 유형 :

㉣ :

26

2015 초등B-6

(가)는 정서 · 행동장애학생 지우의 특성이고, (나)는 통합학급 교사와 특수학급 교사가 지우의 수업 참여 증진을 위해 협의하여 지도한 자기교수 전략이다. 물음에 답하시오.

(가) 지우의 특성

- 대부분의 시간에 위축되어 있고 다른 친구들과 상호작용을 하지 않음.
- 자기표현을 하지 않고 수업 활동에 참여하지 않음.
- 음악 시간에 따라 부르기를 할 때에 소리를 내지 않고 창밖만 응시함.

(나) 자기교수 전략

자기교수 단계와 자기 진술문의 예시
– (　㉠　): "나는 지금 무엇을 해야 하지?"
– 계획 : "이제 어떻게 하지?"
– 자기 평가 : "어떻게 했지?"
– 자기 강화 : "잘했어."

자기교수 전략을 가르치기 위한 교수 활동
1단계 : 인지적 모델링
2단계 : 외현적 자기교수 안내
3단계 : ㉡ 외현적 자기교수
4단계 : 자기교수 용암
5단계 : 내재적 자기교수

1) (나)의 ㉠단계의 명칭을 쓰시오.

2) 다음은 (나)의 ㉡에 해당되는 활동이다. 괄호에 들어갈 교사의 활동을 쓰시오.

> 지우가 큰 소리로 자기교수를 말하면서 과제를 수행한다. 그리고 교사는 (　　　　　　　　　).

27

2015 중등A-9

다음은 학생 A와 B에게 나타나는 행동 특성으로, 이 행동들은 약물이나 기타 일반적인 의학적 문제로 발생하는 것은 아니다. 정신장애의 진단 및 통계 편람(DSM-IV-TR)의 진단 준거에 근거하여 학생 A와 B의 장애 진단명을 순서대로 쓰시오.

> • 학생 A의 행동 특성
> 지난 1년 4개월 동안 콧바람 불기 행동과 "시끄러" 하는 고함지르기 행동이 본인의 의지와 상관없이 나타나고 있다. 이러한 행동들은 버스를 탈 때에나 영화를 관람할 때에도 나타난다. 그래서 학생 A는 여러 사람이 있는 장소에 가기 싫어하고, 다른 사람에 의해 관찰되는 상황에 대해 두려움을 나타내고 있다. 또한 친구들로부터 자주 놀림을 받기도 하였고, 수차례 무단결석을 하였다. 이로 인해 학업에 어려움을 겪고 있으며, 우울, 자기 비하 등의 정서적 문제를 보이고 있다.
>
> • 학생 B의 행동 특성
> 다른 사람과 대화를 할 때나 혼자 있을 때, 본인의 의지와 상관없이 거의 매일 어깨 움츠리기 행동과 반복적 발 구르기 행동이 작년 1월부터 10월까지 10개월간 나타났고, 작년 11월 한 달 동안은 이 행동들이 나타나지 않다가 작년 12월부터 올해 2월까지 3개월간 다시 나타났다. 올해 3월부터는 이전 행동들이 나타나지 않았으나, 다른 행동인 킁킁거리기 행동과 상대방이 마지막으로 말한 단어를 반복하는 행동이 9개월째 나타나고 있다. 이로 인해 사회적 대인관계에 고통을 호소하고 있다.

28

2016 유아A-1

다음은 통합학급 유아교사인 김 교사와 유아특수교사인 박 교사의 대화이다. 물음에 답하시오.

> 김 교사: 선생님, 현수가 근래에 들어서 자꾸 친구를 때리는데, 걱정이 많아요. 장점이 참 많은 아이인데…. 그런 행동만 하지 않으면 좋을 텐데요. 게다가 곧 초등학교에 입학해야 하는 상황이라….
> 박 교사: 현수 부모님과 상담은 해 보셨나요?
> 김 교사: 네. 어머니 말씀을 들어 보니, 현수가 아기일 때 가족과 떨어져 친척 집에 머물면서 ㉠ 심리적으로 무척 위축되고 불안한 시기를 보낸 것 같아요. 그러한 부정적인 경험들이 내재되어 있다가 지금 친구를 때리는 공격 행동으로 나타나는 것은 아닌가 생각되더군요.
> 박 교사: 그럴 수도 있지만, 현수의 행동을 어느 한 가지 이유가 아니라 ㉡ 가족 관계, 또래 관계, 유치원 생활, 지역사회 환경 등 현수와 직·간접적으로 연결되어 있는 다양한 환경 맥락과 상황 속에서 이해하는 것이 필요할 수도 있어요.
> 김 교사: 그렇군요. 그런데 당장 입학을 앞두고 있고, 친구를 때리는 행동이 본인뿐 아니라 다른 유아들에게도 영향을 미칠 수 있으니, 빨리 그 원인을 알고 싶어요. 방법이 없을까요?
> 박 교사: 그러면 현수가 보이는 행동의 원인과 의도를 파악하기 위한 (㉢)을/를 해 보면 좋겠어요. 이를 위해서 현수의 행동을 관찰해 볼 수 있는 ABC평가, 면접, 질문지 등 다양하고 체계적인 방법을 사용할 수 있어요.
> 김 교사: 아, 그런 방법이 있군요. 현수의 행동 문제가 개선되어 내년에 초등학교에 가서도 잘 적응했으면 좋겠네요.
> 박 교사: 사실 지난해에 초등학교에 들어간 문주가 비슷한 상황이었어요. 그때 담임 선생님과 함께 행동 중재를 해서, 초등학교에 입학할 즈음에는 행동이 좋아졌어요.
> 김 교사: ㉣ 초등학교 취학 과정에서 아이들은 많은 변화를 경험하기 때문에 새로운 환경에서 잘 적응할 수 있도록 유치원에서부터 지원을 하는 것이 필요해요. 현수처럼 행동 문제를 보이는 아이들에게는 더욱 중요하지요.
> 박 교사: 그래요. 그리고 문주의 경우에는 그 마지막 단계로 ㉤ 초등학교에 입학한 이후에 잘 적응하고 있는지 몇 회에 걸쳐 방문하여 점검했고, 담임 선생님과 상담도 했어요.

1) ㉠과 ㉡에 반영된 이론적 관점이 무엇인지 각각 쓰시오.

㉠:

㉡:

29

2016 초등B-2

(가)는 정서·행동장애로 진단받은 영우에 대해 통합학급 김 교사와 특수학급 최 교사가 나눈 대화의 일부이다. 물음에 답하시오.

(가) 대화 내용

> 김 교사: 영우는 품행장애로 발전할 수 있는 적대적 반항장애가 있다고 하셨는데, 이 둘은 어떻게 다른가요?
> 최 교사: DSM-IV-TR이나 DSM-5의 진단기준으로 볼 때, 적대적 반항장애는 품행장애의 주된 특성인 (㉠)와/과 (㉡)이/가 없거나 두드러지지 않는다는 점이 달라요. 그래서 적대적 반항장애를 품행장애의 아형으로 보기도 하고, 발달 전조로 보기도 해요.
> …(중략)…
> 최 교사: 제가 지난번에 말씀드린 대로 ㉢ 학급 규칙을 정해서 적용해 보셨나요?
> 김 교사: 네, 그렇게 했는데도 ㉣ 지시를 거부하는 영우의 행동은 여전히 자주 발생하고 있어요.
> …(하략)…

1) (가)의 ㉠과 ㉡에 해당하는 내용을 각각 쓰시오.

㉠:

㉡:

30 2016 중등A-4

다음은 정서 및 행동의 문제를 이해하기 위한 이론적 관점이 적용된 사례이다. (가)와 (나)에서 사용된 전략의 명칭을 순서대로 쓰시오.

31 2017 유아A-4

다음은 정서·행동문제를 가진 5세 유아 영우에 대해 방과 후 과정 교사인 민 교사, 통합학급 교사인 박 교사, 그리고 유아특수 교사인 강 교사가 나눈 대화이다. 물음에 답하시오.

민 교사: 자유놀이 시간에 영우가 색칠하기를 하고 있었어요. 그런데 색칠하던 크레파스가 부러지자 옆에 있던 민영이에게 "야, 네가 방해해서 크레파스가 부러졌잖아." 하고 화를 내면서 들고 있던 크레파스를 교실 바닥에 내동댕이쳤어요. 영우는 자신의 실수로 크레파스가 부러진 것을 민영이 탓으로 돌리며 화를 낸 거죠.

박 교사: 우리 반에서도 자신이 실수할 때면 항상 다른 친구들이 방해했기 때문이라며 화를 내고 물건을 던졌어요. 영우의 이런 행동을 지도하기 위해 ㉠ 영우가 물건을 던질 때마다 달력에 스스로 표시하도록 가르치려고 하는데, 이 방법이 영우에게 도움이 될까요?

강 교사: 박 선생님께서 선택하신 중재방법은 영우의 귀인 성향으로 보아 ㉡ 영우에게 바로 적용하기는 어려울 것으로 보여요. 영우의 행동은 누적된 실패 경험에서 비롯된 것일 수 있어요. 그러므로 성공 경험을 통해 ㉢ 영우의 귀인 성향을 바꿀 수 있도록 지도하는 것이 우선되어야 해요.

2) 위 대화에서 나타난 ① 영우의 귀인 성향을 쓰고, 이에 근거하여 ② 강 교사가 ㉡과 같이 판단한 이유를 쓰시오.

①:

②:

3) 강 교사의 대화를 근거로 ㉢에 해당하는 인지적 중재기법을 쓰시오.

32

2017 중등B-2

다음은 정서 · 행동장애 학생 A에 대해 교사들 간에 나눈 대화 내용이다. 김 교사와 박 교사가 A의 행동을 바라보는 정서 · 행동 장애의 이론적 관점을 순서대로 쓰시오.

김 교사: A는 생후 13개월 즈음에 위탁 가정에 맡겨져, 4살 때 지금의 가정으로 입양되어 성장했다고 합니다. A는 영아기 때 정서적 박탈을 경험하면서 불안정한 심리와 정서를 갖게 되었고, 유아기 때 안정애착이 형성되지 않아서 수업 시간에 이상한 소리를 내며 주변 사람들의 주의를 끌려고 한 것 같습니다.

박 교사: A가 영유아기에 자신이 한 행동에 적절한 반응을 받지 못한 것 같아요. 잘 지내고 있을 때보다 부적절한 행동을 했을 때 선생님에게 관심을 더 받는다는 것을 알고, 지금의 부적절한 행동이 계속 유지되고 있는 것 같습니다.

최 교사: 두 분의 말씀 잘 들었습니다. 이제부터는 교사의 주의를 끌기 위해 A가 소리를 내면 반응해 주기보다, 손을 들도록 가르치고 손드는 행동에 반응을 해 줘야겠어요.

33

2018 유아A-3

(가)는 5세 지적장애 유아 민수의 특성이고, (나)는 민수를 위한 책 정리 지도 방법이다. 물음에 답하시오.

(가)

- 2~3개 단어를 이용해서 자신의 요구나 의사를 말로 표현할 수 있음.
- 동물 그림을 보고 이름을 말할 수 있음.
- 책 읽는 것은 좋아하지만 책을 제자리에 정리하지 못함.

(나)

단계	활동 내용
인지적 모델링	교사가 큰 소리로 "책을 꽂아요."라고 말하면서 책을 제자리에 꽂는다.
외현적 지도	교사가 큰 소리로 "책을 꽂아요."라고 말을 하고, 민수는 교사의 말을 큰 소리로 따라 하면서 책을 제자리에 꽂는다.
외현적 자기 지도	( )
외현적 자기 지도의 감소	민수가 점점 작은 목소리로 "책을 꽂아요." 라고 말하고, 책을 제자리에 꽂는다.
내재적 자기 지도	마음속으로 '책을 꽂아요.'를 생각하며 책을 제자리에 꽂는다.

1) (가)에 근거하여 ① (나)에서 민수에게 적용한 지도 방법의 명칭과 ② ( )에 들어갈 활동 내용을 쓰시오.

①:

②:

34

2018 초등A-2

(가)는 정서 · 행동장애 학생 정우의 행동 특성이다. 물음에 답하시오.

(가)

- 친구들을 자주 때리고 친구들에게 물건을 집어던짐.
- 교사의 지시에 대해 소리 지르고 거친 말을 하며 저항함.
- 수업 시작종이 울려도 제자리에 앉지 않고 교실을 돌아다님.

1) (가)는 정서 · 행동장애를 이분하는 교육적 분류 중 어느 유형에 해당하는지 쓰시오.

35

2019 중등A-8

다음은 ○○중학교 건강장애 학생 K의 보호자와 송 교사가 나눈 대화이다. 밑줄 친 ㉠에 해당하는 인지행동 중재 방법의 명칭을 쓰시오.

보 호 자: 선생님, 학생 K가 퇴원 후 학교에 복귀하게 되었는데, 학습 결손도 걱정이지만 오랜만에 학교에 가서 그런지 불안과 긴장이 심해지는 것 같아요.

송 교사: 개별적인 지원 방법을 고민해 봐야겠군요. 먼저, 학업 지원 측면에서 학습 결손 보충과 평가 조정 등을 고려하겠습니다. 불안과 긴장에 대해서는 ㉠ <u>깊고 느린 호흡, 심상(mental image) 등을 통해 근육의 긴장을 감소시키는 방법</u>을 고려해보면 좋겠네요.

36

2018 중등A-6

다음은 학생 B가 보이는 행동 특성에 대해 특수교사와 방과 후 교사가 나눈 대화이다. 밑줄 친 ㉠과 ㉡에 해당하는 중재 방법을 순서대로 쓰시오.

특 수 교 사: 안녕하세요? 학생 B는 방과 후 활동 시간에 잘 참여하고 있습니까?
방과 후 교사: 예, 잘 참여하고 있습니다. 그런데 그리기 활동 후 감상 시간에 본인의 작품을 발표하는 순서가 되면 극도의 불안감을 나타내면서 손을 벌벌 떨거나 안절부절못하는 행동을 보입니다. 그러다 갑자기 화를 내고 심한 경우 소리 내며 우는 행동까지 이어집니다. 학생 B의 불안감을 줄이기 위해 어떻게 하면 좋을까요?
특 수 교 사: 예, 여러 가지 방법이 있는데 그중에서 두 가지 정도가 학생 B에게 적절할 것 같습니다. 첫 번째는 ㉠ <u>이완 기술을 습득하고 유지하면서 짝, 모둠, 학급 전체로 점차 대상을 확대하여 발표를 해보도록 하는 방법</u>입니다. 두 번째는 ㉡ <u>'발표 성공 사례' 영상을 보고 영상 속 주인공의 발표 행동을 따라하는 절차를 반복하는 방법</u>이 있습니다.

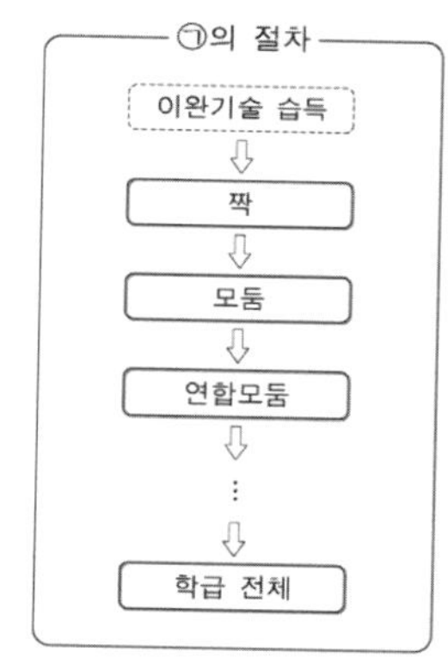

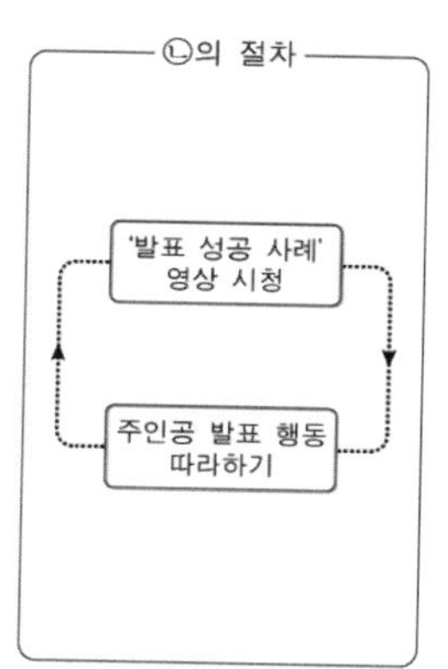

㉠:

㉡:

37

2018 중등A-11

(가)는 주의력결핍과잉행동장애 학생 H와 관련하여 특수교사와 통합학급 교사가 나눈 대화이다. 〈작성 방법〉에 따라 서술하시오.

(가) 특수교사와 통합학급 교사의 대화

통합학급 교사: 「정신장애의 진단 및 통계 편람 제5판(DSM-5)」에서 주의력결핍과잉행동장애의 진단준거가 바뀌었다면서요?
특 수 교 사: 예, 주의력결핍과잉행동장애의 진단준거가 「정신장애의 진단 및 통계 편람 제4판 개정판(DSM-Ⅳ-TR)」에 비해 DSM-5에서는 ㉠ <u>몇 가지 변화</u>가 있습니다.

… (중략) …

통합학급 교사: 학생 H가 통합학급에서 수업 중에 자리 이탈 행동을 종종 보입니다. 이에 대한 적절한 지원방법이 없을까요?
특 수 교 사: 예, 학생 H의 문제행동에 대한 긍정적 행동지원을 할 수 있습니다. 이를 위해 먼저 학생 H의 문제행동을 관찰하는 것이 필요합니다. 이때에는 (나)와 같은 관찰기록 방법을 사용할 수 있습니다.
통합학급 교사: 그렇다면 (나)의 관찰기록 결과만 살펴보면 될까요?
특 수 교 사: 아니요. ㉡ <u>(나)의 관찰기록 결과를 분석한 다음에 다른 방식의 직접 관찰</u>을 할 필요가 있습니다.

〈작성 방법〉

- 밑줄 친 ㉠에 해당하는 내용을 2가지 쓸 것

38

2019 유아A-5

원기는 손을 흔드는 상동 행동을 하는 5세 발달지체 유아이다. 다음은 현장 체험학습을 다녀온 후에 통합학급 김 교사와 특수학급 박 교사가 평가회에서 나눈 대화의 일부이다. 물음에 답하시오.

박 교사: 김 선생님, 지난 현장 체험학습 때 원기에게 일어난 일 기억하시죠?

김 교사: 물론이죠. 다른 아이들이 원기가 손을 반복적으로 흔드는 행동을 쳐다보며 흉내 내고 놀렸잖아요. 그때 아이들이 원기를 도와주었고, 박 선생님과 제가 칭찬을 많이 해 주었죠.

박 교사: 그랬죠. 그래서 평소에 우리 아이들이 장애에 대해 올바른 태도를 가질 수 있도록 사전 교육이나 활동이 꼭 필요합니다.

김 교사: 네. 저도 박 선생님의 생각에 동의해요. 그리고 장애가 있는 친구들에 대한 태도에서 ㉠ 대상과 관련된 정보나 지식 또는 신념 등이 부족하거나 왜곡되면 장애가 있는 친구들에 대한 태도에 매우 부정적인 영향을 미치기도 한대요.

…(중략)…

김 교사: 아이들은 교사의 말이나 행동을 그대로 따라 하는 것 같아요. 지난번 현장 체험학습 때 놀림을 받은 원기에게 아이들이 다가가 안아 주거나 토닥거려 주고, 함께 손을 잡고 다녔죠. ㉡ 평소 박 선생님과 제가 원기에게 하던 행동을 아이들이 자세히 본 것 같아요. 교사의 행동이 아이들에게 참 중요하다는 것을 다시 알았어요.

박 교사: 네. 그리고 아이들끼리도 서로 영향을 주고받는 것 같아요. ㉢ 지난번 현장 체험학습 때 제가 원기를 도와주었던 친구들을 칭찬해 줬더니, 그 모습을 보고 몇몇 유아들은 원기를 도와주는 행동을 따라 하는 것 같아요.

…(중략)…

김 교사: 참, 선생님. 원기가 혼자 화장실에 가는 것을 좀 불안해 해요. 꼭 저와 같이 가려고 하고 화장실 문도 못 닫게 하네요. 이때는 어떻게 하면 좋을까요?

박 교사: 저는 원기의 불안감을 줄여 주는 것이 무엇보다 중요하다고 봐요. 불안감을 줄여 주는 방법에는 여러 가지가 있는데, 그중에 ㉣ 체계적 둔감법과 ㉤ 실제 상황 둔감법이 생각나네요.

…(하략)…

2) 반두라(A. Bandura)의 사회학습이론에 근거하여, ① ㉡은 관찰학습과정 중 어디에 해당하는지 쓰고, ② ㉢에 해당하는 강화의 유형을 쓰시오.

①:

②:

3) ㉣과 ㉤의 장점을 각각 1가지 쓰시오.

㉣:

㉤:

39

2019 초등A-4

(가)는 정서 · 행동장애 학생 민규의 특성이다. 물음에 답하시오.

(가) 민규의 특성

- 자주 무단결석을 함.
- 주차된 차에 흠집을 내고 달아남.
- 자주 밤늦게까지 집에 들어오지 않고 동네를 배회함.
- 남의 물건을 함부로 가져간 후, 거짓말을 함.
- 반려동물을 발로 차고 집어던지는 등 잔인한 행동을 함.
- 위와 같은 행동이 12개월 이상 지속되고 있음.

1) ① (가) 민규의 특성에 해당하는 장애 명칭을 DSM-5 진단기준을 근거로 쓰고, ② 민규의 행동 원인을 반두라(A. Bandura)의 사회학습관점에 근거하여 쓰시오.

①:

②:

40

2020 유아B-4

다음은 통합학급 김 교사와 유아특수교사 강 교사가 나눈 대화이다. 물음에 답하시오.

김 교사: 다음 주에 학부모 공개 수업을 하는데 특수교육대상인 수희와 시우가 수업에 잘 참여할지 걱정이 되네요.

강 교사: 그래서 저희는 또래주도 전략을 사용해 보려고 해요. 모둠별로 '경단 만들기' 요리 수업을 할 거예요. ㉠ <u>수희와 시우가 참여하여 경단을 완성했을 때, 모둠 전체를 강화하려고</u> 해요. 또 수희의 상호작용 증진을 위해서 자유선택활동 시간에 ㉡ <u>훈련받은 민수가 수희에게 "블록쌓기 놀이 하자."라고 하면서 먼저 블록을 한 개 놓으면, 수희가 그 위에 블록을 쌓아요. 그러면서 둘이 계속 블록쌓기 놀이를 하게 하려고요.</u>

김 교사: 선생님, 시우는 자기도 참여하고 싶은 것이 있으면 큰 소리를 질러요. 시우를 어떻게 도울 수 있을까요?

강 교사: 선생님, 우선 시우에게 ㉢ <u>대체행동</u> 교수를 실시하면 어떨까요?

김 교사: 네. 좋은 생각이네요. 그럼 혹시 시우가 집에서는 어떤지 좀 아세요?

강 교사: 네. 시우 어머니와 면담 시간을 가졌어요. 시우 부모님은 시우가 갓난아기 때부터 맞벌이를 하였고 주 양육자도 자주 바뀌었대요. 그래서 ㉣ <u>시우가 평소에 엄마랑 떨어지지 않고 꼭 붙어 있으려고 했대요. 엄마가 자리를 비우면 심하게 불안해하면서 울지만, 막상 엄마가 다시 돌아오면 반가워하기보다는 화를 냈대요. 그리고 엄마가 달래려 하면 엄마를 밀어내서 잘 달래지지 않았다고 해요.</u>

… (하략) …

3) 에인스워드 외(M. Ainsworth et al.)의 애착유형 중에서 ㉣에 해당하는 유형을 쓰시오.

41

2020 초등A-3

(가)는 정서 · 행동장애 학생 성우의 사회과 수업 참여 방안에 대해 특수교사와 일반교사가 나눈 대화의 일부이다. 물음에 답하시오.

(가) 대화 내용

일반교사: 성우는 교실에서 자주 화를 내고 주변 친구를 귀찮게 합니다. 제가 잘못된 행동을 지적해도 자꾸 남의 탓으로 돌려요. 그리고 교사가 어떤 일을 시켰을 때 무시하거나 거부하기도 합니다. 이 모든 문제 행동이 7개월 넘게 지속되고 있어요. [A]
성우가 품행장애인지 궁금합니다.

특수교사: 제 생각에는 ㉠ 품행장애가 아닙니다. 관찰된 행동만으로 판단하는 것은 어렵지만, '아동 · 청소년 행동 평가척도(CBCL 6-18)' 검사 결과를 참고하면 좋겠어요.

… (중략) …

일반교사: 성우는 성적도 낮은 편이라 모둠 활동을 할 때 환영받지 못하는 경우가 많아서 사회과 수업에 협동학습을 적용하려고 해요. 그런데 협동학습에서도 ㉡ 능력이 뛰어난 학생이 모둠 활동에 지나치게 개입하여 주도하려는 현상이 나타날 수 있어요.

특수교사: 맞습니다. 교사는 그러한 현상을 방지하기 위해서 ㉢ 과제 부여 방법이나 ㉣ 보상 제공 방법을 면밀하게 고려해 보아야 하지요.

일반교사: 그렇군요. 집단 활동에서 성우의 학습 수행을 평가할 수 있는 방법은 무엇인가요?

특수교사: 관찰이나 면접을 활용하여 성우의 ㉤ 공감 능력, 친사회적 행동 실천 능력의 변화를 평가하면 좋을 것 같습니다.

… (하략) …

1) (가)의 [A]를 참고하여 ㉠의 이유를 DSM-5에 근거하여 1가지 쓰시오.

42

2020 중등B-1

(가)의 학생 A의 특성에 해당하는 장애 명칭을 '정신장애의 진단 및 통계 편람 제5판(DSM-5)' 진단기준에 근거하여 쓰고, (나)의 대화에서 괄호 안의 ㉠에 해당하는 용어를 쓰시오.

(가) 학생 A의 특성

- 최근 7개월간 학교와 가정에서 과도한 불안을 보인 날이 그렇지 않은 날보다 더 많음.
- 자신의 걱정을 스스로 통제하는 것이 어렵다고 호소함.
- 과제에 집중하기 힘들어 하고 근육의 긴장을 보이며 쉽게 피곤해 함.
- 학교, 가정 등 일상생활에서 불안이나 걱정 때문에 고통을 받고 있음.
- 특정 물질의 생리적 영향이나 다른 의학적 상태 때문에 나타난 증상이 아님.
- 이 장애는 다른 정신장애에 의해 더 잘 설명되지 않음.

(나) 대화

통합학급 교사: 학생 A의 어려움을 줄여줄 수 있는 방안에는 어떠한 것이 있나요?

특 수 교 사: 네, 선생님, 다양한 중재 방법이 있습니다. 그중 하나는 인지적 모델을 바탕으로 하는 (㉠)입니다. 이 중재 방법에서는 정서 · 행동장애 학생이 보이는 부정적 정서 반응과 행동의 원인을 비합리적 신념 때문이라고 봅니다. 그래서 학생 A의 비합리적 신념을 논박하면, 비합리적 신념이 합리적 신념으로 변화하여 바람직한 정서를 보이고 적절한 행동을 하게 된다고 봅니다.

43

2021 유아A-3

(가)는 유아특수교사 박 교사와 최 교사, 통합학급 김 교사가 5세 발달지체 유아 지호에 대해 나눈 대화이다. 물음에 답하시오.

(가)

[9월 7일]

김 교사: 신입 원아 지호가 일과 중에 갑자기 울음을 터뜨리는 일이 많은데 기질상의 문제일까요?

박 교사: 글쎄요. 지호가 울기 전과 후에 어떤 일이 있었는지 자세히 살펴봐야 할 것 같아요.

최 교사: 지호를 둘러싼 사회적 맥락과의 상호작용도 중요한 것 같아요. 지호가 다녔던 기관은 소규모이고 굉장히 허용적인 곳이었다니, 지호에게 요구하는 것이 크게 달라진 것이죠. 지호뿐만 아니라 ㉠ 지호 어머니도 새 선생님들과 관계를 맺고 소통하는 것이 큰 부담이시래요. 이런 점도 영향이 있겠지요? [A]

박 교사: 네, 다양한 관점을 통합하여 봐야 할 것 같습니다. 다음 회의 때까지 울음 행동 자료를 직접 관찰 방법으로 수집해 볼게요.

[9월 14일]

김 교사: 박 선생님, 지호의 울음 행동이 주로 어떤 시간에 발생하던가요?

박 교사: 어느 시간에 많이 발생하는지, 또 혹시 발생하지 않는 시간은 있는지 시간대별로 알아본 결과 큰 책 읽기 시간에 울음 행동이 가장 많이 발생하고, 실외 활동 시간에 가장 적었어요. [B]

최 교사: 큰 책 읽기 시간에는 아마도 유아들이 붙어 앉다 보니 신체적 접촉이 생겨서 그러는 것 같아요.

김 교사: 지호가 좋아하는 박 선생님이 앞에서 책 읽어주시느라 지호와 멀어지게 되는 것도 이유인 것 같아요.

박 교사: 그럼, 두 가지 이유 중 어떤 것이 맞는지 가설로 설정하여 검증해 봐야겠어요.

1) [A]와 같이 유아의 정서·행동문제를 바라보는 모델에 근거하여, ㉠에 해당하는 체계가 무엇인지 쓰시오.

44

2022 유아B-1

다음은 통합학급 김 교사와 유아특수교사 박 교사가 나눈 대화의 일부이다. 물음에 답하시오.

박 교사: 선생님, 우리 아이들의 노는 모습이 참 다양하죠?

김 교사: 오늘 수희와 영미는 병원놀이를 했고, 재우와 인호는 퍼즐놀이를 했어요. 민우는 혼자서 종이 블록을 가지고 쌓기놀이를 하고 있었어요. 마침 지수가 그 옆을 지나다가 민우 옆에 앉더니 자기도 민우처럼 종이 블록을 가지고 쌓기놀이를 하더라고요. 그런데 지수와 민우는 서로 상호 작용을 하지는 않았어요. [A]

…(중략)…

김 교사: 지수가 '같은 그림 찾기' 놀이를 할 때에 좀 어려워하던데, 이런 경우에는 어떻게 가르칠 수 있을까요?

박 교사: 네, 촉구법을 사용할 수 있어요. ㉠ 지수가 '같은 그림 찾기' 놀이를 할 때, 찾아야 하는 그림카드는 지수가 잘 볼 수 있도록 가까이에 두고 다른 그림카드는 조금 멀리 두는 거예요.

김 교사: 아, 그렇군요. 전에 태호가 좀 충동적이고 산만했었는데, 최근에는 ㉡ 태호가 속삭이듯 혼잣말로 "나는 조용히 그림책을 볼 거야."라고 말하며 그림책을 꽤 오랫동안 잘 보더라고요.

박 교사: 네. 사실은 얼마 전부터 태호에게 자기교수법으로 가르치고 있었어요. 자기교수법은 충동적이고 주의 산만한 아이에게 효과가 있다고 해요.

김 교사: 그럼 자기교수법은 어떻게 가르치나요?

박 교사: 자기교수법에는 5단계가 있어요. 첫 번째 인지적 모델링 단계에서는 교사가 유아 앞에서 "나는 조용히 그림책을 볼 거야."라고 말하며 책을 보는 거예요. 두 번째 외적 모방 단계에서는 교사가 말하는 자기 교수 내용을 유아가 그대로 따라 말하면서 그림책을 보는 것입니다. …(중략)… 마지막으로 다섯 번째는 ㉢ 내적 자기교수 단계가 있어요.

3) 마이켄바움과 굿맨(D. Meichenbaum & J. Goodman)의 자기 교수법에 근거하여, ① ㉡에 해당하는 자기 교수법 단계의 명칭을 쓰고, ② ㉢에서 태호가 할 행동의 예를 쓰시오.

①:

②:

45

2022 초등A-6

(가)는 특수교사가 체크한 5학년 지호의 특성이고, (나)는 2015 개정 도덕과 교육과정 5~6학년군 '내 안의 소중한 친구' 단원 교수 · 학습 과정안의 일부이며, (다)는 특수교사가 특수학급에서 분노조절 중재를 실시한 후에 지호가 작성한 분노조절 기록지의 일부이다. 물음에 답하시오.

(가) 지호의 특성

최근 지호는 수업 활동으로 게임을 하다 질 때마다 심하게 화를 내며 성질을 부리고 좌절하는 모습을 보인다.	
• 자주 또는 쉽게 화를 낸다.	✓
• 자주 다른 사람에 의해 쉽게 기분이 상하거나 신경질을 부린다.	✓
• 자주 화가 나 있고 원망스러워 한다.	✓
• 자주 권위자 또는 성인과 논쟁한다.	
• 자주 권위자의 요구나 규칙 따르기를 적극적으로 무시하거나 거부한다.	
• 자주 고의적으로 타인을 귀찮게 한다.	
• 자주 본인의 실수나 잘못된 행동을 타인의 탓으로 돌린다.	✓
• 위와 같은 행동이 적어도 6개월 동안 지속되었다.	✓

(나) 교수 · 학습 과정안

단원	㉠2. 내 안의 소중한 친구		
학습목표	감정과 욕구를 적절하고 바르게 표현하는 방법을 알고 실천할 수 있다.		
단계	교수 · 학습 활동		
학습 문제 인식 및 동기 유발	• 동기 유발하기 – 그림 속 인물들이 감정과 욕구를 표현하는 방식을 살펴보며 앞으로 일어날 결과 예상하기		
⋯	⋯		
모범 행동의 실습 실연	• 감정과 욕구 조절 방법 실천하기 – 마음 신호등 3단계 활동		
	1단계	멈추기	상황을 있는 그대로 바라보고 감정과 욕구를 진정시키기
	2단계	생각하기	상황에 맞는 행동을 생각하며 감정과 욕구를 긍정적으로 바꾸어 보기
	3단계	표현하기	– 감정과 욕구를 조절하여 적절하게 표현하기 – ㉡'나 전달법'을 사용해 친구에게 마음을 전달하기

(다) 지호가 작성한 분노조절 기록지

나의 감정 기록지	
• 지난 수업시간 경험했던 부정적 느낌을 쓰세요.	너무 화가 나고 속상했어.
• 부정적 느낌이 들기 직전에 무슨 일이 있었는지 쓰세요.	철수와 한 팀이 되어 게임했더니 져 버렸어.
• 이 상황이 발생한 이후 든 생각을 쓰세요.	게임에서 지는 것은 절대 있을 수 없어.
• 이 상황 이후에 나 자신에게 한 말을 쓰세요.	나는 항상 철수 때문에 게임에 져.
⋯	⋯
• 현재 갖게 된 합리적 신념을 자기 말로 쓰세요.	(㉢)
⋯	⋯

1) 「정신장애진단 및 통계편람 제5판 DSM-5」에 근거하여 (가)의 지호 특성에 해당하는 장애 진단명을 쓰시오.

3) ① (가)와 (다)에 근거하여 특수교사가 지호에게 적용한 분노조절 중재와 같이 인지 왜곡을 중재하는 목표를 쓰고, ② 지호에게 성공적으로 중재를 실시한 후, (다)의 ㉢에 들어갈 지호의 합리적 신념을 자기말(self-talk)로 쓰시오.

①:

②:

46

2022 중등A-9

다음은 품행장애 학생 D에 관해 통합 교사와 특수 교사가 나눈 대화의 일부이다. 〈작성 방법〉에 따라 서술하시오.

통합 교사: 선생님, 우리 반에 전학 온 학생 D에게 품행장애가 있다고 합니다. 품행장애는 어떤 건가요?
특수 교사: 품행장애는 다른 사람의 기본 권리를 침해하고 나이에 맞는 규범과 규칙을 지속적이고 반복적으로 위반하는 행동을 하는 것을 말합니다.
통합 교사: 품행장애로 진단하기 위한 구체적인 기준이 있나요?
특수 교사: 예, 품행장애로 진단하려면 (㉠), 재산 파괴, 사기 또는 절도, 심각한 규칙 위반에 포함된 하위 15가지 항목 중에서 3가지 이상의 행동을 12개월 동안 보이고, 이로 인해 학업적 · 사회적으로 현저한 손상이 있어야 합니다.
통합 교사: 그렇군요. 품행장애는 아동기 발병형이 청소년기 발병형보다 예후가 더 안 좋다고 하던데요. 그 둘은 어떻게 구분하나요?
특수 교사: 예, 이 둘은 증상이 나타나는 시기로 구분할 수 있습니다. 아동기 발병형은 (㉡)에 품행장애의 특징적인 증상을 한 가지 이상 보이는 경우를 말합니다.

…(중략)…

통합 교사: 선생님, 학생 D가 보이는 문제행동의 원인이 ㉢ <u>부모의 부적절한 양육 태도나 또래와의 부정적 경험</u>과 관련이 있나요?

…(중략)…

특수 교사: 그리고 학급에서 학생 D가 모둠별 활동에 참여할 때에는 ㉣ <u>독립적 집단유관</u>을 사용하는 것이 좋을 것 같습니다.

〈 작성 방법 〉
- 괄호 안의 ㉠, ㉡에 해당하는 내용을 '정신장애 진단 및 통계 편람 제5판(DSM-5)'의 진단 기준에 근거하여 기호와 함께 각각 쓸 것
- 밑줄 친 ㉢에 해당하는 체계명을 브론펜브레너(U. Bronfenbrenner)의 생태학적 모델에 근거하여 쓸 것

47

2023 유아A-3

다음은 특수교육지원센터 유아특수교사와 서아 어머니의 면담 내용 중 일부이다. 물음에 답하시오.

어머니: 서아는 지금 23개월인데, 임신 30주에 이른둥이로 태어났어요.
교 사: 네. 이른둥이로 태어나 어려움이 있으셨나요?
어머니: 자라면서 또래에 비해 발육이 늦었어요. 걷는 것도, 말도 늦게 시작해 걱정을 했어요.
교 사: ㉠ <u>발달이 늦어 걱정이 많으셨겠네요.</u> 그럼 양육은 주로 누가 하시나요?
어머니: 제가 직장을 다녀서 낮에는 주로 서아 할머니께서 저희 집으로 오셔서 서아를 돌봐 주시고 있어요. 제가 다니는 직장은 일이 너무 많아 외출이나 휴가를 신청하는 데 눈치가 보여요.
교 사: 그렇군요. 현재 가장 큰 걱정거리가 무엇인가요?
어머니: 할머니는 서아를 늘 업고 다니시고 매번 밥도 떠먹이고, 옷도 다 입혀 주세요. 서아가 원하는 것은 다 들어주세요. 그래서인지 요즘 서아가 원하는 대로 되지 않으면 울며 떼를 써서 걱정이에요.
교 사: 할머니께서 서아가 스스로 할 수 있는 것까지 모두 해 주시고, 최근에 서아에게 고집스러운 행동이 생겨 걱정이 된다는 말씀이시군요.
어머니: 맞아요.
교 사: 그럼 서아 어머니는 어떻게 양육하시나요?
어머니: 저는 서아가 느리고 서툴러도 스스로 하게 해요.
교 사: 어머니는 서아가 스스로 하게 하시는군요.
어머니: 네, 할머니께 서아 스스로 하게 하시라고 말씀 드리지만, 서아가 아직 어려 괜찮다고만 하셔서 걱정도 되고, 화도 나고 그래요. 이 문제를 어떻게 해결해야 할지 고민이 돼요.
교 사: 생각하시는 해결 방법이 있나요?
어머니: 직장에서 시간 내기도 어렵고, 서아를 일관성 있게 돌보려면 휴직을 해야 하나 고민하고 있어요.
교 사: 그러시군요.

… (하략) …

3) 어머니와 교사의 대화에 근거하여 브론펜브레너(U. Bronfenbrenner)의 생태학적 체계모델의 외체계에 해당하는 것을 1가지 쓰시오.

48

2023 유아B-2

(다)는 유아특수교사 박 교사와 통합학급 김 교사의 대화이다. 물음에 답하시오.

(다)

김 교사:	오늘 놀이 시간에 민지가 병원놀이를 많이 무서워했어요.
박 교사:	그래서 민지 어머니도 민지가 아플 때 병원에 가기 어렵다고 하셨어요.
김 교사:	주사가 무섭긴 하겠지만 지나치게 불안을 나타내는 것에 대해서는 걱정이 되네요. 무슨 좋은 방법이 있을까요?
박 교사:	㉢ 친구들이 주사기 놀잇감을 가지고 병원놀이하는 모습을 멀리서 지켜보는 낮은 자극 수준부터 점차 높은 자극 수준으로 올라가도록 단계를 만들고, 자극 단계 순서대로 차츰 노출시켜서 민지가 불안을 줄여갈 수 있도록 연습시켜 봐요.
김 교사:	네, 선생님. 그런데 민지가 각 단계마다 연습을 하다가 불안이 높아질 때에는 어떻게 하지요?
박 교사:	그럴 때를 대비해서 스스로 불안을 낮출 수 있도록 (㉣)을/를 가장 먼저 연습해야 해요.

3) (다)의 ① ㉢에 해당하는 중재 방법이 무엇인지 쓰고, ② ㉢과 관련하여 ㉣에 들어갈 용어를 쓰시오.

①:

②:

49

2023 유아B-4

(가)는 5세 발달지체 유아 지우에 대한 통합학급 교사들의 대화이고, (다)는 지우의 자기교수훈련 과정의 예시이다. 물음에 답하시오.

(가)

김 교사: 우리 반 친구들이 지역 축제에서 풍물놀이 하는 것을 본 이후에 전통악기에 대한 관심이 참 많아졌어요. 정말 재미있었나 봐요. 교실에서도 난타놀이를 한다고 '개구리' 노래를 부르며 자유롭게 연주도 하고 신나게 놀았잖아요.

박 교사: 나중에는 지우가 혼자서 북놀이를 하다가 악보를 바라보고 있어서 ㉠ '개구리' 노래를 부를 때 앞 두 마디는 노래로 부르다가, '꽥꽥~' 하는 두 마디에서만 북을 두드리고, 나머지는 다시 노래하는 방법을 알려주었더니 재미있어 했어요.

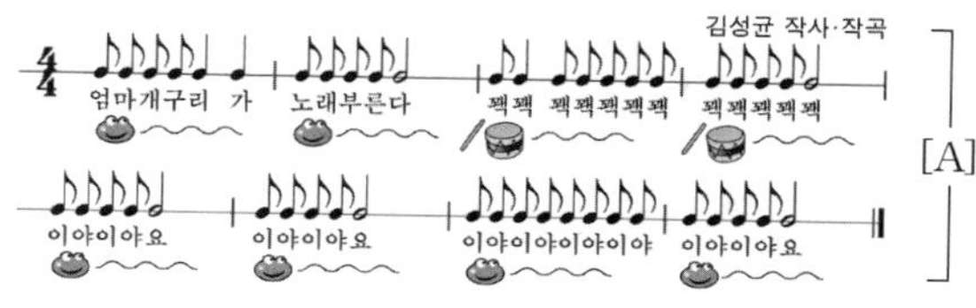

… (중략) …

김 교사: 지우가 장구도 많이 좋아하는 것 같아요. 그런데, 악기놀이를 할 때 다른 친구들의 장구채를 빼앗거나 밀치고 먼저 하려는 행동을 하는 것 같아요.

박 교사: 네, 맞아요. 지우가 이제 곧 초등학교 진학도 하게 될 테니, 입학 전 적응 기술을 가르치기 위해 마이켄바움과 굿맨(D. Meichenbaum & J. Goodman)의 자기교수 훈련을 시작하려고요. [B]

(다)

[자기교수 훈련 과정]	
박 교사의 행동	지우의 행동
"줄을 서서 차례를 기다려요"라고 큰 소리로 말하면서 줄을 선다.	㉡
(생략)	㉢
지우의 행동을 관찰하고 피드백을 제공한다.	(생략)
(생략)	(속삭이듯 작은 목소리로) "줄을 서서 차례를 기다려요."라고 말하면서 줄을 선다.
(생략)	('줄을 서서 차례를 기다려요.'라고 속으로 말하면서) 줄을 선다.

3) (가)의 [B]에 근거하여 (다)의 ㉡과 ㉢에 해당하는 지우의 행동을 각각 쓰시오.

㉡:

㉢:

50

2023 초등B-4

(가)는 특수교사 성찰일지의 일부이다. 물음에 답하시오.

(가) 성찰일지

- 오늘은 동물보호협회와 협력수업으로 '반려견과 친구 되기' 수업을 진행함
  - 지우가 수업 시간에 강아지를 괴롭히고 강아지에게 위협적인 행동을 자주함
- 지우의 부모 면담 내용
  - 집에서 키우는 강아지를 학대함
  - 자주 주변 사람을 괴롭히고 위협하거나 협박함
  - 이웃집 자동차를 고의적으로 망가뜨림
  - 동생에게 이유 없이 자주 시비를 걸고 몸싸움을 함
  - 이런 행동이 1년 이상 지속되고 있음 [A]
  - 현재 소아 정신과에서 치료를 받고 있음
- 지우에 대한 각별한 지도가 필요함

… (하략) …

1) 『정신질환의 진단 및 통계 편람 제5판』에 근거하여, (가)의 [A]에 해당하는 장애 진단명을 쓰시오.

51

2023 중등A-5

(가)는 특수학급에 재학 중인 학생 A의 특성이다. 〈작성 방법〉에 따라 서술하시오.

(가) 학생 A의 특성

- 일상생활 중 자신의 의지와 상관없이 다음과 같은 행동을 보임
  - 갑자기 손목을 꺾으면서 앞·뒤로 빨리 반복적으로 파닥거림
  - 다른 소리(예 헛기침하기, 킁킁거리기)는 내지 않음
  - 초등학교 입학 이후 지속적으로 이와 같은 행동 특성을 보였음
- 현재 특별한 약물을 복용하거나 다른 질병은 없음

〈 작성 방법 〉

- (가)의 학생 A의 행동 특성에 해당하는 장애명을 쓸 것[단, DSM-5의 신경발달장애 하위 범주 기준에 근거할 것]

52

2023 중등B-5

(가)는 신규 교사와 수석 교사가 나눈 대화의 일부이다. 〈작성 방법〉에 따라 서술하시오.

(가) 신규 교사와 수석 교사의 대화

신규 교사: 2022년 6월에 일부 개정된 장애인 등에 대한 특수교육법 시행령에서 중도중복장애를 지닌 특수교육 대상자에 대한 선정 기준이 보다 명료해졌다고 들었습니다.

수석 교사: 네. 그렇습니다. 중도중복장애는 지적장애 또는 자폐성장애를 지니면서 시각장애, 청각장애, 지체장애, (㉠) 중 하나 이상을 가지고 있어야 합니다.

신규 교사: 시각과 청각 모두 장애의 정도가 심하여 두 감각에 의한 학습활동이 곤란한 경우도 중도중복장애로 분류되나요?

수석 교사: ㉡ <u>아닙니다.</u>

… (중략) …

신규 교사: 중도중복장애 학생의 보호자가 교과교육을 강하게 요구하고 있어요. 하지만 우리 반 학생들의 장애 정도가 너무 심하다보니 교과지도보다는 식사지도와 배변지도에 치중하게 되는 것 같아요.

수석 교사: 물론 교과지도도 중요합니다. 그러나 상위 욕구와 하위 욕구로 욕구의 위계를 설명하였던 매슬로우(A. Maslow)에 따르면, (㉢)(이)라고 합니다. 중도중복장애 학생의 생리 및 안전의 욕구를 고려하여 이를 충족하기 위한 기능적 기술을 우선적으로 가르치는 것이 중요합니다. 기본적인 생리·안전이 제공되었을 때 비로소 학습이 이뤄진다고 생각합니다.

〈 작성 방법 〉

- (가)의 괄호 안의 ㉢에 해당하는 내용을 서술할 것

53

2024 유아A-4

다음은 유아특수교사 최 교사와 박 교사가 나눈 대화이다. 물음에 답하시오.

[11월 ○○일]

최 교사: 다음 달에 진행할 카드 만들기는 잘 준비되고 있나요?

박 교사: 네. 다양한 재료와 도구를 활용하여 크리스마스 카드를 꾸미려고 해요. 그래서 소윤이가 모양펀치를 활용하여 스티커를 만들어 붙이는 방법을 미리 연습하고 있는데 어려움이 있어요.

최 교사: 어떤 어려움인가요?

[A]
박 교사: 단계를 나누어서 관찰해 보니 각각의 단계는 잘 수행하지만 순서대로 수행하는 걸 계속 어려워해요.

최 교사: 소윤이가 단계를 순서대로 수행하는 데만 어려움을 보이고 과제도 복잡하지 않으니 연쇄법 중에서 (㉠)을/를 적용해 보면 좋을 것 같아요. 이 연쇄법은 매 회기마다 모든 단계를 수행하도록 하면서 어려움을 보이면 촉구를 제공하여 지도하는 방법이에요. 모든 단계를 다 수행했을 때는 강화하면 돼요.

[12월 □□일]

최 교사: 이번 크리스마스 카드 만들기는 어땠어요?

박 교사: 유아들이 정말 즐거워했어요. 특히 소윤이가 모양 스티커를 활용해 카드를 잘 꾸몄어요. 그동안 소윤이의 자율성이 향상된 것이 더 도움이 된 것 같아요.

최 교사: 어떤 방법을 사용하셨어요?

박 교사: 먼저 순서에 따라 카드를 완성하면 좋아하는 트램펄린 타는 것을 약속했어요. 활동 중에는 각 단계마다 그림과제분석표에 동그라미를 그려 점검하게 했고요. ㉡ <u>활동이 끝난 후에는 스스로 그림과제 분석표를 보고, 사전에 정한 기준대로 모든 단계에 동그라미가 있으면 웃는 강아지 얼굴에 스탬프를 찍게 했어요.</u> 그랬더니 카드 만들기 활동 후 소윤이가 웃는 강아지 얼굴에 표시한 걸 가지고 와서 "소윤이 트램펄린 탈래."라고 말하더라고요.

이름 : 소윤

• 순서대로 모두 수행했나요?

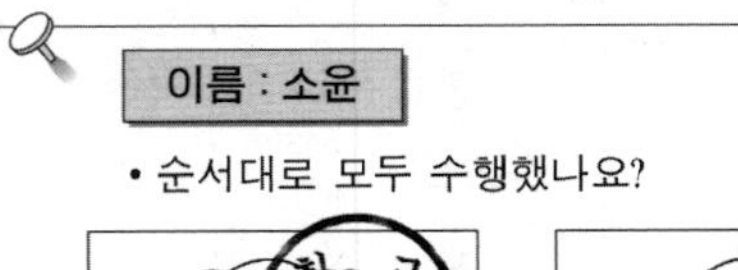	
다 했어요	노력이 필요해요

최 교사: 정말 기특하네요.

박 교사: 네. 그리고 ㉢ <u>소윤이가 친구들에게 "이것 봐. 이거 내가 했어. 혼자 만든 거야. 많이 연습했어. 잘했지? 예쁘지?"라고 자랑했어요. 소윤이가 자신의 노력 덕분에 잘 완성했다고 생각하더라고요.</u>

최 교사: 소윤이의 자신감이 높아진 것 같아 기쁘네요.

… (중략) …

박 교사: 마지막으로 말씀드릴 내용은 진우 이야기예요. 진우가 ㉣ <u>어른에게 '안녕하세요'라고 인사를 해야 한다고 배웠잖아요. 그런데 또래나 어린 동생에게도 '안녕하세요'라고 인사를 하더라고요.</u>

최 교사: 그럼 ㉤ <u>또래나 어린 동생에게 적절히 인사를 할 수 있도록 변별훈련</u>을 하면 되겠어요.

2) 귀인이론 중 통제 소재의 차원에서 ㉢에 해당하는 특성을 쓰시오.

54

2024 중등A-12

다음은 정서 · 행동장애 학생 A에 대한 특수 교사 A와 B의 대화이다. 〈작성 방법〉에 따라 서술하시오.

> 특수 교사 A: 선생님, 우리 학교에 재학 중인 학생 A가 최근 운동장에서 흙을 입에 넣는 모습을 봤어요. 바로 뛰어갔는데, 벌써 삼켜서 말릴 수가 없었어요. 그런 행동을 예전에도 여러 번 봤어요. ㉠ 학생 A와 같은 행동이 나타나면 의사와 먼저 상담을 하고 진단을 받아 봐야 할 것 같아요. 혹시 특정 영양소가 결핍되어 그런 행동이 발생할 수도 있지 않나 싶습니다.
>
> 특수 교사 B: 그럴 수도 있겠네요. 일전에 학생 A의 담임 선생님과 이야기 나눌 기회가 있었는데 ㉡ 학생 A가 2개월 전부터 갑자기 그런 행동을 했다고 하더라고요. 담임 선생님도 걱정이 많아요. 혹시 학생 A가 그 행동을 했을 때 누군가 관심을 줬고, 그 행동이 계속 관심을 받아서 지속되는 건 아닐까 하는 생각도 들어요. 일단 그 행동의 기능을 파악하는 것이 좋겠습니다.
>
> 특수 교사 A: 일단 원인이 파악되면 시급하게 중재를 시작해야 할 것 같아요.
>
> 특수 교사 B: 네, 그런데 아무리 시급한 상황이라 할지라도 어떤 중재를 도입하고 실행할 때에는 중재 목표의 중요성, ㉢ 중재 절차의 적절성, (㉣) 측면에서 사회적 타당도를 살펴보는 것이 필요하지요.

〈 작성 방법 〉

- 밑줄 친 ㉠, ㉡의 정서 · 행동 문제를 바라보는 관점은 어떤 개념적 모델에 근거한 것인지 순서대로 쓸 것

KORea Special Education Teacher

김남진

KORSET 특수교육학 기출분석 2

PART 07

자폐성장애아교육

Mind Map

Chapter 1 자폐성장애의 이해

1 자폐성장애의 개념
- 장애인 등에 대한 특수교육법
- 정신장애의 진단 및 통계편람
  - 진단기준
    - 사회적 의사소통과 사회적 상호작용의 결함
    - 제한적이고 반복적인 행동, 흥미, 활동
    - 초기 발달 시기 출현
  - 심각도

2 자폐성장애의 원인 및 진단 · 평가
- 자폐성장애의 원인
- 자폐성장애의 진단 · 평가
  - 장애인 등에 대한 특수교육법
    - 적응행동검사
    - 성격진단검사
    - 행동발달평가
    - 학습준비도검사
  - 검사도구

Chapter 2 자폐성장애의 특성

1 DSM-5의 진단적 특성
- 사회적 의사소통과 사회적 상호작용의 결함
  - 사회-정서적 상호성의 결함
  - 사회적 상호작용을 위한 비언어적인 의사소통 행동의 결함
  - 관계 발전, 유지 및 관계에 대한 이해의 결함
- 제한적이고 반복적인 행동, 흥미, 활동
  - 상동적이거나 반복적인 운동성 동작, 물건 사용 또는 말하기
  - 동일성에 대한 고집, 일상적인 것에 대한 융통성 없는 집착 또는 의례적인 언어나 비언어적 행동 양상
  - 강도나 초점에 있어서 비정상적으로 극도로 제한되고 고정된 흥미
  - 감각 정보에 대한 과잉 또는 과소반응 또는 환경의 감각 영역에 대한 특이한 관심

2 주요 발달 영역별 특성
- 사회적 상호작용 특성
- 의사소통 특성 : 즉각반향어, 지연반향어
- 행동 특성
- 감각 특성
  - 자폐성장애 학생의 감각적 특성 이해 : 과잉반응, 과소반응
  - 감각처리 모델
    - 낮은 등록
    - 감각 추구
    - 감각 민감
    - 감각 회피

3 관련 특성

- 인지
- 적응행동
- 운동 기능
- 감각 지각
- 기타 특성

Chapter 3 자폐성장애의 인지적 결함 특성

1 마음이해능력의 결함

- 마음이해능력의 개념
- 마음이해능력 결함 관련 특성
- 교육적 지원 방안

2 중앙응집 기능의 결함

- 중앙응집의 개념
- 중앙응집 기능 결함 관련 특성
- 교육적 지원 방안

3 실행기능의 결함

- 실행기능의 개념
- 실행기능 결함 관련 특성
- 교육적 지원 방안

Chapter 4 환경 구조화 전략

1 물리적 환경의 구조화

- 물리적 공간의 구조화
  - 개념
  - 진정 영역
- 공간 내 감각 자극 조절

2 시간의 구조화

- 시간의 구조화 개념
- 시각적 일과표
  - 활동 간 일과표
  - 활동 내 일과표

Chapter 5 교육적 접근

1 비연속 시행 훈련 (DTT)
- 비연속 시행 훈련의 개념
- 비연속 시행 훈련의 구성 요소 및 절차
  - 구성 요소: 주의집중, 자극제시, 학생 반응, 피드백, 시행 간 간격
  - 지도 절차
- 비연속 시행 훈련의 장단점
  - 장점
  - 단점

2 중심축 반응 훈련 (PRT)
- 중심축 반응 훈련의 개념
- 중심축 반응 훈련의 특징
- 핵심 영역
  - 동기 유발
  - 복합 단서에 반응하기
  - 자기관리
  - 자기시도
- 중심축 반응 훈련의 장단점

3 공동행동일과
- 공동행동일과의 개념
- 공동행동일과를 실시하기 위한 유의사항

4 그림교환 의사소통 체계
- 그림교환 의사소통 체계의 개념
- 그림교환 의사소통 체계의 특징
- 그림교환 의사소통 체계의 적용 절차
  - 1단계: 교환 개념 지도 및 교환 훈련
  - 2단계: 자발적 교환 훈련
  - 3단계: 그림 변별 훈련
  - 4단계: 문장 만들기 지도
  - 5단계: 질문에 반응하기 훈련
  - 6단계: 질문에 대한 반응으로 설명하기 훈련
- 그림교환 의사소통 체계의 장단점
  - 장점
  - 단점

5 기능적 의사소통 훈련
- 기능적 의사소통 훈련의 개념
- 기능적 의사소통 훈련의 절차와 방법
- 기능적 의사소통 훈련 사용 시 고려사항
- 기능적 의사소통 훈련의 장단점

6 TEACCH
- 구조화
- 구조화된 교수
- TEACCH의 개념
- TEACCH의 구조화 유형
  - 물리적 구조화
  - 일과의 구조화
  - 개별 과제 조직
  - 작업 시스템

7 파워카드 전략
- 파워카드 전략의 개념
- 파워카드 전략의 요소
  - 시나리오
  - 파워카드
- 파워카드 전략에서 학생이 좋아하는 인물이나 관심사를 이용하는 이유
- 파워카드 전략이 도움이 되는 상황

8 상황이야기
- 상황이야기의 개념
- 상황이야기의 특징
- 설명문과 코칭문
  - 설명문 : 설명문, 조망문, 긍정문
  - 코칭문 : 청자 코칭문, 팀원 코칭문, 자기 코칭문
- 상황이야기의 작성 지침
- 상황이야기의 적용 절차

9 짧은 만화 대화
- 짧은 만화 대화의 개념
- 짧은 만화 대화의 적용 방법
- 짧은 만화 대화의 주의사항
- 짧은 만화 대화의 적용 절차

10 사회적 도해
- 사회적 도해의 개념
- 사회적 도해의 특징
- 사회적 도해의 적용 절차
- 사회적 도해의 장점

11 비디오 모델링

기출문제 다잡기

정답 및 해설 p.28

01

2009 유아1-1

〈보기〉는 구어가 전혀 발달되지 않았을 뿐 아니라, 비언어적 의사소통에도 어려움을 보이는 동건이에게 유 교사가 그림교환의사소통체계(picture exchange communication system ; PECS)를 지도한 방법의 예시이다. 지도 절차가 순서대로 제시된 것은?

〈보기〉

ㄱ. 동건이가 그림카드를 사용하여 문장판에 문장을 만들고 그것을 교사에게 제시하도록 지도하였다.
ㄴ. 동건이가 원하는 그림카드를 교사에게 주면 해당하는 사물을 주어 교환의 개념을 알도록 지도하였다.
ㄷ. 동건이가 선호하는 사물의 그림카드와 선호하지 않는 사물의 그림카드 중 선호하는 것을 식별하도록 지도하였다.
ㄹ. 동건이가 자신의 의사소통판으로 가서 그림카드를 가져와 교사에게 주면 해당하는 사물을 주어 자발적으로 교환하도록 지도하였다.

① ㄴ → ㄷ → ㄱ → ㄹ
② ㄴ → ㄹ → ㄷ → ㄱ
③ ㄷ → ㄴ → ㄹ → ㄱ
④ ㄷ → ㄹ → ㄱ → ㄴ
⑤ ㄹ → ㄴ → ㄷ → ㄱ

02

2009 유아1-4

자폐성장애 아동의 사회적 의사소통 지도 방법 중 하나인 중심축 반응 훈련(privotal response training ; PRT)에 대한 적절한 진술을 〈보기〉에서 모두 고른 것은?

〈보기〉

ㄱ. 특정한 사회적 상황과 그에 대한 적절한 반응을 설명해 주는 이야기를 지도한다.
ㄴ. 자연적 환경에서 발생하는 다양한 학습 기회와 사회적 상호작용에 반응하도록 지도한다.
ㄷ. 학습 상황에서 습득한 중심축 반응을 유사한 다른 상황에서도 보일 수 있도록 일반화를 강조한다.
ㄹ. 동기화, 환경 내의 다양한 단서에 대한 반응, 자기주도, 자기관리 능력의 증진에 초점을 둔다.

① ㄱ, ㄴ
② ㄱ, ㄷ
③ ㄷ, ㄹ
④ ㄱ, ㄴ, ㄷ
⑤ ㄴ, ㄷ, ㄹ

03

2009 중등1-21

다음은 자폐성장애학생에게 '병원에서 적절한 행동하기'를 가르치기 위해 개발된 '사회적 이야기(social stories)'의 예이다. 이 이야기에 대해 옳은 것을 〈보기〉에서 고른 것은?

> 병원대기실에는 의자가 있다. 아파서 병원에 온 사람들은 진찰을 받기 위해 의자에 앉아 있다. ㉠ 일반적으로 사람들은 아프기 때문에 의자에 앉아서 기다리고 싶어한다. 때때로 어린아이들은 대기실에서 뛰어다닌다. 어린아이들은 일반적으로 가만히 앉아 있기 힘들기 때문에 뛰어다닐 수 있다. 나는 중학생이기 때문에 가만히 앉아서 기다릴 수 있다. 아버지는 내가 가만히 앉아서 기다릴 수 있도록 나에게 퍼즐을 주시면서 "퍼즐을 맞춰라."라고 말씀하실 것이다. ㉡ 나는 가만히 앉아서 기다리기 위해 퍼즐을 맞춘 후 아버지에게 퍼즐을 다 하였다고 말할 것이다. 아버지는 내가 가만히 앉아서 퍼즐을 하고 있다면 좋아하실 것이다.

〈보기〉

ㄱ. ㉠은 지시문이다.
ㄴ. ㉡은 통제문이다.
ㄷ. 개별화된 인지적 중재 방법이다.
ㄹ. 학생들이 해야 할 행동을 기술하기 위하여 쓴 글이다.
ㅁ. 학생들이 사회적 상황과 상대방의 입장을 이해할 수 있도록 돕는다.

① ㄱ, ㄴ, ㄹ ② ㄱ, ㄴ, ㅁ
③ ㄱ, ㄷ, ㄹ ④ ㄴ, ㄷ, ㅁ
⑤ ㄷ, ㄹ, ㅁ

04

2010 유아2A-3

통합유치원에 다니는 경수는 만 5세이고 자폐성 장애를 가지고 있다. (가)는 경수의 의사소통행동에 대한 진술이고, (나)는 김 교사와 경수 어머니가 경수의 의사소통 능력 향상 방법에 대하여 나눈 대화 중 일부이다.

(가) 경수의 의사소통행동

> ① 경수는 먼저 의사소통을 시도하지 않으며 하루 종일 혼자 웅얼거리는 행동을 반복한다.
> ② 어머니가 경수에게 필요한 것이 뭐냐고 물어볼 경우, 자신이 원하는 것이 있으면 손으로 가리킨다. 하지만 다른 사람의 언어적 자극에는 반응하지 않는다.
> ③ 교사가 촉구할 때에도 경수는 자신이 원하는 것이 제시될 경우에만 반응한다.

(나) 김 교사와 경수 어머니의 대화

> … (중략) …
> 김 교사: 경수의 전반적인 의사소통행동 특징을 고려해 개별화교육 목표를 '자발적 의사소통'으로 정하였어요. 그래서 '그림교환 의사소통체계(Picture Exchange Communication System ; PECS)'를 사용했으면 해요.
> 어 머 니: 제가 자폐성 장애 유아와 관련된 자료를 자주 검색하는데…. PECS는 그림카드를 제시하여 아이가 원하는 것을 얻게 하는 방법이라던데요. 그런데 저는 경수가 그림카드 한 장만으로 의사소통을 하는 것은 원치 않아요. 경수는 지금도 자신이 원하는 것을 손으로 직접 가리키는 정도는 되거든요.
> 김 교사: 경수 어머님 말씀의 뜻은 잘 알겠어요. 하지만 자폐성 장애 유아들이 PECS로 의사소통을 할 경우 구어까지 사용하게 된다는 연구 결과가 많이 보고되고 있어요.
> 어 머 니: 그렇군요. 그런데 PECS 말고도 경수와 같은 아이의 구어를 유도할 수 있는 다른 방법이 없을까요?
> 김 교사: '비연속 시행 훈련(Discrete Trial Training ; DTT)'이라는 방법이 있긴 하지만 ….
> 어 머 니: 그럼 DTT를 경수에게 적용해 볼 수는 없나요?
> 김 교사: 저도 DTT를 전혀 고려해 보지 않은 건 아닙니다. 하지만 현재 경수가 보이는 의사소통행동 특징들로 볼 때, PECS가 더 적절한 것 같아요.
> … (이하 생략) …

(가)에 나타난 경수의 의사소통행동 특징 3가지를 쓰고, 이 특징들과 PECS의 전반적 내용을 연계하여 경수에게 PECS가 더 적합하다고 권유하는 김 교사 의견의 정당성을 논하시오. 그리고 경수 어머니가 PECS에 대해 잘못 알고 있는 사항을 찾아 바르게 고치고, 경수의 구어 사용이 촉발될 수 있는 가능성을 PECS의 해당 단계에 근거하여 논하시오. (500자)

05

2010 초등1-19

다음은 장 교사가 자폐성장애 학생 동수와 국어 수업 시간에 나눈 대화이다. 장 교사가 말하기 지도를 위해 동수의 의사소통 특징을 바르게 분석한 것을 〈보기〉에서 고른 것은?

> 장 교사: 이번에는 순서대로 해보자.
> 동　 수: 내가도 집에 있어.
> 장 교사: 동수가 하겠다고?
> 동　 수: (단음조의 억양으로) 내가도 집에 있어.
> 장 교사: (학생이 알아듣기 어려울 정도로 작게 말하며) 동수가 해야지.
> 동　 수: (아무런 반응 없이 대답이 없다.)
> 장 교사: 이제 누가 할 차례지?
> 동　 수: 선생님이가 있어.

〈보기〉

ㄱ. 명료화 요구하기가 가능하다.
ㄴ. 대명사를 사용하여 말하고 있다.
ㄷ. 비언어적 의사소통 수단을 사용한다.
ㄹ. 말 차례 지키기(turn-taking)가 가능하다.
ㅁ. 주격조사를 정확하게 사용하며 말하고 있다.

① ㄱ, ㄷ　　② ㄱ, ㄷ
③ ㄴ, ㄹ　　④ ㄷ, ㅁ
⑤ ㄹ, ㅁ

06

2010 중등1-26

다음은 자폐성장애의 특징을 설명한 것이다. (가)와 (나)에 해당하는 특징으로 옳은 것은?

> (가) 스스로 계획하는 데 어려움이 있고, 억제력이 부족하여 하고 싶은 일을 충동적으로 하므로 부적절한 행동을 하게 된다. 또한 생각과 행동의 융통성이 부족하여 학습한 내용을 일반화하는 데 어려움이 있다.
> (나) 정보처리 방식이 상향식이어서 임의로 주변 환경에 의미를 부여함으로 인하여, 의미 있는 환경을 받아들이는 데 어려움을 겪는다. 따라서 사소하거나 중요하지 않은 일에 사로잡히게 된다.

	(가)	(나)
①	실행기능 결함	중앙응집 결함
②	마음읽기 결함	실행기능 결함
③	중앙응집 결함	감각적 정보처리 결함
④	마음읽기 결함	중앙응집 결함
⑤	실행기능 결함	선택적 주의집중 결함

[7~8] 다음 대화를 읽고 물음에 답하시오.

김 교 사: 오늘은 두 분 어머니께 자녀의 의사소통 발달을 위해 가정에서 하실 수 있는 방법에 대해 알려 드리려고 합니다. 의사소통 발달을 돕기 위해서는 먼저 환경을 구조화하는 것이 필요합니다.
연주 어머니: 환경을 구조화하는 것이란 어떤 것인가요?
지호 어머니: 저도 그게 궁금해요.
김 교 사: 예를 들면, ㉠ ____________.
지호 어머니: 아, 그렇군요. 지호는 몇 개의 단어를 말해 보라고 시키면 말할 수 있지만 정작 그 단어를 사용해야 하는 장소에서 지호가 먼저 말하지는 않아요. 이 문제를 해결할 수 있는 방법은 없을까요?
연주 어머니: 연주는 발화가 되지 않아 갖고 싶은 것을 달라고 하지 못하니까 무조건 울어버려요. 어떻게 해야 하나요?
김 교 사: 여러 가지 방법이 있습니다.

…(이하 생략)…

07

2011 유아1-13

㉠에 들어갈 응답으로 적절한 것을 <보기>에서 모두 고른 것은?

<보기>

ㄱ. 오늘의 간식 그림카드를 냉장고에 붙여 놓습니다.
ㄴ. 아이가 짜증을 낼 때는 그 상황을 고려하여 반응합니다.
ㄷ. 외출할 때는 현관문을 열기 전에 갈 곳을 묻고 대답하게 합니다.
ㄹ. 동화책은 아이의 눈에 쉽게 띄도록 여기저기 흩어 놓습니다.
ㅁ. 간식은 아이의 손이 닿지는 않으나 잘 보이는 식탁 선반 위에 둡니다.

① ㄱ, ㄹ
② ㄱ, ㅁ
③ ㄴ, ㄷ
④ ㄱ, ㄷ, ㅁ
⑤ ㄴ, ㄷ, ㄹ

08

2011 유아1-14

어머니들의 말에 나타난 각 유아의 의사소통 특성을 고려할 때, 지호와 연주에게 적절한 언어교수법과 그 적용 이유가 바르게 연결된 것은?

구분	지호		연주	
	언어 교수법	적용 이유	언어 교수법	적용 이유
①	우연교수	자발적 구어 표현력 향상에 효과적이므로	비연속 시도훈련 (discrete trial training)	자발적 구어 표현력 향상에 효과적이므로
②	우연교수	자발적 구어 표현력 향상에 효과적이므로	그림교환 의사소통 체계 (PECS)	의사소통 의도 표현력 향상에 효과적이므로
③	그림교환 의사소통 체계	습득한 어휘의 일반화에 효과적이므로	비연속 시도훈련	발화 훈련에 효과적이므로
④	그림교환 의사소통 체계	습득한 어휘의 일반화에 효과적이므로	우연교수	발화 훈련에 효과적이므로
⑤	비연속 시도훈련	자발적 구어 표현력 향상에 효과적이므로	우연교수	의사소통 의도 표현력 향상에 효과적이므로

09

2011 유아1-20

만 5세인 윤호는 자기의 물건이나 장난감을 만지는 친구를 밀어 넘어뜨리거나 다치게 한다. 권 교사는 2007년 개정 유치원 교육과정 사회생활 영역의 내용인 '나의 감정 알고 조절하기'를 지도하면서 윤호의 문제를 해결하기 위한 지도 방법을 〈보기〉와 같이 고안하였다. 지도 방법과 교수 전략이 바르게 연결된 것은?

〈보기〉

ㄱ. 자신과 친구의 기분을 나타내는 얼굴 표정을 찾아 문제 상황 그림에 붙이게 하고, 왜 기분이 그런지에 대해 답하게 한다.
ㄴ. 친구를 밀지 않고 자신의 감정을 말로 표현하면 파란 스티커를, 친구를 밀면 빨간 스티커를 개별 기록판에 윤호가 스스로 붙이게 한다.
ㄷ. 화가 나기 시작하면 윤호 스스로 '멈춰, 열까지 세자.'라고 마음속으로 말하면서 팔을 움츠리고 서서 천천히 열까지 세며 화를 가라앉히게 한다.
ㄹ. 친구를 밀지 않고 "내 거 만지는 거 싫어."라고 말하면 칭찬한 후 장난감을 가지고 놀게 하고, 친구를 밀면 장난감을 가지고 놀 수 없게 한다.

구분	ㄱ	ㄴ	ㄷ	ㄹ
①	상황이야기 (Social Story)	자기점검	자기교수	대안행동 차별강화
②	상황이야기	자기강화	문제해결 기술	대안행동 차별강화
③	상황이야기	자기점검	문제해결 기술	상반(양립불가) 행동 차별강화
④	마음읽기 중재	자기강화	자기교수	상반(양립불가) 행동 차별강화
⑤	마음읽기 중재	자기점검	자기교수	대안행동 차별강화

10

2011 유아1-27

유치원 통합학급에 있는 자폐성장애 유아 은수와 발달지체 유아 현주, 일반 유아들 사이에서 일어난 상황 및 교사의 지도 내용에 대한 교수 전략을 바르게 연결한 것을 모두 고른 것은?

구분	상황 및 지도 내용	교수 전략
㉠	• 은수는 간식 시간 전인 이야기 나누기 시간에 간식을 달라고 떼를 쓰며 운다. • 그림 일과표를 제시해 주고, 이야기 나누기 시간이 시작되면 모래시계를 거꾸로 세워 놓는다.	시간의 구조화
㉡	• 은수는 머리카락 잡아당기기에 집착하여 옆에 있는 친구의 머리카락을 잡아당겨 울린다. • 은수와 다른 유아에게 적절한 사회적 행동을 가르칠 수 있는 주제로 대본을 만들어 상황에 맞는 역할을 하도록 한다.	사회극 놀이
㉢	• 현주는 또래 친구들이 바깥놀이를 위해 외투를 입는데 혼자 돌아다니고 있다. • 바깥놀이를 나갈 때 현주에게 친구들이 옷 입는 것을 보고 따라하게 한다.	과제 분석
㉣	• 유아들이 율동 시간에 침을 흘리는 현주와는 손을 잡으려고 하지 않는다. • 친구로부터 소외당하는 내용의 비디오를 보여 주고, 반성적인 이야기 나누기를 통해 현주를 이해하도록 한다.	공동행동 일과

① ㉠, ㉡ ② ㉠, ㉢
③ ㉡, ㉣ ④ ㉠, ㉡, ㉢
⑤ ㉡, ㉢, ㉣

11

2011 초등1-14

다음은 보람특수학교(초등) 송 교사가 자폐성장애 학생 진규를 지도한 사례이다. 지도 사례에 나타난 송 교사의 지도 전략을 〈보기〉에서 고른 것은?

학생 특성	• 장난감 자동차를 좋아함. • 구어를 할 수는 있으나, 자발적 발화가 거의 나타나지 않음.
학습 목표	말로 물건을 요구할 수 있다.
지도	송 교사는 진규의 손이 닿지는 않지만 볼 수 있는 선반 위에 진규가 좋아하는 장난감 자동차를 올려놓았다. 진　규: (선반 위에 놓아둔 장난감 자동차를 응시한다.) 송 교사: 뭘 보니? 뭘 줄까? 진　규: (계속해서 장난감 자동차를 응시만 하고 말을 하지 않는다.) 송 교사: 자동차? 자동차 줄까? 진　규: (계속 쳐다 보기만 하고 말을 하지 않는다.) 송 교사: "자동차 주세요."라고 말해 봐. 진　규: (잠시 머뭇거리다가) 자동차 주세요. 송 교사: (진규에게 장난감 자동차를 준다.) 진　규: (장난감 자동차를 받아서 논다.) (송 교사는 어머니에게 진규가 가정에서도 장난감 자동차를 달라는 표현을 말로 할 경우에만 장난감 자동차를 주라고 자세히 설명하였다.)

〈보기〉

ㄱ. 간헐강화를 사용하였다.
ㄴ. 반응대가를 사용하였다.
ㄷ. 일반화를 고려하여 지도하였다.
ㄹ. 기술중심 접근법을 사용하였다.
ㅁ. 신체적 촉진(촉구) 자극을 사용하였다.

① ㄱ, ㄴ　② ㄱ, ㄷ
③ ㄴ, ㄷ　④ ㄷ, ㄹ
⑤ ㄹ, ㅁ

12

2011 초등1-21

다음은 폭행과 폭언을 하는 아스퍼거 장애(증후군) 학생 영두를 지도하기 위하여 통합학급 김 교사와 특수학급 강 교사가 협의하여 작성한 2008년 개정 특수학교 국민공통기본교육과정 3학년 도덕과 교수·학습과정안이다. 이에 대한 바른 설명을 〈보기〉에서 고른 것은?

단원	함께 어울려 살아요.	
제재	2. 같은 것과 다른 것이 함께해요.	
목표	생김새나 생활 방식 등이 나와 다른 이웃과 친구들을 어떻게 대해야 하는지 바르게 판단한다.	
단계		**교수·학습 활동**
도덕적 문제의 제시		• 전시학습 확인 • 동기유발 • ㉠ 학습문제 확인
도덕 판단·합리적 의사 결정의 연습	문제 사태 제시 및 상황 파악	• 폭언이나 폭행을 하는 예화 내용 파악하기
	입장 선택과 근거 제시	• 자신의 입장과 이유 발표하기
	잠정적 결정 및 가치원리 검사	• 가치 원리에 따른 바람직한 행동 알기 ※ ㉡ 영두를 위한 적절한 개별화 지도법 적용
	최종 입장 선택	• 최종 입장 결정하기
도덕적 정서 및 의지의 강화		• 다양성을 이해하려는 마음 갖기
정리 및 실천 생활화		• ㉢ 실천과제 확인하기 ※ ㉣ 영두를 위한 수정 실천과제 제시 • 차시 계획

〈보기〉

ㄱ. ㉠의 학습문제 확인에서는 영두에게 은유법이나 상징을 사용하여 폭언이나 폭력의 심각성을 알려준다.
ㄴ. ㉡을 지도할 때, 영두에게 폭언이나 폭행을 하는 상황을 묘사하는 만화를 그리도록 하여 그 상황을 이해시키는 사회적 도해(social autopsy) 전략을 적용한다.
ㄷ. ㉢의 실천과제 확인하기에서 학급 동료들은 영두의 폭언이나 폭행에 대하여 1개월 동안 소거 기법을 사용하도록 한다.
ㄹ. ㉣의 영두를 위한 수정 실천과제 제시에서 영두에게 폭언이나 폭행 충동이 일어날 때 파워카드를 사용하도록 지도한다.
ㅁ. 정신장애 진단 및 통계 편람 제4판(DSM-Ⅳ-TR)에 근거하면, 영두와 같은 장애학생은 인지발달 또는 연령에 적절한 자조기술에서 임상적으로 유의한 지체를 보이지 않는다.

① ㄱ, ㄴ　② ㄴ, ㄷ　③ ㄴ, ㅁ
④ ㄷ, ㄹ　⑤ ㄹ, ㅁ

13

2011 중등1-2

김 교사는 전공과에서 직업교육을 받고 있는 자폐성장애 학생의 작업환경 조정을 위하여 구조화된 교수(TEACCH) 프로그램을 적용하려고 한다. 김 교사가 적용하려는 프로그램의 4가지 주요 요소에 해당하는 내용으로 적절하지 않은 것은?

① 각각의 조립 순서를 그림으로 상세히 제시한다.
② 사무용 칸막이를 이용하여 별도의 작업 공간을 정해 준다.
③ 각 시간대별 활동 계획표를 작성해 주어 다음 작업을 예측할 수 있도록 한다.
④ 일과가 끝나면 작업 내용에 대하여 토의하고 다음 날의 작업에 대하여 학생에게 설명한다.
⑤ 작업대 위에 견본 한 개와 일일 작업량만큼의 부품들을 올려놓고, 작업대 옆 완성품을 담는 상자에 작업 수당에 해당하는 액수를 적어 놓는다.

14

2011 중등1-8

사회적 의사소통 능력의 결함으로 인해 대인관계에서 다양한 부적응 행동을 보이는 자폐성장애 학생을 중재하기 위하여 교사는 다음과 같은 지원 전략을 세웠다. (가)~(다)에 해당하는 가장 적절한 중재 기법을 고른 것은?

단계	전략
1단계	학생이 보이는 문제행동의 기능을 파악한다.
2단계	문제행동과 관련된 환경 및 선행사건을 수정한다.
3단계	(가) 자연스러운 상황에서 사회적 의사소통 기술을 지도하여 문제행동의 발생을 예방함과 동시에 습득한 기술을 다른 사회적 기술로 확장시켜 학생 스스로 환경적 문제에 대처하도록 한다. (나) 문제행동과 동일한 기능을 가진 수용 가능한 교체 기술을 가르친다.
4단계	(다) 문제행동의 발생 빈도를 평가하고, 문제행동에 대한 반응적 중재 방법을 마련한다.
5단계	학생이 학습한 행동을 다양한 환경에서 독립적으로 수행하게 한다.

	(가)	(나)	(다)
①	촉진적 의사소통(FC)	비연속 시행훈련(DTT)	중심축 반응 훈련(PRT)
②	촉진적 의사소통(FC)	기능적 의사소통 훈련(FCT)	중심축 반응 훈련(PRT)
③	중심축 반응 훈련(PRT)	촉진적 의사소통(FC)	교수적 접근, 소거, 차별강화
④	중심축 반응 훈련(PRT)	기능적 의사소통 훈련(FCT)	교수적 접근, 소거, 차별강화
⑤	교수적 접근, 소거, 차별강화	기능적 의사소통 훈련(FCT)	비연속 시행훈련(DTT)

15

2012 유아1-8

다음은 자폐성장애 유아의 일반적인 특성과 이에 따른 교수 전략을 설명한 것이다. 적절한 교수 전략이 <u>아닌</u> 것은?

	일반적인 특성	교수 전략
①	상동적이고 반복적인 동작을 한다.	의미 없어 보이는 상동행동이라도 행동의 기능이나 원인이 무엇인지 먼저 파악하여 접근한다.
②	시각적인 정보처리에 강점을 보인다.	복잡한 내용을 설명할 때는 마인드 맵(mind map)을 활용한다.
③	정해진 순서나 규칙에 집착하거나 변화에 매우 민감하다.	갑작스러운 일에도 잘 적응하도록 자주 예기치 않은 상황을 만들어 준다.
④	사회적 관습이나 규칙에 대해 이해하는 데 어려움을 보인다.	사회적인 상황이나 문제를 설명해 주는 간단한 상황 이야기(social stories)를 활용한다.
⑤	제한된 범위의 관심 영역에 지나치게 집중하거나 특별한 흥미를 보이는 행동을 한다.	유아가 보이는 특별한 흥미를 강점으로 이해하고 이를 동기로 활용할 수 있는 교수방법을 찾아본다.

16

2012 유아1-9

다음은 일반학급 교사와 정호 어머니가 정호에 대해 특수학급 교사에게 제공한 정보이다. 〈보기〉에서 특수학급 교사가 이 정보에 근거하여 파악한 정호의 특성과 교육적 조치로 적절한 것을 고르면?

〈관찰 일지〉

유아명	김 정 호	반	초롱반
관찰 기간	2011. 3. ~ 2011. 7.	담당 교사	이 세 명
관찰 내용 요약			
○ 스스로 간단한 문장 표현은 가능하나, 질문에 간혹 엉뚱한 말을 하거나 특정 구나 말을 반복하여 의사소통이 곤란함 ○ 익숙한 몇몇 친구의 접촉은 거부하지 않으나, 놀이를 할 때 언어적 상호작용을 잘 못하며, 혼자 원 그리는 놀이에 몰두함 ○ 간단한 지시나 수업 내용은 수행 가능하나, 최근 짜증을 잘 내고 산만하며 과잉행동성이 증가함 ♧ 행복초등학교 병설유치원 ♧			

선생님께

정호의 상태에 대해 간단히 적어 보내드립니다.

○ 출생: 정상분만

○ 1~2세: 간단한 말을 하였으나 점차 의미 있는 말이 줄고, 가족들과 사람들에게 관심이 없어지고 시선을 회피함

○ 현재: 말을 의미없이 즉각 따라하는 것이 늘고, 일일학습지 지도 시 자주 자리에서 일어나며, 억지로 앉히려고 하면 괴성을 지르고 짜증을 자주 내어 걱정됨

잘 부탁드립니다!

2011. 9. 5.

정호 엄마 드림

〈보기〉

ㄱ. 유아의 주요 문제는 인지적 어려움이므로 과민감성 줄이기를 목표로 정하여 지도해 나가도록 한다.

ㄴ. 의미 없는 말이나 엉뚱한 말을 하므로 정확한 문법의 문장을 따라 말할 수 있도록 큰 소리로 반복 지도한다.

ㄷ. 관심이나 성취 등을 타인과 자발적으로 나누는 데 어려움이 있으므로 사회적 또는 정서적 상호성을 신장시킨다.

ㄹ. 언어의 형태에 비해 언어의 내용과 사용 측면에 어려움이 두드러진 유아이므로 심층적인 언어평가를 받도록 안내한다.

ㅁ. 언어행동의 문제가 있으므로 반향어와 의도적인 구어 반복 구별하기 등의 적절한 언어 중재를 통해 부적절한 언어 사용 행동을 개선한다.

① ㄱ, ㄴ, ㄷ　　② ㄱ, ㄷ, ㅁ
③ ㄴ, ㄷ, ㄹ　　④ ㄴ, ㄹ, ㅁ
⑤ ㄷ, ㄹ, ㅁ

17

2012 유아1-34

다음은 유아의 '마음 이론(theory of mind)' 발달을 측정하는 과제이고, (가)는 이 과제의 질문에 대한 유아 A와 유아 B의 반응이다. 두 유아의 '마음 이론' 발달의 특징을 기술한 것으로 적절하지 <u>않은</u> 것은?

	㉠ 철수는 찬장 X에 초콜릿을 넣어 두고 놀러 나간다.
	㉡ 철수가 나간 사이에 어머니가 들어와 초콜릿을 찬장 Y로 옮겨 놓고 나간다.
	㉢ 철수가 돌아온다.

유아 A와 유아 B에게 위의 ㉠~㉢ 장면을 보여주고 설명한 후, "철수는 초콜릿을 찾기 위해 어디로 갔을까?"라고 묻는다.

(가)	• 유아 A: 철수는 찬장 X로 가요. • 유아 B: 철수는 찬장 Y로 가요.

① 유아 A는 유아 B보다 철수의 관점을 더 잘 읽을 수 있다.

② 유아 A는 유아 B보다 마음 이론이 더 잘 발달되어 있을 수 있다.

③ 유아 B는 유아 A보다 상위인지 능력이 더 발달되어 있을 가능성이 높다.

④ 유아 A는 철수의 생각이나 믿음이 실제와 다를 수 있다는 것을 이해한다.

⑤ 유아 B는 자기가 알게 된 정보를 이용하여 철수의 행동을 자기중심적으로 설명한다.

18

2013 유아A-7

수호는 만 5세 고기능 자폐성장애 유아로 유치원 통합 학급에 재원 중이다. 다음은 자유놀이 상황에 대한 김 교사의 관찰 및 중재 내용이다. 물음에 답하시오.

수호와 영미는 자유놀이 시간에 블록 쌓기를 하는 중이다. 영미는 다양한 색의 블록을 사용하여 집을 만들려고 하였다. 반면에 수호는 빨강색을 너무 좋아해서 빨강색 블록만을 사용하여 집을 만들려고 하였다. 영미가 다른 색의 블록으로 쌓으려 하면, 수호는 옆에서 블록을 쌓지 못하게 방해하였다. 결국 블록 집은 수호가 좋아하는 빨강색 블록만으로 만들어졌다. 이에 기분이 상한 영미는 수호에게 "이제 너랑 안 놀아!"라고 하며, 다른 친구에게로 갔다.

이것을 옆에서 지켜보던 김 교사는 수호를 위해 그레이(C. Gray)의 이론을 근거로 아래와 같은 (㉠)을(를) 제작하여 자유놀이 시간이 되기 전에 여러 번 함께 읽었다.

[친구와 블록 쌓기 놀이를 해요]

나는 친구들과 블록 쌓기를 해요.
친구들은 블록 쌓기를 좋아하고 나도 블록 쌓기를 좋아해요.
나와 영미는 블록으로 집을 만들어요.

나는 빨강색을 좋아하지만, 영미는 여러 색을 좋아해요.
빨강 블록 집도 예쁘지만 다른 색으로 만들어도 멋있어요.
여러 색으로 집을 만들면 더 재밌어요.
그러면 영미도 좋아해요. 나도 좋아요.

㉡ <u>나는 친구들과 여러 색으로 블록 쌓기 놀이를 할 수 있어요.</u>

또한, 김 교사는 다양한 놀이 상황에서 수호가 실수를 한 후 자신의 잘못을 깨닫게 하는 중재법을 적용하였다. ㉢ <u>이 중재법은 수호가 잘못한 상황을 돌이켜 보도록 함으로써, 자신의 잘못으로 인해 다른 친구들이 마음의 상처를 받을 수 있다는 것을 이해하도록 도와주는 것이다.</u>

1) ㉠에 들어갈 말을 쓰시오.

2) 김 교사가 ㉠을 적용하였을 때, 기대할 수 있는 수호의 변화를 2가지 쓰시오.

3) ㉡과 같은 문장의 기능을 쓰시오.

4) ㉢의 중재법이 무엇인지 쓰시오.

19 2013 유아B-4

다음은 통합유치원에 재원 중인 만 5세 자폐성장애 유아 민지에 관한 내용이다. 물음에 답하시오.

(가) 민지의 특성

- 시각적 정보 처리 능력이 뛰어난 편이다.
- 좋아하지 않는 활동에 잘 참여하지 않는다.
- 다양하게 바뀌는 자료에 대해 과민하게 반응한다.
- ㉠장난감 자동차 바퀴를 돌리는 행동을 계속 반복한다.
- 다른 사람과 대화를 시작하거나 유지하는 데 어려움을 보인다.

(나) 교수 · 학습계획

세부내용: 주변의 여러 가지 물체와 물질의 기본 특성을 알아본다.

목표	교수 · 학습 활동
친숙한 물체와 물질의 특성을 파악한다.	• 여러 가지 물건(다양한 공, 블록, 털 뭉치 등)의 크기, 모양, 색 알아보기 • 여러 가지 물건을 굴려 그 특성을 알아보기 • 비밀상자 안에 들어 있는 다양한 물건을 만져 보고 느낌 표현하기

(다) 민지 지원 방안

① 다양한 자료를 제시하여 각 활동에 적극적으로 참여할 수 있도록 지원한다.
② 활동에 사용할 자료를 자유선택활동 시간에 미리 제시하여 관심을 가지게 한다.
③ 전체적인 활동 순서를 그림이나 사진으로 제시하여 각 활동의 순서를 쉽게 이해하도록 지원한다.
④ 자유선택활동 시간에 여러 가지 물건 굴리기 활동을 민지가 좋아하는 도서 활동 영역에서 해보도록 한다.
⑤ 비선호 활동을 수행하기 전에 선호하는 활동을 먼저 수행하도록 하여, 비선호 활동에 보다 잘 참여할 수 있도록 한다.

1) 다음 괄호 안에 들어갈 말을 쓰시오.

(가)의 ㉠에 나타난 민지의 행동은 '정신장애진단통계편람(DSM-IV-TR)'에 제시된 자폐성장애의 진단기준 3가지 중 (   )에 해당한다.

3) (다)에서 민지의 지원 방안으로 적절하지 않은 것 2가지를 ①~⑤에서 찾아 기호를 적고, 그 이유를 각각 쓰시오.

- 기호 : (   ), 이유 :
- 기호 : (   ), 이유 :

20

2013 초등B-5

다음의 (가)는 특수학교 초임교사가 실과시간에 '간단한 생활용품 만들기' 단원을 지도하기 위해 수석교사와 나눈 대화 내용의 일부이다. 이 수업에 참여하는 세희는 사회적 의사소통에 어려움을 보이는 자폐성장애 학생이다. (나)는 초임교사가 적용하고자 하는 중심축 반응 교수(Pivotal Response Training) 전략이다. 물음에 답하시오.

(가) 대화 내용

> 수석교사: 프로젝트 활동 수업은 어떻게 준비되고 있나요?
> 초임교사: ㉠ 학생들이 만들고 싶어 하는 생활용품이 매우 다양해서 제가 그냥 연필꽂이로 결정했어요. 먼저 ㉡ 연필꽂이를 만드는 정확한 방법과 절차를 가르치려고 해요. 그리고 ㉢ 모둠 활동에서 상호작용과 역할 분담이 이루어지는지 확인할 거예요. ㉣ 활동이 끝나면 만든 작품들을 전시하고 발표하는 시간을 가질 거예요.
> 수석교사: 그러면 세희는 프로젝트 활동에 참여하는 것이 조금 어려울 것 같은데 지원 계획은 있나요?
> 초임교사: 네, 세희가 활동에 보다 의미 있게 참여하도록 하기 위하여 중심축 반응 교수 전략을 사용하려고 해요.

(나) 중심축 반응 교수 전략

> ㉤ 세희가 질문에 정확하게 반응할 경우에만 강화를 제공한다.
> ㉥ 다양한 연필꽂이 만들기 재료 중에서 세희가 요구하는 것을 준다.
> ㉦ 세희를 위해 하나의 단서와 자극에 반응할 수 있도록 환경을 구조화한다.
> ㉧ 세희가 연필꽂이 만드는 순서를 모를 때, 도움을 요청할 수 있도록 가르친다.

3) (나)의 ㉤~㉧에서 적절하지 않은 것 2개를 찾아 기호를 쓰고, 바르게 고쳐 쓰시오.

- 기호와 수정 내용 :
- 기호와 수정 내용 :

21

2013추시 유아A-6

다음은 교사 협의회 중 2명의 유아특수교사가 나눈 대화 내용이다. 물음에 답하시오.

> 박 교사: 선생님, 저는 ㉠ 요즘 혜수를 위해 학급의 일과를 일정하게 하고 등원 후에는 하루 일과를 그림으로 안내해 줘요. 그리고 활동이 끝나기 5분 전에 종을 쳐서 알려 줘요.
> 김 교사: 그래서인지 혜수가 활동에 잘 참여하는 것 같아요. 그런데 걱정하시던 혜수의 언어 평가 결과는 어때요?
> 박 교사: 다른 부분은 다 좋아졌는데, ㉡ 말의 높낮이, 강세, 리듬, 속도와 같은 언어의 (　　)측면에는 전혀 변화가 없어요.
> 김 교사: 그런 부분은 자폐성장애의 특성 중 하나지요.
> 박 교사: 그런데 ㉢ 제가 계획한 대로 교수 활동이나 중재전략을 정확하고 일관성 있게 적용하고 있는지 객관적으로 점검해 보고 싶은 생각이 들어요.
> 김 교사: 좋은 생각이네요. 교사들도 지속적으로 자신의 교수 실행을 점검할 필요가 있어요. 저는 ㉣ 부모님이나 주변 사람들이 아이들의 변화를 느끼고 있는지, 이런 변화가 생활 속에서 의미 있다고 생각하는지도 알아보고 있어요.
> 박 교사: 맞아요. 그렇게 하면 우리 아이들의 변화를 좀 더 객관적으로 알 수 있겠네요.

1) 다음 문장을 완성하시오.

> ㉠과 같이 일과와 환경에서의 구조화는 (　　　)을(를) 높여 혜수의 활동 참여를 증가시킬 수 있다.

2) ㉡의 (　)안에 적합한 말을 쓰고 ㉡의 이유를 자폐성장애 아동의 사회적 의사소통 특성에 근거하여 쓰시오.

- ________________ 측면
- 이유 :

22

2013추시 유아A-7

다음은 발달지체 유아인 민아의 개별화교육계획 목표를 활동중심 삽입교수로 실행하기 위해 박 교사가 작성한 계획안이다. 물음에 답하시오.

<table>
<tr><td>유아명</td><td>정민아</td><td>시기</td><td>5월
4주</td><td>교수
목표</td><td colspan="2">활동 중에 제시된 사물의 색 이름을 말할 수 있다.</td></tr>
<tr><td colspan="7">교수활동</td></tr>
<tr><td>활동</td><td colspan="3">㉠ 학습 기회 조성</td><td colspan="3">㉡ 교사의 교수 활동</td></tr>
<tr><td>자유선택
활동
(쌓기 영역)</td><td colspan="3">블록으로 집을 만들면서 블록의 색 이름 말하기</td><td colspan="3" rowspan="6"><u>㉡ 민아에게 사물을 제시하며 "이건 무슨 색이야?" 하고 물어본다.</u>

"빨강(노랑, 파랑, 초록)" 하고 색 이름을 시범 보인 후 "따라 해 봐" 하고 말한다.

<u>㉢ 정반응인 경우 칭찬과 함께 긍정적인 피드백을 제공하고 오반응인 경우 색 이름을 다시 말해 준다.</u></td></tr>
<tr><td>자유선택
활동
(역할놀이
영역)</td><td colspan="3">소꿉놀이 도구의 색 이름 말하기</td></tr>
<tr><td>자유선택
활동
(언어 영역)</td><td colspan="3">존대말 카드의 색 이름 말하기</td></tr>
<tr><td>대소집단
활동
(동화)</td><td colspan="3">그림책 삽화를 보고 색 이름 말하기</td></tr>
<tr><td>간식</td><td colspan="3">접시에 놓인 과일의 색 이름 말하기</td></tr>
<tr><td>실외활동</td><td colspan="3">놀이터의 놀이기구 색 이름 말하기</td></tr>
<tr><td colspan="7">㉣ 관찰</td></tr>
<tr><td rowspan="2">정반응률</td><td>월</td><td>화</td><td>수</td><td>목</td><td colspan="2">금</td></tr>
<tr><td>%</td><td>%</td><td>%</td><td>%</td><td colspan="2">%</td></tr>
</table>

2) 비연속 개별 시도 교수(Discrete Trial Teaching ; DTT)의 구성 요소에 근거하여 ㉡, ㉢에 해당하는 교수전략을 각각 쓰시오.

㉡ :

㉢ :

23

2013추시 유아B-8

준이는 통합유치원에 다니는 만 5세 자폐성장애 유아이다. 물음에 답하시오.

(가) 준이의 행동 특성

- 단체 활동에서 차례를 기다리는 것을 어려워한다.
- 친구가 인사를 하면 눈을 피하면서 ㉠ 반향어 형태의 말만 하고 지나간다.
- 친구가 제안하는 경우 놀이에 참여하나 자발적으로 친구에게 놀이를 제안하거나 시작행동을 보이지는 않는다.

(나) 활동계획안

활동명	친구와 나의 그림자
활동 목표	• 그림자를 보면서 나와 친구의 모습을 인식한다. • 빛과 그림자를 탐색한다.
활동 자료	• 빔 프로젝터, 동물 관련 동요 CD • ㉡ 재생과 정지 버튼에 스티커를 붙인 녹음기
활동 방법	1. 빔 프로젝터를 통해 비치는 자신의 그림자를 탐색해 본다. • 유아의 순서를 네 번째 정도로 배치해 차례 기다리기를 지도한다. 2. 신체를 움직여 보면서 달라지는 그림자를 관찰한다. 3. 다양한 동작을 이용하여 그림자를 만들어 본다. • 유아들이 그림자 모양을 만들 때, ㉢ 친구와 손잡고 돌기, 친구 껴안기, 친구와 하트 만들기, 간지럼 태우기 등 유아 간의 신체적 접촉이 일어나도록 그림자 활동을 구조화하여 지도한다. • 동요를 들으며 유아가 선호하는 동물모양을 친구와 함께 다양한 동작으로 표현하도록 지도한다.

2) 다음은 ㉠에 나타난 준이의 특성에 비추어 교사가 고려해야 할 점이다. 적절하지 않은 내용 1가지를 찾아 번호를 쓰고 바르게 고쳐 쓰시오.

> ① 자폐성장애 아동의 반향어는 언어 발달을 저해하므로 소거해야 한다.
> ② 자폐성장애 아동이 여러 단어로 구성된 반향어를 사용하더라도 그 표현은 하나의 단위로 인식할 수 있다.
> ③ 반향어를 환경 내의 행위나 사물에 연결시켜 반향어와 환경적인 요소들 사이의 관계를 강조하도록 해야 한다.
> ④ 반향어는 주로 아동이 자신이 들은 언어를 분할하지 못할 때와 이해력이 제한되었을 때 발생하므로, 교사는 아동의 정보 처리 능력에 적합한 언어를 사용한다.

- 번호 :
- 수정 내용 :

24

2014 유아A-4

보라는 특수학교 유치부에 다니는 4세의 자폐성장애 여아이다. (가)는 보라의 행동 특성이고, (나)는 보라를 지원하기 위한 활동계획안이다. 물음에 답하시오.

(가) 보라의 행동 특성

- 교실이나 화장실에 있는 ㉠ 전등 스위치만 보면 계속 반복적으로 누른다.
- ㉡ 타인의 말을 반복한다.
- 용변 후 물을 내려야 한다는 것을 모른다.
- 용변 후 손을 제대로 씻지 않고 나온다.
- 배변 실수를 자주 한다.

(나) 활동계획안

활동명	화장실을 사용해요.	
활동 목표	• 화장실을 사용하는 순서를 안다. • 화장실에서 지켜야 할 규칙을 안다.	
활동 자료	PPT 자료	보라를 위한 지원방안
활동 방법	1. PPT 자료를 보며 화장실의 사용 순서에 대해 알아보기 –화장실 문을 열고 들어가요. –문을 닫고 옷을 내려요. –화장실 변기에 앉아 용변을 봐요. –옷을 올리고 물을 내려요. –문을 열고 나가요. –손을 씻어요. 2. 화장실에서 지켜야 할 규칙에 대해 알아보기(화장실로 이동한다.)	• 화장실에 가고 싶을 때 용변 의사를 표현하도록 가르친다. • 화장실 사용 순서 중 옷 올리기 기술을 작은 단계로 나누어 교수한다. • 화장실 변기의 물 내리는 스위치 부분에 스티커를 붙여준다. • ㉢ 세면대 거울에 손 씻기 수행 순서를 사진으로 붙여 놓는다. • 손을 씻을 때 교사는 ㉣ 물비누통을 세면대 위 눈에 잘 띄는 곳에 놓아둔다.

1) 현행 '「장애인 등에 대한 특수교육법 시행령」 [별표] 특수교육대상자 선정기준(제10조 관련) 6. 자폐성장애를 지닌 특수교육대상자'에 제시된 내용에서 (가)의 ㉠행동이 해당되는 내용을 쓰시오.

2) 다음은 (가)의 ㉡과 관련하여 교사가 관찰한 내용이다. ①에서 나타난 자폐성장애의 의사소통 특성을 쓰고, 보라의 말이 의도하는 의사소통 기능을 쓰시오.

> 오전 자유선택활동이 끝나고 정리 정돈하는 시간이 되자 보라는 교사를 화장실 쪽으로 끌면서 ① 며칠 전 들었던 "화장실 갈래?"라는 말을 반복하였다. 교사는 "화장실에 가고 싶어요."라고 말한 후 화장실로 데리고 갔더니 용변을 보았다.

①:

• 의사소통 기능:

25

2014 초등B-2

특수학교 손 교사는 자폐성장애 학생 성주가 있는 학급에서 과학과 '식물의 세계' 단원을 지도하고자 한다. (가)는 성주의 행동 특성이고, (나)는 교수 · 학습 과정안이다. 물음에 답하시오.

(가) 성주의 행동 특성

- 과학 시간을 매우 좋아하나 한 가지 활동이 끝날 때마다 불안해하며 교사에게 "끝났어요?"라는 말로 계속 확인하기 때문에 학습 활동에 집중하기가 어려움.
- 성주가 "끝났어요?"라고 말할 때마다 교사는 남아 있는 학습 활동과 끝나는 시각을 거듭 말해 주지만, 성주가 반복해서 말하는 행동은 수업 후반부로 갈수록 증가함.

(나) 교수 · 학습 과정안

단원명	식물의 세계	제재	채소와 과일의 차이 알기
학습 목표	• 채소와 과일의 차이점을 설명한다. • ___________ ㉠ • 주변에서 보는 채소와 과일에 호기심을 갖는다.		
단계	교수 · 학습 활동		
도입	(생략)		
전개	활동 1. 채소밭과 과수원 • 채소밭과 과수원 그림에 다양한 식물의 열매 사진을 붙여 채소밭과 과수원 꾸미기 활동 2. 맛있는 식물 게임 • 돌림판을 돌려 화살표가 가리키는 식물의 모형 자료를 채소 상자나 과일 상자에 담기 활동 3. 나의 식물 사전 • 두 개의 작은 사진첩에 다양한 채소와 과일 사진을 꽂아 채소 사전과 과일 사전 만들기		
정리	(생략)		
평가	• ㉡ 기본 개념의 이해: 채소와 과일의 차이점을 말할 수 있는가?		

1) (가) 성주의 행동 특성을 고려하여 수업 참여도를 높일 수 있는 구조화 전략을 1가지 쓰고, 그 적용 이유를 쓰시오.

- 구조화 전략 :
- 적용 이유 :

26

2014 중등A-15

다음은 특수학교에 재학 중인 자폐성장애 학생 A를 위해 특수교사인 박 교사와 특수교육실무원이 그림교환 의사소통체계(Picture Exchange Communication System; PECS) 훈련 6단계 중 일부 단계를 실시한 내용이다. 제시된 내용의 바로 다음 단계에서 학생 A가 배우게 되는 과제를 쓰시오.

학생 A와 의사소통 상대자인 박 교사는 서로 마주 보고 앉고, 실무원은 학생 A의 뒤에 앉는다. 실무원은 학생 A가 테이블 위에 놓여 있는 그림카드를 집어서 박 교사에게 줄 수 있도록 신체적 촉진을 제공한다. 이때 실무원은 언어적 촉진은 제공하지 않는다. 학생 A가 박 교사에게 자신이 좋아하는 야구공이 그려진 그림카드를 집어 주면, 박 교사는 "야구공을 갖고 싶었구나!"라고 하면서 학생 A에게 즉시 야구공을 준다. 이와 같은 방식으로 학생 A가 하나의 그림카드로 그 카드에 그려진 실제 물건과의 교환을 독립적으로 하게 되면, 박 교사는 학생 A와의 거리를 점점 넓힌다. 학생 A가 박 교사와 떨어져 있는 상황에서도 하나의 그림카드를 박 교사에게 자발적으로 갖다 주면, 박 교사는 학생 A에게 그 그림카드에 그려진 실제 물건을 준다.

27

2015 유아A-1

민수는 5세 고기능 자폐성장애 유아이다. (가)는 김 교사와 민수 어머니의 상담 내용이고, (나)는 민수를 위한 지원 전략이다. 물음에 답하시오.

(가) 김 교사와 민수 어머니의 상담 내용

민수 어머니: 선생님, 요즘 민수가 유치원에서 잘 지내는지요?
김 교 사: 네, 많이 좋아지고 있어요. 그런데 민수가 친구들과 어울릴 때 어려움이 있어요.
민수 어머니: 친구들과 잘 지내는 것이 힘든 것 같아요. 그리고 약간 염려스러운 것은 민수가 글자와 공룡만 너무 좋아해요. 매일 티라노 공룡을 들고 다녀요. 다른 어머니들은 민수가 글자를 안다고 부러워하시는데 저는 잘 모르겠어요.
김 교 사: 네, 공룡을 좋아하지요. 민수는 글자를 좋아할 뿐 아니라 읽기도 잘해요. 저는 친구들과 어울리는 데 어려움이 있는 민수가 친구들과 잘 지낼 수 있도록 돕기 위해 두 가지 지원 전략을 고려하고 있어요.

(나) 지원 전략

〈 ㉠ 〉

스크립트

티라노랑 친구들은 그네 타기를 좋아해요.
어떤 때는 티라노가 좋아하는 그네를 친구들이 타고 있어요.
그럴 때 티라노는 친구에게 "나도 타고 싶어. 우리 같이 타자."라고 말해요.
㉡ <u>친구들에게 말하지 않고, 그냥 타면 친구들이 속상해 해요.</u>
티라노는 친구들과 차례차례 그네를 탈 수 있어요.

타고 싶은 그네를 다른 친구가 타고 있을 때:
① 그네를 타고 있는 친구 옆으로 간다.
② 친구를 보면서 "나도 타고 싶어. 우리 같이 타자."라고 말한다.
③ 친구가 "그래"라고 하면 그네를 탄다.

카드

① 그네를 타고 있는 친구 옆으로 간다.
② 친구를 보면서 "나도 타고 싶어. 우리 같이 타자."라고 말한다.
③ 친구가 "그래"라고 하면 그네를 탄다.

(나) 지원 전략(계속)

〈상황이야기〉

다른 친구와 장난감 놀이를 해요.

나는 친구들과 장난감 놀이를 해요.
나와 친구들은 장난감을 아주 좋아해요.
어떤 때는 내 친구가 먼저 장난감을 가지고 놀아요.
그럴 때는 친구에게 "이 장난감 같이 가지고 놀아도 돼?"라고 물어보아요.
친구가 "그래"라고 말하면 그때 같이 가지고 놀 수 있어요.
㉢ <u>그래야 내 친구도 기분이 좋아요.</u>

나는 친구에게 "친구야, 이 장난감 같이 가지고 놀아도 돼?"라고 물어볼 수 있어요.

1) ㉠에 들어갈 지원 전략의 명칭을 쓰시오.

㉠:

2) 김 교사가 (나)를 계획할 때 고려한 민수의 행동 특성 2가지를 (가)에서 찾아 쓰시오.

①:

②:

3) ㉡과 ㉢문장의 공통적 기능을 쓰고, 상황이야기 작성 방법에 근거하여 ㉢에 해당하는 문장 유형을 쓰시오.

① 문장의 공통적 기능:

② 문장 유형:

28 2015 유아A-2

다음은 발달지체 유아 지우에 대해 통합학급 김 교사와 특수학급 박 교사가 나눈 대화 내용이다. 물음에 답하시오.

> 김 교사: 선생님, 지우 때문에 의논 드리고 싶은 일이 있어요. 오늘 ㉠ 친구들이 역할놀이 영역에서 집안 꾸미기를 하는데, 지우는 목적 없이 교실을 돌아다니기만 해요. 제가 놀이하는 모습을 보여 주려고 해도 쳐다보지 않아요.
> 박 교사: 그렇다면 지우의 참여 행동을 구체적으로 점검해 봐야 할 것 같아요. 참여 행동을 진단하려면 맥윌리엄(R. McWilliam)의 이론에 따라 참여 수준과 함께 (㉡)와(과) (㉢)을(를) 살펴보는 게 좋겠어요.
> 김 교사: 네, 그래야 할 것 같아요. 또 지우는 한 활동이 끝나고 다른 활동으로 전이하는 것도 힘들어하는 것 같아요.
> 박 교사: 그러면 ㉣ 지우에게 그림 일과표를 보여 주세요. 활동을 마칠 때마다 그림카드를 떼어 다음 활동을 알 수 있도록 하면 좋을 것 같아요.
> 김 교사: 아! 그러면 지우의 참여 행동에 도움이 될 수 있겠네요. 참여를 해야 비로소 학습이 시작되고, 그래야 학습한 내용을 습득할 수 있겠지요. 그 다음에 (㉤), 유지와 일반화가 이루어지므로 참여가 중요한 것 같아요.

3) ㉣에서 박 교사가 물리적 환경을 구조화하기 위해 제안한 방법 1가지를 쓰시오.

29 2015 유아A-5

영수는 ○○유치원 5세 반에 다니고 있다. (가)는 담임교사인 박 교사의 관찰 메모이고, (나)는 박 교사와 특수교육지원센터 순회교사인 최 교사와의 대화 내용이다. 물음에 답하시오.

(가) 박 교사의 관찰 메모

관찰대상: 영수	관찰일: 4월 2일	관찰 장면: 자유선택활동

다른 아이들은 아래 그림을 보고 '5'와 '가방'이라고 말했는데, ㉠ 영수는 '3'과 '꽃'이라고 대답했다.

아이들이 퍼즐놀이를 하면서 항상 ㉡ 높낮이의 변화 없이 같은 톤으로 말하는 영수를 보고, "선생님, 영수는 말하는 게 똑같아요."라고 했다.

(나) 두 교사의 대화

> 박 교사: 선생님, 지난번 특수교육지원센터에서 영수의 발달 문제로 검사를 하셨잖아요.
> 최 교사: 네. ㉢ 한국 웩슬러유아지능검사(K-WPPSI)와 ㉣ 한국판 적응행동검사(K-SIB-R)를 했어요. 그 외 여러 가지 장애진단 검사들도 실시했어요.
> 박 교사: 그래요? 그럼 결과는 언제쯤 나오나요?
> 최 교사: 다음 주에 나올 것 같아요.
> 박 교사: ㉤ 검사 결과가 나오면 그것을 토대로 개별화교육지원팀이 영수의 개별화교육계획을 수립할 수 있겠네요.

1) 자폐성장애 유아에게 나타나는 ㉠과 같은 인지적 결함은 무엇인지 쓰시오.

2) ㉡과 관련하여, 다음의 A에 들어갈 알맞은 말을 쓰시오.

> 영수의 특성은 자폐성장애 유아의 언어적 결함 중 하나로 음운론적 영역 가운데 (A) 사용의 제한을 보인다.

• A :

30

2015 초등B-4

(가)는 특수학교 김 교사가 색 블록 조립하기를 좋아하는 자폐성장애 학생 준수에게 '2011 개정 특수교육 교육과정' 중 기본 교육과정 수학과 3~4학년군 '지폐' 단원에서 '지폐 변별하기'를 지도한 단계이다. 물음에 답하시오.

(가) '지폐 변별하기' 지도 단계

단계	교수·학습 활동
주의집중	교사는 준수가 해야 할 과제 수만큼의 작은 색 블록이 든 투명 컵을 흔들며 준수의 이름을 부른다.
㉠	교사는 1,000원과 5,000원 지폐를 준수의 책상 위에 놓는다. 이때 ㉡ <u>교사는 1,000원 지폐를 준수 가까이에 놓는다.</u> 교사는 준수에게 "천 원을 짚어 보세요."라고 말한다.
학생 반응	준수가 1,000원 지폐를 짚는다.
피드백	교사는 색 블록 한 개를 꺼내, 준수가 볼 수는 있으나 손이 닿지 않는 책상 위의 일정 위치에 놓는다. (오반응 시 교정적 피드백 제공)
시행 간 간격	교사는 책상 위 지폐를 제거하고 준수의 반응을 기록한다.

* 투명 컵이 다 비워지면, 교사는 3분짜리 모래시계를 돌려놓는다. 준수는 3분간 색 블록을 조립한다.

2) (가)에서 김 교사가 준수에게 색 블록을 사용하여 강화를 한 것은 자폐성장애의 어떤 특성을 활용한 것인지 쓰시오.

3) (가)에서 김 교사가 적용한 지도법의 일반적인 제한점을 1가지 쓰시오.

31

2016 유아B-3

(가)와 (나)는 통합학급 5세반 활동의 예시이다. 물음에 답하시오.

(가)

유아들은 여러 가지 재료로 교통기관을 그리고 있다. 발달지체 유아인 민수도 도화지에 색연필로 자유롭게 그리고 있다.

김 교사: 민수가 그림을 그리고 있구나.
민　수: (열중하여 소용돌이 모양과 비뚤어진 원을 그린다.)
김 교사: 무엇을 그리고 있어요?
민　수: 부~웅!
김 교사: 아! 부~웅을 그렸어요. 부~웅이 빵빵하며 가고 있어요?
민　수: 응. (신이 나서 계속 그리며) 부웅~! 부웅~!

(나)

자폐성장애 유아인 정호는 버스 그리기를 좋아하며, 직선과 원을 그릴 수 있어 최근에는 십자형태 그리기를 배우고 있다. 박 교사는 교통기관 그리기 활동 시간에 그림교환의사소통체계(Picture Exchange Communication System; PECS)를 활용하여 정호의 자발적 의사소통도 지도하고 있다.

박 교사: (버스 밑그림이 그려진 도화지를 들고 있다.)
정　호: (도화지를 보자마자 가져가려고 한다.)

[A]
박 교사: (도화지를 주지 않고, 버스 그림카드와 기차 그림카드가 붙어 있는 그림교환의사소통판을 보여 주고, 정호가 고를 때까지 기다린다.)
정　호: (손에 잡히는 대로 기차 그림카드를 떼어서 교사에게 건넨다.)
박 교사: (그림교환의사소통판에 기차 그림카드를 붙여 다시 보여 주고, 정호가 고를 때까지 기다린다.)
정　호: (그림교환의사소통판을 바라보고 버스 그림카드를 떼어서 교사에게 건넨다.)
박 교사: (버스 밑그림이 그려진 도화지를 정호에게 건네준다.)

정　호: (신이 나서 ㉠ <u>버스에 눈, 코, 입을 그린다.</u> 십자형이 들어간 원을 그린다.)
박 교사: 와! 바퀴도 그렸네요.
정　호: (㉡ <u>도화지의 여백에 십자형이 들어간 원 여러 개를 한 줄로 나열하여 그린다.</u>)

3) 그림교환의사소통체계(PECS) 6단계 중 (나)의 [A]에 해당하는 단계의 지도 목적을 쓰시오.

32

2016 유아B-4

다음은 김 교사가 작성한 활동계획안의 일부이다. 물음에 답하시오.

활동명	식빵 얼굴	활동 형태	대·소집단 활동	활동 유형	미술
대상 연령	4세	주제	나의 몸과 마음	소주제	감정 알고 표현하기
활동 목표	• 얼굴 표정을 보고 어떤 감정인지 안다. • 친구들과 협동하며, 도움이 필요할 때 도움을 주고받는다. • 미술 재료를 이용하여 다양한 표정의 얼굴을 표현한다.				
누리과정 관련요소	• 사회관계: 나와 다른 사람의 감정 알고 조절하기 – 나와 다른 사람의 감정 알고 표현하기 • 사회관계: 다른 사람과 더불어 생활하기 – (㉠) … (생략) …				
활동 자료	얼굴 표정 가면, 다양한 표정의 반 친구 사진, 식빵, 여러 색깔의 초콜릿펜				

활동 방법	발달지체 유아 효주를 위한 활동 지원
• 얼굴 표정 가면을 이용하여 나의 감정에 대해 이야기 나눈다.	… (생략) …
• 다양한 표정의 반 친구 사진을 보며, 친구의 감정에 대해 이야기 나눈다.	
• 활동 방법을 소개한다. – 식빵과 그리기 재료를 나눈다. – 식빵에 초콜릿펜을 이용하여 얼굴 표정을 그린다.	• 좋아하는 친구와 짝이 되어 협동 활동을 하도록 한다. • 초콜릿펜 뚜껑을 열기 어려워할 경우, 도움을 요청하도록 한다.
• 식빵에 다양한 표정의 얼굴을 그린다. – 어떤 표정을 그렸니? – 누구의 사진을 보고 표정을 그렸니? • ㉡ <u>'식빵 얼굴'을 들고 앞으로 나와 친구들에게 보여 준다.</u>	• 상호작용을 촉진하기 위해 각각 다른 색깔의 초콜릿펜을 주고, 친구와 바꿔 쓰게 한다. • ㉢ <u>얼굴 표정 전체를 그리기 어려워하는 경우, 얼굴 표정의 일부를 표현하게 한다.</u>
• 활동에 대해 평가한다. – 무엇이 재미있었니? – 어려운 점은 없었니?	• 활동 후 성취감을 느끼도록 친구들과 서로 칭찬하는 말이나 몸짓을 주고받을 수 있게 한다.

발달지체 유아 효주를 위한 행동 지원
㉣ <u>현재 효주는 자신의 요구를 표현하기 위해 책상 두드리기 행동을 하는데, 이 행동은 다른 유아들이 활동에 집중하는 데 방해가 된다. 그러므로 효주가 바람직한 요청하기 행동을 습득하도록 책상 두드리기 행동에 대해서는 강화하지 않고, 손을 들어 요청할 경우에만 반응하고 강화한다.</u>

2) ㉡에서 효주는 다음과 같은 행동을 하였다. 효주가 이러한 행동을 하는 이유는 어떤 능력이 아직 발달하지 않았기 때문인지 쓰시오.

> 효주가 식빵에 얼굴 표정이 그려진 쪽을 자신에게 향하게 하고, 친구들에게는 얼굴 표정이 보이지 않는 쪽을 보여 주자, 친구들이 "얼굴이 안 보여."라고 말했다. 이에 효주는 "난 보이는데…."라고 말했다.

33 2016 초등A-6

다음은 자폐성장애 학생을 지도하기 위해 작성한 '2011 개정 특수교육 교육과정' 중 기본 교육과정 사회과 1~2학년군 '마음을 나누는 친구' 단원의 교수 · 학습 과정안의 일부이다. 물음에 답하시오.

단원	마음을 나누는 친구	제재	친구의 표정을 보고 마음 알기
단계	교수 · 학습 활동	자료(㉶) 및 유의 사항 (㊾)	
전개	〈활동 1〉 • 같은 얼굴 표정 그림카드끼리 짝짓기 • 같은 얼굴 표정 상징카드끼리 짝짓기	㉶ 얼굴 표정 그림카드 얼굴 표정 상징카드	
	〈활동 2〉 • 같은 얼굴 표정 그림카드와 상징카드를 짝짓기 • 학습지 풀기	㉶ ㉠ <u>바구니 2개, 학습지 4장</u> ㊾ (㉡) ㉶ 〈학습 활동 순서〉 [A]: 책상에 앉기 / 학습지 준비하기 / 연필 준비하기 / 학습지 완성하기	
	〈활동 3〉 … (생략) …	㊾ ㉢ <u>학생이 학습 활동 순서에 따라 학습지를 완성할 수 있도록 시각적 단서를 제공한다.</u>	
정리 및 평가	• 학습 내용 정리하기 • 형성 평가: 실제 학교 생활에서 친구의 얼굴을 보며 친구의 마음을 표정으로 표현하기	㊾ ㉣ <u>학생의 일상생활 및 학교생활 등 실제 생활 장면과 연계하는 다양한 평가 방법을 활용한다.</u>	

2) 교사가 〈활동 2〉에서 '자폐성장애와 관련 의사소통장애 아동의 중재와 교육(TEACCH)'의 구성 요소 중 하나인 '작업 체계(work system)'를 적용하려고 한다. ㉠을 활용하여 ㉡에 들어갈 유의 사항의 예를 쓰시오.

3) 교사는 ㉢을 위해 [A]와 같은 흑백 선화를 활용하였다. 학생이 [A]의 〈학습 활동 순서〉에 따라 학습 활동을 스스로 하지 못하자, 교사는 다른 시각적 단서를 제공하고자 한다. 이때 교사가 제공할 수 있는 시각적 단서의 예를 도상성 수준을 고려하여 1가지 쓰시오.

34

2017 유아A-2

다음은 유아특수교사인 김 교사와 유아교사인 최 교사 간 협력적 자문 내용의 일부이다. 물음에 답하시오.

최 교사: 선생님, 지난 회의에서 자폐성장애의 주요 특성은 '사회적 의사소통 및 사회적 상호작용에서의 어려움'과 '제한된 반복 행동, 흥미, 활동'을 보이는 것이라고 하셨지요? 이와 관련해서 민수를 조금 더 잘 이해하고 싶은데 어떻게 하면 좋을까요?

김 교사: 민수를 잘 이해하시려면 민수의 사회적 의사소통 특성을 아는 것이 중요해요. 그리고 '제한된 반복 행동, 흥미, 활동'을 이해하는 것도 필요한데, 여기에는 상동행동, 동일성에 대한 고집과 그 외에 ㉠ 다른 특성들이 더 있어요.

최 교사: 그리고 활동 시간에 민수를 잘 지도할 수 있는 구체적인 방법을 알고 싶어요. 예를 들어, 교실에서 ㉡ 민수가 원하는 것을 요구할 수 있도록 가르치기 위해 제가 할 수 있는 일에는 무엇이 있을까요?

김 교사: 요구하기를 지도하기 위한 방법에는 여러 가지가 있는데요, 저는 요즘 민수에게 (㉢)을/를 적용하고 있어요. 이 방법은 핵심영역에서의 지도가 다른 기술들을 배우는 데 도움을 주어 의사소통능력과 사회적 상호작용을 촉진하는 데 효과적입니다. 이 방법에서는 주로 (㉣), 복합 단서에 반응하기, 자기 관리, ㉤ 자기 시도를 핵심영역으로 제시하고 있습니다. 민수에게 이를 적용한 결과, 핵심영역에서 배운 기술을 통해 다른 영역의 기술을 수월하게 익혀 가는 것을 볼 수 있었어요.

1) DSM-5의 자폐스펙트럼장애(자폐성장애) 진단기준에 근거하여 ㉠에 해당하는 특성 2가지를 쓰시오.

①:

②:

2) ㉢에 들어갈 중재방법의 명칭을 쓰시오.

3) ㉣에 들어갈 핵심영역을 쓰시오.

4) ㉡과 관련하여 ㉤의 핵심영역에서 설정할 수 있는 민수의 목표행동을 쓰시오.

35

2017 초등B-6

(가)는 특수교육 수학교육연구회에서 계획한 2015 개정 특수교육 교육과정 중 기본 교육과정 수학과 1~2학년 '측정' 영역에 해당하는 수업 개요이고, (나)는 자폐성장애 학생에게 (가)를 적용할 때 예측 가능한 학생 반응을 고려하여 구상한 수업 시나리오의 일부이다. 물음에 답하시오.

(가)

◦ 공부할 문제: 물의 양이 같은 것을 찾아보아요.
◦ 학습 활동

〈활동 1〉 같은 양의 물이 들어 있는 컵 살펴보기
- 같은 양의 물이 들어 있는 2개의 컵 살펴보기
- 준비물: 투명하고 ㉠ 모양과 크기가 같은 컵 2개, 물, 주전자

〈활동 2〉 컵에 같은 양의 물 따르기
- ㉡ 같은 위치에 표시선이 있는 2개의 컵에 표시선까지 물 따르기
- 준비물: 투명하고 모양과 크기가 같은 컵 2개, 물, 주전자, 빨간색 테이프, 파란색 테이프, 빨간색 사인펜, 파란색 사인펜

〈활동 3〉 컵에 같은 양의 물이 들어 있는 그림 찾기
- 2개의 그림 자료 중 같은 양의 물이 들어 있는 그림 자료 찾기
- 준비물:

[그림 자료 1]

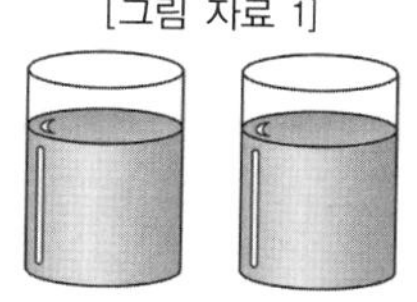

같은 양의 물이 들어 있는 컵 2개가 그려진 자료

[그림 자료 2]

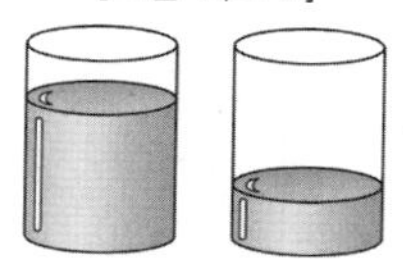

다른 양의 물이 들어 있는 컵 2개가 그려진 자료

(나)

〈활동 2〉
교사: (컵 2개를 학생에게 보여주며) 선생님이 컵에 표시선을 나타낼 거예요. (책상 위에 놓여 있는 빨간색 테이프, 파란색 테이프, 빨간색 사인펜, 파란색 사인펜을 가리키며) ㉢ 테이프 주세요.
학생: (색 테이프 하나를 선생님에게 건네준다.)
교사: (2개의 컵에 색 테이프로 표시선을 만든다.) 이제 표시선까지 물을 채워 봅시다.

… (중략) …

〈활동 3〉
교사: (학생에게 [그림 자료 1]과 [그림 자료 2]를 제시하며) 물의 양이 같은 것은 어느 것인가요?
학생: (머뭇거리며 교사를 쳐다본다.)
교사: (㉣ 학생에게 [그림 자료 1]과 [그림 자료 2]를 다시 제시하며) 물의 양이 같은 것은 어느 것인가요?

2) 중심축 반응 훈련(PRT)을 통해 '복합 단서에 반응하기'를 지도하고자 할 때 ① (나)의 〈활동 2〉에서 교사의 지시문 ㉢이 적절하지 <u>않은</u> 이유를 <u>쓰고</u>, ② 적절한 지시문의 예 1가지를 <u>쓰시오</u>.

①:

②:

PART 07

36

2017 중등A-7

다음은 「정신장애의 진단 및 통계 편람 제5판(DSM-5)」의 자폐스펙트럼장애(자폐성장애) 진단기준과 관련하여 일반교사와 특수교사가 나눈 대화의 일부이다. ㉠에 들어갈 내용을 쓰고, ㉡에 해당하는 예를 1가지 쓰시오.

> 일반교사: 최근에 자폐스펙트럼장애의 진단기준이 새롭게 제시되었다면서요?
>
> 특수교사: 네. DSM-5에 의하면, 자폐스펙트럼장애의 대표적인 특징에는 2가지가 있습니다. 첫째, 다양한 분야에 걸쳐 사회적 의사소통 및 사회적 상호작용의 지속적인 결함이 현재 또는 과거력상 나타나야 합니다. 둘째, 제한적이고 반복적인 행동, 흥미, 활동이 현재 또는 과거력상 나타나야 합니다.
>
> 일반교사: 네, 그렇군요. 첫 번째 특징인 사회적 의사소통 및 사회적 상호작용의 지속적 결함에는 어떤 것들이 있나요?
>
> 특수교사: 여기에는 3가지 하위 특징이 있습니다. 첫째, (㉠)의 결함을 보입니다. 예를 들어, 사회적 상호작용의 시작 및 반응에서 실패하는 것을 말합니다. 둘째, ㉡ <u>사회적 상호작용을 위한 비언어적 의사소통 행동의 결함</u>입니다. 셋째, 관계 발전, 유지 및 관계에 대한 이해의 결함을 보입니다. 예를 들면, 상상 놀이를 공유하거나 친구를 사귀는 것이 어렵습니다.
>
> … (하략) …

37

2018 초등A-4

(가)는 자폐성장애 학생 지호의 특성이고, (나)는 최 교사가 2015 개정 특수교육 교육과정 중 기본 교육과정 과학과 3~4학년 '지구와 우주' 영역을 주제로 작성한 교수 · 학습 과정안의 일부이다. 물음에 답하시오.

(가)

- 모방이 가능함.
- 낮과 밤을 구분할 수 있음.
- 동적 시각 자료에 대한 주의집중이 양호함.

(나)

영역	일반화된 지식
지구와 우주	지구와 달의 운동은 생활에 영향을 준다.

단계	활동	자료 및 유의점
탐색 및 문제 파악	• ㉠실험실에서 지켜야 할 일반적인 규칙 상기하기 • 낮과 밤의 모습 살펴보기 • 낮과 밤이 생기는 까닭 예측하기	㉡실험실 수업 규칙 영상
가설 설정	• 가설 수립하기 수립한 가설: (㉢)	다양한 의견을 수렴하고 교사 안내로 가설 수립
실험 설계	• 실험 과정 미리 안내하기 • 실험 설계하기 －같게 할 조건과 다르게 할 조건 알아보기	모형 실험 영상, 지구의, 손전등
실험	• 지구의를 돌리며 모형 실험하기	
가설 검증	• 실험 결과에 따라 가설 검증하기 • ㉣지구 자전 놀이로 알게 된 내용 정리하기	대형 지구의, 손전등
적용	(㉤)	가설 검증 결과와 연결지을 수 있도록 지도

4) 다음은 (나)의 밑줄 친 ㉣의 지도 장면이다. 지호가 밑줄 친 ⓐ와 같이 오반응을 보이는 이유를 자폐성장애의 결함 특성과 관련하여 쓰시오.

최 교사: (실험실의 조명을 어둡게 한다.) 지호, 민희, 승우 모두 실험 결과를 잘 이해하고 있군요. 이제 지구 자전 놀이로 실험 내용을 정리해 봅시다.
(학생들을 [그림 자료]와 같이 배치한다.)
지호야, 지호가 바라보는 지구는 지금 낮과 밤 중 어느 쪽일까요?
지　호: 낮이요.
최 교사: 잘했어요. 지호야, 그렇다면 민희가 바라보는 지구는 지금 낮과 밤 중 어느 쪽일까요?
지　호: ⓐ 낮이요.

[그림 자료]

38

2018 초등B-5

(가)는 2011 개정 특수교육 교육과정 중 기본 교육과정 실과 5~6학년 '단정한 의생활' 단원 전개 계획의 일부이고, (나)는 가정 실습형 모형에 따라 자폐성장애 학생을 위해 작성된 '손빨래하기' 수업 활동 개요의 일부이다. 물음에 답하시오.

(가)

단원	차시	학습 주제
㉠ 단정한 의생활	1	단정한 옷차림하기
	2	계절에 알맞은 옷차림하기
	3	활동에 알맞은 옷차림하기
	4	세탁기 사용하기
	5	손빨래하기
	⋮	⋮
	10	티셔츠, 바지, 손수건, 양말 중 하나를 골라 스스로 정리하기

(나)

차시		5/10	학습 주제	손빨래하기
목표		• 손수건을 빨 수 있다. • 손걸레를 빨 수 있다.		
장소	단계	교수 · 학습 활동		
학교	문제 제기	• 손빨래와 관련된 경험 상기 • 손빨래가 필요한 상황에 대하여 이야기하며 학습 목표 제시 및 확인 • 손빨래를 위한 개별화된 과제 제시		
학교	실습 계획 수립	• 손빨래 실습 계획 수립 • 손빨래에 필요한 준비물(빨랫비누, 빨래통, 빨래판 등) 준비 및 기능 설명 • 손빨래 방법 안내		
학교	시범 실습	• 손빨래 순서에 따른 시범 • ㉡ 시각적 단서를 활용하여 순서에 따라 학생이 직접 손빨래하기 • 손빨래 시 유의할 점 안내		
	㉢	• 부모와 함께 학생이 손빨래를 해 보도록 활동 요령 지도		

※ 유의 사항: ㉣학생에게 그림교환의사소통체계(PECS)를 통해 '문장으로 의사소통하기' 지도

2) 다음은 (나)의 밑줄 친 ㉡에서 적용한 환경 구조화 전략이다. ① ⓐ에 들어갈 전략의 명칭을 쓰고, ② ⓑ에 들어갈 시간의 구조화 전략의 예 1가지를 쓰시오.

> • (ⓐ): 손빨래 활동 영역을 칸막이로 표시함.
> • 시간의 구조화: (ⓑ)

① :

② :

39

2018 중등A-5

다음은 자폐스펙트럼장애와 관련하여 오 교수와 예비 특수교사가 나눈 대화의 일부이다. ㉠에 공통으로 들어갈 내용과 ㉡에 들어갈 내용을 순서대로 쓰시오.

교수님, 제가 교육봉사활동을 하였던 학교의 자폐스펙트럼장애 학생 중에서 특정 주제에만 몰두하고, 자신이 좋아하는 활동을 그만두려고 하지 않으며, 사소한 변화에 대해 지나치게 민감하게 반응하는 학생이 있었습니다.

예, 그것은 자폐스펙트럼장애의 인지적 특성 중 (㉠)(으)로 볼 수 있습니다. (㉠)이/가 있는 학생은 계획을 세우고, 충동을 조절하며, 사고와 행동의 유연성과 체계적으로 환경을 탐색하는 것 등에서 문제를 보입니다.

만약, 사회적 의사소통에서 현저한 결함을 가지고 있지만 자폐스펙트럼장애의 다른 진단 준거를 충족하지 않는 경우에는 어떤 장애로 평가해야 하나요?

예, 「정신장애의 진단 및 통계 편람 제5판(DSM-5)」에서는 (㉡)(으)로 평가합니다.

40

2018 중등B-2

(가)는 자폐스펙트럼장애 학생 D에 대한 특수교사와 통합학급 교사의 대화이고, (나)는 학생 D를 위해 그레이(C. Gray)의 이론에 근거하여 만든 중재방법이다. 〈작성 방법〉에 따라 서술하시오.

(가) 특수교사와 통합학급 교사의 대화

통합학급 교사: 선생님, 우리 반에 있는 학생 D가 ㉠ <u>광고에 나오는 단어나 문장을 일정한 시간이 지난 뒤에 다시 말할 때가 자주 있어요.</u>

… (중략) …

통합학급 교사: 그리고 학생 D가 수업시간 중에 갑자기 일어서는 행동을 자주 보여요. 적절한 중재방법이 없을까요?

(나) 학생 D를 위한 중재방법

1. (㉡)을/를 사용하여 지도함.
   - 학생 D가 통합학급 수업에 참여하기 전 다음의 글을 소리 내어 읽음.

수업시간에 친구와 함께 공부하기

나는 교실에서 친구들과 함께 공부를 한다.
친구들과 함께 공부하는 것은 즐거운 일이다.
우리는 수업시간에 바른 자세로 선생님 말씀을 듣는다.
나는 때때로 가만히 앉아있는 것이 힘들다.
내가 갑자기 일어서면 친구들에게 방해가 될 수도 있다.
㉢ <u>나는 도움이 필요할 때 "선생님 도와주세요."라고 말할 것이다.</u>
선생님이 나에게 와서 도와줄 것이다.
교실에서 친구와 함께 수업하는 것은 즐거운 일이다.

2. (㉣)을/를 사용하여 지도함.
   - 학생 D가 교사와 대화하면서 다음과 같은 그림을 그림.

〈작성 방법〉

- 밑줄 친 ㉠에 해당하는 반향어의 유형을 쓸 것
- ㉡에 들어갈 중재방법의 명칭을 쓸 것
- 밑줄 친 ㉢의 문장 유형 명칭과 그 기능을 1가지 서술할 것
- ㉣에 들어갈 중재방법의 명칭과 그 장점을 1가지 서술할 것

41

2019 초등A-5

다음은 특수학교 5학년 학생을 지도하는 특수교사의 음악수업 성찰 일지이다. 물음에 답하시오.

〈수업 성찰 일지〉

(2018년 ○월 ○일)

11월 학예회에서 우리 반은 기악 연주를 할 예정이다. 어떤 종류의 악기가 좋을까? 바이올린 같은 현악기, 리코더 같은 단선율악기, 피아노와 같은 건반악기로 연주하는 것도 좋겠지만, 우리 반 학생들은 개인차가 너무 커서 그런 여러 가지 가락악기를 모두 사용하기는 어려울 것 같다. 마침 요즘 음악시간에 ㉠ 핸드벨을 배우고 있으니 핸드벨 중심으로 발표를 해야겠다.

연주곡으로는 평소 학생들이 좋아하고 익숙하게 느끼는 '숲속을 걸어요'가 적절할 것 같다. 그런데 학생들이 이 노래의 박자나 음악 기호에 맞추어 연주할 수 있을지 모르겠다. 우선 코다이의 리듬음절 읽기를 적용하여 연습해 본 후, 추가로 지도방법 수정이 필요할지 검토해 봐야겠다.

… (생략) …

[A]
발표 준비를 위해서 교과 수업 운영 시간을 조정해야겠다. 음악수업이 한 시간씩 떨어져 있어 아무래도 집중적인 연습이 어려울 것 같다. 두세 시간을 묶는 방식으로 수업시간을 조정해야겠다. 그런데 이미 정해진 일과가 흐트러지면 자폐성장애 학생인 지수가 혼란스러워할 텐데 어떻게 해야 할까?
지난번 연수 후 지수를 위한 환경 구조화의 일환으로 제작해 사용하고 있는 (㉣)을/를 적용해 봐야겠다. 벨크로를 이용해 만들었기 때문에 과목카드를 쉽게 붙였다 떼었다 할 수 있다. 그것으로 지수에게 음악시간과 원래 교과 시간이 바뀌었음을 설명해 주면 금방 이해하고 안정을 찾을 것 같다.

그리고 구어 사용이 어려운 지수에게 악기 연습 시간에 사용할 수 있는 그림카드를 만들어 주어야겠다. 연주를 시작할 때, 핸드벨 카드를 제시하면 핸드벨을 주는 방식으로 지도해 봐야겠다. 지수는 시각적 학습에 익숙한 편이니, ㉤ 그림교환의사소통체계를 활용해 봐야겠다.

3) [A]를 참조하여 ㉣에 들어갈 구조화된 지원 방법을 쓰시오.

4) 다음은 ㉤에 대한 설명이다. 적절하지 않은 것 2가지를 찾아 ①과 ②에 각각 기호를 쓰고 바르게 고쳐 쓰시오.

> ⓐ 교환 개념 훈련 단계에서 교환 개념을 획득시킬 때, 학생의 선호도보다 교과에서 사용되는 단어의 그림카드를 우선적으로 사용한다.
> ⓑ 자발적 교환훈련 단계에서의 '아, ○○을 좋아하는구나!' 등과 같은 사회적 강화를 제공한다.
> ⓒ 자발적 교환훈련 단계에서는 보조교사가 신체적 지원을 서서히 줄여 나가야 한다.
> ⓓ 변별학습 단계에서 제시하는 그림카드는 선호도의 차이가 큰 세트부터 먼저 지도한다.
> ⓔ 변별학습 단계에서는 목표로 하는 그림카드가 아닌 다른 그림카드를 제시하는 행동에 대해서도 보상을 해 준다.

①:

②:

42

2019 초등B-6

다음은 교육 봉사를 다녀온 예비 특수교사와 지도 교수의 대화 내용이다. 물음에 답하시오.

> 예비 특수교사: 교수님, 어제 ○○학교에 교육 봉사를 다녀왔습니다. 교실 환경이 상당히 인상 깊었는데, 가장 특이했던 것은 교실 한쪽에 있던 커다란 플라스틱 이글루였어요. 입구에 '북극곰의 집'이라고 쓰여 있고 흔들의자도 있는 것 같았어요. 마침 1교시 시작할 때였는데 자폐성장애 학생인 민우가 그 안에서 나오는 거예요. 담임 선생님께 여쭤 보니 민우가 자주 이용하는 곳이라고 하시더군요.
>
> 지 도 교 수: 아하! 아마도 (㉠)인가 봐요. 교실 한쪽이나 학교 내 별도 공간에도 둘 수 있는 건데, 물리적 배치를 통해 환경적 지원을 제공하기 위한 거죠. 유의해야 할 점은 타임아웃을 하거나 벌을 주기 위한 공간은 아니라는 겁니다.
>
> …(중략)…
>
> 예비 특수교사: 2교시에는 민우가 흥분이 되었는지 몸을 점점 심하게 흔드는 거예요. 그때 담임 선생님께서 손짓과 함께 '민우야, 북극곰!' 하시니까, 갑자기 민우가 목에 걸고 있던 명찰 같은 것을 선생님께 보여 주면서 '민우 북극곰, 민우 북극곰' 그러더라고요. 목에 걸고 있던 거랑 똑같은 것이 민우의 책상과 이글루 안쪽에도 붙어있었어요.
>
> 지 도 교 수: 그건 자폐성장애 학생에게 주로 사용하는 파워카드 전략입니다. 자폐성장애 학생의 (㉡)을/를 활용해 행동 변화의 동기를 제공하기 위한 시각적 지원 전략의 하나죠. 파워카드에는 그림과 (㉢)이/가 사용됩니다.
>
> 예비 특수교사: 중재 전략이 정말 다양하더군요.
>
> 지 도 교 수: 중요한 것은 어떤 전략이든 ㉣<u>자연스러운 환경에서 적용해야 일반화가 쉽다는 겁니다. 언어중재도 마찬가지예요.</u>

1) ① ㉠에 들어갈 적절한 말을 쓰고, ② 그 기능을 1가지 쓰시오.

①:

②:

2) ㉡과 ㉢에 들어갈 말을 각각 쓰시오.

㉡:

㉢:

43

2019 중등B-7

(나)는 '주방의 조리 도구' 수업 지도 계획의 일부이다. 〈작성 방법〉에 따라 서술하시오.

(나) '주방의 조리 도구' 수업 지도 계획

학습 목표	여러 가지 조리 도구의 용도를 안다.
〈중심축 반응 훈련(PRT) 적용〉	〈유의 사항〉
• ㉢<u>'조리 도구 그리기', '인터넷을 통해 조리 도구 알아보기', '조리 도구 관찰하기' 활동을 준비하여 지도</u>함. • ㉣<u>조리 도구의 용도를 묻는 질문에 답하도록 지도</u>함. • ㉤<u>조리 도구의 용도를 모를 때 학생이 할 수 있는 행동을 지도</u>함.	• 학생이 할 수 있는 다른 활동과 함께 제시 • 자연스러운 강화제 사용 • 다양한 활동, 자료, 과제량 준비

〈 작성 방법 〉

- 밑줄 친 ㉢과 ㉣을 할 때 '동기' 반응을 향상시키기 위한 방법을 순서대로 서술할 것[단, <유의 사항>에서 제시된 방법을 제외할 것]
- 밑줄 친 ㉤을 할 때 교사가 가르칠 내용을 '자기주도(self-initiation)' 반응 측면에서 서술할 것

44

2020 유아A-1

(가)는 5세 자폐범주성 장애 민호와 진우의 특성이고, (나)는 민호 어머니가 가입한 장애아동 부모 커뮤니티의 게시물이며, (다)는 교사의 반성적 저널의 일부이다. 물음에 답하시오.

(가)

	특성
민호	• 주위 사람들에게 친밀감을 보이지 않고 상호작용을 하지 않음. • 구어적 의사소통을 거의 하지 않음. • 그림과 사진 등의 자료에 관심을 보이기 시작함.
진우	• ㉠ 사물의 전체가 아니라 부분에 집중함. 예를 들면 코끼리 그림을 보면 전체적인 코끼리 그림을 보는 것이 아니라, 코끼리의 꼬리나 발과 같은 작은 부분에만 집중하여 그림이 코끼리인지 아는 것에 결함이 있음. • 동화책의 재미있는 부분만 큰 소리로 읽음. • 자신의 기분을 표현하기 어려워하고 다른 사람의 감정을 이해하지 못함. • 또래들과 어울리지 못함.

(나)

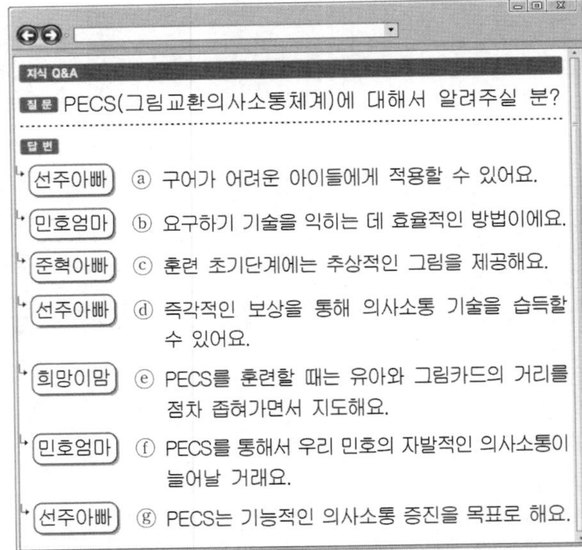

(다)

> 우리 반 진우는 생일잔치에 참여하는 데 어려움이 있다. 그래서 다음과 같은 문장을 활용하여 지도하였다.
>
> [A]
> 오늘은 ○○ 생일이에요.
> 교실에서 생일잔치를 해요.
> 케이크와 과자가 있어요.
> 나는 기분이 참 좋아요.
> 친구들도 즐겁게 웃고 있어요.
> 모두 신났어요.
> 나는 박수를 쳐요.
> 선생님도 기뻐해요.
> 앞으로 나는 친구들과 생일잔치에서 즐겁게 놀 거예요.
>
> … (하략) …

1) (가)의 ㉠에서 진우가 결함을 보이는 인지적 특성을 무엇이라고 하는지 쓰시오.

2) (나)의 ⓐ~ⓖ 중 틀린 것을 2가지 찾아 기호를 쓰고, 각각 바르게 고쳐 쓰시오.

3) (다)의 [A]는 5세반 담임교사가 진우의 마음이해 능력을 촉진하기 위한 전략에 활용한 것이다. ① 이 전략을 무엇이라고 하는지 쓰고, ② [A]에서 친구들의 마음을 잘 읽을 수 있는 문장 중 1가지를 찾아 쓰시오.

①:

②:

45

2020 초등A-4

(가)는 초등학교 6학년 자폐성장애 학생 민호의 특성이고, (나)는 '지폐 변별하기' 지도 계획의 일부이다. 물음에 답하시오.

(가) 민호의 특성

• 물건 사기와 같은 일상생활의 문제를 해결하기 위해 스스로 계획하고 수행하는 데 어려움이 있음. • 점심시간과 같이 일상적으로 반복되던 시간에 작은 변화가 생기면 유연하게 대처하기보다 우는 행동을 보임. • 수업시간 중 과자를 먹고 싶을 때 충동적으로 과자를 요구하거나 자리이탈 행동을 자주 보임.	[A]
• 다른 사람의 감정과 사고를 파악하는 데 어려움이 있음. • 시각적 자극으로 이루어진 교수 자료에 관심을 보임. • 지폐의 구분과 사용에 어려움이 있음.	

(나) '지폐 변별하기' 지도 계획

- 표적 학습 기술: 지폐 변별하기
- 준비물: 1,000원짜리 지폐, 5,000원짜리 지폐
- 학습 단계 1
  - 교사가 민호에게 "천 원 주세요."라고 말했을 때, 1,000원짜리 지폐를 찾아 교사에게 주도록 지도함.
  - 교사가 민호에게 "오천 원 주세요."라고 말했을 때, 5,000원짜리 지폐를 찾아 교사에게 주도록 지도함.
  - 민호가 정반응을 보일 때마다 칭찬으로 강화함.
  - 민호가 정해진 수행 기준에 따라 '지폐 변별하기'를 습득하면 다음 학습 단계로 넘어감.
- 학습 단계 2
  - ㉠ <u>민호가 '지폐 변별하기' 반응을 5분 내에 15번 정확하게 수행할 수 있도록 지도한 다음, 더 짧은 시간 내에 15번 정확하게 수행할 수 있도록 연습하게 함.</u>

…(중략)…

- 유의 사항
  - ㉡ <u>민호가 습득한 '지폐 변별하기' 기술을 시간이 지난 뒤에도 수행할 수 있도록 '학습 단계 1'의 강화 계획(스케줄)을 조정함.</u>
  - 민호가 ㉢ <u>습득한 '지폐 변별하기' 기술을 일상생활에서 사용할 수 있도록 다양한 실제 상황(편의점, 학교 매점, 문구점 등)에서 1,000원짜리 지폐와 5,000원짜리 지폐를 변별하여 민호가 좋아하는 과자를 구입하도록 지도함.</u>

1) (가)의 [A]와 같은 행동 양상이 나타나는 이유를 자폐성장애의 인지적 특성과 관련지어 쓰시오.

46

2020 초등B-6

다음은 자폐성장애 학생들이 포함되어 있는 학급의 특수교사가 2015 개정 특수교육 교육과정 중 기본 교육과정 과학과 3~4학년군 '생물과 무생물' 단원의 '새싹 채소가 자라는 모습을 살펴보기' 수업을 준비하며 작성한 수업 설계의 일부이다. 물음에 답하시오.

1. 예상되는 어려움과 대안
   가. 새싹이 자라는 기간이 길기 때문에 이를 살펴보고 이해하는 것이 학생들에게 어려울 수 있음.
   → ㉠ 컴퓨터 보조수업 활용: 실제 활동 전 새싹 채소를 키우는 것과 유사한 상황에서 씨앗 불리기, 씨앗 뿌리기, 물 주기 등 필요한 행동을 선택해 나가며 새싹 키우는 과정을 체험해보게 함.
   나. 학생 간 수행 수준의 차이가 큼.
   → 개별 지도가 필요한 학생의 경우 개인 교수형 컴퓨터 보조수업을 활용함.
2. 새싹 채소 키우기 활동(교과서 ○○쪽)
   물 속에서 씨앗 불리기 → 플라스틱 용기에 넣은 솜이 젖을 정도로 물 뿌리기 → … (중략) … → ㉡ 씨앗의 모양이 어떻게 변해 가는지, 만졌을 때의 느낌은 어떠한지 등을 오감을 통해 살펴보기
3. 과학 수업의 방향 고려
   초등학교 수업은 (㉢) 지식을 중심으로 계획함.
4. 자폐성장애 학생들의 특성 및 지도상의 유의점
   가. 정민이의 경우 ㉣ 촉각자극에 대한 역치가 매우 낮고 감각 등록이 높으므로 물체를 탐색하는 과정에서 이를 고려함.
   나. 경태의 경우 수업 중 규칙을 잘 지키지 않아 친구를 당황하게 하는 경우가 많음.
   → 계속해서 문제가 발생할 경우 아래와 같이 사회적 도해(사회적 분석, social autopsies) 방법으로 자신의 실수를 이해하고 수정하도록 함.

수업 중 자신이 한 실수가 무엇인가? → 실수로 인해 상처를 받은 사람은 누구인가? → 문제해결책은 무엇인가? → (㉤)

   다. 새싹 채소 키우기 학습을 모두 마친 후 식물원 견학 시 정민이와 경태의 ㉥ 불안감 감소, 학습 참여 증진 방안을 고려함.
   → 견학 전 미리 준비한 동영상을 통해 식물원 가는 길이나 식물원의 모습 등을 보여줌.
   → 식물원에서는 새로운 식물을 살펴보기 전에 사진 자료를 활용하여 식물에 대해 설명해 줌.
   [A]

3) ㉣로 인해 나타날 수 있는 반응 특성을 1가지 쓰시오.

4) ① ㉤에 들어갈 내용을 쓰고, ② [A] 활동을 통해 ㉥이 될 수 있는 이유를 1가지 쓰시오.

①:

②:

47 2020 중등A-5

(가)는 자폐성장애 학생 D의 특성이고, (나)는 행동지원 계획안의 일부이다. 〈작성 방법〉에 따라 서술하시오.

(가) 학생 D의 특성

- 친구의 얼굴 표정이나 눈빛을 보고 감정을 이해하는 데 어려움을 보임.
- 친구가 싫어할 수 있는 이야기를 지나치게 솔직하게 말함.
- 친구의 관심과는 관계없이 자신이 좋아하는 주제와 관련된 이야기를 계속함.

(위 3개 항목: ⓐ)

- 가수 E를 매우 좋아하여 가수 E가 출연하는 프로그램은 거의 모두 시청하고 있음.

(나) 행동지원 계획안

〈지원 방법 : 파워카드 전략〉

○ 개념 : 적절한 사회적 상호작용을 교수하기 위해 학생의 특별한 관심과 강점을 포함하는 시각적 지원 방법임.

… (중략) …

○ 목표 행동 : ⓑ 대화할 때 친구의 기분을 고려하여 말하기

○ 구성 요소

1) 간략한 시나리오
   - 시나리오에 학생 D가 영웅시 하는 가수 E의 사진을 포함함.
   - 시나리오는 학생 D의 (㉠) 수준을 고려하여 작성함.
   - 시나리오 구성
     - 첫 번째 문단 : (㉡)
     - 두 번째 문단 : 학생 D가 친구의 기분을 고려하여 말할 수 있도록 구체적인 행동을 3~5단계로 나누어 제시함.
2) 명함 크기의 파워카드
   - 학생 D의 주머니에 넣고 다니게 하고, 책상 위에도 붙여두고 보도록 함.

〈 작성 방법 〉

- (가)의 ⓐ와 같은 행동 양상이 나타나는 이유를 자폐성장애의 인지적 특성과 관련지어 1가지 쓸 것
- (나)의 괄호 안의 ㉠에 해당하는 내용을 쓸 것
- (나)의 괄호 안의 ㉡에 해당하는 내용을 밑줄 친 ⓑ의 목표 행동을 고려하여 1가지 서술할 것

48 2021 유아B-4

다음은 유아특수교사의 놀이 기록 일부이다. 물음에 답하시오.

[A] '종이꽃으로 놀아 보자'라는 주제로 유아들에게 다양한 미술 재료와 도구를 이용하여 마음대로 꽃을 표현하도록 하였다. 정우는 큰 박스의 표면을 긁어내어 울퉁불퉁한 골판지 꽃밭을 만들었고, 연진이는 부드러운 한지를 가위로 작게 잘라서 위로 뿌리고, 바닥에 떨어진 한지를 다시 모아 위로 뿌리기를 반복하였다. 우진이는 매끈한 기름 종이를 입에 대고 불어서 날리기도 하고, 동글동글 말아서 꽃을 표현하기도 하였다.

자폐성장애 선우에게는 선우가 좋아하는 색종이로 꽃을 만들 수 있도록 '꽃 만드는 그림순서표 카드'를 제시하였다. [B] 그런데 선우는 카드에 그려진 꽃에는 관심이 없고, 카드의 테두리선에만 반응을 보였다. 이처럼 주요 단서가 되는 자극에 주의를 기울이지 못하는 선우에게는 변별훈련을 통해서 과제해결을 더 잘할 수 있도록 지도해야겠다.

… (중략) …

다양한 꽃들로 교실이 가득할 때 갑자기 우진이가 "얘들아, 우리 '오소리네 집 꽃밭' 동화로 극놀이 하자."라고 큰 소리로 말했다. 그러자 ㉠ 아이들은 동화의 줄거리를 이야기하고, 극놀이에 필요한 배경과 소품을 만들었다. 소품이 완성된 후 "선생님, 점심 먹을 시간이에요. 우리 점심 먹고 와서 극놀이 준비를 계속 해요."라고 우진이가 말했다. 점심을 먹기 위해 아이들과 이동하려고 하는데 선우가 "아니야, 아니야."하면서 소품을 만지작거렸다. "선우야, 지금은 점심시간이야. 밥 먹으러 가자."라고 말했지만, 선우는 그 자리에서 움직이지 않았다. 선우에게는 ㉡ 활동 간 전이 계획이 필요한 것 같다.

2) [B]에서 알 수 있는 선우의 인지적 특성을 쓰시오.

3) ㉡에서 교사가 선우에게 사용할 수 있는 방법을 ① 시각적 측면과 ② 청각적 측면에서 1가지씩 쓰시오.

①:

②:

49

2021 초등A-4

(가)는 사회과 수업 설계 노트의 일부이다. 물음에 답하시오.

(가) 수업 설계 노트

○ 기본 교육과정 사회과 분석
- 내용 영역: 시민의 삶
- 내용 요소: 생활 속의 질서와 규칙, 생활 속의 규범
- 내용 조직: ㉠나선형 계열구조

○ 은수의 특성 [A]
- 3어절 수준의 말과 글을 이해함.
- 말이나 글보다는 그림이나 사진 자료의 이해도가 높음.
- 통학버스 승하차 시, 급식실, 화장실에서 차례를 지키지 않음.

○ 목표
- 순서를 기다려 차례를 지킬 수 있다.

○ 교수・학습 방법
- '사회 상황 이야기'

문제 상황
은수는 수업을 마치고 통학버스를 타러 달려간다. 학생들이 통학버스를 타려고 줄을 서서 기다리고 있을 때 맨 앞으로 끼어든다.

[B]

○ 평가 방법
- 자기평가
  - 교사에 의해 설정된 준거와 비교하기
  - (㉡)와/과 비교하기
  - 다른 학생들의 수준과 비교하기
- 교사 관찰: ㉢상황 간 중다기초선설계
- 부모 면접

2) [A]와 [B]를 고려하여 '사회 상황 이야기'를 개발하려고 한다. ① 은수에게 사용할 수 있는 조망문(perspective sentences)의 예를 1가지 쓰고, ② '사회 상황 이야기' 카드 제작 시 제공할 수 있는 시각적 단서의 예를 1가지 쓰시오.

①:

②:

50

2021 초등B-6

(가)는 2015 개정 특수교육 기본 교육과정 미술과 5~6학년군 '이미지로 말해요' 단원의 수업 활동 아이디어 노트이다. 물음에 답하시오.

(가) 수업 활동 아이디어 노트

○ 성취기준

㉠ 일상생활 속에 나타난 이미지를 활용하여 표현한다.

○ 수업 개요

㉡ 본 수업은 픽토그램 카드를 만들고, 그 결과물을 학생의 사회성 기술 교수를 위한 자료로 활용하고자 한다.

○ 픽토그램의 개념

픽토그램은 의미하는 내용을 (㉢)(으)로 시각화하여 사전에 교육을 받지 않고도 모든 사람이 즉각적으로 이해할 수 있어야 하므로 단순하고 의미가 명료해야 한다.

○ 수업 활동

활동1	• 픽토그램에서 사용한 모양 이해하기  • 픽토그램에서 사용한 색의 의미 알기
활동2	• 픽토그램 카드 만들기
활동3	• 픽토그램 카드 활용하기 교환 가치 형성하기 → ㉣ 자발적 교환하기 → 변별 훈련하기 → 문장으로 만들어 이야기하기 → 단어를 사용하여 질문에 반응하기→ 의견 설명하기 [A]

2) (가)의 [A]에 해당하는 ① 중재 방법을 쓰고, ② ㉣을 응용행동 분석 원리로 지도할 때 ⓐ에 들어갈 학생의 행동을 쓰시오.

선행 자극		행동		후속 결과
그림 카드를 학생과 먼 거리에 배치한다.	➡	ⓐ	➡	그림 카드에 해당하는 사물을 준다.

①:

②:

51

2021 중등A-8

다음은 자폐성장애 학생 D를 지원하기 위한 TEACCH (Treatment and Education of Autistic and Related Communication Handicapped Children)의 구조화된 교수 요소이다. 〈작성 방법〉에 따라 서술하시오.

〈구조화된 교수 요소〉

교수 요소	교사가 학생에게 제공해야 할 정보
(㉠)	• 어떤 활동이 어떤 순서로 일어나는가?
과제 구성	• 무엇을 해야 하는가? • 얼마나 많은 항목을 해야 하는가? • 최종 결과물은 어떠한 것인가?
(㉡)	• 특정 활동을 어디서 해야 하는가? (글, 상징, 사진 등의 시각적 단서 제공)
㉢ 작업 체계	• 수행해야 할 작업은 무엇인가? • 어느 정도 많은 작업을 해야 하는가? • (㉣)

〈 작성 방법 〉

- 괄호 안의 ㉠, ㉡에 들어갈 교수 요소의 명칭을 순서대로 쓸 것
- 밑줄 친 ㉢을 적용하기 위한 과제로 선정될 수 있는 조건을 1가지 서술하고, 괄호 안의 ㉣에서 제공해야 할 정보를 1가지 제시할 것

52 2022 유아A-1

다음은 통합학급 김 교사와 유아특수교사 박 교사가 나눈 대화의 일부이다. 물음에 답하시오.

1) [A]에서 비연속시행교수(Discrete Trial Training ; DTT) 구성 요소 중 ① 변별자극과 ② 후속결과를 찾아 각각 쓰시오.

①:

②:

3) 박 교사가 [B]와 같이 설명한 이유를 1가지 쓰시오.

53

2022 유아A-3

(가)는 자폐성장애 유아 재우의 행동 특성이고, (나)는 유아특수 교사 최 교사와 홍 교사가 나눈 대화 내용이다. 물음에 답하시오.

(가)

> ⓐ 매일 다니던 길로 가지 않으면 울면서 주저앉는다.
> ⓑ 이 닦기, 손 씻기, 마스크 쓰기를 할 수 있지만 성인의 지시가 있어야만 수행한다.
> ⓒ 이 닦기 시간에 "이게 뭐야?"라고 물으면 칫솔을 아는데도 칫솔에 있는 안경 쓴 펭귄을 보고 "안경"이라고 대답한다.
> ⓓ 1가지 속성(예: 색깔 또는 모양)만 요구하면 정확히 반응하는데 2가지 속성(예: 색깔과 모양)이 포함된 지시에는 오반응이 많다.

(나)

최 교사: 선생님, 재우에 대한 가족진단 내용을 보면서 지원 방안을 협의해 봐요.

홍 교사: 네. 재우 부모님은 재우의 교육목표에 대해 다양한 요구가 있으신데, 그중에서도 재우가 혼자 할 수 있는 일은 시키지 않아도 스스로 하기를 가장 원한다는 의견을 주셨어요. [A]
그리고 교육에도 적극적이셔서 가정에서 사용할 수 있는 지도방법에 관심이 많으세요.

최 교사: 그럼, 부모님의 의견을 반영해서 개별화교육계획 목표를 '성인의 지시 없이 스스로 하기'로 정해요. 재우의 행동특성을 고려해 보면 중심축반응훈련을 적용해서 지도하면 좋을 것 같아요.

홍 교사: 네. 지시가 있어야만 행동하는 특성에는 중심(축) 반응 중에서 자기관리 기술을 습득하도록 지도해야 겠지요?

최 교사: 네. 먼저 이 닦기부터 적용해 보죠. 재우가 이 닦기 그림을 보고 이를 닦고 난 후, 스티커를 붙여서 수행 여부를 확인하는 시각적 자료를 활용하면 좋을 것 같아요. [B]

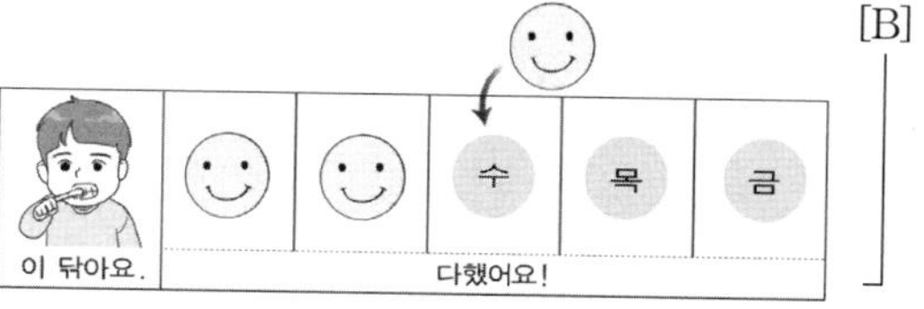

홍 교사: 이 자료를 재우 어머니에게 보내 드려서 가정에서도 지도할 수 있게 해야겠어요.

최 교사: 좋아요. 그리고 재우는 ㉠ <u>제한적인 자극이나 관련 없는 자극에 반응하는 특성</u>이 있기 때문에 중심(축) 반응 중 (㉡)을/를 증진시켜야겠어요.

… (하략) …

3) ① (가)의 ⓐ~ⓓ 중 ㉠에 해당하는 재우의 행동 특성을 2가지 찾아 기호를 쓰고, ② 중심(축)반응 4가지 중 ㉡에 들어갈 말을 쓰시오.

①:

②:

54 2022 초등A-5

다음은 4학년 자폐성 장애 학생 성규의 통합학급 수업 지원을 위한 통합학급 교사와 특수교사의 협의록 일부이다. 물음에 답하시오.

〈통합교육 지원 협의록〉

…(중략)…

❑ 교과: 사회
단원명: 지역의 위치와 특성

가. 통합학급 수업 운영 및 지원

○ 이번 주 수업 중 행동 관찰

학습 활동	• 지도의 기본 요소 알아보기
성규의 수업 중 수행특성	– 지도 그리기에 관심이 없고 자신이 좋아하는 위치에만 스티커를 붙이려고 고집함. – 함께 사용하는 스티커를 친구가 가져가면 소리를 지름. – 친구들의 농담에 무표정하고 별다른 반응이 없음. – 활동 안내를 그림 카드로 제시했을 때 활동의 참여도가 높아짐. [A]

○ 다음 주 수업지원 계획

학습 활동	• 우리 생활에서 지도를 어떻게 활용하는지 알아보기 • 우리 지역의 중심지 알아보기 – ㉠ 3학년 사회과에서 다루는 학교 주변의 '우리 고장'에서 범위를 넓혀, 4학년 때는 '시 · 도' 규모의 지역 중심지를 탐색하고 답사하기
성규를 위한 수정계획	• 지도의 주요 위치에 스티커로 표시해주기 • 시각적 일과표와 방문하게 될 장소에 대한 안내도 제시하기 • 현장학습 시, 친구들과의 상호작용을 돕고 지켜야 할 규칙을 알 수 있도록 ㉡ 상황이야기 또는 좋아 하는 캐릭터를 삽입한 파워카드 적용하기

나. 수업 참여를 위한 행동지원

○ 사회과 수업 중 소리 지르기 행동에 대한 행동지원 계획 수립

○ 성규의 소리 지르기 행동 기능분석

㉢ ABC 분석

선행사건	행동	후속 결과
수업 중 제공된 스티커를 모두 사용해버림.	소리 지르기	스티커 제공
스티커를 사용하지 않는 다음 활동을 위해 스티커를 회수함.	소리 지르기	계속 수업 진행

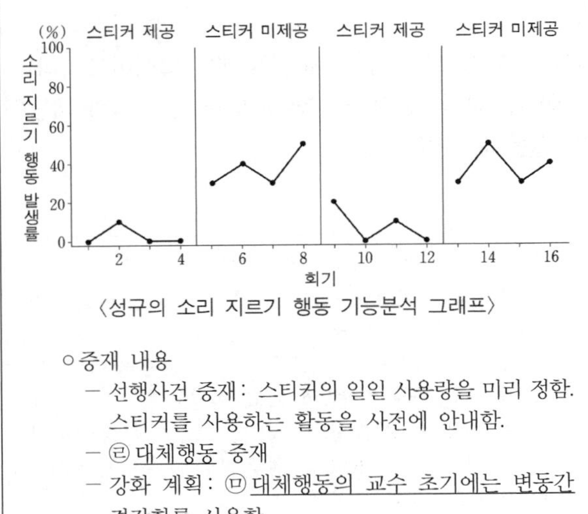

〈성규의 소리 지르기 행동 기능분석 그래프〉

○ 중재 내용

– 선행사건 중재: 스티커의 일일 사용량을 미리 정함. 스티커를 사용하는 활동을 사전에 안내함.

– ㉣ 대체행동 중재

– 강화 계획: ㉤ 대체행동의 교수 초기에는 변동간격강화를 사용함.

2) [A]에 근거하여 ㉡의 이유에 해당하는 자폐성 장애의 일반적인 특성 2가지를 쓰시오.

①:

②:

55

2022 중등B-7

(가)는 자폐성장애 학생 F에 관해 교육 실습생과 특수 교사가 나눈 대화의 일부이고, (나)는 교육 실습생이 작성한 사회상황 이야기(Social Stories) 초안이다. 〈작성 방법〉에 따라 서술하시오.

(가) 대화

> 교육 실습생: 선생님, 우리 반 학생 F는 여러 가지 정보 중에서 필요한 정보를 선택하고 이것을 의미 있게 연계하는 것을 힘들어해요. 그리고 복잡한 정보를 처리하는 것도 어려워하는 것 같아요. 국어 시간에 글을 읽고 나서 특정 부분이나 사소한 내용은 잘 기억하는데, 전체적인 흐름과 내용 파악은 어려워 해요.
>
> 특 수 교 사: 예, 그것은 자폐성장애 학생이 흔히 보이는 인지적 결함 중에서 (㉠) 때문인 것 같아요.
>
> … (중략) …
>
> 교육 실습생: 선생님, 학생 F는 점심시간에 자신의 차례를 지키는 것이 어려운 것 같아요. 좋은 방법이 있나요?
>
> 특 수 교 사: 예, 학생 F에게는 여러 가지 중재 방법 중에서 사회상황이야기를 적용해 볼 수 있을 것 같아요. 선생님이 먼저 초안을 작성해 보세요.

(나) '사회상황이야기' 초안

> 나는 점심시간에는 친구와 함께 식당에서 점심을 먹어요.
> 우리는 줄을 서서 기다리고, 줄을 서서 이동해야 해요.
> 줄 서서 이동할 때에는 줄에서 벗어나면 안 돼요.
> 선생님이 식당에 가기 전에 "여러분, 줄을 서세요."라고 말하면 나는 줄을 서려고 노력해야 해요.
> 내가 줄서는 것을 어려워하면 선생님이 도와줄 수 있어요.
> 선생님의 도움이 필요할 때에는 "선생님, 도와주세요."라고 말해요.
> 점심시간에 줄 서서 이동할 때에는 나와 친구는 조금 거리를 두어야 해요. ㉡ <u>이것은 매우 중요한 일이에요.</u>
> 조금 떨어져서 간격을 유지하는 것은 기분 좋은 일이에요.
> 내가 차례를 지키지 않으면 친구가 속상해할 수도 있어요.
> 나는 점심시간에 줄을 서서 차례를 지키려고 노력할 거예요.
> 점심시간에 줄을 서서 차례를 지키는 것은 ________ 일이에요. [A]

〈작성 방법〉

- (가)의 괄호 안 ㉠에 해당하는 내용을 쓸 것
- (나)의 밑줄 친 ㉡의 문장 유형을 쓰고, [A]와 같은 문장 유형의 기능을 1가지 서술할 것[단, 그레이(C. Gray, 2010)의 이론에 근거할 것]
- (나)의 '사회상황이야기' 초안에 나타난 오류 중에서 1가지를 찾아 그 이유를 서술할 것[단, 그레이(C. Gray, 2010)의 이론에 근거할 것]

56

2023 유아A-4

(가)는 유아특수교사가 자폐성장애 유아 지수를 위해 작성한 지원 계획이며, (나)와 (다)는 교사가 제작한 그림책이다. 물음에 답하시오.

(가)

- 지수의 특성
  - 그림책 읽기를 좋아함
  - 공룡을 좋아하여 혼자만 독차지하려고 함
  - 얼굴 표정(사진, 그림, 도식)을 보고 기본 정서를 말할 수 있음
- 지원 계획
  - 상황이야기 그림책과 마음읽기 그림책으로 제작하여 지도하기
  - 교사가 제작한 그림책을 ㉠ <u>매일 지수가 등원한 직후와 놀이 시간 직전에 함께 읽기</u>
  - 참여도를 높이기 위해 지수가 그림책을 읽을 때마다 공룡 스티커를 주어 5개를 모으면 ㉡ <u>공룡 딱지</u>로 바꾸어 주기

(나)

친구도 공룡을 가지고 놀고 싶어요

놀이 시간에는 교실에 있는 놀잇감을 가지고 놀아요.
나는 공룡을 가지고 노는 걸 제일 좋아해요.
나처럼 공룡을 가지고 놀고 싶어 하는 친구들도 있어요.
나만 공룡을 가지고 놀면, 친구들은 (㉢).
㉣ <u>나는 공룡을 바구니에 두어 친구들도 가지고 놀 수 있게 할 거예요.</u>
이것은 친구와 사이좋게 노는 방법이에요.

(다)

유미가 공룡을 가지고 놀고 있어요.
민호가 유미의 공룡을 빼앗아 갔어요.
공룡을 빼앗긴 유미의 기분은 어떨까요?
기쁠까? 슬플까? 화날까? 겁날까?

2) (나)의 상황이야기에서 ① ㉢을 지수가 친구의 마음을 이해하는 내용이 되도록 쓰고, ② ㉣의 문장 유형이 무엇인지 쓰시오.

①:

②:

3) 하울린, 바론-코헨과 하드윈(P. Howlin, S. Baron-Cohen, & J. Hadwi n)의 마음읽기 중재 단계에 근거하여 (다)의 단계에서 교사가 지수에게 지도하고자 하는 정서 이해의 목표를 쓰시오.

57

2023 유아A-6

(가)는 작은 운동회를 위한 특수학교 교사들의 사전 협의회의 일부이고, (나)는 자폐성장애 유아 진서를 위한 파워카드이다. 물음에 답하시오.

(가)

김 교사: 10월에 실시할 작은 운동회를 위한 협의회를 시작하도록 하겠습니다.

… (중략) …

김 교사: 이제 작은 운동회 내용을 정리해 보겠습니다.
이 교사: ㉠ 축구 코스에서는 아이들이 발로 미니 골대 안에 공을 넣도록 해요. 지수는 다리에 힘이 조금 부족하지만 워커로 이동할 수 있으니 (㉡).
홍 교사: ㉢ 뻥뻥 코스에서는 의자 위에 올려놓은 뻥과자를 엉덩이로 부숴 봐요.
박 교사: 터널 코스에서는 유아들이 터널을 기어서 통과하도록 하겠습니다.
김 교사: 그리고 ㉣ 출발점부터 도착점까지 유아들이 걷거나 달려도 되는데 너무 빨리 달리지 않도록 지도해 주세요.
교 사 들: 네, 알겠습니다.
김 교사: 그런데 홍 선생님 반의 진서가 갑자기 강당 밖으로 뛰어나간 적이 있었는데 선생님은 어떻게 지도하세요?
홍 교사: 로봇 그림을 사용한 파워카드 전략으로 강당에 올 때마다 지도하고 있어요. 작은 운동회 때도 파워카드를 사용하도록 하겠습니다.

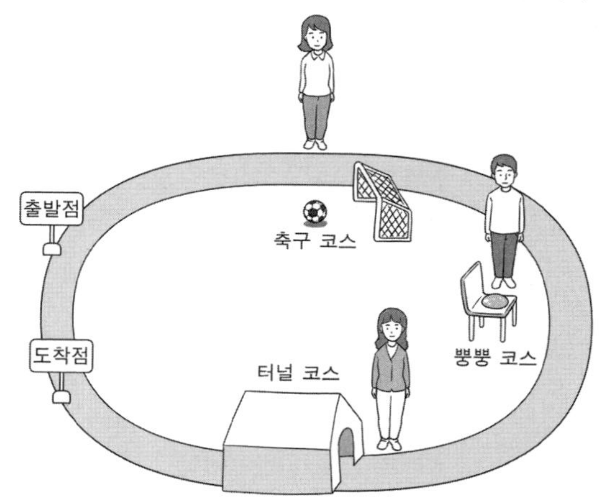

(나)

3) (나)에서 홍 교사가 로봇 그림을 사용한 이유를 파워카드 전략에 근거하여 쓰시오.

58

2023 유아A-8

(가)는 병설유치원 개별화교육지원팀 협의 내용의 일부이다. 물음에 답하시오.

(가)

임 교 사:	유치원에서 '내 친구는 그림으로 말해요'라는 주제로 경수가 사용하는 그림교환의사소통체계(Picture Exchange Communication System: PECS)의 사용 방법을 설명해 준 이후로 친구들도 경수가 그림으로 대화할 수 있다는 것을 알게 되었어요. 1단계에서 기차놀이를 즐기는 경수는 기차 그림카드를 교사에게 제시해야 기차를 받을 수 있다는 교환의 의미를 이해했어요. 2단계에서는 ㉠ <u>경수가 기차 그림카드를 찾아와 멀리 있는 제게 건네주어 기차와 교환할 수 있게 되었어요.</u> 3단계에서는 ㉡ <u>좋아하는 2개의 기차 중 경수가 더 원하는 기차의 그림카드를 교사에게 건네주어 그 기차로 바꿀 수 있었어요.</u> 4단계로, 요즘은 원하는 것을 문장으로 요청하도록 지도하고 있습니다.
경수 어머니:	그림으로 의사소통하는 방법을 체계적으로 교육해 주셔서 이제 경수는 좋아하는 것 중에서도 더 좋아하는 것을 구분할 수 있게 되었어요.

1) ① ㉠단계의 지도 목적을 쓰고, ② 3단계 '그림 식별하기'에서 ㉡보다 먼저 지도할 내용을 쓰시오.

①:

②:

59

2023 초등B-3

(가)는 특수학교의 김 교사가 작성한 자폐성장애 1학년 학생 동호의 행동 관찰 노트이고, (나)는 교사들이 나눈 대화 내용의 일부이다. 물음에 답하시오.

(가) 행동 관찰 노트

- 관찰자: 김 ○○ 교사
- 관찰 기간: 2022년 3월 7일 ~ 3월 11일(5일간)
- 관찰 결과
  - 구어보다 그림 카드를 더 잘 이해함
  - 손 씻기 지도를 위해 비누를 제시했을 때, 비누는 보지 않고 비누통에 붙은 캐릭터에만 집중함
  - 수업 중에 교사가 칠판을 가리키며 "여기를 보세요."라고 할 때 칠판은 보지 않고 교사의 단추만 보고 있음

  [A] (위의 두 항목)

(나) 대화 내용

김 교사: 학기 초라서 그런지 동호가 학교생활에 적응을 잘 못 하네요.
최 교사: 예를 들면, 어떤 문제가 있나요?
김 교사: 교실도 못 찾고, 자기 책상도 못 찾고, 신발도 제자리에 못 넣습니다.
최 교사: 그러면 동호에게 가외자극 촉구를 적용해서 ㉠ <u>신발장에 신발을 제자리에 놓을 수 있도록 도와주는 방법</u>을 한번 써 보면 좋을 것 같아요.
김 교사: 감사합니다.

…(중략)…

김 교사: 다음 주 슬기로운 생활 수업 주제는 '학교에서 보내는 하루'예요. 어떤 방식으로 수업을 하면 좋을까요?
최 교사: 제 경험에 비춰 보면, 그 수업에서 ㉡ <u>학생들이 자신의 주변 장소나 사람, 환경과 같은 주변의 모습에 관심을 가지고 이해하도록 학교에서의 일과를 사진 찍는 활동</u>으로 하니 참 좋아했습니다.
김 교사: 그렇군요. 그리고 ㉢ <u>동호는 수업이 끝나고 쉬는 시간마다 가방을 메고 집에 가겠다고 해요.</u>

…(중략)…

㉣ <u>급식실에서 밥을 먹고 나면 어디로 가야 할지 몰라 복도를 서성거려요.</u>

최 교사: 그럼, 동호에게 시각적 일과표를 한번 활용해 보는 건 어떨까요?
김 교사: 좋은 생각이네요. 동호는 시각적인 자료를 사용하면 더 쉽게 이해하니까요.

1) (가)의 [A]에 나타난 자폐성장애의 인지적 특성을 1가지 쓰시오.

3) 시각적 일과표를 제작할 때 (나)의 ㉢과 ㉣을 해결하기 위한 방안을 각각 1가지씩 쓰시오.

①:

②:

60

2023 초등B-4

(나)는 수업 설계 노트이다. 물음에 답하시오.

(나) 수업 설계 노트

- 수업 개요
  - 단원(제재)명: 소중한 생명(반려견 돌보기)
  - 수업 목표: ㉠ 반려견 돌보기 활동을 통해 생명의 소중함을 알고 실천한다.
  - 수업 활동

[활동 1] 반려견 돌보는 방법 알기
[활동 2] 반려견 돌보기 사회상황 이야기(social story) 스크립트 만들기

〈반려견 돌보기 사회상황 이야기 스크립트 초안 일부〉

우리 집에는 강아지가 살고 있다. 학교에서 돌아오면 강아지가 반갑다고 꼬리 치며 자꾸 나에게 다가온다.

	강아지가 내 앞에 앉아 있고, 나는 강아지를 쓰다듬고 있다.	(㉡)
	내가 강아지를 쓰다듬으면 강아지의 기분이 좋아진다.	조망문

[활동 3] 스크립트를 통해 반려견 돌보기 실천하기

- 가정과의 수업 연계 및 협조 사항
  - 가정통신문을 통한 사전 동의 및 안내
  - ㉢ 가정으로 학습의 장소를 확대하여 실생활에서 적용 실천할 수 있는 관찰, 실습, 조사 등의 활동으로 구성
  - 사회상황 이야기 자료를 활용하여 지우가 반려견 돌보기 행동을 실천하도록 안내
  - 행동계약서를 만들고 규칙을 실천할 때마다 (㉣)을/를 제공하면 효과적임을 안내

2) ㉡에 들어갈 사회상황 이야기 문장 유형을 쓰시오.

61

2023 중등B-10

다음은 자폐성장애 학생 A에게 일상생활 활동 기술을 지도하기 위해 특수 교사가 작성한 수업 구상 메모의 일부이다. 〈작성 방법〉에 따라 서술하시오.

〈수업 구상 메모〉

○ 목적: 일상생활 활동 기술 지도
○ 수업 시간에 사용할 전략과 유의사항
  - 전략: 중심축 반응 훈련(PRT)
  - 유의사항
    - 학생의 특성과 흥미를 고려하여 다양한 수업 자료를 준비함
    - ㉠ PRT의 중심축 반응 중 '동기(motivation)'를 향상시키기 위해 준비한 수업 자료를 사용함
    - PRT의 중심축 반응 중 '동기'를 향상시키기 위해 수업 활동 중 다음 요소를 고려하여 지도함

요소	지도 중점
(㉡)	• 질문에 응답하기 위한 모든 노력에 칭찬하기 • 질문에 응답하기 위한 비언어적 행동에도 긍정적으로 반응하기 • 틀린 반응이더라도 학생의 노력에 긍정적으로 반응하기

○ 촉진 감소 방법: (㉢)
  - 학생이 정반응만 보일 수 있는 자극 촉진을 사용함
  - 반복된 오반응으로 인한 학생의 좌절감 발생을 예방하도록 자극 촉진을 사용함
  - 최대-최소 촉진을 이용한 용암법을 통해 촉진을 제거함
○ 최대-최소 촉진 적용 시 (㉣)을/를 예방하기 위한 고려사항
  - 촉진은 가능한 빨리 제거함
  - 촉진의 수준과 양을 너무 빠르거나 느리지 않게 점진적으로 감소시킴
  - 촉진을 필요 이상으로 제공하지 않음

… (하략) …

〈 작성 방법 〉

- 밑줄 친 ㉠에 해당하는 방법 1가지를 서술할 것[단, 학생의 행위 측면에서 서술할 것]
- 괄호 안의 ㉡에 해당하는 내용을 쓸 것

62

2024 유아A-1

(가)는 자폐성장애 유아 동주의 특성이고, (다)는 유아 특수교사 임 교사와 유아교사 배 교사가 동주의 놀이를 지원하는 장면과 임 교사의 지도 노트이다. 물음에 답하시오.

(가)

- 곤충을 좋아함
- 동영상 보기를 좋아함
- 상호작용을 위한 말을 거의 하지 않음
- 상호작용 중 상대방이 가리키거나 쳐다보는 사물, 사람, 혹은 사건을 함께 쳐다볼 수 있음

(다)

동　　주: (배 교사의 손을 잡아 그림책에 있는 곤충에 갖다 댄다.)
배 교사: 무당벌레.
동　　주: (책장을 넘겨 배 교사의 손을 잡아 곤충 그림에 갖다 댄다.)
임 교사: 뭐예요?
동　　주: 뭐예요?
배 교사: 사슴벌레.
동　　주: (책장을 넘긴다.)
임 교사: 뭐예요?
동　　주: 뭐예요?
배 교사: 애벌레.
동　　주: (책장을 넘긴다.)

[A]
동주에게 제공하고 있는 구어 시범을 용암시키기 위해 며칠 전 놀이시간에 찍어 둔 동영상을 편집했다. 동영상 내용 중에서 내가 구어 시범을 제공하는 장면만 삭제하여 동주가 독립적이고 성공적으로 수행하는 모습이 되도록 했다. 동영상은 동주가 곤충 그림책을 보며 책장을 넘길 때마다 스스로 교사에게 "뭐예요?"라고 묻고 배 선생님이 대답해 주는 장면으로 구성되었다. 내일부터 놀이시간 직전에 동주와 이 동영상을 함께 시청하며 지도해야겠다.

3) (다)의 중심(축)반응훈련을 통해 동주에게 지도하는 중심(축)반응 영역이 무엇인지 쓰시오.

63 2024 유아B-1

(가)는 5세반 통합학급의 간식시간 장면이고, (나)는 유아특수교사 김 교사와 유아교사 윤 교사의 대화 장면이며, (다)는 중재 사례의 일부이다. 물음에 답하시오.

(가)

윤 교사: 오늘 간식 도우미는 채은이지요? 채은아, 친구들에게 쿠키를 한 개씩 나누어 주세요.
채 은: 네!

(㉠ 쿠키를 나누어 주다가 다희의 발을 보지 못하고 밟고 그냥 지나간다.)

다 희: 아야! 선생님, 채은이가 내 발 밟았어요!

… (중략) …

(채은이가 친구들의 접시에는 쿠키를 한 개씩 놓고, 마지막으로 자신의 접시에는 쿠키를 세 개 놓는다.)

하 준: 채은아, 너는 왜 쿠키를 세 개나 가져가?
채 은: 나는 쿠키를 좋아해.
하 준: 채은아, 그러면 안 돼. 우리는 사랑반이니까 모두 똑같이 나누어야 해. (채은이의 접시에 있는 쿠키를 두 개 가져가려 한다.)
채 은: 내 거야! (㉡ 하준이를 밀친다.)
하 준: 아야! 다른 친구들보다 네가 더 많이 가져간 거잖아!

… (하략) …

(나)

윤 교사: 선생님, 요즘 채은이가 친구 관계에서 어려움을 보이네요.
김 교사: 저도 채은이가 친구를 미는 행동이 걱정이 되었어요. 그래서 (㉢)을/를 활용해 보아야겠다고 생각했어요. 이 방법은 아이들이 좋아하는 형식의 시각적 지원을 통해 사회적 상황에서 겪는 어려움을 명시적으로 지원하는 것이에요.
윤 교사: 그렇군요. 채은이가 그림 그리기를 좋아하고, 그림으로 표현하는 능력이 뛰어난 편이니 이 방법이 적절하겠네요.

(다)

3) ① (나)와 (다)의 ㉢이 무엇인지 쓰고, ② (다)에서 ㉣에 들어갈 채은이의 말을 쓰시오.

①:

②:

64

2024 유아B-5

(가)는 5세 자폐성장애 유아 혜진이에 대한 6월 가정 통신문의 일부이다. 물음에 답하시오.

(가)

혜진이의 놀이 이야기(6월)

혜진이의 놀이

요즘 바다반 친구들이 물감놀이를 즐기고 있습니다. 평소에 ㉠ 끈적이고 미끌거리는 액체를 만지는 것에 대해 강한 거부감을 보이던 혜진이는 물감놀이에 참여하는 것을 어려워했습니다.

그래서 혜진이와 친구들이 모두 즐겁게 참여하도록 '데칼코마니' 활동을 준비했습니다. ㉡ 평소에 치약 냄새를 아주 좋아하는 혜진이를 위해 도화지 위에 혜진이가 짜놓은 치약에 물감을 조금씩 섞어 주었습니다. 그랬더니 혜진이가 손에 물감을 직접 묻히지 않는 치약물감놀이 에는 참여하기 시작하였습니다. [A]

… (하략) …

1) (가)를 참고하여 ㉠의 혜진이가 보이는 감각 체계 특성을 쓰시오.

65

2024 초등B-6

(가)는 2015 개정 특수교육 기본 교육과정 미술과 5~6학년군 '눈이 즐거운 평면 표현' 수업 활동에 대한 아이디어 노트의 일부이다. 물음에 답하시오.

○ 자폐성장애 학생 희주의 특성

- 촉감을 느끼기 위해서 책상 모서리를 계속 문지름
- 장난감 자동차 바퀴의 회전하는 모습을 보려고 바퀴를 지속적으로 돌림
- 끈적임을 느끼기 위해 풀의 표면을 손으로 계속 문지름

[A]

○ 수업 방향

- ㉠ 미술 수업 시간에 물감을 감각적으로 탐색하는 다양한 미술 활동을 지도하고자 함

○ 수업 활동 계획

- 활동 1 : ㉡ 물감 표면의 촉각적인 느낌 탐색하기
  ↳ ㉢ 물감을 손으로 만지는 활동하기

… (중략) …

- 활동 2 : ㉣ 실그림 기법으로 작품 완성하기
- 활동 3: (㉤) 기법으로 작품 완성하기

1) 던(W. Dunn)의 감각 처리 모델에 근거하여 (가)의 [A]에 대해 ① 감각 처리 패턴의 특성을 신경학적 역치 측면에서 1가지를 쓰고, ② 감각 처리 패턴의 지도 전략과 관련하여 ㉠의 목적 1가지를 쓰시오.

①:

②:

66

2024 중등B-8

(가)는 중복장애 학생 A에 대한 담임 교사와 수석 교사의 대화이다. 〈작성 방법〉에 따라 서술하시오.

(가) 담임 교사와 수석 교사의 대화

담임 교사: 학생 A는 지체장애와 자폐성장애를 같이 가지고 있는데, 낮은 촉각 역치를 보입니다. 학생 A에게 손 씻기를 지도하는데 어떤 방법으로 지도할까요?

수석 교사: 다양한 방법으로 지도할 수 있습니다. ㉠ 세면대 거울에 손 씻는 단계 그림을 붙여서 학생 A에게 손 씻기를 지도할 수 있고, ㉡ 손을 씻어야 한다는 의미로 선생님이 손으로 수도꼭지를 살짝 건드려서 학생 A에게 손 씻기를 알려 줘도 됩니다. 그리고 다른 방법으로는 ㉢ 학생 A가 손을 씻을 수 있도록 손목을 잡아 줄 수 있으며, ㉣ 선생님이 손을 씻는 모습을 학생 A에게 보여 주고 학생 A가 이를 모방 하도록 할 수도 있습니다.

담임 교사: 잘 알겠습니다. 그러면 학생 A에게 학급 규칙을 어떻게 지도해야 할까요?

수석 교사: 학생 A는 규칙을 언어적으로 이해하는 데 어려움이 있으니, 학생이 지켜야 할 학급 규칙을 그림으로 제시하는 (㉤)의 방법으로 지도해 보세요. 이것은 교사가 학생에게 기대하는 행동에 대한 구체적인 목표가 있을 때 효과적인 방법입니다.

담임 교사: 그렇게 하면 학생 A에게 다른 규칙도 지도할 수 있겠네요.

수석 교사: 네, 학생의 수준에 맞는 다양한 그림이나 상징으로 지도할 수 있어요.

담임 교사: 그러면 어떤 기준으로 그림이나 상징을 선택하면 좋을까요?

수석 교사: 학생의 수준에 맞게 ㉥ 그림이나 상징을 보고 그것이 나타내는 것이 무엇인지 알 수 있는 정도를 고려해서 선택하면 좋겠어요.

〈 작성 방법 〉

- (가)의 밑줄 친 ㉠~㉣ 중 학생 A에게 적절하지 않은 지도 방법을 1가지 찾아 기호와 그 명칭을 쓰고, 그 이유를 1가지 서술할 것

KORea Special Education Teacher

김남진

KORSET 특수교육학 기출분석 2

PART 08

특수교육공학

Mind Map

Chapter 1 특수교육공학의 이해

1 특수교육공학의 개념
- 공학의 정의
- 특수교육공학의 정의
- 특수교육공학과 특수교육과의 관계

Chapter 2 교수 · 학습 이론

1 교수 · 학습 이론 개요
- 행동주의
- 인지주의
- 구성주의
  - 인지적 도제이론
  - 상황학습이론
  - 인지적 유연성 이론

2 앵커드 교수법
- 앵커드 교수법의 개념
- 앵커드 교수법의 장점 및 문제점
  - 장점
  - 문제점

Chapter 3 웹 접근성과 웹 접근성 지침

1 웹 접근성에 대한 이해
- 웹 접근성의 개념
- 웹 접근성 준수의 필요성

2 한국형 웹 콘텐츠 접근성 지침 2.1
- 원칙 1. 인식의 용이성
  - 대체 텍스트
  - 멀티미디어 대체 수단
  - 명료성
- 원칙 2. 운용의 용이성
  - 입력장치 접근성
  - 충분한 시간 제공
  - 광과민성 발작 예방
  - 쉬운 내비게이션
- 원칙 3. 이해의 용이성
  - 가독성
  - 예측 가능성
  - 콘텐츠의 논리성
  - 입력 도움
- 원칙 4. 견고성
  - 문법 준수
  - 웹 애플리케이션 접근성

Chapter 4 물리적 접근과 보편적 설계

1 시설 및 설비에 대한 접근권
- 장애인 편의시설 설치 관련 법규
- 장애인 편의시설의 종류

2 보편적 설계
- 보편적 설계의 개념
- 보편적 설계의 원리
  - 공평한 사용
  - 사용상의 융통성
  - 단순하고 직관적인 사용
  - 지각할 수 있는 정보
  - 오류에 대한 관용
  - 낮은 신체적 수고
  - 접근과 사용을 위한 크기와 공간
- 보편적 설계의 원리와 교육적 활용

Chapter 5 보편적 학습설계의 이해

1 보편적 학습설계의 개념
- 보편적 학습설계의 정의
- 보편적 학습설계의 기본 가정
- 보편적 학습설계의 이론적 배경
  - 뇌의 사고시스템
  - 다중지능이론
  - 테크놀로지의 발달
- 보편적 학습설계와 보편적 설계의 비교
- 보편적 학습설계와 교수적 수정의 비교

2 보편적 학습설계의 원리와 가이드라인
- 보편적 학습설계의 원리
  - 다양한 방식의 표상 수단 제공
  - 다양한 방식의 행동과 표현 수단 제공
  - 다양한 방식의 참여 수단 제공
- 보편적 학습설계 가이드라인 2.2

3 보편적 학습설계의 실행
- 교실 상황에서의 보편적 학습설계 실행 과정
  - 목표 설정
  - 상황 분석
  - UDL 적용
  - UDL 수업 지도
- 조직차원의 보편적 학습설계 실행 과정

Chapter 6 교육용 소프트웨어의 선정과 평가

1 교육용 프로그램의 선정과 평가
- 교육용 프로그램의 선정
- 교육용 프로그램의 평가
  - 외부평가
  - 내부평가: 수업과 관련된 일반적인 사항, 교육의 적절성, 공학기기의 적합성

2 소프트웨어의 개발
- 교수·학습용 소프트웨어 개발 시 일반적 고려사항
- 교수·학습용 소프트웨어 개발 시 장애학생을 위한 고려사항

Chapter 7 특수교육과 컴퓨터의 활용

1 컴퓨터 보조 수업의 이해
- 컴퓨터 보조 수업의 개념
- 컴퓨터 보조 수업의 특징
  - 개별화
  - 상호작용 촉진
  - 동기유발
  - 경제성
- 컴퓨터 보조 수업 활용상의 유의점
- 컴퓨터 보조 수업의 장단점
  - 장점
  - 단점

2 컴퓨터 보조 수업의 유형
- 반복연습형 : 도입, 문항 선정, 문항제시와 반응, 반응 판단, 피드백, 결과 제시
- 개인교수형 : 도입, 정보제시, 질문과 응답, 피드백과 교정, 학습종료 결정, 학습결과 제시
- 시뮬레이션형 : 도입, 가상적 상황 제시, 학습자 반응, 반응 판단과 피드백, 모의실험 종료 결정, 결과 제시
- 게임형
- 발견학습형
- 문제해결형

3 멀티미디어 활용 수업
- 멀티미디어 활용 수업의 개념
- 멀티미디어 활용 수업의 장단점
  - 장점
  - 단점

4 ICT 활용 수업
- ICT 활용 수업의 개념
- ICT 활용 수업의 구성요소
- ICT 활용 수업의 교육적 특성
- ICT 활용 수업의 유형
- ICT 활용 수업의 장점과 방해 요인
  - 장점
  - 방해 요인

Chapter 8 보조공학의 이해

1 보조공학의 개념
- 보조공학의 정의
- 보조공학의 연속성
  - 하이테크놀로지
  - 미드테크놀로지
  - 로우테크놀로지
  - 노테크놀로지
- 보조공학의 유용성
  - ABC 모델 : 능력의 신장, 매체로의 대체, 장애의 보상
  - Wile 모델
  - BBEE 모델

2 보조공학 사정 및 전달체계
- 보조공학 사정
  - 생태학적 사정
  - 실천적 사정
  - 계속적 사정
- 보조공학 전달체계

3 보조공학 사정모델
- 인간 활동 보조공학 모델(HAAT 모델) : 인간, 활동, 보조공학, 맥락
- 인간-공학 대응 모델(MPT 모델)
- SETT 구조 모델 : 학생, 환경, 과제, 도구
- 보조공학 숙고 과정 모델 : 검토 단계, 개발 단계, 조사 단계, 평가 단계, 확인 단계
- 재활 모델과 욕구 중심 모델
  - 재활 모델
  - 욕구 중심 모델

Chapter 9 컴퓨터 접근성 향상을 위한 보조공학

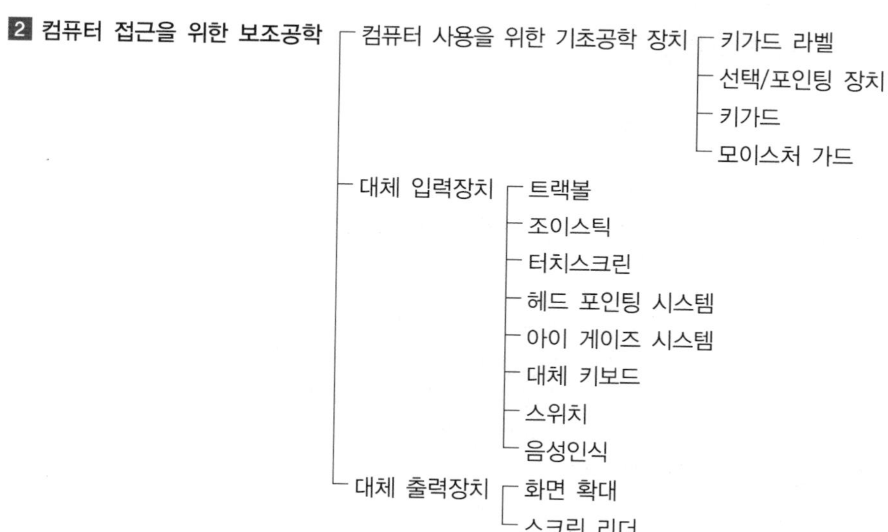

Chapter 10 보완대체의사소통의 이해

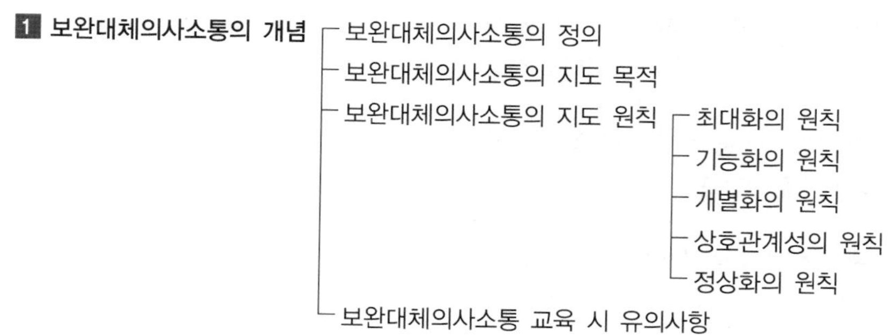

Chapter 11 보완대체의사소통 체계

1 상징
- 상징의 개념
- 상징의 종류
  - 실물
  - 모형
  - 사진
  - 선화

2 보조도구
- 보조도구의 개념 및 종류
- 의사소통판
  - 종류
  - 제작 시 고려사항
  - 장단점

3 기법
- 직접선택
  - 개념
  - 신체 조절 능력 평가
  - 활성화 전략
    - 시간 활성화 전략
    - 해제 활성화 전략
    - 평균 활성화 전략
  - 장단점
- 간접선택
  - 개념
    - 청각적 스캐닝
    - 시각적 스캐닝
  - 스위치 평가
  - 스위치 사용을 위한 운동훈련 단계
    - 1단계. 인과관계를 개발시키기 위해 사용하는 시간 독립적 스위치
    - 2단계. 스위치를 적절한 시간에 사용하도록 능력을 개발하는 데 쓰이는 종속적 스위치
    - 3단계. 다중선택 스캐닝 능력을 개발시키기 위한 특정한 윈도우 내의 스위치
    - 4단계. 상징적인 선택 만들기
  - 디스플레이 형태(포맷) : 원형, 선형, 행렬 스캐닝
  - 선택 조절기법
    - 자동 스캐닝
    - 단계별 스캐닝
    - 반전 스캐닝
  - 장단점

4 전략
- 전략의 개념
- 교수자와 사용자 측면의 보완대체의사소통 전략
  - 교수자 측면의 전략
  - 사용자 측면의 전략

5 보완대체의사소통 체계 시 고려사항
- 보완대체의사소통 체계 선택 및 사용 시 고려사항
- 의사소통을 위한 기초 기술 : 언어적 능력, 조작적 능력, 사회적 능력, 전략적 능력
- 보완대체의사소통 대화상대자 훈련

Chapter 12 보완대체의사소통의 평가

1 보완대체의사소통 평가의 이해

- 보완대체의사소통 평가의 기본 원칙
- 보완대체의사소통의 평가 절차

2 평가 모델: 참여모델

- 참여모델에 대한 이해
- 참여모델의 체계
  - 의사소통 참여 유형과 요구 평가
  - 기회 제한 요인 평가
    - 기회장벽: 정책, 실제, 기술, 지식, 태도
    - 접근장벽
  - 학생의 구체적인 능력 평가

3 보완대체의사소통 지도를 위한 평가

- 운동 능력
- 감각 능력
- 인지 능력
- 언어 능력

4 보완대체의사소통 지도의 실제

- 1단계. 기초선을 측정하고 의사 표현 기능의 목표 서술하기
- 2단계. 어휘 선정하기
  - 어휘의 종류: 핵심어휘, 부수어휘
  - 어휘 수집 방법
  - 어휘 선정 시 고려사항: 발달적 관점, 사회적 관점, 의사소통 맥락
  - 상징 및 도구 선택
  - 상징의 배열 및 구성
    - 문법적 범주의 구성
    - 의미론적 범주의 구성
    - 환경/활동 중심의 구성
- 3단계. 사용자의 기술 습득을 지원할 수 있는 촉진 전략 교수하기
  - 환경의 구조화
  - 메시지 확인하기
  - 시작과 끝을 알리는 명확한 신호 확립하기
  - 시간 지연하기
  - 지적하기 촉진
  - 모델링
- 4단계. 사용자에게 목표 기술 교수하기
- 5단계. 일반화가 되고 있는지 상황 체크하기
- 6단계. 성과 측정하기
  - 조작적 지표
  - 표상적 지표
  - 상호작용 지표
  - 심리사회적 지표
- 7단계. 유지할 수 있도록 체크하기

기출문제 다잡기

정답 및 해설 p.65

01

2009 중등1-37

보완 · 대체의사소통기기의 전자 디스플레이에서 원하는 항목을 선택하는 '훑기(scanning)' 방법에 대한 적절한 설명을 〈보기〉에서 고른 것은?

〈보기〉

ㄱ. 손이나 도구를 이용하여 항목을 직접 선택하기 어렵거나 선택이 부정확할 때 또는 너무 느릴 때 훑기 방법을 고려한다.
ㄴ. 원형 훑기(circular scanning)는 원의 형태로 제작된 항목들을 기기 자체가 좌우로 하나씩 훑어주며 제시하는 방식이다.
ㄷ. 항목이 순차적으로 자동 제시되고 사용자는 원하는 항목에 커서(cursor)가 머물러 있을 때 스위치를 활성화하여 선택한다.
ㄹ. 선형 훑기(linear scanning)를 하는 화면에는 항목들이 몇 개의 줄로 배열되어 있으며, 한 화면에 많은 항목을 담을 경우에는 비효율적일 수 있다.
ㅁ. 항목을 제시하는 속도와 타이밍은 기기 제작 시 설정되어 있어 조절이 어려우므로 사용자는 운동 반응 및 시각적 추적 능력을 충분히 갖추어야 한다.

① ㄱ, ㄴ, ㄷ ② ㄱ, ㄷ, ㄹ
③ ㄱ, ㄹ, ㅁ ④ ㄴ, ㄷ, ㅁ
⑤ ㄷ, ㄹ, ㅁ

02

2009 중등2B-4

보편적 설계(Universal Design)의 개념은 건축 분야에서 모든 사람이 편리하게 시설을 이용할 수 있도록 하기 위해 처음으로 제기된 것이지만 교육 분야에서도 보편적 설계의 개념과 원칙을 교육 상황에 적용하여 구체적인 학습전략으로 개발하여 왔다. 이에 더하여 최근 특수교육 분야에서는 보편적 설계의 개념과 원칙을 장애학생의 교수 · 학습 환경에 적용하여 보편적 학습 설계(Universal Design for Learning)로 발전시키고 있다. 다음 물음에 답하시오.

8-1. 보편적 설계의 주요 원칙 중 '동등한 사용', '사용상의 융통성', '정보 이용의 용이(인식 가능한 정보)'에 대해 각각의 원칙을 통합교육의 이념에 비추어 논하시오.

8-2. 장애학생을 대상으로 한 보편적 학습설계의 3가지 원리와 그 실행 방안을 다음의 조건에 따라 논하시오.

조건 1. 시각장애, 청각장애, 지체장애 중 2가지 장애유형을 선택할 것
조건 2. 해당 장애유형에 관련된 보조공학기기를 제시할 것

03

2010 유아1-2

정 교사는 학급 내 학습장애 아동의 수업 효과를 높이기 위해 개별 아동의 특성에 맞는 컴퓨터 보조 수업(computer-assisted instruction : CAI) 프로그램을 선정하여 적용하고자 한다. 프로그램 선정 시 고려해야 할 중요한 조건들을 〈보기〉에서 모두 고른 것은?

〈보기〉

ㄱ. 프로그램은 단계적으로 구성되어 있고, 각 단계별 내용 간에는 연계성이 있어야 한다.
ㄴ. 교사가 프로그램의 내용을 쉽게 변화시킬 수 있는 다양한 옵션(option)이 있어야 한다.
ㄷ. 아동의 능력 수준에 따라 프로그램의 진행 속도나 내용 수준을 조절할 수 있어야 한다.
ㄹ. 아동의 집중력을 높이기 위해 화려하고 복잡한 그래픽이나 애니메이션으로 구성되어 있어야 한다.
ㅁ. 아동이 프로그램 내의 지시를 잘 따를 수 있도록 화살표 등 신호체계가 눈에 띄게 표시되어 있어야 한다.
ㅂ. 아동의 특성이 고려되어 개발된 프로그램이기 때문에 제시된 과제에 동일한 반응시간이 주어져 있어야 한다.

① ㄱ, ㄷ, ㅁ
② ㄴ, ㄹ, ㅁ
③ ㄹ, ㅁ, ㅂ
④ ㄱ, ㄴ, ㄷ, ㅁ
⑤ ㄴ, ㄷ, ㄹ, ㅂ

04

2010 유아1-18

통합 유치원의 김 교사는 휠체어를 사용하는 지체장애 유아 준호와 시각장애 유아 영주를 지도하고 있다. 김 교사는 건강생활 '안전하게 생활하기'의 내용을 지도할 때, '보편적 학습 설계(universal design for learning)' 원리를 적용하여 교육적 지원을 하고자 한다. 〈보기〉에서 김 교사가 바르게 적용한 것을 모두 고른 것은?

〈보기〉

ㄱ. 실수에 즉각적으로 반응하는 보조공학 기구를 선택하여 제공한다.
ㄴ. 교실에서 교사 자리 가까이에 준호와 영주를 위한 장애유아 지정석을 정하여 제공한다.
ㄷ. '교통안전 규칙 지키기'를 지도할 때, 그림, 언어, 촉각 표시 등의 다양한 모드가 함께 사용된 도로교통 표지판을 제작하여 활용한다.
ㄹ. '미디어 바르게 활용하기'를 지도할 때, 지적 능력이나 사용하는 언어에 구애받지 않도록 쉬운 로고나 표지판 등이 포함된 학습 자료를 제작하여 활용한다.

① ㄱ, ㄴ
② ㄴ, ㄷ
③ ㄷ, ㄹ
④ ㄱ, ㄴ, ㄹ
⑤ ㄱ, ㄷ, ㄹ

05

2010 초등1-20

뇌성마비 학생 세희는 말 표현과 비언어적 의사소통에 어려움을 보이고 있다. 특수학교 최 교사는 2008년 개정 특수학교 기본교육과정 국어과에 기초하여, 보완대체 의사소통(augmentative and alternative communication : AAC) 체계를 적용하고자 한다. 준비 단계에서 고려해야 할 사항으로 가장 적절한 것은?

① AAC 체계 유형의 선택과 어휘 선정은 학생의 선호도를 고려하여 계획한다.
② 기능적 어휘보다는 장기적으로 성취 가능한 목표 어휘를 선정하여 준비한다.
③ 신체 기능보다는 학생의 언어 발달 수준을 고려하여 AAC 체계 한 가지를 준비한다.
④ AAC 체계에 적용하는 상징은 학생의 정신연령을 최우선으로 고려하여 준비한다.
⑤ 타인과의 상호작용 가능성보다는 학생 개인의 의도 표현에 중점을 두어 계획한다.

06

2010 중등1-9

보편적 학습설계(universal design for learning)에 대한 설명으로 옳은 것을 〈보기〉에서 모두 고른 것은?

〈보기〉

ㄱ. 보편적 학습설계는 교육과정이 개발된 후에 적용되는 보조공학과는 다르게 교육과정이 개발되기 전에 이루어지는 것이다.
ㄴ. 보편적 학습설계는 교육내용이나 교육자료를 개발할 때 대안적인 방법을 포함시킴으로써 별도의 교수적 수정을 하지 않도록 하는 것이다.
ㄷ. 보편적 학습설계는 건축 분야의 보편적 설계에서 유래한 개념으로, 학습에서의 인지적 도전 요소를 제거하고 지원을 최대한으로 제공하는 것이다.
ㄹ. 보편적 학습설계는 일반교육과정의 수준을 낮추는 것이 아니라, 융통성 있는 다양한 방법을 제시함으로써 장애학생이 일반교육과정에 접근할 수 있도록 하는 것이다.

① ㄱ, ㄴ　② ㄷ, ㄹ
③ ㄱ, ㄴ, ㄹ　④ ㄱ, ㄷ, ㄹ
⑤ ㄱ, ㄴ, ㄷ, ㄹ

07

2010 중등1-10

특수교육대상자를 위한 교육용 소프트웨어를 개발할 때 다양한 교수·학습이론을 반영할 수 있다. 〈보기〉에서 구성주의 교수·학습이론에 기반을 둔 내용을 고른 것은?

〈보기〉

ㄱ. 학습 효과를 높이기 위해서 반복적으로 연습을 할 수 있는 훈련·연습형으로 개발한다.
ㄴ. 학생이 문제를 해결할 수 있도록 실제 문제해결 상황을 비디오 등을 활용하여 제공한다.
ㄷ. 네트워크 기능 등을 활용하여 교사와 학생들 간의 활발한 상호작용에 초점을 두고 개발한다.
ㄹ. 애니메이션 등을 활용하여 반응에 따른 즉각적인 자극을 제공함으로써 학생이 올바른 반응을 형성할 수 있도록 한다.
ㅁ. 학생의 근접발달영역 내에서 필요한 도움을 제공하고, 과제수행이 능숙해짐에 따라 도움을 철회하는 구조를 반영하여 개발한다.

① ㄱ, ㄴ, ㅁ　　② ㄱ, ㄷ, ㄹ
③ ㄴ, ㄷ, ㄹ　　④ ㄴ, ㄷ, ㅁ
⑤ ㄷ, ㄹ, ㅁ

08

2010 중등1-28

구어로 의사소통이 어려운 자폐성장애 학생을 위해 교사가 의사소통판을 활용하고자 상징체계를 선택할 때 고려해야 할 점으로 가장 적절한 것은?

① 선화, 리버스 상징과 같은 비도구적 상징체계를 활용한다.
② 리버스 상징은 사진보다 추상적이므로 배우기가 더 어렵다.
③ 선화는 사진보다 사실적이므로 의사소통 초기 단계에서 활용한다.
④ 블리스 상징은 선화보다 구체적이므로 인지능력이 높은 학생에게 적절하다.
⑤ 블리스 상징은 리버스 상징보다 도상성(iconicity)이 낮으므로 배우기가 더 쉽다.

09

2010 중등1-40

장애학생을 대상으로 웹기반 수업을 하기 위해 웹접근성 지침에 따른 사이트를 구축하고자 한다. 이 때 고려해야 할 웹접근성 지침의 내용으로 옳은 것을 〈보기〉에서 모두 고른 것은?

〈보기〉

ㄱ. 웹에서 프레임의 사용은 많아야 한다.
ㄴ. 웹 상의 동영상에는 자막이 있어야 한다.
ㄷ. 웹의 운용이 키보드만으로도 가능해야 한다.
ㄹ. 웹에서 변화하는 문자의 사용은 적어야 한다.
ㅁ. 웹의 정보는 색깔만으로도 구분할 수 있어야 한다.

① ㄱ, ㅁ
② ㄴ, ㄷ
③ ㄱ, ㄴ, ㄹ
④ ㄴ, ㄷ, ㄹ
⑤ ㄴ, ㄷ, ㅁ

10

2010 중등2A-2

다음은 고등학교 1학년 통합학급에 배치된 시각장애 학생과 청각장애 학생을 위해 일반교사와 특수교사가 앵커드 교수 · 학습 모형을 적용하여 계획한 교수 · 학습 활동의 일부이다.

□ 교과: 과학
□ 소단원: 지구 온난화에 의한 환경 변화와 대책
□ 교수 · 학습 활동
- 지구 온난화에 의한 환경 변화와 관련된 비디오 앵커를 보고 문제 파악하기
- 소집단 내 구성원의 역할 정하기
- 개인별로 관련 자료(인터넷, 신문, 백과사전, TV 프로그램 등)를 조사하고 요약 · 정리하기
- 소집단 토론하기

다음 조건에 따라 앵커드 교수 · 학습 모형의 장 · 단점을 서술한 후, 시각장애 학생과 청각장애 학생이 위의 교수 · 학습 활동에 참여할 수 있도록 지원하는 보조공학 기기를 선정하고, 기기별 선정 이유를 교수 · 학습 활동과 관련지어 논하시오.

〈조건〉

1) 모형의 장 · 단점을 3 가지씩 서술할 것
2) 장애 유형별로 기능이 다른 보조공학 기기(상품명 제외)를 3 가지씩 선정할 것

11

2011 초등1-2

영서는 만 6세이고, 경직형 뇌성마비, 중도 정신지체, 말·언어 장애가 있다. 김 교사가 영서를 위해 수립한 보조공학기기 적용 계획으로 적절한 내용을 고른 것은?

〈보기〉

ㄱ. 학습 활동을 효과적으로 할 수 있도록 그림 이야기 소프트웨어를 음성출력 기능과 함께 사용하게 한다.
ㄴ. 의사표현을 할 수 있도록 리버스 상징보다 이해하기 쉬운 블리스 상징을 적용한 의사소통판을 사용하게 한다.
ㄷ. 고개를 뒤로 많이 젖히지 않고 물을 마실 수 있도록 빨대나 한쪽 면이 반원형으로 잘린 컵을 사용하게 한다.
ㄹ. 움직이는 장난감 자동차를 가지고 놀 수 있도록 장난감 자동차에 스위치를 연결하고 그 스위치를 휠체어 팔걸이에 설치한다.
ㅁ. 뇌성마비 경직형 아동은 독립보행을 할 수 없으므로 원활한 이동을 할 수 있도록 조기에 스스로 전동 휠체어를 사용하게 한다.

① ㄱ, ㄴ, ㄷ ② ㄱ, ㄷ, ㄹ
③ ㄴ, ㄷ, ㄹ ④ ㄴ, ㄹ, ㅁ
⑤ ㄷ, ㄹ, ㅁ

12

2011 중등1-3

현행 「장애인 등에 대한 특수교육법」과 동법 시행령 및 시행 규칙에 제시된 특수교육공학 관련 내용에 대한 설명으로 옳은 것만을 〈보기〉에서 모두 고른 것은?

〈보기〉

ㄱ. 각급학교의 장은 특수교육대상자의 보조공학기기 지원을 결정하기 위하여 특별지원위원회를 설치·운영하여야 한다.
ㄴ. 일반학교의 장은 특수교육대상자를 배치받은 경우 학습보조기기의 지원을 포함한 통합교육계획을 수립·시행하여야 한다.
ㄷ. 각급학교의 장은 학교에서 제공하는 각종 정보를 특수교육대상자에게 제공하는 경우 특수교육대상자의 장애유형에 적합한 방식으로 제공하여야 한다.
ㄹ. 특수교육대상자에게 보조공학기기지원, 학습보조기기지원, 통학지원 및 정보접근지원이 필요한 경우 개별화교육계획에 그 내용과 방법이 포함되어야 한다.

① ㄱ, ㄹ ② ㄴ, ㄷ
③ ㄱ, ㄴ, ㄷ ④ ㄱ, ㄷ, ㄹ
⑤ ㄴ, ㄷ, ㄹ

13

2011 중등1-13

다음은 김 교사가 중도(severe) 뇌성마비 중학생 A에게 음성산출도구를 적용하는 보완 · 대체 의사소통 중재 과정이다. 각 과정별 적용의 예로 적절한 것을 고른 것은?

과정	적용의 예
기회 장벽 평가	(가) 학생 A가 음성산출도구의 터치스크린을 이용해서 자신이 원하는 상징을 정확하게 지적할 수 있는지 평가하였다.
접근 장벽 평가	(나) 학생 A가 휠체어에 앉을 때 랩트레이(lap tray)나 머리 지지대 등이 필요한지 알아보기 위해 자세를 평가하였다.
핵심어휘 선정	(다) 부모 면담을 통해 학생 A에게 특별한 장소나 사람, 취미와 관련된 어휘를 조사하여 선정하였다.
상징 지도	(라) 음성산출도구의 상징을 지도할 때는 실제 사물-실물의 축소 모형-컬러 사진-흑백 사진-선화 상징 순으로 지도하였다.
일상생활에서 음성산출도구 사용 유도	(마) 미술시간에 학생 A의 손이 닿지 않는 곳에 풀과 가위를 두고 기다리는 등 환경 조성 전략을 사용하여, 음성산출도구로 의사소통할 수 있도록 유도하였다.

① (가), (나), (다)
② (가), (나), (라)
③ (가), (다), (마)
④ (나), (라), (마)
⑤ (다), (라), (마)

14

2011 중등1-22

특수교육공학에 관한 설명으로 옳은 것만을 〈보기〉에서 모두 고른 것은?

〈보기〉

ㄱ. 장애학생에게 공학을 적용할 때에는 하이테크놀로지(high technology)보다 로우테크놀로지(low technology)를 먼저 고려하는 것이 바람직하다.
ㄴ. 교실에서 휠체어를 탄 장애학생이 지나갈 수 있도록 책상 사이의 간격을 넓혀 주는 것은 로우테크놀로지(low technology)의 적용이라고 할 수 있다.
ㄷ. 사람이 제공하는 서비스 영역을 의미하는 소프트테크놀로지(soft technology)가 없이는 하드테크놀로지(hard technology)를 성공적으로 적용할 수 없다.
ㄹ. 특수교육공학은 사용된 과학 기술 정도에 따라 노테크놀로지(no technology)부터 하이테크놀로지(high technology)에 이르기까지 다양하게 분류될 수 있다.

① ㄱ, ㄹ
② ㄴ, ㄷ
③ ㄱ, ㄴ, ㄹ
④ ㄱ, ㄷ, ㄹ
⑤ ㄱ, ㄴ, ㄷ, ㄹ

15 2011 중등1-36

다음은 장애학생 컴퓨터 접근에 대한 설명이다. (가)와 (나)에 들어갈 내용으로 옳은 것은?

> 컴퓨터 경고음을 듣는 데 어려움이 있는 청각장애 학생을 위해서는 시각적인 경고를 활용할 수 있다. 글을 읽는 데 어려움이 있는 학습장애 학생의 컴퓨터 접근을 위해서는 (가) 을/를 활용할 수 있다. 키보드를 이용할 때 두 개 이상의 키를 동시에 누르는 데 어려움이 있는 지체장애 학생을 위해서는 윈도 프로그램의 '내게 필요한 옵션'에 있는 (나) 기능을 활용할 수 있다.

	(가)	(나)
①	음성 합성기	고정키(sticky key)
②	음성 합성기	탄력키(filter key)
③	화면 읽기 프로그램	토글키(toggle key)
④	화면 읽기 프로그램	탄력키(filter key)
⑤	단어 예측 프로그램	고정키(sticky key)

16 2011 중등1-40

다음에 설명하는 보편적 학습설계(universal design for learning)의 원리에 해당하는 것만을 〈보기〉에서 모두 고른 것은?

> - 이 원리는 응용특수공학센터(Center for Applied Special Technology)에서 장애학생을 포함한 모든 학생이 교육과정에 접근할 수 있도록 하기 위하여 제안한 세 가지 원리 중의 하나이다.
> - 이 원리는 뇌가 어떻게 학습하는지에 관한 뇌 사고 시스템 연구에서 밝혀 낸 '전략적 시스템'과 연관되어 있다.
> - 이 원리에는 장애학생을 비롯한 모든 학생의 학업 성취도를 측정하고 평가하기 위해서 교육과정 내에 다양한 옵션(options)을 마련하는 것이 포함된다.

〈보기〉

ㄱ. 학생 개개인의 인지 능력을 고려하여 다양한 옵션의 기억 지원 방법을 제공한다.
ㄴ. 학생 개개인의 운동 능력을 고려하여 다양한 옵션의 신체적 반응 양식을 제공한다.
ㄷ. 학생의 동기를 최대화하기 위해 다양한 옵션의 도전과 지원 수준을 마련해 준다.
ㄹ. 학생 개개인의 표현 능력을 향상시키기 위해 다양한 옵션의 글쓰기 도구를 제공한다.
ㅁ. 학생 개개인의 이해를 돕기 위해 배경 지식을 활성화 시킬 수 있는 다양한 옵션을 제공한다.

① ㄱ, ㅁ ② ㄴ, ㄹ
③ ㄱ, ㄷ, ㅁ ④ ㄱ, ㄹ, ㅁ
⑤ ㄴ, ㄷ, ㄹ

17

2012 초등1-3

일반학급의 김 교사는 응용특수공학센터(Center for Applied Special Technology; CAST)에서 제안한 보편적 학습설계(Universal Design for Learning; 이하 UDL)의 원리에 근거하여 국어과 수업을 하였다. UDL의 원리 중, 다양한 표상(정보 제시) 수단 제공 원리를 적용한 사례를 모두 고른 것은?

> ㄱ. 나누어 주는 자료 중 중요 부분을 미리 형광펜으로 표시해 놓았다.
> ㄴ. 문학작품을 읽고 난 후 소감을 글, 그림 등으로 제출하도록 하였다.
> ㄷ. 배경 지식을 활성화하기 위해 주제와 관련 있는 동영상을 보여 주었다.
> ㄹ. 독후감 과제 수행 시 자신의 수준과 취향에 맞는 내용을 선택하도록 하였다.
> ㅁ. 학급문고에 국어 수업 내용과 관련 있는 다양한 종류의 오디오북을 구비해 놓았다.

① ㄱ, ㄴ　　② ㄴ, ㄷ
③ ㄱ, ㄷ, ㅁ　　④ ㄴ, ㄹ, ㅁ
⑤ ㄱ, ㄴ, ㄷ, ㄹ

18

2012 중등1-4

다음은 보완대체의사소통(AAC) 체계의 적용을 방해하는 '장벽(barrier)'에 대한 설명이다. (가)와 (나)에 들어갈 내용으로 알맞은 것은?

> AAC는 구어 사용이 곤란한 특수학교(급) 학생들에게 효과적인 의사소통 체계가 될 수 있음에도 불구하고, 그 적용을 방해하는 여러 가지 장벽이 존재한다. 참여모델(participation model)에 따르면, [(가)]은 AAC 도구가 어떤 활동에 필요한 어휘를 저장할 만큼 충분한 용량을 갖고 있지 않을 때 발생할 수 있다. 그리고 지식 장벽은 [(나)]이/가 AAC 사용법에 대한 정보가 부족할 때 발생할 수 있다.

	(가)	(나)
①	기술 장벽	AAC를 이용하는 학생
②	기술 장벽	AAC를 지도하는 교사
③	기회 장벽	AAC를 이용하는 학생
④	접근 장벽	AAC를 지도하는 교사
⑤	접근 장벽	AAC를 이용하는 학생

19

2012 중등1-20

H 특수학교에서 장애학생들의 정보 접근을 지원하기 위해 홈페이지를 제작하였다. 웹 접근성 지침에 따른 것만을 〈보기〉에서 있는 대로 고른 것은?

〈보기〉

ㄱ. 반복적인 내비게이션 링크를 뛰어넘어 핵심 부분으로 직접 이동할 수 있도록, 건너뛰기 링크를 제공하였다.
ㄴ. 빠른 탐색을 돕기 위해서 동영상, 음성 등의 멀티미디어 콘텐츠에 자막이나 원고 대신 요약 정보를 제공하였다.
ㄷ. 주변 상황에 관계없이 링크의 목적지를 찾아갈 수 있도록 '여기를 클릭하세요'와 같은 링크 텍스트를 제공하였다.
ㄹ. 회원가입 창의 필수항목은 색상을 배제하고도 구분할 수 있도록, '*' 등의 특수문자와 색상을 동시에 제공하였다.
ㅁ. [Tab] 키를 이용하여 웹을 탐색하는 장애학생들을 위해 오른쪽에서 왼쪽, 위에서 아래로의 일반적인 순서에 따라 논리적으로 이동할 수 있도록 콘텐츠를 선형화하였다.

① ㄱ, ㄹ　② ㄱ, ㅁ
③ ㄱ, ㄹ, ㅁ　④ ㄴ, ㄷ, ㄹ
⑤ ㄴ, ㄷ, ㅁ

20

2012 중등1-40

다음은 보조공학 서비스 전달 과정이다. 이 전달 과정에 대한 설명으로 옳은 것만을 〈보기〉에서 있는 대로 고른 것은?

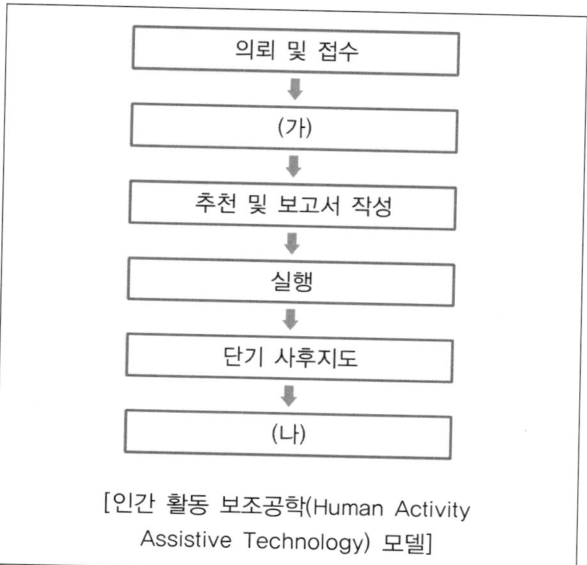

[인간 활동 보조공학(Human Activity Assistive Technology) 모델]

〈보기〉

ㄱ. 보조공학 활용의 중도 포기를 방지하기 위해서는 인간, 활동, 보조공학, 주변 상황을 체계적으로 고려하는 생태학적 사정이 이루어져야 한다.
ㄴ. 보조공학 활용의 목적은 사용자의 기능적 활동 수행을 가능하도록 하는 것으로, 손의 움직임 곤란으로 타이핑이 어려운 장애학생에게 소근육 운동을 시켜서 타이핑을 할 수 있도록 하는 것은 적절한 보조공학 활용 사례이다.
ㄷ. (가)는 초기 평가 단계로서, 사용자에게 알맞은 보조공학을 제공하기 위해 장치의 특성과 사용자의 요구 및 기술 간의 대응을 해야 한다.
ㄹ. (가) 단계에서는 사용자의 감각, 신체, 인지, 언어 능력을 평가하는데, 공학 장치를 손으로 제어하기 어려운 학생의 경우에 다리보다는 머리나 입을 이용하여 제어가 가능한지를 먼저 고려해야 한다.
ㅁ. (나) 단계에서는 보조공학이 장애학생에게 적용된 이후에도, 보조공학이 사용자의 요구나 목표의 변화에 부합하는지를 지속적으로 재평가하는 장기적인 사후지도가 이루어져야 한다.

① ㄱ, ㄴ, ㄹ　② ㄱ, ㄷ, ㅁ
③ ㄱ, ㄴ, ㄷ, ㅁ　④ ㄱ, ㄷ, ㄹ, ㅁ
⑤ ㄴ, ㄷ, ㄹ, ㅁ

21 2013 중등1-40

다음은 장애학생의 교수 · 학습용 소프트웨어 프로그램 선정을 위한 평가에 대해 설명한 것이다. ㉠~㉣에 대한 설명으로 적절한 것만을 〈보기〉에서 있는 대로 고른 것은?

학급에서 교수 · 학습용 소프트웨어 프로그램을 선정할 때에는 거시적 관점의 ㉠ 외부 평가와 미시적 관점의 ㉡ 내부 평가 과정을 거친다. 이러한 평가 과정은 ㉢ 팀 접근을 통해 이루어지는 것이 바람직하며, ㉣ 장애학생의 교육적 요구에 부응하고 학습 장면에서 실제적 효용성을 보일 수 있는 프로그램으로 선정해야 한다.

〈보기〉

가. ㉠을 위해 팀을 구성할 때는 장애 특성에 대한 지식이나 교과 지도 경험이 없는 전문가로 구성하여 프로그램 선정에 개인적인 관점을 배제하고 프로그램의 기술과 공학에 초점을 두는 평가를 한다.
나. ㉡은 학급 단위로 학급 구성원 개개인을 위해 실시하며 수업과 관련된 일반적인 사항 및 공학 기기의 적합성 등을 고려한다.
다. ㉢에서 초학문적 팀 접근을 실시할 때에는 다양한 영역의 전문가들의 협력을 기초로 서로의 정보와 기술, 그리고 역할을 공유하고 최종 결정은 팀의 합의를 거친다.
라. ㉣은 교수자 중심의 접근으로 설계되어 학습 방식 및 전개 방식이 교사의 수업과 조화를 이루는 것이 좋다.
마. ㉣은 장애학생에게 제공하는 피드백과 강화가 적절해야 하는데, 특히 강화는 교사가 장애학생에게 제공하는 방식과 유사한 것이 좋다.

① 가, 나, 라　　② 가, 다, 마
③ 나, 다, 마　　④ 가, 나, 라, 마
⑤ 나, 다, 라, 마

22 2013추시 중등B-3

다음은 중학교 통합학급에서 참관실습을 하고 있는 A 대학교 특수교육과 2학년 학생의 참관후기와 김 교사의 피드백 일부이다. 물음에 답하시오.

다음주부터 중간고사다. 은수가 통합학급의 친구들과 똑같이 시험을 볼 수 있을지 걱정이다. 초등학생이라면 간단한 작문 시험이나 받아쓰기 시험 시간에 특수교육보조원이 옆에서 대신 써줄 수 있을 것 같은데, 은수와 같은 장애학생들에게는 다른 시험 방법을 적용해 주면 좋을 것 같다.

또래와 동일한 지필 시험을 보기 어려운 장애학생들을 위해서 시험 보는 방법을 조정해 줄 수 있어요. 예를 들면, ㉡ 구두로 답하거나 컴퓨터를 사용하여 답하기, 대필자를 통해 답을 쓰게 할 수 있어요. 다만 ㉢ 받아쓰기 시험시간에 대필을 해 주는 것은 적절하지 않습니다.

2) ㉡의 시험 방법 조정의 예는 보편적 학습설계의 3가지 원리 중 어떤 것에 해당되는지 쓰시오.

23

2013추시 중등B-5

(가)는 A 특수학교(중학교)1학년인 영미의 특성이고, (나)는 영미를 지도하기 위하여 수립한 보완 · 대체의사소통(AAC) 지도 계획안의 일부이다. 물음에 답하시오.

(가) 영미의 특성

- 중도 · 중복장애를 가지고 있음.
- 구어를 사용하여 의사소통하기 어려우며, 글을 읽지 못함.

(나) 의사소통 지도 계획안

단계	내용
의사소통 평가	• 영미의 의사소통 특성과 현재 수행 능력을 평가하여 AAC 체계를 선정함.
목표 설정	• 의사소통 지도의 목표를 수립함.
어휘 수집	• 학교 식당에서 필요한 어휘를 수집함.
어휘 구성	• ㉠ 수집한 어휘들을 학교 식당에서 효율적으로 사용할 수 있도록 조직화하여 의사소통판을 구성함.
의사소통 표현하기 기술 교수	• 영미에게 그림 상징을 지적하여 의사를 표현하도록 지도함. • ㉡ 처음에는 시범을 보이지 않고 영미의 관심에 주의를 기울이면서 요구하기, 그림상징을 선택하여 답하기의 순서로 의사표현하기 기술을 지도함. 긍정적 반응에는 강화를 제공하고 오반응이나 무반응에는 올바른 반응을 보여 주어 따라하도록 함. • ㉢ 의사소통 상황에서 영미에게 기대되는 반응이 나타날 때까지 수 초간 어떠한 촉진도 주지 않고, 목표기술을 자발적으로 사용할 수 있도록 기회를 제공함. • ㉣ 대화상대자 훈련을 계획하여 실시함.

1) ㉠에서 의사소통판을 제작하기 위하여 사용할 수 있는 어휘 목록 구성 전략을 쓰고, 그 전략이 효과적인 이유를 1가지만 쓰시오.

- 구성 전략 :
- 이유 :

2) ㉡과 ㉢에서 의사소통을 촉진하기 위해 사용한 전략을 쓰시오.

- ㉡ :
- ㉢ :

3) ㉣을 실시하는 목적을 1가지만 쓰시오.

- 목적 :

24

2014 유아A-1

(가)는 장애 유아의 특성 및 단기목표이고, (나)는 유아특수교사와 유아교사가 응용특수공학센터(Center for Applied Special Technology; CAST)에서 제안한 보편적 학습설계 원리를 적용하여 작성한 병설유치원 통합학급 5세반 활동 계획안의 일부이다. 물음에 답하시오.

(가) 장애 유아의 특성 및 단기목표

유아	장애 유형	특성	단기목표
혜지	중도·중복 장애	• 뇌성마비로 인해 왼쪽 하지마비가 심하다. • ㉠ AAC 체계를 사용하여 10개 이내의 어휘로 자신의 생각과 요구 등을 표현한다.	(생략)
현구	자폐성 장애	• 주로 시각적 단서로 정보를 얻는다. • 선호하는 활동 및 친구에 대해서만 관심을 보이고 빙빙 도는 행동을 자주 한다.	활동에 참여하여 또래와 상호작용하기

(나) 활동계획안

활동명	낙엽이 춤춰요	활동 형태	대집단 활동
활동 목표	• 낙엽의 다양한 움직임을 알고 신체로 표현한다. • ㉡ 신체표현 활동을 즐기고 적극적으로 참여한다.		
활동 자료	움직이는 낙엽의 모습이 담긴 동영상, PPT 자료, 움직임 카드 4장, 낙엽 그림카드 4장		

활동방법

• 낙엽의 움직임이 담긴 동영상을 감상한다.
 - 낙엽이 어떻게 움직이고 있나요?
 - 수업내용의 이해를 돕기 위해 낙엽 한 장의 움직임을 강조한 동영상 자료를 제시한다.
• 활동을 소개하고 움직임 그림카드를 살펴본다.
 - 어떤 그림이 있죠? 어떻게 움직이면 좋을까?
• 움직임 카드에 따라 약속된 움직임을 표현한다.
 - 약속한 움직임대로 낙엽이 움직이는 모습을 표현해 보자.
 - 유아는 카드를 보고, 몸짓 또는 손짓으로 낙엽의 움직임을 나타내거나 낙엽 그림카드를 가리키거나 든다.

누웠습니다.	우수수 떨어집니다.	빙글빙글 돕니다.	데굴데굴 굴러갑니다.

• 카드의 수를 늘려가며 움직임을 연결하여 표현한다. ㉢
 - 모둠별로 움직여 보자(파랑 모둠: 현구, 노랑 모둠: 혜지 포함).
 - 카드 2장을 보고 연결해서 낙엽처럼 움직여 보자.
 - 도는 것을 좋아하는 현구와 친구들이 함께 낙엽의 움직임을 나타낸다(예: 낙엽이 빙글빙글 돌다가 데굴데굴 굴러갑니다.).
• 활동에 대한 생각과 느낌을 말이나 AAC를 사용해서 표현한다.

1) (가)의 ㉠ AAC 체계의 구성 요소 중 기법(선택기법) 2가지를 쓰시오.

• 기법 1:

• 기법 2:

2) (가)에 제시된 현구의 특성 및 단기목표와 (나)의 활동방법 ㉢을 고려하여 활동 목표 ㉡을 수정하여 쓰시오.

• 수정된 활동 목표:

3) (나)의 활동계획안 ㉢에 적용된 보편적 학습설계 원리 2가지를 쓰시오.

25

2013추시 중등B-1

(가)는 A특수학교(중학교)에 재학 중인 민수의 특성이고, (나)는 김 교사가 2011 특수교육 교육과정 중 기본 교육과정 국어과 교수 · 학습 방법과 평가에 근거하여 수립한 지도 계획의 일부이다. 물음에 답하시오.

(가) 민수의 특성

- 뇌성마비(경직형 사지마비)와 정신지체를 가지고 있음.
- 구어 사용이 어려움.
- 쓰기 활동을 할 때 신체 경직으로 손이나 팔다리를 사용할 수 없음.

(나) 교수 · 학습 방법과 평가 계획

㉠ 해당 학년군별 교육과정을 적용하기 어렵기 때문에 민수의 언어 능력에 따라 타 학년군의 교육과정 내용을 참고하여 운용함.
㉡ 문법 지도에서는 초기 읽기지도를 할 때 음운인식훈련을 통하여 학습한 문자가 일반화 될 수 있는지에 중점을 두어 지도함.
㉢ 국어 교과의 평가는 민수의 언어 능력에 따라 언어의 형태와 내용, 사용을 통합적으로 평가함.
㉣ 민수의 경우 음성으로 의사소통하기 어렵기 때문에 듣기능력으로 대체하여 평가함.

3) 김 교사는 민수의 운동기능을 평가한 후, 컴퓨터를 이용하여 글쓰기를 지도하려고 한다. 민수에게 키가드(key guard)가 부착된 일반 키보드를 사용하도록 하기 위해 제공할 수 있는 입력보조도구를 1가지만 쓰시오.

- 입력보조도구 :

26

2014 유아A-7

(가)는 경직형 뇌성마비 유아 주희의 언어 관련 특성이고, (나)는 특수교사와 언어재활사가 협의한 내용이다. 물음에 답하시오.

(가) 주희의 언어 관련 특성

- 호흡이 빠르고 얕으며, 들숨 후에 길게 충분히 내쉬는 것이 어려움.
- 입술, 혀, 턱의 움직임이 조절되지 않고 성대의 과도한 긴장으로 쥐어짜는 듯 말함.
- 말소리에 비음이 비정상적으로 많이 섞여 있음.
- 전반적으로 조음이 어려우며, 특히 /ㅅ/, /ㅈ/, /ㄹ/음의 산출에 어려움을 보임.

(나) 협의록

- 날짜 : 2013년 3월 13일
- 장소 : 특수학급 교실
- 협의 주제 : 주희의 언어 능력 향상을 위한 지도 방안
- 협의 내용 :
  ① 호흡과 발성의 지속 시간을 점진적으로 늘릴 수 있도록 지도하기로 함.
  ② 비눗방울 불기, 바람개비 불기 등의 놀이 활동을 통해 지도하기로 함.
  ③ /ㅅ/, /ㅈ/, /ㄹ/ 발음의 정확성을 높이기 위하여 반복 연습할 기회를 제공하기로 함.
  ④ 자연스럽고 편안한 발성을 위하여 바른 자세 지도를 함께 하기로 함.
  ⑤ 추후에 주희의 의사소통 문제는 ㉠ <u>언어의 3가지 주요 요소</u>(미국언어 · 청각협회 : ASHA)로 나누어 종합적으로 재평가하여, 필요하다면 주희에게 적합한 ㉡ <u>보완대체의사소통(AAC)체계</u> 적용을 검토하기로 함.

3) 주희에게 ㉡을 적용하고자 할 때, '언어 영역'을 제외한 사용자 평가 영역 중 3가지만 쓰시오.

27 2014 초등B-4

(가)는 중증 뇌성마비 학생 진수의 특성이다. 물음에 답하시오.

(가) 진수의 특성

- 손과 팔의 운동조절 능력은 있으나 필기는 하지 못함.
- 전동 휠체어를 사용하여 스스로 이동이 가능함.
- 구어 표현은 어려우나 인지적 손상이 적어 상징을 통한 의사소통이 가능함.
- 음성출력 의사소통기기로 의사소통함.

3) 진수는 수업에 참여하기 위하여 AAC 기기의 '직접 선택하기' 방법 중 해제 활성화 전략을 사용하고 있다. 이 전략을 설명하시오.

28 2014 중등A-12

다음은 지체장애 특수학교의 교사가 학생 A와 B의 컴퓨터 접근성을 높이기 위해 사용하고 있는 방법을 교육 실습생에게 설명하고 있는 장면이다. 괄호 안의 ㉠과 ㉡에 해당하는 말을 각각 쓰시오.

실 습 생: 선생님, 학생 A가 컴퓨터를 사용할 때 선생님께서 어떤 도움을 주고 계신지 알고 싶어요.

특수교사: 학생 A는 컴퓨터로 문서 작업을 할 때 어려움이 있어요. 예를 들어, '학습'이라는 단어를 칠 때 'ㅎ'을 한 번 누르고 나서 손을 떼야 하는데 바로 떼기가 어려워요. 그래서 'ㅎ'이 계속 입력되어 화면에 나타나, 지우고 다시 치느라 시간이 오래 걸려요. 이럴 때는 윈도 프로그램(Windows program)의 '내게 필요한 옵션' 중에서 반복된 키 입력을 자동으로 무시하는 (㉠) 기능을 활용하게 하고 있어요.

실 습 생: 그럼, 학생 B는 일반적인 키보드를 사용하지 못할 것 같은데 선생님께서는 어떻게 도와주고 계세요?

특수교사: 학생 B에게는 훑기(scanning)를 통해 화상 키보드를 사용하도록 하였어요. 간접선택 기법인 훑기에는 여러 가지 선택 기법이 있는데, 그중에서 학생 B에게는 스위치를 누르지 않아도 일정 시간 간격으로 커서가 움직이도록 미리 설정해 주고, 커서가 원하는 키에 왔을 때 스위치를 눌러 그 키를 선택하게 하는 (㉡) 선택 기법을 사용하게 하고 있어요.

실 습 생: 네, 잘 알겠습니다.

29

2015 초등A-6

(가)는 지체장애 특수학교 2학년 학생들의 특성이고, (나)는 '2009 개정 슬기로운 생활과 교육과정'에 따른 '마을과 사람들' 단원 지도 계획과 학생 지원 계획의 일부이다. 물음에 답하시오.

(가) 학생 특성

미나	• 이분척추를 지닌 학생이며, 뇌수종으로 인하여 션트(shunt) 삽입 수술을 받음.
현우	• 뇌성마비 학생이며, 상지 사용이 가능하여 휠체어를 타고 이동할 수 있음. • 휠체어를 타고 턱을 넘을 때, 몸통의 근긴장도가 높아지고 깜짝깜짝 놀라는 반응을 보임.
은지	• 뇌성마비학생이며, 전동 휠체어를 타고 이동할 수 있음. • 구어 사용은 어렵지만, 간단한 일상적인 대화는 이해할 수 있음. • 그림 상징을 이해하고, 오른손 손가락으로 상징을 지적할 수 있음. • 왼손은 항상 주먹이 쥐어진 채 펴지 못하고 몸의 안쪽으로 휘어져 있음.

(나) 단원 지도 계획과 학생 지원 계획

대주제	이웃		
단원	마을과 사람들		
차시	차시명	학습 목표 및 활동	학생 지원 계획
8-9	우리 마을 둘러보기	○ 우리 마을의 모습을 조사한다. – 마을 모습 이야기하기 – 조사 계획 세우기 – 마을 조사하기 • 건물, 공공 장소 및 시설물 등을 조사하기 • 마을 사람들이 하는 일을 조사하기	○ 미나 – 마을 조사 시 ㉠ 션트(shunt)에 문제가 발생하지 않도록 유의하기 ○ 현우 – 마을 조사 시 ㉡ 앞바퀴가 큰 휠체어 제공하기 ○ 은지 – 수업 중 ㉢ 스프린트(splint) 착용시키기 – 보완·대체 의사소통(AAC) 지원 계획하기 • (㉣)을/를 적용하여 평가하기 • 마을 조사 시 궁금한 내용을 질문할 수 있도록 ㉤ 어휘목록 구성하기

4) 다음은 (나)의 ㉣에 대한 설명이다. ㉣에 들어갈 모델의 명칭을 쓰시오.

> • 보완·대체의사소통과 관련된 의사결정과 중재를 하기 위한 평가 모델임.
> • 생활연령이 동일한 일반학생의 생활 패턴과 그에 따른 의사소통 형태를 근거로 보완·대체의사소통 평가를 수행함.
> • 자연스러운 환경 내에서 의사소통을 가로막는 기회장벽과 접근 장벽을 평가함.

5) (나)의 ㉤을 다음과 같이 구성하였다. 어떤 어휘 목록 구성 전략을 사용한 것인지 쓰시오.

안녕하세요.	감사합니다.	경찰관	소방관	누구
우체부	의사	환경미화원	힘든 점	좋은 점
언제	어디	무엇인가요?	어떤 일을 하세요?	일하세요?

30

2015 초등B-5

(나)는 최 교사가 작성한 '2009 개정 교육과정' 실과 교수 · 학습 과정안의 일부이다. 물음에 답하시오.

(나) 교수 · 학습 과정안

학습 목표	• 여러 가지 직업을 조사하여 특성에 따라 분류할 수 있다. • 여러 가지 직업이 있음을 설명할 수 있다.	
단계	㉢ 교수 · 학습 활동	보편적학습설계(UDL) 지침 적용
도입	(생략)	
전개	〈활동 1〉 전체학급 토의 및 소주제별 모둠 구성 • 전체학급 토의를 통해서 다양한 직업분류기준 목록 생성 • 직업분류기준별 모둠을 생성하고 각자 자신의 모둠을 선택하여 참여	• 직업의 종류와 특성을 토의할 때 필수적으로 알아야 할 어휘를 쉽게 설명한 자료를 제공함. • ㉣ 홍미와 선호도에 따라 소주제를 스스로 선택하게 함.
	〈활동 2〉 모둠 내 더 작은 소주제 생성과 자료 수집 분담 및 공유 • 분류기준에 따라 조사하고 싶은 직업들을 모둠 토의를 통해 선정 • 1인당 1개의 직업을 맡아서 관련된 자료 수집 • 각자 수집한 자료를 모둠에서 발표하고 공유	•「인터넷 검색절차지침서」를 컴퓨터 옆에 비치하여 자료수집에 활용하게 함. • ㉤ 발표를 위해 글로 된 자료뿐만 아니라 사진과 그림, 동영상 자료 등 다양한 매체를 이용하게 함.
	〈활동 3〉 모둠별 보고서 작성과 전체학급 대상 발표 및 정보 공유 • 모둠별 직업분류기준에 따른 직업 유형 및 특성에 대한 보고서 작성 • 전체학급을 대상으로 모둠별 발표와 공유	모둠별 발표 시 모둠에서 한 명도 빠짐없이 각자가 할 수 있는 역할을 갖고 협력하여 참여하게 함.

4) (나)에서 최 교사가 사용한 ㉣과 ㉤은 응용특수공학센터(CAST)의 보편적학습설계(UDL)의 원리 중 어떤 원리를 적용한 것인지 각각 쓰시오.

㉣ :

㉤ :

31

2016 유아A-3

다음은 ○○특수학교의 황 교사와 민 교사의 대화이다. 물음에 답하시오.

황 교사: 최근 수업 활동 중에 컴퓨터를 통한 ㉠ 교육용 게임을 부분적으로 활용하고 있는데, 유아들이 재미있어 해요. 또한 ㉡ 자료를 안내하기 위해 사용해도 좋더군요. 그래서 수업 활동을 위해 컴퓨터, 인터넷을 좀 더 적극적으로 활용하면 좋겠다는 생각이 들어요.
민 교사: 우리 반의 현주는 소근육 발달 문제로 마우스 사용이 조금 어려웠는데, 얼마 전에 아버님께서 학교에 있는 것과 같은 터치스크린 PC로 바꾸어 주셨대요. 그래서 지금은 집에서도 스스로 유아용 웹사이트에 들어가서 영상을 보거나 간단한 교육용 게임을 하기도 한다는군요.
황 교사: 그렇군요. 누구든지 장애에 관계없이 웹사이트를 통해 원하는 서비스를 이용할 수 있도록 (㉢) 이/가 보장되어야 한다고 생각해요.
민 교사: 맞아요. 그러고 보니 이번에 학교 홈페이지를 새롭게 만들고 있는데, 우리 아이들이 좀 더 쉽게 사용할 수 있도록 ㉣ 홈페이지의 구성을 내용에 따라 다양한 색으로 처리하여 구별할 수 있도록 하면 좋겠어요. 그리고 ㉤ 홈페이지에 접속하면 팝업창이 자동으로 뜨게 하면 좋겠어요.
황 교사: 아이들이 들어와서 친구들 사진이나 학교 행사 영상 등을 볼 테니까 ㉥ 화면 구성은 가능한 한 간단하게 구성하면 좋겠지요. ㉦ 페이지의 프레임 사용도 가능한 한 제한하면 좋을 것 같고요.

1) 컴퓨터보조수업(CAI)의 유형 중 ㉠은 '게임형', ㉡은 '자료 안내형'에 해당한다. 이 유형 외에 컴퓨터보조수업(CAI)의 유형 2가지를 쓰시오.

①:

②:

2) ㉢에 들어갈 말을 쓰시오.

3) ㉣~㉦의 내용 중 시각장애 유아의 특성을 고려할 때 정보인식을 방해하는 내용 2가지를 찾아 그 기호와 이유를 각각 쓰시오.

① 기호와 이유:

② 기호와 이유:

PART 08

32

2016 초등B-4

(나)는 은지의 특성이고, (다)는 교사가 은지에게 음성출력 의사소통기기를 사용하도록 지도하는 장면이다. 물음에 답하시오.

(나) 은지의 특성

- 경직형 사지마비인 뇌성마비로 진단받았음.
- 오른손으로 스위치를 이용함.
- 스캐닝(scanning : 훑기) 기법으로 음성출력 의사소통기기를 사용하여 의사소통함.
- 휠체어에 앉아 있을 때의 모습은 다음과 같음.

(다) 음성출력 의사소통기기 사용 지도 장면

김 교사 : ㉡(음성출력 의사소통기기와 스위치를 은지의 휠체어용 책상에 배치한다.) 이 모둠에서는 은지가 한번 발표해 볼까요? (음성출력 의사소통기기와 은지를 번갈아 보며 잠시 기다린다.)

은　　지 : (자신의 음성출력 의사소통기기를 본 후 교사를 바라본다.)

김 교사 : 은지야, "양달은 따뜻해요."라고 말해 보자. (음성출력 의사소통기기에서 양달 상징에 불빛이 들어왔을 때, 은지의 스위치를 눌러 '양달은 따뜻해요.'라는 음성이 산출되도록 한다. 그런 다음 은지가 스위치를 누르는 것을 기다려준다.)

은　　지 : (음성출력 의사소통기기에서 양달 상징에 불빛이 들어왔을 때, 스위치를 눌러 '양달은 따뜻해요.'라는 음성이 산출되도록 한다.)

김 교사 : (　　　　　㉢　　　　　)

4) (다)의 ㉢에서 김 교사가 은지의 음성출력 의사소통기기 사용을 촉진하기 위해 '메시지 확인하기 전략'을 사용하였다. ㉢에 들어갈 교사의 말을 쓰시오.

33

2016 중등A-7

다음은 김 교사가 중학생 영수(뇌병변, 저시력)의 쓰기 지도를 위해 작성한 계획서이다. 지도 단계 중 2단계에 적용된 직접선택 기법의 활성화 전략 명칭을 쓰시오. 그리고 영수의 컴퓨터 접근 특성을 고려할 때, ㉠~㉤ 중에서 <u>틀린</u> 내용 1가지의 기호를 쓰고 그 이유를 설명하시오.

〈컴퓨터를 통한 쓰기 지도 계획〉

○ 목표: 컴퓨터를 이용하여 글쓰기를 할 수 있다.

○ 영수의 컴퓨터 접근 특성
- 일상생활에서 사용하는 간단한 단어는 말할 수 있음.
- 대근육 및 소근육 운동 기능이 떨어져 키보드 또는 마우스를 통한 글자 입력이 어려움.
- 근긴장도가 높아 주먹을 쥔 상태에서 트랙볼을 사용함.
- 트랙볼을 이용하여 마우스 포인터를 이동시켜 특정 키(key)를 선택함.
- 빛에 민감하여 눈의 피로도가 높음.

○ 지도 단계

단계	지도 내용	유의점
1 단계	○ 책상 높낮이 조절, 모니터 높낮이 및 각도 조절 ○ 컴퓨터 입력 기기 준비: 화상 키보드, 트랙볼	윈도우 프로그램을 기반으로 함.
2 단계	○ 화상 키보드 환경 설정 • 화상 키보드 사용 방식: '가리켜서 입력' 선택 • 가리키기 시간: 2초 [마우스 포인터를 특정 키 위에 2초 이상 유지시키면 해당 키의 값이 입력됨.]	㉠ 영수의 특성을 고려하여 마우스 포인터의 움직임 속도를 조정함. ㉡ 키보드 개별 키의 크기를 확대하기 위해 '숫자 키패드 켜기'를 설정하지 않음. ㉢ '로그온 시 화상 키보드 시작'을 설정하여 컴퓨터 시작 시에 항상 사용할 수 있게 함.
3 단계	○ 화상 키보드 연습 • 트랙볼을 조정하여 마우스 포인터를 특정 키 위에 위치시키기 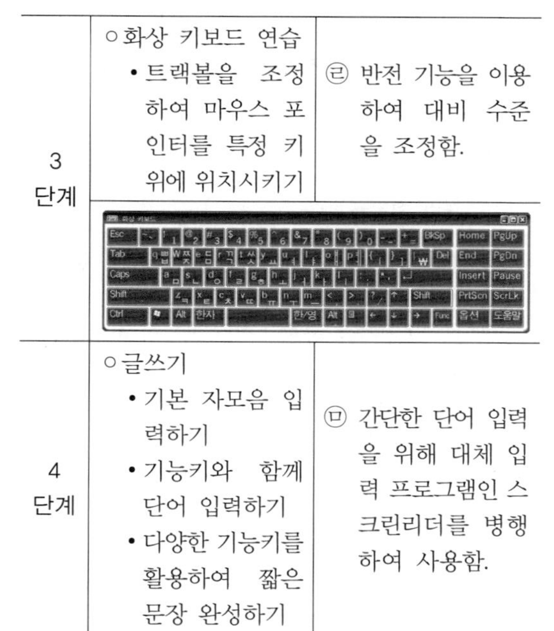	㉣ 반전 기능을 이용하여 대비 수준을 조정함.
4 단계	○ 글쓰기 • 기본 자모음 입력하기 • 기능키와 함께 단어 입력하기 • 다양한 기능키를 활용하여 짧은 문장 완성하기	㉤ 간단한 단어 입력을 위해 대체 입력 프로그램인 스크린리더를 병행하여 사용함.

34 　2016 중등A-10

(가)는 학생 A에 대한 정보이고, (나)는 국어과 교수 · 학습 방법 및 평가 계획이다. 〈작성 방법〉에 따라 순서대로 쓰시오.

(가) 학생 A의 정보

- 중도 정신지체와 경도 난청을 가진 중도 · 중복장애 중학생임.
- 기본 교육과정 초등학교 1~2학년군의 학업 수행 수준임.
- 음성언어로 의사소통을 하기가 어렵고, 자발적인 발화가 거의 나타나지 않음.

(나) 국어과 교수 · 학습 방법 및 평가 계획

관련 영역		적용
교수 · 학습 방법	교수 · 학습 계획	음성언어를 사용하는 데 어려움이 있는 중도 · 중복장애 학생이므로 ㉠ 보완 · 대체의사소통체계를 활용함
	교수 · 학습 운용	일반적인 교과학습과 동시에 언어경험접근법과 ㉡ 환경중심 언어중재 등을 상황에 맞게 활용하여 지도함.
		㉢
평가 계획		㉣

〈작성 방법〉
- 밑줄 친 ㉠의 구성 요소 4가지를 쓸 것

35 　2017 유아A-1

다음은 중복장애 유아 동우의 어머니가 유아특수교사인 김 교사와 나눈 상담 내용의 일부이다. 물음에 답하시오.

김 교사: 어머니, 가족들이 동우와 의사소통하는 데 어려움이 있다고 하셨지요?

어 머 니: 네. 동우는 ㉠ 근긴장도가 높아서 팔다리를 모두 움직이기가 어렵고, 몸을 움직이려고 하면 뻗치는 경우가 많잖아요. 그리고 선생님께서 아시는 것처럼 시각장애까지 있어서, 말하는 것은 물론 눈빛으로 표현하는 것도 어려워해요. 가족들은 동우가 뭘 원하는지 알 수가 없어요.

김 교사: 그래서 이번 개별화교육계획지원팀 회의에서 결정한 바와 같이 동우에게 보완대체의사소통을 사용하려고 해요. 이를테면, 동우에게 ㉡ 우선적으로 필요한 어휘를 미니어처(실물 모형)로 제시하고 자신이 원하는 것을 만져서 표현하도록 하면 좋겠어요. ㉢ 미니어처를 사용하면 누구나 동우가 표현하고자 하는 바를 명확하게 알 수 있으니까요.

어 머 니: 그러면 집에서 동우를 위해 우리 가족이 해야 하는 일은 무엇인가요?

김 교사: 가족들이 반응적인 의사소통 환경을 만들어 주시면 동우의 의사소통 기술이 발달하는 데 도움이 될 수 있어요. 예를 들어, ㉣ 동우가 장난감 트럭을 앞뒤로 밀고 있다면 어머님도 동우가 밀고 있는 장난감 트럭을 보고 있다는 것을 동우에게 알려 주시고, 동우가 보이는 행동에 즉각적으로 의미 있게 반응해 주세요.

2) ㉡은 보완대체의사소통체계(구성 요소)에 해당하는 설명이다. ㉡에 나타난 구성 요소 2가지와 그에 해당하는 예시를 지문에서 찾아 각각 쓰시오.

①:

②:

3) ㉢에 나타난 보완대체의사소통체계(구성 요소)와 관련된 특성 1가지를 쓰시오.

36

2017 유아B-4

(가)는 발달지체 유아 준희의 특성이고, (나)는 통합학급 교수활동 계획안의 일부이다. 물음에 답하시오.

(가)

- 장애명: 발달지체(언어발달지체, 뇌전증)
- 언어 이해: 3~4개 단어로 된 간단한 문장을 이해함.
- 언어 표현: 그림카드 제시하기 또는 지적하기로 자신의 의사를 표현함.

(나)

활동명	이럴 땐 싫다고 말해요	대상 연령	5세
활동 목표	• ㉠ 성폭력 위험 상황에 대처한다. • 기분 좋은 접촉과 기분 나쁜 접촉을 구분하고 표현한다.		
활동 자료	동화 『다정한 손길』		
활동 자료 수정	상황과 주제에 적합한 그림카드, 수정된 그림동화, 동영상, 사진, PPT 자료 등		

활동 방법			자료 및 유의점
교사 활동	유아 활동		
	일반 유아	장애 유아	
1. 낯선 사람이 내 몸을 만지려 할 때 어떻게 해야 할지 이야기 나눈다.	(생략)		㉢ 준희를 위해 동화 내용을 4장의 장면으로 간략화한 그림동화 자료로 제시한다.
2. 동화 『다정한 손길』을 들려준다.			
3. 동화 내용을 회상하며 여러 가지 유형의 접촉에 대해 이야기 나누고 기분 좋은 접촉과 기분 나쁜 접촉을 구별할 수 있게 한다.		㉡ 교사의 질문에 그림카드로 대답한다.	
4. 기분 나쁜 접촉이 있을 때 취해야 할 행동에 대해 알려 준다.			㉣ 준희에게 경련이 일어나면 즉시 적절히 대처한다.

… (하략) …

2) (가)를 참고하여 (나)의 ㉡, ㉢에 적용한 '보편적학습설계' 원리를 각각 쓰시오.

㉡:

㉢:

37

2017 초등A-5

(가)는 2011 개정 특수교육 교육과정 중 기본 교육과정 미술과 5~6학년 '소통하고 이해하기' 단원 교수 · 학습 과정안이고, (나)는 자폐성장애 학생 지혜의 특성을 고려하여 보완 · 대체 의사소통 체계(AAC)를 활용한 의사소통 지도계획이다. 물음에 답하시오.

(가)

학년	단원	소단원	제재	차시
6	7. 소통하고 이해하기	7.2 생활 속 여러 알림 메시지	1) 우리 주변의 알림 메시지	9/12

	교수 · 학습 활동	자료(㉳) 및 유의점(㊌)
활동 1	• 여러 가지 픽토그램 살펴보기 • ㉠ 픽토그램이 갖추어야 할 조건 알아보기	㉳ 여러 가지 픽토그램 [A] 예 :
활동 2	• (㉡)	㊌ 수업 중 활용한 픽토그램을 의사소통 지도에 활용한다.
활동 3	• 여러 가지 픽토그램을 보고 느낀 소감 말하기	

(나)

지혜의 특성	의사소통 지도 계획
• 시각적 자극을 선호함. • 소근육이 발달되어 있음.	• 미술시간에 배운 [A]를 ㉢ AAC 어휘목록에 추가하고, [A]로 의사소통 할 수 있다는 것을 지도한다.
• 태블릿PC의 AAC 애플리케이션을 사용함. • 일상생활과 관련된 어휘를 제한적으로 이해하고 사용할 수 있음.	• [A]를 사용하여 ㉣ 대화를 시도하고 대화 주제를 유지할 수 있도록 지도한다.
• 질문에 대답은 하지만 자발적으로 의사소통을 시도 하지 않음.	• ㉤ '[A]를 사용한 의사소통하기'를 습득한 후, 습득하기까지 필요했던 회기 수의 50% 만큼 연습기회를 추가로 제공하여 [A]의 사용을 유지할 수 있게 한다.

1) (가)의 ㉠이 의미를 분명하게 전달하기 위해 갖추어야 할 조건 1가지를 쓰시오.

3) AAC 사용자가 갖추어야 할 4가지 의사소통 능력 중 (나)의 ㉢과 ㉣을 통해 향상시킬 수 있는 능력은 무엇인지 각각 쓰시오.

㉢ :

㉣ :

38

2017 중등A-9

(가)는 학생 P의 특성이고, (나)는 중학교 1학년 기술 · 가정과 '건강한 식생활과 식사 구성'을 지도하기 위하여 통합학급 교사와 특수교사가 협의한 내용이다. 특수교육공학응용센터(Center for Applied Special Technology ; CAST)의 보편적 학습설계(UDL)에 근거하여 ㉢에 적용 가능한 원리를 쓰고, 그 예를 1가지 제시하시오.

(가) 학생 P의 특성

- 상지의 소근육 운동 기능에 어려움이 있는 지체장애 학생으로 경도 지적장애를 동반함.
- 특별한 문제행동은 없으며, 학급 친구들과 원만한 관계를 유지하고 있음.

(나) 통합학급 교사와 특수교사의 협의 내용

관련 영역	수업 계획	특수교사의 제안 사항
학습 목표	• 탄수화물이 우리 몸에서 하는 일을 설명할 수 있다.	• 본시와 관련된 핵심 단어는 특수학급에서 사전에 학습한다.
교수 · 학습 방법	• 우리 몸에서 필요한 영양소의 종류 및 기능 –㉠ <u>모둠 활동을 할 때 튜터와 튜티의 역할을 번갈아 가면서 한다.</u> –(㉡)	• P에게 튜터의 역할과 절차를 특수교사가 사전에 교육한다.
평가 계획	• 퀴즈(지필 평가) 실시	• ㉢ <u>UDL의 원리를 적용하여 P의 지필 평가 참여 방법을 조정한다.</u>

39

2017 중등B-6

(가)는 학생 S의 특성이고, (나)는 사회과 '도시의 위치와 특징' 단원의 전개 계획이다. ㉠을 이용하여 가장 큰 배율과 넓은 시야로 지도 보는 방법을 서술하고, ㉡~㉤ 중에서 바르지 <u>않은</u> 것 2가지를 찾아 그 이유를 제시하시오. 그리고 ㉥의 이유를 서술하시오.

(가) 학생 S의 특성

- 황반변성증으로 교정시력이 0.1이며, 눈부심이 있음.
- 묵자와 점자를 병행하여 학습하고, 컴퓨터 사용을 많이 함.
- 주의집중력이 좋으나, 지체 · 중복장애로 인해 상지의 기능적 사용에 어려움이 있고, 빛에 매우 민감하게 반응함.
- 키보드를 통한 자료 입력 시 손이 계속 눌려 특정 음운이 연속해서 입력되는 경우가 자주 있음(예: ㄴㄴㄴ나).

(나) '도시의 위치와 특징' 단원 전개 계획

차시	주요 학습 내용	학생 S를 위한 고려사항
1	세계의 여러 도시 위치 확인하기	• ㉠ <u>손잡이형 확대경(+20D)</u>을 활용하여 지도를 보게 함.
2~4	인터넷을 통해 유명하거나 매력적인 도시 찾아보기	• 컴퓨터 환경 설정 수정(윈도우용) –㉡ <u>고대비 설정을 통해 눈부심을 줄이고 대비 수준을 높임.</u> –㉢ <u>토글키 설정을 통해 키보드를 한 번 눌렀을 때 누르는 시간에 관계 없이 한 번만 입력되게 함.</u>
5~6	도시별 특징을 찾고 보고서 작성하기	• ㉣ <u>키보드를 누를 때 해당키값의 소리가 나게 '음성인식' 기능을 설정함.</u>
7	관련 웹 콘텐츠를 통해 단원 평가하기	• ㉤ <u>색에 관계없이 인식될 수 있는 콘텐츠를 활용함.</u> • ㉥ <u>깜빡이거나 번쩍이는 콘텐츠가 없는 사이트를 활용함.</u>

〈작성 방법〉

- ㉥의 이유를 작성할 때, '한국형 웹 콘텐츠 작성 지침 2.1'과 학생 S의 특성에 기초하여 작성할 것

40

2018 초등A-3

(가)는 지체장애 학생 미주와 영수의 특성이고, (나)는 교사가 2011 개정 특수교육 교육과정 중 기본 교육과정 사회과 5~6학년 '우리나라의 명절과 기념일' 단원을 지도하기 위해 개념 학습 모형에 따라 작성한 수업 계획의 일부이다. 물음에 답하시오.

(가)

미주	• ㉠ 경직형 뇌성마비이며 오른쪽 편마비를 가짐. • 발화는 가능하나 발음은 부정확함.
영수	• 독립적인 보행이 어려워 수동 휠체어를 사용함. • 보완 · 대체의사소통(AAC) 도구를 사용함.

(나)

• 학습 내용 소개
  – ㉡ 텔레비전으로 국경일 동영상 시청하기
• (㉢)
  – 자신이 가장 기뻐하고 축하받은 날에 대해 ㉣ 이야기 나누기

[A]

• 개념 제시
  – 국경일 관련 경험에 대해 이야기 나누기
  – 국경일 관련 특별 행사 참여 경험 나누기
  – 국경일 관련 특별 프로그램 시청 경험 나누기
• 개념에 대한 정의 내리기

[B]

• 추가 사례 찾기
  – 삼일절, 제헌절, 광복절, 개천절, 한글날 관련 경험 발표하기
• 속성 분류하기

3) (나)의 밑줄 친 ㉣에 참여하기 위해 영수는 여과 활성화(filtered activation) 기능이 적용된 보완 · 대체의사소통(AAC) 도구를 사용하려 한다. 여과 활성화의 작동 원리를 쓰시오.

41

2018 유아A-8

다음은 김 교사가 유치원 통합학급에서 재민이의 놀이 활동 참여를 위해 필요한 보조공학 접근을 평가한 내용이다. 물음에 답하시오.

- 재민이의 특성
  - 뇌성마비 경직형 사지마비임.
  - 신체활동에 대한 피로도가 높은 편임.
  - 주의집중력이 높은 편임.
  - 발성 및 조음에 어려움이 있으며 놀이 활동에 참여하고자 하나 활동 개시가 어려움.
  - 활동 시간에 교사의 보조를 받아 부분 참여가 가능함.
  - 코너체어 머리 지지대에서 고개를 좌우로 정위할 수 있으나 자세를 유지하기 어려움.
- 환경 특성
  - 자유 놀이 시간에 별도의 교육적·물리적 수정이 이루어지지 않음.
  - 교사 지원: 교사가 유아들에게 개별 지원을 제공하나 재민이에게만 일대일로 지속적인 지원을 제공하는 데 어려움이 있음.
  - 교실 자원: 다양한 놀잇감이 마련되어 있으나 재민이가 조작할 수 있는 교구는 부족함.
  - 태도 및 기대: 재민이가 독립적으로 놀이 활동에 참여할 수 있기를 희망함.
  - 시설: 특이사항 없음.
- 수행 과제 특성
  - 개별화교육계획과의 연계 목표: 재민이의 사회성, 의사소통 기술 향상
  - 자유 놀이 활동과 연계된 수행 과제: 또래에게 상호작용 시도하기, 놀이 개시하기
- 도구에 대한 의사결정
  - 노 테크(No Tech) 접근: 놀이 규칙과 참여 방법 수정
  - 보조공학 도구: 싱글스위치를 이용한 보완대체의사소통 방법 활용
  - 요구 파악 및 활용도 높은 도구 선정: 코너체어 머리 지지대에 싱글스위치를 부착하고, 8칸 칩톡과 연결하여 훑기 방법 지도
  - 적용을 위한 계획 수립과 실행을 위한 지속적인 자료 수집

1) ① 김 교사가 재민이에게 필요한 지원을 계획하기 위해 사용한 보조공학 평가 모델을 쓰시오. 이 평가 모델에 근거하여 ② 현재 재민이의 '환경 특성'에서 평가해야 할 내용 중 빠진 내용을 쓰고, ③ 관련 하위 내용 3가지를 쓰시오.

①:

②:

③:

2) 도구에 대한 의사결정 단계에서 ① 재민이에게 적절한 훑기 선택 조절 기법을 쓰고, ② 해당 기법이 적절한 이유를 재민이의 특성에 근거하여 쓰시오.

①:

②:

42

2018 초등B-2

(가)는 통합학급 학생의 현재 학습 수준이고, (나)는 (가)를 고려하여 특수교사와 일반교사가 수립한 컴퓨터 보조 수업(CAI) 기반 협력 교수 계획의 일부이다. (다)는 곱셈 수업에 사용할 교육용 소프트웨어 제작 시 반영된 고려 사항과 교육용 소프트웨어 구현 장면의 예이다. 물음에 답하시오.

(가)

학생	현재 학습 수준
일반 학생	두 자리 수 × 한 자리 수 문제를 풀 수 있음.
지혜, 진우 (학습부진)	한 자리 수 × 한 자리 수 문제를 풀 수 있음.
세희 (지적장애)	곱셈구구표를 보고 한 자리 수 곱셈 문제를 풀 수 있음.

(나)

협력 교수의 유형 / 교사의 역할	(㉠)
일반교사	• 수업의 시작과 정리 단계에서 학급 전체를 대상으로 진행함. • 전개 단계 중 지혜, 진우, 세희로 구성된 소집단을 제외한 나머지 학생을 지도함. • 교육용 소프트웨어를 활용하여 연습하도록 지도함.
특수교사	• 수업의 전개 단계에서 ㉡ <u>지혜, 진우, 세희를 소집단으로 구성</u>하여 지도함. • 교육용 소프트웨어를 통하여 현재 학습 수준에 적합하게 연습하도록 지도함.

(다)

〈소프트웨어 제작 시 고려 사항〉

- 교수 목적과 학습 목표를 뚜렷하게 부각
- 학습자 수준에 적합한 난이도를 위한 자료의 다양화
- 성취 지향적 피드백의 증진

[A]

〈교사 제작 교육용 소프트웨어 구현 장면〉

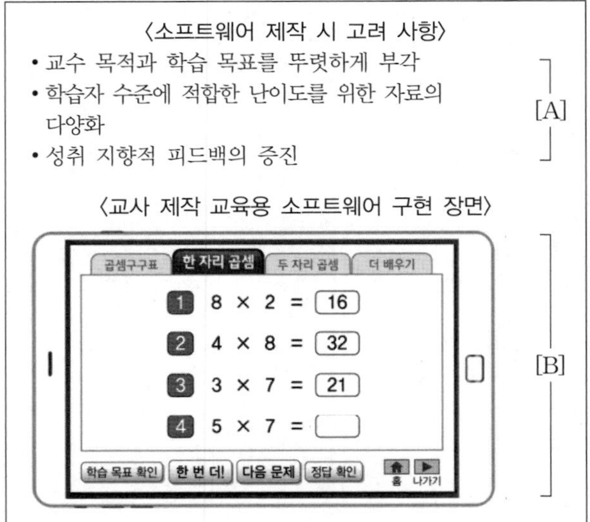

[B]

2) ① 2011년에 응용특수공학센터(Center for Applied Special Technology; CAST)에서 제시한 보편적 학습설계 원리 중 (다)의 [A]에 적용된 원리 1가지를 쓰고, ② [B]에 제시된 교육용 소프트웨어의 유형을 쓰시오.

①:

②:

43

2018 중등A-10

다음은 보조공학 사정 모델의 단계별 주요 내용이다. 〈작성 방법〉에 따라 서술하시오.

사정 모델	(㉠)	
단계	주요 내용	유의점
학생 능력 [검토]	• (　　㉡　　) • 활동적인 과제를 수행함. • 다양한 방과 후 활동에 참가하고 있음.	사례사, 관찰, 면담, 진단서 등 다양한 자료를 포함할 것
목표 [개발]	• 과제 수행과 다양한 방과 후 활동에 적극적으로 참가하기 • 이를 위한 휠체어 선정하기	목표 달성의 실현가능성에 대해 토론할 것
과제 [조사]	• 목표 달성에 필요한 다양한 과제조사 • ㉢ <u>과제 수행, 방과 후 활동과 관련한 구체적인 환경 및 맥락 조사</u>	학교, 가정 등 다양한 장소에서 조사할 것
과제의 난이도 [평가]	각 과제별 난이도 평가	모든 과제에 대해 평가를 실시함.
목표 달성 [확인]	• 과제 수행과 다양한 방과 후 활동에 적절한 휠체어 선정 ㉣ (A, B) • A는 왼쪽 바퀴에, B는 오른쪽 바퀴에 동력이 전달되도록 주행능력 평가	• 팔 받침대 높이를 낮게 하여 책상에 대한 접근성을 높임. • 활동공간에 따라 ㉤ <u>보조바퀴(caster)</u>의 크기를 조정함.

〈작성 방법〉
- ㉠에 들어갈 보조공학 사정 모델의 명칭을 쓸 것
- Bryant 등(2003)의 '보조공학 사정의 3가지 특성' 중에서 밑줄 친 ㉢에 해당하는 것을 쓸 것

44

2018 중등A-12

다음은 특수교사인 김 교사가 보완·대체 의사소통(AAC) 기기를 사용하는 학생 J의 부모님께 보낸 전자우편이다. 〈작성 방법〉에 따라 서술하시오.

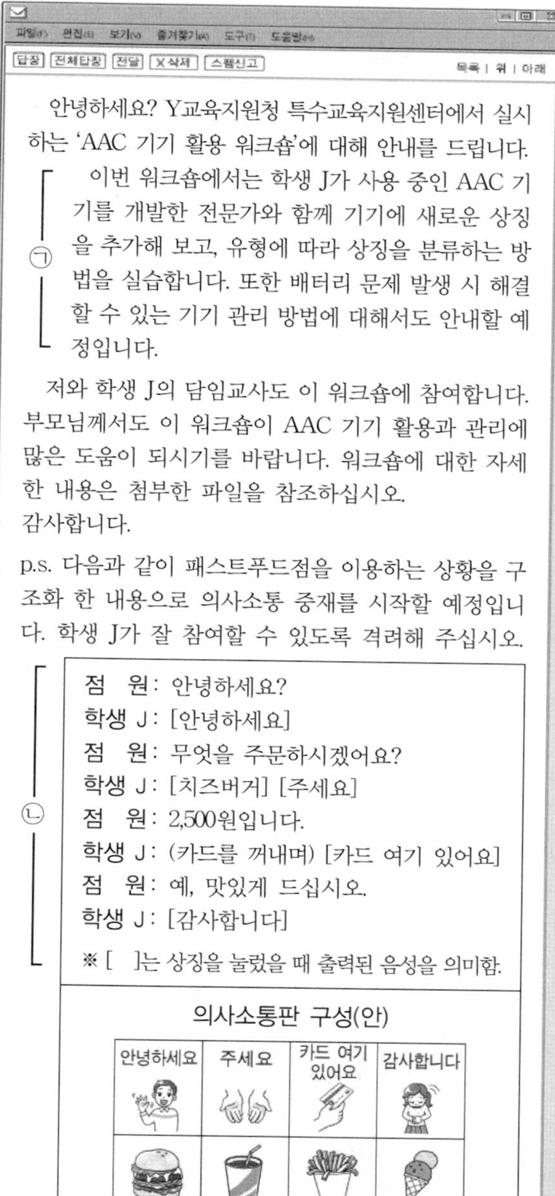

답장 | 전체답장 | 전달 | X삭제 | 스팸신고　　목록 | 위 | 아래

안녕하세요? Y교육지원청 특수교육지원센터에서 실시하는 'AAC 기기 활용 워크숍'에 대해 안내를 드립니다.

㉠ [이번 워크숍에서는 학생 J가 사용 중인 AAC 기기를 개발한 전문가와 함께 기기에 새로운 상징을 추가해 보고, 유형에 따라 상징을 분류하는 방법을 실습합니다. 또한 배터리 문제 발생 시 해결할 수 있는 기기 관리 방법에 대해서도 안내할 예정입니다.]

저와 학생 J의 담임교사도 이 워크숍에 참여합니다. 부모님께서도 이 워크숍이 AAC 기기 활용과 관리에 많은 도움이 되시기를 바랍니다. 워크숍에 대한 자세한 내용은 첨부한 파일을 참조하십시오.
감사합니다.

p.s. 다음과 같이 패스트푸드점을 이용하는 상황을 구조화 한 내용으로 의사소통 중재를 시작할 예정입니다. 학생 J가 잘 참여할 수 있도록 격려해 주십시오.

㉡ [
점　원: 안녕하세요?
학생 J: [안녕하세요]
점　원: 무엇을 주문하시겠어요?
학생 J: [치즈버거] [주세요]
점　원: 2,500원입니다.
학생 J: (카드를 꺼내며) [카드 여기 있어요]
점　원: 예, 맛있게 드십시오.
학생 J: [감사합니다]
※ [　]는 상징을 눌렀을 때 출력된 음성을 의미함.]

의사소통판 구성(안)

안녕하세요	주세요	카드 여기 있어요	감사합니다
치즈버거	음료수	감자튀김	아이스크림

〈작성 방법〉
- 뷰켈만과 미렌다(D. Beukelman & P. Mirenda)의 참여모델에서 언급한 장벽 중 ㉠을 통해 해결할 수 있는 기회 장벽 유형을 2가지 적을 것

45

2019 유아A-8

다음은 4세 발달지체 유아 승우의 어머니와 특수학급 민 교사 간 대화의 일부이다. 물음에 답하시오.

민 교 사:	승우 어머니, 요즘 승우는 어떻게 지내나요?
승우 어머니:	승우가 말로 의사 표현을 하지 못하니 집에서 어려움이 많아요. 간단하게라도 승우가 원하는 것을 알고 상호작용을 할 수 있으면 좋겠는데, 어떻게 해야 할지 모르겠어요. 유치원에서는 승우를 어떻게 지도하시는지요?
민 교 사:	유치원에서도 ㉠ 승우에게는 아직 의도적인 의사소통 행동이 명확하게 잘 나타나지 않아서, 승우의 행동이 뭔가를 의미한다고 생각하고 반응해 주고 있어요. 그리고 ㉡ 승우가 어떤 사물을 관심을 가지고 바라보고 있을 때, 그것을 함께 바라봐 주는 반응을 해 주고 있어요.
승우 어머니:	그렇군요. 저는 항상 저 혼자만 일방적으로 말하고 있는 것 같아서 답답했어요.
민 교 사:	집에서도 승우와 대화할 때 어머니의 역할이 중요해요. 그럴 때는 ㉢ 어머니께서 승우가 의사를 표현할 수 있을 거라는 기대를 가지고 기회를 제공하여, 의사를 표현하는 동안 충분히 기다려 주는 것이 필요하지요. 승우에게 필요한 표현을 ㉣ 간단한 몸짓이나 표정, 그림 등으로 나타낼 수 있도록 만들어 가면 어떨까요? 예를 들면, ㉤ 간식 시간마다 승우가 먼저 간식을 달라는 의미로 손을 내미는 행동을 정해서 자신의 의도를 표현할 수 있도록 하는 것이지요.
승우 어머니:	아, 그렇군요. 원하는 것을 표현하면 얻을 수 있다는 것도 가르쳐야 하는군요.

2) ㉢과 ㉣은 보완대체의사소통(AAC)의 4가지 구성 요소 중 무엇에 해당하는지 각각 쓰시오.

㉢:

㉣:

46

2019 초등A-3

(가)는 중복장애 학생 경수의 특성이고, (나)는 특수교사가 작성한 2015 개정 기본 교육과정 수학과 5~6학년 수와 연산영역 교수·학습 과정안의 일부이다. 물음에 답하시오.

(가) 경수의 특성

- 경직형 사지 마비로 미세소근육 사용이 매우 어려움.
- 의도하는 대로 정확하게 응시하거나 일관된 신체 동작으로 반응하기 어려움.
- 발성 수준의 발화만 가능하고, 현재 인공와우를 착용하고 있음.
- 받아올림이 없는 두 자리 수 + 한 자리 수의 덧셈을 할 수 있음.
- 범주 개념이 형성되어 있음.
- 주의집중 시간이 짧고, 시각적 피로도가 높음.

(나) 교수·학습 과정안

단계	교수·학습 활동	자료(재) 및 유의점(유)
도입	필요한 의자의 수를 구하는 상황 제시	
새로운 문제 상황 제시	• 교실에 22명의 학생이 있고, 학생 12명이 더 오면 의자는 모두 몇 개가 필요할까요? – 필요한 의자의 개수 어림해 보기 – 학생들의 인지적 갈등 유도하기	[재] 그래픽 조직자
수학적 원리의 필요성 인식	• 22 + 12를 계산하는 방법 생각하기 – 모든 의자의 수 세기, 22 다음부터 12를 이어 세기 등 • 좀 더 효율적인 방법의 필요성 인식하기	[재] 구체물
수학적 원리가 내재된 조작 활동	• 수모형으로 22 + 12 나타내기 – 십모형과 일모형으로 나타내기 22 + 12 = 34	[재] 수모형 [유] 학생들이 ㉠숫자를 쓸 때, 자리에 따라 숫자가 나타내는 값이 달라지므로 정확한 자리에 쓰게 한다.
수학적 원리의 형식화	• 22 + 12의 계산 방법을 식으로 제시하기 • 22 + 12를 세로식으로 계산하기 $\begin{array}{r}22\\+12\\\hline\end{array}$ ➡ $\begin{array}{r}22\\+12\\\hline 4\end{array}$ ➡ $\begin{array}{r}22\\+12\\\hline 34\end{array}$	[유] ㉡순서에 따라 더하는 숫자를 진하게 다른 색으로 표시한다.
익히기와 적용하기	• 덧셈 계산 원리를 다양한 문제에 적용하여 풀기 – 같은 계산식 유형의 문제 풀기 – 문장제 문제 풀기 – 문제 조건을 바꾸어 새로운 문제 만들어 보기 – 실생활 문제 상황에 적용해 보기 [A]	[유] 경수의 보완·대체 의사소통(AAC) 도구에 수 계열 어휘를 추가한다. [유] ㉢ 경수의 AAC디스플레이 형태를 선형 스캐닝에서 행렬 스캐닝으로 변경한다.
정리 및 평가	학습 내용 정리 및 차시 예고하기	

4) ① (나)의 ㉢과 같이 변경한 이유를 (가)에서 찾아 쓰고, ② 선형 스캐닝에서 행렬 스캐닝으로 변경했을 때의 장점을 1가지 쓰시오.

①:

②:

PART 08

47

2019 중등B-5

다음은 컴퓨터 정보화교육 프로그램에 참여한 학생들의 특성과 교육내용이다. 〈작성 방법〉에 따라 서술하시오.

(가) 학생 D

- 특성: 시각장애(광각), 인지적 제한이 없음.
- 교육내용
  - 특성에 적합한 소프트웨어 및 시스템을 활용하여 지도함. : 화면 낭독 프로그램, ㉠광학 문자인식 시스템(OCR)
  - 점자정보단말기를 활용하여 다음의 기능을 익힘.

주요 기능	부가 기능
• 문서 작성 및 편집 • 점자 출력 • (㉡)	• 인터넷 • 날짜, 시간 • 스톱워치, 계산

(나) 학생 M

- 특성: 뇌성마비(경직형), 독립이동과 신체의 조절이 어려움(상지 사용과 손의 소근육 운동에 제한).
- 교육내용
  - 대체입력장치인 스위치를 적용하기 전에 운동훈련을 실시함.

〈스위치 적용 전 운동훈련 4단계〉

단계	목표	내용
1	시간 독립적 스위치 훈련	배터리로 작동하는 장난감 등을 이용하여 자극-반응 간의 (㉢)을/를 익힘.
2	시간 종속적 스위치 훈련	스위치를 일정 시간 내에 활성화시키는 훈련

〈스위치 적용 훈련 후〉

- ㉣모니터에 훑기(scanning) 방식으로 제시된 항목을 선택하기 위하여 단일 스위치를 사용함.

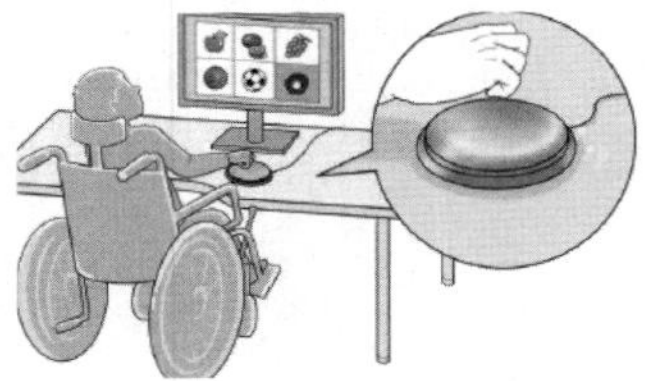

〈작성 방법〉

- 괄호 안의 ㉢에 들어갈 내용을 쓸 것
- 밑줄 친 ㉣의 스위치를 활용한 선택 방법의 특징을 서술할 것(단, 학생 M의 특성을 연계한 설명은 제외하고, 일반 키보드나 마우스의 항목 선택 방법과 비교하여 서술할 것)

48

2020 유아A-2

(가)는 5세 뇌성마비 유아 슬기의 특성이고, (나)는 지체장애 유아에 대한 유아특수교사들의 대화이다. 물음에 답하시오.

(가)

- 사지를 불규칙하게 뒤틀거나, 팔다리를 움찔거리는 행동을 보임
- 사물에 손을 뻗을 때 손바닥이 바깥쪽으로 틀어지며 의도하지 않는 방향으로 움직임이 일어남
- 정위반응과 평형반응이 결여되어 자세가 불안정함

(나)

장 교사: 저희 원은 새로 입학한 재우를 위해 실내·외 환경을 개선했어요. 휠체어를 타는 재우에게 위험하지 않도록 교실 바닥의 높이 차이를 없앴더니 다른 아이들도 안전하게 생활하게 되었어요.

김 교사: 그렇군요. 교실 바닥 공사가 재우에게만 좋은 것이 아니라 모든 아이들에게도 좋은 거네요.

장 교사: 자갈길로 되어 있던 놀이터 통로도 목재로 바꾸고, 놀이터에 계단 없는 미끄럼틀도 설치했어요. 재우가 휠체어를 타고 내려 올 수 있을 정도로 넓게 설치했더니 그 곳에서 재우와 함께 여러 명의 아이들이 미끄럼틀을 타면서 놀게 되었어요. 이번에는 그네도 바꾸었어요.

김 교사: 와우! ㉠ 재우가 그네도 탈 수 있게 되었네요. 결국 누구나 놀 수 있는 놀이터가 되었네요. [A]

… (중략) …

김 교사: 지체장애 유아들은 컴퓨터를 사용할 때 표준형 키보드를 사용할 수도 있지만, 장애유형과 정도에 따라 대체키보드를 사용해야 해요. ㉡ 소근육 운동 조절이 어려운 유아는 미니 키보드가 도움이 된다고 하네요.

장 교사: 그리고 ㉢ 손가락 조절이 어려워 한 번에 여러 개의 키를 동시에 누르는 유아들에게는 타이핑 정확도를 향상시킬 수 있도록 키가드를 사용하게 해야겠어요.

김 교사: ㉣ 손을 떨고 손가락 조절은 잘 안 되지만, 머리나 목의 조절이 가능한 뇌성마비 유아들에게는 헤드 스틱이나 마우스 스틱을 사용하면 좋을 것 같아요.

장 교사: 그렇군요. ㉤ 마우스를 조정하기 어려운 유아는 트랙볼, 조이스틱을 활용하도록 해야겠어요.

2) ① (나)의 [A]에서 나타난 개념은 무엇인지 쓰고, ② 이 개념에 근거하여 ㉠에 해당하는 그네의 예를 1가지 쓰시오.

①:

②:

3) 보조공학의 관점에서 ① ㉡~㉤ 중 틀린 것을 1가지 찾아 기호를 쓰고, ② 대안을 제시하여 고쳐 쓰시오.

①:

②:

PART 08

49

2020 초등A-2

(가)는 특수교육지원센터의 공학기기 선정을 위한 협의회 자료의 일부이고, (나)는 협의회 회의록 내용의 일부이다. 물음에 답하시오.

(가) 협의회 자료

	성명	정운	민아
학생 정보	특성	• 불수의 운동형 뇌성마비 • 상지의 불수의 운동이 있어 소근육 운동이 어려움. • 독서활동을 좋아함.	• 저시력 • 경직형 뇌성마비 • 상지의 소근육 운동이 다소 어려움. • 확대독서기 이용 시 쉽게 피로하여 소리를 통한 독서를 선호함.
특수 교육 관련 서비스	상담지원 ⋮	… (생략) …	
	학습보조 기기지원	• 자동책장넘김 장치	• ㉠ 전자도서단말기
	보조공학 기기지원	• (㉡)	• (㉢)
	(㉣) 지원	• 동영상 콘텐츠 활용 지원	• 대체 텍스트 제공 • 동영상 콘텐츠 활용 지원

(나) 협의회 회의록

일시	2019년 3월 13일 15:00	장소	회의실

… (중략) …

[A] 자동책장넘김장치

◦ 일정 시간 동안 좌・우 지시등이 번갈아 깜빡일 때 기기 하단의 버튼을 눌러 선택하면 페이지가 자동으로 넘겨짐. (예 좌측 지시등이 깜박이는 5초 동안 버튼을 누르면 자동으로 이전 페이지로 넘어감.)

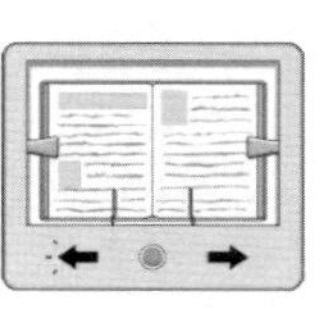

[B] 제공 가능한 공학기기

• 키가드　• 트랙볼　• 헤드 포인터
• 확대 키보드　• 조우스　• 눈 응시 시스템
• 조이스틱

[C] 웹 콘텐츠 제작 시 고려사항

㉤ 읽거나 사용하는 데 충분한 시간을 제공함.
㉥ 콘텐츠의 깜빡임 사용을 제한하여 광과민성 발작 유발을 예방함.
㉦ 빠르고 편리한 사용을 위하여 반복되는 메뉴를 건너뛸 수 있게 함.
㉧ 콘텐츠의 모든 기능에 음성 인식으로 접근하여 사용할 수 있도록 함.

1) ① 정운이가 (나)의 [A]를 적절하게 사용하도록 하기 위해 스위치가 함께 제공되어야 하는 이유를 [A] 사용 측면에서 1가지 쓰시오.

2) 「한국형 웹 콘텐츠 접근성 지침 2.1」(개정일 2015. 3. 31.) 중 '운용의 용이성'에 근거하여, ① (가)의 ㉡과 ㉢에 공통으로 들어갈 웹 활용 필수 보조공학기기 1가지를 (나)의 [B]에서 찾아 쓰고, ② (나)의 [C]에서 적절하지 않은 것을 찾아 기호를 쓰고 바르게 고쳐 쓰시오.

①:

②:

50

2020 초등B-4

다음은 통합학급 교사인 최 교사가 특수교사인 강 교사와 교내 메신저로 지적장애 학생 지호의 음악과 수행평가에 대해 나눈 대화의 일부이다. 물음에 답하시오.

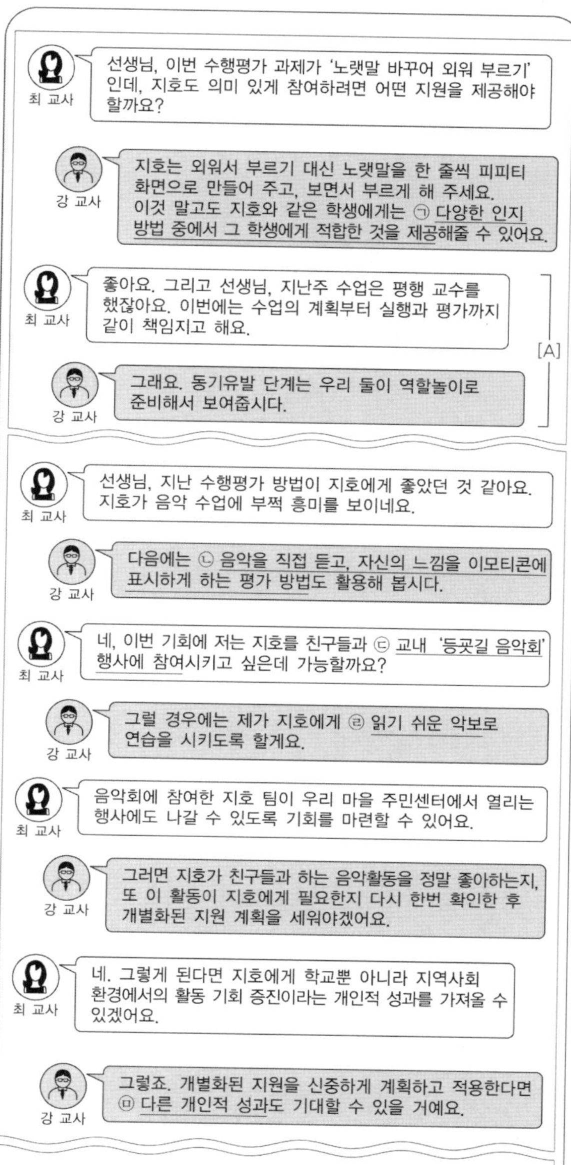

1) 2011년에 '응용특수공학센터(CAST)'에서 제시한 보편적 학습설계 원리 중 ㉠에 적용된 원리 1가지를 쓰시오.

51

2020 초등B-5

다음은 초임 특수교사가 관찰한 학생들의 특성과 이에 대한 수석 교사의 조언 일부이다. 물음에 답하시오.

학생	학생 특성	조언
은지	• 인지 및 언어발달 지체가 심함.	
	• 자신의 요구를 나타내려는 듯이 "어-, 어-, 어-", "우와, 우와, 우와"와 같은 소리를 내고, 교사가 이해하기 어려운 몸짓을 사용하기도 함.	• ㉠ 표정, 몸짓, 그림 가리키기, 컴퓨터 등을 포함한 비구어적 수단을 활용하는 지도 방법을 통해 언어 발달을 도와줄 수 있음.
소희	• 상황에 맞지 않거나 문법적 오류가 많이 포함된 2~3어절 정도 길이의 말을 함.	• ㉡ 언어지도 시 일상생활과 관련하여 잘 계획되고 통제된 맥락의 활용을 고려해 볼 수 있음.
	• 대화 시 교사의 말에 대한 반응이 없거나 늦음.	• 학생의 의사소통 기회를 증가시키기 위해 교사가 말을 하다가 '잠시 멈추기'를 해 주는 방법을 쓸 수 있음.
인호	• ㉢ "김치 매운 먹어요."와 같은 문장을 사용하거나, ㉣ "생각이 자랐어."와 같은 말을 이해하지 못함.	• 언어학의 하위 영역별로 지도하면 좋음.
	• ㉤ 주어를 빼고 말하는 경우가 자주 있음.	• ㉥ W-질문법을 활용하면 좋음.

1) ㉠이 무엇인지 쓰시오.

52

2021 초등B-1

(가)는 미나의 개별화교육지원팀 회의록이다. 물음에 답하시오.

(가) 개별화교육지원팀 회의록

일시	2020년 ○월 ○일 16:00~17:00
장소	△△학교 열린 회의실
협의 내용 요지	1. 대상 학생의 현재 장애 특성 • 대뇌피질의 손상이 원인 ┐ • 근육이 뻣뻣하고 움직임이 둔함 [A] • 양마비가 있음 • 까치발 형태의 첨족 변형과 가위 모양의 다리 ┘ • ㉠ 대근육 운동 기능 분류 시스템(Gross Motor Function Classification System : GMFCS) 4단계 • ㉡ 수동 휠체어 사용 2. 대상 학생의 교육적 요구 파악 • ㉢ 표준 키보드를 사용하여 입력하는 데 어려움이 있음 • 구어 사용을 위한 보완대체의사소통 지원 요청 3. 학기 목표, 교육 내용의 적절성 확인 및 평가 계획 안내 … (중략) … 4. 특수교육 관련서비스에 대한 협의 사항 • 교육용 보조공학기기 • 특수교육실무원 • 물리치료 • (㉣) 5. 기타 지원 정보 • 방과후 학교, 종일반 참여 여부

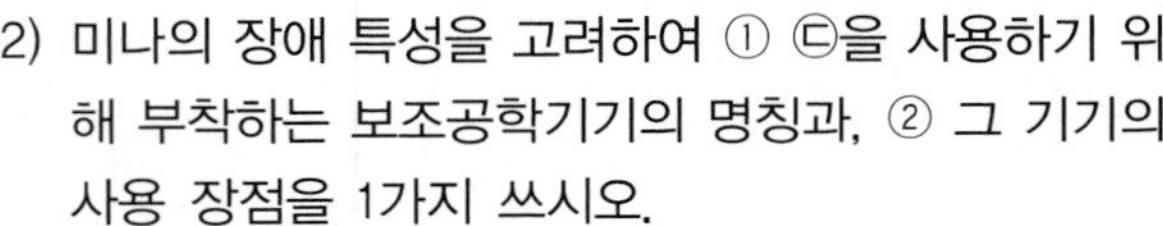

2) 미나의 장애 특성을 고려하여 ① ㉢을 사용하기 위해 부착하는 보조공학기기의 명칭과, ② 그 기기의 사용 장점을 1가지 쓰시오.

①:

②:

53 2022 초등B-2

다음 (가)는 초등학교 2학년 혜지의 특성이고, (나)는 혜지의 보완대체의사소통(AAC) 체계이다. 물음에 답하시오.

(가) 혜지의 특성

- 뇌성마비 학생이며, 시각적 정보 처리에 어려움이 있어 그림을 명확하게 변별하기 어려움
- 비정상적인 근긴장도로 인해 자세를 자주 바꿔 주어야 함
- ㉠ 바로 누운 자세에서 긴장성 미로반사가 나타남

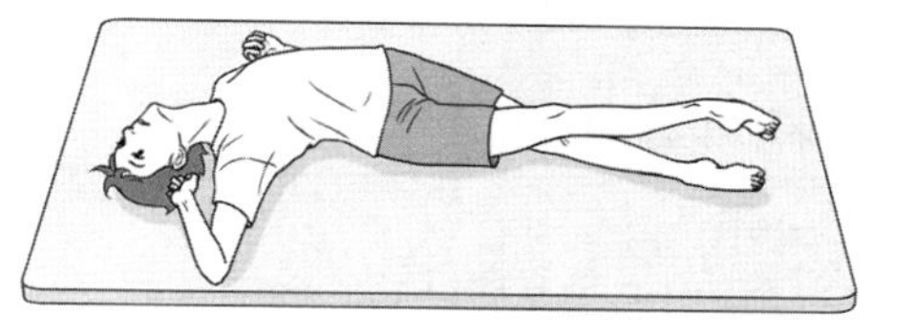

(나) 혜지의 AAC 체계

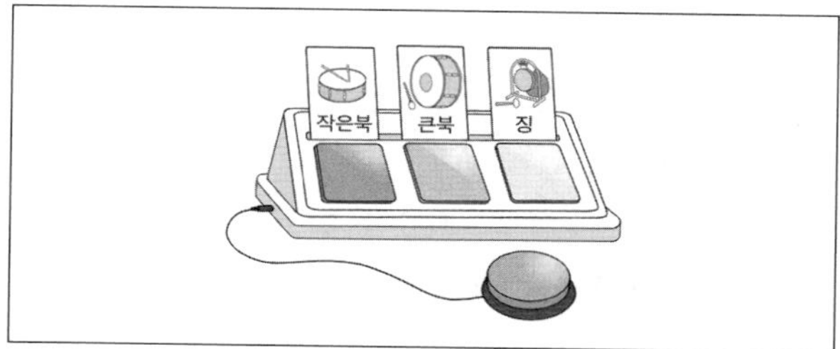

2) (나)에서 교사는 혜지가 스위치를 눌러 원하는 악기를 선택할 수 있도록 다음의 스캐닝(훑기)을 지원하였다. 교사가 어떻게 해야 하는지 ⓐ에 쓰시오.

> ○ 교사는 음성 출력 의사소통 기기의 상징을 보며 "작은북"이라고 말하고 잠시 기다린다.
> ○ 혜지가 반응이 없다.
> ○ 교사는 (ⓐ).

3) 다음은 혜지가 스위치를 눌러 악기를 선택할 수 있도록 지도하는 절차이다. ① 교사가 사용한 체계적 교수의 명칭을 쓰고, ② ⓑ에서 교사가 시행하는 방법을 혜지의 특성을 고려하여 구체적으로 쓰시오.

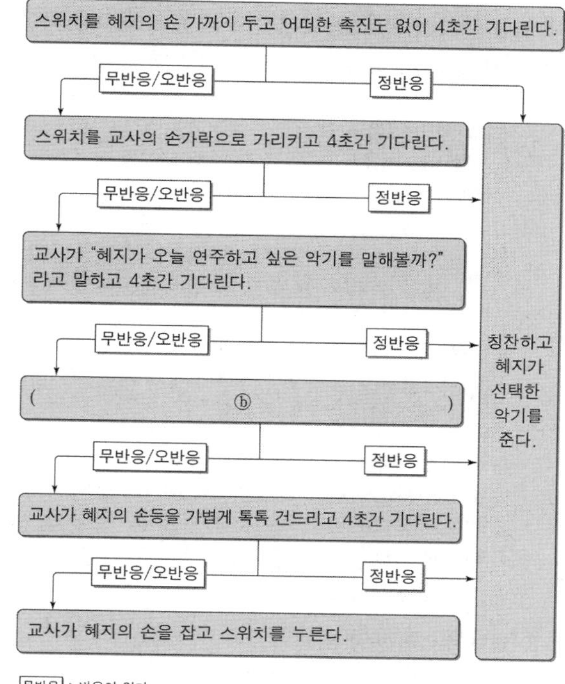

무반응 : 반응이 없다.
오반응 : 시도하였으나 스위치를 누르지 못한다.
정반응 : 스위치를 누른다.

①:

②:

54

2020 초등B-6

다음은 자폐성장애 학생들이 포함되어 있는 학급의 특수교사가 2015 개정 특수교육 교육과정 중 기본 교육과정 과학과 3~4학년군 '생물과 무생물' 단원의 '새싹 채소가 자라는 모습을 살펴보기' 수업을 준비하며 작성한 수업 설계의 일부이다. 물음에 답하시오.

1. 예상되는 어려움과 대안
   가. 새싹이 자라는 기간이 길기 때문에 이를 살펴보고 이해하는 것이 학생들에게 어려울 수 있음.
   → ㉠ 컴퓨터 보조수업 활용: 실제 활동 전 새싹 채소를 키우는 것과 유사한 상황에서 씨앗 불리기, 씨앗 뿌리기, 물 주기 등 필요한 행동을 선택해 나가며 새싹 키우는 과정을 체험해보게 함.
   나. 학생 간 수행 수준의 차이가 큼.
   → 개별 지도가 필요한 학생의 경우 개인 교수형 컴퓨터 보조수업을 활용함.
2. 새싹 채소 키우기 활동(교과서 ○○쪽)
   물 속에서 씨앗 불리기 → 플라스틱 용기에 넣은 솜이 젖을 정도로 물 뿌리기 → … (중략) … → ㉡ 씨앗의 모양이 어떻게 변해 가는지, 만졌을 때의 느낌은 어떠한지 등을 오감을 통해 살펴보기
3. 과학 수업의 방향 고려
   초등학교 수업은 (㉢) 지식을 중심으로 계획함.
4. 자폐성장애 학생들의 특성 및 지도상의 유의점
   가. 정민이의 경우 ㉣ 촉각자극에 대한 역치가 매우 낮고 감각 등록이 높으므로 물체를 탐색하는 과정에서 이를 고려함.
   나. 경태의 경우 수업 중 규칙을 잘 지키지 않아 친구를 당황하게 하는 경우가 많음.
   → 계속해서 문제가 발생할 경우 아래와 같이 사회적 도해(사회적 분석, social autopsies) 방법으로 자신의 실수를 이해하고 수정하도록 함.

수업 중 자신이 한 실수가 무엇인가? → 실수로 인해 상처를 받은 사람은 누구인가? → 문제해결책은 무엇인가? → (㉤)

   다. 새싹 채소 키우기 학습을 모두 마친 후 식물원 견학 시 정민이와 경태의 ㉥ 불안감 감소, 학습 참여 증진 방안을 고려함.
   → 견학 전 미리 준비한 동영상을 통해 식물원 가는 길이나 식물원의 모습 등을 보여줌.
   → 식물원에서는 새로운 식물을 살펴보기 전에 사진 자료를 활용하여 식물에 대해 설명해 줌. [A]

1) ㉠에서 활용한 컴퓨터 보조수업 유형을 쓰시오.

55

2020 중등A-7

(가)는 뇌성마비 학생 F의 의사소통 특성이고, (나)는 학생 F의 수업 참여도를 높이기 위해 교사가 작성한 보완대체 의사소통기기 활용 계획의 일부이다. 〈작성 방법〉에 따라 서술하시오.

(가) 학생 F의 의사소통 특성

- 한국 웩슬러 아동용 지능검사 4판(K-WISC-Ⅳ) 결과: 언어이해 지표 점수 75
- 조음에 어려움이 있음.
- 태블릿 PC 애플리케이션을 이용하여 수업에 참여함.

(나) 보완대체의사소통기기 활용 계획

- 활용 기기: 태블릿 PC
- 애플리케이션을 활용한 수업 내용
  - ㉠ 문장을 어순에 맞게 표현하기
- 어휘 목록
  - 문법 요소, 품사 등 수업 내용에 관련된 어휘 목록 선정
- 어휘 목록의 예
  - 나, 너, 우리, 학교, 집, 밥, 과자
  - 을, 를, 이, 가, 에, 에서, 으로 ㉡
  - 가다, 먹다, 오다, 공부하다
- 어휘 선택 기법
  - 화면이나 대체 입력기기를 직접 접촉하거나 누르고 있을 동안에는 선택되지 않음.
  - 선택하고자 하는 해당 항목에 커서가 도달했을 때, 접촉하고 있던 것을 떼게 되면 그 항목이 선택됨. ㉢

〈작성 방법〉

- (나)의 ㉡에 해당하는 어휘 목록 구성 전략을 1가지 쓰고, ㉠의 수업 내용을 고려하여 어휘 목록을 구성할 때, 어휘를 배열하는 방법을 1가지 서술할 것
- (나)의 ㉢에 해당하는 어휘 선택 기법을 1가지 쓸 것

56 2020 중등B-4

(가)는 ○○중학교에서 통합교육을 받고 있는 학생 D와 E에 대해 담임교사와 특수교사가 나눈 대화의 일부이고, (나)는 특수교사가 작성한 수업 지원 계획의 일부이다. 〈작성 방법〉에 따라 서술하시오.

(가) 대화

> 특수교사: 학생 D와 E의 특성에 대해 이야기해 보고, 수업에서 지원할 수 있는 방법을 의논해 볼까요?
> 담임교사: 네, 먼저 학생 D는 ⓐ <u>수업의 주제를 도형이나 개념도와 같은 그림으로 표현하는 것을 좋아한다고 합니다. 자신이 지각한 것을 머릿속에서 시각화하고, 이것을 창의적으로 표현하는 능력이 뛰어난 학생입니다.</u> 그리고 학생 E는 체육 활동에 적극적으로 참여하고, 수행 수준도 우수하다고 해요. 하지만 제 수업인 국어 시간에는 흥미가 없어서인지 활동에 잘 참여하지 않아서 걱정입니다.
> 특수교사: 두 학생의 장점이나 흥미를 교수·학습 활동에 반영하고, 선생님과 제가 수업을 함께 해보면 어떨까요?
> 담임교사: 네, 좋은 생각입니다. 제 수업 시간에는 ⓑ <u>제가 반 전체를 맡고, 선생님께서는 학생 D와 E를 포함하여 4~5명의 학생을 지도해 주시면 좋겠어요.</u>
> … (중략) …
> 특수교사: 네, 그리고 ㉠ <u>수업의 정리 단계에서 학생 D에게는 시간을 더 주고, 글보다 도식과 같은 그림으로 표현하게 하여 그 결과를 확인하는 것이 좋겠습니다.</u>

(나) 수업 지원 계획

수업 지원 교과		국어	
수업 주제		상대의 감정을 파악하며 대화하기	
학생	다중지능 유형	학생 특성을 반영한 활동 계획	협력교수 모형
D	(㉡)	상대의 감정을 시각화하여 창의적으로 표현하기	(㉢)
E	신체운동 지능	상대의 감정을 신체로 표현하기	

〈 작성 방법 〉

- (가)의 밑줄 친 ⓐ를 참고하여 (나)의 괄호 안의 ㉡에 해당하는 내용을 가드너(H. Gardner)의 다중지능이론에 근거하여 쓸 것

57 2021 유아A-1

다음은 유아특수교사 최 교사가 통합학급 김 교사와 나눈 대화의 일부이다. 물음에 답하시오.

> 최 교사: 오늘 활동은 어땠어요?
> 김 교사: 발달지체 유아 나은이가 언어발달이 늦어 활동에 잘 참여하지 못했어요.
> 최 교사: 동물 이름 말하기 활동은 보편적 학습 설계를 적용하여 계획하면 어떤가요?
> 김 교사: 네, 좋아요.
> 최 교사: 유아들이 동물 인형을 좋아하니까, 각자 좋아하는 동물 인형으로 놀아요. ㉠ <u>나은이뿐만 아니라 유아들의 관심과 흥미를 유도할 수 있도록 유아들이 좋아하는 동물 인형을 준비하고, 유아들이 직접 골라서 놀이를 하게 하면 좋을 것 같아요.</u>
> 김 교사: 다른 유의 사항이 있을까요?
> 최 교사: 네, 모든 문제를 해결하기는 어렵겠지만 나은이가 재미있게 놀이 활동을 할 수 있게 하면 될 것 같아요. 그리고 ㉡ <u>나은이의 개별화 교육목표는 선생님이 모든 일과 과정 중에 포함시켜 지도할 수 있어요.</u> 자유놀이 시간에 유아들이 동물 인형에 관심을 보이고 놀이 활동에 열중할 때 나은이에게 동물 이름을 말하게 하는 거에요. 예를 들어, "이건 뭐야?"라고 물어보고 "호랑이"라고 대답하면 잘 했다고 칭찬을 해요. 만약, 이름을 말하지 못하면 ㉢ <u>"어흥"이라고 말하고</u> ㉣ <u>호랑이 동작을 보여주면</u>, 호랑이라고 대답할 거예요.

1) 2018년에 '응용특수교육공학센터(CAST)'에서 제시한 보편적 학습 설계의 원리 중 ㉠에 해당하는 원리를 쓰시오.

58

2021 초등A-6

다음은 도덕과 5학년 '밝고 건전한 사이버 생활' 단원 수업을 준비하는 통합학급 교사를 지원하기 위해 특수교사가 작성한 노트의 일부이다. 물음에 답하시오.

가. 통합학급 수업 전 특수학급에서의 사전학습

• 소희의 특성

• 읽기 능력이 지적 수준이나 구어 발달 수준에 비해 현저히 낮음 • 인터넷을 즐겨 사용함 • 자신의 경험을 이야기 하는 것을 좋아함

• 필요성: 도덕과의 인지적 요소를 학습하기 위해 별도의 읽기 학습이 요구됨
• 제재 학습을 위한 읽기 지도
 – 제재: 사이버 예절, 함께 지켜요
 – 지도방법: ㉠ 언어경험접근

나. 소희를 위한 교수·학습 환경 분석에 따른 지원 내용 선정

분석 결과		지원 내용	
• 사이버 예절 알기 자료를 인쇄물 또는 음성자료로만 제공 • 서책형 자료로만 제공	⇨	• 디지털 교과서 • 동영상 자료 • PPT 자료 • 요약본	[A]

다. 2015 개정 도덕과 교육과정 평가 방향에 근거한 평가 내용

제재: 사이버 예절, 함께 지켜요	
구분	평가 기준
인지적 요소	청소년을 위한 사이버 예절을 아는가?
정의적 요소	사이버 예절 수업에 적극적으로 참여하는가?
행동적 요소	㉡

2) 응용특수교육공학센터(CAST)의 보편적 학습설계 원리 중 [A]에 적용된 원리를 1가지 쓰시오.

59

2021 초등B-4

(가)는 중도중복장애 학생 소영이의 의사소통 특성이고, (나)는 2015 개정 특수교육 기본 교육과정 과학과 3~4학년군에 따른 수업 계획안의 일부이다. 물음에 답하시오.

(가) 의사소통 특성

• 도구: 의사소통기기, 원 버튼 스위치 • 기법: 보완대체의사소통 선택기법 • 기능: 한 손으로 스위치 이용

(나) 수업 계획안

성취기준	㉠ <u>자석에 붙는 물체와 붙지 않는 물체를 구별한다.</u>
단 계	활 동
자유탐색	• 자석을 여러 가지 물체에 대어보기 –깡통, 동전, 못, 연필, 지우개, 클립
탐색결과발표	• 어떤 물체가 자석에 붙는지 선택하기 –깡통, 못, 클립 • 어떤 물체가 자석에 붙지 않는지 선택하기 –동전, 연필, 지우개
교사의 인도에 따른 탐색	• ㉡ <u>자석에 붙는 물체와 붙지 않는 물체 선택하기</u>
탐색결과 정리	• 자석에 붙는 물체 정리하기 –자석에 붙는 것과 붙지 않는 것

※ 유의사항
소영이가 ㉢ <u>유도적(역) 스캐닝 기법</u>으로 원 버튼 스위치를 사용하도록 지도

2) ㉢의 사용 방법을 쓰시오.

60 2021 초등B-6

(가)는 2015 개정 특수교육 기본 교육과정 미술과 5~6학년군 '이미지로 말해요' 단원의 수업 활동 아이디어 노트이다. 물음에 답하시오.

(가) 수업 활동 아이디어 노트

○ 성취기준

㉠ 일상생활 속에 나타난 이미지를 활용하여 표현한다.

○ 수업 개요

㉡ 본 수업은 픽토그램 카드를 만들고, 그 결과물을 학생의 사회성 기술 교수를 위한 자료로 활용하고자 한다.

○ 픽토그램의 개념

픽토그램은 의미하는 내용을 (㉢)(으)로 시각화하여 사전에 교육을 받지 않고도 모든 사람이 즉각적으로 이해할 수 있어야 하므로 단순하고 의미가 명료해야 한다.

○ 수업 활동

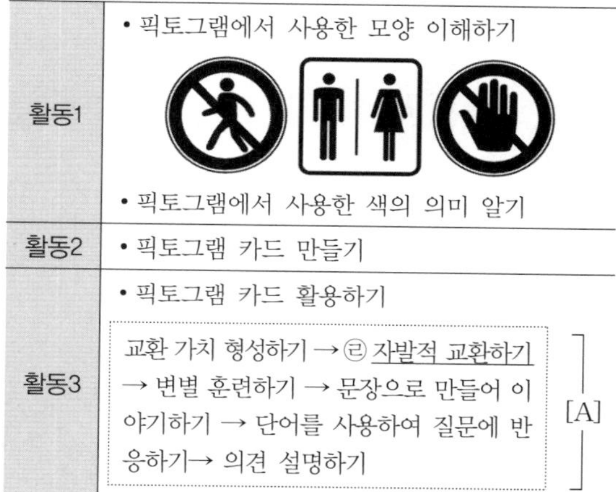

활동1	• 픽토그램에서 사용한 모양 이해하기 • 픽토그램에서 사용한 색의 의미 알기
활동2	• 픽토그램 카드 만들기
활동3	• 픽토그램 카드 활용하기 교환 가치 형성하기 → ㉣ 자발적 교환하기 → 변별 훈련하기 → 문장으로 만들어 이야기하기 → 단어를 사용하여 질문에 반응하기→ 의견 설명하기 [A]

1) ㉢에 들어갈 단어를 쓰시오.

61 2021 중등B-10

(가)는 미술과 수업을 위해 작성한 수업 계획의 일부이고, (나)는 컴퓨터 보조수업(Computer Assisted Instruction : CAI)의 사용자 인터페이스이다. 〈작성 방법〉에 따라 서술하시오.

(가) 수업 계획

학생 특성	L	• 청지각 변별에 어려움이 있어 동영상 자료 활용 시 자막이 있어야 함. • 색 변별에 어려움이 있어 색상 단서만으로 자료 특성을 구별하기 어려움. • 낯선 장소나 상황에 적응하는 것이 어려움.
	M	• 반짝이고 동적인 시각 자극에 민감하며 종종 발작 증세가 나타남. • 마우스 사용이 어려우며 모든 기능을 키보드로 조작함. • 학습한 과제의 일반화에 어려움을 보임.
지도 내용		• 현장체험활동 사전 교육 −미술관 웹사이트 검색하기 −CAI를 이용하여 실제 상황과 유사하게 미술관 관람하기 … (하략) …

(나) CAI의 사용자 인터페이스

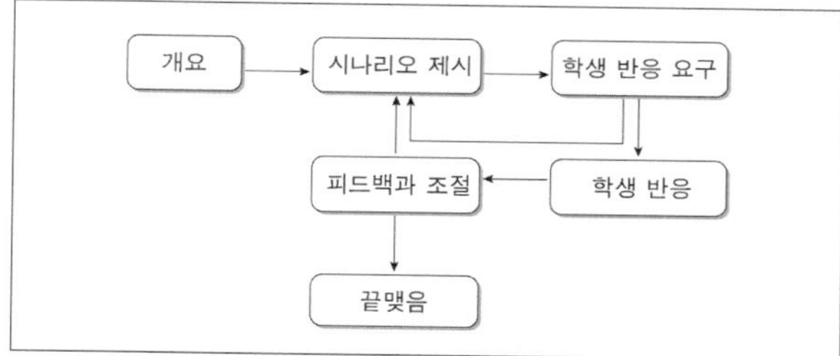

〈작성 방법〉

• (가)에서 고려해야 할 웹 접근성 지침상의 원리를 학생 L, M 특성과 관련지어 각각 1가지 쓸 것(단, '한국형 웹 콘텐츠 접근성 지침 2.1'에 근거할 것)
• (나)를 참고하여 교사가 적용한 CAI 유형의 명칭을 쓰고, 이 유형의 장점을 1가지 서술할 것

62

2022 유아B-2

(가)는 통합학급 김 교사와 유아특수교사 박 교사의 놀이 지원 내용이고, (나)는 특수교육대상 유아 현우의 보완대체의사소통(AAC) 사용 평가서의 일부이다. 물음에 답하시오.

(가)

놀이상황

유아들이 요즘 다양한 미로 그리기 놀이에 몰입함

유아의 요구

내가 만든 미로로 친구와 같이 주사위 던지는 보드게임을 하고 싶어요.

놀이 지원	두 교사의 고민
• 유아들이 색지에 그린 미로가 작아서 큰 화이트보드와 마커를 제공함	• 현우가 딱딱한 플라스틱 주사위를 세게 던져서 위험성이 있음 [B]
• 현우가 마커로 그린 미로가 잘 이어지지 않아서 현우의 모둠에는 네모자석을 제공함 [A]	• 현우는 미로에 흥미가 있으나 구어 표현이 안 되어 놀이 참여에 어려움이 있음
• 현우 모둠은 자석을 붙여서 길을 만듦	• 현우가 보드게임을 즐기는데 필요한 AAC를 결정해야 함

협력교수 지원

현우가 사용하는 AAC 상징 이해를 위해 모든 유아를 대상으로 '그림말·몸말 놀이' 실시

(나)

보완대체의사소통(AAC) 사용 평가 항목	평가 결과	
• 상징	그림 상징이 적합함	
• 보조도구	의사소통판보다는 5개 내외의 버튼이 있는 음성출력기기가 놀이 참여 지원에 적절함	
• 기법/기술	(㉡)	
• (㉠)	사물영속성 개념이 있으며, 보드게임에 필요한 4~5개의 그림 상징을 이해할 수 있음	
• 운동 능력	한 손가락으로도 버튼을 잘 누를 수 있음	[C]
• 기타	기다리지 않고 도움없이 버튼 누르기를 좋아함	[C]

1) (가)의 [A]에서 사용한 교수적 수정 유형을 [B]에 적용하여 그 예를 1가지 쓰시오.

2) (나)에서 ① ㉠에 해당하는 평가 항목을 쓰고, ② [C]를 고려하여 ㉡에 해당하는 것을 쓰시오.

①:

②:

63

2022 초등A-4

(가)는 학습장애 학생 은수의 특성이고, (나)는 2015 개정 국어과 교육과정 3~4학년군의 '중요한 내용을 적어요' 단원을 지도하기 위한 교수·학습 과정안의 일부이다. 물음에 답하시오.

(가) 은수의 특성

- 시력은 이상 없음
- 듣기 및 말하기에 어려움이 없음
- /북/에서 /ㅂ/를 /ㄱ/로 바꾸어 말하면 /국/이 되는 것을 알지 못함
- /장구/를 /가구/로 읽고 의미를 이해하는 데 어려움이 있음

(나) 교수·학습 과정안

성취 기준	[4국어02-02] 글의 유형을 고려하여 대강의 내용을 간추린다.	
학습 목표	글을 읽고 내용을 간추릴 수 있다.	
단계	교수·학습 활동	유의점
도입	• 동기 유발 및 전시 학습 상기 • 학습 목표 확인하기	
전개	• 글을 읽기 전에 미리 보기 – ㉠<u>글의 제목을 보고 읽을 글에 대한 내용을 생각해 보기</u> … (중략) … • 글을 읽고 중심 내용 파악하기 [A] 악기는 타악기, 현악기, 관악기로 나눌 수 있어요. 타악기는 두드리거나 때려서 소리를 내는 악기로 타악기에는 장구나 큰북 등이 있으며, 현악기에는 가야금이나 바이올린 등이 있어요. 그리고 관악기는 입으로 불어서 소리를 내는 악기로 관악기에는 단소나 트럼펫 등이 있어요. • 글의 구조에 대해 알기 – 그래픽 조직자 제시하기 [B] 주제: 악기 / 타악기, 현악기, 관악기 / 세부사항: 장구, 큰북 (타악기); 가야금, 바이올린 (현악기); 단소, 트럼펫 (관악기) … (중략) …	㉡ <u>은수에게 컴퓨터를 활용한 대체출력 보조공학 지원하기</u>
정리	• 읽기 이해 질문 만들기 – ㉢<u>문자적(사실적) 이해 질문 만들기</u> • 요약하기	

2) (나)의 ㉡에 해당하는 것 1가지를 다음에서 찾아 기호를 쓰고, 그 이유를 쓰시오.

> ⓐ 대체 키보드
> ⓑ 스크린 리더
> ⓒ 눈 응시 시스템
> ⓓ 전자 철자 점검기
> ⓔ 화면 확대 프로그램
> ⓕ 자동 책장 넘김 장치

64
2022 중등B-3

(가)는 학부모가 특수 교사에게 보낸 전자우편 내용이고, (나)는 특수 교사의 답신이다. 〈작성 방법〉에 따라 서술하시오.

(가) 학부모가 특수 교사에게 보낸 전자우편 내용

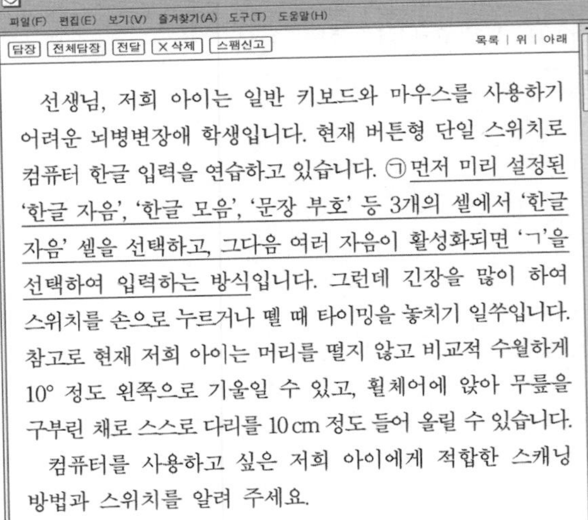

파일(F) 편집(E) 보기(V) 즐겨찾기(A) 도구(T) 도움말(H)

답장 전체답장 전달 X삭제 스팸신고 목록 | 위 | 아래

선생님, 저희 아이는 일반 키보드와 마우스를 사용하기 어려운 뇌병변장애 학생입니다. 현재 버튼형 단일 스위치로 컴퓨터 한글 입력을 연습하고 있습니다. ㉠ 먼저 미리 설정된 '한글 자음', '한글 모음', '문장 부호' 등 3개의 셀에서 '한글 자음' 셀을 선택하고, 그다음 여러 자음이 활성화되면 'ㄱ'을 선택하여 입력하는 방식입니다. 그런데 긴장을 많이 하여 스위치를 손으로 누르거나 뗄 때 타이밍을 놓치기 일쑤입니다. 참고로 현재 저희 아이는 머리를 떨지 않고 비교적 수월하게 10° 정도 왼쪽으로 기울일 수 있고, 휠체어에 앉아 무릎을 구부린 채로 스스로 다리를 10 cm 정도 들어 올릴 수 있습니다.

컴퓨터를 사용하고 싶은 저희 아이에게 적합한 스캐닝 방법과 스위치를 알려 주세요.

(나) 특수 교사의 답신

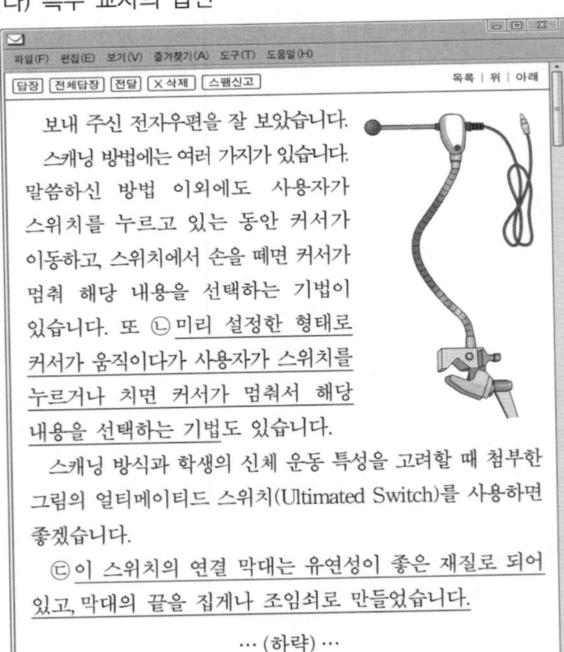

파일(F) 편집(E) 보기(V) 즐겨찾기(A) 도구(T) 도움말(H)

답장 전체답장 전달 X삭제 스팸신고 목록 | 위 | 아래

보내 주신 전자우편을 잘 보았습니다.

스캐닝 방법에는 여러 가지가 있습니다. 말씀하신 방법 이외에도 사용자가 스위치를 누르고 있는 동안 커서가 이동하고, 스위치에서 손을 떼면 커서가 멈춰 해당 내용을 선택하는 기법이 있습니다. 또 ㉡ 미리 설정한 형태로 커서가 움직이다가 사용자가 스위치를 누르거나 치면 커서가 멈춰서 해당 내용을 선택하는 기법도 있습니다.

스캐닝 방식과 학생의 신체 운동 특성을 고려할 때 첨부한 그림의 얼티메이티드 스위치(Ultimated Switch)를 사용하면 좋겠습니다.

㉢ 이 스위치의 연결 막대는 유연성이 좋은 재질로 되어 있고, 막대의 끝을 집게나 조임쇠로 만들었습니다.

… (하략) …

〈작성 방법〉

- (가)의 밑줄 친 ㉠에 해당하는 스캐닝 형태를 쓸 것
- (나)의 밑줄 친 ㉡에 해당하는 스캐닝 선택 조절 기법을 쓸 것
- (나)의 밑줄 친 ㉢의 특성에 따른 장점을 사용자 측면에서 2가지 서술할 것

65
2023 유아A-8

(가)~(나)는 병설유치원 개별화교육지원팀 협의 내용의 일부이다. 물음에 답하시오.

(가)

임 교 사:	유치원에서 '내 친구는 그림으로 말해요'라는 주제로 경수가 사용하는 그림교환의사소통체계(Picture Exchange Communication System: PECS)의 사용 방법을 설명해 준 이후로 친구들도 경수가 그림으로 대화할 수 있다는 것을 알게 되었어요. 1단계에서 기차놀이를 즐기는 경수는 기차 그림카드를 교사에게 제시해야 기차를 받을 수 있다는 교환의 의미를 이해했어요. 2단계에서는 ㉠ 경수가 기차 그림카드를 찾아와 멀리 있는 제게 건네주어 기차와 교환할 수 있게 되었어요. 3단계에서는 ㉡ 좋아하는 2개의 기차 중 경수가 더 원하는 기차의 그림카드를 교사에게 건네주어 그 기차로 바꿀 수 있었어요. 4단계로, 요즘은 원하는 것을 문장으로 요청하도록 지도하고 있습니다.
경수 어머니:	그림으로 의사소통하는 방법을 체계적으로 교육해 주셔서 이제 경수는 좋아하는 것 중에서도 더 좋아하는 것을 구분할 수 있게 되었어요.

(나)

임 교 사:	민서는 보완대체의사소통(Augmentative and Alternative Communication: AAC) 기기로 자신의 요구를 표현해요. ㉢ 친구가 민서를 부르며 펭귄 인형을 가리키면 민서도 펭귄 인형을 보고 AAC 기기에서 펭귄을 찾아서 눌러요.
민서 아버지:	지도해 주셔서 감사합니다. ㉣ AAC 기기를 추천받았을 때 민서가 AAC 기기를 사용하면 아예 말을 못하고 친구들과 어울리지 못할까 봐 사용을 반대했었지요.
임 교 사:	AAC 기기는 연령이나 장애 정도와 상관없이 어떤 방법으로든 의사소통할 수 있다는 가능성에 초점을 둡니다. 민서가 친구들과 긍정적으로 상호작용을 할 수 있게 되어 기쁩니다.
고 원 장:	그리고 민서에게 일관성 있는 의사소통 중재가 필요합니다.

2) ㉣은 보완대체의사소통(AAC) 참여모델의 기회 장벽 중 무엇에 해당하는지 쓰시오.

66

2023 초등B-1

다음은 원격수업 역량강화 연수 후 ○○교육청 홈페이지에 올라온 질의응답 내용이다. 물음에 답하시오.

> 질문 ㉠ 화면읽기 프로그램을 사용하는 시각장애 학생이 [A]를 활용하고, ㉡ 보청기를 착용해도 들을 수 없는 청각장애 학생이 [B]의 내용을 이해하기 위해서는 어떤 지원이 필요한가요?
>
> 
>
>
> ↳응답 접근성을 갖춘 웹 콘텐츠를 선택하고 제작하여야 합니다.

> 질문 한 손으로 키보드를 사용하는 학생에게 워드프로세서의 단축키를 활용하여 문서 작성하는 것을 지도하고 싶습니다. 먼저 지도해야 할 사항이 있나요?
>
> ↳응답 운영체제의 키보드 기능 설정 방법을 지도해야 합니다. 예를 들면, ㉢ 동시에 2개의 키를 누르기가 어려울 때 하나의 키를 미리 눌러 놓은 상태로 만들어 놓는 기능을 하는 키가 있습니다.
>
> … (중략) …
>
> 그리고 필터 키의 장점은 ㉣ 원하는 자판을 바르게 누를 수 있게 해 준다는 것입니다.

> 질문 저희 반 학생은 머리제어 마우스를 사용하는데요, 표준 키보드 사용이 어려워서 부모님이 대신 로그인을 해주십니다. 혼자서 할 수 있는 방안이 있나요?
>
> ↳응답 소프트웨어적으로 해결하는 것이 좋을 것 같아 (　㉤　)을/를 제안합니다. 컴퓨터 운영체제에도 내장되어 있어 구동도 용이하고, 다른 대체 마우스와도 같이 사용할 수 있습니다.
>
> ↳질문 다음 학기에는 조우스와 인체 공학 키보드 활용도 계획하고 있는데요, 이 지원 계획은 어디에 포함해야 하나요?
>
> ↳응답 보조공학기기지원은 특수교육 관련서비스 중의 하나로서, (　㉥　)을/를 작성할 때 포함해야 합니다.

1) '한국형 웹 콘텐츠 접근성 지침 2.1'(개정일 2015. 3. 31.)의 '인식의 용이성'에 근거하여, 웹 콘텐츠 선택 및 제작 시 ㉠과 ㉡을 위해 필요한 준수 사항을 각각 1가지씩 쓰시오.(단, '명료성' 지침은 제외할 것)

①:

②:

2) ① ㉢에 해당하는 것을 쓰고, ② ㉣을 가능하게 하는 세부 기능을 1가지 쓰시오.

①:

②:

3) ㉤에 들어갈 말을 쓰고, ② 「장애인 등에 대한 특수교육법 시행규칙」(교육부령 제269호, 2022. 6. 29., 일부개정)에 근거하여 ㉥에 들어갈 말을 쓰시오.

67

2023 중등A-7

(가)는 학생의 특성이고, (나)는 수업 지도 계획을 위한 특수 교사의 메모이다. 〈작성 방법〉에 따라 서술하시오.

(가) 학생의 특성

학생 A	• 지적장애와 저시력을 중복으로 지님 • 목표를 세워 본 경험이 부족하고, 교사나 부모의 도움을 받아 과제를 수행하려 함
학생 B	• 지적장애 학생임 • 역량이 충분히 있음에도 불구하고 ㉠ 반복된 실패의 경험이 누적되어 학습 동기가 낮음 • 자신의 상황에 맞지 않는 진로 목표를 설정함

(나) 수업 지도 계획을 위한 특수 교사의 메모

• 자기결정교수학습모델(SDLMI) 적용
  – 학생질문으로 (㉡)의 과정을 지도함

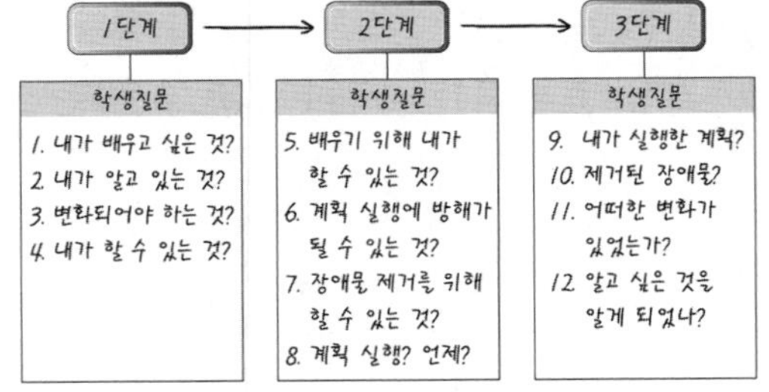

• 학생 A의 지도
  – SDLMI에서 사용할 '학생질문'의 제시 방식을 학생 A에게 맞게 제공함 [㉢]
  – 시각 정보의 대안을 제공함
• 학생 B의 지도
  – 학생이 성공하는 경험을 할 수 있도록 지도함

〈 작성 방법 〉

• (가)에 제시된 학생 A의 특성을 고려하여 (나)의 ㉢에 적용된 보편적 학습설계의 지침을 쓸 것[단, 응용특수공학센터(CAST, 2011)의 보편적 학습설계 가이드라인에 근거할 것]

68

2023 중등B-9

(가)는 지체장애 학생 A의 특성이고, (나)는 통합교육 활성화를 위한 보조공학기기 연수 자료의 일부이다. (다)는 통합학급 교사와 특수 교사가 나눈 대화의 일부이다. 〈작성 방법〉에 따라 서술하시오.

(가) 학생 A의 특성

- 뇌병변 장애로 양손과 양발을 사용하지 못함
- 과제 수행에 적극적임
- 구어 사용이 어려움
- 수업 참여 시 인지적 어려움이 없음

(나) 통합교육 활성화를 위한 연수 자료

통합교육 활성화를 위한 보조공학기기 연수

1. 목적: 통합학급 교사의 보조공학기기 활용
2. 내용
   ○ (㉠) 체계: 개인의 의사소통에 사용되는 상징, 보조도구, 전략, 기법 등을 총체적으로 통합한 의사소통체계
   – 상징: (㉡)
   - 일상생활에서 볼 수 있음
   - 전경과 배경 구분의 어려움을 줄이기 위해 고안된 흑백 상징
   - 상징 사용의 예

   – 보조도구

… (하략) …

(다) 통합학급 교사와 특수 교사의 대화

통합학급 교사: 선생님, 보조공학기기 활용에 대한 연수를 듣고, 우리 반의 학생 A에게 보조공학기기가 필요하다는 걸 알게 되었어요. 하지만 어떻게 접근해야 할지 막막합니다.

특 수 교 사: 보조공학기기를 선택하고 활용하기 이전에 학생의 잔존 능력은 무엇인지, 어떠한 지원이 필요한지 먼저 확인하는 과정이 필요해요.

통합학급 교사: 그럼 어떻게 해야 할까요?

특 수 교 사: 인간활동보조공학(HAAT) 모형을 통해 사정해 볼 수 있어요. HAAT 모형은 공학적 지원을 통해 학생의 활동 참여 증진에 주안점을 두고 있습니다.

통합학급 교사: 그럼, 다음 주에 ㉢ '<u>편지 쓰기</u>'를 하는데, 학생 A에게 HAAT 모형을 적용할 수 있을까요?

… (중략) …

특 수 교 사: 이러한 과정을 통해서 학생 A의 기능을 평가하여 선택한 보조공학기기는 ㉣ <u>헤드마우스</u> 입니다.

〈작성 방법〉

- (나)의 괄호 안의 ㉠과 ㉡에 해당하는 용어를 순서대로 쓸 것
- (다)의 밑줄 친 ㉢과 ㉣을 포함하여 학생 A가 달성해야 할 목표를 서술할 것[단, HAAT 모형의 4가지 요소를 모두 제시할 것]

69

2024 초등A-2

다음은 특수교육지원센터의 질의응답 게시판에 올라온 보조공학 기기와 관련된 글의 일부이다. 물음에 답하시오.

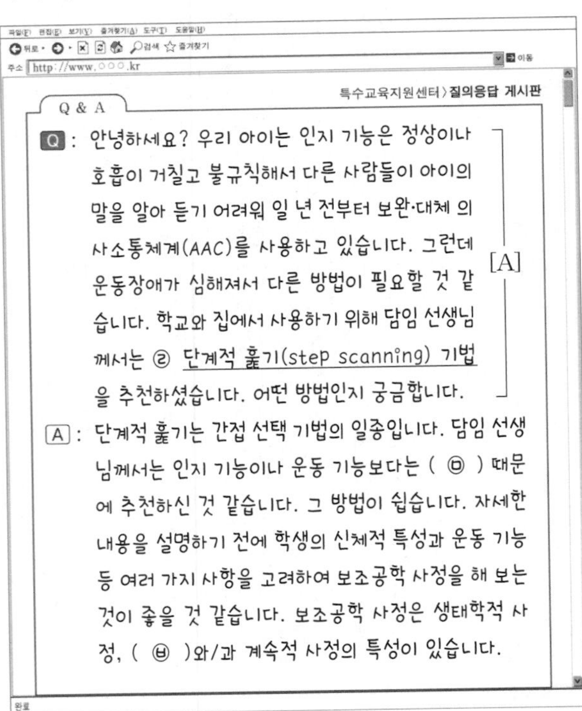

특수교육지원센터 〉 질의응답 게시판

Q & A

Q : 안녕하세요? 우리 아이는 인지 기능은 정상이나 호흡이 거칠고 불규칙해서 다른 사람들이 아이의 말을 알아 듣기 어려워 일 년 전부터 보완·대체 의사소통체계(AAC)를 사용하고 있습니다. 그런데 운동장애가 심해져서 다른 방법이 필요할 것 같습니다. 학교와 집에서 사용하기 위해 담임 선생님께서는 ㉣ 단계적 훑기(step scanning) 기법을 추천하셨습니다. 어떤 방법인지 궁금합니다. [A]

A : 단계적 훑기는 간접 선택 기법의 일종입니다. 담임 선생님께서는 인지 기능이나 운동 기능보다는 (㉤) 때문에 추천하신 것 같습니다. 그 방법이 쉽습니다. 자세한 내용을 설명하기 전에 학생의 신체적 특성과 운동 기능 등 여러 가지 사항을 고려하여 보조공학 사정을 해 보는 것이 좋을 것 같습니다. 보조공학 사정은 생태학적 사정, (㉥)와/과 계속적 사정의 특성이 있습니다.

2) ㉤에 들어갈 ㉣의 사용자 특성을 1가지 쓰시오.

3) ① ㉥에 들어갈 보조공학 사정의 일반적 특성(D. Bryant & B. Bryant, 2003)을 쓰고, ② 자바라(J. Zabala)의 SETT 구조 모델에 근거하여 [A]에 추가로 고려해야 할 구성 요소를 쓰시오.

①:

②:

70

2024 중등A-7

(가)는 지체장애 학생 A와 B의 특성이고, (나)는 교육 실습생과 특수 교사의 대화 중 일부이다. 〈작성 방법〉에 따라 서술하시오.

(가) 학생 A와 B의 특성

학생 A	• 경직형 뇌성마비, 목 조절이 어려움. • GMFCS 5단계
학생 B	• 경직형 뇌성마비, 비대칭성 긴장성 경반사 • GMFCS 5단계

(나) 교육 실습생과 특수 교사의 대화

교육 실습생: 선생님, 오늘 ○○수업 참관 시간에 학생 A를 만났는데, 눈이 마주치니 학생 A가 저를 보고 웃었어요. 저도 학생 A와 의사소통을 하고 싶은데 방법이 없었어요. 어떤 기기를 사용할 수 있을까요?

특수 교사: 학생 A가 비교적 자유롭게 움직일 수 있는 신체 부분이 눈입니다. 그러면 학생 A의 눈동자의 움직임을 이용하는 기기를 사용할 수 있습니다. 기기에 있는 작은 카메라로 눈동자의 움직임을 찍고 그 방향을 읽어 AAC 기기의 마우스 포인터를 움직이는 겁니다. 선택은 시선이 일정 시간 머물거나 눈을 깜빡이는 동작으로 합니다. 컴퓨터와 연결하면 눈동자의 움직임으로 컴퓨터도 사용할 수 있어요. [㉠]

교육 실습생: 선생님, 학생 B가 직접 선택 방법으로 태블릿 PC의 의사소통 애플리케이션을 사용할 수 있도록 지도하고 싶은데, 어떤 방법이 좋을까요?

특수 교사: 직접 선택을 하는 데에는 다양한 전략이 있습니다. 그중에서 (㉡) 전략을 사용해 보면 어떨까요? 이 전략은 해당 프로그램이 단시간 내에 수집한 정보를 바탕으로 셀이 선택되는 데 필요한 시간을 감지해서, 유효한 시간과 무시해도 되는 시간을 찾아냅니다. 그래서 일정 시간 동안 누르고 있는 셀은 선택되지만, 잠깐 스치듯 누르는 셀은 선택되지 않습니다.

교육 실습생: 학생 B의 경우는 원시반사가 남아 있는데, 모니터의 위치는 어떻게 하면 좋을까요?

특수 교사: AAC 기기나 모니터를 ㉢ 몸의 정중선에 위치하도록 하는 것이 중요합니다.

〈작성 방법〉

• (나)의 ㉠의 방식을 사용하는 기기의 명칭을 쓸 것
• (나)의 괄호 안의 ㉡에 해당하는 용어를 쓸 것

71

2024 중등A-11

(가)는 지적장애 학생 A의 특성이고, (나)는 초임 교사와 수석 교사의 대화 중 일부이다. 〈작성 방법〉에 따라 서술하시오.

(가) 학생 A의 특성

- 잘 웃고 인사성이 좋음.
- 혼자 있는 것보다 사람에게 먼저 다가가 말하는 것을 좋아함.
- 다른 사람의 감정과 태도를 잘 알아차리며, 상호작용을 잘하는 편임.

(나) 초임 교사와 수석 교사의 대화

초임 교사: 선생님, 전공과 바리스타 수업 시간에 실습을 하는데, 학생 A에게는 여러 역할 중에서 에스프레소를 추출하는 연습을 시켰어요. 그런데 반복적으로 추출하는 일을 지루해합니다. 학생A에게 더 적합한 역할이 뭘까요?

수석 교사: ㉠ 학생 A의 강점을 고려하여 전환 계획을 수립하는 것이 중요해요. 학생 A에게 주문을 받고 계산하는 역할을 맡겨 보면 어떨까요?

초임 교사: 네, 좋은 생각입니다. 학생A는 친화력이 좋아서 잘할 거예요. 그런데 전환평가는 어떻게 하면 좋을까요?

수석 교사: 전환 계획을 세울 때는 다양한 측면에서 평가를 해야 합니다.

…

초임 교사: 바리스타 수업 시간에 카페 관련 직무를 연습하고 나면, 어느 카페에 취업을 하더라도 잘 해낼 수 있겠네요!

수석 교사: 꼭 그렇게만 볼 수는 없습니다. 일반화가 쉽게 이루어지는 것은 아니니까요. 지적장애 학생의 교육과정을 구성하고 운영할 때에는 (㉡)을/를 전제로 가르쳐야 합니다.

〈 작성 방법 〉

- (나)의 밑줄 친 ㉠에 해당하는 지능의 유형을 쓸 것 [단, (가)의 학생 특성과 가드너(H. Gardner)의 다중지능이론에 근거하여 쓸 것]

72

2024 중등B-4

(가)는 학생 A와 B의 특성이고, (나)는 특수학교 교사 A와 B의 대화이다. 〈작성 방법〉에 따라 서술하시오.

(가) 학생 A와 B의 특성

구분	특성
학생 A	• 듀센형 근이영양증 • 척주(척추)만곡이 나타남. • 첨족보행을 하며 균형 감각이 불안하여 자주 넘어짐. • 착석 시스템 적용 전동 휠체어를 사용함.
학생 B	• 경직형 뇌성마비 • 고정형 팔걸이의 수동 휠체어를 사용함.

(나) 특수 교사 A와 B의 대화

특수 교사 A: 전동 휠체어를 어떻게 움직이나요?

특수 교사 B: 전동 휠체어를 움직이는 데에는 다양한 방식을 적용할 수 있습니다. 예를 들어 조이스틱, 스위치 등을 사용합니다. 몸의 다양한 부분에 스위치를 적용할 수 있는데, 호흡으로 작동하는 (㉠)(이)나 혀로 작동하는 스위치도 있습니다.

특수 교사 A: 그러면 학생 A의 전동 휠체어는 어떤 방식으로 작동하나요?

특수 교사 B: 학생 A의 경우에는 손을 일정하게 움직일 수 있기 때문에 비례적 조이스틱을 사용하면 됩니다. 가고 싶은 방향으로 비례적 조이스틱을 움직이면 그 방향으로 휠체어가 움직입니다.

특수 교사 A: 비례적 조이스틱으로 (㉡)을/를 조절할 수도 있습니까?

특수 교사 B: 물론입니다. 원하는 방향으로 미는 정도에 따라 조절할 수 있습니다.

특수 교사 A: 학생 B는 ㉢ 교과 전담 이동 수업 시간에 다른 책상을 사용하는 것이 어렵습니다. ㉣ 학생 B의 접근성을 보장하기 위한 방법이 있을까요?

특수 교사 B: 네, 학생 B의 접근성을 보장하기 위해 할 수 있는 방법을 자료와 함께 자세히 메모해 드릴게요.

〈 작성 방법 〉

- (나)의 괄호 안의 ㉠에 해당하는 스위치의 유형을 쓸 것

73

2024 중등B-8

(가)는 중복장애 학생 A에 대한 담임 교사와 수석 교사의 대화이다. 〈작성 방법〉에 따라 서술하시오.

(가) 담임 교사와 수석 교사의 대화

담임 교사: 학생 A는 지체장애와 자폐성장애를 같이 가지고 있는데, 낮은 촉각 역치를 보입니다. 학생 A에게 손 씻기를 지도하는데 어떤 방법으로 지도할까요?

수석 교사: 다양한 방법으로 지도할 수 있습니다. ㉠ 세면대 거울에 손 씻는 단계 그림을 붙여서 학생 A에게 손 씻기를 지도할 수 있고, ㉡ 손을 씻어야 한다는 의미로 선생님이 손으로 수도꼭지를 살짝 건드려서 학생 A에게 손 씻기를 알려 줘도 됩니다. 그리고 다른 방법으로는 ㉢ 학생 A가 손을 씻을 수 있도록 손목을 잡아 줄 수 있으며, ㉣ 선생님이 손을 씻는 모습을 학생 A에게 보여 주고 학생 A가 이를 모방 하도록 할 수도 있습니다.

담임 교사: 잘 알겠습니다. 그러면 학생 A에게 학급 규칙을 어떻게 지도해야 할까요?

수석 교사: 학생 A는 규칙을 언어적으로 이해하는 데 어려움이 있으니, 학생이 지켜야 할 학급 규칙을 그림으로 제시하는 (㉤)의 방법으로 지도해 보세요. 이것은 교사가 학생에게 기대하는 행동에 대한 구체적인 목표가 있을 때 효과적인 방법입니다.

담임 교사: 그렇게 하면 학생A에게 다른 규칙도 지도할 수 있겠네요.

수석 교사: 네, 학생의 수준에 맞는 다양한 그림이나 상징으로 지도할 수 있어요.

담임 교사: 그러면 어떤 기준으로 그림이나 상징을 선택하면 좋을까요?

수석 교사: 학생의 수준에 맞게 ㉥ 그림이나 상징을 보고 그것이 나타내는 것이 무엇인지 알 수 있는 정도를 고려해서 선택하면 좋겠어요.

〈보기〉

• (가)의 밑줄 친 ㉥에 해당하는 용어를 쓸 것

74

2024 중등B-9

다음은 지적장애 학생 A와 B를 지도하는 특수 교사와 통합학급 교사의 대화이다. 〈작성 방법〉에 따라 서술하시오.

통합학급 교사: 사회 수업 시간에 우리나라의 세계 자연 유산과 매력적인 자연 경관에 대해 조사하는 것을 목표로 자료 수집 활동을 하는데, 학생 A는 의사소통이 쉽지 않아 수업 참여를 잘 하지 못합니다. 학급의 전체 학생이 동일한 목표로 같은 활동에 참여하면 좋겠는데, 학생 A는 어려움이 많네요.

특 수 교 사: 그러시군요. 학생 A의 경우에는 같은 활동에 참여하더라도 동일한 교과 목표를 가질 필요는 없습니다. 사회과의 목표는 아니더라도 수업 시간에 같은 활동을 하면서 친구들과 말을 주고받는 의사소통 능력 향상에 목표를 둘 수 있습니다. [㉠]

통합학급 교사: 네, 그럴 수 있겠군요. 그런데 우리 반에 학생 A뿐만 아니라 학생 B도 있어요. 학생 B는 소극적이고 사람들 앞에서 말하는 것을 힘들어해요. 선생님께서 얼마 전 협동 학습 연수를 받으셔서 여쭙고 싶습니다. 세계 자연 유산을 조사하는 시간에 학생 B가 참여할 수 있는 협동 학습 방법이 있을까요?

특 수 교 사: 네, 호기심과 흥미를 가지고 적극적으로 참여할 수 있는 협동 학습이 있어요. '(㉡)'은/는 교사와 학생이 토의하여 학습할 주제를 선정합니다. 그리고 자신이 원하는 주제를 선택하고, 원하는 모둠에 들어가서 소주제를 분담한 후 조사한 결과를 발표합니다. 그런 다음 전체 학급에서 발표할 보고서를 준비하여 전체 학생들 앞에서 발표합니다.

통합학급 교사: 그러면 평가는 어떻게 하나요?

특 수 교 사: 평가는 교사가 학생들의 소주제에 대한 학습 기여도를 평가하고, 학생들은 모둠 내 기여도 평가와 전체 동료에 의한 모둠 보고서 평가를 할 수 있습니다.

통합학급 교사: 학생 B가 적극적으로 참여하여 발표할 수 있도록 하는 방법이 있을까요?

특 수 교 사: ㉢ 학생 B가 사진이나 그림, 영상 등을 가지고 전체 학생 앞에서 발표를 하거나 결과물을 제시할 수 있도록 지원하면 좋을 것 같습니다.

〈작성 방법〉

• 밑줄 친 ㉢에 해당하는 보편적 학습 설계의 원리를 1가지 쓸 것[단, 응용특수공학센터(CAST, 2011)의 보편적 학습 설계 가이드라인에 근거할 것]

KORea Special Education Teacher

김남진

KORSET 특수교육학 기출분석 2

PART 09

지체장애아교육

Mind Map

Chapter 1 지체장애의 이해

1 지체장애의 개념
- 장애인 등에 대한 특수교육법
- 장애인복지법

2 지체장애의 원인 및 진단 · 평가
- 지체장애의 원인
- 지체장애의 진단 · 평가

Chapter 2 운동장애의 이해

1 운동발달과 반사운동
- 운동발달
- 반사운동
  - 원시반사
  - 자세반사: 정위반응, 보호반응, 평형반응

2 주요 원시반사
- 비대칭 긴장성 경반사
- 대칭 긴장성 경반사
- 긴장성 미로반사

Chapter 3 뇌성마비의 개념 및 분류

1 뇌성마비의 개념 및 원인
- 뇌성마비의 개념
- 뇌성마비의 원인

2 뇌성마비의 분류
- 마비 부위에 따른 분류
- 운동장애 유형에 따른 분류
  - 경직형
  - 불수의 운동형
  - 운동실조형
  - 강직형
  - 진전형
  - 혼합형
- 심각도에 따른 분류: 대근육운동 기능 분류체계(GMFCS)

Chapter 4 뇌성마비 학생의 특성 및 지원

1 뇌성마비 학생의 언어 특성

- 구어 산출 특성
  - 호흡장애
  - 발성장애
  - 조음장애
  - 운율장애
- 뇌성마비 학생의 의사소통 지도
  - 호흡 능력 강화
  - 자세 조정 훈련

2 심리 · 사회적 및 지각 특성

- 심리 · 사회적 특성
- 지각 특성
  - 공간위치 지각장애
  - 공간관계 지각장애
  - 시각-운동 협응장애
  - 항상성 지각장애
  - 전경-배경 지각장애

3 신체 · 운동 및 생리조절 특성

- 신체 · 운동 특성
  - 고관절 탈구
  - 관절 구축
- 생리조절 특성

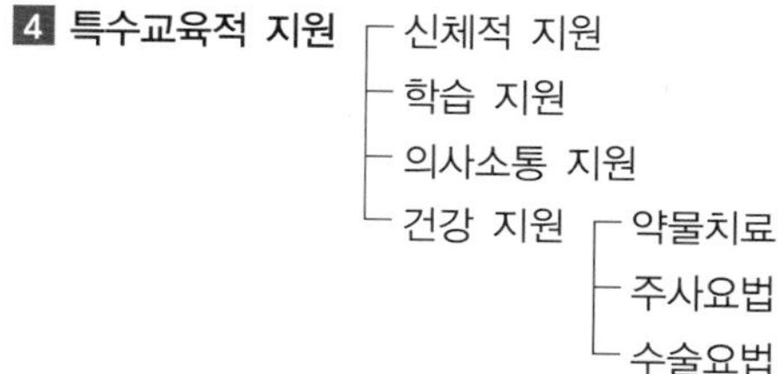

Chapter 5 지체장애의 기타 유형

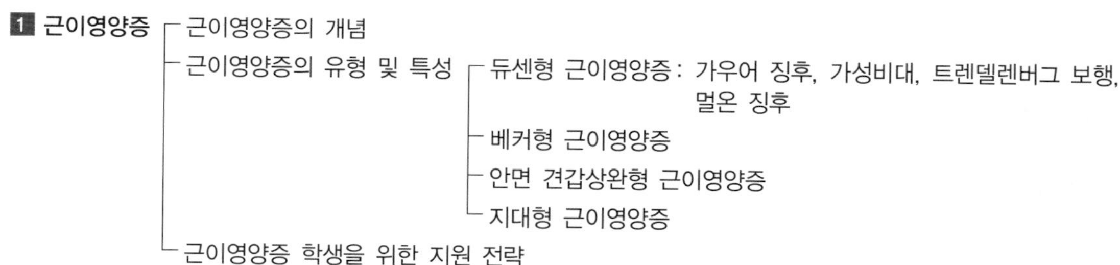

2 이분척추

- 이분척추의 개념
- 이분척추의 유형 및 특성
  - 잠재 이분척추
  - 수막류
  - 척수 수막류
- 이분척추 학생을 위한 지도 전략

3 척수손상
- 척수손상의 개념
- 척수손상의 원인 및 장애의 영향
- 척수손상 학생을 위한 특수교육적 지원

4 뇌전증
- 뇌전증의 개념
- 뇌전증의 유형 및 특성
  - 부분발작
    - 단순부분발작
    - 복합부분발작
    - 부분발작에서 기인하는 이차성 전신발작
  - 전신발작
    - 전신 긴장성-간대성 발작
    - 부재발작
    - 간대성근경련발작
    - 무긴장발작
- 발작 시 대처 방안
- 뇌전증 학생을 위한 특수교육적 지원
  - 약물치료
  - 케톤 생성 식이요법
  - 수술적 치료

5 골형성 부전증
- 골형성 부전증의 개념
- 골형성 부전증 학생을 위한 특수교육적 지원

6 외상성 뇌손상
- 외상성 뇌손상의 개념
- 외상성 뇌손상 학생을 위한 지도 전략

7 척추 측만증
- 척추 측만증의 개념
- 척추 측만증의 유형 및 특성
  - 비구조적 척추 측만증
  - 구조적 척추 측만증
    - 특발성 척추 측만증
    - 선천성 척추 측만증
    - 신경근성 척추 측만증
    - 기타
- 척추 측만증의 치료

Chapter 6 운동 지도

1 지체장애 학생의 운동 지도
- 운동 지도의 기본 원리
  - 의미 있고 목표 지향적인 활동
  - 반복 연습과 문제 해결
  - 의미 있는 맥락, 교육 활동 내에서의 연습
- 운동 지도 방법
  - MOVE
  - 감각통합 훈련
  - 신경발달치료법
  - 보이타 치료법
  - 통합된 치료

2 들어올리기와 이동시키기 지도
- 들어올리기와 이동시키기의 단계 및 전략
- 들어올리기(들어 옮기기) 방법
- 자리이동 방법
  - 자리이동 시 고려사항
  - 휠체어에서의 자리이동
  - 바닥에서 휠체어로의 이동

Chapter 7 자세, 보행 및 이동 지도

1 자세의 이해
- 자세의 개념
- 자세 지도의 목적
- 자세 지도의 원칙
  - 최소지원 및 용암의 원리
  - 비정상적 자세 패턴 소거
  - 운동조절점 사용
  - 균형을 유지하는 자율운동 촉진
  - 움직임에 대한 최대한의 기회 제공
  - 자세 바꾸어 주기

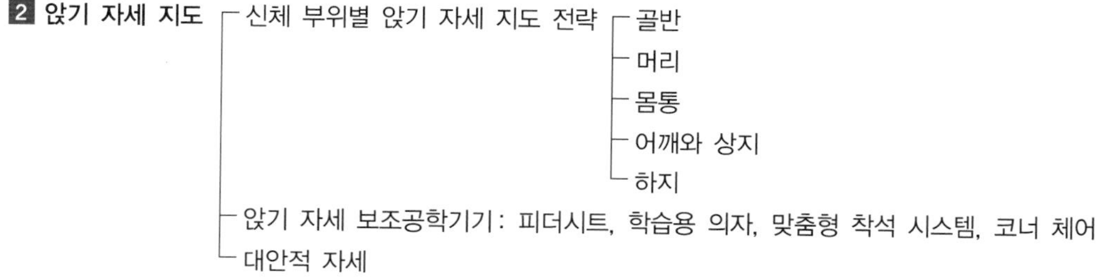

2 앉기 자세 지도
- 신체 부위별 앉기 자세 지도 전략
  - 골반
  - 머리
  - 몸통
  - 어깨와 상지
  - 하지
- 앉기 자세 보조공학기기: 피더시트, 학습용 의자, 맞춤형 착석 시스템, 코너 체어
- 대안적 자세

3 눕기 자세 지도
- 눕기 자세 특성 및 지도 방법
- 눕기 자세 보조공학기기: 자세교정용 쿠션, 삼각보조대

4 서기 자세 지도
- 서기 자세 특성
- 서기 자세 보조공학기기: 프론 스탠더, 수파인 스탠더, 스탠딩 테이블

5 보행 및 이동 지도
- 이동
- 보행 및 이동을 위한 보조공학기기
  - 휠체어
    - 일반 수동 휠체어
    - 전동 휠체어
  - 지팡이와 크러치(목발)
  - 워커
  - 게이트 트레이너
  - 보장구: 브레이스, 스플린트, 석고붕대

Chapter 8 일상생활 기술 지도

1 섭식 기술

- 섭식기능
- 지체장애 학생의 식사 기술의 어려움
  - 근긴장도의 이상
  - 비정상적인 반사
  - 구강 구조의 이상과 그에 따른 문제
  - 식사행동에 대한 학습 문제
- 식사 기술 중재 방법
  - 식사 기술 중재를 위해 고려할 사항
  - 자세의 교정
  - 음식 수정
  - 식사 방법 및 도구의 수정
    - 컵
    - 빨대
    - 숟가락
  - 식사시간 및 환경 수정
  - 신체적 보조 방법
  - 튜브를 통한 음식물 섭취
  - 구강운동
  - 턱의 훈련
  - 흡인의 예방과 처치: 하임리히 구명법

2 착탈의 기술

- 착탈의 기술의 발달과 평가
- 착탈의 중재 방법
- 지체장애 유형별 옷 입기
  - 편마비
    - 상의
      - 앞이 트인 셔츠
      - 머리부터 입는 셔츠
    - 하의
  - 뇌성마비
  - 근이영양증

3 용변 기술

- 용변 기술의 발달과 평가
  - 발달
  - 평가
    - 준비도 평가
      - 생활연령
      - 매일 1~2시간의 건조시간
      - 안정된 배설 패턴
    - 배설 패턴 평가
    - 배변 관련 기술의 평가
- 용변 기술 중재 방법
  - 자세의 교정
  - 용변 기술 지도 단계
    - 1단계. 습관 만들기
    - 2단계. 스스로 화장실 사용 시도하기
    - 3단계. 독립적으로 화장실 사용하기
  - 관련 기술의 지도
  - 일반화와 유지를 위한 훈련

4 기타 일상생활 기술 지도

- 몸단장 및 개인위생
- 치아 관리
- 영양 관리

Chapter 9 교수 · 학습

1 일반교육과정 참여를 위한 방법

- 쓰기 유창성을 향상시키는 소프트웨어
  - 단어 예측 프로그램
  - 단어 축약 프로그램
- 평가 방법의 수정
- 평가 조정
  - 개념
  - 방법

2 중도 · 중복장애 학생 교육

- 중도 · 중복장애 학생을 위한 효과적인 교수 전략
  - 삽입교수
  - 시각적 지원
  - 비디오 모델링
  - 부분 참여의 원리
- 중도장애 학생의 의사소통 기술 지도

기출문제 다잡기

정답 및 해설 p.107

01

2009 유아1-10

뇌성마비 아동 민수는 다음과 같은 호흡특성을 가지고 있다. 국어과 '말하기' 수업시간에 교사가 적용할 수 있는 지도 방법으로 적절하지 않은 것은?

- 역호흡을 한다.
- 호흡이 얕고 빠르다.
- 호흡이 유연하지 않다.
- 호흡주기가 불규칙하다.

① 입과 코로 부드럽게 숨을 쉬도록 지도한다.
② 날숨과 발성의 지속시간을 연장하도록 한다.
③ 긴장하지 않고 여유 있게 심호흡을 하도록 한다.
④ 머리, 몸통, 어깨의 움직임이 안정되도록 조절한다.
⑤ 느리게 심호흡을 하고, 날숨을 조절해서 짧게 내쉬도록 한다.

02

2009 중등1-27

지체장애학생의 음식 섭취에 관련된 특성과 학급 내에서의 일반적인 지원 방법에 관한 적절한 설명을 〈보기〉에서 모두 고른 것은?

〈보기〉

ㄱ. 구강섭식이 어려워 비강삽입관(鼻腔揷入管)을 이용하여 비전형적인 방법으로 식사를 하는 학생의 경우, 반 친구들과는 다른 장소 및 시간에 식사하는 것이 바람직하다.
ㄴ. 목에 과신전이 있는 학생의 경우, 음료를 마실 때 금속이나 유리 재질의 보통 컵 대신에 한 쪽이 둥글게 패인 플라스틱 재질의 투명한 컵을 이용하게 하여 과신전 가능성을 줄인다.
ㄷ. 신경근육계 손상으로 혀의 조절장애가 있는 학생은 연식(軟食)의 섭취가 더 어려우므로 유동식으로 제공하는 것이 좋다. 하지만 지속될 경우 변비나 치아의 문제를 야기할 수 있으므로 주의한다.
ㄹ. 구역질 반사(gag reflex)가 있으면 입안에 강한 비자발적인 자극이 있어 음식을 먹다가 사레에 들리기 쉽다. 이 반사가 과민하면 큰 조각의 음식물이나 이상한 물체를 삼키는 것을 막지 못하므로 주의한다.
ㅁ. 학생에게 음식을 먹여 줄 때, 음식을 주는 사람은 학생의 바로 앞에서 눈높이를 맞춰 앉아 식사를 보조한다. 학생이 음식을 먹을 때는 머리와 몸통의 위치, 그리고 힘이 가는 곳과 약해지는 곳을 관찰한다.

① ㄱ, ㄴ
② ㄴ, ㅁ
③ ㄷ, ㄹ
④ ㄱ, ㄷ, ㅁ
⑤ ㄴ, ㄹ, ㅁ

03

2009 중등1-28

지체장애학생에게서 나타날 수 있는 욕창과 같은 피부 문제와 이의 관리에 대한 적절한 설명을 〈보기〉에서 모두 고른 것은?

〈보기〉

ㄱ. 휠체어에 오래 앉아 있는 학생을 위해 좌석에 욕창 방지 쿠션을 깔아 준다. 체중을 분산시켜 욕창을 예방할 수 있을 뿐만 아니라 학생의 자세나 체위를 바꾸어 주지 않아도 되기 때문에 학교생활에 도움이 된다.

ㄴ. 신체 움직임이 많은 활동은 근육의 크기를 고르게 유지시키지 않고 피부 표면의 마찰이 커져 욕창 발생 가능성을 높인다. 따라서 경련성 운동마비장애 학생은 신체 활동시 경련성 동작에 따른 마찰력 증가를 주의하여, 되도록 신체 움직임이 적은 활동을 하도록 한다.

ㄷ. 같은 압력이나 마찰력이라도 학생마다 물리적 자극에 대한 저항력의 차이가 있으므로 욕창 발생여부가 달라질 수 있다. 저단백질증, 빈혈, 비타민 부족 등의 불량한 영양 상태는 신체조직의 저항력을 낮춰 욕창 발생을 높이므로 적당한 영양섭취와 수분의 공급이 필요하다.

ㄹ. 변실금(便失禁)은 대변에 포함된 박테리아와 독소가 피부에 묻어 피부가 벗겨질 수 있어 요실금(尿失禁)보다 욕창에 더 중요한 위험 요인이다. 실금으로 인해 기저귀를 착용하는 학생은 기저귀를 자주 점검하고 오염된 부위를 씻어 주어 청결하게 유지하는 것이 필요하다.

ㅁ. 외부의 압력이 신체에 지속적으로 작용하는 것이 욕창 발생의 핵심적인 원인이다. 중복·지체장애학생들은 이로 인한 통증이나 피부에 문제가 생겨도 이를 표현하는 데 어려움을 가질 수 있으므로 구어적 형태가 아니더라도 몸짓과 같은 신호를 개발하는 것을 의사소통 지도목표에 포함할 필요가 있다.

① ㄱ, ㄴ
② ㄴ, ㅁ
③ ㄷ, ㅁ
④ ㄱ, ㄷ, ㄹ
⑤ ㄷ, ㄹ, ㅁ

04

2009 중등1-33

그림과 같이 하지의 내전 구축으로 '가위' 형태의 자세를 보이기도 하며, 걸을 수 있는 경우 첨족(equinus) 보행을 특징으로 하는 뇌성마비의 생리적 분류 유형에 대한 설명으로 가장 적절한 것은?

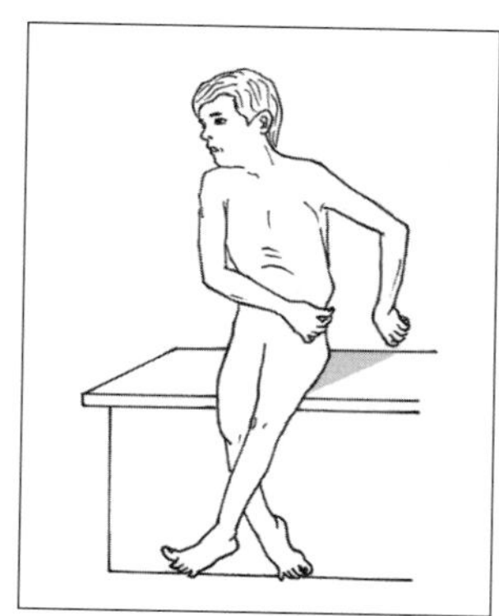

① 근 긴장도가 낮아 몸통과 사지를 반복적으로 일정하게 비틀거나 운동의 중복성이 있다.
② 과잉동작이나 불수의적 운동은 거의 없지만 근육 신축성이 없어 운동 저항이 강하고 지능도 낮다.
③ 뇌막염과 같은 출생 후 질병으로 인해 추체외로가 손상되어 경련성 근 긴장과 불수의적 운동이 모두 나타난다.
④ 운동피질의 손상으로 신전과 굴곡의 원시적 집단반사가 보여 자동운동이 어렵고 제어하기 어려운 간헐적인 경련이 있다.
⑤ 소뇌 기저핵 손상이 광범위하여 바빈스키 양성 반응이 1세 이후에도 지속되며 평형감각이 낮아 자세 불안정과 눈과 손발의 불협응이 보인다.

05

2009 중등1-36

척수 손상으로 사지마비가 된 지체장애학생 A는 현재 수의적인 머리 움직임과 눈동자 움직임만 가능하며, 듣기와 인지 능력 및 시력은 정상이나 말은 할 수 없다. A가 사용하기에 적합한 보조공학기기를 〈보기〉에서 고른 것은?

〈보기〉

ㄱ. 헤드포인터(head pointer)
ㄴ. 음성합성장치(speech synthesizer)
ㄷ. 의사소통판(communication board)
ㄹ. 전자지시기기(electronic pointing devices)
ㅁ. 음성인식장치(speech recognition devices)
ㅂ. 폐쇄 회로 텔레비전(CCTV : closed-circuit television)
ㅅ. 광학 문자 인식기(optical character recognition devices)

① ㄱ, ㄴ, ㄷ, ㄹ
② ㄱ, ㄴ, ㄹ, ㅁ
③ ㄱ, ㄷ, ㅂ, ㅅ
④ ㄴ, ㄹ, ㅁ, ㅅ
⑤ ㄷ, ㄹ, ㅁ, ㅂ

06

2010 유아1-19

박 교사는 만 5세 발달지체 유아 민호에게 2008년 개정 특수학교 기본교육과정 체육과의 '기구를 이용한 다양한 움직임 익히기'를 지도하기 위해 스케이트보드를 사용하였다. 박 교사는 민호가 (가)와 같은 비행자세를 취하지 못하고 (나)와 같이 있는 것을 보고 긴장성 미로반사의 통합에 문제가 있음을 알게 되었다. 민호와 같은 문제를 가진 유아에게 나타날 수 있는 행동으로 가장 가까운 것은?

(가)

(나)

① 바로 누운 자세에서 목을 들거나 다리를 들 수 없고, 균형을 잡고 앉아 있기 어렵다.
② 바로 누운 자세에서 머리를 한 쪽으로 돌리면 몸 전체가 같은 방향으로 회전된다.
③ 바로 누운 자세에서 머리를 돌리면 돌린 쪽의 팔 다리는 펴지고 반대쪽은 구부려진다.
④ 의자에 앉은 자세에서 고개를 뒤로 젖히면 양 팔은 펴지고 다리는 구부려진다.
⑤ 네 발 기기 자세에서 머리를 돌리면 돌린 방향의 반대편 팔꿈치가 구부려진다.

07

2010 유아2B-4

통합유치원에 다니는 동호는 만 5세이며 뇌성마비로 인한 장애를 가지고 있다. (가)는 동호의 특징이며, (나)는 담임인 김 교사가 동호와 또래의 상호작용을 촉진하기 위해 작성한 활동계획안이다.

(가) 동호의 특징

- 경직형(spastic) 뇌성마비이며, 오른쪽 신체 기능이 우세하여 모든 과제를 오른손으로만 수행하는 경향이 있다.
- 일반 의자에 앉아있는 자세가 불안정하며, 비대칭 긴장성 경부반사(Asymmetrical Tonic Neck Reflex, ATNR)가 나타난다.
- 구어를 이용한 의사소통에 어려움이 있으나, 비구어적 의사소통은 가능하다.

(나) 활동계획안

활동 명	나뭇잎 왕관 만들기		
학습목표	나뭇잎을 이용하여 왕관을 만들 수 있다.		
교육과정 영역	표현생활: 조형 활동으로 표현하기		
준비물	나뭇잎, 크레파스, 색연필, 색지, 풀, 테이프 등		
	활동 내용		동호를 위한 교사 지원
도입	• 바깥놀이 시간에 자신이 주워온 나뭇잎을 자유롭게 탐색한다.	➡	• 또래들에게 자기가 주워온 나뭇잎을 동호에게 주도록 한다. • 나뭇잎을 탐색하도록 도움을 준다.
전개	• 소집단별로 의자에 앉는다. • 나뭇잎 왕관을 만들 수 있는 다양한 방법을 생각해본다. • 여러 가지 재료를 활용하여 자유롭게 만들고 꾸민다.	➡	• 앉기 자세가 불안정한 동호를 위해 따로 활동하도록 별도의 공간을 제공한다. • 왼손의 소근육 운동 기술을 집중적으로 발달시켜야 하므로 주로 왼손을 사용하여 만들게 한다. • 동호에게 지원이 필요할 때에는 교사가 동호의 옆쪽에서 도와준다.
정리	• 각자 만든 왕관을 써본다. • 완성된 작품에 대해 함께 이야기를 나누며 감상한다.	➡	• 또래와 함께 왕관을 써보게 한다. • 작품에 대한 또래의 이야기를 듣게 한다.

(나)에서 제시한 교사 지원 중 또래와의 상호작용 활성화에 적절하지 않은 사항 3가지를 찾고, 이에 대한 개선방안을 보조공학적 차원에서 서술하시오. 그리고 동호의 신체적 특징에 근거한 김 교사의 지도상의 오류 2가지와 각각의 개선 방안을 논하시오. (500자)

PART 09

08

2010 초등1-8

다음은 윤 교사가 뇌성마비 학생 경수의 일상생활과 학습 장면에서 관찰한 결과이다. 문제의 주된 원인을 〈보기〉에서 고른 것은?

> • 소리나 움직임에 크게 놀라는 반응을 보이며 얼굴과 팔을 함께 움직이면서 불안정한 목소리로 말한다. 이 증상은 다른 학생이 주목하는 긴장된 상황에서 더욱 심하게 일어난다.
> • 쓰기 과제를 수행할 때 의도하지 않은 불필요한 동작이나 이상한 방향으로 돌발적인 동작이 일어나 알아보기 힘든 글자를 쓴다.

〈보기〉

ㄱ. 근력의 무긴장　　ㄴ.원시반사의 잔존
ㄷ. 대뇌 기저핵의 손상　　ㄹ. 근 골격계의 구조 이상

① ㄱ, ㄴ　　② ㄱ, ㄷ
③ ㄴ, ㄷ　　④ ㄴ, ㄹ
⑤ ㄷ, ㄹ

09

2010 초등1-34

김 교사는 뇌손상으로 인해 지각에 여러 가지 결함을 나타내는 철수에게 2008년 개정 특수학교 기본교육과정 미술과 표현활동 영역 Ⅰ단계의 '회화 : 밑그림 그리기'활동 수업을 하였다. 그리고 김 교사는 철수가 그린 그림을 가지고, 지각력 향상을 위한 심화 활동을 하였다. 적절한 활동을 〈보기〉에서 고른 것은?

※ 원래 그림에는 색깔이 있음.

〈보기〉

ㄱ. 고유수용성 지각력 향상을 위해 같은 색깔의 그림을 찾게 하였다.
ㄴ. 형태 지각력 향상을 위해 그려진 사람의 위치를 말하게 하였다.
ㄷ. 도형-배경 변별력 향상을 위해 물결선 위에 그려진 도형 그림을 찾게 하였다.
ㄹ. 눈과 손의 협응력 향상을 위해 그림에 있는 ○, □, △ 등의 모양을 손가락으로 따라 그리게 하였다.
ㅁ. 시지각 변별력 향상을 위해 ○, □, △ 등의 도형 카드를 제시하고 그림 속의 비슷한 모양을 찾게 하였다.

① ㄱ, ㄴ, ㄷ　　② ㄱ, ㄴ, ㄹ
③ ㄱ, ㄷ, ㅁ　　④ ㄴ, ㄹ, ㅁ
⑤ ㄷ, ㄹ, ㅁ

10 2010 중등1-20

신체운동발달평가에서 비대칭 긴장성 경부반사(asymmetrical tonic neck reflex ; ATNR) 검사 결과가 양성으로 나타난 뇌성마비학생 A의 반사운동 특성 및 이에 따른 교육적 고려 사항으로 옳은 것을 <보기>에서 모두 고른 것은?

〈보기〉

ㄱ. 머리가 뒤로 젖혀지면 양팔은 펴지고(신전근의 증가) 양쪽 다리는 구부려진다(굴곡근의 증가).
ㄴ. 이 반사가 활성화되면 손의 기능적 사용이 어렵고 물체를 잡을 때도 한쪽 팔로만 잡으려 한다.
ㄷ. 이 원시반사가 지속되면 시각적 탐색능력이 저하되어 신체 인식이 늦어지고 시각적 인지능력도 낮아진다.
ㄹ. A와 상호작용을 하고자 할 때, 교사는 A의 몸을 기준으로 정중선 앞에서 접근하도록 한다.
ㅁ. 개인용 학습자료를 제시할 때, 반사가 일어나 A의 얼굴이 돌려지는 쪽의 눈높이 위치에 자료가 오도록 한다.
ㅂ. 스위치로 조작하는 의사소통판을 사용할 때, 스위치를 세워주어 A가 조작을 위해 머리를 숙여 반사가 활성화되지 않도록 한다.

① ㄴ, ㄷ, ㄹ ② ㄱ, ㄴ, ㄷ, ㅁ
③ ㄱ, ㄴ, ㄹ, ㅂ ④ ㄱ, ㄷ, ㄹ, ㅁ, ㅂ
⑤ ㄴ, ㄷ, ㄹ, ㅁ, ㅂ

11 2010 중등1-34

척추측만증이 있는 뇌성마비학생에 대한 설명으로 옳은 것을 <보기>에서 모두 고른 것은?

〈보기〉

ㄱ. 뇌성마비는 발생학적으로 척추형성부전이나 척추 연골화가 있어 신경근성 척추측만으로 분류된다.
ㄴ. 신체 정렬이 되지 않은 부적절한 자세가 관절의 위치나 근육의 길이를 변형시켜 이차적인 장애로 척추측만을 일으킬 수 있다.
ㄷ. 척추측만이 고착되지 않은 경우, 중력에 대항하고 비정상적인 근육 긴장도를 최소화시켜 주는 방식으로 신체 정렬이 되도록 자세를 잡아 준다.
ㄹ. 척추측만증 교정을 위해 맞춤화된 앉기 보조 도구를 제공하여 가장 편하고 바른 자세를 잡아 주고, 그 자세를 일과 시간 동안 계속 유지시켜 준다.
ㅁ. 척추측만증을 위한 운동요법의 하나인 보바스(Bobath)법은 척추 주위의 운동 자극점을 지속적으로 눌러주어 비정상적인 자세긴장도를 정상화하는 것이다.

① ㄱ, ㄴ ② ㄴ, ㄷ
③ ㄴ, ㄷ, ㅁ ④ ㄱ, ㄷ, ㄹ, ㅁ
⑤ ㄴ, ㄷ, ㄹ, ㅁ

PART 09

12 2010 중등1-36

지체장애학생들이 사용하는 일반적인 수동 휠체어에 대한 설명으로 가장 적절한 것은?

① 기동성을 높이기 위해서 앞바퀴는 작을수록, 뒷바퀴는 클수록 좋다.
② 좌석 넓이는 몸이 차체에 직접 닿아 압력을 느끼지 않는 범위에서 가급적 좁아야 한다.
③ 요추의 지지와 기능적 운동을 위한 자세에 도움이 되도록 등받이의 재질은 유연성이 클수록 좋다.
④ 랩 트레이(lap tray)는 양손을 기능적으로 사용하는 데 유용하지만 몸통과 머리의 안정성을 방해한다.
⑤ 팔걸이에 팔을 올려놓으면 척추에 작용하는 압력이 줄지만 상체 균형능력이 제한적인 경우에는 몸통의 안정성이 방해된다.

13 2011 유아1-16

만 4세 발달지체 유아 명수는 기저귀를 착용하고 유치원에 온다. 정 교사는 2008년 개정 특수학교 기본교육과정 사회과의 내용인 '화장실의 바른 사용법을 알고 용변 처리하기'를 명수에게 지도하고자 한다. 〈보기〉에서 적절한 지도 방법을 모두 고른 것은?

〈보기〉

ㄱ. 명수가 생활하는 환경에서 일관성 있는 훈련 절차로 지도한다.
ㄴ. 용변 처리 훈련 기간 중에는 명수에게 입고 벗기 쉬운 옷을 입힌다.
ㄷ. 명수가 기저귀를 착용하지 않도록 용변 처리 훈련을 야간에도 동시에 시작한다.
ㄹ. 명수가 독립적으로 용변 처리를 할 수 있도록 지도하되, 필요한 경우 부분 참여를 하도록 한다.

① ㄱ, ㄷ ② ㄱ, ㄹ
③ ㄴ, ㄷ ④ ㄱ, ㄴ, ㄹ
⑤ ㄴ, ㄷ, ㄹ

14

2011 유아1-23

다음과 같은 특성을 보이는 만 4세 발달지체 유아 철수를 위한 식사 지도에서 고려해야 할 사항으로 가장 적절한 것은?

- 강직성 씹기 반사가 나타난다.
- 스스로 씹는 능력이 부족하다.
- 구강과 안면에 과민 반응이 나타난다.

① 거즈로 안면을 두드리거나 잇몸을 마사지하여 턱의 조절을 돕는다.
② 편안하게 누운 자세를 취하게 한 다음 부드러운 음식을 먹는 것부터 지도한다.
③ 스테인리스(stainless) 숟가락보다는 1회용 플라스틱 숟가락을 사용해서 먹도록 지도한다.
④ 장기적으로는 보조기기를 이용하기보다는 신체적 보조를 받아 자세를 유지하도록 한다.
⑤ 컵을 사용할 때에는 컵의 가장자리를 치아 위에 올려놓아 음료를 잘 마실 수 있도록 한다.

15

2011 초등1-10

다음은 특수학교 박 교사가 자신의 학급 아동을 관찰한 내용이다. 이에 대한 설명으로 적절한 것을 〈보기〉에서 모두 고른 것은?

이름	장애 유형	관찰 내용
수지	뇌성마비	(가) 어떤 동작을 수행하면 자신의 의지와 상관없는 불필요한 동작이 수반된다. (나) 입 주위 근육에 마비가 나타나며, 이로 인하여 책이나 공책에 침을 흘리는 경우가 많다.
현우	근이영양증	(다) 종아리 부위의 근육이 뭉친 것처럼 크게 부어올라 있다. (라) 가우어 징후(Gower's sign)를 보이며 바닥에서 일어나는 데 어려움이 있다.
영수	이분척추	(마) 척추 부위에 혹과 같은 모양으로 근육이 부어올라 있다. (바) 머리가 비정상적으로 크고, 자주 구토를 하며 머리가 아프다고 호소한다.

〈보기〉

ㄱ. (가): 대뇌 기저핵의 손상이 주된 원인인 불수의 운동형의 주된 증상이다.
ㄴ. (나): 진행성이기 때문에 향후 이 마비 증상은 얼굴 전체로 확대된다.
ㄷ. (다): 유전자 중 X염색체의 결함이 주된 원인인 안면견갑상완형의 초기 증상이다.
ㄹ. (라): 향후 독립보행이 어렵게 되어 휠체어를 사용하게 된다.
ㅁ. (마): 척추 뼈가 완전히 닫히지 않아 분리된 척추 사이로 척수액이나 신경섬유가 돌출된 것이 원인인 잠재이분척추의 증상이다.
ㅂ. (바): 향후 수두증으로 진행하거나 션트(shunt) 삽입 수술 등이 필요할 수 있다.

① ㄱ, ㄴ
② ㄱ, ㄹ, ㅂ
③ ㄴ, ㄷ, ㄹ
④ ㄷ, ㄹ, ㅁ
⑤ ㄱ, ㄷ, ㅁ, ㅂ

16

2011 초등1-19

홍 교사는 2008년 개정 특수학교 기본교육과정 교과서 국어 3 '정다운 대화' 단원에서 '일기 쓰기' 학습 활동을 다음의 내용으로 실시한 후, 중복장애 학생 영수의 쓰기를 평가하였다. 영수의 일기에 대한 평가와 지도 내용 중 바른 것을 〈보기〉에서 모두 고르면?

(가) 교과서 내용

제목에 알맞은 내용을 담은 일기를 쓰려고 합니다. 다음과 같이 내용을 정리하여 일기를 써 봅시다.

(나) 쓰기 지도 과정

소풍에 대해 이야기한다.
↓
소풍날 있었던 일을 대강 써본다.
↓
쓴 글을 다듬는다.
↓
자기가 쓴 글을 선생님이나 친구와 나눈다.

(다) 일기

(2010)년 (10)월 (29)일 (금)요일 날씨: (　　　)

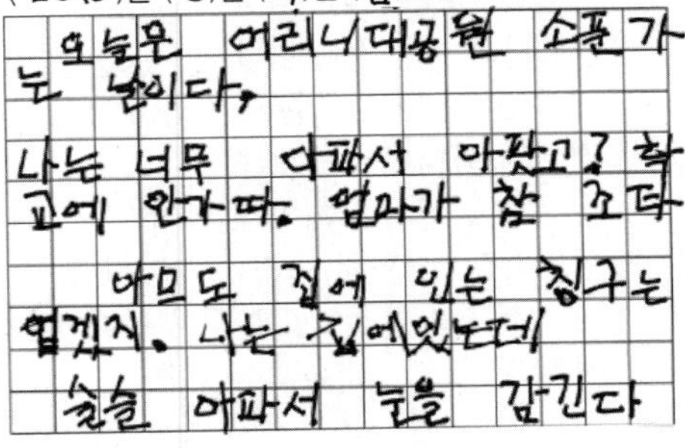

〈보기〉

ㄱ. 문장부호의 사용에는 오류를 보이지 않고 있다.
ㄴ. 단문 3개와 1개의 중문으로 된 일기로서 쓰기과정에 어려움을 보이지 않는다.
ㄷ. 영수의 일기에서는 '소리 나는 대로' 쓴 정음법적 전략을 사용한 철자오류가 많다.
ㄹ. 날짜, 요일, 장소, 하루 일과 중 있었던 일, 중요한 일을 생각하여 내용을 구성하였다.
ㅁ. 영수가 일기에서 보이는 오류를 중재하기 위해서는 페그워드(pegword) 전략으로 지도한다.

① ㄱ, ㄴ　② ㄷ, ㄹ
③ ㄱ, ㄹ, ㅁ　④ ㄴ, ㄷ, ㄹ
⑤ ㄷ, ㄹ, ㅁ

17

2011 중등1-23

학생 A는 근육의 긴장도가 높고 독립보행이 안 되며, 그림 상징으로 의사소통을 하는 중도(severe) 뇌성마비 학생이다. 이 학생의 특성과 그림상의 문제점을 고려하여 교사가 학생 A를 바르게 안아 옮기기 위한 방법으로 적절한 것만을 〈보기〉에서 모두 고른 것은?

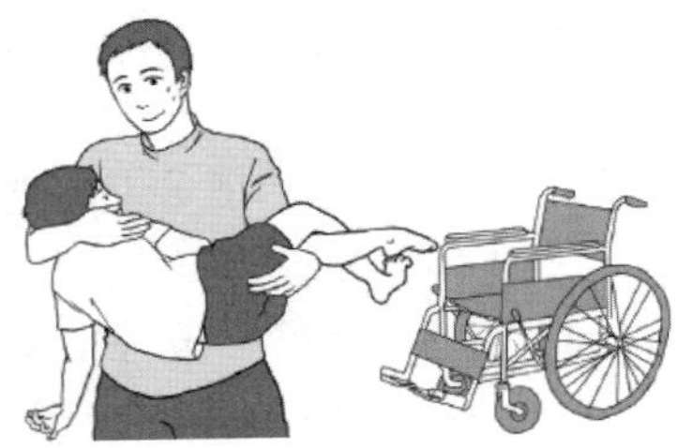

〈보기〉

ㄱ. 교사는 학생 A의 등 아래로 손을 넣고 교사의 허리를 이용하여 학생을 힘껏 들어 올려서 안는다.
ㄴ. 교사가 학생 A를 들어 올릴 때, 학생이 교사를 쳐다보거나 휠체어를 바라보는 반응을 기다려준다.
ㄷ. 학생 A를 쉽게 들어 올리기 위해 학생의 앉은 자세를 먼저 잡아 주고, 학생의 근육이 이완되지 않도록 유지하며 들어 올린다.
ㄹ. 학생 A를 마주보게 안아서 옮길 때는 학생의 양 하지를 벌리고 무릎을 구부려 교사의 허리에 걸치게 한 다음, 학생의 팔을 교사의 어깨에 올려 껴안고 옮긴다.

① ㄱ, ㄴ　② ㄱ, ㄷ
③ ㄴ, ㄹ　④ ㄱ, ㄷ, ㄹ
⑤ ㄴ, ㄷ, ㄹ

18

2011 중등1-24

다음은 일상생활에서 나타나는 지체장애 학생 A의 특성이다. 학생 A의 특성을 고려한 자기관리기술 중재 방법으로 적절한 것만을 모두 고른 것은?

	일상생활 특성	자기관리기술 중재 방법
(가)	셔츠를 혼자 벗을 수 있으나 입지는 못한다.	헐렁한 셔츠를 스스로 입을 수 있도록 셔츠 입기의 마지막 단계부터 역순으로 촉구와 용암법을 활용하여 지도한다.
(나)	삼킴의 문제로 인해 빨대로 음료를 마실 수 없다.	컵에 부착된 빨대를 이용하여 우선 물과 같은 음료부터 빨대로 마실 수 있도록 최소촉구체계 방법으로 지도한다.
(다)	숟가락을 자주 떨어뜨려서 손으로 음식을 집어먹는다.	숟가락의 손잡이에 고리를 달아 손에 끼우고, 고정시간지연 절차에 따라 숟가락으로 음식 먹기를 지도한다.
(라)	방광 기능의 문제로 배뇨 조절이 안 되어 바지가 젖곤 한다.	소변 훈련용 바지를 이용하여 과잉 교정절차로 점차 스스로 소변을 조절할 수 있도록 지도한다.

① (가), (다)　② (나), (다)
③ (나), (라)　④ (가), (나), (라)
⑤ (가), (다), (라)

19

2011 중등1-25

그림은 한 뇌성마비 학생의 뇌 손상 부위와 정도를 나타낸 것이다. 이 학생의 운동 및 말(speech) 특성을 설명한 것으로 옳은 것은?

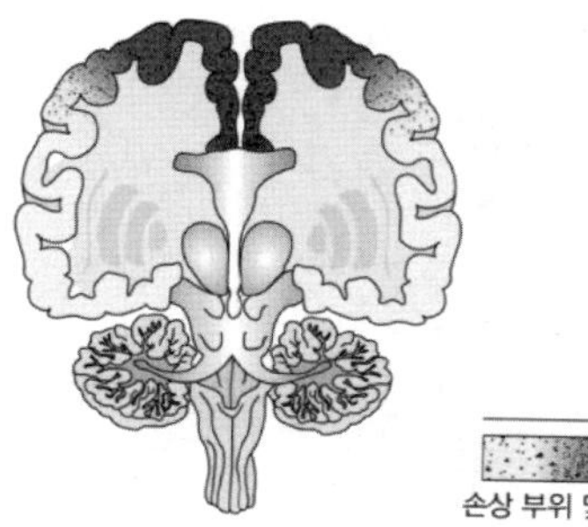

	운동 특성	말 특성
①	균형 감각과 방향 감각이 없어 걸음이 불안정하다.	말하는 속도가 느리고, 음절을 한 음 한 음씩 끊어서 말한다.
②	몸의 같은 쪽 상지와 하지의 근육 긴장도가 높아 발끝으로 걷는다.	억양이 거의 없어 단조로우며, 과대비음이 나타난다.
③	상지보다 하지의 근육 긴장도가 높고 관절의 움직임이 제한되어 있다.	성대의 지나친 긴장으로 인해 후두에서 쥐어짜는 듯이 말한다.
④	스스로 조절할 수 없는 신체의 떨림으로 인해 연속적인 근육 긴장도의 변화를 보인다.	말할 때 떨림과 말더듬 현상이 심하게 나타난다.
⑤	전신의 근육 긴장도 변화가 심하고, 의도적으로 움직이려고 할 때 불규칙적이고 뒤틀린 동작을 보인다.	호흡이 거칠고 기식성의 소리가 많다.

20

2011 중등1-26

그림은 뇌성마비 학생 A가 보조 도구 없이 의자에 앉아 있는 모습이다. 다양한 상황에서 학생 A를 위해 교사가 취할 수 있는 자세 조정 방법을 설명한 것으로 옳은 것만을 모두 고른 것은?

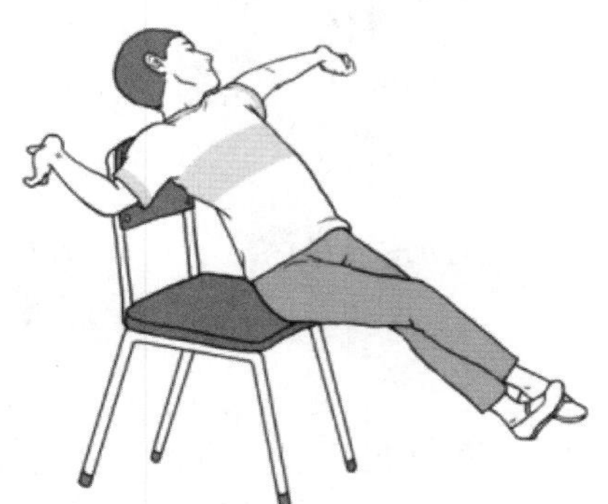

	상황	자세 조정 방법
(가)	쉬는 시간에 매트 위에 누워 책을 볼 때	학생 A를 매트에 똑바로 누이고 허리 밑에 지름 20cm 정도인 롤(roll)을 받쳐 준 후 양손으로 책을 잡도록 한다.
(나)	컴퓨터 시간에 엎드려 노트북으로 작업할 때	학생 A를 삼각지지대(wedge) 위에 엎드리게 하여 엉덩이와 등이 들리지 않게 벨트로 고정시킨 다음, 학생 A의 얼굴 앞쪽에 노트북을 배치한다.
(다)	특별활동 시간에 밴드부에서 작은북 치기를 할 때	기립대(standing equipment)에 학생 A를 세워 허리, 엉덩이, 무릎을 벨트로 고정시키고, 양 팔꿈치 옆에 지지대를 받쳐 준 후 작은북을 학생 앞에 놓는다.
(라)	재량활동 시간에 바닥에 앉아 친구들과 카드 놀이를 할 때	학생 A를 각진 의자(corner chair)에 앉혀 다리를 뻗게 하고, 등은 바르게 유지하게 하며, 어깨를 안으로 모아 주어 양손이 몸의 중앙에 오게 한 후 카드를 손에 쥐어 준다.
(마)	미술 시간에 책상 앞에 앉아 물감 찍어 모양 만들기를 할 때	학생 A를 의자에 앉혀서 허벅지 옆에 지지대를 사용하여 양 다리를 곧게 뻗게 한 뒤, 윗몸이 들어갈 정도의 둥근 홈이 있는 책상 위에 양 팔꿈치를 올려 주어 물감을 사용하게 한다.

① (가), (나), (마)
② (나), (다), (라)
③ (다), (라), (마)
④ (가), (나), (다), (라)
⑤ (가), (나), (라), (마)

21

2012 유아1-22

다음은 각 유아의 음식 섭취 특성과 그에 따른 박 교사의 지도 방법을 제시한 것이다. 각 유아의 장애 유형을 옳게 짝지은 것은?

유아	음식 섭취 특성	지도 방법
인호	• 과도한 식욕을 보이므로 음식을 조절해주지 않으면 생명을 위협하는 비만이 발생할 수 있음. • 일반적으로 계속 음식을 요구하고, 충동적이고 고집이 센 편임.	• 과도한 섭식으로 인한 행동 장애가 문제이므로 의사와 영양사의 자문을 받게 함.
수진	• 입이 자극을 받으면 강직성 씹기 반사(tonic bite reflex)가 나타남. • 식사 시간이 길어지므로 좌절, 피로 누적, 영양 섭취의 문제를 초래할 수 있음. • 유아의 비정상적인 근육 긴장도와 제한된 신체적 활동으로 인해 변비가 생기기 쉬움.	• 금속보다는 실리콘 재질의 숟가락을 사용하게 함. • 바른 자세로 앉아 씹기와 삼키기를 잘 하도록 격려함. • 적절한 운동과 식이 섬유 음식물을 섭취하게 함.
진우	• 비전형적인 촉각, 미각, 후각을 갖기 때문에 음식물의 색, 생김새, 맛, 냄새 등에 따라 특정 음식에 대해 극단적인 반응을 보일 수 있음. • 특정 음식의 질감에 대한 구강 과민성을 가짐.	• 유치원과 가정이 협력하여 유아가 좋아하는 음식만을 먹는 일이 없게 함.

	인호	수진	진우
①	프래더-윌리 증후군	자폐성 장애	뇌성마비
②	프래더-윌리 증후군	뇌성마비	자폐성 장애
③	뇌성마비	프래더-윌리 증후군	자폐성 장애
④	뇌성마비	자폐성 장애	프래더-윌리 증후군
⑤	자폐성 장애	뇌성마비	프래더-윌리 증후군

22

2012 초등1-10

다음은 협력적 팀 접근을 위해 특수학교 교사와 물리치료사가 체육수업 시간 동안 민수의 활동을 관찰한 후 나눈 대화이다. 〈보기〉의 설명 중 옳은 것을 모두 고르면?

치료사: ㉠ 민수의 활동을 관찰한 후 대근육 운동능력을 평가해 보았더니, ㉡ 수동 휠체어를 타고 다니지만 서기 연습과 워커를 사용해서 걷기 연습을 하는 것이 필요해요.

교　사: 그럼 서기 자세보조기기를 사용해서 서기 연습을 시키려면 어떻게 도와주어야 할까요?

치료사: ㉢ 선생님을 민수로 생각하고 제가 시범을 보일게요. 민수의 경우 다리에 힘이 풀려서 주저앉거나 엉덩이가 뒤로 당겨져 정렬이 흐트러질 수 있으니 서기 자세보조기기의 엉덩이, 무릎, 발 벨트 부분을 묶어 주는 것이 좋아요.

(1주일 경과 후)

교　사: ㉣ 지난 미술시간에 민수가 워커를 사용하여 걸어서 두 발자국 정도 옮기니까 가위 모양으로 두 다리가 꼬이며 힘들어 하는 것을 보았어요. 어떻게 도와주면 될까요?

치료사: (방법을 알려준다.)

교　사: 이제 알겠어요. 앞으로는 ㉤ 쉬는 시간에 워커를 사용하여 걸어서 화장실에 다녀오는 기회를 자주 줄게요.

〈보기〉

ㄱ. ㉠은 시각 운동 통합 발달검사(Developmental Test of Visual Motor Integration)로 측정할 수 있다.
ㄴ. ㉡의 걷기 연습 초기에는 몸통이나 팔 지지형 워커를 사용하다가 걷기 능력이 향상되면 일반형 워커로 교체해 주는 것이 필요하다.
ㄷ. ㉢에서 물리치료사는 특수학교 교사에게 자문 및 역할방출(role release)을 통해 민수에게 직접 서비스를 제공하고 있는 것이다.
ㄹ. ㉣의 경우 신체의 정렬을 유지할 수 있도록 민수의 등뒤에 서서 교사의 한쪽 다리를 민수의 무릎 사이에 넣어 주어 두 다리가 꼬이지 않게 도와줄 수 있다.
ㅁ. ㉤에서 걷기의 운동 형태는 워커를 사용하는 것이고, 운동 기능은 화장실로 이동하는 것이다.

① ㄱ, ㄷ　② ㄷ, ㅁ
③ ㄱ, ㄴ, ㄹ　④ ㄴ, ㄹ, ㅁ
⑤ ㄱ, ㄴ, ㄷ, ㅁ

23

2012 중등1-35

다음은 특별한 건강관리가 필요한 학생들이 보일 수 있는 발작과 질식 사고에 대한 설명이다. ㉠~㉤ 중에서 옳은 것만을 있는 대로 고른 것은?

학생이 발작을 일으키면, 교사는 ㉠ 발작을 억제시키기 위해 학생을 흔들거나 붙들지 말아야 하며, 발작이 멈춘 후에는 충분한 휴식을 취하게 한다.

발작을 억제하기 위해 식이요법을 시도할 수 있다. ㉡ 케톤 식이요법(ketogenic diet)은 칼슘과 단백질을 늘리고 지방과 탄수화물은 적게 섭취하는 방식이다.

(중략)

㉢ 뇌성마비가 있는 학생은 기도 폐색에 의한 질식 사고의 위험이 있는데, 치아와 잇몸의 손상, 구강 반사의 문제, 연하 곤란 등이 원인이 될 수 있다. 질식 사고가 생기게 되면 즉시 응급처치를 실시해야 한다. ㉣ 하임리히 구명법(Heimlich maneuver)은 기도폐색이 된 학생을 뒤에서 팔로 안듯이 잡고, 명치 끝(횡격막하)에 힘을 가해 복부 아래쪽으로 쓸어내리는 방법이다. 의식불명 등으로 뒤에서 안을 수 없는 상황이라면, ㉤ 학생을 바닥에 엎어 놓고 복부를 쿠션 등으로 받친 다음, 흉골의 중간 부분에 해당하는 등 부위에 직접 압박을 가한다.

① ㉠, ㉢　② ㉠, ㉡, ㉢
③ ㉡, ㉢, ㉣　④ ㉠, ㉡, ㉣, ㉤
⑤ ㉠, ㉢, ㉣, ㉤

24

2012 중등1-36

다음은 지체장애 학생 A의 특성이다. 학생 A를 위해 고려할 수 있는 교육적 지원 방법으로 적절한 것만을 〈보기〉에서 있는 대로 고른 것은?

- 장애 및 운동 특성
  - 뇌성마비(사지마비, 경직형)
  - 휠체어 이동
  - 착석 자세에서 체간의 전방굴곡
  - 관절운동범위(ROM)의 제한
- 학습 특성
  - 과제에 대한 독립적 수행 의지가 낮고 보조원에게 의존하는 경향이 있음.
  - 과제 회피 행동을 간혹 보임(교재를 떨어뜨리는 행동 등).
  - 학습 장면에서 잦은 실패 경험으로 인해 학습 동기가 낮음.
  - 학업 성취 수준이 낮음.

〈보기〉

ㄱ. 학생 A의 책상 높이를 낮추고 휠체어에 외전대를 제공하면, 몸통의 전방굴곡을 막고 신체의 정렬을 도와 안정된 착석 자세를 확보할 수 있다.
ㄴ. 제한된 ROM으로 학습 활동에 참여하기 어려울 수 있으므로 보조기기를 제공하거나 과제 수행 계열을 조정하는 방식으로 과제 참여 수준을 수정하여 의존성은 줄이고 독립심은 높일 수 있다.
ㄷ. 선행자극 전략의 하나로 학생 A에게 과제 선택 기회를 제공함으로써 활동에 대한 동기를 높이고 과제에 대해 느끼는 혐오적 속성과 과제 회피행동은 감소시킬 수 있을 것이다.
ㄹ. 학습 평가 시 학생 A의 능력, 노력, 성취의 측면을 모두 평가하는 다면적 평가 방법을 적용할 수 있다. 평가 수정은 학생 A의 성취 수준에 적절한 평가 준거에 맞추어 변화의 정도 파악에 중점을 두는 것이 필요하다.
ㅁ. 학생 A의 학습 성공 경험을 높이기 위해 자극 촉진과 반응 촉진을 적용할 수 있다. 두 전략은 모두 교수 자극을 수정하기 때문에 계획에 시간이 걸리지만, 학습 과제의 특성에 따라 강화 제공 방식이 달라 학생 A의 정반응 가능성을 높여 줄 것이다.

① ㄱ, ㄷ ② ㄴ, ㅁ
③ ㄱ, ㄹ, ㅁ ④ ㄴ, ㄷ, ㄹ
⑤ ㄴ, ㄷ, ㅁ

25

2012 중등1-38

뇌성마비에 대한 설명으로 옳은 것을 〈보기〉에서 있는 대로 고른 것은?

〈보기〉

ㄱ. 근긴장도를 조절하는 뇌 영역이 손상된 뇌성마비는 비정상적 근긴장에 의한 근골격계의 문제가 성장할수록 심해지는 진행성 질환이다.
ㄴ. 경직성 편마비는 환측(患側)의 근육과 팔다리가 건측(健側)에 비해 발육이 늦거나 짧은 경향이 있으며, 반맹(半盲)이나 감각장애가 발생하기도 한다.
ㄷ. 경직형 뇌성마비에서 주로 보이는 관절 구축은 관절 주위 근육의 경직으로 인해 골격이 관절에서 이탈된 상태를 의미하며, 성장할수록 통증과 척추 측만증을 유발한다.
ㄹ. 운동은 신체의 중앙(근위부)에서 말초(원위부)의 방향으로 발달하고, 근육의 수축은 반사적 수축에서 수의적 수축으로 발달하는데, 뇌성마비는 이러한 정상 운동 발달 과정을 방해한다.
ㅁ. 비정상적인 근긴장은 근골격 구조의 변화를 유발하는데 스스로 자세를 바꾸거나 팔을 이용하여 신체를 지지하는 것과 같은 보상적 운동 패턴의 발달을 도와주면 이차적 장애를 개선할 수 있다.

① ㄱ, ㄷ ② ㄴ, ㄹ
③ ㄱ, ㄴ, ㅁ ④ ㄴ, ㄷ, ㄹ
⑤ ㄷ, ㄹ, ㅁ

26

2013 유아B-2

다음은 유아특수교사인 김 교사가 만 5세 발달지체 유아 태호를 위해 전문가와 협력한 활동이다. 물음에 답하시오.

(가)

> 김 교사는 언어치료사, 작업치료사, 사회복지사 등 전문가들과 교육진단을 실시하였다. 교육진단은 인사하기와 분위기 조성하기, 과제중심 진단, 휴식시간, 이야기 시간과 교수 시간, 자유놀이, 회의 단계로 구성되었다. 촉진자로 선정된 전문가는 태호와 어머니와의 상호작용을 유도하였고, 다른 전문가들은 태호와 어머니와의 상호작용을 관찰하였다. ㉠ 태호 어머니는 결혼 이민자로 우리 말을 잘 하지 못하기 때문에 회의 시간에는 통역사가 참여하였다.

(나)

> 김 교사는 간식 시간에 작업치료사로부터 턱 주변의 근긴장도가 낮은 태호의 턱을 지지해주는 손동작을 배우고 있다. 김 교사는 작업치료사의 지원을 받으며 태호의 앞과 옆에서 턱을 보조하는 방법에 대해 배우는 중에, 한쪽이 낮게 잘린 컵에 담긴 물을 먹이고 있다. 이때 ㉡ 컵의 낮게 잘린 쪽이 코 반대 방향으로 향하고 있다.

4) 다음 문장의 괄호 안에 들어갈 알맞은 말을 쓰시오.

> ㉡과 같이 지도할 경우, 태호의 머리 신전을 막을 수 있어 물이 (   )을(를) 예방할 수 있다.

27

2013 초등B-1

특수학교 최 교사는 중도 뇌성마비 학생 민수가 있는 학급에서 '2010 개정 특수교육 교육과정' 중 기본 교육과정 사회과 '우리나라의 풍습' 단원을 지도하고자 한다. (가)는 교수 · 학습 과정안이다. 물음에 답하시오.

(가) 교수 · 학습 과정안

학습 목표	민속놀이의 의미를 알고, 규칙을 지켜 민속놀이를 할 수 있다.	
단계	교수 · 학습 활동	자료 및 유의점
도입	• 영상 자료를 활용하여 다양한 민속놀이 알아보기 • 민속놀이 경험 이야기하기	DVD
전개	• 널뛰기, 씨름, 강강술래 등 민속놀이 알기 • 줄다리기에 담긴 의미 알기 • 탈춤을 통한 서민들의 생활 모습 알기	민속놀이 단원은 (㉠)와(과) 관련지어 지도하는 것이 효과적임.
	• ㉡ 모둠별로 책상을 붙이고 둘러앉아서 민속놀이 도구 만들기 • 놀이 방법을 알고 규칙을 지키며 윷놀이 하기	㉢ 양손을 사용하여 활동하도록 지도함.

2) 민수는 바른 자세를 유지하기 위해 프론 스탠더(prone stander, 서기 자세 보조기기)가 필요한 학생이다. 그러나 최 교사는 (가)의 ㉡ 활동에서 민수에게 프론 스탠더 대신 휠체어를 사용하게 하였다. 최 교사의 이러한 조치가 적절한 이유 1가지를 쓰시오.

3) (가)의 ㉢에서 양손을 사용하도록 지도한 이유 1가지를 쓰시오.

28

2013 초등B-4

다음의 (가)는 '2010 개정 특수교육 교육과정' 중 기본 교육과정 과학과 내용을 기초로 김 교사가 재구성한 월간 교육 계획의 일부이다. (나)는 (가)의 교육 계획 중 2주차 학습 제재를 지도하기 위해 작성한 교수 · 학습 계획이다. 물음에 답하시오.

(가) 7월 교육 계획

주제		생활 속의 과학 현상
주	학습제재	주요 내용
1	생활 속의 (㉠) 작용	• 생선의 비린내를 없애기 위해 레몬 뿌리기 • 머리를 헹굴 때 마지막에 식초 넣어 헹구기
2	생활 속의 증발 현상	• 젖은 옷에서 물의 증발 관찰하기 • 바닷물의 증발로 소금을 얻을 수 있음을 알기

(나) 교수 · 학습 계획

학생 특성	• 수지: 경도 정신지체를 수반한 지체장애 학생으로 휠체어를 사용함. • 동우: 척수 손상으로 ㉡ <u>욕창</u>을 보일 위험이 있음.	
학습 목표	일상생활 속에서 수증기와 관련되어 일어나는 자연현상에 대해 알 수 있다.	
단계	교수 · 학습 활동	지도 시 유의점
탐색 및 문제 파악	젖은 옷을 창 가까이에 널어 시간 흐름에 따른 변화 관찰하기	수지가 창가로 이동하기 쉽도록 ㉢ <u>교실 환경을 조정함.</u>
자료 제시 및 관찰 탐색	시간이 지나면서 젖은 옷이 어떻게 되었는지 이야기하고, 그 이유에 대하여 토론하기	
자료 추가 제시 및 관찰 탐색	가스레인지에 물을 끓이고 난 후, 그릇에 담긴 물의 양 관찰하기	가스레인지 사용 시 특히 안전에 유의함.
(㉣)	'증발'이라는 용어를 도입하고, 증발의 특징 및 증발에 영향을 주는 요인에 대하여 논의하기	
적용 및 응용	학생들에게 물수건을 하나씩 나누어 주고, 누가 10분 동안에 잘 말리는지 게임하기	

2) (나)의 ㉡을 예방하기 위해 김 교사가 할 수 있는 방법 1가지를 쓰시오.

3) (나)의 ㉢의 구체적인 방법 1가지를 쓰시오.

29

2013 중등1-11

비구어 중도·중복장애 학생의 비상징적 의사소통을 증진하기 위해 대화상대자인 교사가 할 수 있는 의사소통 촉진 전략으로 옳은 것만을 〈보기〉에서 있는 대로 고른 것은?

〈보기〉

ㄱ. 학생이 보이는 비상징적 의사소통 형태의 다양성과 의미를 고려하여 민감하게 반응한다.
ㄴ. 학생이 보이는 문제행동에 내포된 의사소통 기능을 파악하고, 문제행동을 대체할 의사소통 기술을 지도한다.
ㄷ. 학생에게 비상징적 의사소통 기술 사용을 촉진하기 위해 친근한 대화상대자와 상호작용하는 환경으로 제한한다.
ㄹ. 학생에게 상징과 비상징이 결합된 다중양식을 사용하기보다는 상징을 구체화하고 정교화하여 학생의 이해도를 높인다.
ㅁ. 자연스러운 환경 내에서 발생하는 반복적인 일과들을 예측 가능하도록 구조화하여 학생에게 역할을 부여하고, 사회적 상호작용에 참여할 기회를 확대한다.

① ㄱ, ㄷ
② ㄱ, ㄴ, ㅁ
③ ㄴ, ㄷ, ㄹ
④ ㄴ, ㄹ, ㅁ
⑤ ㄷ, ㄹ, ㅁ

30

2013 중등1-27

뇌성마비 학생에게 나타나는 특성과 교사가 실시한 식사 지도 방법으로 옳은 것은?

구분	특성 및 식사 지도 방법
① 위식도 역류	• 식도 괄약근의 기능 약화로 인해 잦은 구토가 발생함. • 작은 조각의 음식이나 거친 음식을 먹게 하고, 식사 후에는 약 1시간 정도 똑바로 누워 있게 함.
② 강직성 씹기 반사	• 숟가락이 잇몸과 치아에 닿아 과민성 촉각 반응이 유발되어 발생함. • 새로운 질감의 음식을 줄 때는 금속재질의 숟가락을 사용함.
③ 혀 내밀기	• 불충분한 혀의 후방 운동 및 불수의적 움직임으로 인해 발생함. • 숟가락으로 혀의 중앙 부분을 지그시 눌러 주며 목구멍 쪽 혀의 뿌리에 음식을 놓음.
④ 침 흘림	• 입술다물기 및 유지의 어려움과 연하기전의 문제로 발생함. • 입술다물기 지도를 할 때는 중지는 턱 아래, 검지는 턱과 입술 사이, 엄지는 얼굴 옆에 대고 아래턱의 움직임을 조절함.
⑤ 삼킴장애	• 비자발적 움직임이 일어나는 인두(咽頭) 단계에서 음식물을 인두로 미는 데 필요한 압력을 만들지 못함. • 음식물을 먹는 동안 몸을 뒤쪽에 기댄 채, 고개를 뒤로 젖히고 턱을 들어 올려 음식물이 식도로 흘러 넘어가게 함.

31

2013 중등1-28

비대칭 긴장성 경부반사(ATNR)를 보이는 뇌성마비 학생 A와 대칭 긴장성 경부반사(STNR)를 보이는 뇌성마비 학생 B를 위한 교사의 지원방법으로 옳은 것만을 〈보기〉에서 있는 대로 고른 것은?

〈보기〉

ㄱ. 학생 A에게 학습 교재를 제공할 때는 교재를 책상 가운데에 놓아주고 양손을 몸의 중앙으로 모을 수 있게 한다.
ㄴ. 학생 A가 휠체어에 앉아 있을 때는 원시적 공동운동 패턴을 극대화시켜서 구축과 변형을 예방하고 천골과 미골에 욕창이 발생하지 않게 한다.
ㄷ. 학생 A가 컴퓨터 작업을 할 때 반사가 활성화되면 고개가 돌아간 방향에 모니터를 놓고, 관절 운동범위(ROM)와 자발적 신체 움직임을 고려하여 스위치의 위치를 정한다.
ㄹ. 학생 B를 휠체어에 앉힐 때에는 골반과 하지 그리고 체간의 위치를 바로 잡은 후, 머리와 목의 위치를 바르게 한다.
ㅁ. 학생 B의 컴퓨터 사용을 위해 직접선택능력을 평가할 때는 손의 조절, 발과 다리의 조절, 머리 및 구강과 안면의 조절순으로 한다.

① ㄱ, ㄹ
② ㄴ, ㄷ
③ ㄱ, ㄷ, ㄹ
④ ㄴ, ㄷ, ㅁ
⑤ ㄴ, ㄹ, ㅁ

32

2013 중등1-29

지체장애 학생들이 사용하는 보조기기 (가)~(다)에 대한 설명으로 옳은 것만을 〈보기〉에서 있는 대로 고른 것은?

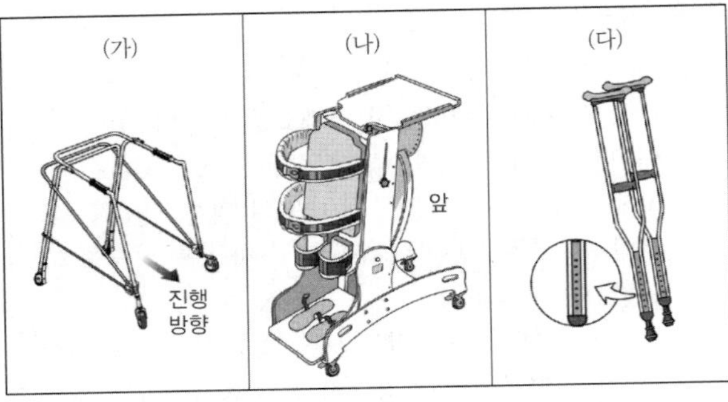

〈보기〉

ㄱ. (가)는 체간의 힘이 부족하여 몸통이 앞으로 기우는 학생이 사용하는 보행 보조기기이다.
ㄴ. (가)는 양쪽 손잡이를 잡아 두 팔로 지지하고 서서 몸의 균형을 잡고 자세를 곧게 하여 안정적으로 걷는 동작을 향상시킨다.
ㄷ. (나)는 머리를 스스로 가누기 어려운 학생에게 사용하는 기립 보조기기이다.
ㄹ. (나)는 고관절 수술 후 관절의 근육을 형성하거나 원시반사를 경감시켜 주는 효과가 있고, 체중을 앞으로 실은 채 기댈 수 있으므로 두 손을 기능적으로 사용할 수 있다.
ㅁ. (다)를 이용하여 계단을 내려갈 때는 (다)와 불편하지 않은 발을 먼저 딛고, 올라갈 때는 (다)와 불편한 발을 먼저 내딛는다.
ㅂ. (다)의 길이는 (다)를 지지하고 섰을 때, 어깨와 팔의 각도를 약 45도로 하고 겨드랑이에 주먹 하나가 들어갈 정도로 하여 조절한다.

① ㄱ, ㄴ, ㄹ
② ㄱ, ㄷ, ㅂ
③ ㄴ, ㄹ, ㅁ
④ ㄱ, ㄷ, ㄹ, ㅂ
⑤ ㄴ, ㄷ, ㅁ, ㅂ

33 2013추시 초등A-2

다음은 지체장애와 정신지체를 지닌 중도·중복장애 학생 현우의 전반적 특성을 제시한 것이다. 물음에 답하시오.

• 성별: 남	• 연령: 8세
• 단순 모방, 지시 따르기, 상징 이해 능력이 매우 떨어져 기능 훈련에 어려움을 보임. • 스스로 용변 처리를 하거나 용변 의사를 표현할 수 없어서 기저귀를 착용하고 있음. • 자세 유지, 움직임과 이동이 곤란함. • 빨기, 씹기, 삼키기 등의 섭식 기능에 문제가 있음. • 다음과 같은 두드러진 건강상의 문제를 보임. ㉠ 요로 계통의 감염으로 인해 소변에서 유해한 세균이 검출되며, 배뇨통, 요의 절박(절박 요실금), 발열, 구토, 설사, 체중 증가 부진, 복통 등의 증상을 유발함. ㉡ 식사 도중 음식물이 역류하거나 음식물로 인해 목이 메어 구역질이나 기침을 자주 하며, 가슴앓이, 식도염증, 그리고 삼키기 곤란 증상으로 인하여 소화, 배설, 영양실조 등의 2차적 문제가 발생함.	

1) 현우의 전반적 특성을 고려할 때, 다음 중 우선적으로 적용해야 할 교육 목표로서 적절하지 않은 것 2가지를 찾아 번호를 쓰고, 그 내용을 바르게 수정하시오.

> ① 교사 모델링을 통해 스스로 턱을 조절하여 씹을 수 있도록 한다.
> ② 다양한 감각을 활용하여 외부 환경 및 대상을 직접 경험할 수 있도록 한다.
> ③ 노래, 악기 등 음악이나 소리를 통한 청각적 자극을 제공하여 신체 및 정서 발달을 촉진한다.
> ④ 칩톡, 테크톡과 같은 음성 출력 의사소통 기기를 통해 용변 의사를 표현할 수 있도록 한다.

• 번호와 수정 내용:

• 번호와 수정 내용:

2) 다음은 ㉠에 대해 특수교사가 지원할 수 있는 내용을 제시한 것이다. ①과 ②에 들어갈 알맞은 말을 쓰시오.

> 감염 부위의 (①)을(를) 유지시키고, 충분한 (②)섭취를 돕는다.

①:

②:

3) ㉡에 대하여 적절하지 않은 지원 내용 2가지를 다음에서 찾아 번호를 쓰고, 그 내용을 바르게 수정하시오.

> ① 식사 후 약 10분간 누워서 스트레칭을 하도록 한다.
> ② 하루 동안 필요한 음식량을 조금씩 나누어 자주 제공한다.
> ③ 고형식 음식을 일정 크기로 잘라서 숟가락으로 떠먹인다.
> ④ 의사의 처방에 따라 정해진 시간에 정확한 양의 약물을 복용시킨다.

• 번호와 수정 내용:

• 번호와 수정 내용:

34

2014 유아A-7

(가)는 경직형 뇌성마비 유아 주희의 언어 관련 특성이고, (나)는 특수교사와 언어재활사가 협의한 내용이다. 물음에 답하시오.

(가) 주희의 언어 관련 특성

- 호흡이 빠르고 얕으며, 들숨 후에 길게 충분히 내쉬는 것이 어려움.
- 입술, 혀, 턱의 움직임이 조절되지 않고 성대의 과도한 긴장으로 쥐어짜는 듯 말함.
- 말소리에 비음이 비정상적으로 많이 섞여 있음.
- 전반적으로 조음이 어려우며, 특히 /ㅅ/, /ㅈ/, /ㄹ/음의 산출에 어려움을 보임.

(나) 협의록

- 날짜: 2013년 3월 13일
- 장소: 특수학급 교실
- 협의 주제: 주희의 언어 능력 향상을 위한 지도 방안
- 협의 내용:
  ① 호흡과 발성의 지속 시간을 점진적으로 늘릴 수 있도록 지도하기로 함.
  ② 비눗방울 불기, 바람개비 불기 등의 놀이 활동을 통해 지도하기로 함.
  ③ /ㅅ/, /ㅈ/, /ㄹ/ 발음의 정확성을 높이기 위하여 반복 연습할 기회를 제공하기로 함.
  ④ 자연스럽고 편안한 발성을 위하여 바른 자세 지도를 함께 하기로 함.
  ⑤ 추후에 주희의 의사소통 문제는 ㉠ <u>언어의 3가지 주요 요소</u>(미국언어·청각협회: ASHA)로 나누어 종합적으로 재평가하여, 필요하다면 주희에게 적합한 ㉡ <u>보완대체의사소통(AAC)체계</u> 적용을 검토하기로 함.

1) 주희의 언어 관련 특성에 근거하여 (나)의 협의 내용 ①~④ 중 <u>틀린</u> 내용을 찾아 번호를 쓰고, 그 이유를 쓰시오.
   - 번호:
   - 이유:

35

2014 초등A-6

(가)는 경직형 뇌성마비 학생 주희의 언어 관련 특성이다. 물음에 답하시오.

(가) 주희의 언어 관련 특성

- 호흡이 빠르고 얕으며, 들숨 후에 길게 충분히 내쉬는 것이 어려움.
- 입술, 혀, 턱의 움직임이 조절되지 않고 성대의 과도한 긴장으로 쥐어짜는 듯 말함.
- ㉠ <u>말소리에 비음이 비정상적으로 많이 섞여 있음.</u>
- 전반적으로 조음이 어려우며, 특히 /ㅅ/, /ㅈ/, /ㄹ/음의 산출에 어려움을 보임.

1) 주희의 말소리 산출 과정에서 ㉠과 같은 현상이 나타나는 이유를 쓰시오.

36

2014 중등A-13

다음은 중학교 특수학급 교사와 방과 후 스포츠 활동 강사가 근이영양증(Muscular Dystrophy; MD)을 지닌 학생들에 대해 나눈 대화 내용이다. 밑줄 친 ㉠과 ㉡이 의미하는 용어를 각각 쓰시오.

> 강사: 선생님, 제가 이전 학교에서 지도했던 학생들 중 ㉠ 두 다리를 넓게 벌리고 양손으로 바닥을 짚었다가 무릎과 허벅지를 손으로 밀면서 일어나는 모습을 보이는 학생이 있었어요. 스포츠 활동 프로그램을 계획해야 하는데, 이 학교에도 이런 특징을 보이는 학생이 있나요?
>
> 교사: 아마도 이 학교에서는 그런 특징을 보이는 학생을 보기는 어려울 거예요. 그런 학생들의 경우, 중학생이 되면 대부분 휠체어를 타게 되기 때문이에요.
>
> 강사: 그렇군요. 제가 지도했던 또 다른 학생은 배를 쑥 내밀고 등이 움푹 들어간 자세로 걷는데도 종아리 부분은 크고 튼튼해 보이더라고요. 그건 왜 그런 건가요?
>
> 교사: 그건 ㉡ 실제적으로 근위축이 일어나지만 근섬유 대신에 지방세포가 들어차 마치 근육이 증가한 것처럼 보이는 것이지 실제로 튼튼한 것은 아니에요.
>
> 강사: 네. 좋은 정보 감사합니다. 그러면 휠체어를 타는 학생들이 현재 상태를 유지할 수 있도록 근육 스트레칭이나 적절한 운동 프로그램을 준비하면 되겠네요.

37

2014 중등A-서4

다음의 (가)는 지체장애 특수학교에 재학 중인 학생 A의 특성이고, (나)는 특수교사와 물리치료사가 미술 시간에 학생 A를 관찰한 내용이며, (다)는 학생 A를 위해 (가)와 (나)를 반영하여 수립한 지원 계획이다. (다)의 ㉠을 하기 위해 활용 가능한 보조기구를 1가지만 제시하고, ㉡을 하는 이유를 (가)의 밑줄 친 특성과 관련지어 설명하시오. 그리고 ㉢과 ㉣에 해당하는 서비스 유형을 비교할 때, ㉢에 해당하는 서비스 유형이 지닌 학생 측면에서의 장점을 1가지만 쓰시오.

(가) 학생 A의 특성

> • 뇌성마비(경직형 사지마비)로 긴장성 미로 반사를 보임.
> • 이너 시트(inner seat)가 장착된 휠체어를 사용함.

(나) 학생 A에 대한 관찰 내용

> • 친구들과 바닥에 전지를 펴 놓고 '우리 마을 지도'를 그리고 있음.
> • 바닥에 앉아 있는 자세를 취하는 데 어려움을 보임.

(다) 학생 A를 위한 지원 계획

> ㉠ 엎드려서 그리기를 잘 할 수 있는 자세를 취하도록 지원한다.
> ㉡ 그림을 그리다 피로감을 호소하면 옆으로 누운 자세를 취하도록 지원한다.
> ㉢ 특수교사가 미술 수업을 하는 동안 물리치료사는 학생 A가 '우리 마을 지도'를 잘 그릴 수 있도록 바른 자세를 잡아준다.
> ㉣ 물리치료사는 학교 내 치료 공간에서 학생 A에게 치료 지원을 제공한다.

38

2014 중등B-3

다음의 (가)는 중도 · 중복장애 학생 A의 특성이고, (나)는 중도 · 중복장애 학생 B의 특성 및 소변 훈련 준비도 평가 결과이다. 학교 일과 중 언제 (가)의 밑줄 친 ㉠을 하는 것이 적절한지 쓰고, ㉠을 할 때 학생 A에게 적절한 자세를 1가지만 쓰시오. 그리고 (나)의 밑줄 친 ㉡을 기초로 학생 B가 소변 훈련을 받을 준비가 되어있는지, 그 여부를 판단할 수 있는 근거 1가지만 쓰시오.

(가) 학생 A의 특성

> ㉠ 위루관(G튜브)을 통해 영양 공급을 받음.

(나) 학생 B의 특성 및 소변 훈련 준비도 평가 결과

- 소변보기와 관련한 생리적인 문제는 없음.
- ㉡ 소변 훈련 준비도 평가 결과

날짜 / 시간	4/8	4/9	4/10	4/11	4/12
09:00	−	+	+	+	−
09:30	+	−	−	−	+
10:00	+	+	+	+	+
10:30	+	+	+	+	+
11:00	−	+	+	+	−
11:30	+	−	−	−	+
12:00	+	+	+	+	+
12:30	+	+	+	+	+
13:00	+	+	+	+	+
13:30	−	−	−	+	−
14:00	+	+	+	−	+
14:30	+	+	+	+	+
15:00	+	+	+	+	+

* +: 기저귀가 마름, −: 기저귀가 젖음.
* 순간 표집법으로 측정함.

39

2015 유아A-8

진희는 경직형 뇌성마비를 가진 5세 유아이다. 특수학교 강 교사는 신변처리 기술을 지도하기 위해 2주 동안 자료를 수집하였다. 다음은 진희의 배뇨와 착탈의 기술에 대한 현재 수준과 단기목표의 일부이다.

구분	현재 수준	단기목표
배뇨	• 배뇨와 관련된 의학적 질병은 없음. • 1일 소변 횟수는 13~17회임. • 소변 간격은 10~60분임.	㉠ 유아용 변기에 앉아 있을 수 있다.
착탈의	• 옷을 입거나 벗는 데 도움이 필요함. • 고무줄 바지를 내릴 수 있음. • 바지춤을 잡고 있으나 올리지는 못함.	㉡ 혼자서 고무줄 바지를 입을 수 있다.

1) 위 자료를 근거로 배뇨 학습을 위한 진희의 신체적 준비 여부를 판단하여 쓰고, 판단의 근거를 쓰시오.

① 준비 여부 :

② 판단 근거 :

2) 단기목표 ㉠에 도달하기 위해 물리치료사는 다음과 같은 지도상의 유의점을 알려 주었다. A에 들어갈 알맞은 말을 쓰시오.

> 진희가 변기에 앉아서 옆으로 쓰러지지 않도록 하려면 자세잡기부터 잘 해주셔야 합니다. 앉은 자세에서 여러 가지 동작을 수행하려면 (　A　) 능력이 매우 중요하기 때문입니다.

• A :

40

2015 초등A-6

(가)는 지체장애 특수학교 2학년 학생들의 특성이고, (나)는 '2009 개정 슬기로운 생활과 교육과정'에 따른 '마을과 사람들' 단원 지도 계획과 학생 지원 계획의 일부이다. 물음에 답하시오.

(가) 학생 특성

미나	• 이분척추를 지닌 학생이며, 뇌수종으로 인하여 션트(shunt) 삽입 수술을 받음.
현우	• 뇌성마비 학생이며, 상지 사용이 가능하여 휠체어를 타고 이동할 수 있음. • 휠체어를 타고 턱을 넘을 때, 몸통의 근긴장도가 높아지고 깜짝깜짝 놀라는 반응을 보임.
은지	• 뇌성마비학생이며, 전동 휠체어를 타고 이동할 수 있음. • 구어 사용은 어렵지만, 간단한 일상적인 대화는 이해할 수 있음. • 그림 상징을 이해하고, 오른손 손가락으로 상징을 지적할 수 있음. • 왼손은 항상 주먹이 쥐어진 채 펴지 못하고 몸의 안쪽으로 휘어져 있음.

(나) 단원 지도 계획과 학생 지원 계획

대주제	이웃		
단원	마을과 사람들		
차시	차시명	학습 목표 및 활동	학생 지원 계획
8-9	우리 마을 둘러 보기	○ 우리 마을의 모습을 조사한다. – 마을 모습 이야기하기 – 조사 계획 세우기 – 마을 조사하기 • 건물, 공공장소 및 시설물 등을 조사하기 • 마을 사람들이 하는 일을 조사하기	○ 미나 – 마을 조사 시 ㉠ <u>션트(shunt)에 문제가 발생하지 않도록 유의하기</u> ○ 현우 – 마을 조사 시 ㉡ <u>앞바퀴가 큰 휠체어 제공하기</u> ○ 은지 – 수업 중 ㉢ <u>스프린트(splint)</u> 착용시키기 – 보완·대체 의사소통(AAC) 지원 계획하기 • (㉣)을/를 적용하여 평가하기 • 마을 조사 시 궁금한 내용을 질문할 수 있도록 ㉤ <u>어휘목록</u> 구성하기

1) (가)에 제시된 미나의 특성을 고려할 때, (나)의 ㉠에 문제가 발생하지 않도록 하기 위해 교사가 유의해야 할 사항을 1가지 쓰시오.

2) (가)에 제시된 현우의 특성을 고려할 때, (나)의 마을 조사 활동 시 ㉡의 장점을 1가지 쓰시오.

3) 교사가 은지에게 (나)의 ㉢을 착용시킨 이유를 은지의 특성에 비추어 1가지 쓰시오.

41

2015 중등B-논2

다음 (가)는 병원학교에서 원적학교로 복귀를 준비하는 중도 뇌성마비 학생 A의 특성 및 관련 서비스 내용이고, (나)는 학생 A를 위해 병원학교 교사가 원적학교 교사에게 제안한 교실환경 구성안이다. (가)의 밑줄 친 ㉠, ㉡의 현상을 설명하고, 밑줄 친 ㉢의 방법적 특징을 밑줄 친 ㉠, ㉡과 연관지어 쓰시오. 그리고 (나)에서 학생 A의 특성을 고려하여 괄호 안의 ㉣~㉥에 들어갈 구체적인 내용을 쓰고, 그 이유를 각각 1가지씩 쓰시오.

(가) 학생 A의 특성 및 관련 서비스

구분	특성 및 관련 서비스
감각 · 운동 특성	• 대근육 운동 능력 분류 체계(GMFCS) V 수준임. • ㉠ 비대칭성 긴장성 경반사(ATNR)를 보임. • ㉡ 고유 수용성 감각 장애(proprioceptive dysfunction)를 보임.
의사소통 방법	• 음성출력 의사소통기기와 트랙볼을 사용함. • 음성출력 의사소통기기를 활용하여 일상적 대화 및 수업 활동에 필요한 간단한 의사소통을 함.
관련 서비스	㉢ 신경 발달 처치법(Neurodevelopmental treatment; NDT)으로 물리 치료를 주 3회 받기 시작함.

(나) 학생 A를 위해 제안한 교실환경 구성안

고려사항
• 교실에서의 좌석 배치 : (㉣) • 책상의 높이 : (㉤) • 음성출력 의사소통기기와 트랙볼의 위치 : (㉥)

42

2016 초등B-4

(나)는 은지의 특성이고, (다)는 교사가 은지에게 음성출력 의사소통기기를 사용하도록 지도하는 장면이다. 물음에 답하시오.

(나) 은지의 특성

• 경직형 사지마비인 뇌성마비로 진단받았음.
• 오른손으로 스위치를 이용함.
• 스캐닝(scanning : 훑기) 기법으로 음성출력 의사소통기기를 사용하여 의사소통함.
• 휠체어에 앉아 있을 때의 모습은 다음과 같음.

(다) 음성출력 의사소통기기 사용 지도 장면

김 교사 : ㉡ (음성출력 의사소통기기와 스위치를 은지의 휠체어용 책상에 배치한다.) 이 모둠에서는 은지가 한번 발표해 볼까요? (음성출력 의사소통기기와 은지를 번갈아 보며 잠시 기다린다.)
은 지 : (자신의 음성출력 의사소통기기를 본 후 교사를 바라본다.)
김 교사 : 은지야, "양달은 따뜻해요."라고 말해 보자. (음성출력 의사소통기기에서 양달 상징에 불빛이 들어왔을 때, 은지의 스위치를 눌러 '양달은 따뜻해요.'라는 음성이 산출되도록 한다. 그런 다음 은지가 스위치를 누르는 것을 기다려준다.)
은 지 : (음성출력 의사소통기기에서 양달 상징에 불빛이 들어왔을 때, 스위치를 눌러 '양달은 따뜻해요.'라는 음성이 산출되도록 한다.)
김 교사 : (㉢)

2) (나)의 그림을 보고, 교사가 은지의 엉덩이(골반), 무릎, 발을 바르게 정렬하는 방법을 각각 쓰시오.

3) (다)의 ㉡에서 교사가 ① 음성출력 의사소통기기와 ② 스위치를 적절하게 배치하는 방법을 (나)의 은지의 특성을 고려하여 각각 쓰시오.

①:

②:

43

2016 중등A-5

다음은 학생 A의 발작(seizure)에 대해 교사가 정리한 내용의 일부이다. 학생 A에게 나타난 발작의 유형을 쓰고, 밑줄 친 상황을 고려하여 학생 A가 수업에 참여할 수 있도록 교사가 수업 중에 지원해 줄 수 있는 방법 1가지를 쓰시오.

> 학생 A는 종종 전조나 전구 증상도 없이 잠깐 동안 의식을 잃고, 아무런 움직임 없이 허공만 응시하고 있었다. 말을 하다가도 순간적으로 말을 중단하고, 움직임이 없어지며 얼굴이 창백해졌다. 발작이 끝나면 아무 일도 없었던 것처럼 이전에 하던 활동을 계속 이어서 하지만 발작 중에 있었던 교실 상황은 파악하지 못하여 혼란스러워 했다. <u>학생 A는 수시로 의식을 잃기 때문에 수업의 내용을 많이 놓쳐 당황해 하기도 하고, 수업 내용을 이해하지 못하여 좌절하기도 했다.</u>

44

2016 중등B-4

다음은 지체중복장애 중학생 A의 자세 특성이다. 밑줄 친 ㉠과 ㉡을 고려하여, 학생 A를 휠체어에 앉힐 때 몸통과 다리의 자세 유지 방법을 각각 1가지 쓰시오. 그리고 이 학생에게 적합한 서기 자세 보조기기의 명칭을 쓰고, 이 보조기기를 사용했을 때의 장점을 1가지 쓰시오.

> - 저긴장성 뇌성마비와 정신지체를 중복으로 지니고 있음.
> - 낮은 근긴장도로 인해 상체와 하체의 조절 능력이 낮음.
> - ㉠ <u>앉아 있을 때 양쪽 고관절과 무릎이 몸의 바깥쪽으로 회전됨.</u>
> - ㉡ <u>고개를 가누지 못하며 앉아 있을 때 머리와 몸통이 앞쪽으로 굴곡됨.</u>
> - 적절한 보조기기의 지원이 없이는 다양한 교육 활동에 참여하는 데 제한이 따름.

45

2017 유아A-1

다음은 중복장애 유아 동우의 어머니가 유아특수교사인 김 교사와 나눈 상담 내용의 일부이다. 물음에 답하시오.

김 교사: 어머니, 가족들이 동우와 의사소통하는 데 어려움이 있다고 하셨지요?

어 머 니: 네. 동우는 ㉠ 근긴장도가 높아서 팔다리를 모두 움직이기가 어렵고, 몸을 움직이려고 하면 뻗치는 경우가 많잖아요. 그리고 선생님께서 아시는 것처럼 시각장애까지 있어서, 말하는 것은 물론 눈빛으로 표현하는 것도 어려워해요. 가족들은 동우가 뭘 원하는지 알 수가 없어요.

김 교사: 그래서 이번 개별화교육계획지원팀 회의에서 결정한 바와 같이 동우에게 보완대체의사소통을 사용하려고 해요. 이를테면, 동우에게 ㉡ 우선적으로 필요한 어휘를 미니어처(실물 모형)로 제시하고 자신이 원하는 것을 만져서 표현하도록 하면 좋겠어요. ㉢ 미니어처를 사용하면 누구나 동우가 표현하고자 하는 바를 명확하게 알 수 있으니까요.

어 머 니: 그러면 집에서 동우를 위해 우리 가족이 해야 하는 일은 무엇인가요?

김 교사: 가족들이 반응적인 의사소통 환경을 만들어 주시면 동우의 의사소통 기술이 발달하는 데 도움이 될 수 있어요. 예를 들어, ㉣ 동우가 장난감 트럭을 앞뒤로 밀고 있다면 어머님도 동우가 밀고 있는 장난감 트럭을 보고 있다는 것을 동우에게 알려 주시고, 동우가 보이는 행동에 즉각적으로 의미 있게 반응해 주세요.

1) ① ㉠에 해당하는 동우의 운동장애 형태 및 마비 부위에 따른 지체장애 유형을 쓰고, ② 이러한 장애 유아에게 앉기 자세를 지도할 때 ⓐ~ⓓ 중 적절하지 않은 것을 찾아 기호를 쓰고, 그 내용을 바르게 고쳐 쓰시오.

ⓐ 골반이 등과 수직이 되게 하여 체중이 엉덩이 양쪽에 균형 있게 분산되도록 한다.
ⓑ 의자에 앉았을 때 무릎 안쪽과 의자 사이의 간격은 1인치 정도가 되도록 하고 허벅지가 좌석에 닿도록 한다.
ⓒ 발바닥은 바닥이나 휠체어 발판에 닿도록 하고, 무릎관절과 발목은 직각이 되도록 한다.
ⓓ 몸통은 좌우대칭이 되도록 지지하고 어깨 관절은 활짝 펴 뒤쪽으로 향하도록 한다.

①:

②:

46

2017 유아B-4

(가)는 발달지체 유아 준희의 특성이고, (나)는 통합학급 교수활동 계획안의 일부이다. 물음에 답하시오.

(가)

- 장애명: 발달지체(언어발달지체, 뇌전증)
- 언어 이해: 3~4개 단어로 된 간단한 문장을 이해함.
- 언어 표현: 그림카드 제시하기 또는 지적하기로 자신의 의사를 표현함.

(나)

활동명	이럴 땐 싫다고 말해요		대상 연령	5세
활동 목표	• ㉠ <u>성폭력 위험 상황에 대처한다.</u> • 기분 좋은 접촉과 기분 나쁜 접촉을 구분하고 표현한다.			
활동 자료	동화 『다정한 손길』			
활동 자료 수정	상황과 주제에 적합한 그림카드, 수정된 그림동화, 동영상, 사진, PPT 자료 등			
활동 방법				자료 및 유의점
교사 활동	유아 활동			
	일반 유아	장애 유아		
1. 낯선 사람이 내 몸을 만지려 할 때 어떻게 해야 할지 이야기 나눈다. 2. 동화 『다정한 손길』을 들려준다. 3. 동화 내용을 회상하며 여러 가지 유형의 접촉에 대해 이야기 나누고 기분 좋은 접촉과 기분 나쁜 접촉을 구별할 수 있게 한다. 4. 기분 나쁜 접촉이 있을 때 취해야 할 행동에 대해 알려 준다.	(생략)	㉡ <u>교사의 질문에 그림카드로 대답한다.</u>		㉢ <u>준희를 위해 동화 내용을 4장의 장면으로 간략화한 그림동화 자료로 제시한다.</u> ㉣ <u>준희에게 경련이 일어나면 즉시 적절히 대처한다.</u>

… (하략) …

3) (나)의 ㉣에서 교사가 취해야 할 행동으로 적절하지 <u>않은</u> 것 2가지를 ⓐ~ⓔ에서 찾아 기호를 쓰고, 그 내용을 각각 바르게 고쳐 쓰시오.

ⓐ 유아 주변의 위험한 물건을 치운다.
ⓑ 경련을 진정시키기 위해 물이나 마실 것을 준다.
ⓒ 유아와 함께 있으면서 목과 허리 부분을 느슨하게 해 준다.
ⓓ 구토를 하면 질식할 수 있으므로 유아를 똑바로 눕히고 손으로 고개를 받쳐 들어 준다.
ⓔ 경련을 하는 동안에는 경련을 저지하기 위해 유아의 몸을 억제하는 행동을 하지 않는다.

①:

②:

47

2017 초등A-3

(나)는 슬기로운 생활과 '가을 풍경 관찰하기' 현장체험학습 계획 시 중도·중복장애 학생들의 특성에 따라 교사가 고려해야 하는 사항이다. 물음에 답하시오.

(나)

학생 이름	특성	고려사항
영희	• 외상성 뇌 손상(교통사고) • 오른쪽 편마비, 인지적 손상, 언어장애를 보임.	외출 전에 ㉡상의(앞이 완전히 트인 긴소매) 입히는 순서 고려하기
철수	• 중도 지적장애와 경직형 뇌성마비 • 전신의 긴장도가 높아 머리가 뒤로 젖혀지고 다리는 가위자 모양이 됨.	안아 옮길 때 자세에 유의하기 [A]
연우	• 중도 지적장애 • 알레르기성 천식을 앓고 있음. • 천식 발작 시 마른 기침을 하고 흉부 압박을 느끼며 고통을 호소함. • 천식 발작이 심한 경우 호흡곤란이 동반되고 의사소통이 어려움.	• 외출 시 준비물(휴대용 흡입기, 마스크, 상비약, 도움요청 카드, 휴대용 손전등, 휴대용 알람 기기 등) 점검하기 • ㉢응급 상황 발생 시 도움을 요청하는 방법 환기하기

2) (나)의 ㉡을 영희의 신체적 특성을 고려하여 쓰시오.

3) (나)의 [A]에서 보이는 문제점을 해결하기 위해 교사가 자신의 신체를 이용하여 철수를 안는 방법 1가지를 쓰시오.

48

2017 초등B-2

(가)~(나)는 지체장애 특수학교에서 제작한 '학생 유형별 교육 지원 사례 자료집'에 수록된 Q & A의 일부이다. 물음에 답하시오.

(가)

Q 불수의 운동형 뇌성마비 학생 A는 노트필기가 어려워 쓰기 대체방법으로 컴퓨터를 이용하고 있는데, 불수의적 움직임으로 인해 어려움이 많습니다. 이러한 어려움을 해결해 줄 수 있는 보조공학 기기나 프로그램을 알고 싶습니다.

A 학생 A처럼 직접선택 방식으로 글자를 입력하는 경우에는, 키가드와 버튼형 마우스 같은 컴퓨터 보조기기나 ㉠단어예측 프로그램이 도움이 됩니다.

Q 학생 A가 읽기이해에 어려움이 있어 상보적 교수를 적용하여 읽기지도를 하려고 하는데, 상보적 교수 중 명료화하기 전략이 무엇인지 궁금합니다.

A ㉡상보적 교수의 명료화하기 전략은 사전 찾기를 포함하여 학생이 글을 읽다가 어려운 단어가 있을 때 단어의 의미를 파악할 수 있도록 도와주거나, 글의 내용을 이해하도록 도와줍니다.

(나)

Q 경직형 뇌성마비 학생 B는 높은 근긴장도로 인해 ㉢근육, 인대, 관절막의 길이가 짧아지고 변형되어 첨족 및 내반족, 척추 측만 등이 나타나고 있습니다. 그래서 바른 자세를 유지하기 위해 몸통 및 상체 지지형 휠체어 등의 보조기기를 사용하고 있습니다. 이와 같은 보조기기를 사용할 때 유의하여야 할 사항은 무엇인지 궁금합니다.

A ㉣보조기기를 오랫동안 사용하게 되면 학생의 신체에 부정적인 영향을 줄 수 있습니다. 그래서 보조기기 사용에 대한 계획을 수립하는 것이 바람직합니다.

1) (가)의 ㉠을 사용할 때 학생 A에게 줄 수 있는 이점 1가지를 쓰시오.

3) (나)의 ㉢을 보일 때 사용할 수 있는 ① 보조기기의 예와 ② ㉣의 예를 각각 1가지씩 쓰시오.

①:

②:

49

2017 중등A-4

다음은 J고등학교 교사들의 대화 내용이다. ㉠에 공통으로 들어갈 병명을 쓰고, ㉡에 들어갈 내용을 1가지 쓰시오.

> 김 교사: 학생 K는 평소 서 있을 때 양쪽 어깨 높이에 차이가 있고, 몸통 좌우가 비대칭적으로 보였었는데 원인을 알 수 없는 청소년기 특발성 (㉠)(으)로 진단되었다고 합니다.
> 양 교사: 그런데 (㉠)은/는 뇌성마비나 근이영양증이 있는 학생에게도 종종 나타납니다. 그대로 방치하면 자세, 보행 및 심폐기능에도 영향을 줄 수 있기 때문에 적절한 치료와 함께 교육적 지원을 받아야 합니다.
> 박 교사: 우리 학급의 학생 M은 골형성부전증입니다. 친구들과 다른 신체적 특성 때문에 심리적으로 위축되지 않도록 사회·심리적 지원을 해주고 있습니다.
> 양 교사: 골형성부전증의 특성상 (㉡)의 위험이 있으므로 특히 신체활동이 많은 교수·학습 활동 시 주의해야 합니다.

50

2017 중등B-1

다음은 지체장애 학생 D의 특성이다. 뇌성마비 장애인의 대근육 운동 기능을 평가하는 ㉠의 평가 및 분류 방법상 특징을 1가지 쓰시오. 그리고 보조기기 ㉡이 적절한 이유를 신체 기능적 측면과 교수·학습 측면에서 각각 1가지씩 설명하고, 학생 D를 위한 식사 도구 선정 시 고려해야 할 사항을 ㉢에 비추어 1가지 제시하시오.

> 경직형 사지마비(spastic quadriplegia)가 있는 학생 D는 ㉠ <u>대근육 운동 기능 분류체계(Gross Motor Function Classification System : GMFCS)</u>의 4수준으로, 휠체어를 이용해 이동한다. 대부분의 시간을 휠체어에 앉아 생활하지만, 교수·학습 장면에서는 종종 서기 자세 보조기기인 ㉡ <u>프론 스탠더(prone stander)</u>를 사용한다. D는 ㉢ <u>강직성 씹기 반사(tonic bite reflex)가 일어나는 경우가 있어서 음식 섭취 시 주의를 기울일 필요가 있다.</u>

51

2018 초등A-3

(가)는 지체장애 학생 미주와 영수의 특성이고, (나)는 교사가 2011 개정 특수교육 교육과정 중 기본 교육과정 사회과 5~6학년 '우리나라의 명절과 기념일' 단원을 지도하기 위해 개념 학습 모형에 따라 작성한 수업 계획의 일부이다. 물음에 답하시오.

(가)

미주	• ㉠ <u>경직형 뇌성마비이며 오른쪽 편마비를 가짐.</u> • 발화는 가능하나 발음은 부정확함.
영수	• 독립적인 보행이 어려워 수동 휠체어를 사용함. • 보완·대체의사소통(AAC) 도구를 사용함.

(나)

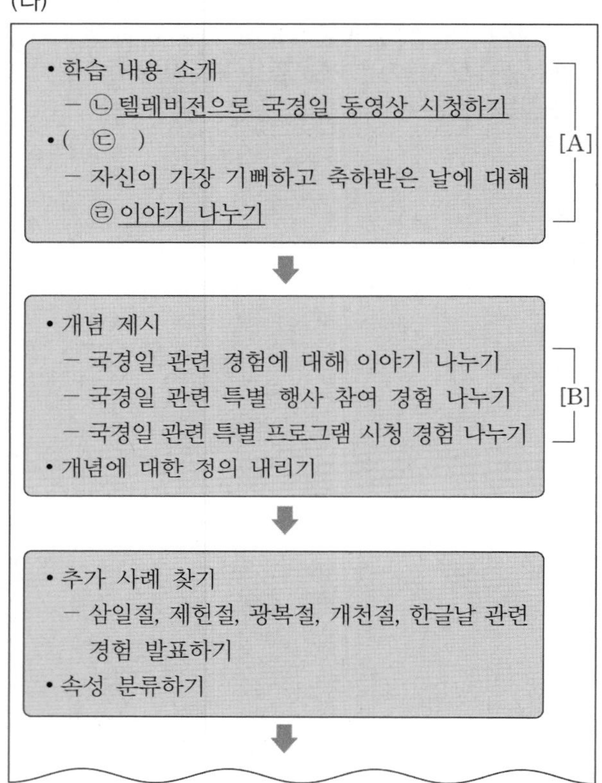

• 학습 내용 소개
 − ㉡ 텔레비전으로 국경일 동영상 시청하기
• (㉢)
 − 자신이 가장 기뻐하고 축하받은 날에 대해 ㉣ 이야기 나누기
[A]

↓

• 개념 제시
 − 국경일 관련 경험에 대해 이야기 나누기
 − 국경일 관련 특별 행사 참여 경험 나누기
 − 국경일 관련 특별 프로그램 시청 경험 나누기
[B]
• 개념에 대한 정의 내리기

↓

• 추가 사례 찾기
 − 삼일절, 제헌절, 광복절, 개천절, 한글날 관련 경험 발표하기
• 속성 분류하기

↓

1) (가)의 밑줄 친 ㉠을 고려할 때 (나)의 밑줄 친 ㉡ 활동에서 자세 지도를 위한 ① 미주의 자리 배치 방법과 ② 그 이유 1가지를 쓰시오.

①:

②:

4) 다음은 수동 휠체어 선택과 사용 시에 고려해야 할 사항이다. ⓐ와 ⓑ에 들어갈 내용을 순서대로 쓰시오.

> • (ⓐ)은/는 학생이 고개를 가누는 정도에 따라 높이 조절이 가능하며 접을 수 있도록 제작된 경우가 많고, 적절한 자세를 위해서는 딱딱한 재질이 더 바람직함.
> • (ⓑ)은/는 학생의 식사 및 학습 활동, 의사소통 기기 등의 사용에 편리하지만, 휠체어의 무게와 전후좌우의 길이를 증가시키기 때문에 독립적인 이동에 불편을 초래할 수 있음.

52 2018 중등A-10

다음은 보조공학 사정 모델의 단계별 주요 내용이다. 〈작성 방법〉에 따라 서술하시오.

사정 모델	(㉠)	
단계	주요 내용	유의점
학생 능력 [검토]	• (㉡) • 활동적인 과제를 수행함. • 다양한 방과 후 활동에 참가하고 있음.	사례사, 관찰, 면담, 진단서 등 다양한 자료를 포함할 것
목표 [개발]	• 과제 수행과 다양한 방과 후 활동에 적극적으로 참가하기 • 이를 위한 휠체어 선정하기	목표 달성의 실현가능성에 대해 토론할 것
과제 [조사]	• 목표 달성에 필요한 다양한 과제조사 • ㉢ <u>과제 수행, 방과 후 활동과 관련한 구체적인 환경 및 맥락 조사</u>	학교, 가정 등 다양한 장소에서 조사할 것
과제의 난이도 [평가]	각 과제별 난이도 평가	모든 과제에 대해 평가를 실시함.
목표 달성 [확인]	• 과제 수행과 다양한 방과 후 활동에 적절한 휠체어 선정 (휠체어 그림: ㉣, A, B) • A는 왼쪽 바퀴에, B는 오른쪽 바퀴에 동력이 전달되도록 주행능력 평가	• 팔 받침대 높이를 낮게 하여 책상에 대한 접근성을 높임. • 활동공간에 따라 ㉤ <u>보조 바퀴(caster)</u>의 크기를 조정함.

〈 작성 방법 〉
- ㉡에 들어갈 학생의 신체적 특성을 ㉣에 근거하여 적을 것
- 현장체험 학습을 갈 때 ㉤이 큰 휠체어를 사용하는 경우의 장점을 쓸 것

53 2018 중등A-14

다음은 교육실습생이 파악한 학생의 특성과 특수교사의 조언을 정리한 내용이다. 〈작성 방법〉에 따라 서술하시오.

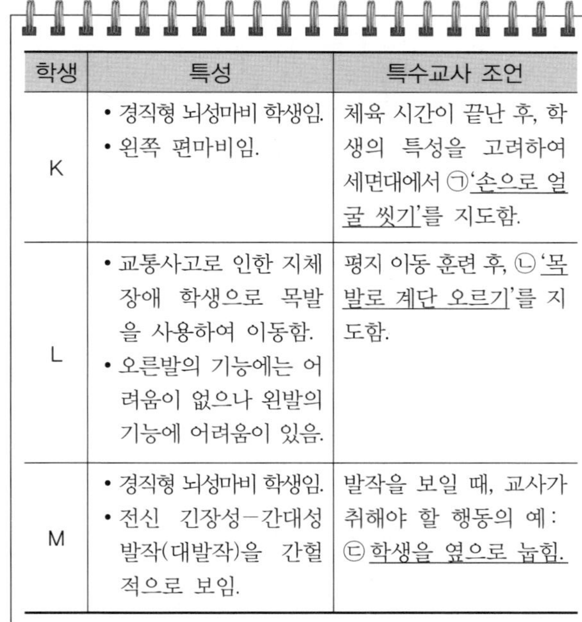

학생	특성	특수교사 조언
K	• 경직형 뇌성마비 학생임. • 왼쪽 편마비임.	체육 시간이 끝난 후, 학생의 특성을 고려하여 세면대에서 ㉠<u>'손으로 얼굴 씻기'</u>를 지도함.
L	• 교통사고로 인한 지체장애 학생으로 목발을 사용하여 이동함. • 오른발의 기능에는 어려움이 없으나 왼발의 기능에 어려움이 있음.	평지 이동 훈련 후, ㉡<u>'목발로 계단 오르기'</u>를 지도함.
M	• 경직형 뇌성마비 학생임. • 전신 긴장성-간대성 발작(대발작)을 간헐적으로 보임.	발작을 보일 때, 교사가 취해야 할 행동의 예 : ㉢ <u>학생을 옆으로 눕힘.</u>

〈 작성 방법 〉
- 학생 K의 특성을 고려하여 밑줄 친 ㉠의 적절한 지도방법을 1가지 제시하고, 그 이유를 서술할 것
- 학생 L의 특성을 고려하여 밑줄 친 ㉡의 방법을 작성할 것(목발, 왼발, 오른발의 이동 순서와 방법을 포함할 것)
- 학생 M의 특성을 고려하여 밑줄 친 ㉢의 이유를 1가지 서술할 것

54 2018 중등B-3

다음은 뇌성마비 학생 E와 F의 특성과 지원 계획이다. 〈작성 방법〉에 따라 서술하시오.

학생	구분	내용
E	특성	• 경직형 뇌성마비 학생임. • 워커를 사용하여 이동하기 시작함.
	지원 계획	• 교사, 부모, 물리치료사, 작업치료사 등 다양한 전문가들이 팀을 이루고 함께 모여 동시에 학생 E를 진단함. • 교사는 촉진자로서 학생 E의 움직임과 행동을 유도해 내고, 팀원들은 학생의 행동을 관찰하면서 각자의 전문영역과 관련한 평가를 함. • 평가결과에 기초하여 팀원들은 "워커를 사용하여 목표지점까지 이동할 수 있다."는 목표를 설정하고 공유한 후, 개별화교육 계획에 반영함. (㉡) • 교사와 부모는 물리치료사와 작업치료사에게 다음의 내용을 배워 학생을 지도함. －바른 정렬을 유지하며 워커로 걷는 방법 －적절한 근긴장도를 유지하며 걷는 방법 －방향 전환 방법 • 교사는 학생 E가 학교 일과 중 자연스러운 환경에서 '워커를 사용하여 이동하기'를 연습할 수 있도록 계획하고 지도함. (㉠)
F	특성	• 경직형 뇌성마비 학생임. • ⓐ <u>대칭성 긴장형 목반사(STNR)</u>를 보임. • 식사를 한 후, ⓑ<u>위식도 역류가 자주 발생함.</u>
	지원 계획	• 흡인을 예방하기 위해 ㉢<u>한쪽이 낮게 잘린 컵을 사용하여 물을 마시도록 지도함.</u> • 학생의 특성에 맞는 적절한 유형의 음식을 제공하고, ㉣<u>식사 후 적절한 자세</u>를 취하도록 지도함.

〈작성 방법〉

- 밑줄 친 ㉢이 적절한 이유를 ⓐ의 특성에 근거하여 1가지 서술할 것
- 밑줄 친 ㉣에 해당하는 것을 ⓑ를 고려하여 1가지 제시할 것

55 2018 중등B-5

(가)는 중도 · 중복장애 학생 G의 특성 및 이 닦기 지도 시 유의사항이다. 〈작성 방법〉에 따라 서술하시오.

(가) 학생 G의 특성 및 이 닦기 지도 시 유의사항

특성	지도 시 유의사항
• 입 주변에 사물이 닿으면 깜짝 놀라면서 피함. • 거친 질감의 음식물이나 숟가락 등의 도구가 입에 들어오면 거부하는 반응을 보임.	학생의 ㉠<u>감각적 측면</u>과 ㉡<u>도구적 측면</u>을 고려하여 지도할 것

〈작성 방법〉

- 학생 G의 특성에 근거하여 밑줄 친 ㉠과 ㉡에서 특수교사가 제공할 수 있는 지원방법을 각각 1가지 서술할 것

56

2019 초등A-6

다음은 성재를 위한 교육 지원 협의회 회의록의 일부이다. 물음에 답하시오.

일시	2018년 ○월 ○일 15:00~16:00		
장소	특수학급	기록자	특수교사
참석자	통합학급 교사, 특수교사, 보건교사, 치료지원 담당자, 전문상담교사, 보호자		
발언 내용			

…(전략)…

보건교사: 성재는 경직형 양마비 지체장애 학생인데, 뇌전증도 있어요. 성재는 지난 4월에 교실에서 온몸이 경직되고 호흡 곤란이 오면서 입에 침이 고이고 거품이 입 밖으로 나오는 격렬한 발작을 했습니다. 선생님, 많이 놀라셨지요?

통합학급 교사: 처음이라서 많이 당황했어요. 갑자기 그런 일이 생기니까 아무 생각도 나지 않더라고요. 혀를 깨물어 피가 날 수도 있을 것 같아 수건을 물려줄까 고민했습니다. 그런데 발작은 다 똑같은 형태로 나타나나요?

보건교사: 아니요. 발작 형태는 다양합니다. 그때 성재가 보인 발작은 (㉠)에 해당합니다. 그리고 발작할 때 입에 수건을 물려 주면 (㉡) 때문에 위험할 수 있습니다.

…(중략)…

특수교사: 성재는 매트 위에 앉아서 놀 때 ㉢ <u>양다리를 좌우로 벌려 W모양으로</u> 앉던데, 괜찮나요?

치료지원 담당자: 그런 자세가 계속되면 서기나 걷기 그리고 일상생활에도 문제가 생길 수 있어서 자세 지도가 필요합니다.

보 호 자: 아, 그렇군요. 성재는 집에 오면 휠체어에 앉아서 지내는 시간이 많아요. ㉣ <u>휠체어에 바르게 앉는 자세</u>에 대해서 알고 싶습니다.

치료지원 담당자: 무엇보다 신체의 정렬 상태가 안정적이며 균형 잡힌 상태를 유지하는 것이 중요합니다.

특수교사: 맞아요. 저희 교실에서도 서기 자세를 지도하고 있습니다. 다행히 성재는 자기 스스로 목을 가눌 수 있고, 상체 조절이 어느 정도 가능합니다. 그래서 선 자세에서 체중을 앞으로 실은 채 자세를 조금 기울여 두 손을 쓸 수 있도록 (㉤)을/를 사용하고 있어요.

…(하략)…

1) ① ㉠에 들어갈 발작의 유형을 쓰고, ② ㉡에 들어갈 말을 쓰시오.

①:

②:

2) 다음 그림은 ㉢ 자세이다. 이와 같이 앉는 이유를 1가지 쓰시오.

3) 다음은 ㉣을 위한 일반적인 지도 요령이다. 적절하지 <u>않은</u> 것 1가지를 찾아 기호를 쓰고 바르게 고쳐 쓰시오.

ⓐ 하지: 양쪽 다리의 길이가 다르더라도 휠체어 발판의 높이는 같게 한다.
ⓑ 골반: 체중이 고르게 분산되도록 좌석의 중심부에 앉게 한다.
ⓒ 몸통: 어깨선을 수평으로 맞추고, 어느 한쪽으로 치우치지 않고 정중선을 유지하게 한다.
ⓓ 머리: 고개를 들고 턱을 약간 밑으로 잡아당기는 자세를 유지하게 한다.

4) ㉤에 들어갈 적절한 보조기기의 명칭을 쓰시오.

57

2019 중등B-6

다음은 지체장애 ○○특수학교의 특수교사와 특수교육 교육공무직원 간에 나눈 대화 내용이다. 〈작성 방법〉에 따라 서술하시오.

> 교육공무직원: 선생님, 학생 K와 L은 모두 뇌성마비가 있는데 그 특성이 서로 달라 보여요.
>
> 특 수 교 사: 네. ㉠ 학생 K의 뇌성마비 유형은 경직형이고, 학생 L은 무정위 운동형입니다. 뇌성마비는 뇌의 손상 부위에 따라 다른 운동 패턴을 보이는데 경직형 뇌성마비는 (㉡)에 손상을 입은 경우이고, 무정위 운동형은 동작 조절에 기여하는 기저핵 손상이 원인이라고 알려져 있어요. 뇌성마비 학생들은 경련, 시각장애, 그리고 청각장애와 같은 부수적인 장애를 보이는 경우도 많지요.
>
> 교육공무직원: 학생 K의 식사 보조를 하다보면 목을 움직일 때 갑자기 팔이 뻗쳐져서 놀란 적이 있었어요.
>
> 특 수 교 사: 학생 K는 ㉢ 원시반사 운동이 남아 있습니다.
>
> … (하략) …

〈작성 방법〉

- 밑줄 친 ㉠에서 제시된 뇌성마비 유형 2가지의 신체 운동 특성을 근긴장도 이상의 측면에서 각 1가지씩 서술할 것
- 괄호 안의 ㉡에 들어갈 용어를 쓸 것
- 밑줄 친 ㉢의 개념을 쓰고, 지속적 원시반사의 문제점 1가지를 서술할 것(단, 원시반사 소실 이후 나타나야 하는 전형적 운동발달 특성에 비추어 서술할 것)

58

2020 유아A-2

(가)는 5세 뇌성마비 유아 슬기의 특성이다. 물음에 답하시오.

(가)

- 사지를 불규칙하게 뒤틀거나, 팔다리를 움찔거리는 행동을 보임
- 사물에 손을 뻗을 때 손바닥이 바깥쪽으로 틀어지며 의도하지 않는 방향으로 움직임이 일어남
- 정위반응과 평형반응이 결여되어 자세가 불안정함

1) (가)에 근거하여 슬기의 운동장애 유형을 쓰시오.

59

2020 초등B-2

(가)는 지체장애 특수학교에 다니는 학생들의 특성이고, (나)는 2015 개정 특수교육 교육과정 중 기본 교육과정 실과 5~6학년군 '즐거운 여가 생활' 단원 수업 활동 계획의 일부이다. 물음에 답하시오.

(가) 학생 특성

예지	• 안면견갑상완형 근이영양증 • 어깨뼈가 날개같이 튀어나와 있음. [A] • 팔을 들어 올리는 데 어려움이 있음. • ㉠ 휘파람 불기, 풍선 불기, 빨대로 물 마시기 동작에 어려움이 있음.
준우	• 경직형 뇌성마비 • 사지마비가 있음. • 모든 운동 기능이 제한적임. [B] • 머리 조절이 어렵고, 체간이 한쪽으로 기울어짐.
은수	• 골형성부전증 • 좌측 하지 골절로 이동에 어려움이 있음.

(나) 수업 활동 계획

활동	영화 관람	활동 장소	영화관
학습 목표	영화 관람 순서에 따라 영화를 관람할 수 있다.		
교수·학습 활동	• 영화 포스터 살펴보기 • 영화 입장권 구입하기		
지도의 유의점	• 준우: 화장실 이용 시 보조인력의 추가 지원이 요구됨. 휠체어에서 양변기로 이동시키기 위해 보조인력은 준우의 무릎과 발목 뒤쪽을 지지하고, 교사는 (㉡). • 은수: 상영관에서 ㉢ 양쪽 목발을 사용하여 손잡이 없는 계단을 내려갈 때와 올라갈 때 주의하도록 함. • 왕복 이동 시간(1시간)과 영화 관람 시간(2시간)을 고려하여 오후 1시부터 4시까지 ㉣ 수업시간을 연속적으로 배정함(실과와 창의적 체험활동 연계).		

1) ① (가)의 [A]를 고려하여 ㉠의 이유를 쓰고, ② '대근육 운동 기능 분류체계(Gross Motor Function Classification System Expanded and Revised : GMFCS-E&R, 6~12세)'에서 [B]가 해당되는 단계의 이동 특성을 이동보조기기와 관련지어 쓰시오.

①:

②:

2) ① (나)의 ㉡에 들어갈 교사의 행동을 준우의 신체와 관련지어 쓰고, ② (가)에 제시된 은수의 특성을 고려하여 (나)의 ㉢을 지도할 때 목발과 발의 내딛는 순서를 쓰시오.

①:

②:

60

2020 중등B-10

(가)는 ○○중학교에 재학 중인 지체장애 학생 3명의 특성이고, (나)는 체육교사가 이를 바탕으로 작성한 지도 계획의 일부이다. 〈작성 방법〉에 따라 서술하시오.

(가) 특성

학생	특성
L	• 뇌성마비 • 뇌손상 부위와 마비 부위는 다음과 같음. 뇌손상 부위 / 마비 부위 : 우측 편마비 / 심함 / 손상부위 및 정도
M	• 뇌성마비 • 소뇌 손상으로 발생함. • 평형이나 균형을 잡기 위한 협응이 잘 이루어지지 않음. • 다리를 넓게 벌리고, 팔을 바깥쪽으로 올리고 걷는 형태를 보임. 소뇌
N	• 듀센형 근이영양증 • 초등학교 시기에는 다음과 같은 신체 특성이 있었음. ㉠ 가성비대 / ㉡ 앉아 있다 일어설 때의 자세

(나) 지도 계획

학생	지도 시 유의사항
L	• 신체의 양쪽을 사용하도록 지도하기 • 체육복 착·탈의 점검하기 (단기목표 : ㉢ 체육복 바지 입기)
M	• 신체 활동 시 충분한 시간 주기 • 대근육 활용 촉진하기
N	• 신체 이완 및 심리적 지원하기 • 피로도 최소화하기

〈작성 방법〉

• (가)의 학생 M의 특성에 근거하여 학생 M의 운동장애 유형을 쓸 것
• (가)의 그림 ㉠이 나타나는 이유를 1가지 서술하고, 그림 ㉡에 해당하는 용어를 1가지 쓸 것
• (나)의 밑줄 친 ㉢의 절차를 학생 L의 마비 부위를 고려하여 서술할 것

61

2021 초등B-1

(가)는 미나의 개별화교육지원팀 회의록이다. 물음에 답하시오.

(가) 개별화교육지원팀 회의록

일시	2020년 ○월 ○일 16:00~17:00
장소	△△학교 열린 회의실
협의 내용 요지	1. 대상 학생의 현재 장애 특성 • 대뇌피질의 손상이 원인 • 근육이 뻣뻣하고 움직임이 둔함 • 양마비가 있음 • 까치발 형태의 첨족 변형과 가위 모양의 다리 [A] • ㉠ 대근육 운동 기능 분류 시스템(Gross Motor Function Classification System : GMFCS) 4단계 • ㉡ 수동 휠체어 사용 2. 대상 학생의 교육적 요구 파악 • ㉢ 표준 키보드를 사용하여 입력하는 데 어려움이 있음 • 구어 사용을 위한 보완대체의사소통 지원 요청 3. 학기 목표, 교육 내용의 적절성 확인 및 평가 계획 안내 … (중략) … 4. 특수교육 관련서비스에 대한 협의 사항 • 교육용 보조공학기기 • 특수교육실무원 • 물리치료 • (㉣) 5. 기타 지원 정보 • 방과후 학교, 종일반 참여 여부

1) ① (가)의 [A]에 나타난 미나의 뇌성마비 유형을 쓰고, ② ㉠에서 가능한 ㉡의 사용 능력을 쓰시오.

①:

②:

62

2021 중등B-6

(가)는 ○○중학교에 재학 중인 지체장애 학생의 특성이고, (나)는 교사가 이를 바탕으로 작성한 지도 계획이다. 〈작성 방법〉에 따라 서술하시오.

(가) 학생 특성

학생	특성
G	• 중도 뇌성마비 • 앉기 자세 유지가 어려우며 신체 피로도가 높음. • 등을 대고 누운 자세에서 과도한 신전근을 보임. • 배를 대고 엎드린 자세에서 과도한 굴곡근을 보임.
H	• 뇌성마비 • 양손 사용이 가능함. • 손 떨림 증상이 있어 키보드로 정확하게 입력하는 것이 어려움.

(나) 지도 계획

학생	지도 계획
G	• ㉠ 대안적 자세로 과제에 참여할 수 있도록 지원하기 • ㉡ 헤드포인팅 시스템을 활용하여 워드프로세서 입력 지도하기 • ㉢ 휠체어 이용 시 휠체어가 뒤로 기울어지지 않도록 주의하기
H	• 키보드 입력 시 키가드를 제공하고, 한 번에 같은 키 값이 여러 번 찍히지 않도록 ㉣ 고정키 시스템 기능 설정하기 • 철자 중 일부를 입력하여 단어 완성하기가 가능한 ㉤ 단어 예측 프로그램 지도하기

〈작성 방법〉

- (가)의 학생 G가 보이는 원시반사 형태를 1가지 쓰고, 이에 근거하여 (나)의 밑줄 친 ㉠을 설명할 것
- (가)를 고려하여 (나)의 밑줄 친 ㉡~㉤ 중 틀린 곳 2가지를 찾아 기호를 쓰고, 그 이유를 각각 서술할 것

63 2022 유아A-4

(가)는 유아특수교사 김 교사가 지체장애 유아 진수에 대해 작성한 일지의 일부이고, (나)는 김 교사와 진수 어머니의 대화이며, (다)는 신체활동의 예시이다. 물음에 답하시오.

(가)

바깥 놀이터에서

(진수는 놀이를 하는 친구들을 보고 있음)
민지 : 진수야, 너도 같이 할래?
진수 : 아니.
교사 : 진수도 같이 놀고 싶니?
진수 : 네. 놀고 싶어요.
교사 : 근데 왜 민지에게 "아니"라고 했어?
진수 : 넘어질까봐 무서워요.
교사 : 그러면 민지에게 넘어질까봐 무섭다고 말하렴.
민지 : 선생님, 진수랑 같이 놀고 싶은데, 어떻게 해야 할지 모르겠어요.

[고민]

❐ 진수는 하지근육이 약해져서 자세가 불안정하고 자주 넘어지며 뛰는 것을 힘들어한다.

❐ 모든 유아가 놀이에 참여할 수 있는 방법은 무엇일까?

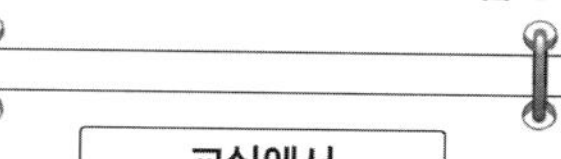

교실에서

[A]
교사 : 오늘은 진수와 어떻게 하면 함께 놀 수 있을지 얘기해 볼까요?
민지 : 진수랑 같이 교실에서 놀아요.
지은 : 뛰지 말고 앉아서 엉덩이 걸음으로 놀이해요.
인호 : 기어서 놀이하면 더 재밌을 것 같아요.
미주 : 술래도 앉아서 해요. 그럼 진수도 술래 할 수 있어요.
교사 : 진수의 생각은 어떤지 들어 볼까?
진수 : 나도 같이 놀아서 너무 기뻐.
인호 : 진수야, 넌 나랑 기어갈래?
진수 : 나는 걸어서 갈 수 있어. 뛰지만 않으면 돼.
민지 : 그럼, 우리 뛰는 것만 빼고, 걷거나, 기거나, 엉덩이 걸음으로 게임하면 좋겠어.

[성찰]

❐ 유아들은 놀이를 계획하면서 적극적으로 자신의 생각을 말하고 친구들과 사이좋게 지내려고 하였다. 앞으로도 이러한 시간을 자주 가져야겠다.

❐ 유아들의 제안에 따라 '사과반 꽃이 피었습니다' 놀이를 하였다. 유아들은 교실에서 다양한 동작으로 재미있게 놀았고, 진수도 자신감 있게 적극적으로 놀이에 참여하는 모습을 보니 흐뭇했다.

❐ ㉠ <u>진수의 사회·정서 발달영역 목표 '상황에 맞게 자신의 감정을 말로 표현할 수 있다.'를 다양한 놀이에 삽입하여 연습할 수 있게 하였다.</u>

(나)

진수 어머니 : 선생님, 요즘 진수는 유치원에서 어떻게 지내나요?
김 교사 : 네, 친구들과 함께 하는 활동들도 재미있게 하고 적응도 잘 하고 있어요. 친구들과 함께 신체활동 하는 것을 좋아하는데 넘어지기도 해서 진수의 안전을 고려한 활동으로 수정해서 하고 있어요.
진수 어머니 : 신경써 주셔서 감사해요. 진수가 넘어질 때마다 저도 걱정이 많거든요.
김 교사 : 네, 걱정이 많이 되시죠? 그러시면 ㉡ <u>진수가 걷는 것을 도와줄 수 있는 보조기기</u>를 이용해 보시는 것은 어떠세요? 물론 운동도 병행해야 하구요.
진수 어머니 : 그러면 집에서 저랑 같이 할 수 있는 운동이 있을까요?
김 교사 : 네. 우리 반에서 했던 신체활동 중에 집에서도 할 수 있는 방법을 알려드릴게요.

2) (나)의 ㉡에 해당하는 보행 보조기기를 1가지 쓰시오.

64

2022 초등B-2

다음 (가)는 초등학교 2학년 혜지의 특성이고, (나)는 혜지의 발에 착용하는 보장구이다. 물음에 답하시오.

(가) 혜지의 특성

- 뇌성마비 학생이며, 시각적 정보 처리에 어려움이 있어 그림을 명확하게 변별하기 어려움
- 비정상적인 근긴장도로 인해 자세를 자주 바꿔 주어야 함
- ㉠ 바로 누운 자세에서 긴장성 미로반사가 나타남

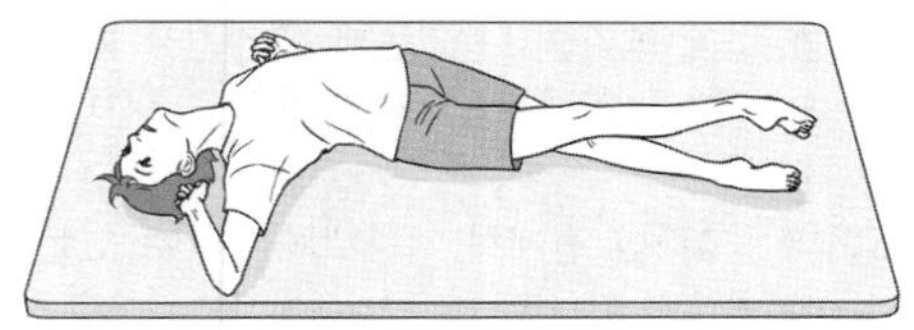

(나) 혜지의 보장구

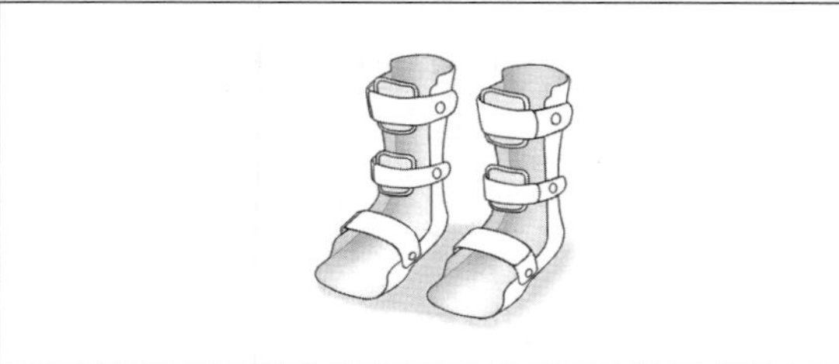

1) 교실에는 혜지의 자세유지용 보조기기가 없는 상황이다. 교사가 혜지의 뒤에서 등을 받치고 옆으로 눕혀 악기 연주 활동에 참여시키고자 할 때, ① ㉠의 특성을 고려하여 혜지가 옆으로 누운 자세를 유지할 수 있도록 교사가 가장 먼저 해 주어야 할 자세 조절 방법을 쓰고, ② 혜지가 (나)의 보장구를 착용하는 이유를 쓰시오.

①:

②:

65

2022 중등A-11

(가)는 지체장애 학생 E, F, G의 특성이고, (나)는 교육실습생이 (가)를 바탕으로 작성한 지도 시 유의사항이다. 〈작성 방법〉에 따라 서술하시오.

(가) 특성

학생	특성
E	• 추체계와 운동피질의 손상으로 인한 뇌성마비임. • 근 긴장도가 높고 근육이 뻣뻣해지며 가위 모양 자세를 보임. • 비대칭성 긴장형 목반사(ATNR)를 보임. • 위식도 역류를 보이며, 강직성 씹기반사가 나타남.
F	• 사지마비 뇌성마비임. • 고개를 가누지 못하고, 앉아 있을 때 머리와 몸통이 앞쪽으로 굴곡됨. • 다른 사람의 도움을 받아 수동 휠체어로 이동함.
G	• 뇌성마비로 대근육운동기능체계(GMFCS) 3수준임. • 실내에서 손으로 잡는 이동 기구를 사용하여 이동할 수 있음. • 보행 시 신체의 무게중심이 앞으로 기울어지는 경향을 보임.

(나) 유의사항

학생	특성
E	• ㉠ 수업 활동 시 학생 E 옆에 가까이 서서 지도하기 • ㉡ 식사 시 실리콘 재질의 숟가락이나 포크 사용하기
F	• ㉢ 휠체어에 앉을 때 머리 지지대와 어깨 지지대를 활용하여 신체 정렬하기 • ㉣ 수업 활동 시 대안적인 서기 자세를 취할 수 있도록 프론스탠더 활용하기
G	• ㉤ 계단을 오르내릴 때 난간을 잡고 이동하도록 지도하기 • 교실 및 복도에서 ㉥ 워커를 사용하여 이동하기

〈작성 방법〉

- (가)에 제시된 학생 E의 운동장애에 따른 뇌성마비 유형을 쓸 것
- (가)의 학생별 특성을 고려하여 (나)의 밑줄 친 ㉠~㉤ 중 적절하지 않은 것 2가지를 찾아 기호와 함께 그 이유를 각각 서술할 것
- (가)에 제시된 학생 G의 특성을 고려하여 (나)의 밑줄 친 ㉥의 종류를 쓸 것

66

2023 유아A-5

다음은 통합학급 교사들이 준우에 관해 나눈 대화의 일부이다. 물음에 답하시오.

박 교사: 선생님, 준우가 듀센형 근이영양증(Duchenne's muscul ar dystrophy)인데, 신체 활동할 때 고려할 점에 관해 협의해 보아요.
김 교사: 네, 준우가 ㉠ 걷기 능력을 가능한 한 오랫동안 유지할 수 있도록 해요.
박 교사: 그리고 ㉡ 근력 약화도 지연되도록 해야겠어요.
김 교사: 근력 운동은 무게가 있는 물건을 사용하면 어떨까요?
박 교사: 네, 하지만 너무 무거운 것은 피해야 할 것 같아요. 그리고 ㉢ 가성비대가 나타나는 근육은 사용하지 않도록 하는 것이 중요해요.
김 교사: 근력 운동뿐만 아니라 유산소 운동도 꼭 포함해야겠어요. 준우가 비만이 심해질수록 움직이기 더 힘들어하는데, 고정형 자전거를 타게 하면 어떨까요?
박 교사: 좋아요. 준우가 타다가 ㉣ 힘들어서 피로하다고 하더라도 몇 분 더 타도록 지도 할게요. 그리고 준우뿐만 아니라 다른 유아들도 타다가 넘어질 수 있으니, ㉤ 고정형 자전거 주변의 물리적 환경을 수정해야겠어요.

… (중략) …

[A]
박 교사: 준우의 용변 처리를 지도할 때 엉덩이를 보니 일부 피부가 빨간색이었고 시간이 지난 후 다시 보아도 원래 피부색으로 잘 돌아오지 않았어요.
김 교사: 그렇죠. 준우 아버지께서도 준우가 집에서 의자에 좋은 자세로는 앉아 있지만 너무 오랫동안 앉아 있다고 걱정하셨어요. 교실에서도 선생님께서 알려 준 방법대로 의자에 바르게 앉아 있기는 하지만 한번 앉으면 잘 일어나려고 하지 않아요.

박 교사: ㉥ 의자 위에 특수 쿠션을 올려놓고 준우가 앉을 수 있도록 해야겠어요.
김 교사: 보조기기를 사용하는 것 외에 다른 방법은 무엇이 있나요?
박 교사: 일과 중에도 수시로 (㉦)을/를 해야 해요. 그리고 피부를 관찰하고 점검해서 피부의 청결, 습기, 온도, 상처, 감염 여부를 확인하여 조치해요. 균형 있는 영양 섭취, 용변 처리, 비만 등에 대한 지도가 필요합니다.

1) ㉠~㉣ 중 잘못된 내용을 2가지 찾아 그 기호를 쓰고, 각각을 바르게 고쳐 쓰시오.

①:

②:

3) [A] 상황을 고려하여 ① ㉥을 사용할 때 기대되는 효과를 쓰고, ② ㉦에 들어갈 교사의 지원 내용을 1가지 쓰시오.

①:

②:

PART 09

67

2023 초등B-5

(가)는 중도 지적장애와 지체장애를 중복으로 가지고 있는 학생 민수의 특성이다. 물음에 답하시오.

(가) 민수의 특성

• 몸통과 사지의 조절 능력이 부족함 • 스스로 머리 가누기가 어렵고, 서서 하는 활동 시에는 자세 보조기기가 필요함 • ㉠ <u>요구하는 상황에서 '으', '거' 등의 소리를 내거나 가지고 싶은 물건이 있으면 몸을 앞뒤로 흔드는 행동으로 표현함</u>

1) (가)를 참고하여 민수에게 필요한 자세 보조기기를 쓰시오.

68

2023 초등B-6

(가)는 건강장애 학생과 지체장애 학생의 특성이고, (나)는 체육 전담교사와 특수교사가 나눈 대화의 일부이다. 물음에 답하시오.

(가) 학생 특성

학생	특성
주호	• 만성적인 심장 질환을 가지고 있음 • 추운 날씨에는 청색증이 나타남 • 호흡기 계통 질환이 잦아 현장 체험 등에서 주의가 필요함 • 최근 병원에서 퇴원하여 계속적인 통원 치료를 받고 있음
세희	• 뇌성마비를 가지고 있음 • 일상생활 중 근긴장의 변화를 자주 보이며, 상지와 몸통이 본인의 의지와 상관없이 움직임 • 대근육 운동기능 분류체계(GMFCS) 5단계에 속함 ┐ • 현재 스캐닝 기법을 이용하여 보완대체 의사소통 기기를 사용하고 있음 [A] • 야외 활동을 할 때에는 특수 전동 휠체어를 사용함 ┘

(나) 대화 내용

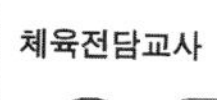

체육전담교사　　　　특수교사

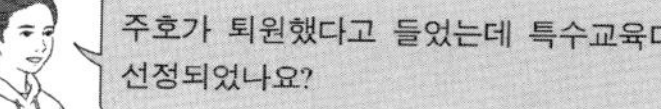

주호가 퇴원했다고 들었는데 특수교육대상자로 선정되었나요?

네, ㉠ 건강장애를 가진 특수교육대상자로 선정되었습니다. 주호처럼 계속적인 의료적 지원이 필요한 경우에는 건강장애로 선정될 수 있습니다.

다음 주에 유산소 운동 중심 수업을 계획하고 있는데, 제가 주호를 위해 주의해야 할 점이 있나요?

과격한 운동은 피하게 하고, 중간에 쉴 수 있도록 해 주세요. 주호에게는 ㉡ 걷기나 가볍게 달리기 등의 유산소 운동이 도움이 됩니다.

얼마 전 수업시간에 세희가 휠체어에서 뒤로 넘어질 뻔했거든요. 어떤 모습이었냐면요, 갑자기 양팔이 활처럼 바깥으로 펼쳐지면서 뻗히다가 팔이 다시 안쪽으로 모아지는 모습이었어요. 정말 놀랐습니다. ┐

[B]

갑자기 큰 소리가 났을 때 보이는 원시반사 중의 하나인데요, 가급적이면 갑작스러운 소음이나 움직임을 피해 주시는 것이 좋습니다. ┘

1) (가)의 [A]를 고려하여 특수 전동 휠체어를 운행하기 위한 보조공학기기를 1가지 쓰시오.

2) [B]의 대화에서 알 수 있는 원시반사 유형을 쓰시오.

PART 09

69 2023 중등A-11

(가)는 지체장애 특수학교에 재학 중인 학생의 특성이고, (나)는 특수 교사와 지원인력이 나눈 대화의 일부이다. 〈작성 방법〉에 따라 서술하시오.

(가) 학생의 특성

학생	특성
A	• (㉠) 이분척추 • 신경계 일부가 돌출된 상태로 태어남 • 뇌수종으로 인한 지적장애 • 방광 조절 기능장애 • 하지마비
B	• 대뇌피질(cerebral cortex) 손상 • ㉡ 비대칭성 긴장성 목반사(ATNR)가 남아 있음 • 경직형 뇌성마비
C	• 대뇌피질(cerebral cortex) 손상 • ㉢ 대칭성 긴장성 목반사(STNR)가 남아 있음 • 전신발작 • 경직형 뇌성마비

(나) 특수 교사와 지원인력의 대화

특수 교사: 선생님, 학생 B와 학생 C는 원시반사가 있으니, 주의해서 지원해 주시기 바랍니다.
지원인력: 어떻게 지원하면 될까요?
특수 교사: 학생 B와 C는 휠체어를 이용할 때 머리를 움직이지 않도록 하여 팔과 다리의 신전과 굴곡을 최소화하는 것이 중요합니다. 학생 B는 (㉣), 왼쪽 방향의 팔과 다리가 신전되고 반대편 팔과 다리는 굴곡됩니다. 학생 C는 (㉤), 양팔은 신전되고 양 다리는 굴곡됩니다.

… (중략) …

특수 교사: 선생님, 학생 C는 전신발작이 있으니 전조 증상에 유의해서 관찰해 주세요.
지원인력: 평소와 다른 특이한 행동이나 감각 반응 등을 관찰하면 되겠군요.
특수 교사: 네. 발작이 시작되면 의식이 없어지고, 온몸이 경직되며 호흡 곤란과 격렬한 발작으로 인해 신체적 상해를 입기도 해요. 근육이 수축과 이완을 반복하며 몸 전체가 심하게 흔들립니다. 대부분 발작은 3~5분 안에 끝나고 힘이 빠진 상태에서 주로 잠이 듭니다. 그리고 발작이 진정되면 꼭 휴식을 취하게 해 주세요. [㉥]

… (하략) …

〈 작성 방법 〉

- (가)의 학생 A의 특성에 따라 괄호 안의 ㉠에 들어갈 이분척추의 유형을 쓸 것
- (가)의 밑줄 친 ㉡과 ㉢에 근거하여 (나)의 괄호 안의 ㉣과 ㉤에 해당하는 내용을 순서대로 서술할 것
- (나)의 ㉥에 해당하는 전신발작의 명칭을 쓸 것

70

2023 중등B-4

(가)는 특수학교에 재학 중인 학생의 의사소통 특성이고, (나)는 지도 교사가 교육실습생과 학생들의 대화 장면을 관찰하여 작성한 메모이다. 〈작성 방법〉에 따라 서술하시오.

(가) 학생의 의사소통 특성

학생	의사소통 특성
A	• 일관적이지 않은 조음 오류를 나타냄 • 언어 규칙의 습득이 지체됨
B	• 어휘력이 매우 낮음 • 형용사나 부사의 사용 빈도가 낮음
C	• 조음과 관련된 근육의 협응이 잘 이루어지지 않음 • 말 명료도가 낮고, 자음에서의 조음 오류가 두드러짐

(나) 지도 교사의 메모

상황	대화	관찰
• 학생 A가 간식 시간에 '사과'를 먹은 후 교육실습생과 대화함	• 교육실습생: 간식 시간에 어떤 과일을 먹었어요? • 학생 A: /따가/ 먹을래. • 교육실습생: (㉠)	• 교정적 피드백 유형 중 고쳐 말하기 전략을 사용하여 지도함
• 학생 B가 주말에 영화를 봤다는 정보를 사전에 듣고 대화를 유도함	• 교육실습생: 주말에 뭐 했어요? • 학생 B: 영화 봤어요. • 교육실습생: (㉡)	• 확대 전략을 사용하여 지도함
• 학생 C가 잘 볼 수 있는 위치에서 그림카드를 가리키며 발음을 지도함	• 교육실습생: 선생님을 따라 이런 자세로 말해 보세요. ㉢ <u>/감/, /코/</u> • 학생 C: /더/, /으/	• ㉣ <u>조음기관을 최소한으로 움직여 정조음을 훈련할 수 있는 자세</u>를 활용하여 지도함

〈 작성 방법 〉

• (나)의 밑줄 친 ㉣에 해당하는 자세 1가지를 서술할 것[단, 밑줄 친 ㉢의 초성에 근거할 것]

71

2023 중등B-5

(가)는 신규 교사와 수석 교사가 나눈 대화의 일부이고, (나)는 배변 훈련 계획의 일부이다. 〈작성 방법〉에 따라 서술하시오.

(가) 신규 교사와 수석 교사의 대화

신규 교사: 2022년 6월에 일부 개정된 장애인 등에 대한 특수교육법 시행령에서 중도중복장애를 지닌 특수교육 대상자에 대한 선정 기준이 보다 명료해졌다고 들었습니다.
수석 교사: 네. 그렇습니다. 중도중복장애는 지적장애 또는 자폐성장애를 지니면서 시각장애, 청각장애, 지체장애, (㉠) 중 하나 이상을 가지고 있어야 합니다.
신규 교사: 시각과 청각 모두 장애의 정도가 심하여 두 감각에 의한 학습활동이 곤란한 경우도 중도중복장애로 분류되나요?
수석 교사: ㉡ 아닙니다.

… (중략) …

신규 교사: 중도중복장애 학생의 보호자가 교과교육을 강하게 요구하고 있어요. 하지만 우리 반 학생들의 장애 정도가 너무 심하다보니 교과지도보다는 식사지도와 배변지도에 치중하게 되는 것 같아요.
수석 교사: 물론 교과지도도 중요합니다. 그러나 상위 욕구와 하위 욕구로 욕구의 위계를 설명하였던 매슬로우(A. Maslow)에 따르면, (㉢)(이)라고 합니다. 중도중복장애 학생의 생리 및 안전의 욕구를 고려하여 이를 충족하기 위한 기능적 기술을 우선적으로 가르치는 것이 중요합니다. 기본적인 생리·안전이 제공되었을 때 비로소 학습이 이뤄진다고 생각합니다.

(나) 배변 훈련 계획

단계	내용	지도 중점
사전 단계	배변일지 작성	매 15~30분 간격으로 기록
1단계	㉣ 습관 훈련하기	반복적 훈련을 지속적으로 실시
2단계	스스로 시도하기	다양한 신호 관찰
3단계	독립적으로 용변 보기	일반화 및 유지

〈지도상 유의사항〉
- 학생의 자율성 존중
- 개인 사생활 보호 및 인권 존중
- 훈련 효과를 높이기 위해 가정과 유기적으로 협력

〈 작성 방법 〉
- (가)의 괄호 안의 ㉠에 해당하는 장애명을 쓰고, 밑줄 친 ㉡과 같이 말한 이유를 서술할 것[단, 장애인 등에 대한 특수교육법 시행령 (대통령령 제32722호, 2022. 6. 28., 일부개정)에 근거할 것]
- (나)의 밑줄 친 ㉣에 해당하는 내용을 학생의 배변 시점을 기준으로 서술할 것

72

2024 유아A-2

(가)는 지호의 개별화가족지원계획을 작성하기에 앞서 지호 어머니와 장애영아학급 교사가 나눈 대화의 일부이다. 물음에 답하시오.

(가)

교　사: 어머니의 요청에 의해 앞서 촬영한 지호와 어머니의 놀이 상호작용 동영상 자료를 보며 말씀 나누겠습니다.

…(중략)…

교　사: 영상을 모두 보셨는데요. 어떠셨는지요?

어머니: 아 … 영상을 보며 선생님 말씀을 들으니 … 제가 참…우리 지호는 쳐다볼 준비가 안 됐는데 저는 계속 그림책을 펴며 지호에게 보라 하고….

교　사: 그래도 지호를 위해 많이 노력하셨어요. 그런데 저는 어머니께서 지호보다 앞서서 뭐든 해 주려 하는 점이 다소 우려됩니다.

어머니: 그럼 우리 지호와 즐겁고 의미 있게 놀 수 있는 좋은 방법을 구체적으로 배우고 싶어요.

교　사: 지호에게는 마호니(G. Mahoney)의 ㉠ 반응성 교수법(Responsive Teaching: RT)이 적절합니다. 이 방법은 일상생활에서 지호와 어머니가 상호작용하면서 지호 발달에 필요한 중심 행동을 자연스럽게 배우고 사용할 수 있도록 하는 것이에요.

…(중략)…

어머니: 선생님, 우리 지호가 30개월인데 고개 조절은 할 수 있지만 제가 도와줘도 몸통의 안정성이 부족해 오래 앉거나 서 있는 것을 힘들어해요. 그래서인지 우리 지호는 자신이 할 수 있는 몇 가지 행동조차 스스로 하려 하지 않아요. 지호의 서기 자세를 도와주는 보조기기에는 어떤 것이 있을까요?

교　사: (㉡)을/를 활용하면 도움이 될 거예요.

어머니: 아! 그렇군요. 감사합니다. 선생님.

2) (가)에서 ㉡에 해당하는 서기 자세 보조기기의 명칭을 쓰시오.

73

2024 초등A-2

다음은 특수교육지원센터의 질의응답 게시판에 올라온 보조공학 기기와 관련된 글의 일부이다. 물음에 답하시오.

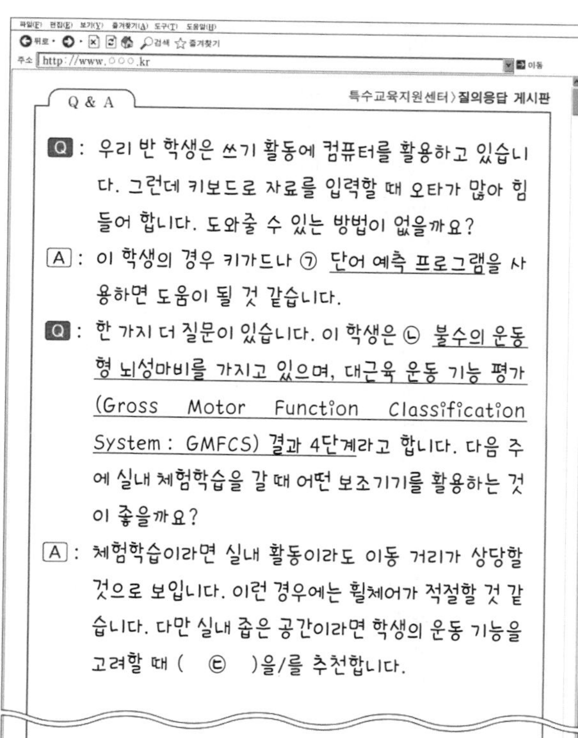

Q & A　　특수교육지원센터 〉 질의응답 게시판

Q: 우리 반 학생은 쓰기 활동에 컴퓨터를 활용하고 있습니다. 그런데 키보드로 자료를 입력할 때 오타가 많아 힘들어 합니다. 도와줄 수 있는 방법이 없을까요?

A: 이 학생의 경우 키가드나 ㉠ 단어 예측 프로그램을 사용하면 도움이 될 것 같습니다.

Q: 한 가지 더 질문이 있습니다. 이 학생은 ㉡ 불수의 운동형 뇌성마비를 가지고 있으며, 대근육 운동 기능 평가(Gross Motor Function Classification System: GMFCS) 결과 4단계라고 합니다. 다음 주에 실내 체험학습을 갈 때 어떤 보조기기를 활용하는 것이 좋을까요?

A: 체험학습이라면 실내 활동이라도 이동 거리가 상당할 것으로 보입니다. 이런 경우에는 휠체어가 적절할 것 같습니다. 다만 실내 좁은 공간이라면 학생의 운동 기능을 고려할 때 (㉢)을/를 추천합니다.

1) 다음은 ㉠에 대한 설명이다. ① ⓐ에 들어갈 내용을 쓰고, ② ㉡을 고려하여 ㉢에 들어갈 보조기기를 쓰시오.

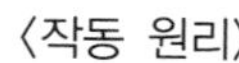
〈작동 원리〉

 키보드로 첫 글자를 입력한다.

 (ⓐ)

 자신이 원하는 단어를 선택한다.

 원하는 문장이 나타난다.

①:

②:

74 2024 중등A-7

(가)는 지체장애 학생 A와 B의 특성이고, (나)는 교육 실습생과 특수 교사의 대화 중 일부이다. 〈작성 방법〉에 따라 서술하시오

(가) 학생 A와 B의 특성

학생 A	• 경직형 뇌성마비, 목 조절이 어려움. • GMFCS 5단계
학생 B	• 경직형 뇌성마비, 비대칭성 긴장성 경반사 • GMFCS 5단계

(나) 교육 실습생과 특수 교사의 대화

교육 실습생: 선생님, 오늘 ○○수업 참관 시간에 학생 A를 만났는데, 눈이 마주치니 학생 A가 저를 보고 웃었어요. 저도 학생 A와 의사소통을 하고 싶은데 방법이 없었어요. 어떤 기기를 사용할 수 있을까요?

특수 교사: [학생 A가 비교적 자유롭게 움직일 수 있는 신체 부분이 눈입니다. 그러면 학생 A의 눈동자의 움직임을 이용하는 기기를 사용할 수 있습니다. 기기에 있는 작은 카메라로 눈동자의 움직임을 찍고 그 방향을 읽어 AAC 기기의 마우스 포인터를 움직이는 겁니다. 선택은 시선이 일정 시간 머물거나 눈을 깜빡이는 동작으로 합니다. 컴퓨터와 연결하면 눈동자의 움직임으로 컴퓨터도 사용할 수 있어요.] [㉠]

교육 실습생: 선생님, 학생 B가 직접 선택 방법으로 태블릿 PC의 의사소통 애플리케이션을 사용할 수 있도록 지도하고 싶은데, 어떤 방법이 좋을까요?

특수 교사: 직접 선택을 하는 데에는 다양한 전략이 있습니다. 그중에서 (㉡) 전략을 사용해 보면 어떨까요? 이 전략은 해당 프로그램이 단시간 내에 수집한 정보를 바탕으로 셀이 선택되는 데 필요한 시간을 감지해서, 유효한 시간과 무시해도 되는 시간을 찾아냅니다. 그래서 일정 시간 동안 누르고 있는 셀은 선택되지만, 잠깐 스치듯 누르는 셀은 선택되지 않습니다.

교육 실습생: 학생 B의 경우는 원시반사가 남아 있는데, 모니터의 위치는 어떻게 하면 좋을까요?

특수 교사: AAC 기기나 모니터를 ㉢ <u>몸의 정준선에 위치하도록 하는 것이 중요</u>합니다.

〈 작성 방법 〉

- 학생 B의 특성을 고려하여 (나)의 밑줄 친 ㉢의 이유를 2가지 서술할 것[단, '원시반사'가 포함된 서술은 제외함]

75

2024 중등B-4

(가)는 학생 A와 B의 특성이고, (나)는 특수학교 교사 A와 B의 대화이다. 〈작성 방법〉에 따라 서술하시오.

(가) 학생 A와 B의 특성

학생	특성
학생 A	• 듀센형 근이영양증 • 척주(척추)만곡이 나타남. • 첨족보행을 하며 균형 감각이 불안하여 자주 넘어짐. • 착석 시스템 적용 전동 휠체어를 사용함.
학생 B	• 경직형 뇌성마비 • 고정형 팔걸이의 수동 휠체어를 사용함.

(나) 특수 교사 A와 B의 대화

특수 교사 A: 전동 휠체어를 어떻게 움직이나요?
특수 교사 B: 전동 휠체어를 움직이는 데에는 다양한 방식을 적용할 수 있습니다. 예를 들어 조이스틱, 스위치 등을 사용합니다. 몸의 다양한 부분에 스위치를 적용할 수 있는데, 호흡으로 작동하는 (㉠)(이)나 혀로 작동하는 스위치도 있습니다.
특수 교사 A: 그러면 학생 A의 전동 휠체어는 어떤 방식으로 작동하나요?
특수 교사 B: 학생 A의 경우에는 손을 일정하게 움직일 수 있기 때문에 비례적 조이스틱을 사용하면 됩니다. 가고 싶은 방향으로 비례적 조이스틱을 움직이면 그 방향으로 휠체어가 움직입니다.
특수 교사 A: 비례적 조이스틱으로 (㉡)을/를 조절할 수도 있습니까?
특수 교사 B: 물론입니다. 원하는 방향으로 미는 정도에 따라 조절할 수 있습니다.
특수 교사 A: 학생 B는 ㉢ <u>교과 전담 이동 수업 시간에 다른 책상을 사용하는 것이 어렵습니다.</u> ㉣ <u>학생 B의 접근성을 보장하기 위한 방법</u>이 있을까요?
특수 교사 B: 네, 학생 B의 접근성을 보장하기 위해 할 수 있는 방법을 자료와 함께 자세히 메모해 드릴게요.

〈작성 방법〉
- (나)의 괄호 안의 ㉡에 해당하는 용어를 쓸 것
- (나)의 밑줄 친 ㉢을 해결하기 위한 ㉣을 2가지 서술할 것

76

2024 중등B-8

(가)는 중복장애 학생 A에 대한 담임 교사와 수석 교사의 대화이고, (나)는 학생 A를 위한 학급 규칙 자료이다. 〈작성 방법〉에 따라 서술하시오.

(가) 담임 교사와 수석 교사의 대화

담임 교사: 학생 A는 지체장애와 자폐성장애를 같이 가지고 있는데, 낮은 촉각 역치를 보입니다. 학생 A에게 손 씻기를 지도하는데 어떤 방법으로 지도할까요?

수석 교사: 다양한 방법으로 지도할 수 있습니다. ㉠ <u>세면대 거울에 손 씻는 단계 그림을 붙여서 학생 A에게 손 씻기를 지도할 수 있고</u>, ㉡ <u>손을 씻어야 한다는 의미로 선생님이 손으로 수도꼭지를 살짝 건드려서 학생 A에게 손 씻기를 알려 줘도</u> 됩니다. 그리고 다른 방법으로는 ㉢ <u>학생 A가 손을 씻을 수 있도록 손목을 잡아 줄 수 있으며</u>, ㉣ <u>선생님이 손을 씻는 모습을 학생 A에게 보여 주고 학생 A가 이를 모방</u> 하도록 할 수도 있습니다.

담임 교사: 잘 알겠습니다. 그러면 학생 A에게 학급 규칙을 어떻게 지도해야 할까요?

수석 교사: 학생 A는 규칙을 언어적으로 이해하는 데 어려움이 있으니, 학생이 지켜야 할 학급 규칙을 그림으로 제시하는 (㉤)의 방법으로 지도해 보세요. 이것은 교사가 학생에게 기대하는 행동에 대한 구체적인 목표가 있을 때 효과적인 방법입니다.

담임 교사: 그렇게 하면 학생 A에게 다른 규칙도 지도할 수 있겠네요.

수석 교사: 네, 학생의 수준에 맞는 다양한 그림이나 상징으로 지도할 수 있어요.

담임 교사: 그러면 어떤 기준으로 그림이나 상징을 선택하면 좋을까요?

수석 교사: 학생의 수준에 맞게 ㉥ <u>그림이나 상징을 보고 그것이 나타내는 것이 무엇인지 알 수 있는 정도</u>를 고려해서 선택하면 좋겠어요.

(나) 학생 A를 위한 학급 규칙 자료

우리 학급 규칙

〈작성 방법〉

- (가)의 괄호 안의 ㉤에 해당하는 용어를 (나)를 참조하여 쓸 것

77

2024 중등B-11

다음은 ○○특수학교의 특수 교사와 교육 실습생 A와 B가 중도 뇌성마비 학생 A의 식사 기술 지도에 대해 나눈 대화이다. 〈작성 방법〉에 따라 서술하시오.

교육 실습생 A: 학생 A는 목 조절이 힘들고 위식도 역류가 심합니다. 그래서 씹기를 거부하고 구토 증상도 나타나요.

교육 실습생 B: 그런 경우에는 ㉠ 음식을 작은 조각으로 잘라서 조금씩 자주 제공해야 합니다. ㉡ 식사를 마친 후에도 곧바로 눕지 않고 앉아 있도록 하는 게 좋겠네요.

교육 실습생 A: 학생 A는 기도 폐쇄 현상이 자주 나타납니다.

교육 실습생 B: 그럴 경우 ㉢ 죽(퓌레) 형태로 음식물을 수정하여 제공해야 합니다.

교육 실습생 A: 그렇군요. 그런데 학생 A는 혼자 숟가락을 사용하지 못해서 식사 보조를 해 주는데, 그럴 때 숟가락을 강하게 물고 있어서 치아가 손상될까 봐 걱정이에요.

교육 실습생 B: 우선 숟가락을 바꿔 보는 것은 어떨까요? ㉣ 부드러운 실리콘 소재의 숟가락을 사용하는 것이 좋겠네요. 그리고 ㉤ 교사가 식사 보조를 할 때는 학생 A의 앞에 앉아 지원해야 해요.

교육 실습생 A: 선생님, 학생 A가 혼자 식사를 할 수 있도록 숟가락 홀더(utensil holder) 사용하는 방법을 지도 하려는데 간격 시도와 (㉥) 중에 어느 것이 더 적절할까요?

특수 교사: 식사 기술 지도에는 간격 시도가 적절하지 않습니다. 그리고 학생 A는 숟가락 홀더 사용을 새로 배워야 하므로 익숙해지기까지 많은 시간이 걸릴 수 있습니다. 그래서 정해진 점심 시간 이외에도 자연스러운 환경 속에서 간식 시간 등을 이용하여 추가로 지도하는 것이 바람직합니다.

교육 실습생 B: 식사 장소도 고민 중입니다. 식사 중에 친구들이 갑자기 큰 소리를 내거나 뛰면 학생 A는 무척 놀라고 ㉦ 갑작스러운 목 신전 반사가 나타나며 팔을 쭉 벌리면서 무언가를 잡으려 하는 자세를 취하게 됩니다.

특수 교사: 주변 상황 변화에 대해 과도한 반사행동을 가진 학생에게는 편안하고 안정된 느낌을 제공해 주는 것도 필요합니다.

〈작성 방법〉

- 밑줄 친 ㉠~㉤ 중 틀린 내용을 2가지 찾아 기호를 쓰고, 틀린 내용을 바르게 고쳐 서술할 것
- 밑줄 친 ㉦과 같은 반사행동 명칭을 쓸 것

K O R e a   S p e c i a l   E d u c a t i o n   T e a c h e r

김남진

KORSET 특수교육학 기출분석 2

PART 10

건강장애아교육

Mind Map

Chapter 1 건강장애의 이해

1 건강장애의 개념
- 장애인 등에 대한 특수교육법의 정의
- 건강장애 학생의 특성

2 건강장애의 선정과 취소
- 건강장애의 선정
- 건강장애의 선정 취소
  - 건강장애 선정의 직접적인 원인이 된 질병이 완치된 경우
  - 소속 학교로 복귀하여 정상적인 출석을 하는 경우
  - 소속 학교에서 휴학 또는 자퇴를 하고자 하는 경우
- 기타 사항
  - 외상적 부상 학생
  - 정신장애 학생

Chapter 2 건강장애 학생을 위한 교육적 지원

1 교육지원의 기본 원칙

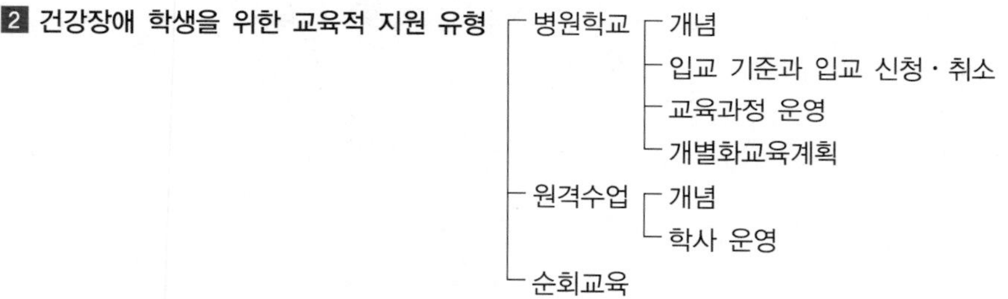

2 건강장애 학생을 위한 교육적 지원 유형
- 병원학교
  - 개념
  - 입교 기준과 입교 신청 · 취소
  - 교육과정 운영
  - 개별화교육계획
- 원격수업
  - 개념
  - 학사 운영
- 순회교육

3 심리 정서 및 학교복귀 지원
- 심리 정서적 지원
- 학교복귀 지원

Chapter 3 건강장애의 유형

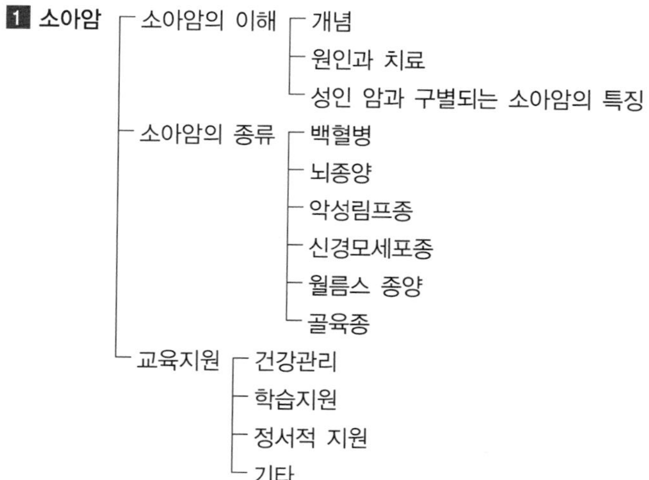

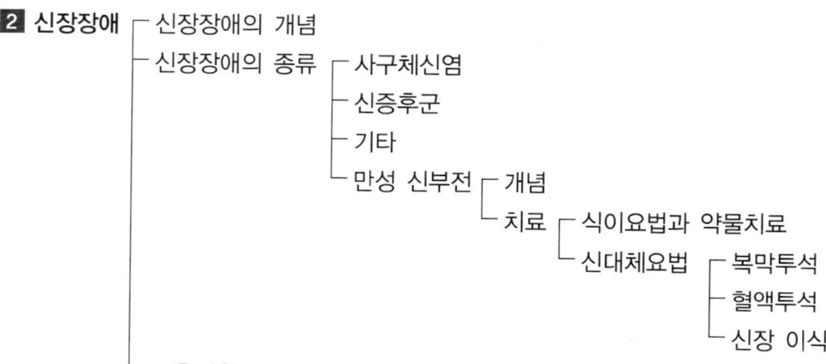

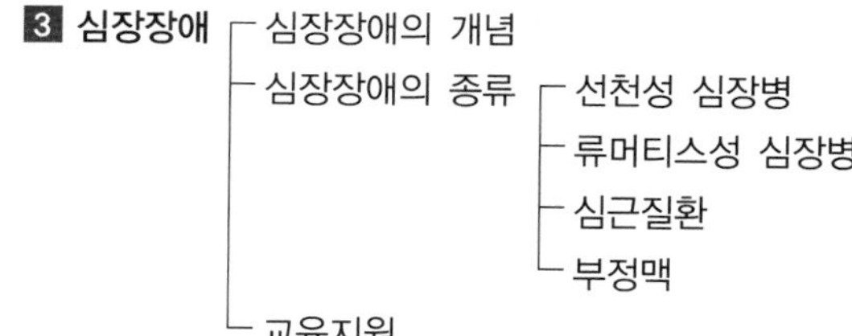

PART 10

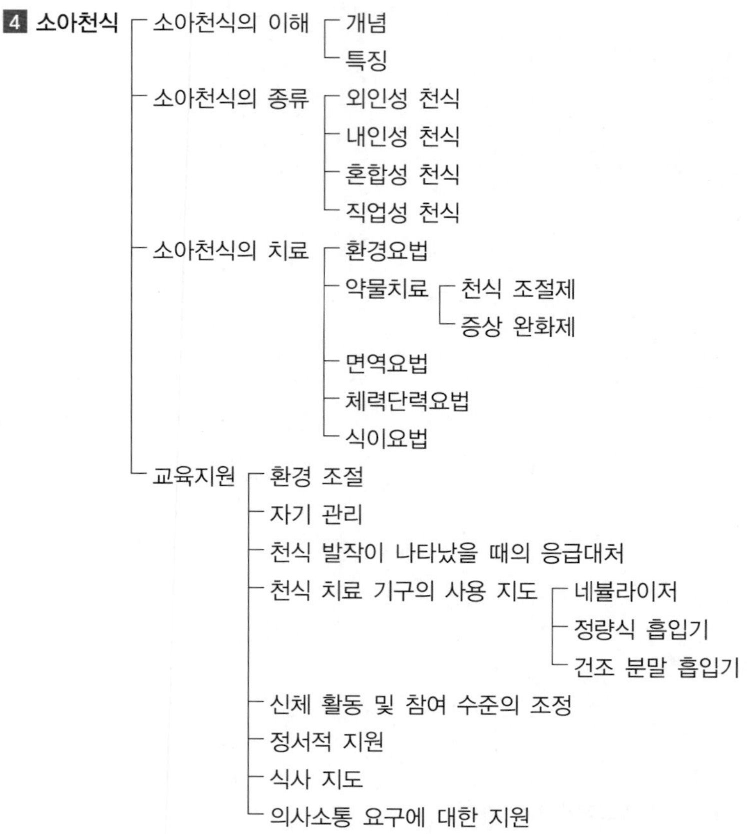
4 소아천식
소아천식의 이해
개념
특징
소아천식의 종류
외인성 천식
내인성 천식
혼합성 천식
직업성 천식
소아천식의 치료
환경요법
약물치료
천식 조절제
증상 완화제
면역요법
체력단련요법
식이요법
교육지원
환경 조절
자기 관리
천식 발작이 나타났을 때의 응급대처
천식 치료 기구의 사용 지도
네뷸라이저
정량식 흡입기
건조 분말 흡입기
신체 활동 및 참여 수준의 조정
정서적 지원
식사 지도
의사소통 요구에 대한 지원

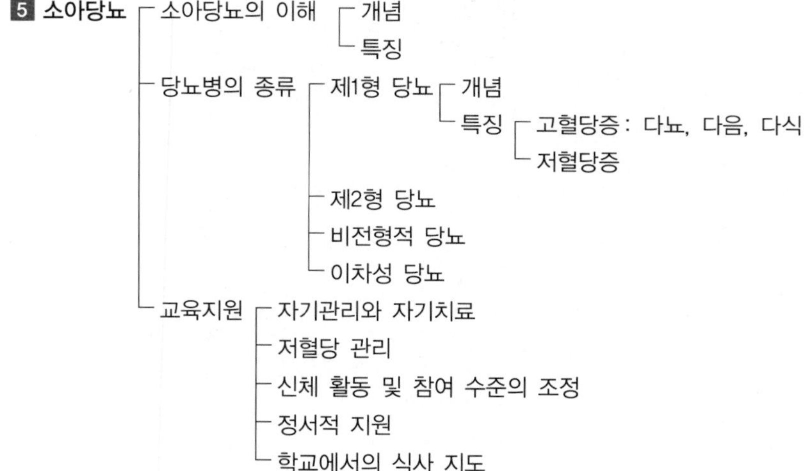
5 소아당뇨
소아당뇨의 이해
개념
특징
당뇨병의 종류
제1형 당뇨
개념
특징
고혈당증: 다뇨, 다음, 다식
저혈당증
제2형 당뇨
비전형적 당뇨
이차성 당뇨
교육지원
자기관리와 자기치료
저혈당 관리
신체 활동 및 참여 수준의 조정
정서적 지원
학교에서의 식사 지도

기출문제 다잡기

정답 및 해설 p.159

01

2009 중등1-14

「장애인 등에 대한 특수교육법」 및 관련 법령에 근거한 순회교육의 설명으로 옳은 것을 〈보기〉에서 고른 것은?

〈보기〉

ㄱ. 특수학교 및 특수교육지원센터에 특수교육교원을 배치하여 순회교육을 실시한다.
ㄴ. 순회교육의 수업일수는 매 학년도 74일을 기준으로 하되, 15일 범위에서 줄일 수 있다.
ㄷ. 순회교육대상자를 위하여 의료기관 및 복지시설 등에 학급을 설치·운영할 수 있다.
ㄹ. 일반학교에서 통합교육을 받고 있는 특수교육대상자를 지원하기 위하여 순회교육을 실시하여야 한다.

① ㄱ, ㄴ
② ㄱ, ㄷ
③ ㄴ, ㄷ
④ ㄴ, ㄹ
⑤ ㄷ, ㄹ

02

2011 초등1-6

샛별초등학교에 재학 중인 건강장애 학생 창수는 소아암 치료를 위해 5개월간 장기 입원하게 되어 병원학교에 입급하려고 한다. 담임교사는 창수의 병원학교 입급과 관련된 점검 사항을 작성하여 특수교사에게 조언을 구하려고 한다. 다음에서 적절한 내용을 모두 고른 것은?

구분	병원학교 점검 사항
학사 운영	ㄱ. 창수의 학적은 병원학교에 두고, 샛별초등학교의 학년과 학기를 적용한다.
교육 과정 운영	ㄴ. 병원학교에서는 입급일로부터 14일 이내에 창수의 건강관리계획을 포함한 개별화교육계획을 작성해야 한다. ㄷ. 창수의 오랜 병원생활로 인한 수업 결손을 막기 위해 재량활동을 교과 재량활동으로 운영한다. ㄹ. 창수에게 학력 평가를 실시할 때, 평가 당일 샛별초등학교에 출석하여 평가를 받도록 권장하되, 병원방문 평가도 인정한다.
환급 준비	ㅁ. 병원학교에서는 창수가 샛별초등학교로 복귀하는 것을 도울 수 있도록 학업·심리·사회적응 등을 위한 학교복귀 프로그램을 실시한다.

① ㄱ, ㄴ
② ㄷ, ㅁ
③ ㄹ, ㅁ
④ ㄱ, ㄴ, ㄹ
⑤ ㄷ, ㄹ, ㅁ

03

2011 중등1-39

다음은 심장 수술로 장기간 입원하게 된 고등학생 A의 어머니와 병원학교 특수교사의 대화이다. ㉠~㉣에서 옳은 것만을 모두 고른 것은?

> 어 머 니: 간호사 말이 A가 여기에서 특수교육을 받을 수 있다던데요…….
> 특수교사: ㉠ A가 2개월 이상 입원하게 될 경우, 「장애인 등에 대한 특수교육법」 시행령에 근거해서 건강장애를 지닌 특수교육대상자로 선정될 수 있습니다.
> 어 머 니: 그럼 A에게 무슨 혜택이 있지요?
> 특수교사: ㉡ 건강장애학생으로 선정되면 입학금과 수업료, 교과용 도서 대금 및 급식비가 무상으로 지원됩니다.
> 어 머 니: 그럼 병원에 입원해 있는 동안 수업 결손은 어떻게 하지요?
> 특수교사: ㉢ 병원학교에서 교과 수업뿐만 아니라 필요에 따라 화상 강의도 제공합니다.
> 어 머 니: 그럼 제가 어떻게 해야 하지요?
> 특수교사: ㉣ 병원학교 배치 신청서를 작성하여 진단서와 함께 병원에 제출하면, 심사 결과에 따라 건강장애로 선정되어 저희 병원학교에 배치됩니다.

① ㉠, ㉢ ② ㉠, ㉣
③ ㉡, ㉢ ④ ㉠, ㉡, ㉣
⑤ ㉡, ㉢, ㉣

04

2012 초등1-6

다음은 특수교육대상자로 선정되어 초등학교 일반학급에 통합되어 있는 건강장애 학생들의 개별적인 상황과 특수교육 지원 내용이다. 상황에 따른 특수교육 지원이 적절하지 않은 것은?

	만성 질환	개별 학생의 상황	특수교육 지원
①	소아 천식	먼지와 특정성분의 음식에 과민반응을 보여 천명을 동반한 기침과 호흡곤란이 심하게 나타난다.	부모와 보건교육교사와 상의하여 과민반응을 일으키는 음식을 통제하고, 교실환경을 평가하여 자극을 줄여준다.
②	심장 장애	온도변화가 심하거나 몹시 추운 날에는 청색증과 호흡곤란 증세가 나타난다.	동절기에는 운동장에서 하는 체육수업을 받지 않고, 특수학급에 가서 다른 교과의 수업을 받게 한다.
③	신장 장애	투석치료를 위해 매주 정기적으로 3번씩 조퇴를 해야 한다.	조퇴로 인한 특정 교과 학습의 결손을 보충할 수 있도록 통신교육이나 체험교육 등의 학습 기회를 제공한다.
④	소아 암	소아암 치료를 위해 학기 중 4개월 동안 병원에 입원하여야 한다.	입원한 병원의 병원학교에서 최소한 1일에 1시간 이상 수업에 참여하게 하여 유급이 되지 않게 한다.
⑤	소아 당뇨	혈당 조절을 위해 매일 인슐린 주사를 맞으며, 종종 저혈당 증세가 나타난다.	수업시간이라도 갑작스러운 저혈당 증세가 나타나면, 사탕이나 초콜릿 등을 먹을 수 있도록 허용한다.

05

2013 중등1-8

순회교육에 대하여 「장애인 등에 대한 특수교육법」 및 동법 시행령에 명시된 내용으로 옳지 않은 것은?

① 교육감은 장애 정도가 심하여 장·단기의 결석이 불가피한 특수교육대상자의 교육을 위하여 필요한 경우 순회교육을 실시하여야 한다.

② 각급학교의 장은 순회교육을 하기 위하여 순회교육을 받는 특수교육대상자의 능력, 장애 정도, 장애 특성 등을 고려하여 순회교육계획을 작성·운영하여야 한다.

③ 순회교육이란 특수교육교원 및 특수교육 관련서비스 담당 인력이 각급학교나 의료기관, 가정 또는 복지시설(장애인복지시설, 아동 복지시설 등을 말한다) 등에 있는 특수교육대상자를 직접 방문하여 실시하는 교육을 말한다.

④ 교육장 또는 교육감은 일반학교에서 통합교육을 받고 있는 특수교육대상자를 지원하기 위하여 일반학교 및 특수교육지원센터에 특수교육교원 및 특수교육 관련서비스 담당 인력을 배치하여 순회교육을 실시하여야 한다.

⑤ 순회교육의 수업일수는 매 학년도 150일을 기준으로 하여 각급학교의 장이 정하되, 순회교육을 받는 특수교육대상자의 상태와 교육과정의 운영상 필요한 경우에는 지도·감독기관의 승인을 받아 30일의 범위에서 줄일 수 있다.

06

2017 초등A-3

(나)는 슬기로운 생활과 '가을 풍경 관찰하기' 현장체험학습 계획 시 중도·중복장애 학생들의 특성에 따라 교사가 고려해야 하는 사항이다. 물음에 답하시오.

(나)

학생 이름	특성	고려사항
영희	• 외상성 뇌 손상(교통사고) • 오른쪽 편마비, 인지적 손상, 언어장애를 보임.	외출 전에 ㉡상의(앞이 완전히 트인 긴소매) 입히는 순서 고려하기
철수	• 중도 지적장애와 경직형 뇌성마비 • 전신의 긴장도가 높아 머리가 뒤로 젖혀지고 다리는 가위자 모양이 됨.	안아 옮길 때 자세에 유의하기 [A]
연우	• 중도 지적장애 • 알레르기성 천식을 앓고 있음. • 천식 발작 시 마른 기침을 하고 흉부 압박을 느끼며 고통을 호소함. • 천식 발작이 심한 경우 호흡곤란이 동반되고 의사소통이 어려움.	• 외출 시 준비물(휴대용 흡입기, 마스크, 상비약, 도움요청 카드, 휴대용 손전등, 휴대용 알람 기기 등) 점검하기 • ㉢응급 상황 발생 시 도움을 요청하는 방법 환기하기

4) (나)의 ㉢의 예를 연우의 특성과 외출 시 준비물을 고려하여 1가지 쓰시오.

07

2017 중등A-5

다음은 박 교사와 김 교사가 학생 A에 대해 나눈 대화의 일부이다. ㉠에 해당하는 병명을 쓰고, 「장애인 등에 대한 특수교육법 시행령(대통령령 제27227호, 2016. 6. 21., 일부개정)」에 근거하여 ㉡의 수업 일수는 누가 정하고, 기준 일수는 며칠인지 쓰시오.

박 교사: A는 ㉠ 소변검사에서 단백뇨와 혈뇨가 나와서 이 질병을 발견하게 되었는데, 지금은 혈액 투석을 하고 있습니다. 그리고 더 심해지면 이식 수술을 해야 한다고 걱정을 많이 하고 있어요. 식이요법도 해야 하고, 수분과 염분 섭취량을 조절해야 합니다.

김 교사: A가 주의해야 할 점이 많네요. 그리고 투석을 받는 것도 힘들겠지만 상태가 더 나빠지는 것에 대한 스트레스도 클 것 같아요.

박 교사: 네. A는 몸이 많이 부어 있기도 하고 피로감을 자주 호소합니다. 그리고 조퇴와 결석이 많아 학습결손도 있어서, 부모님에게 건강장애를 지닌 특수교육대상자로 선정・배치되는 절차를 안내했어요. 선정이 되면 ㉡ 순회교육이 필요할 수도 있겠습니다.

… (하략) …

08

2018 초등A-1

다음은 특수교육지원센터 홈페이지 질의・응답 게시판의 일부이다. 물음에 답하시오.

Q	우리 아이는 소아암으로 입원하고 있고, 특수교육 대상자로 선정되었습니다. 내년에 초등학교에 입학할 연령인데, 병원에는 병원 학교가 없습니다. 아이가 입원한 병원에서 학력 인정 교육을 받을 수 있는 방법이 있을까요?
A	네, 있습니다. 학생이 입원한 병원에 병원 학교가 없다면, 특수교육지원센터의 (㉢)을/를 통해 학력 인정 교육을 받을 수 있습니다.

3) ㉢에 들어갈 특수교육 지원 유형 1가지를 쓰시오.

09

2018 중등A-4

다음은 건강장애 학생 교육지원 매뉴얼의 Q & A 내용 중 일부이다. ㉠~㉢에 들어갈 내용을 순서대로 쓰시오.

> Q1 : 병원학교에서 수업받고 있는 중·고등학생은 출석 인정을 받을 수 있습니까?
> A1 : 예, 출석으로 인정받을 수 있습니다. 중·고등학생은 1일 (㉠) 수업에 참여할 경우 출석으로 인정하며(단, 정서·행동장애 병원학교는 1일 4시간 이상), 이때 병원학교의 (㉡)을/를 소속 학교에 제출해야 합니다.
> Q2 : 병원학교에서 수업을 받고 있지만, 건강상태가 좋지 않아 소속 학교에 출석하여 평가를 받기 힘들거나 병원이나 가정 등에서도 평가를 받기 어려운 학생이 있습니다. 이런 경우에 어떠한 해결방법이 있습니까?
> A2 : 평가 당일 소속 학교에 출석하여 평가를 실시함을 원칙으로 하지만, 부득이한 이유 등으로 인해 직접 평가가 불가능한 경우에는 소속 학교의 (㉢) 규정에 따라 처리하게 됩니다.

10

2019 중등A-8

다음은 ○○중학교 건강장애 학생 K의 보호자와 송 교사가 나눈 대화이다. 괄호 안의 ㉡에 해당하는 내용 1가지를 쓰시오.

> 보호자 : 선생님, 학생 K가 퇴원 후 학교에 복귀하게 되었는데, 학습 결손도 걱정이지만 오랜만에 학교에 가서 그런지 불안과 긴장이 심해지는 것 같아요.
> 송 교사 : 개별적인 지원 방법을 고민해 봐야겠군요. 먼저, 학업 지원 측면에서 학습 결손 보충과 평가 조정 등을 고려하겠습니다. 불안과 긴장에 대해서는 ㉠ <u>깊고 느린 호흡, 심상(mental image) 등을 통해 근육의 긴장을 감소시키는 방법</u>을 고려해보면 좋겠네요.
> 보호자 : 학생 K가 병원에서 처방받은 약을 복용해야 하는데, 건강관리 측면에서는 어떠한 지원이 가능한가요?
> 송 교사 : 개별화교육지원팀에서 약물 투여 담당자 지정을 포함하여 건강관리에 관한 제반 사항을 논의하고 결정할 것입니다. 교사들은 학생 K가 정해진 시간에 약을 복용하는지 확인할 것이고, 약물 복용에 따른 (㉡)을/를 관찰하겠습니다. 그리고 혹시 있을지 모르는 응급상황 대처 요령을 숙지할 것입니다.

11

2020 중등A-12

(가)는 특수교육지원센터 홈페이지 게시판에 있는 질의응답 내용의 일부이고, (나)는 학생 L의 건강관리 지원 계획의 일부이다. 〈작성 방법〉에 따라 서술하시오.

(가) 질의응답 내용

Q1 저희 아이는 소아 천식을 앓고 있어요. 만약 건강장애로 선정된다면 집에서 공부할 수 있는 방법이 있나요?

A1 네, 원격수업이나 ㉠ 순회교육을 받을 수 있습니다.

Q2 건강장애 학생의 부모입니다. 향후 건강장애 선정을 취소할 수 있나요?

A2 ㉡ 건강장애 특수교육대상자 선정 취소 사유에 해당하는 경우, 학부모가 건강장애 선정 취소를 신청할 수 있습니다.

Q3 학생 L은 (㉢)을/를 앓고 있어요. ⓐ 혈당 검사, 인슐린 주사, 식이요법을 통해 매일 꾸준히 관리해야 해요. 학교에서 어떤 지원을 받을 수 있을까요?

(나) 건강관리 지원 계획

○ 응급 상황 대처 계획

구분	나타날 수 있는 증상	처치
경증 저혈당	발한, 허기, 창백, 두통, 현기증	• 즉시 신체 활동 금지 • 즉시 혈당 측정 • (㉣) • 휴식 취하기 • 보건교사 연락 • 보호자 연락

〈작성 방법〉

- (가)의 밑줄 친 ㉡에 해당하는 내용을 1가지 서술할 것
- (가)의 밑줄 친 ⓐ를 참고하여 괄호 안의 ㉢에 해당하는 용어를 쓰고, (나)의 괄호 안의 ㉣에 해당하는 내용을 1가지 쓸 것

12

2021 중등B-9

(가)는 지적장애를 동반한 건강장애 학생 K의 특성이고, (나)는 학생 K에 대한 건강관리 지도 계획이다. 〈작성 방법〉에 따라 서술하시오.

(가) 학생 K의 특성

- 의사소통에 어려움이 있음.
- 지속성 경도 천식 증상이 있음.
- 흡입기 사용 시 도움이 필요함.

(나) 지도 계획

○ ㉠ 최대호기량측정기 사용 지도
- 매일 일정한 시간에 측정하고 결과를 기록하도록 지도

○ '도움카드' 사용 지도
- '도움카드' 사용 방법을 학습하기 위해 '1 : 1 집중시도' 연습 지도
- 일반화를 위해 다음과 같이 자연스러운 환경에서 '도움카드' 사용하기 연습 지도 [㉡]
  - 환기가 필요할 때 '도움카드'를 이용하여 도움 요청하기
  - 체육 활동 시 '도움카드'를 이용하여 휴식 시간 요청하기
  - 수업 시간에 갈증을 느낄 때 '도움카드'를 이용하여 물 마시기 요청하기
  - 흡입기 사용 시 '도움카드'를 이용하여 교사에게 도움 요청하기

○ 기타 교육적 지원

㉢ 교실에 천식 유발인자가 재투입되지 않는 특수 필터가 장착된 공기청정기를 사용한다.
㉣ 학생이 천식 발작의 징후인 흉부 압박, 연속적으로 터져 나오는 기침 등의 증상을 자각할 수 있도록 지도한다.
㉤ 천식 발작이 나타나면 증상이 잠잠해질 때까지 기다린 후에 조치를 취하도록 한다.
㉥ 학교의 모든 사람이 천식에 대한 지식을 갖출 수 있도록 교육을 실시한다.
㉦ 천식 발작이 일어났을 때 대개는 앉은 자세보다 누운 자세를 취하도록 하는 것이 바람직하다.
㉧ 일반적으로 적절한 운동은 도움이 되므로 준비 운동 후 운동에 참여하도록 한다.

〈작성 방법〉

- (나)의 밑줄 친 ㉠의 사용 방법을 1가지 서술할 것 [단, (가)의 학생 특성에 근거할 것]
- (나)의 ㉢~㉧ 중 틀린 곳 2가지를 찾아 기호를 쓰고, 그 이유를 각각 서술할 것

13 2022 중등B-9

(가)는 ○○중학교에 재학 중인 학생 H에 관해 담임 교사와 특수 교사가 나눈 대화의 일부이고, (나)는 학생 H를 위한 지원 계획의 일부이다. 〈작성 방법〉에 따라 서술하시오.

(가) 대화

담임 교사: 선생님, 저희 반 학생 H가 소아암 치료를 위해 6개월간 병원에 입원하게 되었어요. 입원해 있는 동안 어떤 교육 지원을 받을 수 있을까요?
특수 교사: 네, 건강장애로 인한 특수교육대상자로 선정되면 ㉠ 병원학교에서 수업을 받을 수 있습니다.
담임 교사: 특수교육대상자로 선정되려면 어떤 진단 · 평가를 받아야 하나요?
특수 교사: 「장애인 등에 대한 특수교육법 시행규칙」에 따르면, 건강장애와 관련하여 특수교육대상자 선별검사 및 진단평가 영역이 별도로 규정되어 있지 않습니다. 만성질환의 경우에는 (㉡)을/를 참고자료로 활용하여 특수교육운영위원회의 심사를 거쳐 특수교육대상자로 선정될 수 있습니다.

(나) 지원 계획

구분	내용
병원학교 입교	㉢ 학생 H의 학적은 병원학교에 두고 관련 지침을 적용한다. ㉣ 병원학교의 출결확인서 또는 수업확인증명서에 따라 출결을 처리한다.
학교 복귀 지원	㉤ 또래 관계를 지원하고, 심리 상담을 통해 정서적인 안정을 갖도록 한다. ㉥ 필요한 경우, 교내에 충분한 휴식을 취할 수 있는 공간을 확보한다. ㉦ 백혈구 수치가 낮아지거나 감염의 위험성이 높아지면 예기치 못한 결석이 자주 발생할 수 있으므로 학습결손에 대한 방안을 마련한다. ㉧ 장기간 치료로 인한 체력 소모와 피로감을 고려하여 신체 활동과 체육 활동을 피하도록 한다. ㉨ 방사선치료나 화학요법으로 인해 인지능력에 변화가 발생한 경우 학업 수행 시 지원이 요구된다.

〈작성 방법〉

- (가)의 밑줄 친 ㉠을 제외하고 학생 H가 제공받을 수 있는 교육 지원을 1가지 쓸 것 [단, 「장애인 등에 대한 특수교육법」 제25조 2항(법률 제17494호, 2020. 10. 20, 일부개정)에 근거할 것]
- (가)의 괄호 안 ㉡에 해당하는 내용을 1가지 쓸 것
- (나)의 ㉢~㉨ 중 적절하지 않은 것 2가지를 찾아 기호와 함께 각각 바르게 고쳐 서술할 것

14 2023 초등B-6

(가)는 건강장애 학생과 지체장애 학생의 특성이고, (나)는 체육 전담교사와 특수교사가 나눈 대화의 일부이다. 물음에 답하시오.

(가) 학생 특성

학생	특성
주호	• 만성적인 심장 질환을 가지고 있음 • 추운 날씨에는 청색증이 나타남 • 호흡기 계통 질환이 잦아 현장 체험 등에서 주의가 필요함 • 최근 병원에서 퇴원하여 계속적인 통원 치료를 받고 있음

(나) 대화 내용

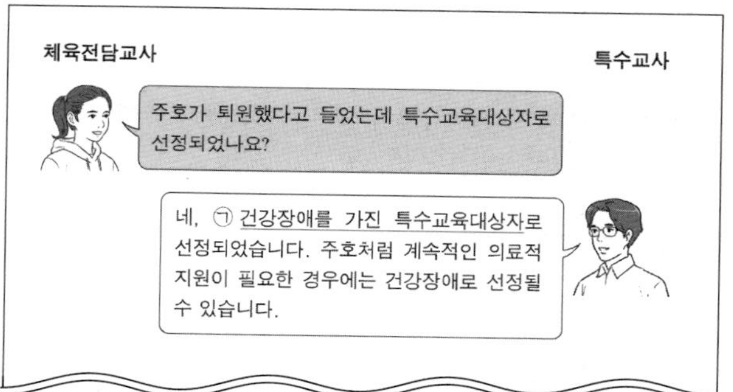

1) (나)의 ㉠으로 선정되기 위한 최소한의 기간을 쓰시오.

15

2023 중등B-7

(가)는 ○○교육지원청 특수교육지원센터 누리집 질의응답 내용의 일부이며, (나)는 건강장애 학생 A의 평가 조정을 위한 회의록의 일부이다. 〈작성 방법〉에 따라 서술하시오.

(가) 누리집 질의응답

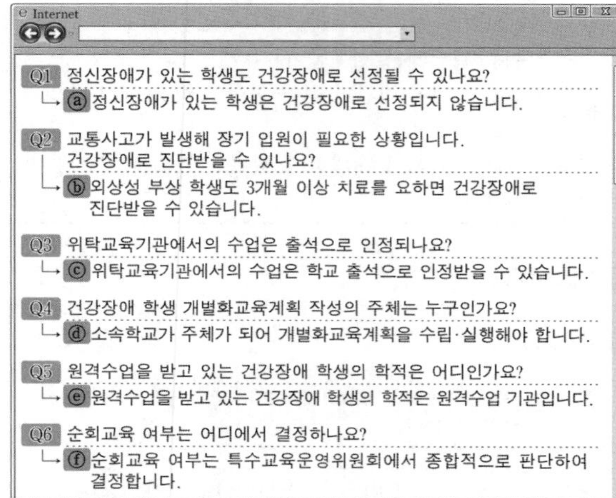
Internet

Q1 정신장애가 있는 학생도 건강장애로 선정될 수 있나요?
└→ ⓐ 정신장애가 있는 학생은 건강장애로 선정되지 않습니다.

Q2 교통사고가 발생해 장기 입원이 필요한 상황입니다. 건강장애로 진단받을 수 있나요?
└→ ⓑ 외상성 부상 학생도 3개월 이상 치료를 요하면 건강장애로 진단받을 수 있습니다.

Q3 위탁교육기관에서의 수업은 출석으로 인정되나요?
└→ ⓒ 위탁교육기관에서의 수업은 학교 출석으로 인정받을 수 있습니다.

Q4 건강장애 학생 개별화교육계획 작성의 주체는 누구인가요?
└→ ⓓ 소속학교가 주체가 되어 개별화교육계획을 수립·실행해야 합니다.

Q5 원격수업을 받고 있는 건강장애 학생의 학적은 어디인가요?
└→ ⓔ 원격수업을 받고 있는 건강장애 학생의 학적은 원격수업 기관입니다.

Q6 순회교육 여부는 어디에서 결정하나요?
└→ ⓕ 순회교육 여부는 특수교육운영위원회에서 종합적으로 판단하여 결정합니다.

(나) (㉠) 회의록

개최 일시	2022. ○. ○○.	장소	회의실
참석자	교감, 담임 교사, 특수 교사, 관련 업무 담당자		
안건	건강장애 학생 평가조정 방안		

담 당 자: 회의를 시작하겠습니다. 안건은 건강장애 학생 A의 평가조정 방안에 대한 건입니다. 담임 선생님께서는 학생의 상황에 대해 설명해 주시기 바랍니다.

담임 교사: 학생 A는 올해 혈액암으로 인해 건강장애로 선정된 학생입니다. 이 학생은 현재 ○○병원에서 5개월째 입원 중이며, 원격수업을 수강하고 있습니다. 학부모와 상담한 결과, 건강 상태로 인해 중간고사 기간에 학교에 출석하지 못하는 상황으로 판단됩니다. 이러한 이유로 (㉠) 개최를 요청하게 되었습니다.

특수 교사: 학생 A와 같이 장기 결석으로 인해 출석 시험이 곤란한 경우에 평가에서 불이익을 받을 우려가 있으므로 평가를 조정하는 것이 필요합니다.

교 감: 건강장애 학생의 경우에도 출석 시험이 원칙입니다. 학생 A의 건강 상태와 현 상황을 고려한 평가조정 방안에 대해 의견을 주시기 바랍니다.

특수 교사: 이런 경우 학생 A는 병원에서 시험을 볼 수 있습니다. 만약 건강 상태가 계속 좋지 않아 수행평가에도 참여하지 못하는 경우, ㉡ <u>다음과 같이 처리할 수 있습니다.</u>

…(하략)…

〈작성 방법〉

- (가)의 ⓐ~ⓕ 중 틀린 응답 내용을 2가지 찾아 기호를 쓰고, 각각 바르게 고쳐 쓸 것
- (나)의 괄호 안의 ㉠에 공통으로 해당하는 명칭을 쓸 것
- (나)의 밑줄 친 ㉡에 해당하는 방법을 1가지 서술할 것(단, 평가 점수 부여 방식에 근거할 것)

16

2024 중등A-2

다음은 건강장애 학생 A에 대한 ○○중학교 담임 교사와 특수교사의 대화이다. 괄호 안의 ㉠과 ㉡에 해당하는 내용을 각각 쓰시오.

> 담임 교사: 학생 A는 (㉠)이/가 있는데 학교에서 어떤 점을 유의해야 하나요?
> 특수 교사: 학생 A는 부정맥이 있고 청색증이 심하므로 추운 날씨에 야외 활동이나 야외 수업은 피해야 하고, 호흡이 곤란한 경우에는 휴식을 취하도록 지도해야 합니다.
> 담임 교사: 학생 A는 잦은 입원으로 결석이 많습니다. 그렇지만 학생 A는 학업을 계속하고 싶어 하는데, 어떤 방법이 있을까요?
> 특수 교사: 병원학교가 어떨까요? 병원학교는 만성질환을 치료하기 위해 학업을 중단하고 있는 건강장애 학생의 교육을 지원하기 위한 학교입니다.
> 담임 교사: 학생 A는 결석이 잦아서 학습 진도가 맞지 않은데 괜찮을까요?
> 특수 교사: 네, 괜찮습니다. 병원학교는 학생들의 학업 연속성 유지 및 학습권 보장을 위해 학생의 요구와 수준에 맞추어 (㉡) 지원을 하고, 심리・정서적인 지원도 하고 있습니다.

PART 10

김남진

KORSET 특수교육학 기출분석 2

초판인쇄 | 2024. 4. 11. **초판발행** | 2024. 4. 15. **편저자** | 김남진
발행인 | 박 용 **발행처** | (주) 박문각출판 **등록** | 2015년 4월 29일 제2015-000104호
주소 | 06654 서울특별시 서초구 효령로 283 서경 B/D **팩스** | (02) 584-2927
전화 | 교재 주문 (02) 6466-7202, 동영상 문의 (02) 6466-7201

저자와의 협의하에 인지생략

ISBN 979-11-6987-878-4 / ISBN 979-11-6987-876-0(세트)
정가 25,000원

김남진 KORSET 특수교육학 기출분석 시리즈

KORSET 특수교육학 기출분석 1

KORSET 특수교육학 기출분석 2

KORSET 특수교육학 기출분석 3

김남진

• 영역별 마인드맵 수록 • 2009~2024년 기출문제 수록

KORSET 특수교육학 기출분석 2

정답 및 해설

특수교사임용시험 대비 김남진 편저

박문각

김남진

• 영역별 마인드맵 수록 • 2009~2024년 기출문제 수록

KORSET 특수교육학 기출분석 2

정답 및 해설

특수교사임용시험 대비 김남진 편저

박문각

김남진

KORSET 특수교육학 기출분석 2

이 책의 차례

06 정서 · 행동장애아교육

본책 p.10

01

2009 초등1-29

정답 ⑤

해설

자기교수 훈련 절차에 사용되는 용어는 각론서, 임용 출제 연도마다 상이하므로 한 가지를 선택하여 학습하는 것이 바람직하다.

Check Point

자기교수 훈련 절차

단계	설명
[1단계] 인지적 모방	• 교사는 큰 소리로 과제 수행의 단계를 말하면서 시범을 보인다. • 아동은 이를 관찰한다.
[2단계] 외적 모방	• 교사는 아동이 과제를 수행하는 동안 큰 소리로 과제 수행 단계를 말한다. • 아동은 교사의 지시에 따라 교사가 말하는 자기교수의 내용을 그대로 소리내어 따라 말하면서 교사가 수행한 것과 똑같은 과제를 수행한다.
[3단계] 외적 자기 안내	• 아동은 큰 소리로 과제 수행 단계를 말하면서 같은 과제를 수행한다. • 교사는 관찰을 하며 피드백을 제공한다.
[4단계] 외적 자기 안내의 제거	• 아동은 작은 목소리로 과제 수행 단계를 속삭이면서 과제를 수행한다. • 교사는 관찰하고 피드백을 제공한다.
[5단계] 내적 자기교수	아동은 소리내지 않고 내적 언어를 사용하며 과제를 수행한다.

02

2009 중등1-6

정답 ①

해설

ㄷ. 인지 능력에 비하여 언어 수용 및 표현 능력이 낮아 학습에 어려움이 있는 사람: 의사소통장애

ㄹ. 사회적 상호작용과 의사소통에 결함이 있어 학교생활 적응에 어려움이 있는 사람: 자폐성장애

Check Point

정서 · 행동장애를 지닌 특수교육대상자(장애인 등에 대한 특수교육법)

장기간에 걸쳐 다음의 어느 하나에 해당하며, 특별한 교육적 조치가 필요한 사람

가. 지적 · 감각적 · 건강상의 이유로 설명할 수 없는 학습상의 어려움을 지닌 사람

나. 또래나 교사와의 대인관계에 어려움이 있어 학습에 어려움을 겪는 사람

다. 일반적인 상황에서 부적절한 행동이나 감정을 나타내어 학습에 어려움이 있는 사람

라. 전반적인 불행감이나 우울증을 나타내어 학습에 어려움이 있는 사람

마. 학교나 개인 문제에 관련된 신체적인 통증이나 공포를 나타내어 학습에 어려움이 있는 사람

PART 06

03

2009 중등1-18

정답 ④

해설

④ 반항성장애(oppositional defiant disorder)란 적대적 반항장애를 의미한다. 적대적 반항장애는 분노/과민한 기분, 논쟁적/반항적 행동, 보복적 특성이 지속적·파괴적으로 나타나는 품행장애의 하나이다. 제시문은 주로 논쟁적/반항적 행동에 관한 내용이다.

Check Point

⊘ DSM-5의 적대적 반항장애 진단기준

A. 분노/과민한 기분, 논쟁적/반항적 행동, 보복적 행동이 최소 6개월간 지속되고, 형제가 아닌 다른 사람 1인 이상과의 상호작용에서 다음 항목 중 적어도 네 가지 증후를 보인다.

분노/과민한 기분

1. 자주 화를 낸다.
2. 자주 다른 사람에 의해 쉽게 기분이 상하거나 신경질을 부린다(짜증을 낸다).
3. 자주 화를 내고 쉽게 화를 낸다.

논쟁적/반항적 행동

4. 권위적인 사람 또는 성인과 자주 말싸움(논쟁)을 한다.
5. 권위적인 사람의 요구에 응하거나 규칙 따르기를 거절 또는 무시하는 행동을 자주 보인다.
6. 의도적으로 다른 사람을 자주 괴롭힌다.
7. 자신의 실수나 비행을 다른 사람의 탓으로 자주 돌린다.

보복적 특성

8. 지난 6개월간 두 차례 이상 다른 사람에게 악의에 차 있거나 보복적인 행동을 한 적이 있다.

주의점: 행동의 지속성과 빈도에 따라 장애의 증후적인 행동과 정상적인 제한 내에서의 행동을 구별해야 한다. 5세 이하의 아동을 대상으로 적용할 때에는 최소한 6개월 동안 일상생활의 대부분 시간에 행동이 나타나지 않을 경우 진단을 내리지 않는다. 5세 이상의 경우, 최소한 6개월 동안 일주일에 적어도 한 차례 나타나야 준거에 부합하는 것이다. 이러한 빈도준거는 증후를 판별하는 데 적용할 수 있는 최소한의 빈도수준으로, 행동의 빈도와 강도는 개인의 발달수준, 성별·문화별로 수용될 수 있는 기준이 다름을 감안해야 한다.

B. 행동의 장애가 개인의 사회적 맥락(예 가정, 또래집단, 직장동료)에서 개인 또는 다른 사람에게 고통을 주는 것과 관련이 있거나 사회적·학업적·직업적 또는 다른 중요한 기능수행 영역에 부정적인 영향을 미친다.

C. 행동이 정신병적 장애, 물질사용장애, 우울장애, 양극성장애에 의해 주로 나타나는 것이 아니다. 또한 준거는 파괴적 기분조절장애에 부합하지 않는다.

04

2009 중등2A-2

모범답안 개요

구분	내용
인지론적 접근의 근거	• 영수와 함께 상황을 이야기하고, 자신의 생각을 글로 쓰도록 합니다. • 영수는 자신의 감정을 조절하면서 적절하게 표현할 수 있는 방법을 배워야 합니다. • 자신의 생각이 잘못되었다는 사실을 깨닫게 될 것입니다.
인지론적 접근 보완 방법	• 미시체계: 영수와 직접적으로 상호작용하고 있는 할머니, 아버지, 교사의 영향 고려 • 중간체계: 교사와 할머니/아버지 간의 정기적인 상호작용을 통한 가족지원

Check Point

⊘ 생태학적 체계

미시체계	물리 및 사회적 환경 내에서 개인이 직접 경험하는 활동, 역할 및 관계를 의미한다. 미시체계 내의 환경은 가정, 놀이터, 학교 등과 같이 사람들이 면대면으로 마주하여 상호작용하는 상황이다. 직접적인 상호작용을 하는 부모가 자녀의 교육에 무관심하고 방임을 하면 학생의 발달에 부정적인 영향을 미쳐 정서·행동 문제를 보일 가능성이 크다.
중간체계	개인이 참여하는 환경들 간의 상호작용을 의미한다. 개인이 직접적으로 상호작용을 하는 미시체계 간의 상호작용으로, 학생의 부모와 교사 간의 상호작용, 가정과 또래 간의 상호작용이 그 예가 된다. 이들의 상호작용이 직접적으로 영향을 미치지는 않지만 간접적으로 학생에게 영향을 미친다.
외체계	개인이 직접적으로 참여하지는 않지만 개인이 속한 환경에 영향을 주고받는 상황을 의미한다. 부모의 직장, 형제의 학교, 지역사회 기관, 교회, 병원, 부모의 친구, 친척 등이 이에 포함될 수 있다. 예를 들면, 부모의 일시적 부재 시 학생을 돌볼 수 있는 친척 또는 지역사회 기관의 활용 여부가 학생의 발달에 영향을 미칠 수 있다.
거시체계	문화적 가치 및 태도, 정치적 환경, 대중매체, 법 등과 같이 하위체계(미시체계, 중간체계, 외체계)에서 일관되게 나타나는 것을 의미한다. 문화적 가치 및 태도가 보다 수용적인 나라에서는 아동 및 청소년의 정서·행동 문제가 적게 나타날 수 있다.
시간체계	전 생애에 걸쳐 일어나는 변화와 사회역사적인 환경을 포함하는 체계이다. 개인에게 영향을 미치는 환경의 시기와 상호작용의 시기는 개인 발달에 중요한 변수가 된다. 즉, 환경 변화를 경험하는 시기가 아동의 발달에 중요한 영향을 미친다는 것이다.

05 2010 유아1-4

(정답) ③

Check Point

⊘ 귀인이론

① 귀인은 일상생활에서 경험하는 사건의 원인에 대해 학생이 생각하는 신념으로, 수행에 대한 성공이나 실패의 원인이 어디에 있는지를 설명

② 사건의 원인을 개인의 내부 혹은 외부 요인 중 어디에 귀인하는가에 따라, 영속성에 따라, 개인의 의도에 의한 통제 여부에 따라 내적/외적, 안정적/불안정적, 통제 가능/통제 불가능 차원으로 범주화

귀인	소재성	안정성	통제성
능력	학습자 내부	안정	통제 불가능
노력	학습자 내부	불안정	통제 가능
운	학습자 외부	불안정	통제 불가능
과제 난이도	학습자 외부	안정	통제 불가능
타인의 도움	학습자 외부	불안정	통제 가능

06 2010 유아2A-1

(모범답안 개요)

1)	• 초인지 전략의 결함 • 일반화의 결함 • 중앙응집 기능의 결함
2)	• 자신의 행동에 대한 통제 능력을 갖게 된다. • 언어적 촉진을 내재화함으로써 일상생활에서 부딪히는 다양한 상황에서 (언어적) 촉진을 사용할 수 있다(일반화). • 외현적 자기교수를 통해 전체를 볼 수 있는 방법을 지도할 수 있다.
3)	• B. 외현적 자기교수: 아동은 혼자서 큰 소리를 내어 교사가 한 것과 똑같은 자기교수를 하면서 퍼즐 맞추기 과제를 수행한다. • C. 내적 자기교수(또는 내재적 자기교수): 아동은 내적 언어로 자기에게 수행을 안내하면서 퍼즐 맞추기 과제를 수행한다.

해설

1) (나)에 제시된 민수의 문제점은 다음과 같다.

지문 돋보기

• 자신의 퍼즐을 맞추는 과정이 올바른지, 퍼즐을 잘 맞추었는지 확인하지 않는다.: 초인지 전략의 결함
• 한 종류의 동물그림 퍼즐은 맞출 수 있으나, 다른 동물그림 퍼즐을 맞추지 못한다.: 일반화의 결함
• 동물 형태를 보고 퍼즐을 맞추도록 배웠으나, 퍼즐 조각의 연결부분만을 맞추려고 하여 퍼즐을 완성하지 못한다.: 중앙응집 기능의 결함

2) 자기교수 훈련의 궁극적 목적은 학생이 언어적 촉진을 내재화함으로써 일상생활에서 부딪히는 다양한 상황에서 이러한 촉진을 사용할 수 있도록 하는 데 있다.

07 2010 초등1-9

(정답) ③

해설

① 인지적 능력 증진은 인지주의적 접근인 데 반해 행동계약 전략은 행동주의적 접근이다.

② 주의집중 지속시간을 증가시키는 방법에는 과제를 세분화하여 번갈아 가면서 제시하기, 인지 학업과제와 신체 활동과제를 번갈아 제시하기, 아동에게 흥미로운 물건(사건) 제시 등이 있다. 모델링은 행동의 습득 단계에 이용하는 전략이다.

④ 단기기억을 증진시키기 위한 방법에는 저장 시간의 한계를 극복하기 위한 시연 활동과 처리 정보량의 한계를 극복하기 위한 청킹/자동화/분산처리 활동 등이 있다. 자기교수는 초인지 전략에 해당한다.

⑤ 주기적 전략이란 3일 혹은 1주일 정도의 주기적인 간격을 두고 전략을 사용하여 통제하는 방법이다. 자신의 행동을 통제하는 데 매일이 아닌 주기적인 방법은 부적절하다.

08 2010 중등1-19

(정답) ②

해설

ㄱ. 정신내적 과정상의 기능장애는 정신역동적 모델, 자기점검은 인지주의 모델, 행동형성 절차는 행동주의 모델과 관련된다.

ㄴ. 문제행동의 원인을 잘못된 학습에 의한 것으로 보고, 문제행동과 관련된 환경적 변인을 파악하고, 이를 조작하여 학생들의 행동 변화를 이끌어 낸다.: 행동주의 모델

ㄷ. 문제행동은 개인의 기질 등에 기인하나 이러한 문제가 환경적 요인으로 발현될 수 있다고 보고, 문제행동을 직접 중재하기보다는 의사 등 관련 전문가에게 의뢰한다.: 신체생리적 모델

ㄹ. 문제행동이 사고, 감정, 행동 간 상호작용에 의해 발생하는 것으로 보는 것은 인지주의 모델이다. 그러나 자신의 욕구와 갈등을 표현할 수 있도록 환경을 지원하여 건강한 성격발달이 이루어지도록 하는 것은 정신역동적 모델과 관련된다.

Check Point

(1) 신체생리적 모델

① 장애란 생물학적 소인이 환경적 요인에 의해 발현된 결과이거나 몇 가지 생물학적 결함이 복합적으로 나타난 것이라고 본다.

② 모델 개요

원인	평가절차	중재법
• 유전적 요인 • 뇌와 신경생리학적 요인 • 기질적 요인	• 발달력 조사 • 신경학적 평가 • DNA 검사 • 기능적 행동분석	• 유전공학 • 정신약물(약물치료) • 영양요법(비타민요법, 식이요법)

(2) 정신역동적 모델

① 정신내적 기능의 정상·비정상적 발달과 개인의 요구에 초점을 둔다.

② 모델 개요

원인	평가절차	중재법
• 무의식적 충동과 의식적 욕구 간의 갈등 • 개인과 사회적 가치 간의 갈등 • 방어기제의 과도한 사용 • 생물학적(심리성적) 혹은 대인관계(심리사회적) 발달상의 위기 해소 실패	• 투사적 기법(로샤흐 검사, 아동용 주제통각검사 등) • 인물화 검사 • 문장완성검사 • 자기보고식 평정척도	• 현실치료 • 심리치료(미술, 음악, 놀이치료 등) • 정서교육

(3) 행동주의적 모델

① 인간의 모든 행동, 즉 장애행동이나 정상행동 모두가 학습된 것이라고 보며, 장애행동과 정상행동의 차이는 행동의 빈도, 강도, 사회적 적응성에 의해 설명될 수 있다고 한다.

② 모델 개요

원인	평가절차	중재법
• 수동적(고전적) 조건화 • 조작적 조건화 • 사회적 학습(관찰학습, 모델링)	• 검목표(체크리스트) • 행동평정척도 • 행동기록법 • 기능적 행동평가	• 행동 증가 기법(강화자극 사용, 유관계약, 토큰 체제 등) • 행동 감소 기법(차별강화, 타임아웃, 벌, 신체적 구속)

(4) 인지주의적 모델

① 정서와 행동은 경험한 사건에 대한 해석의 결과라고 말할 수 있으므로 임상적인 개선은 사고의 변화에 의해 결정된다.

② 모델 개요

원인	평가절차	중재법
• [인지결함] 자기관리 또는 자기규제 기술의 결함 • [인지왜곡] 부정적 사고는 부정적 기대, 평가, 귀인 그리고 비합리적인 신념으로 나타난다. • 사회인지이론	• 자기보고식 질문지법 • 사고목록 기록법 • 발성사고 기법 • 면담	• [인지결함] 인지전략, 자기교수, 사회적 문제해결 전략 • [인지왜곡] 귀인재훈련, 합리적 정서행동치료, 분노대처 프로그램 • 모델링을 이용한 중재

③ 이승희(2017)의 문헌에서는 인지적 모델을 다음과 같이 요약하여 제시하고 있다.

<table>
<tr><th>문제의 원인</th><th>방법</th><th>기법</th><th colspan="3">구분</th></tr>
<tr><td rowspan="2">인지적 왜곡</td><td rowspan="2">인지적 재구조화</td><td>합리적 정서-행동치료</td><td rowspan="2">인지적 치료</td><td rowspan="4">인지적 행동 치료</td><td rowspan="7">인지적 중재</td></tr>
<tr><td>인지적 치료</td></tr>
<tr><td rowspan="2">인지적 결함</td><td rowspan="2">인지적 대처기술 훈련</td><td>문제해결 훈련</td><td rowspan="2">–</td></tr>
<tr><td>자기교수 훈련</td></tr>
<tr><td rowspan="3">자기통제의 결여</td><td rowspan="3">자기관리 훈련</td><td>자기점검</td><td rowspan="3">–</td><td rowspan="3">–</td></tr>
<tr><td>자기평가</td></tr>
<tr><td>자기강화</td></tr>
</table>

(5) 생태학적 모델

① 학생의 개인적인 특성뿐만 아니라 학생의 행동에 대한 환경과의 상호작용 요소가 일탈행동의 발생 및 지속에 영향을 미친다고 본다.

② 모델 개요

원인	평가절차	중재법
생태체계 내의 장애	• 교실 교수 요구 분석 • 행동평정 프로파일-2 • 교수환경척도 • 기능적 행동평가	• 긍정적 행동지원 • Re-ED 프로젝트 • 랩어라운드 서비스

③ 생태학적 체계

미시체계	• 물리 및 사회적 환경 내에서 개인이 직접 경험하는 활동, 역할 및 관계를 의미한다. • 미시체계 내의 환경은 가정, 놀이터, 학교 등과 같이 사람들이 면대면으로 마주하여 상호작용하는 상황이다. 직접적인 상호작용을 하는 부모가 자녀의 교육에 무관심하고 방임을 하면 학생의 발달에 부정적인 영향을 미쳐 정서·행동 문제를 보일 가능성이 크다.
중간체계	• 개인이 참여하는 환경들 간의 상호작용을 의미한다. • 개인이 직접적으로 상호작용을 하는 미시체계 간의 상호작용으로, 학생의 부모와 교사 간의 상호작용, 가정과 또래 간의 상호작용이 그 예가 된다. 이들의 상호작용이 직접적으로 영향을 미치지는 않지만 간접적으로 학생에게 영향을 미친다
외체계	• 개인이 직접적으로 참여하지는 않지만 개인이 속한 환경에 영향을 주고받는 상황을 의미한다. • 부모의 직장, 형제의 학교, 지역사회 기관, 교회, 병원, 부모의 친구, 친척 등이 이에 포함될 수 있다.
거시체계	문화적 가치 및 태도, 정치적 환경, 대중매체, 법 등과 같이 하위체계(미시체계, 중간체계, 외체계)에서 일관되게 나타나는 것을 의미한다.
시간체계	• 전 생애에 걸쳐 일어나는 변화와 사회역사적인 환경을 포함하는 체계이다. • 개인에게 영향을 미치는 환경의 시기와 상호작용의 시기는 개인 발달에 중요한 변수가 된다. 즉, 환경 변화를 경험하는 시기가 아동의 발달에 중요한 영향을 미친다는 것이다.

09

2010 중등1-21

정답 ⑤

해설

⑤ 정동홍수법은 불안에 대한 중재 전략으로 중재 초기에 불안을 일으키는 정도가 가장 심한 자극에 아동을 오랫동안 노출시키는 절차이다. 따라서 주어진 과제 완수 및 학업성취도 향상을 위한 중재전략과는 무관하다.

10

2011 유아1-9

정답 ④

해설

① 손 씻기와 같은 반복적인 행동이 적어도 하루에 한 시간 이상 나타난다.: 강박장애

② 여러 사건이나 활동에 대한 과도한 불안이나 걱정이 적어도 6개월 이상, 최소한 한 번에 며칠 이상 일어난다.: 범불안장애

③ 말을 해야 하는 특정한 사회적 상황에서 말을 할 수 있음에도 불구하고 1개월 이상 지속적으로 말을 하지 않는다.: 선택적 함구증

④ 외상과 관련된 사건의 재경험, 그 사건과 관련된 자극의 회피, 일반적인 반응의 마비, 각성 상태의 증가가 1개월 이상 지속적으로 나타난다.: 외상 후 스트레스장애(PTSD)는 한 번 경험한 또는 반복된 치명적인 사건을 재경험하며 지속적으로 강한 불안 증상을 나타내는 것이다. 외상 후 스트레스장애의 주요한 특성은 충격적 사건에 대한 회상과 악몽 등을 재경험하며, 충격적 사건과 관련된 장소나 대상을 회피하고 충격적 사건에 대한 각성상태가 지나치게 높다는 것이다.

⑤ 애착이 형성된 사람으로부터 분리되는 것에 대해 부적절하고 과다하게 반응하며, 이러한 반응은 4주 이상 지속되고 18세 이전에 나타난다.: DSM-Ⅳ-TR에 의하면 분리불안장애는 18세 이전에 발병해야 함이 기준으로 되어 있으나 DSM-5에는 구체적인 연령이 제시되어 있지 않다.

11 2011 유아2A-2

모범답안

구분	내용
장애 진단명	• 건희: 주요 우울장애 • 성호: 품행장애
합리적 정서행동치료	• ⓐ 괜찮아, 누구나 게임에 질 수 있어. • ⓑ 괜찮아, 다른 친구 생일에 초대받으면 되잖아.
대인 간 문제해결	• ⓒ 관심 취하기(또는 대안 분석): 지금 그리고 미래의 가능한 결과에 대해 각 해결책을 분석하고, 소비될 자원이나 노력의 양을 분석한다(또는 원인적, 결과적 사고, 해결책이 다른 사람들에게 어떤 영향을 미칠 것인지를 결정한다). • ⓓ 수단-방법 사고: 하나의 해결책을 선택하고 그것의 단계를 목록화한다.
중재전략	• 건희: 늘 부정적으로 사고하는 인지적 왜곡이 있음. 따라서 인지 재구조화를 통해 자신의 부정적 사고에 대해 생각해보고 긍정적으로 재구조화하도록 도움. • 성호: 문제해결 능력과 관련된 인지적 결함으로 상대방에게 공격행동을 보임. 따라서 대인 간 문제해결하기를 통해 문제해결 능력을 위한 가르침.

해설

- (나)는 인지 왜곡, (다)는 인지 결함과 관련된다.
- 대인 간 문제해결하기에서 관심 취하기(또는 대안 분석)의 활동을 예를 들어 살펴보면 친구에게 기분이 나쁘잖아라고 말하는 경우와 선생님에게 고자질을 하는 경우 어느 것이 가장 효과적인 대안인지 결정하는 것이다. 그리고 수단-방법 사고의 활동 예로는 친구에게 기분이 나쁘다고 말하는 것을 선택하고 어떤 상황에서 어떤 방법으로 말할 것인지를 모색하는 것이다.
- 건희에게 적용한 중재는 잘못된 신념을 올바른 신념으로 바꾸는 인지적 중재 방법에 대해 묻고 있다. 인지재구조화는 자동적, 비합리적, 역기능적 사고에 직면한 아동과 부모들을 돕기 위한 교육적 기법이다. 이 기법은 아동에게 이론을 요약해서 설명해 주고, 그의 부적절한 감정과 행동을 변화시키기 위해 자동적 사고와 신념을 확인시켜 주어 변화시키도록 가르친다. 인지 재구조화 기법은 자동적 사고에 초점을 두고 있으며 귀인 재훈련, 이완 훈련, 주장 훈련, 사고평가, 자기효율성 훈련, 문제해결 치료 등에도 널리 적용되고 있다(윤점룡 외, 2017: 71-72).

Check Point

(1) 주요 우울장애

> A. 다음 증상 가운데 다섯 가지(또는 그 이상) 증상이 연속 2주 기간 동안 지속되며, 이러한 상태가 이전 기능으로부터의 변화를 나타내는 경우; 위의 증상 가운데 적어도 하나는 (1) 우울 기분이거나, (2) 흥미나 즐거움의 상실이어야 한다.

(2) 품행장애

> A. 연령에 적합한 주된 사회적 규범 및 규칙 또한 다른 사람의 권리를 위반하는 행동을 반복적이고 지속적으로 보이며, 아래의 항목 중에서 세 가지 이상을 12개월 동안 보이고 그중에서 적어도 한 항목을 6개월 동안 지속적으로 보인다.

(3) 인지행동중재와 인지적 재구조화

① 인지행동중재는 다양한 행동적 또는 인지행동적 전략들을 사용하여 아동이나 청소년의 불안장애를 감소시키는 것으로, 모델링, 체계적 둔감법, 정동홍수법, 재노출요법, 인지적 재구조화, 자기통제 기술, 이완훈련 등을 포함한다(방명애 외, 2014: 250).

② 인지행동중재의 구성 요소 중 하나인 인지적 재구조화는 학생으로 하여금 자신의 부정적인 사고에 대해 생각해보고 긍정적으로 재구조화하도록 돕는 것이다. 부정적 사고는 학생의 부정적인 귀인 양상의 일부로서 학생의 사고에 깊이 배어 있어서, 학생은 다양한 상황에서 깊이 생각해보지도 않고 자동적으로 부정적인 말을 한다. 인지적 재구조화를 적용할 경우에, 임상가는 학생으로 하여금 자동적으로 부정적 자기대화를 촉진하는 경향이 있는 특정 상황을 분석하고, 생활사건을 재구조화하도록 돕는다(Kauffman, 2020: 321-322).

- 인지적 재구조화에는 재귀인훈련, 이완 훈련, 적극적 상상절차, 사고 평가, 역할 역전놀이와 재구성 사고, 자기효능 훈련 그리고 문제해결 치료 등이 포함된다(Webber et al., 2013: 176).
- 인지적 재구조화는 비합리적이거나 역기능적인 사고를 합리적 사고로 대치하는 데 초점을 맞추는 것으로서 Ellis의 합리적 정서행동치료와 Beck의 인지적 치료가 있다(이승희, 2017: 305).
- 인지심리학자들은 인지적 재구조화 기법과 인지행동치료(CBT)를 통해 세상에 대한 지각과 인지과정을 변화시킴으로써 정서장애가 줄어들 수 있다고 제안한다. 인지행동치료는 인지적 재구조화와 행동적 기술훈련 기법을 통합시킨 것이다(Webber, 2013: 199).

12 2011 중등1-20

정답 ②

해설

지문 돋보기

- 친구의 농담이나 장난을 적대적으로 해석하여 친구와 자주 다툰다. : 사람과 동물에 대한 공격성
- 행위의 결과에 대한 고려 없이 자주 타인의 물건을 훔치고 거짓말을 한다. : 사기 또는 절도
- 부모와 교사에게 매우 반항적이며, 최근 1년 동안 가출이 잦고 학교에 무단결석하는 일이 빈번해졌다. : 심각한 규칙 위반
- 부모의 금지에도 불구하고 자주 밤늦게까지 거리를 돌아다니며, 주차된 자동차의 유리를 부수고 다닌다. : 심각한 규칙 위반
- 자신의 학업성적이 반에서 최하위권에 머무는 것을 공부 잘하는 급우 탓으로 돌리며 신체적 싸움을 건다. : 사람과 동물에 대한 공격성

ㄱ. 학생 A의 행동은 DSM-IV-TR의 진단 준거에 따르면 품행장애이다.

ㄹ. 인지처리과정의 문제를 다루는 인지행동적 중재는 내적 변인을 통제한다. 인지행동 중재에 의하면 행동은 사고, 신념 등과 같은 인지적 사상에 따라 수정된다(인지적 사상의 변화가 행동의 변화를 가져온다).

13 2012 유아1-7

정답 ①

해설

㉡ '자신의 무능함': 귀인의 소재성

㉢ '언제나': 귀인의 안정성

㉣ '학급의 모든 활동': Kelly의 공변 모형에 의해 설명 가능하다. 학급의 특정 활동에서만 나타나는 특성이라면 '특이성'이 높다고(특정적) 할 수 있으나 민지는 학급의 모든 활동에서 동일한 특성을 보이므로 '일관성'이 높다고(전체적) 할 수 있다.

Check Point

(1) 주요 우울장애의 증상

1. 하루의 대부분, 그리고 거의 매일 지속되는 우울한 기분이 주관적인 보고(예 슬프거나 공허하게 느낀다)나 객관적인 관찰(예 울 것처럼 보인다)에서 드러난다.
   주의점: 소아와 청소년의 경우는 초조하거나 과민한 기분으로 나타나기도 한다.
2. 모든 또는 거의 모든 일상 활동에 대한 흥미나 즐거움이 하루의 대부분 또는 거의 매일같이 뚜렷하게 저하되어 있을 경우(주관적인 설명이나 타인에 의한 관찰에서 드러난다)
3. 체중조절을 하고 있지 않은 상태(예 1개월 동안 체중 5% 이상의 변화)에서 의미있는 체중 감소나 체중 증가, 거의 매일 나타나는 식욕 감소나 증가가 있을 때
   주의점: 소아의 경우 체중 증가가 기대치에 미달되는 경우 주의할 것
4. 거의 매일 나타나는 불면이나 과다 수면
5. 거의 매일 나타나는 정신 운동성 초조나 지체(주관적인 좌불안석 또는 처진 느낌이 타인에 의해서도 관찰 가능하다)
6. 거의 매일 피로나 활력 상실
7. 거의 매일 무가치감 또는 과도하거나 부적절한 죄책감을 느낌(망상적일 수도 있으며, 단순히 병이 있다는 데 대한 자책이나 죄책감이 아님)
8. 거의 매일 나타나는 사고력이나 집중력의 감소, 또는 우유부단함(주관적인 호소나 관찰에서)
9. 반복되는 죽음에 대한 생각(단지 죽음에 대한 두려움뿐만 아니라 특정한 계획 없이 반복되는 자살 생각 또는 자살 기도나 자살 수행에 대한 특정 계획)

(2) 켈리의 공변 모형

귀인이론을 개발한 Heider 이후의 귀인이론은 Kelley에 의해 공변 모형으로 발전했다. 공변 모형은 특정 원인이 있거나 없을 때 그 행동이 발생하는지, 또는 발생하지 않는지를 고려하여 행동의 원인을 귀인하는 과정을 설명하며, 이때 '합치성(consensus)', '특이성(distinctiveness)', '일관성(consistency)' 정보를 종합적으로 고려한다고 설명한다. 합치성은 판단하고자 하는 대상 외에 '다른 사람들도 특정 자극에 대해 동일한 반응을 보이는지'에 대한 정보를 말한다. 특이성은 판단 대상의 행동이 '특정한 자극뿐만 아니라 다른 자극들에도 동일한 반응을 보이는지'에 대한 정보를 말한다. 마지막으로 일관성은 '판단 대상의 행동이 다른 상황, 다른 때에도 동일하게 반응하는지'에 대한 정보를 말한다. 공변 모형에 따라, 영희가 특정 개그맨을 보고 웃는 행동을 귀인하는 과정을 살펴보자. 우리는 다른 사람들은 웃지 않고 영희만 특정 개그맨을 보고 웃으며(합치성 낮음), 다른 개그맨을 볼 때에도 영희가 웃는 행동(특이성 낮음)을 자주 관찰했다면(일관성 높음), 영희의 웃는 행동에 대해 '영희는 잘 웃는 사람이구나(내적 요소)'라고 내적 귀인을 하게 된다. 반면에 영희가 아닌 다른 사람들도 특정 개그맨을 보고 웃으며(합치성 높음), 영희는 특정 개그맨이 아닌 다른 개그맨에 대해서는 웃지 않는 행동(특이성 높음)이 자주 관찰되었다면(일관성 높음), 영희의 행동에 대해 '저 개그맨이 굉장히 재미있는 개그맨이구나(외적 요소)'라는 외부 귀인을 하게 될 것이다.

출처 ▶ [네이버 지식백과](심리학용어사전) 귀인이론

14
2012 중등1-21

정답 ②

해설

ㄱ. 적대적 반항장애가 품행장애의 전조이다.
ㄴ. 품행장애는 만 10세를 기준으로 아동기 발병형과 청소년기 발병형으로 구분한다. 18세 이상의 경우, 반사회성 성격장애의 준거에 부합하지 않아야 한다.
ㄹ. 품행장애의 진단 준거는 사람과 동물에 대한 공격성, 재산/기물파괴, 사기 또는 절도, 심각한 규칙 위반 등으로 방화는 재산/기물 파괴의 세부 행동에 포함된다.

15
2012 중등1-23

정답 ④

해설

① (가)는 신체생리학적 모델을 근거로 의사가 병원에서 약물요법을 실행하였다. 교사의 역할은 관련 전문가에게 의뢰를 하고 추후 관계를 유지하는 등 비교적 제한적이다.
② (나)는 생태학적 모델에 대한 설명으로 환경을 조정하였다. 분노통제 훈련(또는 분노조절 훈련)은 학생에게 자기교수를 통해 분노와 공격행동을 자제하거나 조절하는 것을 지도하는 인지행동중재이다.
③ (다)는 인지주의적 모델에 대한 설명으로 자기관리 훈련 혹은 자기점검(자기기록, 자기평가)의 절차를 적용하였다.
⑤ (마)는 정신역동적 모델에 대한 설명이다. 자기교수는 인지주의적 중재 방법이다.

16
2012 중등1-24

정답 ③

해설

(다) DSM-5에서는 DSM-Ⅳ-TR의 만성적 주요 우울장애와 기분부전장애를 통합하여 지속적 우울장애로 명명한다.

- 기분부전장애는 주요 우울장애의 여러 증상들이 덜 심각한 형태로 나타나지만, 더 오래 만성적으로 나타나는 장애를 말한다. 기분부전장애 아동 및 청소년들은 대부분의 시간을 행복해하지 않거나 성마르게 보낸다. 이런 증상들은 만성적이긴 하지만 주요 우울장애 아동들보다는 덜 심각하다. 기분부전장애 아동들은 주요 우울장애 아동들에 비해 일반적으로 기질적인 우울 양상의 비율이 낮고, 쾌감손실과 사회적 위축 등이 거의 나타나지 않으며, 또한 집중곤란, 죽음에 대한 생각, 신체적 불편감 등도 덜 흔하다. 기분부전장애 아동은 지속되는 슬픔, 사랑받지 못하고 버림받은 느낌, 자기-경시, 자존감 저하, 불안, 성마름, 분노, 분노폭발 등을 포함하여 자신들의 정서를 잘 조절하지 못하는 특징이 있다(윤점룡 외, 2013 : 261-262).

Check Point

(1) 지속적 우울장애

① 지속적 우울장애는 최소한 2년(아동이나 청소년의 경우 최소한 1년) 동안 우울한 기분이 하루의 대부분 지속되는 것
② 주요 우울장애 삽화가 지속적 우울장애보다 앞서 나타날 수도 있고 동시에 나타날 수도 있음.
③ 주요 우울장애에 비해 지속적 우울장애는 불안장애와 약물사용 장애 등과 공존할 위험성이 큼.
④ 지속적 우울장애가 어린 시기에 발생한 경우에 인격장애와 연관
⑤ DSM-5의 지속적 우울장애의 진단기준

> 지속적 우울장애는 DSM-Ⅳ의 만성적 주요 우울장애와 기분부전장애를 통합한 것이다.
>
> A. 본인의 주관적 설명이나 다른 사람의 관찰에 따르면, 최소한 2년 동안 우울한 기분이 하루의 대부분 지속되었다.
> **주의**: 아동이나 청소년의 경우, 최소한 1년 동안 짜증을 내는 것으로 나타날 수도 있다.

B. 우울할 때 다음 여섯 가지 중 두 가지 이상의 증상을 나타낸다.
   1. 식욕 저하 또는 과식
   2. 불면증 또는 수면 과다
   3. 활기 저하와 피곤
   4. 낮은 자존감
   5. 집중력과 의사결정 능력 저하
   6. 절망감
C. 우울장애를 나타낸 2년(아동과 청소년은 1년) 동안 한 번에 2개월 이상 진단기준 A와 B의 증상을 나타내지 않은 기간이 없다.
D. 주요 우울장애의 진단기준을 2년 동안 지속적으로 나타낸다.
E. 조증이나 경조증 삽화가 나타난 적이 없으며, 순환성 기질장애의 진단기준에 부합하지 않는다.
F. 이러한 증상들은 분열정동장애, 정신분열증, 정신분열형장애, 망상장애, 또는 정신분열 스펙트럼과 정신장애에 의해 더 잘 설명되지 않는다.
G. 이러한 증상들이 어떤 약물이나 다른 의학적 상태(예 갑상선 기능 저하증)의 생리적 효과에 기인하지 않는다.
H. 이러한 증상들이 사회적, 직업적 및 다른 중요한 기능 영역에서 임상적으로 심각한 고통이나 손상을 초래한다.

(2) 기분부전장애의 진단기준

A. 적어도 2년 동안, 거의 하루 종일 우울한 기분이 주관적으로 느껴지거나 타인에 의해 관찰된다.
   (주의: 아동과 청소년의 경우 성마른 기분이 적어도 1년 이상 나타남.)
B. 우울증이 있는 동안 다음 두 가지 이상의 증상이 나타난다.
   (1) 식욕부진 또는 과식
   (2) 불면 또는 수면과다
   (3) 기력의 저하 또는 피로감
   (4) 자존감 저하
   (5) 집중력 저하
   (6) 무력감
C. 장애가 있는 2년 동안(아동과 청소년은 1년), 진단기준 A와 B의 증상이 동시에 2개월 이상 나타난다.
D. 장애가 있던 처음 2년 동안(아동과 청소년은 1년) 주요 우울증 에피소드가 나타나지 않는다.
E. 조증/혼재성/또는 경조증 에피소드가 없어야 하고, 순환성 장애의 진단기준을 충족시키지 않아야 한다.
F. 이 장애는 정신분열증이나 망상장애와 같은 만성 정신장애의 기간에만 발생하는 것이 아니다.
G. 증상이 물질(예 약물남용·투약) 또는 일반적인 의학적 상태(예 갑상선기능저하증)의 직접적인 생리적 효과로 인한 것이 아니다.
H. 증상은 사회, 직업, 기타 중요한 기능 영역에서 임상적으로 심각한 고통이나 장애를 일으킨다.

17

2013 초등B-3

모범답안

1)	• 무단결석을 자주 한다. • 친구들의 학용품이나 학급 물품을 부순다.

Check Point

품행장애

사람과 동물에 대한 공격성
1. 다른 사람을 괴롭히거나 위협하거나 협박한다.
2. 신체적 싸움을 먼저 시도한다.
3. 다른 사람에게 심각한 손상을 입힐 수 있는 무기(예 방망이, 벽돌, 깨진 병, 칼, 총 등)를 사용한다.
4. 사람에 대해 신체적으로 잔인한 행동을 한다.
5. 동물에 대해 신체적으로 잔인한 행동을 한다.
6. 강도, 약탈 등과 같이 피해자가 있는 상황에서 강탈을 한다.
7. 성적인 행동을 강요한다.

재산/기물 파괴
8. 심각한 손상을 입히고자 의도적으로 방화를 한다.
9. 다른 사람의 재산을 방화 이외의 방법으로 의도적으로 파괴한다.

사기 또는 절도
10. 다른 사람의 집, 건물, 차에 무단으로 침입한다.
11. 사물이나 호의를 얻기 위해 또는 의무를 회피하기 위해 자주 거짓말을 한다.
12. 피해자가 없는 상황에서 물건을 훔친다.

심각한 규칙 위반
13. 부모의 금지에도 불구하고 밤늦게까지 자주 집에 들어오지 않는다. 이러한 행동이 13세 이전부터 시작되었다.
14. 부모와 함께 사는 동안에 적어도 두 번 이상 밤늦게까지 들어오지 않고 가출한다.
    (또는 장기간 집에 돌아오지 않는 가출을 1회 이상 한다.)
15. 학교에 자주 무단결석을 하며 이러한 행동이 13세 이전부터 시작되었다.

18
2013 중등1-30

(정답) ④

해설

① 주의력결핍 과잉행동장애는 DSM-Ⅳ-TR 기준으로 만 7세 이전(DSM-5는 12세 이전)에 나타나야 한다(2018 중등A-11 참조).

② 흔히 질문이 채 끝나기 전에 성급하게 대답하는 증상(g)은 과잉행동 및 충동성에 포함된다.

③ 흔히 다른 사람이 직접적으로 말을 할 때 경청하지 않는 것처럼 보이는 증상(c)은 부주의에 포함된다.

⑤ 복합형은 지난 6개월 동안 진단기준 A의 1[부주의 관련 증상들 중 여섯 가지(또는 그 이상)가 발달 수준에 적합하지 않고, 사회적 활동과 학업적/직업적 활동에 적극적으로 부정적인 영향을 미칠 정도로 적어도 6개월 동안 지속]과 A의 2[과잉행동 및 충동성 관련 증상들 중 여섯 가지(또는 그 이상)가 발달수준에 적합하지 않고, 사회적 활동과 학업적/직업적 활동에 직접적으로 부정적인 영향을 미칠 정도로 적어도 6개월 동안 지속] 모두에 부합되는 경우이다.

Check Point

DSM-5의 주의력결핍 과잉행동장애 진단기준

A. (1) 그리고/또는 (2)와 같은 특징을 가진 부주의 그리고/또는 과잉행동-충동성의 지속적인 패턴이 기능이나 발달을 저해한다.

1. 부주의: 다음 증상들 중 여섯 가지(또는 그 이상)가 발달 수준에 적합하지 않고, 사회적 활동과 학업적/직업적 활동에 직접적으로 부정적인 영향을 미칠 정도로 적어도 6개월 동안 지속된다.
   주의점: 증상이 과제나 교수를 이해하는 데 있어 단지 적대적 행동, 반항, 적개심 또는 실패를 표현하는 것이 아니다. 청소년과 성인(17세 이상)에게는 적어도 다섯 가지 증상이 요구된다.
   a. 흔히 세부적인 면에 대해 면밀한 주의를 기울이지 못하거나 학업, 직업 또는 다른 활동에서 부주의한 실수를 저지른다(예 세부적인 것을 간과하거나 놓친다, 일을 정확하게 하지 못한다).
   b. 흔히 일 또는 놀이를 할 때 지속적인 주의집중에 어려움이 있다(예 수업, 대화 또는 긴 문장을 읽을 때 지속적으로 집중하기 어렵다).
   c. 흔히 다른 사람이 직접적으로 말을 할 때 경청하지 않는 것처럼 보인다(예 분명한 주의산만이 없음에도 생각이 다른 데 있는 것 같다).
   d. 흔히 지시를 따르지 못하고, 학업, 잡일 또는 직장에서의 임무를 수행하지 못한다(예 과제를 시작하지만 빨리 집중력을 잃고, 쉽게 곁길로 빠진다).
   e. 흔히 과업과 활동 조직에 어려움이 있다(예 순차적 과제 수행의 어려움, 물건과 소유물 정돈의 어려움, 지저분하고 조직적이지 못한 작업, 시간관리 미숙, 마감시간을 맞추지 못함).
   f. 흔히 지속적인 정신적 노력을 요하는 과업에의 참여를 피하고, 싫어하고, 저항한다(예 학업 또는 숙제, 청소년과 성인들에게는 보고서 준비, 서식 완성, 긴 논문 검토).
   g. 흔히 과제나 활동에 필요한 물건들을 분실한다(예 학교 준비물, 연필, 책, 도구, 지갑, 열쇠, 서류, 안경, 휴대폰).
   h. 흔히 외부자극에 의해 쉽게 산만해진다(청소년과 성인에게는 관련 없는 생각이 포함된다).
   i. 흔히 일상생활에서 잘 잊어버린다(예 잡일하기, 심부름하기, 청소년과 성인에게는 전화 회답하기, 청구서 납부하기, 약속 지키기).
2. 과잉행동 및 충동성: 다음 증상들 중 여섯 가지(또는 그 이상)가 발달수준에 적합하지 않고, 사회적 활동과 학업적/직업적 활동에 직접적으로 부정적인 영향을 미칠 정도로 적어도 6개월 동안 지속된다.
   주의점: 증상이 과제나 교수를 이해하는 데 있어 단지 적대적 행동, 반항, 적개심 또는 실패를 표현하는 것이 아니다. 청소년과 성인(17세 이상)에게는 적어도 다섯 가지 증상이 요구된다.
   a. 흔히 손발을 가만히 두지 못하거나 의자에 앉아서도 몸을 움직거린다.
   b. 흔히 앉아 있도록 기대되는 교실이나 기타 상황에서 자리를 뜬다(예 교실, 사무실이나 작업장, 또는 자리에 있어야 할 다른 상황에서 자리를 이탈한다).
   c. 흔히 부적절한 상황에서 지나치게 뛰어다니거나 기어오른다(예 청소년이나 성인에게는 주관적 안절부절 못함으로 제한될 수 있다).
   d. 흔히 여가활동에 조용히 참여하거나 놀지 못한다.
   e. 흔히 끊임없이 움직이거나 마치 자동차에 쫓기는 것처럼 행동한다(예 식당, 회의장과 같은 곳에서 시간이 오래 지나면 편안하게 있지 못한다, 지루해서 가만히 있지 못하거나 지속하기 어렵다는 것을 다른 사람들이 경험한다).
   f. 흔히 지나치게 수다스럽게 말한다.
   g. 흔히 질문이 채 끝나기 전에 성급하게 대답한다(예 다른 사람의 말에 끼어들어 자기가 마무리한다, 대화에서 차례를 기다리지 못한다).
   h. 흔히 차례를 기다리지 못한다(예 줄 서서 기다리는 동안).
   i. 흔히 다른 사람의 활동을 방해하고 간섭한다(예 대화, 게임 또는 활동에 참견함, 요청이나 허락 없이 다른 사람의 물건을 사용함, 청소년이나 성인에게는 다른 사람이 하는 일에 간섭하거나 떠맡음).

B. 몇몇 부주의 또는 과잉행동-충동 증상이 만 12세 이전에 나타난다.

C. 몇몇 부주의 또는 과잉행동-충동 증상이 두 가지 이상의 장면에서 나타난다(예 가정, 학교 또는 직장에서, 친구 또는 친척들과 함께, 다른 활동들에서).

D. 증상이 사회, 학업 또는 직업 기능에 방해를 받거나 질적으로 감소하는 명백한 증거가 있다.
E. 증상이 조현병 또는 기타 정신증 장애의 경과 중에만 발생하지 않으며, 다른 정신장애에 의해 더 잘 설명되지 않는다(예 기분장애, 불안장애, 해리장애, 성격장애, 물질중독 또는 위축).

다음 중 하나를 명시할 것
- 복합형: 지난 6개월 동안 진단기준 A1(부주의)과 진단기준 A2(과잉행동−충동성)를 모두 충족한다.
- 주의력결핍 우세형: 지난 6개월 동안 진단기준 A1(부주의)은 충족하지만 A2(과잉행동−충동성)는 충족하지 않는다.
- 과잉행동/충동 우세형: 지난 6개월 동안 진단기준 A2(과잉행동−충동성)는 충족하지만 A1(부주의)은 충족하지 않는다.

19

2013 중등1-32

정답 ⑤

해설

① 문제 발생 시 즉각 개입한다.
② 3차적 예방은 변화가능성이 낮은 만성적 반사회적 행동의 부정적 효과를 조정하거나 저하시키는 것이다. 나타난 반사회적 행동을 조기에 판별하여 중재하거나 개선하는 것은 2차적 예방의 활동 내용에 해당한다.
③ 교직원들에게 적절하지 못한 행동보다는 적절한 행동을 통해 더 많은 관심을 받을 수 있다는 것을 알도록 하고 새로운 행동을 지도한다. 즉 공격성 수준을 낮추는 것이 아니라 문제행동을 예방할 수 있도록 지도한다.
④ 1차적 예방은 모든 학생을 대상으로 반사회적 행동이 나타나는 것을 예방하는 것으로 집중적인 행동 지도가 아닌 보편적인 행동지도를 시행한다.

Check Point

예방의 차원

Walker 등은 예방의 차원을 일차원 예방, 이차원 예방, 삼차원 예방으로 크게 세 차원으로 나누고 있다(이성봉 외, 2015: 340−341).
① 일차원 예방은 반사회적 행동이 나타나는 것을 예방하는 것으로 모든 학생을 대상으로 한다.
② 이차원 예방은 나타난 반사회적 행동을 조기에 판별하여 중재하거나 개선하는 것이다.
③ 삼차원 예방은 변화 가능성이 낮은 만성적 반사회적 행동의 부정적 효과를 조정하거나 저하시키는 개별화된 중재를 적용하는 것이다.

20

2013 중등1-33

정답 ②

해설

ㄱ. 행동적·차원적 분류는 교육적 분류(또는 경험적 분류)를 의미하며 정서·행동장애를 내재화 장애와 외현화 장애로 분류한다. 내재화 장애(요인)는 과잉통제, 외현화 장애(요인)는 통제결여라고 부른다. 반항과 불복종은 외현화 장애, 불안은 내재화 장애로 분류할 수 있다.
ㄹ. 의학적 분류체계 혹은 임상적, 범주적 분류는 교육적 분류체계에 비해 낙인의 영향이 크다(교육적 분류체계가 의학적 분류체계에 비해 낙인의 문제를 줄일 수 있다).

Check Point

교육적 분류(차원적 분류)

구분	내용
내재화 장애(요인)	• 과잉통제라고 부르며, 우울, 위축, 불안 등과 같이 내면적인 어려움을 야기하는 상태 • 우울장애와 불안장애 등이 이에 속함.
외현화 장애(요인)	• 통제결여라고 부르며, 공격성이나 반항행동 등과 같이 타인이나 환경을 향해 표출되는 상태 • 주의력결핍 과잉행동장애와 품행장애 등이 이에 속함.

① 교육적 분류는 의학적 분류에 비해 낙인을 줄일 수 있으며, 좀 더 구체적이고 세분화된 중재를 제공할 수 있다는 이점이 있다.
② 교육적 중재는 내재화와 외현화의 문제를 동시에 보이는 아동들을 어떻게 분류할 것인지에 대한 방법이 명확치 않다.

21

2013추시 중등A-6

모범답안

1)	• ① 과제 수행의 시범을 보인다. • ② 작은 소리로 자기교수의 내용을 말하면서 교사가 보여준 것을 그대로 한다.
2)	• 유형: 순한 기질, 까다로운 기질, 느린 기질(또는 더딘 기질)
3)	• 모델: 정신역동적 모델
4)	• 장애: 뚜렛장애

해설

3) 정신역동적 모델의 중재 중 심리치료는 내담자의 부정적인 증상을 줄이고 적응적이고 친사회적인 기능을 향상시키기 위하여 고안된 중재로서 특정 치료 계획에 따라 치료자와 내담자 간의 상호작용, 상담 및 활동을 포함한다(이성봉 외, 2022).

4) 운동 틱(눈을 깜빡이거나 코를 찡그리고)과 음성 틱(코를 킁킁거려서)이 함께 나타나며 2년 전 자신을 키워 준 할머니가 돌아가신 후부터 지속되고 있으므로 뚜렛장애에 해당한다.

Check Point

(1) 기질

① 성인기 성격의 토대가 되는 심리적인 특성으로 행동 양식과 정서적 반응 유형을 의미(= 성격 특성)

② 기질의 유형

순한 기질	• 대상 아동의 약 40% 수준 • 욕구불만에 대한 높은 인내력을 갖고 있고, 생리적으로 균형적이며, 새로운 자극에 적극적으로 반응한다.
까다로운 기질	• 대상 아동의 약 10% 정도 • 흔히 부정적인 태도와 강한 정서를 나타내며, 생리적 기능이 불균형적이다.
느린 기질 (더딘 기질)	• 대상 아동의 약 15% 수준 • 순한 기질과 까다로운 기질이 혼합된 상태 • 새로운 상황과 변화에 대해 늦지만 궁극적으로는 긍정적으로 적응한다.

(2) 뚜렛장애 진단기준(DSM-IV-TR)

(1) 다발성의 근육 틱과 한 가지 또는 그 이상의 음성 틱이 질병의 경과 중에 나타난다. 그러나 이 두 종류의 틱이 반드시 동시에 존재할 필요는 없다(틱이란 갑작스럽고, 빠르고, 반복적이며, 리듬이 없고, 상동적으로 나타나는 근육의 움직임 또는 소리냄을 의미한다).

(2) 틱은 거의 매일 많은 횟수로 나타나는데, 1년 이상 지속되며 이 기간 동안에 틱이 나타나지 않는 기간이 3개월을 초과하여서는 안 된다.

(3) 이러한 틱 증상으로 인하여 사회적, 직업적 또는 다른 중요한 기능적 측면에서 뚜렷한 장애가 있어야 한다.

(4) 발병연령은 18세 이전이어야 한다.

(5) 이러한 틱 증상이 중추신경 흥분제 등 약물에 의하거나 일반적인 내과질환(헌팅턴씨 병 또는 바이러스성 뇌염)에 수반된 것은 아니어야 한다.

22

2013추시 중등B-6

모범답안

1)	• ① 능력 • ② 불안정(바꿀 수 있음) • ③ 학습자 외부

Check Point

Weiner의 귀인이론

① 성공과 실패의 원인에 대한 학습자의 믿음과 이러한 믿음이 어떻게 학습동기에 영향을 미치는지에 대해 체계적인 설명을 시도하는 동기에 대한 인지이론

② 사건의 원인을 개인의 내부 혹은 외부 요인 중 어디에 귀인하는가에 따라, 영속성에 따라, 개인의 의도에 의한 통제 여부에 따라 내적/외적, 안정적/불안정적, 통제 가능/통제 불가능 차원으로 범주화

소재성 (인과성의 소재)	원인의 출처, 즉 특정한 행동이나 결과의 원인이 개인 내부에 있는가 아니면 외부에 있는 다른 요인과 관련이 있는가 하는 것
안정성	• 지속성을 근거로 원인을 구별하는 것 • 시간의 흐름에 따라 그 요인이 변화하느냐 혹은 변화하지 않으냐 하는 것
통제성 (통제 가능성)	행위자가 그 원인을 통제할 수 있느냐 없느냐의 문제

③ 귀인 유형

귀인	소재성	안정성	통제성
능력	학습자 내부	안정	통제 불가능
노력	학습자 내부	불안정	통제 가능
운	학습자 외부	불안정	통제 불가능
과제 난이도	학습자 외부	안정	통제 불가능
타인의 도움	학습자 외부	불안정	통제 가능

23

2014 유아B-2

모범답안

3)	① 신념(또는 사고) ② 떨어진 공을 주워 공놀이에 참여한다.

Check Point

(1) ABC 모델

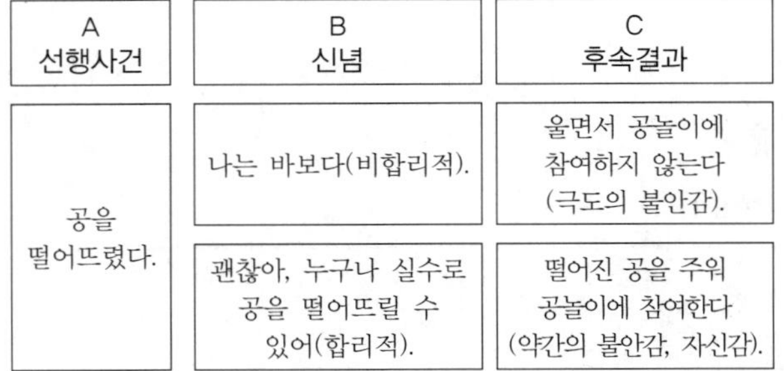

A 선행사건	B 신념	C 후속결과
공을 떨어뜨렸다.	나는 바보다(비합리적).	울면서 공놀이에 참여하지 않는다 (극도의 불안감).
	괜찮아, 누구나 실수로 공을 떨어뜨릴 수 있어(합리적).	떨어진 공을 주워 공놀이에 참여한다 (약간의 불안감, 자신감).

(2) 합리적 정서행동치료(REBT)

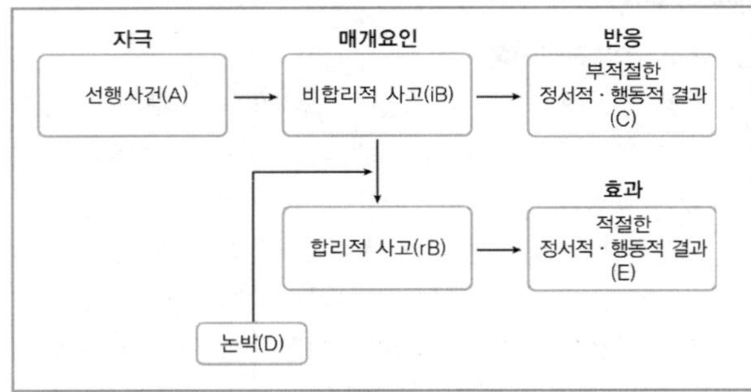

24

2014 초등B-1

모범답안

1)	① "내가 너무 이상하게 생겼기 때문이다."라고 생각한다. ② 논박 ③ 비합리적 신념 ④ 합리적 신념

해설

합리적 정서행동치료의 초점은 학생의 신념을 비합리적인 것에서 합리적인 것으로 전환시키는 인지 재구조화에 있다. 교사는 학생의 비합리적 신념을 논박하여 인지 재구조화를 촉진한다. 논박 기법은 비합리적 신념의 논리, 증거, 유용성이 부족하다는 것을 설명한다. 이 논박이 성공적이라면, 인지 재구조화는 정서 · 행동장애에서 나타나는 사고체계를 변화시킨다.

25

2015 유아A-3

모범답안

3)	㉢ 애착 유형: 회피 애착 ㉣ 안전기지(또는 안전기저)

Check Point

애착

① 애착이란 생애 초기 영아와 양육자 사이에 형성되는 친밀한 정서적 유대감을 의미한다.

② 에인스워드(Ainsworth)는 애착을 크게 안정 애착과 불안정 애착으로 구분하고 불안정 애착을 다시 회피 애착, 저항 애착, 혼란 애착으로 구분하였다.

26

2015 초등B-6

모범답안

1)	문제의 정의
2)	지우를 관찰하며 피드백을 제공한다.

Check Point

자기교수 절차

1단계 인지적 모방	• 교사는 큰 소리로 과제 수행의 단계를 말하면서 시범을 보인다. • 아동은 교사가 하는 것을 관찰한다. (교사의 교수와 시범)
2단계 외적 모방	• 아동은 교사의 지시에 따라 교사가 말하는 자기교수의 내용을 그대로 소리 내어 따라 말하면서 교사가 수행하는 것과 같은 똑같은 과제를 수행한다. 즉, 1단계에서 관찰한 내용을 교사의 지시에 따라 그대로 따라하는 것이다. • 교사는 아동이 과제를 수행하는 동안 큰소리로 과제 수행 단계를 말한다. (교사의 외현적 지도)
3단계 외적 자기 안내	• 아동은 혼자서 큰 소리를 내어 교사가 한 것과 똑같은 자기교수를 하면서 과제를 수행한다. 즉, 2단계를 교사의 지시 없이 스스로 해 보는 것이다. • 교사는 아동을 관찰하며 피드백을 제공한다.
4단계 외적 자기 안내의 제거	• 아동은 자기교수를 속삭이면서 과제를 수행한다. 즉, 3단계를 중얼거리며 하는 것이다. • 교사는 아동을 관찰하며 피드백을 제공한다.
5단계 내적 자기교수	아동은 내적 언어로 자기에게 수행을 안내하면서 과제를 수행한다.

27
2015 중등A-9

모범답안

학생 A	만성 음성 틱장애
학생 B	뚜렛장애

Check Point

만성 운동 또는 음성 틱장애의 진단기준(DSM-Ⅳ-TR)

(1) 단발성 또는 다발성의 근육 또는 음성 틱이 나타나는데, 이 두 종류의 틱 중 한 가지만 나타난다.
(2) 틱은 거의 매일 나타나거나 또는 간헐적으로 나타나기도 하는데 지속기간은 1년 이상이며, 이 기간 동안에 틱 증상이 나타나지 않는 기간이 3개월을 초과해서는 안 된다.
(3) 이러한 틱 증상으로 인하여 사회적, 직업적 또는 다른 중요한 기능적인 측면에서 뚜렷한 장애가 있어야 한다.
(4) 발병연령은 18세 이전이어야 한다.
(5) 이러한 틱 증상이 중추신경흥분제 등 약물에 의하거나 또는 일반적인 내과적인 질환(헌팅턴병 또는 바이러스성 뇌염)에 수반된 것은 아니어야 한다.
(6) 이상의 진단기준이 뚜렛 증후군의 진단기준을 만족시켜서는 안 된다.

28
2016 유아A-1

모범답안

1)	㉠ 정신역동적 모델 ㉡ 생태학적 모델

해설

1) ㉠ 정신내적 기능의 비정상적 발달을 의미한다.
㉡ 현수와 직·간접적으로 연결되어 있는 다양한 환경 맥락과 상황 속에서 이해하는 것은 생태학적 접근을 의미한다.

29
2016 초등B-2

모범답안

1)	㉠ 사회적 규범의 위반 ㉡ 타인 권리의 침해

해설

1) 품행장애는 연령에 적합한 주된 사회적 규범 및 규칙 또한 다른 사람의 권리를 위반하는 행동을 반복적, 지속적으로 보인다.

30
2016 중등A-4

모범답안

(가)	합리적 정서행동치료
(나)	모델링

해설

(가) 합리적 정서행동치료의 초점은 학생의 비합리적 신념('정말 되는 일이 하나도 없어. 역시 나는 정리도 못해.')을 합리적 신념('화분은 깨질 수도 있는 거야. 다음부터 조심해야지.')으로 전환시키는 인지 재구조화에 있다.
(나) 모델링은 두려움을 야기하는 사물이나 상황에서 다른 사람들이 불안해하거나 두려워하지 않고 바람직하게 행동하는 것을 보여 주는 것으로 아동과 청소년의 불안과 공포를 감소시키는 데 폭넓게 사용된다.

31
2017 유아A-4

모범답안

2)	① 외적통제소(또는 외적 귀인 성향) ② 영우는 인지 왜곡의 문제를 갖고 있는데 자기기록(또는 자기점검)은 인지 결함에 대한 중재 방법이기 때문이다.
3)	귀인 재훈련

해설

3) 귀인이론에 근거한 귀인 재훈련은 긍정적 귀인을 가진 아동은 성공이 자신의 노력과 능력에 따른 것이며 실패는 노력이 부족했기 때문이라고 여긴다고 보고, 부정적 귀인을 긍정적 귀인으로 대체하여 과제 수행의 지속성을 높이고자 하는 것이다.

32
2017 중등B-2

모범답안

김 교사	정신역동적 모델
박 교사	행동주의 모델

해설

지문 돋보기

- 김 교사: '영아기 때 정서적 박탈을 경험하면서 불안정한 심리와 정서를 갖게 되었고, 유아기 때 안정애착이 형성되지 않아서'는 정신역동적 측면에서 정신내적 기능의 비정상적 발달을 의미한다.
- 박 교사: '영유아기에 자신이 한 행동에 적절한 반응을 받지 못한 것 같아요.'는 행동주의 측면에서 자극에 대한 반응의 부재를 의미한다.

33

2018 유아A-3

모범답안

1)	① 자기교수 ② 민수가 큰 목소리로 "책을 꽂아요."라고 말하고, 책을 제자리에 꽂는다.

자기교수

① 특징

㉠ 자신이 행하고 있는 생각과 행동을 언어화시킴.

㉡ 충동적인 아동들을 위한 좋은 중재. 충동적인 아동은 반응 억제 능력과 인지적 문제해결 능력이 낮아서 어떤 자극이 주어지면 즉각적이고 거의 전 자동적인 행동 반응을 보이는데, 내적 언어화를 요구하는 자기교수는 아동에게 반응하기 전에 생각하는 것을 촉진

② 자기교수 훈련 절차

1단계 인지적 모방	• 교사가 소리 내어 혼잣말을 하면서 과제를 수행하고, 아동은 그것을 관찰한다. • 교사의 역할: 시범 • 아동의 역할: 관찰
2단계 외적 모방	• 아동은 교사의 지시에 따라 교사가 말하는 자기교수의 내용을 그대로 소리 내어 따라 말하면서 교사가 수행하는 것과 같은 똑같은 과제를 수행한다. 즉, 1단계에서 관찰한 내용을 교사의 지시에 따라 그대로 따라하는 것이다. • 교사의 역할: 외현적 지도
3단계 외적 자기 안내	• 아동은 혼자서 큰 소리를 내어 교사가 한 것과 똑같은 자기교수를 하면서 동일 과제를 수행한다. 즉, 2단계를 교사의 지시 없이 스스로 해 보는 것이다. • 교사의 역할: 아동의 수행 관찰
4단계 외적 자기 안내의 제거	아동은 자기교수를 속삭이면서 과제를 수행한다. 즉, 3단계를 중얼거리며 하는 것이다.
5단계 내적 자기교수	아동은 내적 언어로 자기에게 수행을 안내하면서 과제를 수행한다.

34

2018 초등A-2

모범답안

1)	외현화 장애(또는 외현화 요인)

Check Point

교육적 분류(차원적 분류)

내재화 장애 (요인)	• 과잉통제라고 부르며, 우울, 위축, 불안 등과 같이 내면적인 어려움을 야기하는 상태 • 우울장애와 불안장애 등이 이에 속함.
외현화 장애 (요인)	• 통제결여라고 부르며, 공격성이나 반항행동 등과 같이 타인이나 환경을 향해 표출되는 상태 • 주의력결핍 과잉행동장애와 품행장애 등이 이에 속함.

35

2019 중등A-8

모범답안

㉠	이완 훈련

Check Point

이완 훈련

① 이완 훈련은 깊고 느린 호흡, 근육이완, 심상을 통해 아동이나 청소년의 긴장 수준을 낮추는 것이다.

② 이완 방법에는 다음과 같은 방법이 있다.

㉠ 깊은 호흡

㉡ 느린 호흡

㉢ 점진적 근육 이완

㉣ 심상(상상): 아동으로 하여금 자신이 재미있는 이완활동을 하고 있다고 상상해 보게 하는 것

㉤ 정서적 심상: 아동이 좋아하는 영웅을 정하고, 가상적 이야기에 이 영웅과 아동을 함께 등장시키는 방법

36

2018 중등A-6

모범답안

㉠	실제상황 둔감법(또는 체계적 둔감법)
㉡	비디오 모델링

해설

㉠ 체계적 둔감법과 실제상황 둔감법은 기원에 있어서 체계적 둔감법은 '상상', 실제상황 둔감법은 '실제'라는 차이를 보이지만 많은 경우 혼용되고 있다.

37

2018 중등A-11

모범답안

- ㉠ 부주의 또는 과잉행동-충동 증상이 나타나는 연령이 7세 이전에서 12세 이전으로 변경되었다.
  청소년과 17세 이상 성인의 진단기준 항목 수를 다섯 가지로 제시하는 것이 포함되었다.

38

2019 유아A-5

모범답안

2)	① 주의집중 ② 대리강화
3)	㉣ 두려운 자극을 상상하기 때문에 그것과 직접 접촉하는 것보다 쉽고 용이하다. ㉤ 실제로 두려운 자극과 접촉하게 만든다.

해설

2) ① 관찰학습은 주의집중, 파지, 재생, 동기화 과정을 거친다. '평소 박 선생님과 제가 원기에게 하던 행동을 아이들이 자세히 본 것'은 아동들이 교사의 행동을 의미 있게 지각하기 위해 박 교사와 김 교사의 관련 행동에 집중하는 것을 의미하므로 주의집중 과정에 해당한다.

② 친구들을 칭찬해 줬더니, 그 모습을 보고 몇몇 유아들이 원기를 도와주는 행동을 모방하는 것이므로 대리효과 중 대리강화에 해당하는 보기이다.

Check Point

(1) 사회학습이론

① 사회학습이론은 행동주의 학습 이론의 전통에서 생겨난 주요 이론이다. Bandura에 의해 발전된 사회학습이론은 행동주의 이론의 원리를 대부분 받아들였지만 행동에 대한 사고, 그리고 사고에 대한 행동의 영향을 강조하면서 행동에 대한 단서와 내적 정신 과정의 영향에 더 많은 초점을 맞추었다(강갑원 외, 2013 : 137).

② 사회학습이론(social learning theory)은 다른 사람들의 행동과 그 행동의 결과를 관찰함으로써 학습이 이루어진다고 주장한다. 사회학습은 간접학습의 일종으로, 다른 사람을 관찰함으로써 일어나는 학습이기 때문에 관찰학습(=모델링) 혹은 대리학습이라 불리기도 한다(김정섭 외, 2010 : 151).

③ Bandura는 스키너 학파 학자들이 행동의 결과가 미치는 영향을 강조하는 데 있어 관찰학습 현상(=모델링, 다른 사람들의 행동을 모방하기)과 대리적 경험(다른 사람들의 성공이나 실패에서 배우는 것)을 거의 무시하는 데 주목하였다(강갑원 외, 2013 : 137-138).

㉠ 관찰학습에 대한 Bandura의 분석은 주의, 파지, 운동재생, 동기화라고 하는 네 단계로 이루어진다.

㉡ 대부분의 관찰학습이 모델이 하는 것을 옳게 모방하면 강화를 받을 수 있다는 기대에 의해 동기화되지만, 또한 다른 사람들은 다른 사람들이 어떤 행동을 한 것에 대해 강화를 받는지 아니면 벌을 받는지를 봄으로써 학습된다는 것에 유의하는 것도 중요하다.

(2) 관찰학습과 대리효과

① 관찰학습

㉠ Bandura는 아동이 관찰학습 동안에 주의집중 과정, 파지 과정, 재생 과정, 동기화 과정이라는 네 가지 하위 절차를 거치게 된다고 했다.

㉡ 관찰을 통해 학습이 이루어지려면 먼저 관찰자가 주어진 모델 자극에 주의를 기울여야 하고, 주의집중한 자극을 내면화하기 위해 모델의 행동을 상징적 형태로 변화시켜서, 정신적으로 보유하고 있다가, 동기를 유발하는 조건을 만나면 내적 또는 외적으로 그것을 사용하게 된다는 것이다(양명희, 2016 : 403).

하위 과정	활동
주의집중	• 아동이 의미 있게 지각하기 위해 관련 사건에 집중하는 것이다. • 모델의 특성, 과제 요소(특별한 크기, 형태, 색깔, 소리 등), 모델 활동의 기능적 가치의 지각이 영향을 준다. • 아동들의 모델에 대한 주의집중은 의존성, 자신의 능력에 대한 지각, 특성에 의해 영향을 받는다.
파지	• 기억 속에 저장된 정보를 인지적으로 조직, 시연화, 부호화, 전송하는 것이다. • 학습된 정보를 시각적, 상징적 형태로 코딩하며 시연함으로써 증진되고, 이전에 기억 속에 저장된 정보에 새로운 자료를 관련짓는다. • 관찰 모델에서는 지식 저장의 두 가지 모델을 가정한다. – 지식은 이미지나 언어적 형태로 저장되는데, 이미지적 부호화는 활동을 위해 특별히 중요하지만 단어로 쉽게 기술되지 않는다. – 많은 인지기술 학습은 규칙이나 절차의 언어적 부호화에 의존한다. • 시연이나 정보의 정신적 고찰은 지식의 파지에 핵심적 역할을 한다.
재생	• 모델 사건에 대해 외현적 행동으로 시각적, 상징적 개념화를 통해 번역하는 것을 포함하는 행위다. • 모델 행동의 재생에서의 문제점은 학습자가 기억 속에 부호화된 정보를 외현적 행동으로 표현해 내는 데 있어 어려움이 있다는 것이다. 피드백을 통해 결함을 교정하게 된다.
동기화	• 사람들이 '중요하다고 느끼는' 모델 행동에 주의집중을 유지하고 재생할 가능성이 높아지도록 하는 것이다. • 동기는 학습의 흥미를 향상시키고, 교재를 학생의 흥미와 관계 지으며, 학생들이 목표를 세우고, 학생의 진행과정을 점검하거나 수행을 향상시키는 것에 대한 피드백을 제공하고, 학습의 가치에 강조를 두는 것을 포함하여 다양한 방법으로 교사를 촉진하게 된다.

출처 ▶ 송준만 외(2016 : 278–279)

② 대리효과

㉠ Bandura의 모델링 과정에서의 주의, 파지, 재생은 새로운 행동 습득과 관련있으나, 동기는 이론적으로 행동 습득에 포함시키지 않는다. 그러나 동기 과정은 어떠한 환경하에서 모델을 관찰한 결과에 따라 아동의 행동이 변화했는가와 관련있다. 모델 관찰 결과로 아동의 행동이 변화하였다면 이를 '대리효과'라 부른다.

㉡ 대리효과는 모델 행동의 관찰 결과에 따라 아동의 행동이 더 나타나기도 하고 덜 나타나기도 하는 것이다. 모델 행동으로부터 좋은 결과를 습득하면, 아동은 그 행동을 모방할 것이다. Bandura는 이것을 아동의 행동이 '대리강화'되었다고 하였다. 모델 행동으로부터 좋지 않은 결과를 얻었다면, 아동은 모델과 비슷하게 행동하지 않을 것이다. 즉, 아동의 모방행동이 대리적인 벌로 작용한 것이다. 어떠한 경우든 모델링은 아동에게 새로운 행동을 습득시켜 주지는 못한다. 대신에 대리효과는 아동에게 행동에 뒤따르는 결과를 알려준다. 이것이 대리효과가 행동을 수행하게끔 하는 동기에 영향을 주는 이유다(이성봉 외, 2014 : 176).

(3) 불안장애의 중재 방법

① 체계적 둔감법

㉠ 두려움을 야기하는 사물이나 상황에 점진적으로 노출하는 방법이다.

㉡ 불안을 일으키는 정도가 약한 자극부터 강한 자극까지 차례로 노출시키는 것이다.

㉢ 분리불안장애 아동이나 공포증을 가지고 있는 아동에게 사용한다.

예 엄마와 분리되는 것에 두려움을 나타내는 아동으로 하여금 처음에는 엄마가 있는 방에서 놀도록 한 후 다음 번에는 엄마가 집에 있는 동안 놀이터에서 놀도록 한다. 그 다음 단계는 엄마가 시장에 간 동안 이웃집에서 놀도록 하고 이후에는 주말에 친척집에서 엄마 없이 자도록 한다.

② 실제상황 둔감법

㉠ 내담자가 실제 공포를 야기하는 자극에 점진적으로 접근하거나 점진적으로 노출된다는 점을 제외하고는 체계적 둔감법과 유사하다.

㉡ 실제상황 둔감법을 사용하기 위해서 내담자는 우선 이완반응을 학습해야 한다.

㉢ 다음으로 내담자와 치료자는 공포를 야기하는 자극을 수반하는 상황의 위계를 만든다.

㉣ 실제상황 둔감법에서는 내담자가 위계의 각 장면을 상상하는 것이 아니라 공포반응을 대체하는 반응으로서 이완을 유지하면서 각 위계 상황을 직접 경험하도록 한다.

39

2019 초등A-4

모범답안

1)	① 품행장애 ② 다음 중 택 1 • 다양한 문제행동에 노출되어 이에 대한 관찰학습이 이루어졌기 때문이다. • 대리효과(탈억제)를 통해 억제력을 잃었기 때문이다. • 자기효능감이 지나치게 높거나 낮기 때문이다.

해설

지문 돋보기

(가) 민규의 특성
- 자주 무단결석을 함. : 심각한 규칙 위반
- 주차된 차에 흠집을 내고 달아남. : 재산/기물 파괴
- 자주 밤늦게까지 집에 들어오지 않고 동네를 배회함. : 심각한 규칙 위반
- 남의 물건을 함부로 가져간 후, 거짓말을 함. : 사기/절도
- 반려동물을 발로 차고 집어던지는 등 잔인한 행동을 함. : 사람과 동물에 대한 공격성

1) ① (가)에 제시된 민규의 특성은 DSM-5의 진단기준 A, 즉 사람과 동물에 대한 공격성, 재산/기물 파괴, 사기 또는 절도, 심각한 규칙 위반 등에 제시된 사항들에 대한 변형들로 구성되어 있다.

② 사회인지이론에서 부적응행동의 발생 원인은 관찰학습, 대리효과(탈억제), 기능부전적 자기효능감을 통해 설명된다. 따라서 이 세 가지 중 한 가지를 이용하여 선택하도록 한다.

Check Point

⊘ 사회인지이론과 부적응행동

관찰학습과 부적응행동	• 부적응행동의 관찰학습은 다음과 같은 상황에서 자주 발생한다. – 다양한 부적응행동에 노출 – 수많은 모델에 반복적으로 노출 – 부적응행동에 혜택이 주어진 것을 관찰 • 적절한 행동의 관찰학습 부족이 정서행동장애에 영향을 미칠 수 있다.
대리효과와 부적응행동	• 모델 관찰 결과로 학생의 행동이 변화하였다면 이를 대리효과라 부른다. • 대리효과는 학생이 행동을 수행하게 하는 동기에 영향을 준다. • 탈억제는 외부 자극에 따라 일시적으로 억제력을 잃는 것을 말한다. 모델이 새로운 부적응행동을 가르치지 않을 때도 부적응행동에 강한 영향을 줄 수 있다.
기능부전적 자기효능감	기능부전적으로 높거나 낮은 자기효능감의 지각이 정서·행동 문제를 야기할 수 있다

40

2020 유아B-4

모범답안

3)	저항애착

Check Point

⊘ 애착 유형

유형		내용
안정 애착		• 연구대상의 65% 정도를 차지하는 유형 • 주위를 탐색하기 위해 어머니로부터 쉽게 떨어진다. 그러나 낯선 사람보다 어머니에게 더 확실한 관심을 보이며, 어머니와 함께 놀 때 밀접한 관계를 유지한다. • 어머니와 분리되었을 때에도 어떤 방법으로든 능동적으로 위안을 찾고 다시 탐색과정으로 나아간다. 이들은 어머니가 돌아오면 반갑게 맞이하며, 쉽게 편안해진다.
불안정 애착	회피 애착	• 연구대상의 20% 정도를 차지하는 유형 • 어머니에게 반응을 별로 보이지 않는다. 어머니가 방을 떠나도 울지 않고, 어머니가 돌아와도 무시하거나 회피한다. • 어머니와의 관계에서 친밀감을 추구하지 않으며, 낯선 사람과 어머니에게 비슷한 반응을 보인다.
	저항 애착	• 연구대상의 10~15%를 차지하는 유형 • 어머니가 방을 떠나기 전부터 불안해하고, 어머니 옆에 붙어서 탐색을 별로 하지 않는다. • 어머니가 방을 나가면 심한 분리불안을 보인다. • 어머니가 돌아오면 접촉하려고 시도는 하지만, 안아주어도 어머니로부터 안정감을 얻지 못하고 분노를 보이면서 내려달라고 소리를 지르거나 어머니를 밀어내는 양면성을 보인다.
	혼란 애착	• 연구대상의 5~10%를 차지하는 유형 • 불안정애착의 가장 심한 형태로 회피애착과 저항애착이 결합된 것이다. • 어머니와 재결합했을 때, 얼어붙은 표정으로 어머니에게 접근하거나 어머니가 안아줘도 먼 곳을 쳐다본다.

41

2020 초등A-3

모범답안

1)	성우는 다른 사람의 기본적 권리를 침해하지 않았으며 연령에 적절한 사회적 규범 및 규칙을 위반하지 않았기 때문이다.(또는 타인 권리의 침해와 사회적 규범의 위반이 없기 때문이다.)

해설

지문 돋보기

- 자주 화를 내고: 분노/과민한 기분
- 주변 친구를 귀찮게 합니다.: 논쟁적/반항적 행동
- 자꾸 남의 탓으로 돌려요.: 논쟁적/반항적 행동
- 무시하거나 거부하기도 합니다.: 논쟁적/반항적 행동
- 7개월 넘게 지속되고 있어요.: 적대적 반항장애는 분노/과민한 기분, 논쟁적/반항적 행동, 보복적 행동이 최소 6개월간 지속되어야 한다.

1) 적대적 반항장애는 품행장애와 비교했을 때 사회적 규범의 위반과 타인 권리의 침해가 없거나 두드러지지 않다는 점에서 경도의 품행장애, 품행장애의 아형으로 보기도 한다.

42

2020 중등B-1

모범답안

장애명칭	범불안장애
㉠	합리적 정서행동치료

해설

지문 돋보기

(가) 학생 A의 특성
- 최근 7개월간 학교와 가정에서 과도한 불안을 보인 날이 그렇지 않은 날보다 더 많음.: 진단기준 A
- 자신의 걱정을 스스로 통제하는 것이 어렵다고 호소함.: 진단기준 B
- 과제에 집중하기 힘들어 하고 근육의 긴장을 보이며 쉽게 피곤해 함.
  - 과제에 집중하기 힘들어 하고: 진단기준 C-3
  - 근육의 긴장을 보이며: 진단기준 C-5
  - 쉽게 피곤해 함.: 진단기준 C-2
- 학교, 가정 등 일상생활에서 불안이나 걱정 때문에 고통을 받고 있음.: 진단기준 D
- 특정 물질의 생리적 영향이나 다른 의학적 상태 때문에 나타난 증상이 아님.: 진단기준 E
- 이 장애는 다른 정신장애에 의해 더 잘 설명되지 않음.: 진단기준 F

㉠ 합리적 정서행동치료의 초점은 '학생 A의 비합리적 신념을 논박하여, 비합리적 신념을 합리적 신념'으로 전환시키는 인지 재구조화에 있다.

Check Point

DSM-5의 범불안장애 진단기준

A. 최소한 6개월 이상 몇 개의 사건이나 활동에 대해 과도하게 불안해하며 걱정한다(예 학교수행평가).
B. 자신이 걱정하는 것을 통제할 수 없다.
C. 불안이나 걱정은 다음 여섯 가지 중 세 가지 이상이 최소한 6개월 동안 나타난다.
주의점: 아동에게는 한 가지 증상만 만족해도 된다.
1. 안절부절 못하거나 벼랑 끝에 서 있는 느낌이 든다.
2. 쉽게 피곤해진다.
3. 집중하기 어렵다.
4. 과민하다.
5. 근육이 긴장되어 있다.
6. 수면장애가 있다
D. 불안, 걱정 또는 신체적 증상들이 사회적·학업적·직업적 및 다른 중요한 기능 영역에 임상적으로 중요한 손상 또는 결함을 초래한다.
E. 이 증상들은 약물이나 다른 의학적 상태의 생리적인 효과에 기인한 것이 아니다.
F. 이 증상들은 공황장애의 공황발작에 대한 불안과 염려, 사회불안장애에서 부정적 평가, 강박장애에서 오염이나 다른 강박 사고, 분리불안장애의 애착대상으로부터의 분리, 외상후 스트레스장애의 외상성 사건의 회상, 거식증의 체중 증가에 대한 염려, 신체증상장애의 신체적 고통 호소, 신체변형장애의 자각된 외모 결함, 질병 불안장애의 심각한 질병에 대한 걱정 또는 정신분열증이나 망상장애의 망상적 신념 등 다른 정신장애로 더 잘 설명되지 않는다.

43

2021 유아A-3

모범답안

1)	중간체계

해설

1) [A]의 관점은 생태학적 모델이다. 미시체계에 해당하는 어머니와 선생님 간의 상호작용이므로 중간체계에 해당한다.

44

2022 유아B-1

모범답안

3)	① 외적 자기안내의 제거 ② 소리내지 않고 마음속으로 "나는 조용히 그림책을 볼 거야."라고 생각하며 그림책을 본다.

Check Point

✅ 자기교수 훈련 절차

단계	설명
[1단계] 인지적 모방	• 교사는 큰 소리로 과제 수행의 단계를 말하면서 시범을 보인다. • 아동은 이를 관찰한다.
[2단계] 외적 모방	• 교사는 아동이 과제를 수행하는 동안 큰 소리로 과제 수행 단계를 말한다. • 아동은 교사의 지시에 따라 교사가 말하는 자기교수의 내용을 그대로 소리내어 따라 말하면서 교사가 수행한 것과 똑같은 과제를 수행한다.
[3단계] 외적 자기 안내	• 아동은 큰 소리로 과제 수행 단계를 말하면서 같은 과제를 수행한다. • 교사는 관찰을 하며 피드백을 제공한다.
[4단계] 외적 자기 안내의 제거	• 아동은 작은 목소리로 과제 수행 단계를 속삭이면서 과제를 수행한다. • 교사는 관찰하고 피드백을 제공한다.
[5단계] 내적 자기교수	아동은 소리 내지 않고 내적 언어를 사용하며 과제를 수행한다.

45

2022 초등A-6

모범답안

1)	적대적 반항장애
3)	① 비합리적인 신념(사고)을 합리적 신념(사고)으로 바꾸는 것이다. ② 게임에서 질 수도 있어. 다시 해 보자.

해설

1) 적대적 반항장애의 진단기준 중 분노/과민한 기분(자주 또는 쉽게 화를 낸다, 자주 다른 사람에 의해 쉽게 기분이 상하거나 신경질을 부린다, 자주 화가 나 있고 원망스러워 한다.)과 논쟁적/반항적 행동(자주 본인의 실수나 잘못된 행동을 타인의 탓으로 돌린다.)에 해당하는 증후 그리고 기간(적어도 6개월 동안)이 제시되어 있다.

3) ① 정서・행동장애는 자신이나 타인과 관련된 주변의 사건에 대해 잘못 생각하는 왜곡된 사고로 나타날 수 있다. 부적응적 조망은 사회정보처리에서의 오류와 잘못된 신념으로 발생하는 인지왜곡이다. 정서・행동장애에 대한 인지중재는 학생의 부적응적 조망을 적응적 조망으로 변화시키도록 설계되어야 한다(이성봉 외, 2022 : 165).

Check Point

✅ DSM-5의 적대적 반항장애 진단기준

A. 분노/과민한 기분, 논쟁적/반항적 행동, 보복적 행동이 최소 6개월간 지속되고, 형제가 아닌 다른 사람 1인 이상과의 상호작용에서 다음 항목 중 적어도 네 가지 증후를 보인다.

분노/과민한 기분

1. 자주 화를 낸다.
2. 자주 다른 사람에 의해 쉽게 기분이 상하거나 신경질을 부린다(짜증을 낸다).
3. 자주 화를 내고 쉽게 화를 낸다.

논쟁적/반항적 행동

4. 권위적인 사람 또는 성인과 자주 말싸움(논쟁)을 한다.
5. 권위적인 사람의 요구에 응하거나 규칙 따르기를 거절 또는 무시하는 행동을 자주 보인다.
6. 의도적으로 다른 사람을 자주 괴롭힌다.
7. 자신의 실수나 비행을 다른 사람의 탓으로 자주 돌린다.

보복적 특성

8. 지난 6개월간 두 차례 이상 다른 사람에게 악의에 차 있거나 보복적인 행동을 한 적이 있다.

주의점 : 행동의 지속성과 빈도에 따라 장애의 증후적인 행동과 정상적인 제한 내에서의 행동을 구별해야 한다. 5세 이하의 아동을 대상으로 적용할 때에는 최소한 6개월 동안 일상생활의 대부분 시간에 행동이 나타나지 않을 경우 진단을 내리지 않는다. 5세 이상의 경우, 최소한 6개월 동안 일주일에 적어도 한 차례 나타나야 준거에 부합하는 것이다. 이러한 빈도준거는 증후를 판별하는 데 적용할 수 있는 최소한의 빈도 수준으로, 행동의 빈도와 강도는 개인의 발달수준, 성별・문화별로 수용될 수 있는 기준이 다름을 감안해야 한다.

46

2022 중등A-9

모범답안

- ㉠ 사람과 동물에 대한 공격성
  ㉡ 10세 이전
- ㉢ 미시체계

Check Point

DSM-5의 품행장애 진단기준

A. 연령에 적합한 주된 사회적 규범 및 규칙 또한 다른 사람의 권리를 위반하는 행동을 반복적·지속적으로 보이며, 아래의 항목 중에서 세 가지 이상을 12개월 동안 보이고 그중에서 적어도 한 항목을 6개월 동안 지속적으로 보인다.

사람과 동물에 대한 공격성
1. 다른 사람을 괴롭히거나 위협하거나 협박한다.
2. 신체적 싸움을 먼저 시도한다.
3. 다른 사람에게 심각한 손상을 입힐 수 있는 무기(예 방망이, 벽돌, 깨진 병, 칼, 총 등)를 사용한다.
4. 사람에 대해 신체적으로 잔인한 행동을 한다.
5. 동물에 대해 신체적으로 잔인한 행동을 한다.
6. 강도, 약탈 등과 같이 피해자가 있는 상황에서 강탈을 한다.
7. 성적인 행동을 강요한다.

재산/기물 파괴
8. 심각한 손상을 입히고자 의도적으로 방화를 한다.
9. 다른 사람의 재산을 방화 이외의 방법으로 의도적으로 파괴한다.

사기 또는 절도
10. 다른 사람의 집, 건물, 차에 무단으로 침입한다.
11. 사물이나 호의를 얻기 위해 또는 의무를 회피하기 위해 자주 거짓말을 한다.
12. 피해자가 없는 상황에서 물건을 훔친다.

심각한 규칙 위반
13. 부모의 금지에도 불구하고 밤늦게까지 자주 집에 들어오지 않는다. 이러한 행동이 13세 이전부터 시작되었다.
14. 부모와 함께 사는 동안에 적어도 두 번 이상 밤늦게까지 들어오지 않고 가출한다.
(또는 장기간 집에 돌아오지 않는 가출을 1회 이상 한다.)
15. 학교에 자주 무단결석을 하며 이러한 행동이 13세 이전부터 시작되었다.

B. 행동의 장애가 사회적·학업적·직업적 기능수행에 임상적으로 심각한 장애를 초래한다.

C. 18세 이상의 경우, 반사회성 성격장애의 준거에 부합하지 않아야 한다.

다음 중 하나를 명시해야 한다.
- 아동기 발병형: 10세 이전에 품행장애의 특징적인 증상 중 적어도 한 개 이상을 보이는 경우다.
- 청소년기 발병형: 10세 이전에는 품행장애의 특징적인 증상을 전혀 충족하지 않는 경우다.
- 명시되지 않는 발병: 품행장애의 진단기준을 충족하지만, 첫 증상을 10세 이전에 보였는지 또는 10세 이후에 보였는지에 대한 정보가 없어서 확실히 결정하기 어려운 경우다.

47

2023 유아A-3

모범답안

3)	(어머니의) 직장

해설

3) 브론펜브레너의 생태학적 체계 모델에 따라 면담 내용에 포함되어 있는 각각의 체계를 분류하면 다음과 같다.

미시체계	어머니, 할머니, (서아를 담당하고 있다는 가정 하에) 유아특수교사
중간체계	어머니-유아특수교사의 상호작용
외체계	(어머니의) 직장

48

2023 유아B-2

모범답안

3)	① 체계적 둔감법 ② 이완 기술

해설

3) ① 민지의 정서적 특성은 불안을 느끼는 것으로 이와 관련하여 가상의 병원놀이를 실시하고자 한다. 그리고 병원놀이의 궁극적 목적은 낮은 자극 수준에서 점진적으로 높은 자극 수준을 제시하는 중재 방법을 적용함으로써 병원에 대한 불안 정도를 낮추는 것이다. 따라서 병원놀이 과정에 적용한 중재 방법은 체계적 둔감법이라고 할 수 있다.
② 문제를 통해 제시되고 있는 세 가지 조건은 '체계적 둔감법과 관련된다', '스스로 불안을 낮출 수 있도록 한다', '가장 먼저 연습해야 한다'는 것이다. 이상의 조건을 모두 충족하는 중재 방법은 이완 기술이다.

Check Point

(1) 체계적 둔감법과 이완 훈련

① 체계적 둔감화, 상호 억제, 역조건화 등으로 다양하게 불리는 절차들도 아동과 성인의 공포를 낮추는 데 효과적인 것으로 나타났다. 이러한 절차들의 핵심적 특징은 공포증을 가진 개인이 불안하지 않은 상태에서, 불안을 억제하거나 불안과 공존할 수 없는 활동을 하는 중에 공포를 일으키는 자극에 점진적, 반복적으로 노출되게 하는 것이다. 공포의 대상에 대한 점진적 접근과 편안한 상태에서의 반복적 노출은 두려움의 대상과 그것이 야기하는 공포 간에 존재하는 조건화된 결속이나 학습된 결속을 약화시키는 것으로 생각된다(Kauffman et al., 2020 : 280).

② 체계적 둔감법은 Joseph wolpe에 의해 개발된 절차로, 두려움이 있는 사람이 두려움을 야기하는 자극을 상상하면서 이완을 연습한다. 체계적 둔감법의 사용에는 중요한 세 단계가 있다.

㉠ 내담자는 앞서 기술된 절차들(점진적 근육이완, 횡격막 호흡, 주의집중 연습, 행동이완 훈련) 중 하나를 사용하는 이완 기술을 학습한다.

㉡ 치료자와 내담자는 두려움을 유발하는 자극의 위계표를 만든다.

㉢ 내담자는 치료자가 위계표에 따라 장면을 묘사하는 동안 이완 기술을 연습한다.

내담자가 위계표에 따라 모든 장면을 상상하는 동안 이완반응을 유지할 수 있으면 체계적 둔감법을 마치게 된다. 그러면 내담자는 실제 삶에서 두려움을 야기하는 자극과 직면하더라도 두려움 반응(불안과 회피행동)에서 벗어나게 된다(Miltenberger, 2017 : 542).

49

2023 유아B-4

모범답안

3)	㉡ 교사의 행동을 관찰한다. ㉢ 교사의 지시에 따라 "줄을 서서 차례를 기다려요."라고 큰 소리로 말하면서 줄을 선다.

해설

지문 돋보기

단계	설명	박 교사의 행동	지우의 행동
[1단계] 인지적 모방	이 단계에서 교사는 큰 소리로 과제 수행의 단계를 말하면서 시범을 보이고 학생은 이를 관찰한다.	"줄을 서서 차례를 기다려요" 라고 큰 소리로 말하면서 줄을 선다.	㉡
[2단계] 외적 모방	• 학생은 교사의 지시에 따라 같은 과제를 수행한다. • 교사는 학생이 과제를 수행하는 동안 큰 소리로 과제 수행 단계를 말한다.	(생략)	㉢
[3단계] 외적 자기 안내	• 학생은 큰 소리로 과제 수행 단계를 말하면서 같은 과제를 수행한다. • 교사는 관찰을 하며 피드백을 제공한다.	지우의 행동을 관찰하고 피드백을 제공한다.	(생략)
[4단계] 외적 자기 안내의 제거	• 학생은 작은 목소리로 과제 수행 단계를 속삭이면서 과제를 수행한다. • 교사는 관찰하고 피드백을 제공한다.	(생략)	(속삭이듯 작은 목소리로) "줄을 서서 차례를 기다려요."라고 말하면서 줄을 선다.
[5단계] 내적 자기 교수	학생은 소리 내지 않고 내적 언어를 사용하며 과제를 수행한다.	(생략)	('줄을 서서 차례를 기다려요.' 라고 속으로 말하면서) 줄을 선다.

50 2023 초등B-4

모범답안

1)	품행장애

해설

지문 톺 보기

- 집에서 키우는 강아지를 학대함: 사람과 동물에 대한 공격성/동물에 대해 신체적으로 잔인한 행동을 한다.
- 자주 주변 사람을 괴롭히고 위협하거나 협박함: 사람과 동물에 대한 공격성/다른 사람을 괴롭히거나 위협하거나 협박한다.
- 이웃집 자동차를 고의적으로 망가뜨림: 재산·기물 파괴/다른 사람의 재산을 방화 이외의 방법으로 의도적으로 파괴한다.
- 동생에게 이유 없이 자주 시비를 걸고 몸싸움을 함: 사람과 동물에 대한 공격성/신체적 싸움을 먼저 시도한다.
- 이런 행동이 1년 이상 지속되고 있음: 12개월 이상 동안 보인다.

51 2023 중등A-5

모범답안

- 만성 운동 틱장애

해설

틱장애의 유형 중 만성 운동 틱장애와 만성 음성 틱장애는 지속기간이 1년 이상인 경우로 운동 틱과 음성 틱이 동시에 나타나지 않는 경우를 말한다. 학생 A는 특정 행동은 하되 다른 소리는 내지 않는 특성이 있으며, 초등학교 입학 이후 현재까지(중등학생) 이와 같은 특성이 지속되고 있으므로 만성 운동 틱장애라고 할 수 있다.

52 2023 중등B-5

모범답안

- ㉢ 하위 욕구가 충족되어야 상위 욕구를 추구한다(또는 이전 단계의 욕구가 충족되어야 다음 단계의 욕구를 추구한다).

Check Point

Maslow의 욕구위계이론

① Maslow의 욕구위계이론에서는 안전이나 배고픔, 애정, 안정감, 자아존중감 등과 같은 다소 낮은 수준의 욕구는 중요도상에서는 동일하지만, 위계적으로 다소 상위에 속하는 정의, 미, 선 등과 같은 상위 욕구보다 먼저 충족되어야 한다는 점을 강조한다.

② Maslow가 제안하는 인간의 5단계 욕구는 다음과 같으며, 이전 단계의 욕구가 충족되어야 다음 단계의 욕구를 추구한다.

욕구의 단계	설명
Ⅰ. 생리적 욕구	• 공기, 음식, 음료, 휴식, 충족 등에 대한 생리적 욕구 • 신체 내의 균형을 추구하고자 하는 욕구
Ⅱ. 안전 욕구	• 안전과 안정에 대한 욕구 • 두려움, 불안 및 혼란으로부터 자유롭고자 하는 욕구 • 법, 구조, 허용 한계 등에 대한 욕구
Ⅲ. 소속감과 사랑 욕구	• 가족, 친구, 연인에 대한 사랑과 소속감에 대한 욕구 • 애정, 친밀감, 자신의 근본을 알고자 하는 욕구
Ⅳ. 존중감 욕구	자신과 타인에 대한 존중감에 대한 욕구
Ⅴ. 자아실현 욕구	• 자신이 할 수 있는 것을 하고자 하는 욕구 • 개인의 내적 성향에 따라 잠재력을 실현하고자 하는 욕구

53 2024 유아A-4

모범답안

2)	내적 통제 소재의 특성을 보인다.

해설

박 교사의 발화 내용 중 "소윤이가 자신의 노력 덕분에 잘 완성했다고 생각하더라고요."를 통해 소윤이의 귀인은 노력임을 알 수 있다. 노력은 통제 소재의 차원에서 내적 통제소재에 해당한다.

54 2024 중등A-12

모범답안

- ㉠ 신체생리적 모델
  ㉡ 행동주의 모델

해설

㉠ 신체생리적 모델에서는 정서・행동장애에 대한 신체생리적 원인을 전제하기 때문에 의료적 중재를 모색한다. 따라서 전통적으로 가장 많이 사용되어 온 중재 방법은 약물치료와 식이요법이다(이성봉 외, 2022: 95-96).

㉡ 행동주의 모델은 행동의 본질을 이해하고 그 행동을 통제하는 것에 초점을 둔 이론이다. 행동주의 모델에서는 인간의 행동을 수동적 행동과 작동적 행동으로 설명한다. 수동적 행동은 강한 자극에 적응하는 행동으로 유기체의 생존과 유관되어 있다. 작동적 행동은 행동에 뒤따르는 자극을 조작하는 행동이며, 자극에 의해 영향을 받는다. 작동적 행동은 다른 사람을 통해 나타나며, 뒤따르는 후속결과에 의존하기 때문에 그 행동이 다시 발생할 수 있고 감소할 수도 있다(이성봉 외, 2022: 114-116).

Part III

07 자폐성장애아교육

본책 p.50

01

2009 유아1-1

정답 ②

해설

ㄱ. 동건이가 그림카드를 사용하여 문장판에 문장을 만들고 그것을 교사에게 제시하도록 지도하였다.: 4단계 문장 만들기 지도

ㄴ. 동건이가 원하는 그림카드를 교사에게 주면 해당하는 사물을 주어 교환의 개념을 알도록 지도하였다.: 1단계 교환 개념 지도 및 교환 훈련

ㄷ. 동건이가 선호하는 사물의 그림카드와 선호하지 않는 사물의 그림카드 중 선호하는 것을 식별하도록 지도하였다.: 3단계 그림 변별 훈련

ㄹ. 동건이가 자신의 의사소통판으로 가서 그림카드를 가져와 교사에게 주면 해당하는 사물을 주어 자발적으로 교환하도록 지도하였다.: 2단계 자발적 교환 훈련

Check Point

⊘ 그림교환의사소통체계 적용 절차

단계	내용
1단계 의사소통 방법 지도 (교환 개념 지도 및 교환 훈련)	• 단계 목표: 아동이 테이블 위에 있는 그림카드를 집어서 훈련자에게 주고 원하는 것을 받는 것 • 다양한 그림으로 기본적인 교환을 수행한다.
2단계 자발적 교환 훈련	• 성인이나 또래의 관심을 얻고 거리를 조절하기 위하여 연습을 지속한다. • 이 단계에서는 2명의 훈련자가 참여하는데 훈련자1은 아동의 시야에서 조금 멀리 이동하여 아동이 그림을 향해 다가가도록 하고, 훈련자2는 아동이 훈련자1의 얼굴이나 어깨를 만지도록 시범 보이기나 신체적으로 촉진한다. • 주의사항: 여러 의사소통 대상자(훈련자)에게 훈련을 받도록 하여, 이후 다양한 사람들과 의사소통을 시작할 수 있도록 해야 한다.
3단계 그림 변별 훈련	• 다양한 그림들을 식별 가능하게 한다. • 주의사항: 그림카드의 위치를 계속 바꿔주어 아동이 그림카드의 위치를 기억하여 그에 따라 반응하지 않도록 해야 한다.
4단계 문장 만들기 지도 (문장으로 표현하는 방법 지도)	• 그림을 이용하여 문장을 만든다. • 이 단계에서 아동에게 "나는 ~을 원해요"라는 문장을 사용하여 '원하는 것 요청하기'를 가르친다. 이때 '나는 원해요' 그림카드는 문장 띠에 미리 붙여 놓고, 아동은 자신이 원하는 사물의 그림 카드를 붙인 후 그 의사소통 띠를 의사소통 대상자에게 제시하도록 한다. • 훈련자는 아동의 일상 환경을 구조화하여 하루 일과 전체를 통해 다양한 의사소통 기회 속에서 연습할 수 있을 때까지 계속한다.
5단계 질문에 반응하기 훈련	• 단계 목표: 아동이 일상생활 중 "뭘 줄까?"라는 질문에 대답하고 스스로 원하거나 필요한 물건과 행동을 요청하게 되는 것 • 그림을 이용하여 질문에 대답한다.
6단계 질문에 대한 반응으로 설명하기 훈련	• 단계목표: 새로운 의사소통 기능을 가르치는 것 • 이전에 숙달한 상호작용을 확장한다. • 명명하기 또는 이름 붙이기, 즉 "무엇을 보고 있니?"라는 새로운 질문과 앞서 습득한 질문("뭘 줄까?")에 적절히 대답하도록 하는 것이다.

02

2009 유아1-4

정답 ⑤

해설

ㄱ. 특정한 사회적 상황과 그에 대한 적절한 반응을 설명해 주는 이야기를 지도한다.: 상황 이야기(또는 사회적 이야기)

ㄴ. 자연적 환경에서 발생하는 다양한 학습 기회와 사회적 상호작용에 반응하도록 지도한다.: 중심축 반응 훈련의 목표에 해당한다.

ㄹ. 동기화, 환경 내의 다양한 단서에 대한 반응, 자기주도, 자기관리 능력의 증진에 초점을 둔다.: 핵심 영역에 대한 설명이다.

PART 07

03

2009 중등1-21

정답 ④

해설

지문 톺아보기

- 병원대기실에는 의자가 있다. : 설명문
- 아파서 병원에 온 사람들은 진찰을 받기 위해 의자에 앉아 있다. : 설명문
- 일반적으로 사람들은 아프기 때문에 의자에 앉아서 기다리고 싶어 한다. : 설명문
- 때때로 어린아이들은 대기실에서 뛰어다닌다. : 설명문
- 어린아이들은 일반적으로 가만히 앉아 있기 힘들기 때문에 뛰어다닐 수 있다. : 설명문
- 나는 중학생이기 때문에 가만히 앉아서 기다릴 수 있다. : 지시문
- 아버지는 내가 가만히 앉아서 기다릴 수 있도록 나에게 퍼즐을 주시면서 "퍼즐을 맞춰라."라고 말씀하실 것이다. : 협조문
- 나는 가만히 앉아서 기다리기 위해 퍼즐을 맞춘 후 아버지에게 퍼즐을 다 하였다고 말할 것이다. : 통제문
- 아버지는 내가 가만히 앉아서 퍼즐을 하고 있다면 좋아하실 것이다. : 조망문

ㄱ. '일반적으로 사람들은 아프기 때문에 의자에 앉아서 기다리고 싶어 한다.'와 '어린아이들은 일반적으로 가만히 앉아 있기 힘들기 때문에 뛰어다닐 수 있다.'의 경우 개인적인 생각이나 느낌을 나타낸 것이 아니라 사회의 일반적인 통념을 나타낸 것이므로 설명문으로 분류된다.

ㄴ. 통제문은 개별적으로 아동에게 필요한 전략을 포함하여 기억하게 함으로써 해당 상황을 통제할 수 있도록 돕는다.

ㄷ. 사회적 이야기는 자폐성장애 아동의 사회성 향상을 위해 널리 사용되는 교수전략 중 하나로 사회상황을 이해하도록 돕기 위해 사용되는 개별화된 짧은 이야기로서 사회적으로 적절한 행동을 설명하고 연속적 사건에 대한 정보를 제공한다(김건희 외, 2018: 356).

ㄹ. 아동이 해야 할 행동을 기술하는 것이 아니라 사회상황을 이해하는 데 목표를 두고 있으며 다른 사람의 관점을 이해하도록 돕기 위해 작성된다. 이는 사회상황 속에서 필요한 사회적 기술의 개념이나 문제를 해결하기 위한 전략을 가르치기 위해 사용된다(김건희 외, 2018: 356-357).

Check Point

✓ 상황 이야기의 문장 형식(Gray, 2010)

형식	기능 및 예시
설명문	아동에게 사회상황에 대한 사실이나 정보를 사실적이고 객관적인 문장으로 자세하게 기술하며, 사회성 이야기에 반드시 필요한 문장으로 가장 자주 사용한다. 예 여름은 덥고 겨울은 춥다. 우리 교실에는 책상과 의자가 있다.
조망문	다른 사람의 내적 상태, 생각, 감정, 신념, 의견 등을 묘사하며 주관적인 문장의 경우가 많다. 예 아픈 친구를 도와주는 것은 좋은 일이다. 나는 음악시간이 즐겁고 재미있다.
지시문	상황에 맞는 적절한 행동과 반응을 아동 혹은 팀에게 지시할 때 사용한다. 예 선생님을 만나면 "안녕하세요!"라고 인사한다. 교실에 들어올 때는 문을 닫아야 한다.
확정문	집단이나 문화 속에서 함께하는 가치관, 믿음, 주요 개념, 규칙, 의견을 표현함으로써 상황을 판단할 수 있도록 도와주고 주변 문장의 의미를 강조한다. 확정문은 주로 설명문, 조망문, 지시문 바로 뒤에 제시된다. 예 안전을 위해 차례대로 그네를 타야 한다. 이것은 매우 중요하다. 교실에 있는 호랑이와 코끼리는 인형이기 때문에 무섭지 않다.
협조문	아동을 돕기 위해 다른 사람이 할 수 있는 일과 역할을 알려 주는 문장이다. 예 나는 손을 다친 친구의 가방을 들어 준다. 친구는 미술시간에 준비물을 가져오지 않은 나에게 색종이를 나누어 주었다.
통제문	이야기를 새로 진술하거나 개별적으로 아동에게 필요한 전략을 포함하여 기억하게 함으로써 해당 상황을 통제할 수 있도록 돕는다. 예 동생과 나는 기차를 타고 가면서 동화책을 함께 본다.
부분문장	부분문장은 빈칸을 메우는 형식의 문장이다. 문장을 이해하는지 혹은 다음 단계를 추측하도록 안내한다. 설명문, 조망문, 지시문, 확정문은 부분문장으로 쓸 수 있다. 예 안전을 위해 그네를 차례로 타야 한다. 이것은 매우 ________.

04

2010 유아2A-3

모범답안 개요

의사소통 특징	다음 중 택 3 • 자발적 의사소통을 할 수 없다. • 언어 상동증이 있다. • 구어를 거의 사용하지 않는다. • 대화 유지에 어려움이 있다. • 대화에서의 차례 지키기에 어려움이 있다. • 기능적 의사소통이 제한적이다. • 사회적 상호작용에 어려움이 있다.
의견의 정당성	• PECS는 언어적 촉진 없이 자발적인 의사소통을 할 수 있다. • PECS는 구어를 전혀 사용하지 못하거나, 거의 사용하지 않더라도 효과적으로 사용될 수 있다.
잘못 알고 있는 사항	PECS는 그림카드 한 장으로만 의사소통을 하는 것이다. → PECS는 다양한 그림카드를 이용하여 의사소통을 하는 것이다.
구어 사용 촉발 가능성	경수는 이미 PECS의 3단계에 해당하는 그림 변별이 가능하므로 빠른 시간 내에 4단계 문장 만들기 과정을 통해 구어 사용을 연습할 수 있다. 그만큼 구어 사용의 가능성이 높아지는 것이다.

05

2010 초등1-19

정답 ③

해설

ㄱ. 명료화 요구하기가 가능하다.: 명료화 요구하기는 다시 되묻는 기능을 한다. 예를 들어 대화 내용 중 장 교사의 '동수가 하겠다고?'가 이에 해당한다. 그러나 동수의 발화 내용에는 명료화 요구하기가 나타나 있지 않다.

ㄴ. 대명사를 사용하여 말하고 있다.: '내가'에서 '내'는 인칭대명사에 해당한다.

ㄷ. 비언어적 의사소통 수단을 사용한다.: 비언어적 의사소통이란 몸짓, 자세, 표정 등과 같이 말이나 언어에 의존하지 않고 메시지를 전달하는 것으로, 동수의 의사소통 과정에는 나타나지 않는다.

ㄹ. 말 차례 지키기(turn-taking)가 가능하다.: 장 교사 – 동수 – 장 교사 – 동수…와 같이 말의 순서를 지켜 대화가 이루어지고 있다.

ㅁ. 주격조사를 정확하게 사용하며 말하고 있다.: '선생님이가'에서 주격조사를 과잉일반화하고 있다.

06

2010 중등1-26

정답 ①

해설

(가) '스스로 계획하는 데 어려움', '억제력이 부족', '하고 싶은 일을 충동적으로 하므로', '생각과 행동의 융통성이 부족' 등은 실행기능의 결함과 관련된 특징들이다. 실행기능은 계획 수립, 충동조절, 융통성 있는 행동 그리고 체계적인 환경 탐색 등을 가능하게 하는 뇌의 전두엽 기능 중의 하나이다.

(나) 중앙응집이론에서는 자폐성장애를 직접적인 손상에 의한 것이라고 보기보다는 인지양식에 의한 것이라고 주장한다. 환경에 의미를 부여하고, 환경을 의미 있게 받아들이기 위해서는 방대하고 복잡한 정보를 처리해야 하지만 자폐인들은 이에 어려움을 가지기 때문에 세상을 현실적으로 지각하지 못한다는 것이다. 전체를 보기보다는 부분에 집착하고, 즉 나무는 보고 숲은 보지 못하는 것과 같이 정보 투입 및 처리 방식이 상향식 접근방식을 취한다. 이 이론에서는 자폐의 근본 원인이 인지적 정보처리 과정에서 부분과 전체의 관계를 연계하지 못하고 전체보다는 특정 부분에 초점을 맞추는 빈약한 중앙응집이라는 인지적 결함에 기인한다고 주장한다(김건희 외, 2018: 39–40).

Check Point

중앙응집의 개념

① 인지체계가 의미를 갖고 정보를 통합하는 경향성이다. 개념적인 응집은 맥락 내에서 의미를 추론하거나 정보를 처리하는 능력을 의미하고, 지각적인 응집은 들어오는 감각 정보를 부분적이 아니라 전체적으로 인식하는 능력을 의미한다(특수교육학 용어사전, 2018).

② 중앙응집 능력이란 외부 환경에서 입력된 정보를 의미 있게 연계하고 총체적인 형태로 처리하는 능력을 의미한다. 중앙응집 능력은 장의존성 대 장독립성이라는 장이론을 근간으로 한다. 장이론은 인지 처리 양식을 설명하는 학습이론으로 어떤 학습자의 경우 장의존적인 인지 양식을 선호하고 또 다른 학습자는 장독립적인 인지양식을 선호한다. 일반적으로 장의존적인 학습자는 제시된 정보를 통합된 전체로 인식하고 이야기의 흐름과 의미의 초점을 파악하는 능력이 좋은 편이다. 이에 반해 장독립적인 학습자는 보다 분석적이고 세부적인 것에 초점을 맞추고 정보를 처리하는 데 사회적 맥락이나 주변 요소들을 적극적으로 활용하지 못하는 경향이 있다. 이에 따라 장독립적인 학습자는 중앙응집 능력이 비교적 약한 것으로 파악되는데 자폐성장애 학생들은 이러

한 특성을 지닌 인지 처리자로 이해된다. 자폐성 장애인들은 지엽적이고 세부적인 정보를 보다 잘 처리하고 전체적이고 상황과 관련된 정보를 처리하는 데 어려움을 보이는 독특한 인지 양식을 나타내어 중앙응집 능력이 낮은 것으로 알려졌다(방명애, 2018: 143-144).

07

2011 유아1-13

정답 ④

해설

환경 중심 언어중재는 자연스러운 환경에서 기능적 언어를 훈련하기 위한 전략이다.

ㄴ. 아이가 짜증을 낼 때는 그 상황을 고려하여 반응합니다.: 환경 중심 언어중재와 관련이 없는 내용이다.

ㄹ. 동화책은 아이의 눈에 쉽게 띄도록 여기저기에 흩어 놓습니다.: 의사소통 발달을 위한 환경과 관련이 없다.

08

2011 유아1-14

정답 ②

해설

지호는 몇 개의 단어를 말해 보라고 시키면 말할 수 있지만 그 단어를 사용해야 하는 장소에서는 먼저 말하지는 않는다는 것을 보면 자발적으로 구어를 이용한 표현에 문제가 있음을 알 수 있다. 그리고 연주는 발화 자체가 되지 않아 의사소통에 문제가 있는 것으로 묘사되고 있다. 따라서 답지에 제시된 바에 한정해서 살펴보면 지호에게는 우연교수를 통해 자연스러운 환경에서 자발적으로 표현할 수 있도록 그리고 연주에게는 PECS 적용을 통해 표현력을 향상시킬 수 있도록 지도하는 것이 적절하다.

① 우연교수: 자발적 구어 표현력 향상에 효과적이다.
   비연속 시도 훈련: 새로운 언어기술(또는 특정 기술) 습득에 효과적이다.

③ 그림교환의사소통체계: 의사소통 의도 표현력 향상에 효과적이다.

09

2011 유아1-20

정답 ⑤

해설

문제해결 기술: 학생은 매일 갈등이나 선택, 여러 가지 문제 등에 직면하게 된다. 이에 이와 같은 상황에서 직면한 문제를 성공적으로 해결할 줄 아는 능력을 문제해결 기술이라고 할 수 있다. 정서·행동장애아교육에서 다루어지는 문제해결 훈련이 이에 속한다.

Check Point

(1) 마음이해능력의 결함 관련 특성

① 자폐성장애 아동은 다른 사람의 정서적 표현을 이해하고 이에 관심을 기울이는 능력이 부족하다.

② 자폐성장애 아동들은 언어 연령을 일치시킨 일반 아동 집단에 비해 심리적 상태에 관련한 표현 어휘의 빈도와 다양도가 유의하게 낮은 수행을 보인다.

예 일반 아동들은 '재미있는', '신나는' 등과 같이 다양한 정서를 나타내거나 마음 상태를 나타내는 어휘를 자주 사용하는 것에 비해 자폐성장애 아동들은 이와 같은 용어의 사용 빈도가 적다.

③ 자폐성장애 아동들은 일반 아동에 비해 다른 사람의 정서적 상태에 대한 이해 능력에서 어려움을 보인다.

(2) 자기관리 기술

① 개념

㉠ 자기관리란 순간의 욕구충족을 억제하여 만족을 지연시킴으로써 보다 장기적이고 상위의 목표를 달성하는 능력을 의미한다(= 자기통제, 자기훈련).

㉡ 자기관리의 목표는 미래의 자신의 삶에 긍정적인 영향을 줄 것이지만 현재는 부족한 자신의 행동을 증가시키고, 미래의 자신의 삶에 부정적인 영향을 줄 것인데도 현재 지나치게 많이 하고 있는 자신의 행동을 감소시키는 데 있다.

② 하위 유형

유형	개념 설명
목표설정	다른 자기관리 기술의 기본에 해당하는 것으로 자신이 해내고자 하는 행동의 수준 또는 행동의 결과와 행동 발생 기간을 설정하는 것
자기기록	자기 행동의 양이나 질을 측정하여 스스로 기록하도록 하는 방법(= 자기점검)
자기평가	자기 행동이 특정 기준에 맞는지 결정하기 위해 사전에 선정된 준거와 자신의 행동을 비교하는 방법
자기강화	자신이 받을 수 있는 강화를 스스로 선정하고 목표를 성취했을 때 정해진 강화를 자기에게 적용하는 것
자기교수	과제를 수행할 때 자기 자신에게 말하면서 배우는 인지 훈련 방법의 하나(= 자기교시)

10

2011 유아1-27

정답 ①

해설

㉢ 상황 및 지도 내용에 근거할 때 교수전략은 모델링에 해당한다.

㉣ 상황 및 지도 내용에 비디오를 보여 주고, 반성적인 이야기 나누기를 하고 있으므로 교수전략은 비디오 모델링이라고 할 수 있다.

Check Point

(1) 시간적 지원

① 공간적 지원과 더불어 자폐성장애 아동의 학습을 위해 제공되어야 하는 중요한 환경 지원은 시간적 지원이다.

② 청각적 정보에 주의를 두고 이해하는 데 어려움을 갖는 자폐성장애 아동에게 시간 개념이 담긴 청각 정보(예 "5분만 더 하자!", "이거 먼저 하고 그건 나중에 하자!")는 아동의 수행에 더욱 혼란과 결함을 초래할 수 있다. 시간적 지원은 추상적인 시간 개념에 대한 이해를 돕기 위해 시간의 구조화를 확립하는 것이다.

(2) 공동행동일과

① 공동행동일과는 중도 장애아동들의 언어발달을 지원하기 위하여 개발한 것으로서 응용행동분석에 근거한 전략이다.

② 공동행동일과는 자연적 환경에서의 언어 사용 기회 증진을 목표로 한다.

③ 공동행동일과에서는 아동이 새로운 반응을 습득하고 적절한 시기에 바람직한 반응을 사용하도록 단서들을 제공하는 친숙한 일과들의 일관성에 의존하는 것인 만큼 일과의 주제를 선정할 때는 모든 참여자들에게 의미 있고 친숙한 것인지를 확인해야 한다.

(3) 비디오 모델링

① 비디오 모델링은 가르칠 때 짧은 비디오 영상을 이용하는 증거기반 교수방법으로 유아부터 청소년기의 학생들에게까지 효과적이다. 비디오 모델링은 관찰학습의 잠재력을 이용하여 다양한 기술을 가르치는 데 시행될 수 있다.

② 일반적인 비디오 모델링은 제3자의 모습을 관찰하고 모방하기 위한 방법인 데 반해 자신의 모습을 관찰하기 위한 방법에는 자기관찰과 자기모델링(비디오 자기모델링)의 방법이 있다.

자기관찰	화면을 통해 자신의 바람직한 행동과 바람직하지 못한 행동을 모두 보여주는 경우
자기모델링	화면을 통해 자신의 적절한 행동만 보여주도록 편집된 비디오 테이프를 관찰하는 경우 • 자기상 향상에 유리 • 자기 효능감 향상에 유리

11

2011 초등1-14

정답 ④

해설

ㄱ. 지도 내용 중 장난감 자동차를 달라는 표현을 말로 할 경우 장난감 자동차를 주라고 했으므로 이는 연속 강화 계획에 해당한다.

ㄴ. 반응대가와 관련된 내용은 없다.

ㄷ. 자연스러운 환경에서 언어를 이용하여 물건을 요구할 수 있도록 하기 위한 지도 내용이므로 일반화를 고려하여 지도하였다.

ㄹ. 환경 중심 언어중재는 기술 중심의 중재로 분류된다. 계획된 활동 일과는 특정 기술 또는 일련의 기술을 학습하기 위한 복수의 기회를 통하여 특정 기술 교수를 목표로 한다.

ㅁ. 언어적 촉진(촉구) 자극을 사용하였다.

Check Point

동일 집단에 대한 상이한 접근들

자폐스펙트럼장애의 핵심적 결함과 필요한 중재에 대해 연구자들은 다른 관점들을 갖고 있다. 자폐스펙트럼장애 학생들을 위한 중재접근들은 기술 중심, 관계 중심, 그리고 생리학 중심 접근이라는 3개의 넓은 범주들로 나누어져 있다. 일부 치료와 중재 프로그램들은 각 접근들의 여러 견해들을 결합하여 대부분의 옹호자들은 다양한 접근들로부터 나온 전략들을 통합한다.

① 기술 중심 접근

㉠ 기술 중심 접근에서는 자폐스펙트럼장애인들의 장애는 명시적 교수(explict instruction)를 통해서 최소화할 수 있다고 제안한다. 이 접근에 의하면 학생들은 관계 형성 이전에 상호작용, 의사소통 그리고 참여를 위해 필요한 기술들을 획득해야 한다.

㉡ 기술 중심 접근은 기술의 숙달을 강조하며 다음과 같은 요소를 필요로 한다.

- 기술의 결함 사정
- 기술에 대한 체계적인 지도(교수)
- 자료의 수집

㉢ 효과성을 보여주는 기술 중심의 접근들은 응용행동분석(ABA)의 원리에 기초한다. ABA의 원리를 사용하는 중재인 DTT와 PRT는 자폐스펙트럼장애 학생들의 긍정적 성과를 촉진하는 과학적 기반의 실제로 간주된다.

- 기능적 의사소통 훈련(FCT), 자연언어 패러다임(NLP), 우발교수, 그림교환의사소통체계(PECS) 등은 모두 응용행동분석의 원리에 기초를 두고 있다.

② 관계 중심 접근
㉠ 관계 중심 접근은 다른 사람들에 대한 애착과 관계 형성 발달의 실패를 자폐스펙트럼장애의 핵심적인 장애로 간주한다. 이러한 관계의 부재는 이후에 사회적 의사소통과 흥미의 범위가 결함된 장애의 기초가 된다.
㉡ 관계 중심 접근은 안정적 애착과 관계 형성의 증진에 초점을 둔다.
㉢ 관계 중심 접근의 옹호자들은 일단 관계가 성립되면 기술들이 발달하고 자폐스펙트럼장애 증상들은 사라진다고 제안한다.
㉣ 관계 중심 접근은 다음과 같은 특성을 갖는다.
- 무조건적인 수용
- 지속적인 접촉
- 아동의 주도를 따르기

㉤ 가장 빈번하게 논의되었던 관계 프로그램들은 포옹치료(holding therapy), 온화한 교수(gentle teaching), 자유선택(options) 그리고 발달적 개별 관계 중심 접근(developmental individual relational based approach, 예 마루놀이) 등이 있다.

③ 생리학 중심 접근
㉠ 생리학 중심 접근은 행동과 사회적 관계성의 증진을 위해서 감각과 신경학적 기능의 교정을 촉진한다.
㉡ 이 관점에 의하면 내재성의 생물학적이고 신경학적인 손상들을 교정함으로써 자폐스펙트럼장애의 증후들은 완화될 것이고 개인은 관계를 발달시키고 기술을 배울 수 있다.
㉢ 생리학 중심 접근은 다음과 같은 특징을 갖는다.
- 전문가에 의한 사정
- 치료 계획의 개발

㉣ 사정 전문가들에는 의사, 영양사, 작업치료사 등이 포함된다. 부모와 교사들은 전문가들에 의해서 개발된 치료계획을 주의 깊게 따라야 한다.
㉤ 생리학 중심 접근의 예에는 정신약리학적 식품 보조제, 식이제한, 감각통합, 청각치료, 시각치료, 두개해부치료, 음악치료 그리고 승마치료 등이 포함된다.
㉥ 신경화학의 변화와 행동변화를 증진시키기 위한 약물치료의 사용을 제외하면 어떠한 생리학 중심 접근도 경험적으로 입증되지 않았다.

④ 혼합 접근
㉠ 일부 프로그램들은 다양한 각도에서 성장과 발달을 증진시키는 프로그램을 만들기 위해 관계 중심, 기술 중심, 생리학 중심 접근의 측면들을 혼합한다.
㉡ 공립학교에서 제공되는 프로그램들이 일차적으로는 기술 중심이지만 학생들의 광범위한 요구들을 다루기 위해서 각각 다른 접근들이 갖고 있는 견해들을 혼합한다.

출처 ▶ Heflin et al.(2014 : 118–121)

12 2011 초등1-21

정답 ⑤

해설

ㄱ. 영두는 대화 과정에서 사용하는 농담이나 비유를 이해하지 못하는 특성이 있으므로 은유법이나 상징의 사용은 부적절하다.

ㄴ. ⓒ을 지도할 때, 영두에게 폭언이나 폭행을 하는 상황을 묘사하는 만화를 그리도록 하여 그 상황을 이해시키는 '짧은 만화 대화' 전략을 적용한다.

ㄷ. 다음과 같은 측면에서 소거의 적용은 부적절하다고 할 수 있다. 첫째, 영두의 폭언이나 폭행과 같은 문제행동에 대해서는 최소한의 혐오적인 중재부터 적용해야 한다(최소 강제성 대안의 원칙). 즉, 덜 강제적인 중재를 먼저 시도하고 그것이 효과가 없다고 입증될 때 더 강제적인 중재를 시행하여야 한다는 것이다. 따라서 영두에게 다양한 강화 중심의 전략을 우선적으로 적용하고 효과가 없음이 입증된 이후에 소거 전략을 적용하는 것이 바람직하다. 둘째, 소거는 문제행동을 감소시키는 데 시간이 오래 걸린다는 점을 고려해야 한다. 폭언이나 폭행은 우선적인 개입을 필요로 하는 중재이기 때문에 효과가 나타나는데 시간이 오래 걸리는 소거는 부적절하다.

ㅁ. 아스퍼거장애 진단을 내리려면 자폐장애와 유사하게 사회적 상호작용의 질적 손상과 제한적·반복적·상동적 행동이나 관심 및 활동을 보여야 하지만 자폐와는 대조적으로 언어습득에서 임상적으로 유의미한 지연이나 일탈은 보이지 않아야 하며 또한 인지발달에서도 임상적으로 유의미한 지연이 없어야 한다. 아스퍼거장애의 근본적인 특징은 사회적 상호작용의 심하고 지속적인 손상과 제한적이고 반복적인 행동, 관심 및 활동 패턴의 발달이다. 또한 이 장애는 사회적, 직업적, 또는 다른 중요한 기능영역에서 임상적으로 유의미한 손상을 보인다. 비록 사회적 의사소통의 미묘한 측면이 손상될 수는 있지만 자폐장애와는 대조적으로 언어습득에서 임상적으로 유의미한 지연이나 일탈은 없다. 이에 더하여, 출생 후 첫 3년 동안 인지발달에서도 임상적으로 유의미한 지연이 없으므로 환경에 대한 정상적인 관심을 표현하거나 연령에 적절한 학습기술과 적응행동(사회적 상호작용은 제외)을 습득하기도 한다(이승희, 2015 : 166–168).

〈아스퍼거장애의 주요 특성〉
- 사회적 상호작용의 질적인 손상
- 제한적·반복적·상동적 행동, 관심 및 활동
- 사회적응의 손상
- 지연되지 않은 언어
- 지연되지 않은 인지, 자조기술 및 적응행동

Check Point

(1) 자폐성장애 아동의 의사소통의 질적인 손상

㉠ 자폐성장애의 의사소통의 손상은 현저하고 지속적이며 이러한 손상은 언어적 기술과 비언어적 기술 모두에 영향을 미친다.

㉡ 자폐성장애는 구어발달이 지체되거나 완전히 결여될 수 있다.

㉢ 말을 하는 경우 자폐성장애 아동은 다른 사람들과 대화를 시작하거나 지속하는 능력에 현저한 손상이 있다.
- 자폐성장애 아동은 언어를 습득하더라도 어휘수준에 비해 언어이해 능력이 많이 떨어져 간단한 질문이나 지시를 이해하지 못할 수도 있다.
- 자신이 좋아하는 주제에 대해서는 독백처럼 계속 중얼거리며 이야기도 하지만 관심이 없는 주제에 대해서는 아주 간단한 대화에도 참여하지 못하기도 한다.
- 언어의 화용론에서도 농담이나 풍자 또는 함축적 의미를 이해하지 못하는 문제가 나타난다.

㉣ 자폐성장애 아동은 언어 또는 특이한 언어를 상동적이고 반복적으로 사용한다. 자폐성장애에서는 반향어, 대명사 전도, 신조어 등의 다양한 문제가 나타난다.

(2) 사회적 도해

① 사회적 도해는 학생들이 사회적 실수를 이해하고 수정하도록 도와주기 위한 사회적 분석법이다(= 사회적 분석).

② 사회적 도해의 목적은 다음과 같다.
- 실수를 하게 된 주변 환경에 대하여 기술하기 위해
- 사회적 실수로 인하여 상처 받을 수 있는 사람을 구분하기 위해
- 향후 이러한 사회적 실수를 하지 않도록 하기 위한 계획을 위해

(3) 짧은 만화 대화

① 여러 다양한 사회적 상황에서 상호작용 대상자들과 교류하는 중에 발생하는 다양한 정보를 보다 용이하게 이해할 수 있도록 시각적으로 안내하는 사회적 담화 방법의 한 유형이다.

② '대화 상징 사전'과 '사람 상징 사전' 같은 상징을 이용하여 그림을 그리고 이야기를 나눈다.

(4) 파워카드 전략

① 아동의 특별한 관심을 사회적 상호작용 교수에 포함시키는 시각적 지원 방법으로 특별한 관심을 긍정적으로 활용한 대표적인 강점 중심의 중재 방법이자 사회적 담화의 한 유형이다.

② 파워카드 전략을 활용하기 위한 요소는 다음과 같다.

㉠ 간단한 시나리오: 학생이 영웅시하는 인물이나 특별한 관심사, 그리고 학생이 힘들어하는 행동이나 상황에 관련한 간략한 시나리오를 작성한다.

㉡ 명함 크기의 파워카드: 이 카드에는 특별한 관심 대상에 대한 작은 그림과 문제행동이나 상황에 대한 해결 방안을 제시한다.

13

2011 중등1-2

(정답) ④

(해설)

① 각각의 조립 순서를 그림으로 상세히 제시하는 것은 개별 과제 조직에 해당한다.

② 사무용 칸막이를 이용하여 별도의 작업 공간을 정해주는 것은 물리적 구조화에 해당한다.

③ 시간대별 활동 계획표를 작성해 주어 다음 작업을 예측할 수 있도록 하는 것은 일과의 구조화에 해당한다.

⑤ 작업 시스템에 대한 설명에 해당한다.

Check Point

(1) 물리적 구조화

① 물리적 구조화는 아동이 어디에 있어야 하는지 그리고 거기서 해야 하는 과제와 활동이 무엇인지에 대한 정보를 제공한다.

② 분명한 특정 경계를 제시하는 것과 같은 예측 가능한 방법으로 아동이 해야 할 활동을 알려 주는 시각 정보를 제공한다.

③ 물리적 구조화는 아동의 주의집중 분산이나 감각자극의 과부하를 유발할 수 있는 환경적 요소를 줄여준다.

(2) 일과의 구조화

① 일과의 구조화는 하루에 일어나는 일의 계열을 조직하고 의사소통하기 위해 일과를 구조화하는 것으로 주로 일과표의 개발과 활용을 통해 이루어진다.

② 일과의 구조화를 확립하는 대표적인 방법은 시각적 일과표의 활용이다.
- 시각적 일과표는 하루의 한 부분, 하루 전체, 일주일, 한 달, 또는 일 년에 관한 정보를 제공하는 일정에 관한 대표적인 시각적 지원이다.
- 시각적 일과표는 활동의 예측가능성을 제공하므로 아동의 불안 감소에 도움이 된다.
- 시각적 일과표에는 활동 간 일과표와 활동 내 일과표가 있다.

(3) 개별 과제 조직

① 개별 과제 조직은 다음과 같은 정보를 시각적 지원으로 활용하여 아동에게 제공해야 한다.
- 어떤 과제를 수행해야 하는가?
- 얼마나 많은 항목을 해야 하는가?
- 과제를 완수할 때까지 자신의 수행을 어떻게 점검할 수 있는가?
- 최종 결과물은 어떠한 것인가?
- 과제의 완성을 어떻게 확인할 수 있는가?

② 시각적 지원은 조직화된 개별 과제를 지도하는 데 필수 요소이다. 시각적 지원을 통해 아동은 과제 완성 전략을 학습하고 무엇을 성취해야 하는지를 명확하게 학습할 수 있다.

(4) 작업 시스템

① 작업 시스템이란 교사의 직접적인 지도와 감독을 통해 습득된 개별 과제를 연습하거나 숙달하는 시각적으로 조직화된 공간을 의미한다.

② 작업 시스템은 과제 또는 활동의 특성에 관계없이 다음에 관한 정보를 제공해야 한다.
- 어떤 작업을 수행해야 하는가?(학생이 해야 하는 작업)
- 얼마나 많은 작업을 완성해야 하는가?(해야 하는 작업의 양)
- 작업은 언제 끝나는가?(작업이 종료되는 시점)

③ 작업 시스템은 작업 공간에서 아동이 독립적으로 모든 활동을 완수하는 것이 목표이므로, 새로운 기술을 가르치는 것보다는 기술의 숙달을 촉진하는 것에 주안점을 두어야 한다.

14

2011 중등1-8

정답 ④

해설

지문 돋보기

- (나) 문제행동과 동일한 기능을 가진 수용 가능한 교체 기술을 가르친다. : 대체기술 교수의 목표는 학생에게 문제행동을 대체하면서도 사회적으로 적절한 기술을 가르치는 것이다. 선행/배경사건 중재가 다른 사람의 행동에 의존하는 것과는 달리, 대체기술 교수는 학생에게 바람직한 성과를 성취하고 문제행동이 더 이상 필요하지 않도록 상황을 변화시키는 능력을 제공하는 방법이다. 교체기술, 대처 및 인내기술, 일반적인 기술의 세 가지 유형의 대체기술 교수가 행동지원 계획에 포함될 수 있다(Bambara et al., 2017 : 101-102).
- (다) 문제행동의 발생 빈도를 평가하고, 문제행동에 대한 반응적 중재 방법을 마련한다. : 선행/배경사건 수정과 대체기술 훈련이 효과가 있다면 문제행동의 빈도는 극적으로 감소할 것이다. 그럼에도 불구하고 팀 구성원들은 자신들과 다른 사람들이 문제행동에 어떻게 반응해야 하는지를 고려해야 하며, 그 반응은 효과적이고 교육적인 방법이어야 한다(Bambara et al., 2017 : 102).

- 촉진적 의사소통(Facilitated Communication ; FC)은 의사소통에 심각한 문제가 있는 개인에게 메시지를 타이핑하는 동안 지원하는 방법이다. 사람이 타이핑하는 데 신체적, 정서적 지원을 제공하는 것이 포함된다. 이 중재를 둘러싼 많은 논쟁은 의사소통자에게 제공하는 신체적 지원에 대한 질문들이었다(Pierangelo et al., 2010 : 67).
- 문제행동에 대한 반응 전략은 교수, 소거, 차별강화, 부적 체벌, 정적 체벌 등의 방법을 포함한다.

Check Point

(1) 촉진적 의사소통

촉진적 의사소통은 전통적 방법으로 의사소통하기 어려운 사람을 위한 대안적 의사소통 방법 중 하나이다. 키보드를 사용하여 글을 쓰거나 글자판의 철자 또는 그림판을 가리킴으로써 의사소통을 하며, 이때 정서적 유대를 형성한 촉진자는 그 사람의 손이나, 손목, 팔꿈치, 혹은 어깨 등을 살짝 쥐거나 만져주어 신체적 지지와 정서적 지지를 해준다. 촉진자의 도움의 여부 또는 정도는 촉진적 의사소통 방법을 사용하는 사람의 필요 또는 요구에 따라 달라질 수 있으며, 신체적 지지의 정도는 시간이 지남에 따라 점차 감소할 수 있다. 촉진자가 촉진적 의사소통 사용자에게 신체 접촉을 통한 도움을 제공한다는 사실은 학계의 논란을 불러왔다(엄수정 외, 2012 : 160).

(2) 기능적 의사소통 훈련

① 기능적 의사소통 훈련(Functional Communication Training ; FCT)은 실생활에서 우선적으로 필요한 것을 중심으로 자연스러운 환경에서 의사소통하는 것을 강조하는 언어 중재 방법이다.

② 자폐성장애 아동으로 하여금 문제행동의 기능을 대체할 의사소통기술이나 행동을 습득하여 사용하도록 함으로써 자신의 삶에 있어서 자주성과 통제력을 행사할 수 있게 하는 것을 의미한다.

③ 기능적 의사소통을 위한 접근법은 발달 순서보다 일상생활을 하는 데 꼭 필요한 의사소통 기술을 먼저 가르친다.

15

2012 유아1-8

정답 ③

해설

③ 구조화 또는 구조화된 교수를 통해 알 수 있는 바와 같이 자폐성장애 아동들의 혼란과 불안을 감소시키고 학습에 대한 주의력 및 반응성을 증진시키기 위해서는 교수·학습활동의 순서와 과제를 예측할 수 있도록 상황을 만들어 주어야 한다.

Check Point

(1) 구조화

① 개념: 학생이 교수·학습활동의 순서와 과제를 예측할 수 있도록 체계적으로 계획하고 구성하는 것

② 학생이 보다 더 참여하고 쉽게 이해할 수 있도록 학습 환경이 설정된 것을 의미한다.

③ 자폐성장애 아동의 시각적 강점과 조직성을 선호하는 특성을 활용하여 이들의 학습 참여를 촉진하도록 안정감과 동기화를 증진시키고자 하는 것

④ 목적: 자폐성장애 아동이 무엇을 해야 하는지를 이해하고 과제를 성공적으로 수행할 수 있도록 돕는 것을 목적으로 한다.

(2) 구조화된 교수

① 개념: 자폐성 아동의 교육 및 지원을 위한 원리 전략

② 특성: 특정 공간 및 학습활동과 연계된 물리적 환경 구성, 시각적 일과표의 활용, 자연적인 상황에서 다양한 기능적 기술의 개별화된 학습 기회 제공, 일관되고 체계적인 접근

③ 목적: 아동의 요구에 적합한 물리적 환경을 구성하여 적응 능력을 향상시키는 것

④ 효과: 상황에 대한 이해 증가, 혼란과 불안 감소, 학습에 대한 주의력 및 반응성 증진, 행동 조절 가능 등

⑤ 예: TEACCH(Treatment and Education of Autistic and Related Communication-Handicapped Children)

16

2012 유아1-9

(정답) ⑤

해설

ㄱ. 인지적 문제는 적응행동, 운동 기능, 감각지각 등과 함께 자폐성장애의 진단에 필수적이지는 않지만 나타날 수 있는 부수적인 특성에 해당한다. 그러나 제시문에는 인지적 어려움과 관련된 내용이 나타나 있지 않다.

ㄴ. 정확한 문법의 문장을 따라 말할 수 있도록 지도하는 것보다는 기능적인 부분에 초점을 두어야 한다.

ㄷ. 관심이나 성취 등을 타인과 자발적으로 나누는 데 어려움이 있으므로 사회적 또는 정서적 상호성을 신장시킨다.: '놀이를 할 때 언어적 상호작용을 잘 못하며', '가족들과 사람들에게 관심이 없어지고'

ㄹ. 언어의 형태에 비해 언어의 내용과 사용 측면에 어려움이 두드러진 유아이므로 심층적인 언어평가를 받도록 안내한다.: '간단한 문장 표현은 가능하나'(언어의 형태), '질문에 간혹 엉뚱한 말을 하거나 특정 구나 말을 반복하여 의사소통이 곤란함'(언어의 내용과 사용 측면), '점차 의미 있는 말이 줄고'(언어의 내용과 사용 측면)

ㅁ. 언어행동의 문제가 있으므로: '특정 구나 말을 반복하여', '말을 의미 없이 즉각 따라하는 것이 늘고'

Check Point

(1) 자폐성장애 아동-사회적 상호작용의 질적인 손상

㉠ 자폐성장애는 사회적-정서적 상호성(즉, 다른 사람들과 어울리고 생각과 감정을 공유하는 능력)의 결함을 보인다.

㉡ 자폐성장애는 사회적 상호작용과 의사소통을 조절하기 위하여 다양한 비언어적 행동을 사용하는 데 현저한 손상을 보인다.

㉢ 자폐성장애는 연령에 따른 다른 형태를 취할 수 있는, 즉 발달 수준에 적합한 또래 관계를 형성하지 못한다. 연령이 낮은 경우에는 우정을 형성하는 데 거의 관심이 없거나 전혀 관심이 없을 수 있으며, 연령이 높은 경우에는 우정에 관심은 있을 수 있으나 어떻게 우정을 형성하는지에 대한 이해가 결여되어 있다.

㉣ 자폐성장애 아동은 자발적으로 다른 사람들과 기쁨, 관심, 또는 성취 등을 공유하지 못한다. 자신이 흥미롭다고 생각되는 사물을 보여주거나 가져오거나 가리키지 않는다.

㉤ 자폐성장애 아동은 사회적 또는 정서적 상호성이 결여되어 있다. 사회적 상호작용의 문제는 매우 일찍부터 나타날 수 있는데 생후 1년 이전에 어떤 아기들은 이름을 불러도 반응이 별로 없고 다른 사람의 손길이 닿았을 때 거부반응을 보인다.

(2) 자폐성장애 아동-제한적이고 반복적인 행동, 관심 또는 활동 패턴

① 자폐성장애는 상동적이거나 반복적으로 동작을 하거나 물건을 사용하거나 말을 하는 특징을 보인다. 상동적이거나 반복적인 행동에는 단순한 동작성 상동증, 물건의 반복적인 사용, 그리고 반복적인 말이 포함된다.

② 자폐성장애는 동일성 고집, 일상 활동에 대한 완고한 집착, 의식화된 언어적·비언어적 행동패턴을 보인다.

㉠ 일상 활동에 대한 과도한 집착과 제한된 행동 패턴은 변화에 저항으로 나타난다.

㉡ 의식화된 언어적·비언어적 행동 패턴은 반복적으로 질문하기나 주위를 서성거리기 등으로 나타날 수 있다.

③ 자폐성장애에서 보이는 고도로 제한적이고 고착된 관심은 강도나 초점에서 비정상적인 경향이 있다.

④ 자폐성장애는 감각적 입력에 대해 과대반응이나 과소반응을 나타내고 환경의 감각적 측면에 대해서 이례적인 관심을 보인다.

㉠ 감각적 입력에 대한 과대반응이나 과소반응은 특정 소리나 감촉에 대한 극도의 반응, 물건에 대한 지나친 냄새 맡기나 만지기, 빛 또는 회전 물체에 대한 매료, 그리고 때때로 고통, 더위 또는 추위에 대한 명백한 무관심을 통해 나타난다.

㉡ 환경의 감각적 측면에 대한 이례적 관심은 음식의 맛, 냄새, 감촉 또는 외관에 대한 극단적인 반응이나 습관적 행동으로 흔히 나타난다.

17

2012 유아1-34

정답 ③

해설

③ 유아 B는 자신이 보고 있는 것을 철수도 알고 있다고 이해함으로써 철수가 찬장 X로 가는 상황을 이해하지 못하고 있다(즉 틀린 믿음을 이해하지 못하고 있다). 따라서 마음이해능력이 결여되어 있으며 철수의 관점을 읽을 수 있는 유아 A보다 상위인지 능력이 발달되어 있지 않을 가능성이 높다.

- 마음이론으로 일반인에게 잘 알려진 마음이해능력은 다른 사람의 생각과 마음을 이해하는 능력을 의미한다. 마음이해능력은 다른 사람의 행동을 이해하고 그 사람의 행동을 통해 그 사람이 다음에 어떤 일을 하게 될 것인지를 추론하는 능력을 의미한다. 마음이해능력은 사회 인지 발달 영역의 한 부분이며 조망수용능력이나 공감, 조금 더 일반적인 용어로 '눈치' 등과 같이 다른 사람의 입장과 견해를 이해하는 능력을 포함한다(방명애 외, 2019: 135).
- 틀린 믿음 이해란 '나는 알고 있지만 다른 사람은 알지 못하는 것'을 이해하는 것을 의미한다(방명애 외, 2019: 136).

18

2013 유아A-7

모범답안

1)	상황 이야기
2)	• 사회적 상황을 이해하게 된다. • 영미의 입장을 이해하게 된다.
3)	상황에 맞는 적절한 행동과 반응을 아동 혹은 팀에게 지시한다.
4)	사회적 도해

해설

지문 돋보기

- 나는 친구들과 블록 쌓기를 해요. : 설명문
- 친구들은 블록 쌓기를 좋아하고 나도 블록 쌓기를 좋아해요. : 조망문
- 나와 영미는 블록으로 집을 만들어요. : 설명문
- 나는 빨강색을 좋아하지만, 영미는 여러 색을 좋아해요. : 조망문
- 빨강 블록 집도 예쁘지만 다른 색으로 만들어도 멋있어요. : 조망문
- 여러 색으로 집을 만들면 더 재밌어요. : 조망문
- 나는 친구들과 여러 색으로 블록 쌓기 놀이를 할 수 있어요. : 지시문

2) 상황 이야기는 학생들이 사회적 상황과 상대방의 입장을 이해할 수 있도록 돕는다.

3) 2010년 사회상황 이야기 사용지침서를 기준으로 할 때 해당 문장은 지시문(기능: 상황에 맞는 적절한 행동과 반응을 아동 혹은 팀에게 지시할 때 사용한다.)에 해당하지만, 최근에 개정된 새로운 상황 이야기 책(Gray, 2015)에 제시된 바에 의하면 청자 코칭문(기능: 이야기를 듣는 아동이 할 수 있는 행동이나 반응을 제안한다.)으로 분류된다.

Check Point

(1) 상황 이야기

① 특정 사회적 상황과 관련된 분명한 사회적 단서와 적절한 반응을 설명해 주는 개별화된 인지적 중재 방법 (= 사회적 이야기, 사회적 상황 이야기)

② 마음이해능력을 촉진시키기 위한 여러 가지 전략 중 하나이다.

③ 다른 사람의 마음이해능력을 발달시킬 수 있는 중요한 정보를 제공하는데, 주로 다른 사람들이 알고 있는 것과 이들의 생각, 믿음, 그리고 그러한 상황과 관련된 느낌 등을 잘 설명한다.

(2) 상황 이야기의 목적

① 자폐성장애 아동의 특성을 고려하여 이들이 매일 접하게 되는 비구어적인 사회적 정보를 구체적이고 명시적인 정보로 설명하여 사회적 상황을 예측하게 하고 기대되는 사회적 행동을 할 수 있도록 돕는다.

② 사회적 상황에 대한 구체적 정보를 제공하여 어떤 일이 일어나고 있는지, 왜 그러한 일이 일어났는지 등을 알게 하고 그러한 상황 속에서 다른 사람들은 어떻게 행동할 것인지 혹은 나는 어떤 행동을 해야 하는지와 다른 사람들의 정서적 반응은 어떠할지 등에 대한 구체적인 정보를 제공한다.

19

2013 유아B-4

모범답안

1)	제한적이고 반복적이며 상동적인 행동, 관심, 및 활동
3)	• 기호 : (①), 이유 : 자폐성장애 아동은 실행기능의 결함으로 인해 다양하게 바뀌는 자료(또는 환경)에 유연하게 대처하지 못하기 때문이다. • 기호 : (⑤), 이유 : 프리맥 원리에 따라 비선호 활동에 우선적으로 참여하고 이어서 선호 활동에 참여하도록 해야 하기 때문이다.

해설

1) 답안은 DSM-Ⅳ-TR의 진단기준이다. DSM-5에서는 '제한적이고 반복적인 행동, 흥미, 활동'으로 변경되었다.

3) ④ 특정 시간이 아니라 자유선택활동 시간에 민지의 특성을 이용하여 행동을 유발하고 이에 따른 교사의 관찰 기회를 가짐으로써 학습목표 성취를 지원할 수 있다.

⑤ 프리맥 원리는 선호 활동과 비선호 활동의 순서와 관련된다. ⑤의 경우 프리맥 원리를 적용하여 선호하는 활동을 수행하기 전에 비선호 활동을 수행하도록 하는 것이 적절하다. 이에 반해 고확률 요구 연속은 순응하는 과제(고확률)와 거부하는 과제(저확률)의 제시 순서로 표현되며, 일련의 고확률 요구들을 먼저 제시한 후에 즉시 계획된 저확률 요구를 제시하는 연속적인 과정을 말한다. 다양하게 바뀌는 자료에 대해 과민하게 반응하는 민지의 특성을 고려할 때 ⑤를 고확률 요구 연속으로 보는 것은 부적절하다.

Check Point

(1) 정신장애의 진단 및 통계편람(DSM-Ⅳ-TR)

A. (1), (2), (3)에서 총 6개(또는 그 이상) 항목, 적어도 (1)에서 2개 항목, 그리고 (2)와 (3)에서 각각 1개 항목이 충족되어야 한다.

(1) 사회적 상호작용의 질적인 손상이 다음 중 적어도 2개 항목으로 나타난다.

… (중략) …

(2) 의사소통의 질적인 손상이 다음 중 적어도 1개 항목으로 나타난다.

… (중략) …

(3) 제한적이고 반복적이며 상동적인 행동, 관심, 및 활동이 다음 중 적어도 1개 항목으로 나타난다.

(a) 강도나 초점에서 비정상적인, 한 가지 이상의 상동적이고 제한적인 관심에 집착한다.

(b) 특정한 비기능적인 일상활동이나 의식에 고집스럽게 매달린다.

(c) 상동적이고 반복적인 동작성 매너리즘(예 : 손이나 손가락을 퍼덕거리거나 비꼬기, 또는 복잡한 전신동작)을 보인다.

(d) 대상의 부분에 지속적으로 집착한다.

… (중략) …

B. 3세 이전에 다음 영역 중 적어도 한 가지 영역에서 지체 또는 비정상적인 기능을 보인다.

… (중략) …

C. 장애가 레트장애 또는 아동기붕괴성장애로 더 잘 설명되지 않는다.

(2) 프리맥 원리

① 프리맥 원리란 발생 가능성이 높은 활동을 발생 가능성이 낮은 활동 뒤에 오게 하여 발생 가능성이 낮은 행동의 발생률을 증가시키는 것이다.

② 활동 강화제를 제공함에 있어 적용 가능한 원리이다.

20

2013 초등B-5

모범답안

3)	• 기호와 수정 내용: ㉤ 질문에 대한 세희의 모든 응답을 말로 칭찬한다. • 기호와 수정 내용: ㉦ 하나의 단서가 아니라 복합 단서에 반응할 수 있도록 환경을 구조화한다.

해설

㉤ 중심축 반응 훈련에서는 질문에 대한 모든 응답을 말로 칭찬한다. 핵심 영역은 동기 유발이다.

㉥ 다양한 연필꽂이 만들기 재료 중에서 세희가 요구하는 것을 준다.: 핵심 영역은 동기 유발이다.

㉦ 자극을 다양화하고 단서를 증가시키며 반응을 격려하는 것이 필요하다. 핵심 영역은 복합 단서에 반응하기이다.

㉧ 세희가 연필꽂이 만드는 순서를 모를 때, 도움을 요청할 수 있도록 가르친다.: 핵심 영역은 자기시도(또는 자기주도)이다.

Check Point

(1) 중심축 반응 훈련 영역

핵심 영역(중심축)	중재	예시
동기	아동에게 선택권을 제공한다.	• 아동이 과제의 순서를 선택한다. • 아동이 쓰기 도구들을 선택한다. • 아동이 학급에서 읽을 책을 선택한다.
	과제를 다양하게 하고, 유지 과제를 같이 제시한다.	• 미술시간에 짧은 기간 동안 짧은 읽기 시간을 자주 가져 과제를 다양하게 한다. • 쉬는 시간을 자주 가져 과제의 양을 다양하게 한다. • 아동의 반응과 다음 지시까지의 시간을 줄여 과제의 속도를 수정한다. • 화폐 학습과 같은 새로운 과제와 돈 세기와 같은 이미 학습한 과제를 같이 제시한다.
	시도에 대한 강화를 한다.	• 질문에 대한 모든 응답을 말로 칭찬한다. • 숙제와 다른 과제에 대해 칭찬의 글을 써준다.
	자연스러운 강화를 사용한다.	• 시간 말하기를 배울 때, 아동이 좋아하는 활동의 시간을 배우게 한다. • 화폐를 가르칠 때 아동이 좋아하는 작은 물건을 사게 한다.
복합 단서에 반응하기	복합 단서 학습과 반응을 격려한다.	• 미술시간에 종이, 크레용, 연필 등을 다양하게 준비하고, 아동이 좋아하는 것을 요구하게 한다. • 수학 과제나 한글쓰기 연습을 위해 다양하게 쓰기 도구들을 준비한다. 그리고 아동이 좋아하는 도구를 요구하게 한다.
자기시도(= 자기주도)	질문하는 것을 가르친다.	• 시간과 물건의 위치와 관련된 질문하기와 같은 정보-탐색 시도를 가르친다. • 도움을 요청하는 정보-탐색 시도를 가르친다.
자기 관리	자신의 행동을 식별하고, 행동이 발생하는 것과 발생하지 않는 것을 기록하는 방법을 아동에게 가르친다.	• 아동이 이야기 시간에 조용히 앉아서 책장이 넘어갈 때 종이에 표시하도록 시킨다. • 교실에서 수학이나 다른 과제를 하는 동안에 과제 행동을 자기평가할 수 있도록 알람시계를 사용하게 한다.

(2) 중심축 반응 훈련과 비연속 시행 훈련의 비교

구분	중심축 반응 훈련	비연속 시행 훈련
교재	• 아동이 선택 • 매 시도마다 다양하게 제시 • 아동의 일상 환경에서 쉽게 찾을 수 있는 연령에 적합한 교재 사용	• 치료자가 선택 • 준거에 도달할 때까지 반복 훈련 • 중재 절차의 시작은 자연적 환경에서 기능적인 여부를 고려하지 않고 목표 과제와 관련된 교재 제시
상호작용	훈련자와 아동이 교재를 가지고 놀이에 참여함.	• 훈련자가 교재를 들고 있음. • 아동에게 반응하도록 요구함. • 교재는 상호작용하는 동안 기능적이지 않음.
반응	반응하고자 하는 시도는 대부분 강화됨.	정반응이나 정반응에 가까운 반응을 강화함.
결과	자연적 강화를 사회적 강화와 함께 사용	먹을 수 있는 강화제를 사회적 강화와 함께 제공

21 2013추시 유아A-6

모범답안

1)	활동의 예측 가능성
2)	• 준언어적 요소(또는 초분절적 요소) • 이유: 의사소통의 교환적 개념을 모르기 때문이다.(또는 의사소통을 매개로 하여 자신이 원하는 어떤 결과를 획득한다는 것을 잘 알지 못하기 때문이다.)

해설

1) 시간이 어떻게 사용되는지에 관한 정보를 제공하는 시간 구조화는 일과를 예상할 수 있도록 지원해 주고 심리적 불안을 완화하여 학습에 대한 동기나 가능성을 높일 수 있다. 시간의 구조화는 활동에 걸리는 시간, 활동의 변화와 순서, 해야 할 활동에 대한 묘사, 시작과 끝에 대한 안내, 활동의 전환 안내 등을 제공한다(방명애, 2018: 253).

22 2013추시 유아A-7

모범답안

2)	㉡ 자극 제시 ㉢ 피드백

해설

2) 비연속 개별 시도 교수는 주의집중, 자극 제시, 학생 반응, 피드백, 시행 간 간격을 구성 요소로 한다.

23 2013추시 유아B-8

모범답안

2)	• 번호: ① • 수정 내용: (자폐성장애 아동의 반향어는 의사소통적 기능을 가지므로) 반향어의 의사소통적 기능을 파악하여 사회적 상호작용을 도와준다.

해설

2) ① 자폐성장애 학생의 반향어는 제거되어야만 하는 문제행동이라기보다는 주장, 응답, 요구 등의 의사소통적 기능이 있으며, 자기 상해적인 행동은 수업활동이 지루해진 것을 표현하는 의사소통적 기능을 가진 행동일 수도 있다(방명애, 2018: 183).
- 과거에는 반향어가 아무런 의미 없는 소리로 간주되었다. 그러나 즉각 반향어는 무엇인가 이해한다는 증거를 제공하고 기능적 목적으로 사용된다. 지연 반향어는 다양한 방식으로 사회적 상호작용을 도울 수 있다(김건희 외, 2018: 320).

24 2014 유아A-4

모범답안

1)	제한적이고 반복적인 관심과 활동
2)	• ① 지연 반향어 • 의사소통 기능: 요구하기(또는 요청하기)

해설

1) 장애인 등에 대한 특수교육법에 의하면 특수교육 대상자로서의 자폐성장애는 "사회적 상호작용과 의사소통에 결함이 있고, 제한적이고 반복적인 관심과 활동을 보임으로써 교육적 성취 및 일상생활 적응에 도움이 필요한 사람"으로 정의되어 있다.

Check Point

(1) 즉각 반향어 기능

기능	예시
비초점	시선이나 동작이 사람이나 사물을 향하지 않고 발화 후에도 그 의도를 나타내는 증거가 보이지 않는다. 예 "길동아, 하지 마."라고 말하면, 시선을 전혀 맞추지 않고 여전히 자기 할 일을 하면서 무의미하게 따라 말한다.
주고받기 반응	시선이나 동작이 사람이나 사물을 향하고 있으나, 주고받는 순환적인 반응이나 이해를 동반하지 않는다. 예 "이건 뭐야?"라고 물으면, 무의미하게 "이건 뭐야?"라고 따라 말하지만 시선은 사물을 보고 있다.
연습	행동을 일으키기 전에 생긴 반향어로서 직후의 동작이나 의도가 추측된다. 예 "밥 먹고 이 닦아야지."라고 말하면, 그것을 예측하고 행동을 하러 가면서 "밥 먹고 이 닦아야지."라고 말한다.
자기규제	동작을 행하는 중에 자기가 행해야 할 동작에 대해서 반향어로 말한다. 예 손을 물고 있는 학생에게 "물지 마!"라고 말하면, "물지 마!"라고 말하면서 손을 뗀다.
기술	시선이나 동작이 사람이나 사물을 향해 있고 사물의 명칭을 반향어로서 말한다. 예 학생이 선생님 시계를 뚫어져라 쳐다보자 "이건 선생님 시계야."라고 말하자 "선생님 시계야."라고 말한다.
대답	반향어로 긍정을 표현하는 것으로 직전 또는 직후의 동작으로 그 의도가 표현되어 있다는 것을 알 수 있다. 예 학생이 놀이터에서 발걸음을 멈추자, 교사가 "지금은 비가 와서 안 돼."라고 말하자 "비가 와서 안 돼."라고 말한다.

요구	필요한 물건을 얻거나 하고 싶은 행동을 하기 위하여 반향어를 말하는 것으로, 허가가 주어지면 사물을 가져가거나 하고 싶은 행동을 한다. 예 교사가 학습꾸러미에서 모형 비행기를 꺼내며 "빨간 것은 찬희 것, 파란 것은 종호 것"이라고 말하자, "파란 것은 종호 것"이라고 말한다.

출처 ▶ 고은(2021)

(2) 지연 반향어 기능

기능	설명
비목적적	아무런 목적도 관찰되지 않으며 자기자극적이다.
상황 연상	물체나 사람 또는 행동에 의해서 초래되는 반향어이다. 예 칫솔을 보면, "잘 닦아라."
연습	언어적 형식을 갖춘 문장을 연습하듯이 반복한다. 대개 낮고 작은 소리로 연습하는 경향이 있다.
자기지시적	대개 활동을 하기 전이나 활동을 하면서 반향어를 하는데, 연습에서처럼 다소 작은 소리로 한다. 자신의 행동을 통제하는 인지적인 기능을 갖고 있는 것으로 보인다.
상호적 명명하기	대개 제스처를 동반하여 활동이나 사물을 명명한다.
비상호적 명명하기	행동이나 사물에 대해 명명한다. 상호적인 명명과 유사하지만, 이 경우에는 스스로에게 말하는 것처럼 보이며 의사소통 의도는 보이지 않는다.
순서 지키기	교대로 말하는 상황에서 자신의 구어 순서를 채우는 기능을 한다. 의사소통적 의도는 관찰되지 않는다.
발화 완성하기	상대방에 의해서 시작된 일상적인 말에 반응하여 그 발화를 완성하는 기능을 나타낸다.
정보 제공하기	상대방에게 새로운 정보를 제공해 준다. 예 "동생이 아파요."
부르기	상대방의 주의를 끌거나 상호작용을 유지하려는 기능을 갖는다. 상대방이 쳐다보지 않으면 계속해서 부르는 경우가 많다.
수긍하기	상대방의 말에 수긍하는 기능을 갖는다. 대개 바로 전에 말한 것을 행동에 옮긴다. 예 "장난감을 집어"하면서 장난감을 챙긴다.
요구하기	원하는 물건/행동을 얻기 위하여 요구하는 기능을 나타낸다. 대개 원하는 물건을 바라보면서 말하며 그 물건을 얻을 때까지 계속한다.
저항하기	다른 사람의 행동에 저항하는 기능을 갖는다. 그러므로 다른 사람의 행동을 저지하는 결과를 가져올 수 있다. 예 "안 돼."
지시하기	다른 사람의 행동을 지시하고 통제하는 기능을 갖는다. 예 "하지 말랬지."

출처 ▶ 김영태(2019)

25

2014 초등B-2

모범답안

1)	• 구조화 전략: 시간의 구조화 전략 • 적용 이유: 시간의 구조화는 활동의 예측 가능성을 제공하므로 성주의 불안감을 감소시켜 학습활동에 집중할 수 있도록 하기 때문이다.

Check Point

(1) 시간의 구조화

① 교실의 물리적 구조화(공간적 지원)는 해당 공간에서 무엇을 할지에 대한 기대를 전달하고 적절한 행동을 지원하며, 시간적 구조화(시간적 지원)는 학습에 대한 동기와 가능성에 영향을 미친다.

② 시간적 구조화는 시간이 어떻게 사용되는지를 의미한다.

③ 시간이 어떻게 사용되는지에 관한 정보를 제공하는 시간의 구조화는 일과를 예상할 수 있도록 지원해 주고 심리적 불안을 완화하여 학습에 대한 동기와 가능성을 높일 수 있다.

④ 시간의 구조화는 활동에 걸리는 시간, 활동의 변화와 순서, 해야 할 활동에 대한 묘사, 시작과 끝에 대한 안내, 활동의 전환 안내 등을 제공한다.

⑤ 예상할 수 있는 일과를 확립하는 것은 심리적 불안을 일부 완화시켜 줄 수 있고 아동이 학습에 더 집중할 수 있도록 만들어 줄 수 있다.

(2) 시각적 일과표 활용

① 시간의 구조화를 확립하는 대표적인 방법은 시각적 일과표의 활용이다.

② 시각적 일과표는 하루의 한 부분, 하루 전체, 일주일, 한 달, 또는 일 년에 관한 정보를 제공하는 일정에 관한 대표적인 시각적 지원이다.

③ 시각적 일과표는 아동의 독립성을 향상시키고 교사의 지속적인 감독과 지원에 대한 요구를 줄여 줄 수 있다. 시각적 일과표를 통해 아동은 해당 일의 활동을 순서에 맞게 진행할 수 있고 시간 구조와 환경적 배열을 이해할 수 있다.

④ 시각적 일과표를 활용하여 아동 스스로 일과를 점검하고 조정할 수 있도록 지도하면 이후 독립적 기능수행을 촉진하는 데 도움이 된다. 시각적 일과표는 구조를 제공하며 프리맥 원리가 적용될 수 있고 시간에 관한 교수가 가능하며 예측과 선택을 학습할 수 있으며 독립심을 증진시킬 수 있고 일과와 관련한 담화를 강화할 수 있으며 아동의 시각적 강점을 활용하는 장점을 가지고 있다.

⑤ 시각적 일과표는 제공하고자 하는 범위에 따라 다양하게 구성될 수 있다.

활동 간 일과표	하나의 일과 내에 이루어지는 활동의 순서를 제시하는 일과표
활동 내 일과표	활동을 수행하기 위한 단위행동들을 과제분석하여 이를 순서대로 제시한 것(과제 구성도)

26

2014 중등A-15

모범답안

의사소통판에 있는 두 가지 이상의 그림을 변별하는 것을 배운다.

해설

- 제시된 내용은 훈련의 2단계 활동 내용이다. 이 단계에서 훈련자는 아동으로부터 조금 더 멀리 떨어진 곳으로 움직이고 의사소통판도 아동으로부터 보다 멀리 놓는다. 아동은 교환을 하려면 의사소통 대상자에게 가까이 가서 그림을 줘야 한다는 것을 배워야 하기 때문이다. 이때 훈련자는 의사소통 대상자를 향해 아동이 움직이는 것, 특별히 의사소통 대상자의 손을 향해 움직이는 것을 촉진해야 한다. 또한 2단계에서는 두 명의 훈련자가 참여하는데 훈련자1은 아동의 시야에서 조금 멀리 이동하여 아동이 그림을 향해 다가가도록 하고, 훈련자2는 아동이 훈련자1의 얼굴이나 어깨를 만지도록 시범 보이기나 신체적으로 촉진한다.
- 3단계는 그림 변별 훈련 단계로 의사소통판에 있는 두 가지 이상의 그림을 변별하는 것을 습득하도록 한다.

Check Point

✓ 그림교환의사소통체계 실행 단계

1단계 의사소통 방법 지도

- (목표) 학생이 테이블 위에 있는 그림카드를 집어서 훈련자에게 주고 원하는 것을 받는 것이다.

⇩

2단계 자발적 교환 훈련

- (목표) 학생은 교환을 하려면 의사소통 대상자에게 가까이 가서 그림을 줘야 한다는 것을 배우는 것이다.
- (유의사항) 여러 의사소통 대상자(훈련자)에게 훈련을 받도록 하여, 이후 다양한 사람들과 의사소통을 시작할 수 있도록 해야 한다.

⇩

3단계 그림 변별 훈련

- (목표) 의사소통판에 있는 두 가지 이상의 그림을 변별하는 것을 습득하도록 한다.
- (유의사항) 한 가지 그림카드의 위치를 계속 바꿔 주어 아동이 그림카드의 위치를 기억하여 그에 따라 반응하지 않도록 해야 한다.

⇩

4단계 문장 만들기 지도

⇩

5단계 질문에 반응하기 훈련

- (목표) 학생이 일상생활 중 "뭘 줄까?"라는 질문에 대답하고 스스로 원하거나 필요한 물건과 행동을 요청하게 하는 것이다.

⇩

6단계 질문에 대한 반응으로 설명하기 훈련

- (목표) 새로운 의사소통 기능을 가르치는 것이다.

27

2015 유아A-1

모범답안

1)	㉠ 파워카드 전략
2)	① 친구들과 어울릴 때 어려움이 있다. ② 글자와 공룡을 좋아한다.
3)	① 문장의 공통적 기능: 자신 또는 다른 사람의 마음 상태나 생각, 느낌 등에 관련된 정보를 제시한다. ② 문장 유형: 조망문

해설

지문 돋보기

(나) 지원 전략(파워카드 전략)
- 티라노랑 친구들은 ~ 그네를 탈 수 있어요.: 시나리오(스크립트)의 첫 번째 문단에서는 영웅이나 롤 모델이 등장하여 문제 상황에 대한 해결책이나 성공 경험을 제공한다.
- 타고 싶은 ~ 그네를 탄다.: 시나리오의 두 번째 문단에서는 3~5단계로 나눈 구체적인 행동을 제시하여 새로운 행동을 습득할 수 있도록 한다.

(나) 지원 전략(상황 이야기)
- 나는 친구들과 장난감 놀이를 해요.: 설명문
- 나와 친구들은 장난감을 아주 좋아해요.: 조망문
- 어떤 때는 내 친구가 먼저 장난감을 가지고 놀아요.: 설명문
- 그럴 때는 친구에게 "이 장난감 같이 가지고 놀아도 돼?"라고 물어보아요.: 지시문
- 친구가 "그래"라고 말하면 그때 같이 가지고 놀 수 있어요.: 지시문
- 그래야 내 친구도 기분이 좋아요.: 조망문
- 나는 친구에게 "친구야, 이 장난감 같이 가지고 놀아도 돼?"라고 물어볼 수 있어요.: 지시문

2) 파워카드 전략이란 아동의 특별한 관심을 사회적 상호작용 교수에 포함시키는 시각적 지원 방법이다. 따라서 (나)에 제시된 파워카드 전략은 민수가 글자와 공룡을 좋아한다는 특별한 관심을 친구들의 사회적 상호작용에 포함시키기 위해 적용한 시각적 지원 방법이라고 할 수 있다.

Check Point

(1) 설명문

유형	내용	예시
설명문	관찰 가능한 상황적 사실을 설명하는 문장과 사실에 관련된 사회적인 가치나 통념에 관한 내용을 제시한다.	• 사실 설명: 용돈은 나에게 필요한 것을 살 수 있도록 부모님께서 주시는 돈입니다. • 사회적 가치 및 통념: 용돈을 아끼기 위해 필요한 물건만 구입하는 것은 매우 현명한 일입니다.
조망문	다른 사람의 마음 상태나 생각, 느낌, 믿음, 의견, 동기, 건강 및 다른 사람이 알고 있는 것에 대한 정보 등에 관련된 정보를 제시한다.	• 다른 사람이 알고 있는 것에 대한 정보: 내 친구는 나에게 무엇이 필요한지 알고 있습니다. • 느낌과 생각: 우리 부모님은 내가 맛있는 음식을 골고루 먹을 때 매우 기뻐하십니다.
긍정문	일반적인 사실이나 사회적 규범이나 규칙 등과 관련된 내용을 강조하기 위한 문장이다.	• 도서관에서 친구들에게 꼭 해야 할 말이 있을 때는 아주 작은 목소리로 말할 것입니다. <u>그것은 매우 중요합니다</u>. • 친구의 물건을 사용하고 싶을 때는 친구의 허락을 받은 후 사용할 것입니다. <u>이것은 매우 중요합니다</u>.

(2) 코칭문

유형	내용	예시
청자 코칭문	이야기를 듣는 학생이 할 수 있는 행동이나 반응을 제안한다.	쉬는 시간에 나는 그림을 그리거나 책을 읽거나 다른 조용한 활동을 할 수 있습니다.
팀원 코칭문	양육자나 교사와 같은 팀 구성원이 학생을 위해 할 수 있는 행동을 제안하거나 떠올리도록 한다.	우리 엄마는 나에게 수건 접는 방법을 알려 주실 것입니다.
자기 코칭문	• 학생이 부모나 교사와 함께 이야기를 검토하면서 이야기 구성에 참여하는 것이다. • 자기 코칭문은 학생의 주도권을 인정하고 스스로 이야기를 회상하며 다양한 시간과 장소에서 이야기의 내용을 일반화시킬 수 있도록 돕는다.	선생님이 "눈과 귀를 교실 앞에 두어라."라고 하시면 나는 선생님이 하시는 말씀을 잘 듣고 선생님의 행동을 잘 보라는 것으로 이해하고 그것을 지키려고 노력하겠습니다.

28

2015 유아A-2

모범답안

3)	그림 일과표를 보여주어 활동의 예측 가능성을 높여 주었다.(또는 시각적 일과표를 사용하여 활동의 예측 가능성을 높여 주었다.)

해설

3) 학급의 물리적 환경 구성에 있어서는 ① 감각적 속성을 고려하여 편안한 환경을 조성하고, ② 예측이 가능하고 참여를 증진시킬 수 있도록 환경을 구조화하며, ③ 변화와 이동에 적응하게 하는 융통성 있는 환경을 구성하는 것이 좋다. … (중략) … 예를 들어, 그림이나 사진으로 제작한 일과표 등의 시각적 지원은 학급 내에서의 기대 행동을 이해하고 규칙을 따르고 부적절한 행동을 줄이고 활동 간 이동에 보다 쉽게 적응하도록 돕는 것으로 나타났다(이소현, 2020 : 460). 이에 비춰볼 때 박 교사는 지우가 한 활동이 끝나고 다른 활동으로 전이하는 것을 도와주기 위해 그림 일과표를 제작하여 교실 환경에 배치(물리적 환경의 구조화)할 것을 제안하고 있다.

29

2015 유아A-5

모범답안

1)	중앙응집 기능의 결함
2)	A : 운소(또는 비분절음, 초분절음)

해설

1) 영수는 '3'과 '꽃'이라고 대답했다. : 전체보다는 특정 부분에만 초점을 맞추고 있다.
2) 음운론이란 한 언어 내에서 사용되는 말소리의 기능과 체계를 과학적으로 연구하는 학문으로 음성학과 음운론으로 나뉜다. 이중 음운론은 말소리의 체계와 기능을 연구하는데 기본 단위는 음운(또는 음소)이다. 음운은 단어의 뜻을 구별하게 해주는 소리의 최소단위라고 정의되며, 음소와 운소로 구분된다. 음소는 분절 음운으로서 자음과 모음을 말하며 운소는 장단, 억양, 강세 등과 같은 비분절 음운을 가리킨다(고은, 2021 : 76-77).

Check Point

⊘ 음운론

① 음운론의 기본 단위는 '음운'이다. 음운은 음소와 운소로 구분된다.
② 음소는 분절음으로 자음과 모음을 말하며 운소는 장단, 억양, 강세 등과 같은 초분절음(또는 비분절음)을 의미한다.

30

2015 초등B-4

모범답안

2)	다음 중 택 1 • 제한적이고 반복적인 관심과 활동 • 제한적이고 반복적인 행동, 흥미, 활동 • 강도나 초점에 있어서 비정상적으로 극도로 제한되고 고정된 흥미 • 제한된 범위의 관심 영역에 지나치게 집중하거나 특별한 흥미를 보이는 행동
3)	다음 중 택 1 • 학습한 기술의 일반화에 어려움이 있다. • 교사 주도적이다. • 자기주도 능력이 억제된다. • 집단 활동 중심의 학교 상황에 적용하기 어렵다.

해설

2) 자폐성장애 아동은 제한된 범위의 관심 영역에 지나치게 집중하거나 특별한 흥미를 보이는 행동을 한다(2012 유아1-8 기출).

Check Point

⊘ 비연속 시행 훈련의 장단점

장점	• 학생에게 많은 학습 기회를 제공한다. • 산만한 것들을 제거함으로써 교수 상황이 분명하다. • 중요한 기술을 독립된 부분으로 나눈다. • 정확한 행동을 미리 결정하고, 즉시 강화한다. • 모든 사람에게 똑같은 접근법으로 사용 가능하다. • 개별 학생요구에 맞게 수정 가능하다.
단점	• 분명한 단서가 제시되지 않을 때는 행동을 자발적으로 하지 못하는 자극 의존성의 제한점이 있다. • 교사가 엄격하게 통제된 학습 환경을 만들어 지도하기 때문에 비연속 시행 훈련을 통해 획득된 기술이 학습 상황과 유사한 상황에서 나타나는 일반화의 제한을 가지고 있다. • 교사 주도적이다. • 교사가 학생과 일대일 상황에서 개별적으로 상호작용하고 지속적으로 자극을 제공해야 한다는 점에서 집단 활동 중심의 학교 상황에서는 매우 제한적이다.

31 2016 유아B-3

(모범답안)

3)	의사소통판에 있는 두 가지 이상의 그림을 식별(또는 변별)하는 것을 습득하도록 한다.(또는 그림카드를 구별하는 변별학습)

Check Point

그림교환의사소통체계의 단계와 목표

① 고은(2021)

단계	목표
1단계	교환개념을 학습하는 것이다.
2단계	아동이 일정 거리를 두고 놓여 있는 의사소통 판에서 그림카드를 떼어 의사소통 파트너의 손에 주는 것이다.
3단계	그림카드를 구별하는 변별학습이다.
4단계	제시되지 않음
5단계	제시되지 않음
6단계	사건과 사물에 대해 설명하는 것이다.

출처 ▶ 고은(2021). 내용 요약정리

② Frost & Bondy(2002)

그림교환의사소통체계(PECS)는 자폐증 또는 다른 발달지체 학생에게 기능적인 의사소통을 가르치기 위한 포괄적인 프로그램이다. 이 프로그램은 델라웨어 자폐증 프로그램에서 Andy Bondy와 Lori Frost에 의해 개발되었다(Barton et al., 2015 : 171).

단계	목표
1단계 의사소통하는 방법	학생은 가장 선호하는 물건을 그림 상징과 주고받는 것을 배운다.
2단계 거리와 지속성	학생은 좀 떨어진 거리에 있는 의사소통판에서 그림 상징을 떼어 교사의 관심을 얻고, 그림 상징을 주고받는 것을 배운다.
3단계 그림 변별	학생은 그림 상징의 모음 중에서 적절한 그림으로 요청하는 것을 배운다.
4단계 문장 구조	학생은 여러 단어로 된 문장을 사용하여 물건을 요구하는 것을 배운다. (예 "나는 ○○을 원해요.")
5단계 "무엇을 원하니?"에 반응하기	학생은 "무엇을 원하니?"라는 질문에 반응하여 그림 상징을 주고받는 것을 배운다.
6단계 대답하기	학생은 다음 질문에 대답하는 것을 배운다("무엇이 보이니?", "무엇을 가지고 있니?", "무엇이 들리니?", "그건 무엇이니?").

출처 ▶ Barton et al.(2015 : 172)

32 2016 유아B-4

(모범답안)

2)	마음이해능력(또는 마음이론, 생각의 원리, 조망수용능력)

해설

2) 마음이해능력은 넓은 의미와 좁은 의미로 이해할 수 있는데, 넓은 의미의 마음이해능력은 다른 사람의 마음에 대한 모든 지식을 모두 포함한다. 예를 들어, 어린 학생이 무엇인가를 하기 위하여 어머니의 얼굴을 쳐다보는 것과 같은 행동이 이에 해당한다. 이와 달리, 보다 제한된 의미의 마음이해능력은 다른 사람의 믿음과 바람, 의도 등과 같이 다른 사람의 행동을 보면서 직접적으로 관찰할 수 없는 정신적 상태를 추론하고 이러한 추론에 의하여 다른 사람의 정서적 상태나 정보적 상태를 예측하도록 하는 심리적 체계이다(방명애 외, 2019 : 135).

- 유아가 자신의 관점에서 벗어나 타인의 입장이 되어 타인의 마음을 이해하고 추론하는 능력을 조망수용능력이라고 하며, 유아의 사회인지 발달에 매우 중요하다고 하겠다. 조망수용능력은 시각적으로 타인의 관점을 수용하는 지각적 조망수용, 타인의 의도와 사고를 이해하고 추론하는 인지적 조망수용, 그리고 다른 사람의 정서적 상태를 이해하는 정서적 조망수용으로 분류된다(정덕희, 2011).

33

2016 초등A-6

모범답안

2)	왼쪽 바구니에 풀지 않은 문제지 4장을 넣고, 문제지를 1장씩 꺼내어 문제를 푼 후 다 푼 문제지는 오른쪽 바구니에 넣도록 한다.
3)	다음 중 택 1 • 활동을 구체적으로 그린 그림 • 활동 장면을 찍은 사진

해설

2) 난이도가 가장 낮은 단계의 작업 시스템인 '왼쪽에서 오른쪽으로' 방식을 예를 들어 설명한다.

Check Point

(1) TEACCH의 구조화 유형

물리적 구조화	• 물리적 구조화는 아동이 어디에 있어야 하는지 그리고 거기서 해야 하는 과제와 활동이 무엇인지에 대한 정보를 제공한다. • 분명한 특정 경계를 제시하는 것과 같은 예측 가능한 방법으로 아동이 해야 할 활동을 알려 주는 시각 정보를 제공한다. • 물리적 구조화는 아동의 주의집중 분산이나 감각자극의 과부하를 유발할 수 있는 환경적 요소를 줄여준다.
일과의 구조화	• 일과의 구조화는 하루에 일어나는 일의 계열을 조직하고 의사소통하기 위해 일과를 구조화하는 것으로 주로 일과표의 개발과 활용을 통해 이루어진다. • 일과의 구조화를 확립하는 대표적인 방법은 시각적 일과표의 활용이다. – 시각적 일과표는 하루의 한 부분, 하루 전체, 일주일, 한 달, 또는 일 년에 관한 정보를 제공하는 일정에 관한 대표적인 시각적 지원이다. – 시각적 일과표는 활동의 예측가능성을 제공하므로 아동의 불안 감소에 도움이 된다. – 시각적 일과표에는 활동 간 일과표와 활동 내 일과표가 있다.
개별 과제 조직	• 개별 과제 조직은 아동이 수행할 과제의 자료를 조직하는 것으로 아동이 해야 하는 과제가 무엇인지, 어떻게 과제를 수행해야 하는지, 얼마 동안 과제를 해야 하는지 등에 관한 정보를 시각적 지원을 활용하여 아동에게 제공한다. • 시각적 지원은 조직화된 개별 과제를 지도하는 데 필수 요소이다. 시각적 지원을 통해 아동은 과제 완성 전략을 학습하고 무엇을 성취해야 하는지를 명확하게 학습할 수 있다.
작업 시스템	• 작업 시스템이란 교사의 직접적인 지도와 감독을 통해 습득된 개별 과제를 연습하거나 숙달하는 시각적으로 조직화된 공간을 의미한다. • 작업 시스템은 과제 또는 활동의 특성에 관계없이 다음과 같은 정보를 제공해야 한다. – 작업에서 완성해야 되는 것은 무엇인가, – 얼마나 많은 작업을 완성해야 하는가, – 언제 작업을 끝내야 하는가, – 다음 단계는 무엇을 해야 하는가? • 작업 시스템은 작업 공간에서 아동이 독립적으로 모든 활동을 완수하는 것이 목표이므로, 새로운 기술을 가르치는 것보다는 기술의 숙달을 촉진하는 것에 주안점을 두어야 한다.

(2) 작업 시스템

① TEACCH 프로그램에서는 보통 난이도가 다른 네 종류의 방식(왼쪽에서 오른쪽으로 방식, 색깔 맞추기를 이용한 시스템, 상징기호 시스템, 문자에 의한 시스템)을 사용하는데, 개별 아동의 기능 수준에 맞춘 방식을 응용하여 지도하는 것이 중요하다. 여기서는 난이도가 가장 낮은 단계의 작업 시스템인 '왼쪽에서 오른쪽으로' 방식에 대해 살펴보도록 한다.

㉠ 교재는 미리 학습이나 작업용 책상 위 왼쪽에 준비해 놓고, 책상 위 오른쪽에는 완성물을 넣을 상자를 놓아둔다. 아동은 왼쪽 상자에 있는 교재나 작업용 부품을 꺼내 책상 가운데서 정해진 과제를 하고 완성물을 오른쪽 상자 안에 넣는다. 어떤 과제를 어느 정도의 분량으로 해야 할지는 왼쪽의 교재나 재료를 보고 가운데의 그림 설명을 보면 이해할 수 있도록 되어 있다. 왼쪽 상자가 텅 비고 오른쪽 상자가 완성물로 가득 찼을 때 과제나 작업이 종료되는 것이므로, 시간 개념이 취약해도 자폐성장애 아동의 장기인 시각적 기능으로 이해할 수 있게 한다.

㉡ 이때 좌우 상자 사이의 중앙에 시각적으로 제공되는, '정해진 과제'에 대한 이해를 돕는 아이디어가 개별 과제 조직(또는 과제 편성)이라는 구조화 방법이다.

② 과제 학습이나 작업이 끝나면 벨을 울리는 방법 등으로 교사에게 알리도록 가르치는 것도 좋다. 또한 작업이 끝나고 아동이 좋아하는 활동이나 간식 시간을 갖게 하면 기대나 즐거움을 체험하게 되어 학습이나 작업 의욕을 강화시킬 수도 있다. 이러한 활동도 적절한 지도 프로그램으로 짜여야 할 것이다(사사키 마사미, 2019 : 114-115).

34

2017 유아A-2

정답

1)	① 강도나 초점에 있어서 비정상적으로 극도로 제한되고 고정된 흥미 ② 감각 정보에 대한 과잉 또는 과소반응, 또는 환경의 감각 영역에 대한 특이한 관심
2)	중심축 반응 훈련
3)	동기유발
4)	민수는 원하는 것이 있을 때, 도움을 요청할 수 있다.

해설

3) 중심축 반응 훈련은 동기유발, 복합 단서에 반응하기, 자기 관리, 자기 시도를 핵심 영역으로 한다.

Check Point

자폐성장애의 DSM-5 진단기준

A. 다양한 분야에 걸쳐 나타나는 사회적 의사소통과 사회적 상호작용의 지속적인 결함으로 현재 또는 과거력상 다음과 같은 특징으로 나타난다.
  1. 사회적-정서적 상호성의 결함(예 비정상적인 사회적 접근과 정상적인 주고받기 대화의 실패, 흥미, 감정이나 정서 공유의 감소, 사회적 상호작용을 시작하거나 반응하는 것의 실패)
  2. 사회적 상호작용을 위한 비언어적인 의사소통 행동의 결함(예 구어와 비구어적 의사소통의 서툰 통합, 비정상적인 눈맞춤과 몸짓 언어, 몸짓의 이해와 사용의 결함, 얼굴 표정과 비언어적 의사소통의 전반적 결핍)
  3. 관계 발전, 유지 및 관계에 대한 이해의 결함(예 다양한 사회적 맥락에서 적합한 행동 적응상의 어려움, 상상 놀이를 공유하거나 친구 사귀기의 어려움, 또래에 대한 관심 결여)
  현재 심각도를 명시할 것: 심각도는 사회적 의사소통 손상과 제한적이고 반복적인 행동 양상에 기초하여 평가한다.

B. 제한적이고 반복적인 행동, 흥미, 활동이 현재 또는 과거력상 다음 항목들 가운데 적어도 2가지 이상 나타난다.
  1. 상동적이거나 반복적인 운동성 동작, 물건 사용 또는 말하기(예 단순 운동 상동증, 장난감 줄세우기, 또는 물건 튕기기, 반향어, 특이한 문구 사용)
  2. 동일성에 대한 고집, 일상적인 것에 대한 융통성 없는 집착, 또는 의례적인 언어나 비언어적 행동 양상(예 작은 변화에 대한 극심한 고통, 활동 간 전환의 어려움, 완고한 사고방식, 의례적인 인사, 매일 같은 길로만 다니거나 같은 음식 먹기)
  3. 강도나 초점에 있어서 비정상적으로 극도로 제한되고 고정된 흥미(예 특이한 물체에 대한 강한 애착 또는 집착, 과도하게 국한되거나 고집스러운 흥미)
  4. 감각 정보에 대한 과잉 또는 과소반응, 또는 환경의 감각 영역에 대한 특이한 관심(예 통증/온도에 대한 명백한 무관심, 특정 소리나 감촉에 대한 부정적 반응, 과하게 사물의 냄새를 맡거나 만지기, 빛이나 움직임에 대한 시각적 매료)
  현재 심각도를 명시할 것: 심각도는 사회적 의사소통 손상과 제한적이고 반복적인 행동 양상에 기초하여 평가한다.

C. 증상은 반드시 초기 발달 시기부터 나타나야 한다(그러나 사회적 요구가 개인의 제한된 능력을 넘어서기 전까지는 증상이 완전히 나타나지 않을 수 있고, 나중에는 학습된 전략에 의해 증상이 감춰질 수 있다).

D. 이러한 증상은 사회적, 직업적 또는 다른 중요한 현재의 기능 영역에서 임상적으로 뚜렷한 손상을 초래한다.

E. 이러한 장애는 지적장애(지적발달장애) 또는 전반적 발달지연으로 잘 설명되지 않는다. 지적장애와 자폐스펙트럼장애는 자주 동반된다. 자폐스펙트럼장애와 지적장애를 함께 진단하기 위해서는 사회적 의사소통이 전반적인 발달 수준에 기대되는 것보다 저하되어야 한다.

35

2017 초등B-6

모범답안

2)	① 테이프라는 한 가지 단서만 사용하고 있기 때문이다. ② 빨간색(또는 파란색) 테이프 주세요.

해설

2) 컵, 물, 주전자, 빨간색 테이프, 파란색 테이프, 빨간색 사인펜, 파란색 사인펜에서 단서는 컵, 물, 주전자, 빨간색, 파란색, 테이프, 사인펜이다. 복합 단서를 제시하기 위해서는 2가지 단서를 동시에 제시하여야 한다.

36

2017 중등A-7

모범답안

㉠	사회적-정서적 상호성의 결함
㉡	다음 중 택 1 • 구어와 비구어적 의사소통의 서툰 통합 • 비정상적인 눈맞춤과 몸짓 언어 • 몸짓의 이해와 사용의 결함 • 얼굴 표정과 비언어적 의사소통의 전반적 결핍

Check Point

(1) 사회적 의사소통 및 사회적 상호작용의 지속적 결함 관련 특성 및 예

특성	예
사회적-정서적 상호성의 결함	• 비정상적인 사회적 접근과 정상적인 주고받기 대화의 실패 • 흥미, 감정이나 정서 공유의 감소 • 사회적 상호작용을 시작하거나 반응하는 것의 실패
사회적 상호작용을 위한 비언어적인 의사소통 행동의 결함	• 구어와 비구어적 의사소통의 서툰 통합 • 비정상적인 눈맞춤과 몸짓 언어 • 몸짓의 이해와 사용의 결함 • 얼굴 표정과 비언어적 의사소통의 전반적 결핍
관계 발전, 유지 및 관계에 대한 이해의 결함	• 다양한 사회적 맥락에서 적합한 행동 적응상의 어려움 • 상상 놀이를 공유하거나 친구 사귀기의 어려움 • 또래에 대한 관심 결여

(2) 제한적이고 반복적인 행동, 흥미, 활동 관련 특성 및 예

특성	예
상동적이거나 반복적인 운동성 동작, 물건 사용 또는 말하기	• 단순 운동 상동증 • 장난감 줄 세우기 • 물건 튕기기 • 반향어 • 특이한 문구 사용
동일성에 대한 고집, 일상적인 것에 대한 융통성 없는 집착, 또는 의례적인 언어나 비언어적 행동 양상	• 작은 변화에 대한 극심한 고통 • 활동 간 전환의 어려움 • 완고한 사고방식 • 의례적인 인사 • 매일 같은 길로만 다니거나 같은 음식 먹기
강도나 초점에 있어서 비정상적으로 극도로 제한되고 고정된 흥미	• 특이한 물체에 대한 강한 애착 또는 집착 • 과도하게 국한되거나 고집스러운 흥미
감각 정보에 대한 과잉 또는 과소반응, 또는 환경의 감각 영역에 대한 특이한 관심	• 통증/온도에 대한 명백한 무관심 • 특정 소리나 감촉에 대한 부정적 반응 • 과하게 사물의 냄새를 맡거나 만지기 • 빛이나 움직임에 대한 시각적 매료

37

2018 초등A-4

모범답안

4)	지호는 마음이해능력의 결함으로 민희의 입장에서 생각하는 것이 어렵기 때문이다.

해설

4) 지호는 현재 낮 시간에 해당하는 지구를 보고 있다. 지호의 반대편에서 지구를 보고 있는 민희의 상황을 이해하지 못하기 때문에 자신과 동일한 낮 시간대로 답한 것이다(다른 사람의 정보적 상태 이해의 어려움). 이는 자폐성장애 아동의 인지적 특성 중 마음이해능력론의 결함과 관련된다.

- 다른 사람의 정보적 상태 이해의 어려움이란 다른 사람이 알고 있는 것은 내가 알고 있는 것과 다를 수 있다는 것, 다른 사람이 보고 있는 것은 내가 보고 있는 것과 다를 수 있다는 것을 이해하는 데 어려움이 있음을 의미한다(방명애 외 2019: 138).

38

2018 초등B-5

모범답안

2)	① 물리적 환경의 구조화(또는 물리적 공간의 구조화, 물리적 구조화) ② 손빨래 순서를 시각적 일과표(또는 활동 내 일과표)로 제시함.

39

2018 중등A-5

모범답안

㉠	실행기능의 결함
㉡	사회적 의사소통장애(또는 실용적 의사소통장애)

해설

DSM-Ⅳ에서 자폐성장애, 아스퍼거장애 또는 달리 분류되지 않은 전반적 발달장애로 진단된 사람은 자폐스펙트럼 장애로 진단되어야 한다. 사회적 의사소통에 결함을 보이지만 자폐스펙트럼 장애의 다른 진단 항목을 만족하지 않는 경우에는 사회적 의사소통장애로 평가해야 한다.

40 2018 중등B-2

모범답안

- ㉠ 지연 반향어
- ㉡ 상황 이야기
- ㉢ 청자 코칭문(또는 지시문)
  이야기를 듣는 아동이 할 수 있는 행동이나 반응을 제안한다.(또는 상황에 맞는 적절한 행동과 반응을 아동 혹은 팀에게 지시한다.)
- ㉣ 짧은 만화 대화
  아동들이 좋아하는 만화 형식을 이용하므로 아동들이 보다 적극적으로 참여할 수 있다.

해설

지문 돋보기

- 나는 교실에서 친구들과 함께 공부를 한다. : 설명문
- 친구들과 함께 공부하는 것은 즐거운 일이다. : 조망문
- 우리는 수업시간에 바른 자세로 선생님 말씀을 듣는다. : 설명문
- 나는 때때로 가만히 앉아있는 것이 힘들다. : 조망문
- 내가 갑자기 일어서면 친구들에게 방해가 될 수도 있다. : 설명문
- 나는 도움이 필요할 때 "선생님 도와주세요."라고 말할 것이다. : 청자 코칭문(또는 지시문)
- 선생님이 나에게 와서 도와줄 것이다. : 팀원 코칭문(또는 협조문)
- 교실에서 친구와 함께 수업하는 것은 즐거운 것이다. : 조망문

㉣ 짧은 만화 대화의 장점에는 다음 내용도 가능하다.
- 상황에 대한 대안을 찾는 데 유용하다.
- 작은 장면으로 나누어 제시하기 때문에 학생이 대화의 과정을 보다 쉽게 알 수 있다.
- 학생에게 타인의 생각과 느낌에 대한 정보를 사전에 알려주고 적절하게 대처할 수 있는 기술을 지도하는 데 효과적이다.

Check Point

(1) 설명문과 코칭문(Gray, 2015)

① 설명문

유형	내용	예시
설명문	관찰 가능한 상황적 사실을 설명하는 문장과 사실에 관련한 사회적인 가치나 통념에 관련한 내용을 제시한다.	• 사실 설명: 용돈은 나에게 필요한 것을 살 수 있도록 부모님께서 주시는 돈입니다. • 사회적 가치 및 통념: 용돈을 아끼기 위해 필요한 물건만 구입하는 것은 매우 현명한 일입니다.
조망문	다른 사람의 마음 상태나 생각, 느낌, 믿음, 의견, 동기, 건강 및 다른 사람이 알고 있는 것에 대한 정보 등에 관련한 정보를 제시한다.	• 다른 사람이 알고 있는 것에 대한 정보: 내 친구는 나에게 무엇이 필요한지 알고 있습니다. • 느낌과 생각: 우리 부모님은 내가 맛있는 음식을 골고루 먹을 때 매우 기뻐하십니다.
긍정문	일반적인 사실이나 사회적 규범이나 규칙 등과 관련한 내용을 강조하기 위한 문장이다.	• 도서관에서 친구들에게 꼭 해야 할 말이 있을 때는 아주 작은 목소리로 말할 것입니다. <u>그것은 매우 중요합니다.</u> • 친구의 물건을 사용하고 싶을 때는 친구의 허락을 받은 후 사용할 것입니다. <u>이것은 매우 중요합니다.</u>

② 코칭문

유형	내용	예시
청자 코칭문	이야기를 듣는 아동이 할 수 있는 행동이나 반응을 제안한다.	쉬는 시간에 나는 그림을 그리거나 책을 읽거나 다른 조용한 활동을 할 수 있습니다.
팀원 코칭문	양육자나 교사와 같은 팀 구성원이 아동을 위해 할 수 있는 행동을 제안하거나 떠올리도록 한다.	우리 엄마는 나에게 수건 접는 방법을 알려 주실 것입니다.
자기 코칭문	• 아동이 부모나 교사와 함께 이야기를 검토하면서 아동이 이야기 구성에 참여하는 것이다. • 자기 코칭문은 아동의 주도권을 인정하고 스스로 이야기를 회상하며 다양한 시간과 장소에서 이야기의 내용을 일반화시킬 수 있도록 돕는다.	선생님이 "눈과 귀를 교실 앞에 두어라"라고 하시면 나는 선생님이 하시는 말씀을 잘 듣고 선생님의 행동을 잘 보라는 것을 뜻하는 것으로 이해하고 그것을 지키려고 노력하겠습니다.

(2) 짧은 만화 대화

① 특성

㉠ 짧은 만화 대화는 자폐성장애 아동에게 어떤 일이 일어날지, 언제 그 일이 시작되고 끝날지, 누가 관여하게 될지, 아동에게 어떤 점을 기대하는지 등과 같은 명확하고 정확한 정보를 제공하여 아동을 지원할 수 있다.

㉡ 아동과 의사소통 대상자(아동을 잘 알고 신뢰관계가 형성된 전문가 혹은 부모)가 서로 그림을 그리면서 대화 상황을 생각할 수 있도록 돕는다.

㉢ '대화 상징 사전'과 '사람 상징 사전' 같은 상징을 이용하여 그림을 그리고 이야기를 나눈다.

② 주의사항

㉠ 자폐성장애 아동은 정보를 글자 그대로 해석하고 행동은 짧은 만화 대화에서 제시한 것과 동일하게 하려는 경향이 있다. 그러므로 변화 가능한 일과를 대화 속에 포함시켜야 한다.

㉡ 앞으로 일어날 일에 대해 설명할 때에는 상황이 바뀔 수도 있다는 것을 같이 알려주어야 한다. 예를 들어, 20일에 체육대회를 계획하고 있더라도 비가 오는 경우에는 연기될 수도 있다는 것을 알려 주어야 한다.

41

2019 초등A-5

모범답안

3)	시각적 일과표(또는 활동 간 일과표, 그림 일과표)
4)	① ⓐ, 교환 개념을 획득시킬 때는 학생의 선호도를 우선적으로 고려해야 한다. ② ⓔ, 목표로 하는 그림카드를 제시하는 행동에 대해서만 보상한다.

해설

지문 톺보기

[A]의 내용 중

- 환경 구조화의 일환으로 : 환경 구조화 전략의 종류 중 하나임을 의미한다. 환경 구조화 전략에는 물리적 환경의 구조화, 시간의 구조화, 사회적 환경의 구조화가 있다.
- 벨크로를 이용해 만들었기 때문에 과목카드를 쉽게 붙였다 떼었다 할 수 있다. 그것으로 지수에게 음악 시간과 원래 교과 시간이 바뀌었음을 설명해 주면 금방 이해하고 안정을 찾을 것 같다. : 시간의 구조화를 확립하는 대표적인 전략인 시각적 일과표의 활용에 대해 언급하고 있다.

4) ⓐ 교환 개념 지도 및 교환 훈련 단계에서는 아동이 원하는 것, 즉 아동의 선호도를 파악한다(선호도는 몇 가지 사물을 책상 위에 올려 두고 아동이 먼저 집거나 가지고 노는 것, 빨리 사용하는 것이 무엇인지 관찰하여 파악할 수 있다). 선호도를 파악하는 과정에서 유의할 점은 훈련자가 아동에게 원하는 것이 무엇인지 질문하지 않아야 한다. 즉, 훈련자는 아동에게 "뭘 줄까? 네가 원하는 것 좀 보여 줘, 이거 줄까?" 등의 말을 하지 않는다. 훈련자는 질문하지 않고 아동이 좋아할 만한 몇 가지 물건을 제시하고 아동이 선택하는 것을 관찰한다(방명애 외, 2018 : 68).

ⓔ 변별학습 단계(그림 변별 훈련 단계)는 두 가지 이상의 그림을 변별하는 것에 목적을 가지고 있으므로 목표로 하는 그림카드에만 강화를 제공하는 것이 바람직하다.

Check Point

⊘ 그림교환의사소통체계

① 개념

그림교환의사소통체계는 사회적 의사소통에 많은 어려움이 있는 자폐성장애 아동들의 사회적 상호작용과 의사소통 능력을 향상시키기 위하여 개발되었다.

② 실행 절차

1단계 의사소통 방법 지도 (교환 개념 지도 및 교환 훈련)	• 단계 목표 : 아동이 테이블 위에 있는 그림카드를 집어서 훈련자에게 주고 원하는 것을 받는 것 • 다양한 그림으로 기본적인 교환을 수행한다.
2단계 자발적 교환 훈련	• 성인이나 또래의 관심을 얻고 거리를 조절하기 위하여 연습을 지속한다. • 이 단계에서는 2명의 훈련자가 참여하는데 훈련자1은 아동의 시야에서 조금 멀리 이동하여 아동이 그림을 향해 다가가도록 하고, 훈련자2는 아동이 훈련자1의 얼굴이나 어깨를 만지도록 시범 보이거나 신체적으로 촉진한다. • 주의사항 : 여러 의사소통 대상자(훈련자)에게 훈련을 받도록 하여, 이후 다양한 사람들과 의사소통을 시작할 수 있도록 해야 한다.
3단계 그림 변별 훈련	• 다양한 그림들을 식별 가능하게 한다. • 주의사항 : 그림카드의 위치를 계속 바꿔주어 아동이 그림카드의 위치를 기억하여 그에 따라 반응하지 않도록 해야 한다.
4단계 문장 만들기 지도 (문장으로 표현하는 방법 지도)	• 그림을 이용하여 문장을 만든다. • 이 단계에서 아동에게 "나는 ~을 원해요"라는 문장을 사용하여 '원하는 것 요청하기'를 가르친다. 이때 '나는 원해요' 그림카드는 문장 띠에 미리 붙여 놓고, 아동은 자신이 원하는 사물의 그림 카드를 붙인 후 그 의사소통 띠를 의사소통 대상자에게 제시하도록 한다. • 훈련자는 아동의 일상 환경을 구조화하여 하루 일과 전체를 통해 다양한 의사소통 기회 속에서 연습할 수 있을 때까지 계속한다.
5단계 질문에 반응하기 훈련	• 단계 목표 : 아동이 일상생활 중 "뭘 줄까?"라는 질문에 대답하고 스스로 원하거나 필요한 물건과 행동을 요청하게 되는 것 • 그림을 이용하여 질문에 대답한다.
6단계 질문에 대한 반응으로 설명하기 훈련	• 단계목표 : 새로운 의사소통 기능을 가르치는 것 • 이전에 숙달한 상호작용을 확장한다. • 명명하기 또는 이름 붙이기, 즉 "무엇을 보고 있니?"라는 새로운 질문과 앞서 습득한 질문("뭘 줄까?")에 적절히 대답하도록 하는 것이다.

42 2019 초등B-6

모범답안

1)	① 진정 영역(또는 안정 영역) ② 아동이 안정을 되찾는 데 유용하다.
2)	㉡ 특별한 관심 ㉢ 문제행동이나 상황에 대한 해결 방안

해설

1) ① 대화 내용에서 지도 교사가 언급한 '물리적 배치', '환경적 지원'을 단서로 물리적 환경의 구조화를 그리고 '유의해야 할 점은 타임아웃을 하거나 벌을 주기 위한 공간은 아니다'를 단서로 했을 때 진정 영역에 대해 언급하고 있음을 알 수 있다.

2) ㉢ 문제에서 묻고 있는 것은 파워카드 전략의 요소(시나리오, 파워카드) 중 파워카드의 구성에 관한 것이다. 파워카드에는 특별한 관심 대상에 대한 작은 그림과 문제행동이나 상황에 대한 해결 방안을 제시한다(방명애, 2019: 79).

Check Point

(1) 진정 영역

진정 영역(안정 영역)은 수업 환경이 아동을 당황하게 만들거나 행동 문제로 아동이 안정을 취할 필요가 있을 때 유용한 공간으로, 학생이 스스로 해당 공간에 가서 이완을 할 수도 있고 교사가 학생에게 해당 공간으로 가도록 안내할 수도 있다.

① 과제나 활동을 회피하기 위한 수단으로 진정 영역에 가도록 해서는 안 된다는 것이다. 즉, 진정 영역은 타임아웃을 위한 장소나 과제를 회피하기 위한 장소가 아니라 과제에 대한 집중을 유지하는 데 필요한 조건을 제공하는 장소이어야 한다.

② 진정 영역에는 아동의 특성에 따라 이완을 촉진시킬 수 있는 물건을 둘 수 있으며, 진정 영역에 있는 동안 아동은 강화를 계속 받을 수 있고 지속적으로 과제를 수행할 수도 있다.

③ 어떤 상황에서 진정 영역을 활용할 수 있으며 진정 영역에서는 어느 정도의 시간 동안에 어떤 행동을 해야 하는지에 관해서도 지도가 이루어져야 한다.

(2) 파워카드 전략

① 아동의 특별한 관심을 사회적 상호작용 교수에 포함시키는 시각적 지원 방법이다. 일상적 일과 속에서 필요한 의사소통 능력, 숨겨진 교육과정으로 알려진 사회 인지 능력 등을 포함한 사회적 능력을 향상시키는 데 이들의 특별한 관심과 강점을 활용하기 때문에 매우 효과적인 방법으로 밝혀지고 있다.

② 파워카드 전략을 이용하기 위해서는 간단한 시나리오(스크립트)와 명함 크기의 파워카드가 필요하다.

43 2019 중등B-7

모범답안

- ㉢ J가 원하는 활동을 선택하게 한다.
  ㉣ 질문에 대한 J의 모든 응답을 말로 칭찬한다.(또는 질문에 대한 J의 모든 시도에 대하여 강화한다.)
- ㉤ J가 조리 도구의 용도를 모를 때, 도움을 요청할 수 있도록 가르친다.

해설

㉢ 다양한 지도 방법이 제시되어 있으므로 선택 기회 측면에서 기술한다.

㉣ 질문에 답하는 것을 지도할 것이므로 아동의 시도 강화 측면에서 기술하는 것이 적절하다. 중심축 반응 훈련(PRT)의 핵심 영역 중 동기 유발을 위한 방법은 다음과 같다.

- 아동에게 선택권을 준다.
- 과제를 다양하게 하고, 유지 과제를 같이 제시한다.
- 시도에 대한 강화를 한다.
- 자연스러운 강화를 사용한다.

44

2020 유아A-1

모범답안

1)	중앙응집 기능의 결함
2)	ⓒ 훈련 초기단계에서는 구체적인 그림을 제공한다. ⓔ PECS를 훈련할 때는 유아와 그림카드의 거리를 늘려 가면서 지도한다.
3)	① 상황 이야기 ② 친구들도 즐겁게 웃고 있어요.

해설

지문 톺보기

- 오늘은 ○○ 생일이에요. : 설명문
- 교실에서 생일잔치를 해요. : 설명문
- 케이크와 과자가 있어요. : 설명문
- 나는 기분이 참 좋아요. : 조망문
- 친구들도 즐겁게 웃고 있어요. : 조망문
- 모두 신났어요. : 조망문
- 나는 박수를 쳐요. : 설명문
- 선생님도 기뻐해요. : 조망문
- 앞으로 나는 친구들과 생일잔치에서 즐겁게 놀 거예요. : 청자 코칭문

1) 사물의 전체가 아니라 부분에 집중함. : 인지적 특성과 관련하여 중앙응집 기능에 결함이 있음을 알 수 있다.

2) ⓒ 그림카드는 선호물을 직관적으로 알아볼 수 있을 만큼 구체적으로 표현된 것을 제공한다.
ⓔ 자발적 교환 훈련 단계에서 훈련자는 아동으로부터 조금 더 멀리 떨어진 곳으로 움직이고 의사소통판도 아동으로부터 보다 멀리 놓는다. 아동은 교환을 하려면 의사소통 대상자에게 가까이 가서 그림을 줘야 한다는 것을 배워야 하기 때문이다.

45

2020 초등A-4

모범답안

1)	실행기능의 결함

해설

1) '스스로 계획하고 수행하는 데 어려움이 있음'(계획의 어려움), '작은 변화가 생기면 유연하게 대처하기보다 우는 행동을 보임'(행동과 사고의 유연성 부족), '충동적으로'(충동 통제의 어려움)와 같은 특성은 실행기능의 결함에서 비롯된다.

Check Point

✓ 실행기능의 결함

① 자폐성장애 아동들은 반응 억제와 충동조절에 어려움을 보인다.
② 작업 기억을 사용하는 데 어려움을 보인다. 자폐성장애 아동들은 일시적으로 저장된 정보를 회상하고 조직하는 데 어려움을 보인다.
③ 특정 학업 과제 및 일상적인 과제를 조직하고 계획하는 데 어려움을 보인다.
④ 시간 관리나 여러 가지 과제를 수행해야 할 때 우선순위를 결정해야 하는 데서 많은 어려움을 나타낸다.
⑤ 인지적 융통성의 어려움으로 인해 새로운 전략을 사용하거나 유연하게 생각하는 데서도 어려움을 보인다.
⑥ 복잡하고 추상적인 개념을 이해하는 데 어려움을 보인다.

46

2020 초등B-6

모범답안

3)	다음 중 택 1 • 촉각자극에 대해 과잉반응을 보인다. • 촉각자극에 대해 민감하게 반응하거나 회피하려고 한다.
4)	① 실수가 다시 발생하지 않도록 계획하기 ② 다양한 자료를 통해 활동의 순서와 내용에 대한 예측 가능성을 향상시킬 수 있기 때문이다.

해설

3) 일반적인 유형에 따라 분류할 경우 역치가 낮고 감각 등록이 높은 경우, 정민이는 과잉반응을 보일 것이다. 그리고 Dunn의 분류방식에 따르면 정민이의 자기조절 전략(수동적, 적극적)에 따라 반응은 달라진다. 정민이가 수동적인 자기조절 전략을 사용하는 학생이라면 자극에 대해 민감하게 반응할 것이고, 적극적인 자기조절 전략을 사용하는 학생이라면 유입되는 자극의 감소를 위해 활동 참여를 강력하게 회피하려는 경향을 보일 것이다.
   - 신경학적 역치는 행동이 발생할 수 있는 감각 자극의 수준으로 우리가 주목하거나 반응하는 데 필요한 자극의 양을 의미한다. 자극이 역치에 도달할 만큼 충분하면 활동을 유발한다. 신경학적 역치는 행동 발생을 위한 역치가 높아서 자극이 충분히 등록되지 않은 수준과 역치가 낮아서 대부분의 자극이 등록되어 적은 자극에도 민감하게 반응하는 수준으로 구분된다(방명애, 2018 : 205). 자폐성장애를 가진 많은 아동들과 성인들은 감각자극에 대해 과등록을 하거나 과민반응을 보인다(Yack et al., 2018 : 32).
   - 감각등록이란 중추신경계로 감각 정보를 탐지하는 것으로 감각 정보 처리를 위한 첫 단계이다(Ayres, 2006 : 214).

Check Point

(1) 과반응과 저반응

과반응의 예	저반응의 예
• 특정 소리에 대한 괴로움 • 빛에 대한 예민함 • 특정 촉감에 대한 불편함 • 특정 냄새와 맛에 대한 혐오감 • 높은 곳과 움직임에 대한 비합리적인 두려움 • 자주 깜짝 놀라는 반응	• 갑작스럽거나 큰 소리에 대한 인식부족 • 부딪히거나 타박상, 베인 것에 대한 통증을 인식하지 못함. • 얼굴에 묻은 음식물을 인식하지 못함. • 환경과 사람, 그리고 사물에 대한 주의집중 부족 • 과도하게 빙빙돌아도 어지럽지 않음. • 반응이 느림.

출처 ▶ Yack et al.(2018 : 33)

(2) Dunn의 감각처리 모델

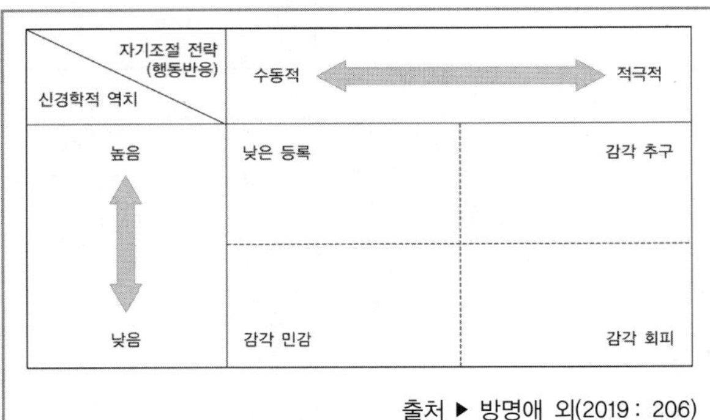

출처 ▶ 방명애 외(2019 : 206)

반응 패턴	특성
낮은 등록	• 행동 반응을 위해 강력한 감각 자극을 필요로 함. • 높은 신경학적 역치를 가지고 있고 수동적인 자기조절 전략을 사용함. • 높은 역치에 감각 자극이 도달할 수 있도록 적극적으로 자극을 추구하는 행동을 하지 않음. • 적절한 방법으로 자극에 반응하는 데 오랜 시간이 걸리고 둔감함. • 환경에 관심이 없고 자신에게만 몰두하거나 따분해하거나 무감각해 보임.
감각 추구	• 행동 반응을 위해 강력한 감각 자극을 필요로 함. • 높은 신경학적 역치를 가지고 있고 적극적인 자기조절 전략을 사용함. • 높은 역치 충족을 위해 지속적으로 감각 자극을 찾고자 일상에서 다양한 감각 자극을 추구함. • 상동행동, 반복행동, 자해행동 등의 다양한 자극 추구 행동을 보임. • 자극 추구 과정에서 과다행동을 보이거나 충동행동을 보임.
감각 민감	• 낮은 신경학적 역치를 가지고 있고 수동적인 자기조절 전략을 사용함. • 적은 자극에도 민감하여 계속해서 새로운 자극에 주의를 기울여 과잉행동 또는 산만한 반응을 보임. • 환경의 변화에 대해 매우 불안해함.
감각 회피	• 낮은 신경학적 역치를 가지고 있고 적극적인 자기조절 전략을 사용함. • 과도한 감각 자극의 유입을 제한하기 위해 적극적인 회피 전략을 사용함. • 유입되는 자극의 감소를 위해 활동 참여를 강하게 거부하는 경향을 보임. • 적극적인 자기조절 전략으로 판에 박힌 일이나 의식을 만들어 이에 집착함.

(3) 사회적 도해

① 경도장애 학생들로 하여금 자신들의 행동 중에 보인 사회적 실수에 대한 이해를 돕기 위하여 적용하는 전략

② 사회적으로 모순되는 행동을 줄이기 위하여 고안된 상황 이야기와 달리, 학생들이 사회적으로 실수를 저지른 다음에 시행된다.

③ 사회적 도해의 적용 절차

1단계	실수를 확인하기
2단계	실수로 인해 손해 본 사람이 누구인지 결정하기
3단계	실수를 어떻게 정정할 것인지 결정하기
4단계	실수가 다시 발생하지 않도록 계획하기

47

2020 중등A-5

모범답안

- 자폐성장애 아동은 마음이해능력의 결함으로 인해 다른 사람의 정서적 표현을 이해하고 이에 관심을 기울이는 능력이 부족하기 때문이다.
- ㉠ 인지
- ㉡ 가수 E가 대화 시 친구의 기분을 고려하여 성공적으로 말하는 상황을 제시한다.

Check Point

파워카드 전략의 요소

간단한 시나리오	• 학생이 영웅시하는 인물이나 특별한 관심사, 그리고 학생이 힘들어 하는 행동이나 상황에 대한 간략한 시나리오를 작성한다. • 시나리오는 대상 학생의 인지 수준으로 작성한다. • 첫 번째 문단에서 영웅이나 롤 모델이 등장하여 문제 상황에 대한 해결이나 성공 경험을 제공한다. 두 번째 문단에서는 3~5단계로 나눈 구체적인 행동을 제시하여 새로운 행동을 습득할 수 있도록 한다. • 간략한 시나리오와 더불어 특별한 관심사에 해당하는 그림을 포함할 수 있다.
명함 크기의 파워카드	• 파워카드에는 특별한 관심 대상에 대한 작은 그림과 문제행동이나 상황에 대한 해결 방안을 제시한다. • 파워카드는 학생이 습득한 행동을 일반화하기 위한 방안으로도 활용될 수 있다. • 파워카드는 지갑이나 주머니에 넣고 다니거나 책상 위에 두고 볼 수 있도록 한다.

출처 ▶ 방명애 외(2019 : 78-79)

48

2021 유아B-4

모범답안

2)	중앙응집 기능의 결함
3)	① 시각적 일과표를 제공하여 활동의 예측 가능성을 높여 준다. ② 종소리(또는 알람)를 이용하여 활동의 시작과 끝을 미리 알려줌으로써 활동의 예측 가능성을 높여 준다.

해설

2) 기록 일부에 제시된 바와 같이 선우는 카드에 그려진 꽃에는 관심이 없고, 카드의 테두리선에만 반응을 보였다. 이처럼 주요 단서가 되는 자극에 주의를 기울이지 못하는 인지적 특성은 중앙응집 기능의 결함과 관련이 있다. 자폐성장애 아동들은 빈약한 중앙응집 기능으로 인해 전체보다는 특정 부분에 초점을 맞추는 인지적 특성을 보인다.

3) 활동 간 전이란 좋아하는 활동에서 싫어하는 활동으로 이동하는 것 혹은 이와 반대의 경우를 의미한다.

49

2021 초등A-4

모범답안

2)	① 차례를 지키면 즐거워요.(또는 차례를 지키면 행복해요 등) ② 친구들이 차례를 지켜 버스를 타는 사진(또는 그림)

해설

2) ① 은수의 특성에서 차례를 지키지 않는다는 점, 사회상황 이야기에서 통학버스를 타려고 줄을 서서 기다리고 있을 때 맨 앞으로 끼어든다는 점 등을 고려하여 조망문은 차례 지키기를 주제로 다룬다. 그리고 은수는 3어절 수준의 말과 글을 이해한다는 점을 고려하여 문장을 완성한다.

- 조망문이란 다른 사람의 마음 상태나 생각, 느낌, 믿음, 의견, 동기, 건강 및 다른 사람이 알고 있는 것에 대한 정보 등에 관련된 정보를 제시하는 문장 유형이다.

50 2021 초등B-6

모범답안

2)	① 그림교환의사소통체계(PECS) ② 희주는 스스로 그림카드가 있는 곳으로 가서 그림 카드를 집어, 교사에게 가서 교사의 손에 카드를 놓는다.

해설

2) ② 그림교환의사소통체계의 2단계(자발적 교환 훈련)에서는 아동으로부터 조금 더 멀리 떨어진 곳으로 움직이고 의사소통판도 아동으로부터 보다 멀리 놓는다. 아동은 교환을 하려면 의사소통 대상자에게 가까이 가서 그림을 줘야 한다는 것을 배워야 하기 때문이다. 이때 훈련자는 의사소통 대상자를 향해 아동이 움직이는 것, 특별히 의사소통 대상자의 손을 향해 움직이는 것을 촉진해야 한다.

51 2021 중등A-8

모범답안

- ㉠ 일과의 구조화
  ㉡ 물리적 구조화
- ㉢ 기술의 숙달을 필요로 하는 과제
  ㉣ 작업은 언제 끝나는가?

52 2022 유아A-1

모범답안

1)	① 노란색 주세요. ② "잘했어요."라고 칭찬하면서 수미가 좋아하는 동물 스티커를 준다.
3)	보다 빨리 변별자극을 확립하기 위해(또는 보다 빨리 자극통제를 가르치기 위해)

해설

1) 비연속 시행 교수는 주의집중, 자극 제시, 학생 반응, 피드백, 시행 간 간격을 포함한다.
3) 비연속 시행 교수에서 매번 같은 시간에(일관성) 많은 정보를 포함하지 않고(간결성), 행동 발생에 필요한 것을 정확하게 상세화(명확성)한다면, 변별자극은 보다 빨리 학습된다. … (중략) … 자극 통제를 가르치기 위해서는 이러한 정확한 단어를 매번 사용해야 한다(Heflin et al., 2014 : 227).

Check Point

⊙ 비연속 시행 훈련의 구성 요소 및 절차

주의 집중	• 매 교수 시행마다 시행의 시작을 위해 학생의 주의를 이끈다. • 교사는 주의집중을 위해 학생의 이름을 부를 수 있으나 시행마다 학생의 이름을 부르는 것이 학생의 주의를 끄는 데 도움이 되지 않을 수 있다.
자극 제시	• 교수 또는 지시를 하는 것으로 학생의 반응에 대한 변별자극을 제시한다. • 변별자극은 일관되고 명확하며 간결해야 한다. • 학생이 해야 하는 반응에 대한 구체적이고 간략하고 분명한 지시 또는 질문을 한다.
학생 반응	• 교사의 자극(단서)에 대해 학생이 반응을 한다. • 학생이 촉진 없이도 자극이 제시되었을 때 정반응을 할 수 있도록 점진적으로 촉진을 용암시켜야 한다.
피드백	• 학생이 정확한 반응을 하면 교사는 즉시 적절한 강화제를 가지고 강화를 한다. • 학생이 무반응 또는 오반응을 보일 경우 즉각적으로 교정적 피드백을 제공한다.
시행 간 간격	• 시행 간 간격은 후속결과가 제공된 후에 다음 회기를 위한 변별자극이 주어지기 전 3~5초 동안의 시간을 말한다. • 시행 간 간격은 학생에게 회기가 끝나고 다른 회기가 시작된다는 단서가 된다.

53 2022 유아A-3

모범답안

3)	① ⓒ, ⓓ ② 복합 단서에 반응하기

해설

지문 돋보기

ⓐ 매일 다니던 길로 가지 않으면 울면서 주저앉는다. : 동일성에 대한 고집
ⓑ 이 닦기, 손 씻기, 마스크 쓰기를 할 수 있지만 성인의 지시가 있어야만 수행한다. : 자극 의존성
ⓒ 칫솔을 아는데도 칫솔에 있는 안경 쓴 펭귄을 보고 "안경"이라고 대답한다. : 제시된 자극에 대하여 적절하게 반응하지 못하는 특성
ⓓ 1가지 속성만 요구하면 정확히 반응하는데 2가지 속성이 포함된 지시에는 오반응이 많다. : 제한적인 자극에 반응하는 특성으로 복합 자극에 대해 부적절하게 반응함을 보여주고 있다.

3) 교사는 재우가 복합 단서가 제시될 경우 제한적인 자극에 반응하는 특성으로 인해 적절하게 반응하지 못하는 것으로 보고 중심축 반응 훈련의 복합 단서에 반응하기를 고려하고 있다.

- 복합 단서에 반응하기란 학생이 이미 습득한 중심 행동을 여러 다양한 속성과 특징을 지닌 복잡한 요구에 반응하도록 하는 것이다. 예를 들어, 학생이 '크레파스'라는 명칭을 이미 알고 있다면 이것을 활용하여 새로운 자극인 색깔 자극을 더 제시하여 '파란색 크레파스'에 반응하도록 하는 것이다(방명애 외, 2019 : 92).

Check Point

(1) 중심축 반응 훈련 영역

핵심 영역(중심축)	중재	예시
동기	아동에게 선택권을 제공한다.	• 아동이 과제의 순서를 선택한다. • 아동이 쓰기 도구들을 선택한다. • 아동이 학급에서 읽을 책을 선택한다.
	과제를 다양하게 하고, 유지 과제를 같이 제시한다.	• 미술시간에 짧은 기간 동안 짧은 읽기 시간을 자주 가져 과제를 다양하게 한다. • 쉬는 시간을 자주 가져 과제의 양을 다양하게 한다. • 아동의 반응과 다음 지시까지의 시간을 줄여 과제의 속도를 수정한다. • 화폐 학습과 같은 새로운 과제와 돈 세기와 같은 이미 학습한 과제를 같이 제시한다.
	시도에 대한 강화를 한다.	• 질문에 대한 모든 응답을 말로 칭찬한다. • 숙제와 다른 과제에 대해 칭찬의 글을 써준다.
	자연스러운 강화를 사용한다.	• 시간 말하기를 배울 때, 아동이 좋아하는 활동의 시간을 배우게 한다. • 화폐를 가르칠 때 아동이 좋아하는 작은 물건을 사게 한다.
복합 단서에 반응하기	복합 단서 학습과 반응을 격려한다.	• 미술시간에 종이, 크레용, 연필 등을 다양하게 준비하고, 아동이 좋아하는 것을 요구하게 한다. • 수학 과제나 한글쓰기 연습을 위해 다양하게 쓰기 도구들을 준비한다. 그리고 아동이 좋아하는 도구를 요구하게 한다.
자기 시도	질문하는 것을 가르친다.	• 시간과 물건의 위치와 관련된 질문하기와 같은 정보-탐색 시도를 가르친다. • 도움을 요청하는 정보-탐색 시도를 가르친다.
자기 관리	자신의 행동을 식별하고, 행동이 발생하는 것과 발생하지 않는 것을 기록하는 방법을 아동에게 가르친다.	• 아동이 이야기 시간에 조용히 앉아서 책장이 넘어갈 때 종이에 표시하도록 시킨다. • 교실에서 수학이나 다른 과제를 하는 동안에 과제 행동을 자기평가할 수 있도록 알람시계를 사용하게 한다.

(2) 복합 단서에 반응을 돕기 위한 방법

① 자극을 다양화하고 단서 증가시키기
다음과 같은 순서로 진행한다.
㉠ 한 가지 속성의 단서를 지닌 자극에 반응하게 한다.
㉡ 두 가지 단서를 제공하여 학습자가 이러한 하나 이상의 단서에 반응할 수 있도록 한다.
㉢ 보다 복잡한 단서에 반응하게 한다.

② 강화스케줄 활용하기
강화스케줄을 사용하는 방법은 다음과 같다.
㉠ 다양한 강화인을 활용하여 학습자들에게 목표 기술을 가르치기 위해 동기를 향상시킨다.
㉡ 학습자가 목표 기술을 잘 사용할 수 있도록 연속 강화를 제공할 수 있다.
㉢ 학습자가 새로운 기술을 어느 정도 습득하고 나면 점차 강화스케줄을 변경하여 간헐 강화를 제공할 수 있다.

출처 ▶ 방명애 외(2019 : 92-93)

54

2022 초등A-5

모범답안

2)	① 사회적 관습이나 규칙에 대해 이해하는 데 어려움을 보인다.(또는 사회적 상호작용에 어려움이 있다.) ② 시각적인 정보처리에 강점을 보인다.

해설

지문 톺보기

〈성규의 수업 중 수행특성〉
- 지도 그리기에 관심이 없고 자신이 좋아하는 위치에만 스티커를 붙이려고 고집함.: 제한되고 고정된 흥미, 특별한 관심, 동일성에 대한 고집
- 함께 사용하는 스티커를 친구가 가져가면 소리를 지름.: 규칙에 대한 이해 부족
- 친구들의 농담에 무표정하고 별다른 반응이 없음.: 사회-정서적 상호성의 결함
- 활동 안내를 그림카드로 제시했을 때 활동의 참여도가 높아짐.: 시각적 정보처리에 강점

〈성규를 위한 수정계획〉
- 지도의 주요 위치에 스티커로 표시해주기: 스티커를 좋아하는 성규의 관심(흥미) 고려
- 시각적 일과표와 방문하게 될 장소에 대한 안내도 제시하기: 시각적 정보처리에 강점이 있음을 반영
- 현장학습 시, 친구들과의 상호작용을 돕고 지켜야 할 규칙을 알 수 있도록: 규칙에 대한 이해 부족 및 사회-정서적 상호성의 결함 고려

2) • 함께 사용하는 스티커를 친구가 가져가면 소리를 지름: 사회상황 이야기, 파워카드 전략 모두 사회적 관습이나 규칙에 대해 이해를 돕는 데 유용하다.
- 활동 안내를 그림카드로 제시했을 때 활동의 참여도가 높아짐: 사회상황 이야기, 파워카드 전략 모두 자폐성장애 아동의 시각적 능력을 활용하는 시각적 지원 방법이다.
- 자폐성장애 아동의 일반적 특성은 2012 유아1-8 기출문제 참조

Check Point

자폐성장애 아동의 일반적 특성

2012 유아1-8 기출에 제시된 자폐성장애 아동의 일반적 특성은 다음과 같다.

① 상동적이고 반복적인 동작을 한다.
② 시각적인 정보처리에 강점을 보인다.
③ 정해진 순서나 규칙에 집착하거나 변화에 매우 민감하다.
④ 사회적 관습이나 규칙에 대해 이해하는 데 어려움을 보인다.
⑤ 제한된 범위의 관심 영역에 지나치게 집중하거나 특별한 흥미를 보이는 행동을 한다.

55

2022 중등B-7

모범답안

- ㉠ 중앙응집 기능의 결함
- ㉡ 확정문
  문장을 이해하는지 또는 다음 단계를 추측하도록 안내한다.
- 이유: 다음 중 택 1
  - 긍정적이고 정확한 어휘를 사용해야 한다.
  - 문장 유형의 사용 비율이 부적절하다.(또는 설명, 묘사를 위한 문장이 지시를 위한 문장의 2배가 되지 않는다.)

해설

지문 톺보기

문장	문장 유형
나는 점심시간에는 친구와 함께 식당에서 점심을 먹어요.	설명문
우리는 줄을 서서 기다리고, 줄을 서서 이동해야 해요.	설명문
줄 서서 이동할 때에는 줄에서 벗어나면 안 돼요.	설명문
선생님이 식당에 가기 전에 "여러분, 줄을 서세요."라고 말하면 나는 줄을 서려고 노력해야 해요.	지시문
내가 줄서는 것을 어려워하면 선생님이 도와줄 수 있어요.	협조문
선생님의 도움이 필요할 때에는 "선생님, 도와주세요."라고 말해요.	지시문
점심시간에 줄 서서 이동할 때에는 나와 친구는 조금 거리를 두어야 해요.	지시문
이것은 매우 중요한 일이에요.	확정문
조금 떨어져서 간격을 유지하는 것은 기분 좋은 일이에요.	조망문
내가 차례를 지키지 않으면 친구가 속상해할 수도 있어요.	조망문
나는 점심시간에 줄을 서서 차례를 지키려고 노력할 거예요.	지시문
점심시간에 줄을 서서 차례를 지키는 것은 일이에요.	부분문장

㉠ 중앙응집이론에서는 자폐성장애를 직접적인 손상에 의한 것이라고 보기보다는 인지양식에 의한 것이라고 주장한다. 환경에 의미를 부여하고, 환경을 의미 있게 받아들이기 위해서는 방대하고 복잡한 정보를 처리해야 하지만 자폐인들은 이에 어려움을 가지기 때문에 세상을 현실적으로 지각하지 못한다는 것이다. 전체를 보기보다는 부분에 집착하고, 즉 나무를 보고 숲을 보지 못하는 것과 같이 정보 투입 및 처리 방식이 상향식 접근 방식을 취한다. 이 이론에서는 자폐의 근본 원인이 인지적 정보처리 과정에서 부분과 전체의 관계를 연계하

지 못하고 전체보다는 특정 부분에 초점을 맞추는 빈약한 중앙응집이라는 인지적 결함에 기인한다고 주장한다(김건희 외, 2019 : 39-40)

• 사회상황 이야기 초안에 나타난 오류
  - 사회상황 이야기 작성 지침(Gray, 2010)에 의하면 이야기는 1인칭 혹은 3인칭 관점의 문장으로서 긍정적이고 정확한 어휘를 사용하여 현재뿐 아니라 과거와 미래 시제를 고려하도록 하고 있다. 그러나 사회상황 이야기에 사용된 문장들 중 "줄 서서 이동할 때에는 줄에서 벗어나면 안 돼요."는 부정문의 형태이다. 뿐만 아니라 "조금 거리를"과 "조금 떨어져서"에서 조금의 범위도 명확히 제시되어 있지 않다.
  - 문헌에 제시된 바에 따라 상황 이야기에 사용된 문장형식의 비율을 살펴보면 다음과 같다.

> (나)의 초안에 사용된 문장 형식별 사용 정도는 다음과 같다.
> 설명문(3회), 조망문(2회), 확정문(1회), 부분문장(1회), 지시문(4회), 협조문(1회)

문헌 별 내용	비율 산출
설명문(3), 조망문(2), 확정문(1), 협조문(1)의 수를 지시문(4)과 통제문(0)의 수로 나눌 때 지수가 2와 같거나 그 이상이 되어야 하며, 지시문을 반드시 사용할 필요는 없다(김건희 외, 2019).	7÷4
Gray(2010)는 상황 이야기의 문장이 반드시 설명문(3), 조망문(2), 확정문(1), 부분문장(1)의 총 수를 사용자 · 팀 · 개인을 지도하는 문장(지시문 4, 협조문 1)의 총 수로 나눈 값이 2 또는 그 이상이어야 한다고 주장했다. 이 비율은 상황 이야기가 "지시하기 보다는 묘사해야 한다."는 개념으로부터 도출된 것이다(이소현 외, 2017).	7÷5
설명문(3)과 조망문(2), 긍정문(1) 개수의 합인 서술문의 개수가 코칭문(지시문 4, 협조문 1) 개수의 2배 이상이 되도록 해야 한다(문소영 외, 2020).	6÷5

따라서 전체적으로 설명, 묘사를 위한 문장(설명문, 서술문)이 지시를 위한 문장(코칭문)의 2배가 되지 않음을 알 수 있다.

Check Point

(1) 사회 상황이야기 문장 형식(Gray, 2010)

설명문	아동에게 사회상황에 대한 사실이나 정보를 사실적이고 객관적인 문장으로 자세하게 기술하며, 사회성 이야기에 반드시 필요한 문장으로 가장 자주 사용한다. 예 여름은 덥고 겨울은 춥다. 우리 교실에는 책상과 의자가 있다.
조망문	사람의 내적 상태, 생각, 감정, 신념, 의견 등을 묘사하며 주관적인 문장의 경우가 많다. 예 아픈 친구를 도와주는 것은 좋은 일이다. 나는 음악시간이 즐겁고 재미있다.
지시문	상황에 맞는 적절한 행동과 반응을 아동 혹은 팀에게 지시할 때 사용한다. 예 선생님을 만나면 "안녕하세요!"라고 인사한다. 교실에 들어올 때는 문을 닫아야 한다.
확정문	집단이나 문화 속에서 함께하는 가치관, 믿음, 주요 개념, 규칙, 의견을 표현함으로써 상황을 판단할 수 있도록 도와주고 주변 문장의 의미를 강조한다. 확정문은 주로 설명문, 조망문, 지시문 바로 뒤에 제시된다. 예 안전을 위해 차례대로 그네를 타야 한다. 이것은 매우 중요하다. 교실에 있는 호랑이와 코끼리는 인형이기 때문에 무섭지 않다.
협조문	아동을 돕기 위해 다른 사람이 할 수 있는 일과 역할을 알려 주는 문장이다. 예 나는 손을 다친 친구의 가방을 들어 준다. 친구는 미술시간에 준비물을 가져오지 않은 나에게 색종이를 나누어 주었다.
통제문	이야기를 새로 진술하거나 개별적으로 아동에게 필요한 전략을 포함하여 기억하게 함으로써 해당 상황을 통제할 수 있도록 돕는다. 예 동생과 나는 기차를 타고 가면서 동화책을 함께 본다.
부분문장	부분문장은 빈칸을 메우는 형식의 문장이다. 문장을 이해하는지 확인하거나 혹은 다음 단계를 추측하도록 안내한다. 설명문, 조망문, 지시문, 확정문은 부분문장으로 쓸 수 있다. 예 안전을 위해 그네를 차례로 타야 한다. 이것은 매우 ______하다.

(2) 사회상황 이야기 작성 지침(Gray, 2010)

① 사회상황을 이해하도록 설명하고 정보공유를 위한 하나의 목표를 가진다. 이때 구성되는 이야기는 아동에 대한 존중과 함께 신체적 · 사회적 · 정서적으로 안전한 이야기에 먼저 관심을 갖는다.

② 1인칭 혹은 3인칭의 관점에서 상황, 기술, 개념에 대한 정확한 정보를 수집하여 이야기의 특정 주제를 확인한다.

③ 이야기의 제목을 규정하는 도입, 세부사항을 서술하는 본문, 정보를 다시 강조하고 요약하는 결말 등 세 부분으로 구성된다. 이를 위해 적어도 3개 문장이 요구된다.

④ 이야기는 아동에게 내용을 명확히 전달하고 의미를 강조하는 구성방식을 가진다. 즉, 아동의 연령과 능력을 고려해서 리듬감 있고 반복적인 구절을 이용할 수 있다. 또한 시각적 단서로 구체적 사물, 사진, 그림, 파워포인트 자료, 비디오, 숫자, 도표 등을 사용해서 아동의 관심을 끌고 이해를 향상시킬 수 있다.

⑤ 이야기는 1인칭 혹은 3인칭 관점의 문장으로서 긍정적이고 정확한 어휘를 사용하여 현재뿐 아니라 과거와 미래 시제를 고려해야 한다.
⑥ 이야기를 전개할 때 '육하원칙(누가, 언제, 어디서, 무엇을, 어떻게, 왜)'이 모든 질문에 고려되어야 한다.
⑦ 이야기는 설명문, 조망문, 지시문, 확정문, 협조문, 통제문, 부분문장 등 일곱가지 문장형식을 가진다. 설명문은 반드시 제시되어야 하며 나머지는 선택적이다.
⑧ 설명문, 조망문, 확정문, 협조문의 수를 지시문과 통제문의 수로 나눌 때 지수가 2와 같거나 그 이상이 되어야 하며, 지시문을 반드시 사용할 필요는 없다.
⑨ 이야기는 아동의 관심과 흥미를 끌 수 있도록 쓰며, 아동의 경험, 인간관계, 관심사, 선호도 등을 고려하여 내용, 글, 삽화, 형태를 아동의 이야기가 되도록 전개한다.
⑩ 편집과 수행에 대한 지침을 제시한다. 이야기를 명료하게 완성하기 위해 이야기와 삽화를 점검하고 필요시 수정한다. 이야기를 유형별 혹은 연도별로 구분하여 바인더 노트에 정리하여 반복적으로 사용할 수 있고, 업데이트할 수 있다.

출처 ▶ 김건희 외(2019 : 357-359)

56

2023 유아A-4

모범답안

2)	① 싫어해요.(또는 속상해 해요, 슬퍼해요, 기분이 안 좋아요.) ② 청자 코칭문(또는 지시문)
3)	상황에 근거한 감정을 이해할 수 있다.

해설

지문 돋보기

(가)
• 지수가 그림책을 읽을 때 : 목표행동
• 공룡 스티커 : 토큰
• 공룡 딱지 : 교환 강화제

(나)
• 놀이 시간에는 교실에 있는 놀잇감을 가지고 놀아요. : 설명문
• 나는 공룡을 가지고 노는 걸 제일 좋아해요. : 조망문
• 나처럼 공룡을 가지고 놀고 싶어 하는 친구들도 있어요. : 조망문
• 나만 공룡을 가지고 놀면, 친구들은 싫어해요. : 조망문
• 나는 공룡을 바구니에 두어 친구들도 가지고 놀 수 있게 할 거예요. : 청자 코칭문
• 이것은 친구와 사이좋게 노는 방법이에요. : 설명문

2) ① 조망문은 자신 또는 다른 사람의 마음 상태나 생각, 느낌, 믿음, 의견, 동기, 건강 및 다른 사람이 알고 있는 것에 대한 정보 등에 관련한 정보를 제시하는 문장 형식이다. 따라서 문제에서는 지수 혼자 공룡을 가지고 놀았을 때 친구들이 느낄 수 있는 마음 상태를 표현해 주는 용어(예 슬프다, 속상하다, 기분이 좋지 않다 등)를 사용하여 내용을 완성하면 된다.

Check Point

✓ 정서이해 교수 프로그램

주제	활동 내용 및 설명	활동 예시
[1단계] 얼굴 표정의 이해	• 얼굴 표정 이해 향상 활동 • 즐거움, 슬픔, 화남, 두려움의 감정을 알고 사진이나 그림 속에서 찾기 • 여러 가지 감정을 그림으로 표현하기	• 어떤 표정일까요? • 얼굴 표정 콜라주
[2단계] 상황에 근거한 감정의 이해	• 여러 가지 상황을 이해하고 그에 따른 감정 이해를 위한 활동 • 생일 선물을 받고 즐거워하는 그림을 보면서 그림 속 주인공의 감정은 어떤 감정일지 알아보는 활동	• 내가 행복할 때 • 우리 엄마와 아빠가 슬플 때 • 친구가 무서울 때
[3단계] 바람에 근거한 감정의 이해	• 상호작용 대상자가 원하는 것이 무엇인지를 알고, 원하는 것, 즉 바람이 이루어졌을 때의 감정과 바람이 이루어지지 않았을 때의 감정의 이해를 위한 활동 • 생일 선물로 장난감 자동차를 원했는데, 어머니께서 책을 선물한 경우 어떤 감정일지 생각해 보는 활동	• 오늘은 나의 생일 • 친구가 바라보는 음식은? • 새 자전거를 갖고 싶은 내 친구
[4단계] 믿음에 근거한 감정의 이해	• 다른 사람의 믿음을 이해하고 추론하며 이러한 믿음에 대한 감정을 이해하고 이후의 결과에 대한 감정을 이해할 수 있는 활동 • 친구가 생일 선물로 원하는 것이 장난감 자동차이고, 친구는 생일 선물로 장난감 자동차를 받을 수 있을 것으로 믿고 있는데, 실제 선물로 책을 받았다면 그 친구의 감정이 어떨지를 생각하고 말로 표현하기	• 내 마음을 아는 우리 엄마 • 내 생각에 우리 엄마는 • 놀이 공원에 가고 싶은 내 친구

57

2023 유아A-6

모범답안

3)	다음 중 택 1 • 특별한 관심을 보이는 로봇을 역할 모델로 삼으며 역할 모델의 제안을 쉽게 따르기 때문이다. • 자신의 관심사에 대하여 말할 때 동기가 높아지기 때문이다. • 관심사를 이용하는 것은 진서에게 비위협적이기 때문이다.

Check Point

⊗ 파워카드 전략에서 아동이 좋아하는 인물이나 관심사를 이용하는 이유

동기부여	자폐성장애 아동들은 대부분 자신의 관심사에 대하여 말할 때 동기가 높아진다.
역할 모델	학생은 자신의 관심 대상을 역할 모델로 삼고, 그처럼 되고 싶어 하기 때문에 역할 모델의 제안을 쉽게 따른다.
비위협적인 방법	관심사를 이용하는 것은 학생에게 비위협적이다.

58

2023 유아A-8

모범답안

1)	① 경수가 일정 거리를 두고 놓여 있는 의사소통판에서 그림카드를 떼어 교사의 손에 주는 것이다. ② 좋아하는 기차의 그림카드와 선호하지 않는 것의 그림카드 중 좋아하는 기차의 그림카드를 골라 기차로 바꾸기

해설

1) ① 2단계의 목표는 아동이 일정 거리를 두고 놓여 있는 의사소통판에서 그림카드를 떼어 교사의 손에 주는 것이다. 이 단계를 '자발적 교환 훈련 단계'라고도 한다(고은, 2021 : 357).

② 선호하는 사물과 그렇지 않은 사물을 변별하는 활동 후, 선호하는 여러 가지 사물들 중에서 변별하는 것을 연습한다(김영태, 2019 : 495).

Check Point

⊗ PECS 프로그램의 단계별 목표

주요 문헌에 소개되어 있는 바를 중심으로 정리하면 다음과 같다.

단계	목표
1	교환개념을 학습하는 것이다(고은, 2021 : 356).
2	• 아동이 일정 거리를 두고 놓여 있는 의사소통 판에서 그림카드를 떼어 의사소통 파트너의 손에 주는 것이다(고은, 2021 : 357). • 1단계와 동일한 목표를 가지되, 추가적으로 의사소통 요구하기를 유지하고 그림카드, 의사소통 상대자와의 거리를 점차 늘려가는 것을 목표로 한다(김영태, 2019 : 494).
3	• 그림카드를 구별하는 변별학습이다(고은, 2021 : 357). • 아동 또는 의사소통 상대의 의사소통판에 있는 여러 가지 그림카드 중 아동이 원하는 사물과 관련된 그림카드를 선택하는 것이다(김영태, 2019 : 494-495).
6	• 사건과 사물에 대해 설명하는 것이다(고은, 2021 : 357). • 아동이 자발적으로 언급하는 것이다(김영태, 2019 : 496).

59 2023 초등B-3

모범답안

1)	중앙응집기능의 결함
3)	① 다음 중 택 1 • 일과를 마칠 때마다 시각적 일과표 내의 일과 그림을 순서대로 떼어낼 수 있도록 제작하여, 모두 떼어냈을 때 귀가하도록 한다. • 시각적 일과표의 마지막에 귀가하는 사진을 추가한다. ② 식사 후 교실로 이동하는 경로를 사진(또는 그림)으로 제시한다.

60 2023 초등B-4

모범답안

2)	설명문

해설

2) 설명문은 관찰 가능한 상황적 사실을 설명하는 문장과 사실에 관련한 사회적 가치나 통념에 관련한 내용을 제시한다. ⓛ은 관찰 가능한 상황적 사실을 설명하는 설명문에 해당한다.

61 2023 중등B-10

모범답안

• ㉠ 다양한 수업 자료 중 학생 A가 원하는 것을 선택하도록 한다.
• ⓛ 시도에 대한 강화를 한다.

Check Point

⊘ 핵심 영역 중 동기 유발을 위한 중재 방법

중재	예시
학생에게 선택권을 제공한다.	• 학생이 과제의 순서를 선택한다. • 학생이 쓰기 도구들을 선택한다. • 학생이 학급에서 읽을 책을 선택한다.
과제를 다양하게 하고, 유지 과제를 같이 제시한다.	• 미술시간에 짧은 기간 동안 짧은 읽기 시간을 자주 가져 과제를 다양하게 한다. • 쉬는 시간을 자주 가져 과제의 양을 다양하게 한다. • 학생의 반응과 다음 지시까지의 시간을 줄여 과제의 속도를 수정한다. • 화폐 학습과 같은 새로운 과제와 돈 세기와 같은 이미 학습한 과제를 같이 제시한다.
시도에 대한 강화를 한다.	• 질문에 대한 모든 응답을 말로 칭찬한다. – 질문에 응답하기 위한 모든 노력에 칭찬하기 – 질문에 응답하기 위한 비언어적 행동에도 긍정적으로 반응하기 – 틀린 반응을 하더라도 학생의 노력에 긍정적으로 반응하기 • 숙제와 다른 과제에 대해 칭찬의 글을 써준다.
자연스러운 강화를 사용한다.	• 시간 말하기를 배울 때, 학생이 좋아하는 활동의 시간을 배우게 한다. • 화폐를 가르칠 때 학생이 좋아하는 작은 물건을 사게 한다.

62 2024 유아A-1

모범답안

1)	자기시도(또는 자기주도, 스스로 시작행동하기)

Check Point

✓ 자기시도

중심축 반응 훈련에서 자기시도를 중심 행동으로 선정한 이유는 스스로 시작하는 상호작용을 통해 학습이 일어나는 일이 많기 때문이다. 사회적 상황에서 상호작용 대상자에게 먼저 말을 걸거나 몸짓으로 의사소통을 시도하는 행동 등이다. 예를 들어, 친구들이 놀고 있을 때, "나도 같이 놀자"라고 말하거나 공을 던지면서 "자, 받아"라고 말하는 것 등이 자기시도를 하는 것에 해당된다. 다른 사람에게 질문하는 것은 중요한 자기시도의 예이다. 따라서 다른 사람에게 질문하는 것을 가르치는 것도 자기시도를 가르치는 것이다. 아동이 할 수 있는 질문의 예는 "이게 뭐야?", "어디 가요?"등이 있다(방명애 외, 2019: 95).

63 2024 유아B-1

모범답안

3)	① 짧은 만화 대화 ② 쿠키를 똑같이 나누어 먹어야 해요.

해설

3) ② 채은이가 하준이를 밀었던 것은 쿠키를 나누어 주는 과정에서 발생한 상황이며, 짧은 만화 대화는 이와 같은 상황에 적용되고 있다. (가)에서 채은이와 하준이의 대화 내용을 토대로 채은이의 말은 쿠키를 똑같이 나누어 먹는 것과 관련되어야 한다.

Check Point

✓ 해결 방안 모색하기

이야기 중에 나타난 여러 가지 어려운 상황에 대한 해결 방안을 모색해 본다. 만일 학생이 새로운 방안을 모색하지 못한다면 교사나 부모가 해결 방안을 제시할 수 있다. 이때 제시된 여러 가지 해결 방안의 장단점에 대해 이야기를 나눌 수도 있다. 장단점에 대해 이야기를 나눌 때는 그림을 그리면서 이야기를 할 수도 있고, 이야기를 나누면서 적절한 해결 방안이 아니라고 판단되는 것은 하나씩 지워 나가고 나머지 해결 방안을 제시하여 다음에 문제 상황에서 학생이 사용할 수 있도록 안내한다(방명애 외, 2019: 85).

64 2024 유아B-5

모범답안

1)	특정 질감에 대해 과잉반응을 보인다.

해설

1) 자폐성장애는 감각적 입력에 대해 과잉반응이나 과소반응을 나타내고 환경의 감각적 측면에 대해서 이례적인 관심을 보인다.

Check Point

✓ 자폐성장애 학생의 감각적 특성

과잉반응	과소반응
• 특정 소리에 대한 괴로움 • 빛에 대한 예민함 • 특정 촉감에 대한 불편함 • 특정 냄새와 맛에 대한 혐오감 • 높은 곳과 움직임에 대한 비합리적인 두려움 • 자주 깜짝 놀라는 반응	• 갑작스럽거나 큰 소리에 대한 인식 부족 • 부딪히거나 타박상, 베인 것에 대한 통증을 인식하지 못함 • 얼굴에 묻은 음식물을 인식하지 못함 • 환경과 사람, 그리고 사물에 대한 주의집중 부족 • 과도하게 빙빙돌아도 어지럽지 않음 • 반응이 느림

65

2024 초등B-6

모범답안

1)	① 신경학적 역치가 높기 때문에 지속적으로 다양한 감각 자극을 추구하고 있다. ② 다양한 감각 자극을 제공함으로써 신경학적 역치를 충족시키기 위한 것이다.

Check Point

(1) Dunn의 감각처리 모델

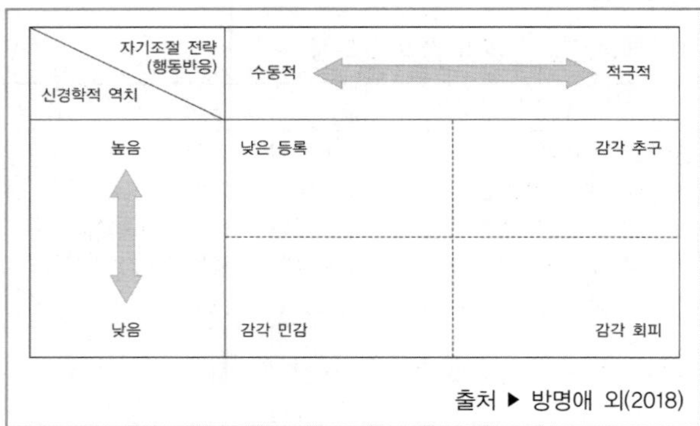

출처 ▶ 방명애 외(2018)

(2) 감각 추구

특성	지원 전략의 예시
• 행동 반응을 위해 강력한 감각 자극을 필요로 함. • 높은 신경학적 역치를 가지고 있고 적극적인 자기조절 전략을 사용함. • 높은 역치 충족을 위해 지속적으로 감각 자극을 찾고자 일상에서 다양한 감각 자극을 추구함. • 상동행동, 반복행동, 자해행동 등의 다양한 자극 추구 행동을 보임. • 자극 추구 과정에서 과다행동을 보이거나 충동행동을 보임.	• 활동 내에서 감각 추구를 할 수 있는 기회를 포함시켜 제공함. • 전정 감각 추구 행동에 대한 활동의 예 – 학생들의 학습 자료를 여러 차례 나누어 주는 활동 – 또래들이 완성한 과제를 걷는 활동 – 책상과 의자를 정리하는 활동 • 촉각과 고유수용 감각 추구 행동에 대한 활동의 예 – 쓰기 활동을 하는 동안에 글씨 쓰기를 하지 않는 손(예 왼손)에 만지작거릴 수 있는 사물을 주어 강한 촉각 자극 제공하기 – 몸에 꼭 끼는 옷 입게 하기 – 무게감 있는 조끼 입게 하기

66

2024 중등B-8

모범답안

• ㉢, 신체적 촉진

촉각 역치가 낮은 학생 A의 손목을 잡으면 과잉반응을 보일 수 있기 때문이다.

해설

지문 돋보기

(가)
㉠ 세면대 거울에 손 씻는 단계 그림을 붙여서 학생 A에게 손 씻기를 지도: 시각적 촉진
㉡ 손을 씻어야 한다는 의미로 선생님이 손으로 수도꼭지를 살짝 건드려서 학생 A에게 손 씻기를 알려 줘도: 몸짓 촉진
㉢ 학생 A가 손을 씻을 수 있도록 손목을 잡아 줄 수 있으며, : 신체적 촉진
㉣ 선생님이 손을 씻는 모습을 학생 A에게 보여 주고 학생 A가 이를 모방: 모델링

㉢ (가)에서 담임 교사의 발화 내용에 의하면 학생 A는 낮은 촉각 역치를 보인다고 제시되어 있다. 따라서 매우 작은 촉각 자극에 대해서도 과잉반응(예 거부 반응)을 보일 수 있으므로 직접적인 신체적 접촉이 이루어지는 신체적 촉진의 방법을 이용하여 지도하는 것은 부적절하다.

08 특수교육공학

본책 p.108

01

2009 중등1-37

(정답) ②

해설

ㄴ. 원형 훑기는 원의 형태로 제작된 항목들을 기기 자체가 원형 안에 있는 개별 항목을 제시해 주며 자동으로 한 번에 한 항목씩 훑어주는 방식이다. 항목들을 기기 자체가 좌우로 하나씩 훑어주며 제시하는 방식은 선형 훑기에 해당한다.

ㅁ. 항목을 제시하는 속도와 타이밍은 기기 제작 시 설정되어 있으나 사용자의 운동 반응 및 시각적 추적 능력 등에 따라 조절 가능하다.

Check Point

⊘ 스캐닝을 위한 디스플레이 형태

선형 스캐닝	• 가장 기본적인 형태로 시간 간격을 둔 순차적 스캐닝 방법 • 스캐닝이 시작되면 화면이나 AAC 기기의 버튼/아이콘이 하나씩 시각적으로 반전되거나 청각적 소리를 내면서 순차적으로 이동. 이때 불빛이나 반전이 원하는 버튼/아이콘에 왔을 때 스위치를 눌러서 선택하는 방법
원형 스캐닝	• 시간 간격을 두고 순차적으로 이루어진다는 점에서는 선형 스캐닝과 동일 • 시곗바늘의 움직임과 같은 방향으로 원형 형태로 시각적 추적이 이루어진다는 점에서 학생이 보다 쉽게 이용할 수 있음.
행렬 스캐닝	• 선택해야 할 버튼/아이콘의 수가 많을 때, 행과 열 단위로 먼저 선택한 후에 선택한 행과 열의 선형 스캐닝을 하는 것 • 선형 스캐닝 방법에 비해 빠르게 선택할 수 있다는 장점

02

2009 중등2B-4

(모범답안 개요)

8-1 원칙과 통합교육	① 동등한 사용: 설계는 모든 사용자가 공평하게 접근할 수 있도록 하며, 어느 누구도 차별을 받거나 낙인찍히지 않도록 한다는 원리이다. • 교육과정은 모든 학습자가 참여할 수 있도록 설계되어야 한다. ② 사용상의 융통성: 설계는 광범위한 개인적 선호도와 능력을 수용해야 한다는 원리이다. • 교육과정은 광범위한 개인의 능력과 선호도를 수용하기 위해서 융통성 있게 제시될 수 있도록 설계되어야 한다. ③ 정보 이용의 용이: 설계는 사용자의 지각 능력에 상관없이 다양한 양식을 통해 사용자에게 필요한 정보를 효과적으로 전달해야 한다는 원리이다. • 교육과정은 지각 능력, 이해도 등에 상관없이 학습자에게 가장 효과적으로 도달할 수 있는 방법으로 그를 가르치기 위해 다양한 표상 수단을 제공해야 한다.
8-2 보편적 학습설계	〈보편적 학습설계의 원리〉 ① 다양한 방식의 표상 수단 제공 ② 다양한 방식의 행동과 표현 수단 제공 ③ 다양한 방식의 참여 수단 제공
보조공학 기기	① 시각장애: 확대경, 망원경, 점자정보단말기, 옵타콘, 데이지 플레이어 등 ② 청각장애: 보청기, 골도전화기 등 ③ 지체장애: 전동, 수동 휠체어, 키가드, 스위치, 크러치 등

Check Point

⊘ 보편적 설계의 원리와 교육적 활용

물리적 원리	교육적 활용
[공평한 사용] 설계는 모든 사용자가 공평하게 접근할 수 있도록 하며, 어느 누구도 차별을 받거나 낙인찍히지 않도록 한다.	[공평한 교육과정] 교수는 매우 다양한 능력을 가진 학습자가 접근 가능한 단일 교육과정을 사용한다. 즉, 교육과정은 학습자를 불필요하게 차별하거나 '차이점'에 지나친 관심을 불러일으켜서는 안 된다. 교육과정은 모든 학습자가 참여할 수 있도록 설계한다.

[사용상의 융통성] 설계는 광범위한 개인적 선호도와 능력을 수용한다.	[융통성 있는 교육과정] 교육과정은 광범위한 개인의 능력과 선호도를 수용하기 위해서 융통성 있게 제시될 수 있도록 설계한다. 따라서 언어, 학습 수준, 표현의 복잡성이 조절될 수 있어야 하며, 필요한 경우 학습자의 진도는 목적과 교수방법이 재설정될 수 있도록 지속적으로 검토한다.
[단순하고 직관적인 사용] 설계는 이해하기 쉬워야 한다.	[간단하고 직감적인 교수] 교수는 간단해서 학습자가 가장 쉽게 접근 가능한 양식으로 제공한다. 언어, 학습 수준, 제시의 복잡성은 조정될 수 있다. 학습자의 진도는 필요한 경우 목적과 교수방법을 재설정하기 위해 계속적으로 모니터링된다.
[지각할 수 있는 정보] 설계는 사용자의 지각 능력에 상관없이 다양한 양식(그림의, 언어적, 촉각의)을 통해 사용자에게 필요한 정보를 효과적으로 전달한다.	[다양한 표상 수단들] 교육과정은 학습자의 지각 능력, 이해도, 주의집중도에 상관없이 가장 효과적인 방법으로 가르치기 위한 다양한 표상 수단을 제공한다.
[오류에 대한 관용] 설계는 우발적이거나 의도하지 않은 행동으로 인해 발생할 수 있는 위험과 부정적인 결과를 최소화한다.	[성공 지향적 교육과정] 교사는 참여에 대한 불필요한 장애를 제거함으로써 교육과정에 참여할 수 있도록 독려한다. 필요한 경우 교사는 효과적인 교육과정 설계의 원리를 적용한(예 대요 가르치기, 배경지식 제공하기, 교수를 비계하기 등) 계속적인 지원을 통해 지원적인 학습환경을 제공한다.
[낮은 신체적 수고] 설계는 효율적이고 편안하게 피로를 최소화하면서 사용되어야 한다.	[적절한 학습자의 노력 수준] 교실환경은 다양한 학습자의 반응수단을 수용함으로써 교육과정 교수자료에 대한 접근의 용이성을 제공하고, 편안함을 증진하며, 동기를 촉진하고, 학습자의 참여를 독려한다. 평가는 지속적으로 행해져야 하며, 수행을 측정한다. 교수는 평가결과에 근거해서 바꿀 수 있다.
[접근과 사용을 위한 크기와 공간] 사용자의 신체 크기, 자세 혹은 운동성에 상관없이 접근, 도달, 작동, 사용할 수 있는 적절한 크기와 공간을 제공한다.	[학습을 위한 적절한 환경] 교실환경에 교육과정 교수자료의 조직은 교수방법에 있어서의 변화뿐만 아니라 학습자에 의한 물리적·인지적 접근에 있어서의 변화를 허용한다. 교실환경은 다양한 학습자의 집단화를 허용한다. 교실 공간은 학습을 독려한다.

출처 ▶ 김남진 외(2017)

03 ······ 2010 유아1-2

정답 ④

해설

ㄹ. 화려하고 복잡한 그래픽이나 애니메이션 구성은 아동의 집중력에 방해가 된다. 화면 구성이 복잡해서는 안 되며, 문자, 그래픽, 애니메이션, 비디오가 적절하게 배치되고 그 수가 적절한지를 파악하여야 한다(김남진 외, 2017 : 214).

ㅂ. 아동의 특성이 고려되어 개발된 프로그램이기 때문에 제시된 과제에 상이한 반응시간이 주어져 있어야 한다. 문제제시 속도, 피드백 형태, 문제의 난이도, 연습시도 횟수 등과 같은 선택사항이 제공되어야 한다(김남진 외, 2017 : 226).

Check Point

✓ 효과적인 교수용 프로그램의 특징

좋은 프로그램	좋지 않은 프로그램	학습원리
학습기술에 관련된 응답을 많이 제공하는 프로그램	학습기술과 관련이 없는 활동을 많이 포함하거나 조작하는 데 많은 시간이 요구되는 프로그램	과제수행에 시간을 많이 들일수록 많이 배운다.
학습한 기술이나 개념을 지원하는 그래픽이나 애니메이션이 들어 있는 프로그램	수업목표에 관련 없이 그래픽이나 애니메이션이 포함된 프로그램	그래픽이나 애니메이션이 학생의 학습활동에 관심을 촉진시키는 반면, 주의가 산만하여 기능습득에 방해가 되거나 연습시간을 감소시킬 수도 있다.
강화가 집중적으로 이루어지며, 학급에서 이루어지는 강화형태와 유사한 점이 포함된 프로그램	강화용 그래픽을 제공하거나, 매번 옳았다는 응답이 있고 난 후에 활동이 이루어지는 프로그램	학생들의 맞는 답변에 대해 너무 빈번한 강화를 해주면, 웬만한 강화에는 별로 반응을 하지 않으며, 강화활동에 소비하는 시간으로 학습시간이 지연된다.
강화가 과제의 완성이나 유지와 관련된 프로그램	학생이 바르게 반응했을 때의 강화(미소 짓는 얼굴)보다 틀리게 반응했을 때 더 많은 강화(예 폭발)를 제공하는 프로그램	실제로 어떤 프로그램들은 학생들에게 고의로 틀린 답을 하게 하여 보다 자극적인 강화를 경험하게 하기도 한다.

학생들이 실수한 곳을 찾아 교정할 수 있도록 피드백을 제공하는 프로그램	질문에 대한 응답으로 "맞음" "틀림" "다시 하세요" 만을 제시하는 프로그램	몇 번의 시도 후에 정답에 관한 피드백이 없으면 학생들을 좌절하게 만들거나 포기하게 만든다.
신중하게 계열화된 항목으로 작은 단위로 연습을 제공하는 프로그램	다양하고 넓은 영역에서 연습하도록 했거나, 잠정적 항목의 광대한 세트에서 마음대로 항목을 끌어내게 만든 프로그램	유사한 항목들 사이의 잠재적 혼동을 감소시키기 위해, 작은 단위의 신중하고 계열적으로 고려된 항목들이 주어졌을 때 더 빨리 정보를 숙달할 수 있다.
다양한 방법으로 연습을 제공하는 프로그램	항상 같은 방법 또는 항목 중에서 같은 단위로 연습을 제공하는 프로그램	다양하게 연습이 이루어지지 않는다면 새로운 상황이나 환경에서 일반화시키기가 힘들다.
누적된 사고를 할 수 있게 해주는 프로그램	누적된 사고를 할 필요가 없는 프로그램	자신이 배운 것을 잊지 않기 위해서는 선행지식 및 기술에 대한 반복이 필요하다.
추후에 교사가 학생들의 과제수행 기록을 확인할 수 있는 프로그램	기록기능이 포함되어 있지 않은 프로그램	교사는 학생들의 컴퓨터 과제수행을 통제하기가 어렵다. 따라서 학생의 수행기록에 교사가 접근할 수 있게 하여 그 프로그램이 학생에게 효과의 유무와 추가적인 서비스의 필요성의 여부를 결정한다.
문제제시 속도, 피드백 형태, 문제의 난이도, 연습시도 횟수 등과 같은 선택사항이 제공되는 프로그램	모든 학생들에게 동일한 학습내용과 학습 방법 등이 제시되는 프로그램	다양한 선택사항을 사용함으로써 비용이 감소되며, 교사로 하여금 적절한 개별화 수업을 제공할 수 있다.

출처 ▶ 김남진 외(2017 : 225-226)

04

2010 유아1-18

정답 ③

해설

ㄱ. 「장애인교육법(IDEA)」 규정에 의하면, 장치 혹은 서비스는 그것이 학습을 위한 필수 조건, 예를 들어 어떤 특별한 장치나 서비스를 사용하는 것을 제외하고는 과제를 완수할 수 있는 어떤 다른 방법이 없을 때 보조공학이라고 인정한다. 그러나 모든 UDL 원리가 학습을 위한 필수 조건이라고 할 수는 없다. 그 원리는 모든 학습자가 어떤 특별한 교육적 개념을 확실히 이해할 수 있도록 하기 위한 효과적인 수업, 필요한 비계, 변형된 예의 범주에 속할 수도 있다(CEC, 2006 : 12-13). 따라서 준호와 영주가 일반아동과 동일한 방법으로 교수·학습에 접근하고 참여하는 데 제한이 없도록 보조공학의 사용 계획을 포함하는 것은 보편적 학습설계의 원리에 해당하지만, 실수에 즉각적으로 반응하는 보조공학 기구를 선택하여 제공하는 것은 모든 학습자의 특성을 고려해야 한다는 보편적 학습설계의 원리가 아닌 장애학생인 준호와 영주만을 위한 교육적 지원에 해당될 수 있기 때문에 적절하지 못하다. 모든 아동들에게 보조공학기기를 포함한 다양한 도구들을 선택하여 제공했을 때 보편적 학습설계의 원리가 적용되었다고 할 수 있다.

ㄴ. 보편적 학습설계는 융통성 있게 제시된 일반교육과정에 의존하는 것으로 좌석배치와는 무관하다.

ㄷ. 다양한 방식의 표상 수단 제공 원리에 해당한다.

ㄹ. 다양한 방식의 표상 수단 제공 원리에 해당한다.

Check Point

보편적 학습설계의 원리

① 다양한 방식의 표상 수단 제공
② 다양한 방식의 행동과 표현 수단 제공
③ 다양한 방식의 참여 수단 제공

05 2010 초등1-20

(정답) ①

해설

② 기능적 어휘와 장기적으로 성취 가능한 목표 어휘를 선정하여 준비한다. 의사소통 지도에 사용될 어휘는 보완·대체의사소통 사용자가 대화 상대방과의 만남을 통해 일상생활 중에서 사용될 어휘 목록을 수집한다. 가장 중요한 어휘 목록을 선정하되, 어휘 확장이 가능하도록 수집하며 생활 경험이나 교과학습과 관련된 어휘 목록을 선정한다. 의사소통 수단은 아동의 특성에 따라 음성 제스처, 손짓 기호, 의사소통판, 의사소통 책, 컴퓨터 공학 기구 등 다중 양식을 사용하되 메시지를 전달하는 데 효과적이며 가능한 빠르게 전달할 수 있고 수용 가능해야 한다(기본교육과정 중학교 국어 교사용 지도서, 2021 : 59).

③ 인지 기능, 언어 발달, 신체 기능을 모두 고려하여야 하며 다중의 의사소통 양식을 가지도록 다양한 AAC 체계를 준비한다. 보완·대체의사소통 체계를 적용할 때에는 지도 대상자의 인지 기능, 언어 발달, 신체적 기능 등을 고려해야 한다. 의사소통 방법을 가르칠 때에는 한 가지 방법만 사용하지 말고, 의사소통판, 음성 출력기 등 여러 가지 보조도구를 사용하거나, 얼굴 표정, 몸짓 등 보조 도구를 사용하지 않는 방법을 병행해 다중의 의사소통 양식을 가지도록 해야 한다(기본교육과정 중학교 국어 교사용 지도서, 2021 : 58)

④ AAC 체계에 적용하는 상징은 학생의 인지 및 생활연령을 최우선으로 고려하여 준비한다. 상징은 학생의 인지 및 생활연령을 고려하여 이해하기 쉽고 사용하기 쉬운 것이어야 한다.

⑤ 학생 개인의 의도 표현과 타인과의 상호작용 가능성 모두에 중점을 두어 계획한다. 지도 원칙 중 기능화의 원칙, 상호관계성의 원칙을 고려한다.
- 의사소통의 목적은 사회적 결과에 중점을 둔 화용론에 초점을 둔다. 즉, 다른 사람들과의 상호작용 맥락에서 자신의 의도와 생각을 효과적으로 전달하는 기능을 가르치는 것을 중요하게 고려한다(박은혜 외, 2019 : 314－315).
- 모든 의사소통은 2명 이상의 상호작용 안에서 이루어진다. 그러므로 의사소통 방법의 지도는 학생에게 말 또는 제스처를 따로 분리해서 가르치는 것이 아니라 상호작용을 둘러싼 사회적인 맥락 안에서 이루어져야 한다(박은혜 외, 2019 : 315).

06 2010 중등1-9

(정답) ③

해설

ㄷ. 보편적 학습설계는 건축 분야의 보편적 설계에서 유래한 개념으로, 학습에서의 몇몇 인지적 도전 요소들이 여전히 유지되어야 하고 필요한 만큼의 지원을 제공하는 것이다. 보편적 설계 그리고 보편적 학습설계 모두 접근과 참여의 수단 측면에서 사전에 추가적인 조정의 필요 없이 설계되어야 한다는 점에서는 공통적이다. 그러나 활용 측면에서 보편적 설계는 남의 도움 없이 본인 스스로가 사용 가능하도록 하지만, 보편적 학습설계는 학생들 스스로가 접근 수단을 조정하되, 교사는 학생들의 학습 진도를 점검하고 어떤 속성들을 활성화할 수도 있다. 이는 곧 교육과정 설계는 학습자에게 자기 충족적이며 교사는 학습자의 공부를 지도하고, 촉진하며 평가하는 데 있어 적극적일 수 있음을 의미한다. 그리고 도전의 측면은 일반적인 보편적 설계에서는 모든 장벽을 제거하여 가장 손쉽게 접근할 수 있도록 하는데 초점을 두고 있지만, 보편적 학습설계는 접근의 장벽은 제거하되 학습자의 분발을 위한 적절한 도전이 있도록 해야 한다는 차이가 있다(김남진 외, 2017 : 128－129).

Check Point

⊘ 보편적 설계와 보편적 학습설계의 차이

	보편적 설계	보편적 학습설계
접근과 참여의 수단	생산물과 환경은 부가적인 조정의 필요 없이 모든 사람들에 의하여 사용될 수 있게 한다.	교육과정은 교사에 의한 추가적인 조정의 필요 없이 모든 학습자들에 의해 활용 가능해야 한다.
활용	사용자들이 모든 접근을 통제하며 다른 사람들의 도움이 없거나 거의 필요하지 않다.	학습자들이 접근 수단을 통제하지만 교사들은 교수와 촉진, 학습자들의 학습에 대한 평가를 계속한다.
도전	• 만약 제거할 수 없다면 최소화한다. • 접근에 대한 장애는 가능한 한 많이 없어진다. • 가장 좋은 설계는 가장 쉽고 광범위한 접근을 제공한다.	• 몇몇 인지적인 도전들이 여전히 유지되어야 한다. • 접근에 대한 장애들은 없어져야 하지만 적합하고 적당한 도전은 유지되어야 한다. • 만약 접근이 너무 없다면, 학습은 더 이상 일어나지 않을 것이다.

출처 ▶ 김남진 외(2017 : 129)

07

2010 중등1-10

정답 ④

해설

ㄱ. 학습 효과를 높이기 위해서 반복적으로 연습을 할 수 있는 훈련·연습형으로 개발한다.: 행동주의 교수·학습이론

ㄹ. 애니메이션 등을 활용하여 반응에 따른 즉각적인 자극을 제공함으로써 학생이 올바른 반응을 형성할 수 있도록 한다.: 행동주의 교수·학습이론

Check Point

(1) 행동주의 교수·학습이론이 교수설계에 시사하는 점

① 행동목표를 명확하게 제시해야 한다.

② 외재적 동기를 강화해야 한다.

③ 수업내용은 쉬운 것에서부터 어려운 것으로 점진적으로 제시하고, 복잡하고 어려운 것은 단순한 것으로 세분화하여 제시해야 한다.

④ 수업목표에서 진술된 행동은 계속적으로 평가되어야 하며, 평가결과는 바람직한 행동을 유동할 때까지 지속적으로 피드백을 제공하여야 한다. 또한 평가를 위해서는 학습자에게 능동적 반응의 기회를 제공해야 한다.

(2) 인지주의 교수·학습이론이 교수설계에 시사하는 점

① 사고의 과정과 탐구 기능의 교육을 강조해야 한다.

② 학습자 스스로가 새로운 정보를 처리할 수 있도록 인지처리 전략을 가르쳐주거나 그것을 개발할 수 있는 교수방법이 모색되어야 한다.

③ 학습의 내재적 동기를 유발하기 위한 교수전략을 강조한다.

④ 학습자의 인지발달 수준에 맞춰 적절하게 학습내용을 조직하여 제시해야 한다.

⑤ 인지주의는 행동의 결과가 아닌 과정적 측면에 초점을 두는 만큼, 평가 대상 역시 기억력이 아닌 탐구력이어야 한다.

(3) 구성주의 교수·학습이론이 교수설계에 시사하는 점

① 수업목표는 학습 전에 수업설계자나 교사에 의해 미리 결정되는 것이 아니라, 학생이 과제를 해결하는 도중에 도출되며 학생 스스로 수립한다.

② 학습내용은 구조화되지 않은 자연적 상태로의 과제를 학습내용으로 하여, 학습자가 자신의 현 지식과 경험의 수준 및 관심에 따라 문제를 선택, 설정, 해결하도록 한다.

③ 협동학습을 통한 학습, 학습과정에의 적극적인 참여를 통해 학습자는 학습에 대한 흥미를 불러일으킬 수 있다.

④ 지식은 개인의 경험으로 구성되며 학습은 개인의 경험을 통해 이루어진다. 그러므로 지식은 교사에 의해 일방적으로 전달되는 것이 아니라 학습자가 능동적으로 구성하는 것이다. 따라서 교사는 학습자 개개인의 수준을 고려하여 그들 스스로에게 맞는 학습내용을 선정할 수 있도록 조언해 주는 조언자 혹은 조력자의 역할을 수행할 수 있어야 한다.

⑤ 수업평가는 최종적인 성취도 한 가지에만 국한되는 것이 아니라 과제의 수행과정에서 연속적으로 이루어지도록 해야 한다.

08 2010 중등1-28

정답 ②

해설

① 선화, 리버스 상징은 도구를 이용하는 상징체계에 해당한다. 비도구적 상징체계(또는 도구를 이용하지 않는 상징)란 어떠한 외부적 기기도 필요로 하지 않는 얼굴 표정, 손짓 기호, 일반적인 구어와 발성을 포함한다. 반면 도구적 상징체계(또는 도구를 이용하는 상징)는 어떤 형태의 외부 원조를 요구하는 것으로 실제 사물, 흑백의 선, 사진, 그림, 그림의사소통상징, 리버스 상징, 블리스 심벌 등이 있다.

② 리버스 상징은 선화에 해당한다. 따라서 사진과 비교했을 때 리버스 상징은 사진보다 추상적이므로 배우기가 더 어렵다.

③ 사진이 선화보다 사실적이고 구체적이다. 따라서 사진과 선화를 비교할 때 사진을 의사소통 초기 단계에서 활용하는 것이 바람직하다.

④ 선화가 블리스 상징보다 구체적이다.

⑤ 블리스 상징은 리버스 상징보다 도상성이 낮으므로 배우기가 더 어렵다.

Check Point

상징의 종류 및 특징

그림 의사소통 상징	• PCS 중 대표적인 것이 선화를 기반으로 해서 광범위하게 사용되고 있는 보드메이커(Boardmaker) 프로그램이다. • PCS와 리버스 상징은 명사, 동사, 수식어에 있어 다른 것보다 명료하다.
리버스 심벌	• 비장애 유아들의 읽기교육을 위해 개발된 것이 AAC 상징체계로 확장되었으며, 시각적으로나 명목상으로 낱말 또는 음절을 나타내는 그림이다. • 리버스 심벌은 픽 심벌(Picsyms)과 함께 상징체계의 투명도가 높고 블리스 심벌과 비교해도 투명도나 학습 용이도가 높다.
픽 심벌 (Picsyms)	• 초기에 언어장애 유아를 대상으로 개발되었다. • 픽 심벌은 PCS나 리버스 심벌보다 투명도나 학습 용이성 면에서 더 쉽다.
픽토그램 (PIC)	• 흑백 상징으로 구성되어 전경과 배경 구분의 어려움을 줄여준다. • 픽토그램 상징이 PCS와 리버스 상징보다는 반투명도가 낮지만, 블리스 심벌보다는 반투명도가 더 높다.
블리스 심벌	• 원래 의사소통 장애인을 위해 만든 것이 아니고 국제적인 문자 의사소통의 보조언어로 개발하였다. • 블리스 심벌은 투명도가 가장 낮고 배우기 어려우며 기억하기도 어렵다.

09 2010 중등1-40

정답 ④

해설

해당 문항과 연관된 웹 접근성 지침은 2004년 제정된 한국형 웹 콘텐츠 접근성 지침 1.0을 기준으로 한다. 한국형 웹 콘텐츠 접근성 지침 2.0은 2010년 그리고 한국형 웹 콘텐츠 접근성 지침 2.1은 2015년에 각각 개정되었다.

ㄱ. 콘텐츠를 구성하는 프레임의 수는 최소한으로 하며, 프레임을 사용할 경우에는 프레임별로 제목을 붙여야 한다.: 운용의 용이성 / 프레임의 사용 제한

ㄴ. 시간에 따라 변화하는 영상매체는 해당 콘텐츠와 동기되는 대체 매체를 제공해야 한다.: 인식의 용이성 / 영상매체의 인식

ㄷ. 키보드(또는 키보드 인터페이스)만으로도 웹 콘텐츠가 제공하는 모든 기능을 수행할 수 있어야 한다.: 운용의 용이성 / 키보드로만 운용 가능

ㄹ. 콘텐츠는 스크린의 깜빡거림을 피할 수 있도록 구성되어야 한다.: 운용의 용이성 / 깜빡거리는 객체 사용 제한
 • 웹에서 변화하는 문자(글자를 깜빡이게 하거나 흐리게 하는 것)의 사용은 적어야 한다.

ㅁ. 콘텐츠가 제공하는 모든 정보는 색상을 배제하더라도 인지할 수 있도록 구성되어야 한다.: 인식의 용이성 / 색상에 무관한 인식

Check Point

한국형 웹 콘텐츠 접근성 지침 1.0(KWCAG 1.0)

원칙	관련 지침
1. 인식의 용이성	1.1 텍스트 아닌 콘텐츠(non-text contents)의 인식 1.2 영상매체의 인식 1.3 색상에 무관한 인식
2. 운용의 용이성	2.1 이미지 맵 기법 사용 제한 2.2 프레임의 사용 제한 2.3 깜박거리는 객체 사용 제한 2.4 키보드로만 운용 가능 2.5 반복 내비게이션 링크 2.6 반응시간의 조절 가능
3. 이해의 용이성	3.1 데이터 테이블 구성 3.2 논리적 구성 3.3 온라인 서식 구성
4. 기술적 진보성	4.1 신기술의 사용 4.2 별도 웹사이트 제공

10

2010 중등2A-2

모범답안 개요

1) 다음 중 각각 택 3

장점	• 맥락적 학습기회 제공 • 학습의 장려 • 학습활동에 활발한 참여 • 지식의 사회적 구성 • 지식의 전이
단점	• 교사와 학생들의 역할 변화에 따른 교사의 거부감 • 수업 단원 개발에 필요한 시간이 많이 소요 • 장애학생의 접근성이 보장된 자료 부족 • 집단아동들과 개별아동의 수행평가를 위한 전략 부족

2) 다음 중 각각 택 3

시각	• 앵커 시청: 망원경 • 자료 조사: 확대경, 데이지플레이어, 확대독서기(CCTV), 광학문자인식시스템(OCR) • 토론: 점자정보단말기
청각	• 앵커 시청: 자막 프로그램 • 자료 조사: 음성-문자 변환 시스템 • 토론: 보청기, FM 시스템 • 의사소통: 촉각진동장치, FM 시스템

11

2011 초등1-2

정답 ②

해설

ㄴ. 리버스 상징이 블리스 상징보다 이해하기가 더 쉽다. 블리스 상징은 투명도가 가장 낮고 배우기가 어려우며 기억하기도 어렵다.

ㅁ. • 뇌성마비 경직형 아동의 경우 독립 보행에 어려움이 있을 수는 있으나, 모든 아동이 독립 보행을 할 수 없는 것은 아니다.
• 전동 휠체어의 사용 시기와 관련해서는 합의된 바가 없다. 즉, 가능하면 조기에 사용법을 지도함으로써 이동권을 보장할 수 있도록 해야 한다는 주장이 있는가하면 인지적 요소, 위험요소 등을 고려했을 때 어린 나이에 전동 휠체어 조작법을 배우는 것은 다소 위험할 수 있다는 주장이 공존한다.

Check Point

(1) 리버스 심벌과 블리스 심벌

리버스 심벌	북미 지역에서 비장애 유아들의 읽기교육을 위해 개발된 것이 AAC 상징체계로 확장되었으며, 시각적으로나 명목상으로 낱말 또는 음절을 나타내는 그림이다. 리버스 심벌은 픽 심벌(Picsyms)과 함께 상징체계의 투명도가 높고 블리스 심벌과 비교해도 투명도나 학습 용이도가 높다.
블리스 심벌	원래 의사소통 장애인을 위해 만든 것이 아니라 국제적인 문자 의사소통의 보조언어로 개발하였다. 약 100개의 기본적인 상징을 독자적으로 사용하거나 다른 상징과 결합하여 사용할 수 있고, 최근에는 3,000개 이상의 상징들로 확장되었다. 블리스 심벌은 음성에 기초를 두지 않고 의미에 기초를 둔 체계이므로 그림보다 조직적이고 글자보다 간편하여 읽기 능력이 꼭 필요하지는 않다. 사용자가 간단하고 구체적인 사물을 확인하고 요구할 수 있을 뿐만 아니라 생각하고 질문하여 의사표현을 할 수 있어 국제적으로 많은 지체장애인이 사용하게 되었다. 상징을 결합하는 원리를 따르고 전략을 활용하면 의사소통판에 없는 생각을 표현할 수 있고, 읽기와 쓰기를 포함한 다른 기법과 함께 사용할 수 있기 때문에 여전히 AAC 분야에서 널리 사용되고 있다. 그러나 블리스 심벌은 투명도가 가장 낮고 배우기 어려우며 기억하기도 어렵다.

(2) 지체장애 아동을 위한 식사 방법 및 도구의 수정

① 스스로 식사하기를 시도조차 하지 않는 아동은 손을 이용하여 음식을 먹는 행동을 지도한다. 손으로 먹기를 지도하는 것은 식사도구를 바르게 사용하기 위한 전 단계이며, 반드시 적절한 시기에 도구 사용 방법을 중재해야 한다.

② 컵 사용과 관련한 중재 방법은 다음과 같다.
㉠ 컵을 사용하여 음료 마시기를 지도할 때는 컵의 가장자리를 아동의 아랫입술에 놓아서 깨무는 자극을 줄인다. 음료가 입 안으로 잘 들어가도록 충분히 기울이되, 아동의 윗입술이 음료에 닿을 수 있도록 한다.
㉡ 컵 안의 음료가 보이도록 컵 윗부분을 잘라낸 컵은 목이 뒤로 젖혀지는 것을 막아 주고 음료가 코에 닿지 않게 한다.
㉢ 컵을 사용하여 음료 마시기를 지도할 때 유의해야 할 사항을 추가적으로 살펴보면 다음과 같다.
• 처음에는 물이나 맑은 음료보다는 걸쭉한 상태의 음료를 이용하여 지도한다. 이후 보통의 음료 농도에 가깝게 조금씩 묽게 한다.
• 처음에는 컵을 아동의 얼굴에 가까이 접근시킨 후 숟가락을 사용하여 음료를 떠서 먹게 한다. 이것이 습관화된 후 숟가락으로 음료를 입에 넣을 때 동시에 컵이 입술에 닿게 지도한다.

㉣ 위의 과정이 익숙해지면 컵에 입을 대고 천천히 마시게 한다.
- 컵에 음료를 조금만 담아준 뒤 컵을 쥐는 방법을 가르친다.
- 음료를 마시기 위해 고개를 들었을 때 몸의 균형을 잃는 아동의 경우에는 컵의 윗부분이 대각선으로 잘라진 형태의 컵을 사용한다.

③ 숟가락 사용과 관련한 중재 방법은 다음과 같다.
㉠ 숟가락을 사용하기 위해서는 식사행동에 대한 정확한 과제 분석이 필요하다. 과제 분석 단계에 따라 수정된 식사도구를 이용하면 좀 더 쉽게 지도할 수 있다.
㉡ 입 부위의 감각이 예민하거나 강직성 씹기반사를 가진 아동의 경우 금속 재질의 숟가락은 적당하지 않다. 자극을 최소화하기 위해서는 플라스틱이나 실리콘 소재가 좋다. 그러나 부러지기 쉬운 일회용 플라스틱 숟가락은 적절하지 않다.

(3) 수동 휠체어와 전동 휠체어의 선택

① 전동 휠체어는 전동을 이용하므로 학생이 힘을 들이지 않고 자유롭게 이동할 수 있다는 게 가장 큰 이점이다. 따라서 중증장애 학생에게 이동의 편의를 제공할 수 있다.

② 반면 아동 특히 취학 전 아동에게 전동 휠체어의 사용을 권장할 것인지에 대해서는 의견이 엇갈리고 있다. 예를 들어 구본권(2007)은 전동 휠체어는 그 무게와 속도로 인해 특별한 훈련이 필요한 만큼 아동에게는 권고하지 않는다는 입장인 데 반해, Angelo(1997)는 18개월 정도의 유아는 전동 휠체어를 이해하고 사용할 수 있는 능력이 있는 만큼 이동기기를 안전하고 독립적으로 조종할 수 있을 때까지 감독이 필요하기는 하지만 이후에는 전동 휠체어의 사용을 권장해야 하며 이를 통해 많은 이점을 얻을 수 있음을 강조한다.

③ 연령에 따른 전동 휠체어의 사용 여부와는 달리 우리나라의 경우 전동 휠체어는 턱이나 계단이 많은 도시 건축구조나 전통적인 주택 양식으로 인해 사용하기가 불편하기 때문에 일부 전문가들 사이에서는 이의 사용을 만류하고 있다(김남진 외, 2017 : 320).

12

2011 중등1-3

(정답) ⑤

해설

지문 톺 보기

내용	관련 법률
ㄴ. 일반학교의 장은 특수교육대상자를 배치받은 경우 학습보조기기의 지원을 포함한 통합교육계획을 수립 · 시행하여야 한다.	법 제21조 제2항
ㄷ. 각급학교의 장은 학교에서 제공하는 각종 정보를 특수교육대상자에게 제공하는 경우 특수교육대상자의 장애유형에 적합한 방식으로 제공하여야 한다.	법 제28조 제8항
ㄹ. 특수교육대상자에게 보조공학기기지원, 학습보조기기지원, 통학지원 및 정보접근지원이 필요한 경우 개별화교육계획에 그 내용과 방법이 포함되어야 한다.	• 법 제2조 제2호 • 시행규칙 제4조 제3항

ㄱ. • 각급학교의 장은 특수교육대상자의 교육을 위하여 필요한 장애인용 각종 교구, 각종 학습보조기, 보조공학기기 등의 설비를 제공하여야 한다(장애인 등에 대한 특수교육법 제28조 제4항).
- 교육감은 법 제28조 제4항에 따라 각급학교의 장이 각종 교구 · 학습보조기 · 보조공학기기를 제공할 수 있도록 특수교육지원센터에 필요한 기구를 갖추어 두어야 한다(장애인 등에 대한 특수교육법 시행령 제26조).
- 대학의 장은 대학의 장애학생 지원을 위한 계획, 심사청구 사건에 대한 심사 · 결정, 그 밖에 장애학생 지원을 위하여 대통령령으로 정하는 사항을 심의 · 결정하기 위하여 특별지원위원회를 설치 · 운영하여야 한다(장애인 등에 대한 특수교육법 제29조 제1항).

Check Point

(1) 장애인 등에 대한 특수교육법 제21조

제21조(통합교육)
① 각급학교의 장은 교육에 관한 각종 시책을 시행함에 있어서 통합교육의 이념을 실현하기 위하여 노력하여야 한다.
② 제17조에 따라 특수교육대상자를 배치받은 일반학교의 장은 교육과정의 조정, 보조인력의 지원, 학습보조기기의 지원, 교원연수 등을 포함한 통합교육계획을 수립·시행하여야 한다.
③ 일반학교의 장은 제2항에 따라 통합교육을 실시하는 경우에는 제27조의 기준에 따라 특수학급을 설치·운영하고, 대통령령으로 정하는 시설·설비 및 교재·교구를 갖추어야 한다.

(2) 장애인 등에 대한 특수교육법 제28조

제28조(특수교육 관련서비스)
① 교육감은 특수교육대상자와 그 가족에 대하여 가족상담, 부모교육 등 가족지원을 제공하여야 한다.
② 교육감은 특수교육대상자가 필요로 하는 경우에는 물리치료, 작업치료 등 치료지원을 제공하여야 한다.
③ 각급학교의 장은 특수교육대상자를 위하여 보조인력을 제공하여야 한다.
④ 각급학교의 장은 특수교육대상자의 교육을 위하여 필요한 장애인용 각종 교구, 각종 학습보조기, 보조공학기기 등의 설비를 제공하여야 한다.
⑤ 각급학교의 장은 특수교육대상자의 취학 편의를 위하여 통학차량 지원, 통학비 지원, 통학 보조인력의 지원 등 통학 지원 대책을 마련하여야 한다.
⑥ 각급학교의 장은 특수교육대상자의 생활지도 및 보호를 위하여 기숙사를 설치·운영할 수 있다. 기숙사를 설치·운영하는 특수학교에는 특수교육대상자의 생활지도 및 보호를 위하여 교육부령으로 정하는 자격이 있는 생활지도원을 두는 외에 간호사 또는 간호조무사를 두어야 한다.
⑦ 제6항의 생활지도원과 간호사 또는 간호조무사의 배치기준은 국립학교의 경우 교육부령으로, 공립 및 사립 학교의 경우에는 시·도 교육규칙으로 각각 정한다.
⑧ 각급학교의 장은 각급학교에서 제공하는 각종 정보(교육기관에서 운영하는 인터넷 홈페이지를 포함한다)를 특수교육대상자에게 제공하는 경우 특수교육대상자의 장애유형에 적합한 방식으로 제공하여야 한다.
⑨ 제1항부터 제8항까지의 규정에 따른 특수교육 관련서비스의 제공을 위하여 필요한 사항은 대통령령으로 정한다.

(3) 장애인 등에 대한 특수교육법 제29조

제29조(특별지원위원회)
① 대학의 장은 다음 각 호의 사항을 심의·결정하기 위하여 특별지원위원회를 설치·운영하여야 한다.
1. 대학의 장애학생 지원을 위한 계획
2. 심사청구 사건에 대한 심사·결정
3. 그 밖에 장애학생 지원을 위하여 대통령령으로 정하는 사항
② 특별지원위원회의 설치·운영 등에 관하여 필요한 사항은 대통령령으로 정한다.

(4) 장애인 등에 대한 특수교육법 시행령 제26조, 제27조

제26조(각종 교구 및 학습보조기 등 지원)
교육감은 법 제28조 제4항에 따라 각급학교의 장이 각종 교구·학습보조기·보조공학기기를 제공할 수 있도록 특수교육지원센터에 필요한 기구를 갖추어 두어야 한다.
제27조(통학 지원)
① 교육감은 각급학교의 장이 법 제28조 제5항에 따른 통학지원을 원활하게 할 수 있도록 통학차량을 각급학교에 제공하거나 통학 지원이 필요한 특수교육대상자 및 보호자에게 통학비를 지급하여야 한다.
② 각급학교의 장은 특수교육대상자가 현장체험학습, 수련회 등 학교밖 활동에 참여할 수 있도록 조치를 취하여야 한다.

(5) 장애인 등에 대한 특수교육법 시행령 제30조

제30조(특별지원위원회의 설치·운영)
① 대학의 장은 그 대학에 장애학생이 10명 이상 재학하는 경우에는 법 제29조에 따른 특별지원위원회(이하 "특별지원위원회"라 한다)를 설치·운영하여야 한다.
② 장애학생이 10명 미만인 대학의 장은 법 제30조 제2항에 따른 장애학생 지원부서 또는 전담직원이 법 제29조 제1항 제1호 및 제3호에 관한 특별지원위원회의 기능을 수행할 수 있도록 할 수 있다.
③ 특별지원위원회의 위원 자격, 구성 및 회의 개최 시기 등은 해당 대학의 장이 정한다.

주) 법률 제18637호, 대통령령 제32722호의 내용임

PART 08

13

2011 중등1-13

정답 ④

해설

(가) 음성산출도구의 터치스크린을 이용해서 자신이 원하는 상징을 정확하게 지적할 수 있는지 평가하는 것은 AAC 사용자의 능력을 파악하는 것이므로 접근장벽 평가에 해당하는 설명이다.

(다) 특별한 장소나 사람, 취미와 관련된 어휘는 부수어휘에 해당한다.

Check Point

(1) 기회장벽과 접근장벽

기회 장벽	정책	• AAC 사용자의 상황을 좌우하는 법률이나 규정을 말한다. • 학교, 직장, 거주시설, 병원, 재활센터, 요양소 등에는 주로 그 시설의 관리 규약을 담은 문서에 관련 정책이 요약되어 있으나 AAC 관련 내용 언급이 없다.
	실제	• 가정, 학교 또는 직장에서 이루어지고 있는 일반적인 절차나 관습을 말한다. • 가정, 학교, 직장에서 실제 정책이 아닌데도 일상적으로 된 장벽, 예를 들면, 많은 학교가 교육청의 기금으로 마련한 AAC 도구를 학교 안에서만 사용하도록 제한하고 있는데, 이는 교육청의 공식적인 정책이 아니다.
	기술	• 도움을 제공하는 사람들이 AAC 기법이나 전략을 사용하는 기술이 부족하여 실제로 이행하는 데 어려움이 발생한다. • AAC 기술이나 전략에 대한 실제적인 적용 방법을 몰라서 어려움을 겪는다. • AAC 중재 계획을 책임지고 있는 개인들이 기술수준을 진단하는 것도 중요하다.
	지식	AAC 중재 옵션, 테크놀로지, 교수전략 등 AAC 사용에 대한 정보 부족
	태도	• 개인의 태도와 신념이 참여의 장벽이 된다. • AAC 팀원의 부정적이고 제한적인 태도들은 참여의 범위를 제한시킨다. • 장애 학생에 대한 기대치를 낮추게 되고 이것은 기회에 대한 참여를 제한시킨다.
접근 장벽	• 사회나 지원체계의 제한이 아닌 AAC 사용자의 능력, 태도 및 지원의 제한, 개인의 잠재적인 능력의 제한을 포함한다. • 접근 장벽의 부족은 이동성 부족, 사물 조작과 관리의 어려움, 인지적 기능과 의사결정의 문제, 읽고 쓰기의 결함, 감각-지각적 손상(즉, 시각장애나 청각장애) 등과도 관련될 수 있다. • 개인의 현재 의사소통, 말 사용 또는 말 사용 능력 증가의 잠재성, 환경 조정의 잠재성 등을 모두 평가해야 한다.	

(2) 핵심어휘와 부수어휘

① 핵심어휘

㉠ 핵심어휘는 여러 사람들에 의해 자주 사용되는 낱말과 메시지를 말한다.

㉡ AAC 팀은 특정인을 위한 핵심어휘 파악을 위해 주로 다음과 같은 세 가지 자료를 활용해 왔다.

- AAC 체계를 통해 성공적으로 의사소통하는 사람들의 어휘 사용 패턴에 기초한 낱말 목록 · 특정인의 어휘 사용 패턴에 기초한 낱말 목록
- 유사한 상황에서 일반인이 사용하는 말과 글 수행에 기초한 낱말 목록

② 부수어휘

㉠ 개인이 필요로 하는 구체적인 낱말과 메시지들을 부수어휘라고 한다. 사람, 장소, 활동 등의 구체적인 이름과 선호하는 표현들을 예로 들 수 있다.

- 부수어휘의 한 유형은 AAC 의존자의 취미와 관련이 있다.

㉡ AAC 체계에 포함된 어휘의 개별화와 핵심어휘 목록에 나타나지 않는 아이디어 및 메시지의 표현을 가능하게 한다.

㉢ 부수어휘 항목은 그 속성상 AAC 의존자 자신이나 이들과 이들의 의사소통 상황을 잘 알고 있는 정보제공자들에 의해 추천되어야 할 것이다. 물론 가장 중요한 정보 제공자는 AAC 체계에 의존할 본인 자신이다.

출처 ▶ Beukelman et al.(2017 : 61-64)

14 2011 중등1-22

(정답) ④

해설

ㄴ. 교실에서 휠체어를 탄 장애학생이 지나갈 수 있도록 책상 사이의 간격을 넓혀 주는 것은 무공학(no-technology)의 적용이라고 할 수 있다.

ㄷ. 하이니크(Heinich), 몰렌다(Molenda), Russell(러셀), 스말디노(Smaldino)는 공학을 하드 테크놀로지와 소프트 테크놀로지로 구분하여 설명하였다. 하드 테크놀로지란 컴퓨터나 TV 등 하드웨어를 의미하고, 소프트 테크놀로지는 학습의 심리사회적 틀이 되는 교수학습 기법을 말한다. 소프트 테크놀로지를 다른 말로 하면 '과정(process)'이나 '문제에 대해 생각하는 방식'을 의미하며, '과정 테크놀로지'라고도 부른다. 이 소프트 테크놀로지 또는 과정 테크놀로지가 교육공학의 핵심이라 할 수 있다(백영균 외, 2010 : 26-27).

ㄹ. Blackhurst가 제안한 보조공학의 연속성에 대한 설명이다.

Check Point

⊘ 보조공학의 연속성

① 보조공학은 기기에 적용된 기술력의 정도에 따라 하이테크놀로지－미드테크놀로지－로우테크놀로지로 구분할 수 있으며, 여기에 체계적인 교수의 제공과 관련 서비스를 제공하는 노테크놀로지에 이르기까지 연속적으로 구성되어 있다.

② Blackhurst(1997)가 제안한 보조공학의 연속적 구성을 살펴보면 다음과 같다.

하이테크놀로지 (high-technology)	• 컴퓨터, 상호작용 멀티미디어 시스템 등의 정교한 장치 • 일반적으로 전자적이며 전력 장치가 연결되어 있는 경우도 있다. • 화면 확대기, 전동 휠체어, 텍스트 변환 음성산출도구 등이 이에 속한다.
미드테크놀로지 (medium-technology, light technology)	• 비디오 장치, 휠체어 등의 덜 복잡한 전기장치 혹은 기계장치 • 사용하려면 훈련이 약간 필요할 수도 있다. • 단일 메시지나 몇 가지 복잡한 메시지를 녹음하여 사용할 수 있는 음성산출도구, 스위치, 변형 장난감 등이 이에 속한다.
로우테크놀로지 (low-technology)	• 적은 비용으로 구입·변형하여 사용할 수 있는 비전자적 도구 • 의사소통판이나 하루 스케줄판, 변형 숟가락 등이 이에 속한다.
노테크놀로지 (no-technology)	• 어떤 공학적 도구도 사용하지 않으면서 장애인의 기능적 역량을 증진해 주는 것 • 그림 상징이 배열된 의사소통 책이나 의사소통 앨범, 의사소통 지갑 등이 이에 속한다.

15 2011 중등1-36

(정답) ①

해설

⑤ 단어 예측 프로그램(또는 단어 예견 프로그램, word prediction program)이란 사용자가 화면상에 나타난 단어 목록에서 원하는 단어를 선택하여 문장을 완성할 수 있게 하는 프로그램으로, 일반적으로 워드프로세서 프로그램에서 많이 채용하고 있다. 이와 같은 단어 예측 프로그램은 인터넷 웹 브라우저에서도 확인할 수 있는데, 인터넷 주소를 쓰는 부분에 웹 사이트 주소를 쓸 경우, 예전에 입력한 주소인 경우는 첫 자만 입력하면 그와 유사한 사이트 주소를 보여 준다. 뿐만 아니라 각 포털 사이트(portal site)에서 제공하고 있는 검색어 서제스트(search word suggest) 기능 역시 이에 해당한다(김남진 외, 2017 : 330－331).

Check Point

(1) 고정키

① 고정키는 운동 조절 능력이 부족한 장애인이 컴퓨터의 명령키와 같은 특수키를 이용할수 있게 해주는 방식이다.

② <Ctrl +Alt +Del>와 같이 일반적으로 동시에 눌러야 하는 기능키를 실험시킬 때 순차적으로 키를 눌러도 작동하도록 해줌으로써, 같은 바로가기 키를 한 번에 입력하도록 해줌으로써, 한 손만 사용할 수 있는 장애인이 멀티키 기능을 수행할 수 있게 한다.

(2) 필터키

탄력키	• 빠른 속도로 계속해서 두 번 누르는 것, 즉 실수로 키를 여러 번 눌렀을 경우 일정 시간이 지나기 전에는 반복해서 누른 키를 수용하지 않는다. • 만약 평상시와 같은 시간적 간격을 두고 같은 키를 두 번 누른다면, 탄력키는 입력을 받아들인다. • 발작 증세를 보이는 사람과 파킨스병이 있는 사람을 포함한 손떨림이 있는 이들이 보다 수월하게 키보드를 조작할 수 있도록 지원한다.

느린키	• 신중히 그리고 보다 강한 압력에 의해 자판을 누르는 경우에 한해 컴퓨터가 이를 인식하고 실행하도록 한다. • 느린키는 자판을 사용자가 제한한 시간 제한에 따라 짧게(가볍게) 누른 키를 무시하는데, 사용자가 의도하지 않은 것으로 우연히 자판을 친 것으로 가정한다. • 사지마비 혹은 발작을 일으키는 이들은 물론 뇌성마비 장애를 가진 이들에게 그들이 누르고자 하는 바를 정확하게 할 수 있도록 한다.

(3) 토글키

토글키는 <Caps Lock>, <Num Lock> 또는 <Scroll Lock> 키를 누를 때 청각적 신호를 제공함으로써 컴퓨터에 대한 시각장애인의 접근성을 향상시킨다.

(4) 시각장애 아동을 위한 보조공학기기

음성합성 장치	• 문자, 숫자, 구두점 형태의 텍스트 정보를 음성으로 들려주는 기기(하드웨어) • 음성합성장치에 있어 중요한 요소: 사운드 카드와 스피커 등
스크린 리더	• 음성합성장치와 연계하여 제어 버튼, 메뉴, 텍스트, 구두점 등 화면의 모든 것을 음성으로 표현해 주는 소프트웨어(= 화면 읽기 프로그램) • 화면을 검색한 후 정보를 변환하여 음성합성장치를 통해 소리가 나오게 하는 소프트웨어 프로그램
화면 확대 시스템	• 저시력인을 위해 문자를 크게 해 주는 하드웨어와 소프트웨어 • 하드웨어: 화면 확대기 / 소프트웨어: 줌 텍스트, 돋보기, 매직 등
점자정보 단말기	점자용지 위에 점자판이나 아연판을 덧대거나 점자 프린터기 등을 이용해 양각에 의한 전통적 입력 방식이 아닌 6점 또는 8점의 점자 키보드를 이용한 입력과 점자 표시장치 또는 음성을 통한 출력이 이루어지도록 고안된 컴퓨터 시스템이 내장된 휴대용 정보통신 장비
확대 독서기	• 저시력인들의 읽기와 쓰기에 활용되는 공학기기 • 장시간 읽기 활동에 가장 많이 활용됨.

16

2011 중등1-40

정답 ②

해설

제시문의 '전략적 시스템'을 단서로 보편적 학습설계의 원리 중 다양한 방식의 행동과 표현 수단 제공임을 알 수 있다. 표상 수단은 교사가 제공하는 것이며 행동과 표현 수단은 학생들의 다양한 방식을 허용해 주는 입장이다. 다양한 방식의 행동과 표현 수단 제공 원리는 지필고사 방식의 천편일률적인 학업 성취도 및 평가 방식에서 벗어나 학생들의 다양한 행동과 표현 방식을 수용하는 평가가 이루어져야 한다는 근거를 제공한다.

ㄱ. 다양한 방식의 표상 수단 제공
ㄴ. 다양한 방식의 행동과 표현 수단 제공 원리 중 신체적 표현 방식에 따른 다양한 선택 제공 지침과 관련된다.
ㄷ. 다양한 방식의 참여 수단 제공
ㄹ. 다양한 방식의 행동과 표현 수단 제공 원리 중 표현과 의사소통을 위한 다양한 선택 제공 지침과 관련된다.
ㅁ. 다양한 방식의 표상 수단 제공

Check Point

(1) 뇌의 신경 네트워크

인지적 네트워크	• 정보 수집 기능을 담당하며 학습에 있어 무엇(what)을 배우는가와 관련 • 뇌의 뒷부분에 위치해 있는 두정엽, 후두엽, 측두엽으로 시각·청각·미각·촉각적인 것을 구분하고 형태를 해석할 수 있도록 함.
전략적 네트워크	• 수집된 정보를 조직화하고 생각을 표현하고 실제 수행하는 기능을 담당하며, 학습에 있어서는 어떻게(how) 학습하는가 혹은 어떻게 문제를 해결하는가와 관련 • 뇌의 중심구 앞부분인 전두엽을 지칭하며, 전두엽은 주의, 계획, 사고 기능을 담당
정서적 네트워크	• 학습에 대한 동기와 관심에 따른 차이를 설명해 주는 것으로 왜(why) 배우는가와 관련 • 주로 뇌의 중심에 위치해 있으며 정서적 반응을 탐지하고 이를 표현하는 데 관여하는 변연계와 관련

(2) 뇌의 신경 네트워크와 보편적 학습설계의 원리

네트워크	UDL 원리	교육 방법
인지적 네트워크	표상	• 다양한 사례 제공 • 핵심적인 특징 강조 • 다양한 매체와 형태로 제공 • 배경 맥락 제공

전략적 네트워크	행동과 표현	• 융통성 있고 고도로 숙련된 수행모델 제공 • 지원과 함께 연습 기회 제공 • 지속적이고 적절한 피드백 제공 • 기능을 시범 보일 수 있는 융통성 있는 기회 제공
정서적 네트워크	참여	• 내용과 도구에 관한 선택권 제공 • 조절 가능한 도전 수준 제공 • 보상에 관한 선택권 제공 • 학습 맥락에 관한 선택권 제공

17

2012 초등1-3

정답 ③

해설

다양한 방식의 표상 수단 제공은 교사의 입장에서 다양한 방식으로 정보를 제시하는 것이다.

ㄱ. 다양한 방식의 표상 수단 제공 / 이해를 돕기 위한 다양한 선택 제공

ㄴ. 다양한 방식의 행동과 표현 수단 제공

ㄷ. 다양한 방식의 표상 수단 제공 / 이해를 돕기 위한 다양한 선택 제공

ㄹ. 다양한 방식의 참여 수단 제공

ㅁ. 다양한 방식의 표상 수단 제공 / 인지 방법의 다양한 선택 제공

18

2012 중등1-4

정답 ④

해설

(가) AAC 도구가 어떤 활동에 필요한 어휘를 저장할 만큼 충분한 용량을 갖고 잇지 않을 때 발생할 수 있다.: 개인의 능력이나 의사소통 체계의 제한으로 인해 주로 나타나는 장벽을 의미하는 접근장벽에 해당한다.

(나) 기회장벽은 복합적인 의사소통 요구를 지닌 당사자를 제외한 다른 사람에 의해 강제되는 장벽이며, 기회장벽 중 지식 장벽은 AAC 중재 옵션, 테크놀로지, 교수전략 등 AAC 사용에 대한 정보 부족을 의미한다.

19

2012 중등1-20

정답 ①

해설

웹 접근성 지침의 기준이 명확히 제시되어 있지 않다. 2004년 12월 제정된 한국형 웹 콘텐츠 접근성 지침 1.0에 근거하여 관련 내용이 포함된 항목을 살펴보면 다음과 같다.

ㄱ. (반복 내비게이션 링크) 웹 콘텐츠는 반복적인 내비게이션 링크를 뛰어넘어 페이지의 핵심 부분으로 직접 이동할 수 있도록 구성하여야 한다.

ㄴ. 요약 정보가 아닌 동등한 정보를 제공해야 한다.
- (텍스트 아닌 콘텐츠(non-text contents)의 인식) 텍스트 아닌 콘텐츠 중에서 글로 표현될 수 있는 모든 콘텐츠는 해당 콘텐츠가 가지는 의미나 기능을 동일하게 갖추고 있는 텍스트로도 표시되어야 한다.

ㄷ. 주변 상황에 관계없이 링크 텍스트를 제공하는 것이 아니라 URL에 대한 정보에 이어 링크 텍스트를 제공하는 것이 바람직하다.

ㄹ. (색상에 무관한 인식) 콘텐츠가 제공하는 모든 정보는 색상을 배제하더라도 인지할 수 있도록 구성되어야 한다.

ㅁ. 왼쪽에서 오른쪽으로 이동할 수 있도록 하는 것이 논리적이다.
- (온라인 서식 구성) 온라인 서식을 포함하는 콘텐츠는 서식 작성에 필요한 정보, 서식 구성 요소, 필요한 기능, 작성 후 제출 과정 등 서식과 관련한 모든 정보를 제공해야 한다. 탭(tab)키를 이용하여 서식 제어 요소 간을 이동할 경우에 그 순서가 왼쪽 위에서 오른쪽 아래 부분으로 순차적인 이동이 가능하여야 한다.

Check Point

✓ 한국형 웹 콘텐츠 접근성 지침 2.1의 원리

① 인식의 용이성: 사용자가 장애 유무 등에 관계없이 웹사이트에서 제공하는 모든 콘텐츠를 동등하게 인식할 수 있도록 콘텐츠를 제공하는 것
- 인식의 용이성은 대체 텍스트, 멀티미디어 대체 수단, 명료성 등의 3가지 지침으로 구성되어 있다.

② 운용의 용이성: 사용자가 장애 유무 등에 관계없이 웹사이트에서 제공하는 모든 기능들을 운용할 수 있게 제공하는 것
- 운용의 용이성은 입력장치 접근성, 충분한 시간 제공, 광과민성 발작 예방, 쉬운 내비게이션 등의 4가지 지침으로 구성되어 있다.

③ 이해의 용이성: 사용자가 장애 유무 등에 관계없이 웹 사이트에서 제공하는 콘텐츠를 이해할 수 있도록 제공하는 것
  - 이해의 용이성은 가독성, 예측 가능성, 콘텐츠의 논리성, 입력 도움 등의 4가지 지침으로 구성되어 있다.

④ 견고성: 사용자가 기술에 관계없이 웹 사이트에서 제공하는 콘텐츠를 이용할 수 있도록 제공하는 것
  - 견고성은 문법 준수, 웹 애플리케이션 접근성 등의 2가지 지침으로 구성되어 있다.

20

2012 중등1-40

정답 ④

해설

지문 톺보기

- 이 문항은 보조공학 서비스 전달체계를 적용하는 과정에 인간 활동 보조공학 모델(HAAT 모델)을 활용하는 경우를 예로 제시한 것이다.
- (가) 단계에서는 초기평가, (나) 단계에서는 장기 사후지도가 이루어진다.

ㄴ. 손의 움직임 곤란으로 타이핑이 어려운 장애학생에게 소근육 운동을 시켜서 타이핑을 할 수 있도록 하는 것은 재활 모델에 대한 설명이다.
  - 손의 움직임 곤란으로 타이핑이 어려운 장애학생에게 관련 보조공학기기를 지원하여 타이핑을 할 수 있도록 하는 것을 적절한 보조공학 활용 사례로 제시할 수 있다.

ㄹ. (가) 단계에서 사용자의 감각, 신체, 인지, 언어 능력을 평가하는 것은 기술평가를 의미한다.

Check Point

(1) 보조공학 전달체계

의뢰 및 접수	• 이용자 혹은 이용자의 보호자는 보조공학 중재의 필요성을 파악하게 되고, 의뢰를 위해 해당 분야의 보조공학 전문가에게 도움을 요청한다. • 서비스 제공자는 기본적인 정보를 수집하고 자신이 제공하는 서비스 유형과 파악된 소비자의 요구 간에 대응이 있을지를 판단한다. • 요구사항 및 비용 등 서비스 지원이 가능하다고 판단되면 다음 단계인 초기 평가가 시작된다.
초기 평가	• 이용자의 보조공학에 대한 요구사항을 좀 더 구체화하는 욕구파악에서부터 시작된다. • 이용자의 욕구사항을 철저히 파악한 이후 그의 감각적·신체적·중추적 처리기술도 파악된다. 뿐만 아니라 이용자의 욕구와 이에 부합하는 공학기기가 파악되고 이에 대한 시험적인 평가도 이루어진다.
추천 및 보고서 작성	• 초기 평가의 결과를 요약하고 관계자들 간의 합의를 기초로 보조공학기기에 대한 추천이 이루어진다. • 이상의 내용들은 다시 서면화된 보고서로 요약되는데, 이는 보조공학기기 및 서비스를 구매하는 데 필요한 기금 마련의 타당성을 확보하는 데 이용된다.
실행	• 추천된 기기가 주문되거나 개조 혹은 제작된다. 또한 이용자가 사용할 수 있도록 기기가 설치되거나 전달된다. • 기기의 기본 조작법에 관한 기본적인 훈련과 효과적인 사용 방법에 대한 지속적인 훈련도 이 단계에서 이루어진다.
단기 사후지도	• 단기 사후지도는 시스템이 전체적으로 효율성 있게 기능하는지를 파악해야 될 필요성에 의해 실시된다. • 따라서 이용자의 시스템 만족도, 설정된 목표의 충족 여부 등을 파악하게 된다.
장기 사후지도	• 장기 사후지도 단계는 일종의 서비스 순환고리로 연결함으로써 추가적인 보조공학서비스의 필요성이 시사될 때마다 이용자와의 정규적인 상호작용이 이루어질 수 있는 장치를 마련하는 것이다. 이를 통해 이용자는 필요할 때마다 다시 처음의 의뢰 및 접수 단계로 환류하게 되며, 이후의 과정이 전체적으로든 부분적으로든 반복되게 된다. • 서비스 전달과정에 이와 같은 장기 사후지도 단계를 둠으로써 이용자의 요구가 평생에 걸쳐 고려되는 것이 확실하게 가능해진다.

(2) 인간 활동 보조공학 모델

① 기본적으로는 인간수행 모델을 기반으로 하되, 인간 활동에 영향을 미치는 두 가지 측면, 즉 환경적 요인에 물리적 상황뿐 아니라 사회·문화적 측면을 포함시켰으며, 다른 하나는 다른 변인들과 보조공학이 구체적으로 관계한다는 것을 포함시켰다.

② 모델을 구성하고 있는 인간, 활동, 보조공학, 맥락의 네 가지 요소는 다음과 같은 각각의 하위요소를 포함한다.

인간(human)	신체적, 인지적, 정서적, 숙련정도 관련 요소
활동(activity)	자기보호, 노동, 학업, 여가 등과 같은 실천적 측면
보조공학(assistive technology)	공학적 인터페이스, 수행 결과, 환경적 인터페이스 등의 외재적 가능성
맥락	물리적, 사회적, 문화적, 제도적 요소

③ HAAT 모델은 보조공학 전문가들이 각각의 변수들이 역동적이고 복잡한 상호작용을 하고 있음을 알고 이해함으로써 보조공학적 접근을 수행해야 한다는 것을 강조한다. 특히, 장애인과 노인 등 신체적 불편을 겪고 있는 대상자에게 적용할 경우 당연히 보다 세밀하고 정확하게 보조공학적 변인을 고려해야 한다.

21

2013 중등1-40

정답 ③

해설

지문 돋보기

가. ㉠을 위해 팀을 구성할 때는 장애 특성에 대한 지식이나 교과 지도 경험이 있는 전문가로 구성한다.
나. 내부평가란 학급 단위로 수업 및 학급 구성원 개개인을 위해 전문가가 실시하여 미시적인 평가 정보를 제공하는 평가로, 수업과 관련된 일반적인 사항, 교육의 적절성, 공학기기의 적합성에 대해 고려해야 한다.
라. 수업과 직접적인 연관이 있는 학습자와 교수자의 특성이 모두 반영되어야 한다. 따라서 교수–학습 장면에 적합하고, 학습 방법 및 전개 방식이 교사의 수업 유형과 조화를 이루어야 할 뿐만 아니라 학습자의 학습 특성 및 독특한 요구에도 부합해야 한다.
마. 학습 방법 및 전개 방식이 교사의 수업 유형과 조화를 이루어야 한다.

Check Point

(1) 교육용 프로그램 평가를 위한 초학문적 팀의 구성과 역할

구성원	역할
특수교사	• 교육과정에 기초한 기능적 어휘 선정 • 학습자의 학업 특성 정보 제공
일반교사 (원적학습 교사)	• 원적학급 교육내용에 대한 정보 제공 • 일반학생 소프트웨어 교육내용 제공
학부모	• 학생의 가정생활환경 정보 제공 • 가정에서의 기능적 어휘 관련 정보 제공
공학관련 전문가	• 소프트웨어 프로그램 수행 관련 정보 • 장애학생의 공학매체 활용에 관한 교육방법 의견 교환

(2) 외부평가
① '외부평가'란 외부 전문가로 구성된 팀에 의해서 종합적이고 거시적인 평가 정보를 제공하는 평가를 의미한다.
② 외부평가자의 자질
㉠ 평가자는 소프트웨어가 적용되는 대상자에 대한 전문적인 지식과 경험을 가져야 한다.
㉡ 평가자는 교과 지도 경험이나 교과 관련 전문 지식을 가져야 한다.
㉢ 평가자는 특수교육 현장의 고유한 특성과 컴퓨터 및 디지털 관련 공학 간의 상호관계를 이해하여야 한다.

(3) 내부평가
'내부평가'란 학급 단위로 학급 구성원 개개인을 위해 실시하여 미시적인 평가 정보를 제공하는 평가로, 수업과 관련된 일반적인 사항, 교육의 적절성, 공학기기의 적합성에 대해 고려해야 한다.

22

2013추시 중등B-3

모범답안

2)	다양한 방식의 행동과 표현 수단 제공

23

2013추시 중등B-5

모범답안

1)	• 구성 전략: 환경/활동 중심의 구성 • 이유: 의사소통판에 특정 활동에 참여할 수 있는 다양한 어휘 목록을 담을 수 있기 때문에
2)	• ㉡ 요구–모델 • ㉢ 시간 지연하기(또는 기대의 시간 지연)
3)	• 목적: 다음 중 택 1 – 대화 상대자가 중도·중복장애 학생의 의사소통 발달 원리를 이해하고 발달을 촉진하기 위한 촉매자로서의 역할을 충실하게 수행할 수 있도록 지원한다. – 중도·중복장애 학생 현재의 의사소통 수준 및 의사소통을 위해 사용하는 특정 전략, 특정 문제에 대하여 인식시킨다. – 언어 및 의사소통 발달 순서와 과정에 대한 정보를 제공한다. – 중도·중복장애 학생을 위한 반응적이고 성공적인 상호작용을 보조할 수 있는 의사소통 양식을 개발하도록 지원한다. – 매일의 활동과 규칙적인 일과를 수정하여 의사소통 능력의 발달을 촉진하는 새로운 활동을 개발하고, 중도·중복장애 학생과 긍정적인 관계를 형성할 수 있도록 돕는다.

해설

지문 돋보기

㉡ • 처음에는 시범을 보이지 않고 영미의 관심에 주의를 기울이면서: 공동관심 형성
• 요구하기, 그림상징을 선택하여 답하기의 순서로 의사표현하기 기술을 지도함.: 교사의 요구하기에 대해 영미가 그림상징을 선택하여 답하기의 순서로 기술을 지도함.
• 긍정적 반응에는 강화를 제공하고 오반응이나 무반응에는 올바른 반응을 보여 주어 따라하도록 함.: 교사의 요구하기에 대해 영미가 긍정적으로 반응하면 강화를 제공하고, 오반응이나 무반응에는 시범을 보여 주어 따라하도록 함.

1) 학교 식당이라는 특정 환경에 필요한 어휘들을 모아서 구성해 주면 여러 단어들을 연결하여 사용할 수 있기 때문에 참여를 촉진시키고 기능적 언어발달을 촉진시키는 기능을 할 수 있다.

- 환경/활동 중심의 구성은 초기 의사소통 방법을 지도하기에 용이한 구성 방법이다. 하나의 환경이나 활동에 필요한 어휘들을 의사소통판에 모아서 구성해 주는 방법이다. 의사소통판에 특정 활동에 참여할 수 있는 다양한 어휘 목록을 담을 수 있기 때문에 여러 단어를 연결하여 사용하는 등 언어 발달을 촉진하는 기능도 할 수 있으며, 발달적인 관점에서는 이러한 구성이 초기의 언어 사용을 가장 잘 증진시킨다는 보고도 있다. 일반적인 어휘 또는 이상적으로 사용하는 어휘로 구성된 의사소통판 외에 여러 개의 활동별 의사소통판이 마련되어 있는 경우 학생의 활동 참여와 어휘 습득을 증진시킬 수 있다(박은혜 외, 2019 : 343).

2) 보완대체의사소통 지도 전략은 의사소통을 촉진하는 일반적인 전략과 동일하다(박은혜 외, 2019 : 343).
   - 요구-모델 전략은 초기 의사소통 단계에서 기능적인 사용을 촉진하기 위해 사용하는 방법이다. 시간지연 전략과 마찬가지로 학생의 관심과 흥미에 주의를 기울이고 공동관심을 형성한 후 학생의 관심과 관련된 언어적 요구를 제시한다. 이때 학생이 정반응을 보이면 즉각적인 칭찬과 언어적 확장을 제공하고 학생이 오반응 혹은 무반응을 보이면 다시 요구하거나 모델 절차를 다시 제공하여 촉진한다(박은혜 외, 2019 : 302).
   - 요구-모델 절차에서는 학생에게 흥미 있는 물건을 제공하고 학생은 이 물건에 강한 흥미를 느끼게 된다. 교사는 학생에게 원하는 물건을 요구하도록 요구한다. 이것은 모델링 절차와 차이가 있는데, 요구-모델 절차에서는 교사가 질문 형식에 언어적 촉구를 제공하는 것이다. 예를 들면 다음과 같다(Best et al., 2018 : 296).

> 1. 학생은 공을 바라보고 교사는 공동관심을 형성한다.
> 2. 교사는 "무엇을 원하니?"라고 말한다.
> 3-1. 만약 학생이 공 그림을 지적하면 교사는 "여기 빨간 공이야"라고 말하고 학생에게 공을 준다.
> 3-2. 만약 학생이 그림을 지적하지 않으면 요구를 반복한다(또는 모델링을 제공). 만약 두 번째에도 잘못된 응답을 보인다면 교정적 피드백을 제공한다.

Check Point

(1) 보완대체의사소통을 위한 교수 접근법

다음은 다양한 화용론적 기능을 위한 도구적 상징과 비도구적 상징을 가르치기 위해 활용할 수 있는 우발적 교수 절차를 요약한 것이다(Beukelman et al., 2017 : 391).

절차	설명
요구 모델	CCN(복합적인 의사소통 요구)을 지닌 사람이 선호하는 항목이나 활동에 접근하거나 관여할 경우, 촉진자는 질문을 한다(예 "뭘 원해?, 저것은 뭘까?"). 반응이 없거나 확장된 반응을 제공하고자 한다면, 촉진자는 해당 반응을 시범한다. 예를 들어, 아동이 인형을 갖고 놀고 있다면 부모는 인형을 가리키면서 "그게 뭐야?"라고 물은 후에, 아동이 반응을 하지 않거나 부정확하게 반응을 한다면 부모는 '인형'에 대한 수화를 시범한다.
기대의 시간 지연	촉진자는 질문을 하거나 상징을 시범하거나 원하는 항목을 보이는 곳에 놓아둔 다음 기대의 얼굴 표정을 하고 눈을 맞추면서 기다린다(즉, 멈춘다). 예를 들면, 부모는 이야기 책에 있는 그림을 지적하면서, "이게 누구야?"라고 묻고난 뒤에 CCN을 지닌 자녀가 수화를 제시하거나 상징을 지적할 수 있는 기회를 제공하기 위해 기대를 하면서 기다린다.
빠뜨리기/닿지 않는 곳에 물건 놓아두기	활동에 필요한 항목을 빠뜨린다. 예를 들면, 저녁 식사를 준비하면서 샐러드 재료만 늘어놓고 샐러드 그릇을 주지 않거나 손이 닿지 않는 선반에 놓아 두어 CCN을 지닌 아동이 그릇을 요구하도록 만든다.
불완전 제시	처음에 요구한 항목을 불완전하게 제시한다. 예를 들어, CCN을 지닌 성인이 잼 바른 토스트를 요구했다면, 잼이나 버터를 빼고 빵만 제공하여 이들 각 항목을 따로따로 요구하도록 만든다.
행동연쇄 간섭	진행 중인 활동을 중단시켜 요구할 기회를 만든다. 예를 들어, CCN을 지닌 성인이 식당에서 줄을 서서 음식을 받는다면, 다음 음식 항목을 받으러 움직이기 전 음식 제공자에게 특정 음식을 먼저 요구해야 한다.
다른 항목 제공하기	요구한 것과 다른 항목을 제공한다. 예를 들어, CCN을 지닌 성인이 차를 요구했다면 커피를 제공함으로써 자신의 요구를 분명히 하고자 수정 전략을 사용하도록 만든다.

(2) AAC 대화상대자 훈련의 목표

AAC 대화상대자 훈련의 목표는 다음과 같다.

① 중도·중복장애 학생 현재의 의사소통 수준 및 의사소통을 위해 사용하는 특정 전략, 특정 문제에 대하여 인식시킨다.

② 언어 및 의사소통 발달 순서와 과정에 대한 정보를 제공한다.

③ 중도·중복장애 학생을 위한 반응적이고 성공적인 상호작용을 보조할 수 있는 의사소통 양식을 개발하도록 지원한다.

④ 매일의 활동과 규칙적인 일과를 수정하여 의사소통능력의 발달을 촉진하는 새로운 활동을 개발하고, 중도·중복장애 학생과 긍정적인 관계를 형성할 수 있도록 돕는다.

즉, AAC 대화상대자 훈련 프로그램은 대화상대자가 중도・중복장애 학생의 의사소통 발달 원리를 이해하고 발달을 촉진하기 위한 촉매자로서의 역할을 충분하게 실행할 수 있도록 지원하는 데 초점을 둔다(한경근 외, 2013: 199).

24

2014 유아A-1

모범답안

1)	• 기법 1: 직접선택 • 기법 2: 간접선택(또는 훑기, 스캐닝)
2)	• 수정된 활동 목표: 움직임 카드에 제시된 낙엽의 다양한 움직임을 또래들과의 적극적인 상호작용을 통해 신체적으로 표현할 수 있다.
3)	• 다양한 방식의 행동과 표현 수단 제공 • 다양한 방식의 참여 수단 제공

해설

2) 현구의 현재 특성(시각적 단서에 강함, 친구들에게 관심만 보임, 빙빙도는 행동)과 ㉢의 제시 방법(다양한 시각적 카드, 다양한 방법으로 낙엽의 움직임 나타내기)을 고려할 때 단순히 활동에 참여하여 또래와 상호작용한다는 활동목표보다는 시각적 단서로 정보는 얻는 특성을 이용하면서 또래들과 보다 적극적으로 상호작용하기, 다양한 신체 표현 활동하기 등과 같이 단점을 보완한 활동이 강조되는 활동목표가 더 바람직하다.

- 단기목표를 작성할 때는 세 가지 조건 즉, 행동 발생의 조건, 행동의 성취 기준, 성취해야할 행동이 모두 포함되도록 작성한다(2014 유아B-1 기출)

3) 활동목표 중 하나는 낙엽의 다양한 움직임을 알고 신체적으로 표현하는 것이며, 이를 위해 동영상, PPT 자료, 움직임 카드, 낙엽 그림카드 등의 다양한 방식으로 정보를 제시하였다. 따라서 활동 자료를 통해 다양한 방식의 표상 수단 제공 원리는 충족되었다고 할 수 있다(※ 활동목표 달성을 위해 이와 같은 자료들을 준비하였음이 강조되었다면 다양한 방식의 표상 수단 제공과 관련된다). ㉢에서 강조하는 바는 움직임 카드에 따라 약속된 움직임을 표현하는 것과 카드의 수를 늘려가며 움직임을 연결하여 표현하는 데 있다.

- 움직임 카드에 따라 움직임을 표현하기 위한 방법은 약속한 움직임대로 낙엽이 움직이는 모습을 표현하는 것이다. 이와 같은 표현 방법이 어려운 경우 유아는 카드를 보고 몸짓 또는 손짓으로 낙엽의 움직임을 나타낼 수 있다. 또는 낙엽 그림카드를 가리키거나 드는 방법으로 낙엽의 움직임을 나타낼 수도 있다. 이는 곧 다양한 방식으로 낙엽의 움직임을 표현할 수 있음을 의미한다.: 다양한 방식의 행동과 표현 수단 제공 원리를 실행하였다.
- 카드의 수를 늘려가며 움직임을 연결하여 표현하도록 함으로써 도전과 지원을 조절하였으며, 모둠별 활동을 통해 자신이 좋아하는 빙글빙글 도는 행위를 할 수 있도록 하는 등 현구의 흥미를 유발하고 있다.: 다양한 방식의 참여 수단 제공 원리를 실행하였다.

Check Point

✓ AAC 체계

보완대체의사소통 체계란 개인의 의사소통에 사용되는 상징(symbol), 보조도구(aids), 전략(strategies), 기법(techniques) 등을 총체적으로 통합한 것이다.

상징	몸짓이나 손짓 기호, 그림, 낱말 등을 말하는 것 • 도구를 이용하지 않는 상징, 도구를 이용하는 상징으로 구분
보조도구	메시지를 주고받는 데 사용되는 물리적 도구 • 의사소통판이나 음성산출도구 포함
전략	의사소통을 강화하는 상징이나 효과적인 기술을 사용하는 특별한 방법 • 역할 놀이, 점진적인 촉구 방법 등
기법	메시지를 전하는 방법 • 직접선택과 훑기(scanning)로 대표되는 간접선택 방법 등

25

2013추시 중등B-1

모범답안

3)	다음 중 택 1 • 마우스스틱 • 헤드스틱

해설

3) 일반 키보드를 사용하도록 하기 위한 것이기 때문에 선택/포인팅 장치를 사용하도록 하는 것이 타당하다. 헤드 포인팅 시스템 혹은 아이 게이즈 시스템은 마우스 포인터 조정을 위해 사용하는 것인 만큼 일반 키보드가 필요 없다.

26

2014 유아A-7

모범답안

3)	운동 능력, 감각 능력, 인지 능력

해설

3) 보완대체의사소통 기초 능력 평가는 「파라다이스 보완대체 의사소통 기초 능력평가」의 평가 영역을 토대로 운동 능력(자세 및 이동 능력, 신체 기능), 감각 능력, 인지 능력, 언어 능력을 포함한다(박은혜, 2019 : 329-330). 또한 참여 모델 중 능력 평가는 운동조절, 인지, 언어, 문해 등 AAC 중재와 관련된 주요 영역에서 개인이 보이는 수행 수준을 파악하는 과정으로 사용자 평가에 해당한다. 구체적인 평가영역에는 자세와 착석, 직접선택 및/또는 스캐닝을 위한 운동 능력, 인지·언어 능력, 문해 기술, 감각·지각 기술 등이 포함된다.

27

2014 초등B-4

모범답안

3)	화면이나 대체입력기기를 직접 접촉하거나 누르고 있을 동안에는 선택이 이루어지지 않지만, 선택하고자 하는 해당 항목에 커서가 도달했을 때, 접촉하고 있던 것을 떼게 되면 그 항목이 선택되는 기능이다.

28

2014 중등A-12

모범답안

㉠	탄력키
㉡	자동 스캐닝

해설

㉠ 슬로우키(Slow Key)는 너무 많은 문자가 연속적으로 타이핑되거나 오타를 교정할 때 의도와는 달리 너무 많은 문자가 지워져서 다시 타이핑하는 일을 감소시키기 때문에 특히 생산성을 증진시키는 데 유용하다(Dell et al., 2011 : 181). 그러나 실질적으로 환경 설정에서 느린키 켜기를 설정하는 과정 중 '반복하는 키 입력 모두 무시' 옵션을 선택하지 않을 경우 문제의 대화 내용에 언급된 문제점(즉 'ㅎ'의 반복입력)은 해결 할 수 없다. 따라서 느린키는 사용자가 설정한 시간 제한에 따라 짧게 누른 키를 무시하는 기능에 초점을 맞추는 것이 적절하다. 반면 탄력키는 동일한 키의 반복 입력을 무시해 주므로 문제를 해결할 수 있다.

㉡ 선택 조절 기법 중 자동 스캐닝은 보완대체의사소통 기기가 훑기를 계속해 가는 도중, 사용자가 원하는 상징에 도달하였을 때 스위치를 누르면 선택된 상징이 작동하는 방식이다.

29

2015 초등A-6

모범답안

4)	참여 모델
5)	환경/활동 중심 구성 전략

해설

5) 마을 조사 시 궁금한 내용을 질문할 때 필요하거나 사용할 가능성이 높은 상징들을 중심으로 구성하였음을 알 수 있다.

Check Point

(1) 참여 모델

① 장애가 없는 또래의 기능적 참여 요구 사항을 기반으로 평가와 개입을 해서 보완대체의사소통을 적용하는 과정을 체계화하는 장애아 평가·중재 모델이다.

② 현재의 의사소통을 평가해 자연적 구어 능력 가능성과 AAC 활용 가능성을 체계적으로 평가하는 접근 장벽에 대한 평가와, AAC 사용을 제한하는 정책이나 태도적 장벽, 촉진자의 지식이나 기술 수준 등을 파악하는 기회 장벽에 대한 평가를 종합적으로 고려하여 개별 장애아의 현재와 미래를 위한 종합적인 중재 계획을 수립하도록 한다.

기회 장벽	정책	• AAC 사용자의 상황을 좌우하는 법률이나 규정이다. • 학교, 직장, 거주시설, 병원, 재활센터, 요양소 등에는 주로 그 시설의 관리 규약을 담은 문서에 관련 정책이 요약되어 있으나 AAC 관련 내용 언급이 없다.
	실제	• 가정, 학교 또는 직장에서 이루어지고 있는 일반적인 절차나 관습을 말한다. • 가정, 학교, 직장에서 실제 정책이 아닌데도 일상적으로 된 장벽, 예를 들면, 많은 학교가 교육청의 기금으로 마련한 AAC 도구를 학교 안에서만 사용하도록 제한하고 있는데, 이는 교육청의 공식적인 정책이 아니다.
	기술	• 도움을 제공하는 사람들이 AAC 기법이나 전략을 사용하는 기술이 부족하여 실제로 이행하는 데 어려움이 발생한다. • AAC 기술이나 전략에 대한 실제적인 적용 방법을 몰라서 어려움을 겪는다. • AAC 중재 계획을 책임지고 있는 개인들이 기술수준을 진단하는 것도 중요하다.
	지식	AAC 중재 옵션, 테크놀로지, 교수전략 등 AAC 사용에 대한 정보 부족을 말한다.
	태도	• 개인의 태도와 신념이 참여의 장벽이 된다. • AAC 팀원의 부정적이고 제한적인 태도들은 참여의 범위를 제한시킨다. • 장애 학생에 대한 기대치를 낮추게 되고 이것은 기회에 대한 참여를 제한시킨다.
접근 장벽		• 사회나 지원체계의 제한이 아닌 AAC 사용자의 능력, 태도 및 지원의 제한, 개인의 잠재적인 능력의 제한을 포함한다. • 접근 장벽의 부족은 이동성 부족, 사물 조작과 관리의 어려움, 인지적 기능과 의사결정의 문제, 읽고 쓰기의 결함, 감각-지각적 손상(즉, 시각장애나 청각장애) 등과도 관련될 수 있다. • 개인의 현재 의사소통, 말 사용 또는 말 사용 능력 증가의 잠재성, 환경 조정의 잠재성 등을 모두 평가해야 한다.

(2) 어휘 목록 구성 전략

어휘 목록 구성 전략	방법
문법적 범주를 이용	• 언어습득을 촉진하고자 하는 목적으로 전통적으로 가장 많이 사용되어 온 방법은 구어의 어순대로 배열하는 것 • 영어는 왼쪽에서 오른쪽으로 사람, 행위, 수식어, 명사, 부사의 순서로 나열하고, 의사소통판의 위나 아래쪽에 자주 사용되는 글자나 구절을 배열하여 왼쪽에서 오른쪽으로 단어를 연결하여 문자를 구성하는 방식
의미론적 범주를 이용	사람, 장소, 활동 등과 같이 상위의 의미론적 범주에 따라 상징을 배열하는 방법
환경/활동 중심으로 구성	• 하나의 환경이나 활동에 필요한 어휘들을 의사소통판에 모아서 구성해 주는 방법 • 초기 의사소통 방법을 지도하기에 용이한 구성 방법 • 의사소통판에 특정 활동에 참여할 수 있는 다양한 어휘 목록을 담을 수 있기 때문에 여러 단어를 연결하여 사용하는 등 언어 발달 촉진 기능 있음

30

2015 초등B-5

모범답안

4)	㉣ 다양한 방식의 참여 수단 제공 ㉤ 다양한 방식의 행동과 표현 수단 제공

Check Point

⊙ UDL 가이드라인 2.2

	다양한 방식의 **표상 수단 제공** 인지적 네트워크 "무엇을" 학습하는가	다양한 방식의 **행동과 표현 수단 제공** 전략적 네트워크 "어떻게" 학습하는가	다양한 방식의 **참여 수단 제공** 정서적 네트워크 "왜" 학습하는가
접근성	인지 방법의 다양한 선택 제공 (1) • 정보의 제시 방식을 학습자에 맞게 설정하는 방법 제공하기 (1.1) • 청각 정보의 대안 제공하기 (1.2) • 시각 정보의 대안 제공하기 (1.3)	신체적 표현 방식에 따른 다양한 선택 제공 (4) • 응답과 자료 탐색 방식 다양화하기 (4.1) • 다양한 도구들과 보조공학기기 이용 최적화하기 (4.2)	흥미 유발을 위한 다양한 선택 제공 (7) • 개인의 선택과 자율성 최적화하기 (7.1) • 학습자와의 관련성, 가치, 현실성 최적화하기 (7.2) • 위협이나 주의를 분산시킬 만한 요소 최소화하기 (7.3)
형성	언어 & 기호의 다양한 선택 제공 (2) • 어휘와 기호의 뜻을 명료하게 하기 (2.1) • 글의 짜임새와 구조를 명료하게 하기 (2.2) • 문자, 수식, 기호의 해독 지원하기 (2.3) • 범언어적인 이해 증진시키기 (2.4) • 다양한 매체들을 통해 의미 보여주기 (2.5)	표현과 의사소통을 위한 다양한 선택 제공 (5) • 의사소통을 위한 여러 가지 매체 사용하기 (5.1) • 작품의 구성과 제작을 위한 여러 가지 도구들 사용하기 (5.2) • 연습과 수행을 위한 지원을 점차 줄이면서 유창성 키우기 (5.3)	지속적인 노력과 끈기를 돕는 선택 제공 (8) • 목표나 목적을 뚜렷하게 부각시키기 (8.1) • 난이도를 최적화하기 위한 요구와 자료 다양화하기 (8.2) • 협력과 동료 집단 육성하기 (8.3) • 성취 지향적 피드백 증진시키기 (8.4)

내면화	이해를 돕기 위한 다양한 선택 제공 (3) • 배경지식을 제공하거나 활성화시키기 (3.1) • 패턴, 핵심 부분, 주요 아이디어 및 관계 강조하기 (3.2) • 정보 처리, 시각화, 이용 과정 안내하기 (3.3) • 정보 전이와 일반화 극대화하기 (3.4)	실행기능을 위한 다양한 선택 제공 (6) • 적절한 목표 설정에 대해 안내하기 (6.1) • 계획과 전략 개발 지원하기 (6.2) • 정보와 자료 관리를 용이하게 돕기 (6.3) • 학습 진행 상황을 모니터하는 능력 증진시키기 (6.4)	자기조절 능력을 키우기 위한 선택 제공 (9) • 학습 동기를 최적화하는 기대와 믿음 증진시키기 (9.1) • 극복하는 기술과 전략 촉진시키기 (9.2) • 자기평가와 성찰 발전시키기 (9.3)
목적	학습 전문가		
	학습자원이 풍부한 & 지식을 활용할 수 있는	전략적인 & 목표 지향적인	목적의식 & 학습 동기가 뚜렷한

| UDL 가이드라인 2.2 |

31

2016 유아A-3

모범답안

1)	① 다음 중 택 2 • 반복연습형 • 개인교수형 • 시뮬레이션형 • 문제해결형 • 발견학습형 ② 다음 중 택 2(단 ①에서 제시한 유형과 중복되지 않도록 할 것) • 반복연습형 • 개인교수형 • 시뮬레이션형 • 문제해결형 • 발견학습형
2)	웹 접근성
3)	• ① 기호와 이유: ㉣, 콘텐츠는 색에 관계없이 인식할 수 있도록 해야 하기 때문이다. • ② 기호와 이유: ㉤, 사용자가 의도하지 않은 기능(새 창, 초점에 의한 맥락 변화 등)은 실행되지 않아야 하기 때문이다.

해설

2) 웹 접근성: 웹 콘텐츠에 접근하려는 모든 사람들이 어떤 컴퓨터나 운영체제 또는 웹 브라우저를 사용하든지 또는 어떤 환경에 처해 있든지 구애받지 않고 웹 사이트에서 제공하는 모든 정보에 접근하고 이용할 수 있도록 보장하는 것[인터넷 웹 접근성 지침(KCS.OT-10.0003)]

3) ㉣ 한국형 웹 콘텐츠 접근성 지침 1.0의 지침 1(인식의 용이성) 중 항목 1.3(색상에 무관한 인식)에 의하면 콘텐츠가 제공하는 모든 정보는 색상을 배제하더라도 인지할 수 있도록 구성되어야 한다.
   - 한국형 웹 콘텐츠 접근성 지침 2.1 기준: 인식의 용이성 [원칙] 중 명료성 [지침]에도 위배된다.

   ㉤ 한국형 웹 콘텐츠 접근성 지침 1.0의 지침 2(운용의 용이성) 중 항목 2.6(반응시간의 조절기능)에 의하면 실시간 이벤트나 제한된 시간에 수행하여야 하는 활동 등은 사용자가 시간에 구애받지 않고 읽거나, 상호작용을 하거나 응답할 수 있어야 한다.
   - 한국형 웹 콘텐츠 접근성 지침 2.1 기준: 이해의 용이성 [원칙] 중 예측 가능성 [지침]에도 위배된다.

   ㉦ 한국형 웹 콘텐츠 접근성 지침 1.0의 지침 2(운용의 용이성)와 관련된다. 대화 내용과 관련된 항목 2.2의 구체적인 내용은 다음과 같다.

> 항목 2.2 (프레임의 사용 제한) 콘텐츠를 구성하는 프레임의 수는 최소한으로 하며, 프레임을 사용할 경우에는 프레임별로 제목을 붙여야 한다.
>
> 가. 용어 정리: 없음
> 나. 요구조건
> (1) 웹 콘텐츠에는 가급적 프레임을 사용하지 않아야 한다. 만일 프레임을 사용하는 경우에도 사용하는 프레임의 수를 최소한으로 줄여야 한다.
> (2) 프레임을 사용할 경우에는 프레임 별로 서로 독특한(중복되지 않는) 제목을 부여하여 프레임을 식별할 수 있어야 한다.
>
> 출처 ▶ 한국정보통신기술협회(2004)

Check Point

⊘ 컴퓨터 보조수업의 유형

컴퓨터 보조수업은 수업 방법과 학습내용의 구성 요소에 따라 다음의 여섯 가지 유형으로 나눌 수 있다.

반복연습형	새로운 지식이나 기술을 습득한 후, 학습한 내용을 정착시키고 숙련도를 높이기 위해 사용한다. 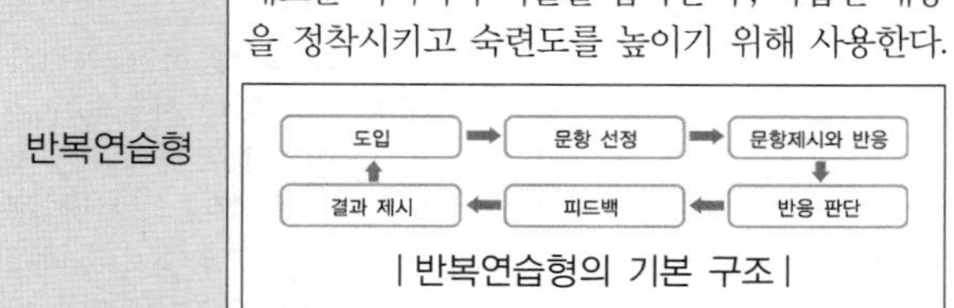 | 반복연습형의 기본 구조	

개인교수형	새로운 지식이나 기술을 가르치고자 할 때 제공되는 컴퓨터 보조수업 형태의 프로그램이다. 먼저 학습목표를 제시하고, 학습할 내용을 컴퓨터 화면을 통해 작은 단위로 제시하고, 학습자의 학습결과를 확인하기 위한 연습이나 문제를 제시하며, 학습결과에 대한 피드백을 제공한다. 도입 → 정보제시 → 질문과 응답 → 피드백과 교정 → 학습종료 결정 → 학습결과 제시 ㅣ개인교수형의 기본 구조ㅣ
시뮬레이션형	비용이나 위험부담이 높은 학습과제의 경우, 컴퓨터를 이용하여 최대한 유사한 환경을 개발하여 제공하는 형태에 해당한다. 도입 → 가상적 상황 제시 → 학습자 반응 → 반응 판단과 피드백 → 모의실험 종료 결정 → 결과 제시 ㅣ시뮬레이션형의 기본 구조ㅣ
게임형	교육용 소프트웨어에 경쟁, 도전, 흥미 요소를 포함시켜 학습자가 능동적으로 학습에 참여하도록 함으로써 원하는 학습목표에 도달하도록 하는 형태로, 학습자는 게임에 몰입하는 동안 자연스럽게 학습목표에 도달하게 된다. 효과적인 게임을 개발하기 위해서는 그래픽과 영상, 음향효과가 고품질이어야 하며, 학습자에게 적합한 수준의 난이도를 유지함으로써 도전감을 줄 수 있어야 한다.
문제해결형	학습자가 주어진 복잡한 문제를 해결해 나가도록 만든 형태다. 학습자는 도전적인 문제를 해결하기 위해 주어진 정보와 데이터를 수집하고, 문제를 분명하게 진술하며, 가설을 세우고, 실험을 하고, 해결안을 도출한다.
발견학습형	귀납적 방법을 사용하는 학습행동을 가리키는 일반적인 용어로 학습자에게 제시된 문제를 시행착오나 체계적 접근법을 통하여 해결한다. 학습자가 가설을 세운 다음 데이터 베이스에 질문을 던지면서 귀납적으로 접근할 후 시행착오를 통해 가설을 검증하게 된다.

32

2016 초등B-4

모범답안

4)	"양달은 따뜻해요. 잘했어요."

해설

4) • 음성출력 의사소통기기와 스위치를 은지의 휠체어용 책상에 배치하기, 음성 출력 의사소통기기에서 양달 상징에 불빛이 들어왔을 때, 은지의 스위치를 눌러 '양달은 따뜻해요.'라는 음성이 산출되도록 하기: 적절한 자세 취하기와 AAC의 배치, 의사소통의 동기를 부여할 수 있는 활동 제공하기 등 환경의 구조화에 해당한다.
• 그런 다음 은지가 스위치를 누르는 것을 기다려준다.: 의사소통을 할 때, 학생이 메시지를 표현하는 동안 대화 상대자는 충분히 기다려 준다.
• 은지가 음성출력 의사소통기기에서 양달 상징에 불빛이 들어왔을 때, 스위치를 눌러 '양달은 따뜻해요.'라는 음성이 산출: 학생이 의사소통 보조기기 혹은 의사소통판의 그림이나 상징을 지적하면 대화 상대자는 학생이 지적한 항목을 크게 말해주는 청각적 피드백을 제공한다. 구어를 사용하여 의사소통하지 못하는 학생은 대화 상대자의 표정이나 반응에 따라 의사표현을 재시도하기도 하고 좌절하여 포기하기도 하므로 학생의 의사소통 지도에 긍정적인 반응을 보이고 정확한 문장으로 확인해 주어야 한다. 학생이 실수를 했을 때 부정적인 반응을 보이면 학생은 어떠한 시도도 하지 않게 되며 상호작용에서도 소극적인 참여를 조장한다. 그러므로 학생의 반응에 대한 즉각적인 반응을 보여 주고 반응의 결과에 관계없이 표현한 것에 대한 강화와 정확한 표현 방법을 알려주는 체계적인 교수절차가 필요하다(박은혜 외, 2019: 345).

Check Point

⊘ 사용자의 기술 습득을 지원할 수 있는 촉진 전략 교수하기

환경의 구조화	• 의사소통 촉진 전략의 우선 과제는 의사표현과 상호작용의 동기를 유발할 수 있도록 환경을 구조화하는 것이다. • 적절한 자세 취하기와 AAC 기기의 배치, 의사소통의 동기를 부여할 수 있는 활동 제공하기 등으로 환경을 조정한다.

메시지 확인하기	• 메시지 확인하기는 학생이 시도한 것에 대해 반응을 보이고, 표현한 것에 대해 확인해 주는 전략으로 학생의 의사소통 능력을 신장시킬 수 있다. • 의사소통을 할 때, 학생이 메시지를 표현하는 동안 대화 상대자는 충분히 기다려 주고 학생이 의사소통 보조기기 혹은 의사소통판의 그림이나 상징을 지적하여 표현하면 대화 상대자는 학생이 지적한 항목을 크게 말해 주는 청각적 피드백을 제공한다. • 구어를 사용하여 의사소통하지 못하는 학생은 대화 상대자의 표정이나 반응에 따라 의사 표현을 재시도하기도 하고 좌절하여 포기하기도 하므로 학생의 의사소통 시도에 긍정적인 반응을 보이고 정확한 문장으로 확인해주어야 한다. 학생이 실수를 했을 때 부정적인 반응을 보이면 학생은 어떠한 시도도 하지 않게 되며 상호작용에서도 소극적인 참여를 조장한다. 그러므로 학생의 반응에 대한 즉각적인 반응을 보여 주고 반응의 결과에 관계없이 표현한 것에 대한 강화와 정확한 표현 방법을 알려주는 체계적인 교수 절차가 필요하다.
시작과 끝을 알리는 명확한 신호 확립하기	• 의사소통을 하는 상호과정에서 의사소통 기회를 방해받지 않도록 의사소통 단위의 시작과 끝을 알리는 명확한 신호를 정하여 사용한다. • 대화의 시작과 끝을 나타낼 수 있는 신호를 정하여 사용하는 것은 보다 적극적인 의사소통자로서의 역할을 부여한다.
시간 지연하기	• 시간 지연은 학생의 의사표현을 촉진하기 전에 자발적으로 의사표현을 할 수 있도록 일정 시간을 기다려 주는 전략이다. • 시간 지연 전략은 의사소통 상황에서 학생이 기대하는 반응을 나타내기 전에 어떠한 촉진도 주지 않고 일정 시간을 기다려 목표 기술을 자발적으로 사용할 수 있는 기회를 제공하는 전략으로 많은 연구를 통해 효과가 입증되었다. • 기대하는 반응을 나타낼 때까지 시간 지연을 하는 방법은 학생에게 스스로 수행할 기회를 제공하기 때문에 자연적 환경에서 의사소통할 기회를 거의 갖지 못하는 학생에게 사용하기 적절한 방법이다.
지적하기 촉진	• 시간 지연 방법으로도 의사소통할 기회를 갖지 못하는 경우 지적하기(point) 촉진을 사용하는 것이 적절하다. • 지적하기 촉진 전략은 시각적 촉진을 제공하는 방법으로 언어적 촉진과는 달리 대화의 흐름 중에 최소한으로 개입하여 대화 도중 흐름을 방해하거나 산만하게 하지 않는다.

33

2016 중등A-7

모범답안

명칭	시간 활성화 전략
기호와 이유	ⓜ, 스크린 리더는 대체 입력 프로그램이 아니라 대체 출력장치이기 때문이다.

해설

지문 돋보기

㉠ 근긴장도가 높은 상황에서 트랙볼을 사용하여 마우스 포인터를 이동시키고 있기 때문에 이에 따른 초점 이동 정도를 고려하여 마우스 포인터의 움직임 속도를 조정하는 것이 바람직하다.
㉡ 숫자 키패드 켜기를 설정하지 않으면 키보드 개별키의 크기를 확대할 수 있으므로 소근육 운동 기능이 떨어지는 영수의 가리키기 정확도를 높여 줄 수 있다.
㉢ 키보드 또는 마우스를 통한 글자 입력이 어려우므로 이와 같은 어려움을 경감시켜 줄 수 있는 방안으로 화상 키보드를 사용하게 하면 컴퓨터를 이용한 글쓰기가 가능하다.
㉣ 빛에 민감하여 눈의 피로도가 높은 점을 고려한 것이다.

• 직접선택 기법의 시간 활성화 전략은 사용자가 어떠한 방법으로든 화면의 항목을 확인하는 것이 필요하고, 장치에 의한 선택이 인식되기 위해서는 일정한 시간 동안 접촉을 유지시키는 것이 필요한 방법이다.
• ⓜ 스크린 리더는 대체 출력장치에 포함된다. 대체 입력장치에는 트랙볼, 조이스틱, 터치스크린, 헤드 포인팅 시스템, 아이 게이즈 시스템 등이 있다.

Check Point

(1) 직접선택 기법의 활성화 전략

활성화 전략	작동 원리
시간 활성화 전략	사용자가 어떠한 방법으로든 화면의 항목을 확인하는 것이 필요하고, 장치에 의한 선택이 인식되어지기 위해서는 일정한 시간 동안 접촉을 유지시키는 것이 필요한 방법(= 시간이 설정된 활성화)
해제 활성화 전략	화면에 직접적인 접촉이 유지되는 동안은 선택이 이루어지지 않지만 어느 항목에서 접촉을 중단하면 그 항목이 선택되는 방법
평균 활성화 전략	광선이나 광학 포인터의 움직임을 단시간 내에 평균화해서, 가장 오랫동안 가리킨 항목을 작동시키는 방법(= 여과 활성화 전략)

(2) 대체 입력장치와 대체 출력장치

대체 입력장치	대체 출력장치
• 트랙볼 • 조이스틱 • 터치스크린 • 헤드 포인팅 시스템 • 아이 게이즈 시스템 • 대체키보드 • 스위치 • 음성인식	• 화면 확대 • 스크린 리더

34

2016 중등A-10

모범답안

• ㉠ 상징, 보조도구, 기법, 전략

Check Point

✓ 보완대체의사소통 체계

상징	몸짓이나 손짓 기호, 그림, 낱말 등을 말하는 것 • 도구를 이용하지 않는 상징, 도구를 이용하는 상징으로 구분
보조 도구	메시지를 주고받는 데 사용되는 물리적 도구 • 의사소통판이나 음성산출도구 포함
전략	의사소통을 강화하는 상징이나 효과적인 기술을 사용하는 특별한 방법 • 역할 놀이, 점진적인 촉구 방법 등
기법	메시지를 전하는 방법 • 직접선택과 훑기(scanning)로 대표되는 간접선택 방법 등

35

2017 유아 A-1

모범답안

2)	① 상징 – 필요한 어휘를 미니어처(실물모형)로 제시 ② 기법 – 자신이 원하는 것을 만져서 표현
3)	상징의 도상성이 높다.

Check Point

✓ 도상성

① 상징은 사실성, 도상성(iconicity), 모호성, 복잡성, 전경과 배경 차이, 지각적 현저성, 수용 가능성, 효율성, 색깔 및 크기 등 다양한 특성으로 기술될 수 있다. 이러한 특성 중에서 도상성은 연구자와 임상가들에게 가장 주목을 받아왔다.

② 도상성이라는 용어는 "사람들이 상징과 그 지시 대상에 대해 품고 있는 어떤 연상"을 의미한다.

③ 도상성은 하나의 연속체로 언급될 수 있다.

㉠ 연속체의 한 극단은 투명(transparent) 상징들이 차지한다. 투명 상징은 "지시 대상이 없어도 그 상징의 의미를 추측할 수 있을 정도로 지시 대상의 형태, 움직임, 기능 등이 예상되는 것들이다".

㉡ 다른 한 극단은 불투명(opaque) 상징들이 차지한다. 불투명 상징은 "그 의미가 제시될 경우에도 상징과 지시 대상 간의 관계가 이해되지 않는 것들이다". 예를 들면, 구두의 컬러 사진은 투명한 반면 구두(shoe)라는 글자는 불투명하다.

㉢ 양 극단 사이에는 반투명(translucent) 상징들이 존재한다. 반투명 상징은 "지시 대상의 의미가 명확할 수도 있고 불명확할 수도 있다. 그러나 일단 그 의미가 제공되면 상징과 지시 대상 간의 관계가 이해될 수 있는 것들이다". 예를 들면, 북아메리카에서 주로 사용되는 '멈춰(stop)'라는 제스처는 종종 곤란한 표정과 함께 편 손이나 손가락으로 목을 가로질러 재빨리 움직이는 것을 포함한다. 사람들은 '목을 자르는' 이러한 제스처가 할리우드 영화산업현장에서는 '컷'(cut, 또한 '멈춰'를 의미하는)을 표현하는 것임을 이해해야 한다. 반투명 상징들은 종종 상징과 그 지시 대상 간의 지각된 관계 정도를 수적으로 평가하여 정의된다.

출처 ▶ Beukelman et al.(2017 : 70–71)

36

2017 유아B-4

모범답안

2)	㉡ 다양한 방식의 행동과 표현 수단 제공 ㉢ 다양한 방식의 표상 수단 제공

해설

2) ㉡ 낯선 사람이 내 몸을 만지려 할 때, 어떻게 해야 할지 동화 내용을 회상하여 여러 가지 유형의 접촉에 대해 이야기를 나누고 일반유아들은 이에 대해 구두로 표현하도록 하고 있다. 그러나 준희의 경우 언어 표현 특성을 고려하여 교사의 질문에 그림카드로 대답할 수 있도록 하고 있으므로 보편적 학습설계의 원리 중 다양한 방식의 행동과 표현 수단 제공 원리를 적용한 것이라고 할 수 있다.

㉢ 준희의 언어 이해 수준을 고려하여 동화 내용을 문장이 아닌 그림동화 자료로 제시하였다. 따라서 다양한 방식의 표상 수단 제공 원리가 적용되었다고 할 수 있다.

37

2017 초등A-5

모범답안

1)	다음 중 택 1 • 단순하고 의미가 명료해야 한다. • 전경과 배경을 명확하게 구분해 준다.
3)	㉢ 언어적 능력 ㉣ 사회적 능력

해설

3) ㉢ AAC 어휘 목록에 [A]를 추가하는 기계적 기술에 초점을 둘 경우 조작적 능력에 해당한다. 그러나 ㉢은 상징의 의미를 알고 이를 어휘 목록에 추가하고, 상징을 이용하여 의사소통하는 것을 지도하는 것이므로 전체적으로는 언어적 능력에 해당한다.

• 도구를 다루는 작동 능력: AAC 도구를 스스로 다룰 수 있도록 하는 것은 아동에게 맞는 AAC 도구를 마련해 주는 것만큼이나 중요하다. AAC 중재를 지원하는 언어치료사들은 AAC 어휘 갱신하기, 의사소통 배열판 바꾸기, 도구나 기기 보호하기, 필요한 수리 요청하기, 미래의 필요를 고려하여 AAC 수정하기, 일상적 사용과 작용여부 파악하기 등에 대한 중재를 할 수 있어야 한다(김영태, 2019: 477).

Check Point

AAC 사용자가 갖추어야 할 의사소통 능력의 구성 요소

언어적 능력	자신의 모국어에 대한 수용언어 및 표현언어 기술을 말한다. AAC 체계에 사용되는 선화, 낱말, 신호 및 그 밖의 언어적 부호화에 대한 지식을 포함한다.
조작적 능력	AAC 체계를 정확하고 효율적으로 조작하는데 필요한 기계적 기술을 의미한다.
사회적 능력	의사소통적 상호작용을 시작, 유지, 진전, 종료하는 사회적 상호작용기술을 말한다.
전략적 능력	AAC 의존자가 AAC 사용과 관련된 기능적 한계를 극복하기 위해 사용하는 보완 전략과 관련이 있다. 여기에는 AAC에 익숙하지 않은 사람들과 의사소통하기, 의사소통 단절 해결하기, 느린 말 속도 보완하기 등이 포함된다.

38

2017 중등A-9

모범답안

㉢	• 다양한 방식의 행동과 표현 수단 제공 • 예: 다음 중 택 1 – 지필평가를 구술평가로 대신한다. – 지필평가 대신 해당 내용을 지적하거나 가리킬 수 있도록 한다. – 소근육의 움직임에 어려움을 보이므로 확대키보드와 같은 보조공학기기를 사용하도록 한다.

해설

㉢ 학생 P는 상지의 소근육 운동 기능에 어려움이 있는 지체장애 학생임을 고려한 지필 평가 참여 방법의 예를 제시해야 한다.

39 2017 중등B-6

모범답안

- ㉥ 매우 민감하게 반응하기 때문에 운용의 용이성인 광과민성 발작 예방에 근거하여 초당 3~50회 주기로 깜박이거나 반짝이는 콘텐츠는 제공하지 않아야 하기 때문이다.

해설

㉥ 학생 S는 빛에 매우 민감하다. 따라서 광과민성 발작을 일으킬 수 있는 콘텐츠를 제공해서는 안 된다.

Check Point

한국형 웹 콘텐츠 접근성 지침 2.1(운용의 용이성 관련 지침)

지침	지침 설명 및 검사 항목(9개)
2.1. 입력장치 접근성	콘텐츠는 키보드로 접근할 수 있어야 한다. • 키보드 사용 보장: 모든 기능은 키보드만으로도 사용할 수 있어야 한다. • 초점 이동: 키보드에 의한 초점은 논리적으로 이동해야 하며 시각적으로 구별할 수 있어야 한다. • 조작 가능: 사용자 입력 및 컨트롤은 조작 가능하도록 제공되어야 한다.
2.2. 충분한 시간 제공	콘텐츠를 읽고 사용하는 데 충분한 시간을 제공해야 한다. • 응답시간 조절: 시간제한이 있는 콘텐츠는 응답시간을 조절할 수 있어야 한다. • 정지 기능 제공: 자동으로 변경되는 콘텐츠는 움직임을 제어할 수 있어야 한다.
2.3. 광과민성 발작 예방	광과민성 발작을 일으킬 수 있는 콘텐츠를 제공하지 않아야 한다. • 깜빡임과 번쩍임 사용 제한: 초당 3~50회 주기로 깜빡이거나 번쩍이는 콘텐츠를 제공하지 않아야 한다.
2.4. 쉬운 내비게이션	콘텐츠는 쉽게 내비게이션 할 수 있어야 한다. • 반복 영역 건너뛰기: 콘텐츠의 반복되는 영역은 건너뛸 수 있어야 한다. • 제목 제공: 페이지, 프레임, 콘텐츠 블록에는 적절한 제목을 제공해야 한다. • 적절한 링크 텍스트: 링크 텍스트는 용도나 목적을 이해할 수 있도록 제공해야 한다.

40 2018 초등A-3

모범답안

3)	광선이나 광학 포인터의 움직임을 단시간 내에 평균화해서, 가장 오랫동안 가리킨 항목을 작동시키는 방법이다.

해설

3) 여과 활성화 전략은 평균 활성화 전략이라고도 하며 광선이나 광학 포인터가 가리킨 항목을 단시간 내에 평균화해서 가장 오랫동안 가리킨 항목을 작동시키는 방법이다.

41 2018 유아A-8

모범답안

1)	① SETT 구조 모델 ② 접근성 이슈 ③ 기술적, 물리적, 교육적
2)	① 자동 스캐닝 ② 자동 스캐닝은 낮은 수준의 운동 피로를 유발하는 데 반해 감각적, 인지적 주의력은 높은 수준을 요구하므로 재민이의 특성과 일치한다.

해설

지문 돋보기

• 환경 특성

자유 놀이 시간에 별도의 교육적·물리적 수정이 이루어지지 않음.	조정
교사 지원: 교사가 유아들에게 개별 지원을 제공하나 재민이에게만 일대일로 지속적인 지원을 제공하는 데 어려움이 있음.	지원
교실 자원: 다양한 놀잇감이 마련되어 있으나 재민이가 조작할 수 있는 교구는 부족함.	자원과 장비
태도 및 기대: 재민이가 독립적으로 놀이 활동에 참여할 수 있기를 희망함.	태도 및 기대

2) ① 제시문을 통해 알 수 있는 재민이의 특성은 주의집중력이 높으나 신체 피로도 역시 높다는 것이다. 따라서 높은 주의집중력을 이용하는 동시에 신체 피로도를 낮춰주는 스캐닝 방법이 적절하다.

② 자동 스캐닝 시 요구되는 운동 피로는 낮으며, 감각적·인지적 주의력은 많이 요구된다. 자동 스캐닝은 반복된 움직임이나 유지보다는 오히려 타이밍에 의존하기 때문에 피로도 수준이 낮다. 반전 스캐닝의 피로도는 중간 정도이다. 일정 기간 동안 접속된 스위치를 붙들고 있을 수 있는 운동 유지력이 필요하기 때문이다(Beukelman et al., 2017: 223-225).

Check Point

(1) SETT 구조

각 부분에 있는 질문은 그 자체로 이해하고 끝내기보다는 함께 논의해 볼 문제이다.

학생
- 기능적으로 중요한 부분이 무엇인가? 학생이 스스로 하기 어렵거나 할 수 없지만 해야 할 것은 무엇인가?
- 특별한 요구(중요 부분과 관련하여)
- 현재 능력(중요 부분과 관련하여)

환경
- 조정(교육적 · 물리적)
- 지원(학생과 스태프 모두 이용할 수 있는)
- 자원과 장비(환경 내에서 다른 사람이 일반적으로 사용하는)
- 접근성 이슈(기술적 · 물리적 · 교육적)
- 태도 및 기대(스태프, 가족, 다른 사람의)

과제
- IEP 목표 및 목적을 완수할 수 있는 학생의 평소 환경에서 어떤 구체적인 수행과제가 생기는가?
- 환경 안에서 적극적인 참여를 위해 어떤 구체적인 수행과제가 필요한가?
  학생과 환경, 수행과제에 대해 수집된 정보를 분석하고 다음의 질문과 활동에 대해 논의해 보자.

도구
- 보조공학기기와 서비스 없이 학생의 교육적 목표를 달성할 수 없을 것으로 예상하는가?
- 만약 그렇다면, 학생이 좋아하는 유용한 보조공학기기와 서비스 시스템이 무엇인지 기술한다.
- 시스템에 포함되는 도구는 학생의 요구를 수용해야 한다.
- 평소 환경에서 가장 잘 사용할 수 있는 것을 시험 사용 도구로 선택한다.
- 구체적인 시험 사용 계획을 짠다(예상되는 변화, 도구의 사용 시기와 방법 등 기타).
- 효과에 관한 데이터 수집

의사결정에 도움이 되는 정보인지, 실행이 정확하고 최신의 정보인지, 모든 관련된 지식을 확실히 반영하는지 등을 확인하기 위해 SETT 프레임워크 정보를 주기적으로 다시 참조한다.

(2) 스캐닝을 위한 커서 조절 기법의 기술 정확도 요구

운동 요소	선택 기법		
	자동 스캐닝	단계별 스캐닝	반전 스캐닝
기다리기	높음	낮음	중간
활성화하기	높음	중간	낮음
유지하기	낮음	낮음	높음
해제하기	낮음	낮음	높음
피로도	낮음	높음	중간
감각적 · 인지적 주의력	높음	낮음	높음

※ 표는 Beukelman 등(2017)의 저서 내용이다. 단, 감각적 · 인지적 주의력에 대한 내용은 Cook 등(2014)에서 인용하였다.

42

2018 초등B-2

모범답안

2)	① 다양한 방식의 참여 수단 제공 ② 반복연습형

해설

2) ① A는 참여의 원리 중 지침 8. 지속적인 노력과 끈기를 돕는 선택 제공에 해당한다.

Check Point

✓ 교육용 소프트웨어의 유형

유형	교사의 역할	컴퓨터의 역할	학습자의 역할	보기
반복연습형	• 선수지식들의 순서화 • 연습을 위한 자료 선택 • 진행상황 점검	• 학생 반응을 평가하는 질문 던지기 • 즉각적 피드백 제공 • 학생진전 기록	• 이미 배운 내용을 연습 • 질문에 응답 • 교정/확인받음 • 내용과 난이도 선택	• 낱말 만들기 • 수학 명제 • 지식 산출
개인교수형	• 자료 선택 • 교수에 적응 • 모니터	• 정보 제시 • 질문하기 • 모니터/반응 • 교정적 피드백 제공 • 핵심 요약 • 기록 보존	• 컴퓨터와 상호작용 • 결과 보고 • 질문에 대답하기 • 질문하기	• 사무원 교육 • 은행원 교육 • 과학 • 의료 절차 • 성경공부
시뮬레이션형	• 주제 소개 • 배경 제시 • 간략하지 않은 안내	• 역할하기 • 의사결정의 결과 전달 • 모형의 유지와 모형의 데이터베이스	• 의사결정을 연습 • 선택하기 • 결정의 결과 받기 • 결정 평가	• 고난극복 • 역사 • 의료진단 • 시뮬레이터 • 사업관리 • 실험실 실험
게임형	• 한계를 정함. • 절차 지시 • 결과 모니터링	• 경쟁자, 심판, 점수기록자로 행동	• 사실, 전략, 기술을 학습 • 평가 선택 • 컴퓨터와의 경쟁	• 분수 게임 • 계산 게임 • 철자 게임 • 타자 게임
발견학습형	• 기본적인 문제 제시 • 학생 진전을 모니터	• 정보 원천을 학습자에게 제공 • 데이터 저장 • 검색절차 허용	• 가설 만들기 • 추측을 검증하기 • 원리나 규칙 개발하기	• 사회과학 • 과학 • 직업 선택
문제해결형	• 문제를 확인 • 학생들을 돕기 • 결과 검증	• 문제 제시 • 데이터 조작 • 데이터 베이스 유지 • 피드백 제공	• 문제를 정의하기 • 해결안을 세우기 • 다양성을 조절	• 사업 • 창의력 • 고난 극복 • 수학 • 컴퓨터 프로그래밍

출처 ▶ 김남진 외(2017 : 197-198)

43

2018 중등A-10

모범답안

- ㉠ 보조공학 숙고 과정 모델
- ㉢ 생태학적 사정

Check Point

(1) 보조공학 숙고 과정 모델

① 보조공학 숙고 과정(AT Consideration Process) 모델은 장애학생들의 요구를 충족시켜 줄 수 있는 보조공학을 적절하게 선택하는 직접적 과정에 대해 설명한다.

② 보조공학 숙고 과정 모델은 다른 모델에 비해 정교하지는 않으며 다음의 다섯 단계를 거쳐 보조공학이 선택된다.

단계	내용
검토 단계	• 학생의 능력을 검토하는 것이다. • 이때 모든 중요한 측면에서의 학생의 기능적 능력과 학문적 수행을 포함한다. 뿐만 아니라 관찰이나 표준 자료들을 포함하여 모든 사용 가능한 평가 자료를 포함한다.
개발 단계	• 학생의 능력과 교육적 발전에 필요한 요건(주나 지역의 교육과정 규범)에 맞추어 연간목표, 목적, 기준을 개발하는 것이다. • 이때 참여자들은 학생이 보조공학의 도움으로 주어진 목표와 목적을 달성할 수 있는가를 토론해 봐야 한다.
조사 단계	• 학생이 두 번째 단계에서 제시된 목표와 목적을 수행하는 데 필요한 모든 과제들을 조사하는 단계다. • 학생이 기술을 발휘하거나 기대를 충족시킬 수 있는 구체적 환경을 알아봐야 한다.
평가 단계	• 세 번째 단계에서 확인된 모든 과제의 난이도를 평가한다. • 보조공학은 학생이 과제를 독립적으로 수행할 수 없을 때 사용되어야 한다.
확인 단계	• 학생에게 맞는 모든 지원과 서비스를 확인해서 네 번째 단계에서 정해놓은 목표와 목적을 달성하는 것이다. • 이 단계는 특정한 보조공학 지원 혹은 서비스에 관한 결정을 포함하기도 한다.

(2) 보조공학 사정의 세 가지 특성(Bryant)

특성	내용
생태학적 사정	• 보조공학의 사정은 보조공학과 관련된 다양한 요소들을 모두 고려해야 한다. • 효과적인 사정은 사용자에게 영향을 끼칠 사람들과 기기가 사용될 다양한 환경을 고려해야 한다.
실천적 사정	• 보조공학 사정은 학생들의 행동이 나타날 상황에서 보조공학기기들을 사용함으로써 현실적으로 계속되어야 한다. • 보조공학기기가 선택되고 사용자에게 맞춰진 후, 사정은 보조공학기기들이 사용될 복잡한 상황에서 계속된다.

계속적 사정	• 사정은 한 가지 형식이나 다른 형식으로 계속된다. • 사정팀의 결정이 정확하고 보조공학기기가 효과적이고 올바른 방법으로 사용되고 있는지 확인하기 위해 보조공학기기의 사용이 감시되고 지속적으로 평가되어야 한다.

44

2018 중등A-12

모범답안

• ㉠ 기술 장벽, 지식 장벽

해설

지문 톺보기

• '상징을 분류하는 방법을 실습': 기술 장벽은 광범위한 지식에도 불구하고 촉진자들이 AAC 기법이나 전략을 실제로 이행하는 데 어려움을 지닐 때 발생한다. 따라서 AAC 중재에 관여하는 사람들의 '실무(hands-on)'기술 수준을 평가하는 것이 중요하다(Beukelman et al., 2017 : 179).

• '기기 관리 방법에 대해서도 안내': 지식 장벽은 촉진자나 다른 누군가의 정보 부족을 일컫는다. AAC 중재 옵션, 테크놀로지, 교수전략 등에 대한 지식 부족은 종종 복합적인 의사소통 욕구를 지닌 사람의 효과적인 참여에 엄청난 장벽이 된다(Beukelman et al., 2017 : 178-179).

Check Point

⊘ 참여 모델

미국청각협회(ASHA)는 2004년 기술보고서에서, AAC 평가 및 중재를 이행하기 위한 틀로 참여 모델을 승인하였다. 참여 모델은 AAC와 관련된 의사결정과 중재를 안내하고자 로젠버그와 뷰켈먼이 기술했던 개념을 확장한 뷰켈먼과 미렌다에 의해 최초로 제시되었다. 수년에 걸쳐, 이 모델을 실행에 옮긴 연구에 기초하여 일부 연구자들은 이 모델에 대해 소소한 수정을 제안하였다. 이러한 과정을 거쳐 수정된 참여 모델은 복합적인 의사소통 요구(CCN)를 지닌 사람과 생활연령이 같은 일반 또래의 기능적인 참여에 기초하여 AAC 평가를 수행하고 중재를 계획할 수 있도록 하는 체계적인 과정을 보여준다. 이는 쿡과 폴가가 제안한 인간 활동 보조 테크놀로지(HAAT) 모델과 유사하다. HAAT 모델에서 중재자는 보조 테크놀로지에 의존하는 사람과 완성되어야 할 활동 및 활동이 수행되는 상황의 상호작용을 고려한다(Beukelman et al., 2017 : 169).

참여 모델에서 언급하고 있는 기회 장벽과 접근 장벽은 다음과 같다.

기회 장벽	정책	• AAC 사용자의 상황을 좌우하는 법률이나 규정이다. • 학교, 직장, 거주시설, 병원, 재활센터, 요양소 등에는 주로 그 시설의 관리 규약을 담은 문서에 관련 정책이 요약되어 있으나 AAC 관련 내용 언급이 없다.
	실제	• 가정, 학교 또는 직장에서 이루어지고 있는 일반적인 절차나 관습을 말한다. • 가정, 학교, 직장에서 실제 정책이 아닌데도 일상적으로 된 장벽, 예를 들면, 많은 학교가 교육청의 기금으로 마련한 AAC 도구를 학교 안에서만 사용하도록 제한하고 있는데, 이는 교육청의 공식적인 정책이 아니다.
	기술	• 도움을 제공하는 사람들이 AAC 기법이나 전략을 사용하는 기술이 부족하여 실제로 이행하는 데 어려움이 발생한다. • AAC 기술이나 전략에 대한 실제적인 적용 방법을 몰라서 어려움을 겪는다. • AAC 중재 계획을 책임지고 있는 개인들이 기술수준을 진단하는 것도 중요하다.
	지식	AAC 중재 옵션, 테크놀로지, 교수전략 등 AAC 사용에 대한 정보 부족을 말한다.
	태도	• 개인의 태도와 신념이 참여의 장벽이 된다. • AAC 팀원의 부정적이고 제한적인 태도들은 참여의 범위를 제한시킨다. • 장애 학생에 대한 기대치를 낮추게 되고 이것은 기회에 대한 참여를 제한시킨다.
접근 장벽		• 사회나 지원체계의 제한이 아닌 AAC 사용자의 능력, 태도 및 지원의 제한, 개인의 잠재적인 능력의 제한을 포함한다. • 접근 장벽의 부족은 이동성 부족, 사물 조작과 관리의 어려움, 인지적 기능과 의사결정의 문제, 읽고 쓰기의 결함, 감각-지각적 손상(즉, 시각장애나 청각장애) 등과도 관련될 수 있다. • 개인의 현재 의사소통, 말 사용 또는 말 사용 능력 증가의 잠재성, 환경 조정의 잠재성 등을 모두 평가해야 한다.

45

2019 유아A-8

모범답안

2)	㉢ 전략 ㉣ 상징

해설

2) ㉢ 전략이란 전달하고자 하는 메시지를 어떻게 효율적으로 전달하여 의사소통을 향상시킬 것인가에 대한 계획으로 상징과 보조도구, 기법을 통해 의사표현을 원활하게 하기 위한 방법이다.

46

2019 초등A-3

모범답안

4)	① 경수는 범주 개념이 형성되어 있으면서 주의집중 시간이 짧고, 시각적 피로도가 높기 때문이다. ② 선형 스캐닝 방법에 비해 빠르게 선택할 수 있다는 장점이 있다.

해설

4) ② 선형 스캐닝에서의 항목은 특정 순서에 따라 한 번에 하나씩 제시되기 때문에 항목이 많을 경우에는 비효율적이다. 따라서 많은 항목을 포함하고 있는 선택세트는 효율성을 높이기 위해 행렬 스캐닝 방식을 사용하는 것이 일반적이다.

Check Point

✓ 스캐닝 형태

스캐닝은 선형 스캐닝과 원형 스캐닝, 행렬 스캐닝(또는 집단-항목 스캐닝) 방식으로 제공될 수 있다(박은혜 외, 2018 : 324-325).

선형 스캐닝	• 가장 기본적인 형태로 시간 간격을 둔 순차적 스캐닝 방법 • 스캐닝이 시작되면 화면이나 AAC 기기의 버튼/아이콘이 하나씩 시각적으로 반전되거나 청각적 소리를 내면서 순차적으로 이동. 이때 불빛이나 반전이 원하는 버튼/아이콘에 왔을 때 스위치를 눌러서 선택하는 방법
원형 스캐닝	• 시간 간격을 두고 순차적으로 이루어진다는 점에서는 선형 스캐닝과 동일 • 시곗바늘의 움직임과 같은 방향으로 원형 형태로 시각적 추적이 이루어진다는 점에서 학생이 보다 쉽게 이용할 수 있음.
행렬 스캐닝	• 선택해야 할 버튼/아이콘의 수가 많을 때, 행과 열 단위로 먼저 선택한 후에 선택한 행과 열의 선형 스캐닝을 하는 것 • 선형 스캐닝 방법에 비해 빠르게 선택할 수 있다는 장점

47

2019 중등B-5

모범답안

- ㉢ 인과관계
- ㉣ 일반 키보드나 마우스를 이용한 직접선택 기법은 신체적인 압력 또는 떼는 힘이 요구되기 때문에 피로를 빨리 그리고 많이 느끼는 데 반해 단일 스위치를 사용하는 간접선택 기법은 미세한 근육 활동만으로도 조작 가능하다.

Check Point

(1) 스위치 사용을 위한 운동 훈련의 순차적 단계

목표	목표를 성취하기 위해 사용된 도구
1. 인관관계를 개발시키기 위해 사용하는 시간 독립적 스위치	• 가전기구(선풍기, 믹서기) • 배터리로 작동하는 장난감이나 라디오 • 스위치가 눌리면 언제나 결과가 나타나는 소프트웨어
2. 스위치를 적절한 시간에 사용하도록 능력을 개발하는 데 쓰이는 시간 종속적 스위치	그림이나 소리로 된 결과물을 얻기 위해 특정한 시간에 반응을 보여야 하는 소프트웨어
3. 다중선택 스캐닝 능력을 개발시키기 위한 특정한 윈도우내의 스위치	'제한시간(time window)'에서 반응을 요구하는 소프트웨어
4. 상징적인 선택 만들기	• 간단한 스캐닝 의사소통 기구 • 상징적인 표시와 의사소통적 출력을 가지고 있는 시간 독립적인 선택을 만들도록 설계된 소프트웨어

(2) 직접/간접선택의 장단점

① 직접선택

장점	• 사용자의 표현력이 향상된다. • 빠른 속도로 표현할 수 있다.
단점	• 사용자가 피로를 많이 느낀다. • 사용자가 피로를 빨리 느낀다. • 잘되지 않을 때에는 스트레스를 받게 되고, 자신감을 상실할 수도 있다.

② 간접선택

장점	미세한 근육 활동만으로도 조작 가능하다.
단점	근육 활동 자체의 제약으로 인해 정보 입력이 제한되고, 많은 시간이 소요된다.

48 2020 유아A-2

모범답안

2)	① 보편적 설계 ② 다음 중 택 1 • 휠체어에서 그네로 바로 옮겨 탈 수 있도록 그네의 높이를 조절한다. • 등받이가 있는 그네를 설치한다. • 재우의 몸통을 잡아줄 수 있는 그네를 설치한다. • 휠체어와 바로 연결하여 탈 수 있는 그네를 설치한다.
3)	① ㉡ ② 소근육 운동 조절이 어려운 유아는 확대키보드가 도움이 된다.

해설

2) ① 보편적 설계란 제품과 환경을 개조하거나 추가적인 특별한 설계 없이도 모든 사람이 최대한 편리하게 사용할 수 있도록 설계하는 공학적 개념이다. 이 개념은 건축학에서 비롯했으며 무장애 설계, 통합 설계 또는 모든 사람을 위한 설계라고도 한다(특수교육학 용어사전, 2018 : 209).

② 휠체어를 사용하고 있는 아동의 접근성을 고려하여 작성하면 된다.

3) ② 확대키보드를 대체키보드로 바꿔 쓰지 않도록 유의한다. 미니키보드와 확대키보드 모두 대체키보드에 해당하기 때문이다.

Check Point

보편적 설계의 원리

원리	정의
공평한 사용	디자인은 다양한 능력을 가진 사람들에게 유용하고 시장성이 있어야 한다.
사용상의 융통성	디자인은 광범위한 개인적 성향과 능력을 수용해야 한다.
단순하고 직관적인 사용	사용자의 경험, 지식, 언어 기술 또는 현재의 주의집중 수준에 관계없이 이해하기 쉬운 디자인을 이용해야 한다.
지각할 수 있는 정보	주위의 조건 또는 사용자의 지각 능력에 관계없이 사용자들에게 필요한 정보를 효과적으로 전달해야 한다.
오류에 대한 관용	우발적이거나 의도하지 않은 행동으로 인해 발생할 수 있는 위험한 그리고 부정적인 결과를 최소화해야 한다.
낮은 신체적 수고	효율적이고 편리하게, 그리고 최소한의 육체적 노동으로 사용할 수 있어야 한다.
접근과 사용을 위한 크기와 공간	사용자의 신체적 크기, 자세, 혹은 이동성에 상관없이 접근, 도달, 작동 그리고 활용할 수 있는 적절한 크기와 공간이 제공되어야 한다.

49 2020 초등A-2

모범답안

1)	① 정운이는 상지의 불수의 운동으로 인해(또는 소근육 운동의 어려움으로 인해) 기기 하단의 버튼을 직접 누르는 데 어려움이 있기 때문에 스위치를 이용해 장치를 활성화시키는 과정이 필요하다.
2)	① 확대키보드 ② ⓞ, 콘텐츠의 모든 기능은 키보드로 접근하여 사용할 수 있도록 해야 한다.

해설

2) ① 운용의 용이성 원칙 중 입력장치 접근성 지침의 키보드 사용 보장 검사 항목에 의하면 웹 페이지에서 제공하는 모든 기능은 키보드만으로도 사용할 수 있도록 제공해야 한다.

• 키보드란 사용자가 텍스트를 입력하기 위하여 사용하는 입력장치를 의미한다. 여기에는 키보드의 자판입력을 해독하기 위하여 사용되는 소프트웨어도 포함된다. 예를 들어, 키보드의 형태를 가지지 않았지만 기능적으로 키보드를 대신하는 입력장치[예 노트북 및 개인 휴대 정보 단말기(Personal Digital Assistant, PDA) 등의 터치패드, 음성 입력장치 등] 등도 키보드로 간주한다. 위치 지정 도구와 화면 키보드 프로그램을 조합한 가상 키보드 입력장치와 스마트폰과 태블릿 기기의 키보드 입력 프로그램도 키보드의 일종으로 간주한다(미래창조과학부, 2015 : 6).

② 한국형 웹 콘텐츠 접근성 지침 2.1에 근거하여 제시된 웹 콘텐츠 제작 시 고려사항을 살펴보면 다음과 같다(단, ⓞ은 수정 후 제시하였음).

지문 돋보기

• ⓜ 읽거나 사용하는 데 충분한 시간을 제공함. : 충분한 시간 제공
• ⓗ 콘텐츠의 깜빡임 사용을 제한하여 광과민성 발작 유발을 예방함. : 광과민성 발작 예방
• ⓢ 빠르고 편리한 사용을 위하여 반복되는 메뉴를 건너뛸 수 있게 함. : 쉬운 내비게이션
• ⓞ 콘텐츠의 모든 기능에 키보드로 접근하여 사용할 수 있도록 함. : 키보드 사용 보장

Check Point

⊘ 한국형 웹 콘텐츠 접근성 지침 2.1(2015. 3. 31.)

① 인식의 용이성

지침	지침 설명 및 검사 항목(7개)
1.1. 대체 텍스트	텍스트가 아닌 콘텐츠에는 대체 텍스트를 제공해야 한다. • 적절한 대체 텍스트 제공: 텍스트가 아닌 콘텐츠는 그 의미나 용도를 인식할 수 있도록 대체 텍스트를 제공해야 한다.
1.2. 멀티미디어 대체 수단	동영상, 음성 등 멀티미디어 콘텐츠를 이해할 수 있도록 대체 수단을 제공해야 한다. • 자막 제공: 멀티미디어 콘텐츠에는 자막, 대본 또는 수화를 제공해야 한다.
1.3. 명료성	콘텐츠는 명확하게 전달되어야 한다. • 색에 무관한 콘텐츠 인식: 콘텐츠는 색에 관계없이 인식될 수 있어야 한다. • 명확한 지시 사항 제공: 지시 사항은 모양, 크기, 위치, 방향, 색, 소리 등에 관계없이 인식될 수 있어야 한다. • 텍스트 콘텐츠의 명도 대비: 텍스트 콘텐츠와 배경 간의 명도 대비는 4.5 대 1 이상이어야 한다. • 자동 재생 금지: 자동으로 소리가 재생되지 않아야 한다. • 콘텐츠 간의 구분: 이웃한 콘텐츠는 구별될 수 있어야 한다.

② 운용의 용이성

지침	지침 설명 및 검사 항목(9개)
2.1. 입력장치 접근성	콘텐츠는 키보드로 접근할 수 있어야 한다. • 키보드 사용 보장: 모든 기능은 키보드만으로도 사용할 수 있어야 한다. • 초점 이동: 키보드에 의한 초점은 논리적으로 이동해야 하며 시각적으로 구별할 수 있어야 한다. • 조작 가능: 사용자 입력 및 컨트롤은 조작 가능하도록 제공되어야 한다.
2.2. 충분한 시간 제공	콘텐츠를 읽고 사용하는 데 충분한 시간을 제공해야 한다. • 응답시간 조절: 시간제한이 있는 콘텐츠는 응답시간을 조절할 수 있어야 한다. • 정지 기능 제공: 자동으로 변경되는 콘텐츠는 움직임을 제어할 수 있어야 한다.
2.3. 광과민성 발작 예방	광과민성 발작을 일으킬 수 있는 콘텐츠를 제공하지 않아야 한다. • 깜빡임과 번쩍임 사용 제한: 초당 3~50 회 주기로 깜빡이거나 번쩍이는 콘텐츠를 제공하지 않아야 한다.
2.4. 쉬운 내비게이션	콘텐츠는 쉽게 내비게이션 할 수 있어야 한다. • 반복 영역 건너뛰기: 콘텐츠의 반복되는 영역은 건너뛸 수 있어야 한다. • 제목 제공: 페이지, 프레임, 콘텐츠 블록에는 적절한 제목을 제공해야 한다. • 적절한 링크 텍스트: 링크 텍스트는 용도나 목적을 이해할 수 있도록 제공해야 한다.

③ 이해의 용이성

지침	지침 설명 및 검사 항목(6개)
3.1. 가독성	콘텐츠는 읽고 이해하기 쉬워야 한다. • 기본 언어 표시: 주로 사용하는 언어를 명시해야 한다.
3.2. 예측 가능성	콘텐츠의 기능과 실행결과는 예측 가능해야 한다. • 사용자 요구에 따른 실행: 사용자가 의도하지 않은 기능(새 창, 초점에 의한 맥락 변화 등)은 실행되지 않아야 한다.
3.3. 콘텐츠의 논리성	콘텐츠는 논리적으로 구성해야 한다. • 콘텐츠의 선형 구조: 콘텐츠는 논리적인 순서로 제공해야 한다. • 표의 구성: 표는 이해하기 쉽게 구성해야 한다.
3.4. 입력 도움	입력 오류를 방지하거나 정정할 수 있어야 한다. • 레이블 제공: 사용자 입력에는 대응하는 레이블을 제공해야 한다. • 오류 정정: 입력 오류를 정정할 수 있는 방법을 제공해야 한다.

④ 견고성

지침	지침 설명 및 검사 항목(2개)
4.1. 문법 준수	웹 콘텐츠는 마크업 언어의 문법을 준수해야 한다. • 마크업 오류 방지: 마크업 언어의 요소는 열고 닫음, 중첩 관계 및 속성 선언에 오류가 없어야 한다.
4.2. 웹 애플리케이션 접근성	웹 애플리케이션은 접근성이 있어야 한다. • 웹 애플리케이션 접근성 준수: 콘텐츠에 포함된 웹 애플리케이션은 접근성이 있어야 한다.

50 2020 초등B-4

모범답안

1)	다양한 방식의 표상 수단 제공

51 2020 초등B-5

모범답안

1)	보완대체의사소통

해설

1) 보완대체의사소통이란 다양한 원인으로 말하기나 쓰기에 어려움을 느끼는 이들이 의사소통 능력을 향상하고 사고의 확장을 도우려고 사용하는 여러 가지 의사소통 유형을 말한다. 발성은 가능하나 발음이 부정확한 사람에게 표정, 몸짓, 컴퓨터 등과 같은 보조도구(방법)를 활용하는 방법을 알려 주거나, 전혀 발성이 되지 않는 사람에게 그림이나 글자 등의 상징을 사용하여 의사소통을 돕는 방법 등을 포함한다. 의사소통을 지원함으로써 소통 능력을 향상하도록 개인의 의사소통에 사용되는 상징, 보조도구, 전략, 기법 등에 총체적으로 접근하는 방법이다(특수교육학 용어사전, 2018 : 206).

52 2021 초등B-1

모범답안

2)	① 키가드 ② 다음 중 택 1 • 타이핑 정확도를 향상시킬 수 있다. • 불필요한 키보드 사용 및 조작을 감소시켜 피로감을 줄일 수 있다.

해설

2) ① 키가드는 컴퓨터 키보드 위에 놓기 위해 키마다 구멍이 뚫린 아크릴이나 금속으로 만들어진 커버를 말한다.

Check Point

⊘ 카가드 사용의 장점

㉠ 키가드의 구멍이 한 번에 하나의 키만을 누를 수 있도록 유도하기 때문에 타이핑 정확도를 향상시킬 수 있다.
㉡ 불필요한 키보드 사용 및 조작을 감소시켜 피로감을 줄일 수 있다.
㉢ 선택/포인팅 장치를 사용하는 학생이나 소근육 운동 조절이 어려운 사람은 원하는 각각의 키를 더 쉽게 찾을 수 있다.
㉣ 손 또는 팔의 피로가 쉽게 오는 학생은 키를 선택할 때 키가드 위에 손을 얹어 휴식을 취할 수 있고, 한 키에서 다른 키로 옮겨갈 때 키가드 위에서 미끄러지듯 움직일 수 있다.

53 2022 초등B-2

모범답안

2)	음성출력기기의 상징을 보며 "큰북"이라고 말하고 잠시 기다린다.
3)	① 최소-최대 촉구법 ② 교사는 구체적인 설명과 함께 스위치 누르는 것을 시범보이고 4초간 기다린다.

해설

2) 혜지는 시각적 정보 처리에 어려움이 있어 그림을 명확하게 변별하기 어렵기 때문에 시각적 스캐닝은 어렵다. 따라서 스위치에 연결된 상징이 무엇인지를 음성으로 알려준 후 혜지의 반응을 기다리는 청각적 스캐닝의 방법을 사용해야 한다. 이때 상징의 디스플레이 형태는 선형이므로 교사는 작은 북, 큰 북, 징의 순으로 알려 주어야 한다. 교사는 청각적으로 의사소통판의 내용을 말해 준 후 혜지의 반응을 기다리고 있으며 "작은 북"에 대해 반응이 없으므로 다음 차례인 "큰 북"을 말하고 잠시 기다려야 한다.

- 스캐닝 방법은 시각적 또는 청각적 스캐닝 방법을 사용할 수 있다. 청각적 스캐닝이란 교사나 다른 대화상대자가 의사소통판의 내용을 천천히 말해 주면 원하는 항목이 나왔을 때 정해진 신호를 통해 선택하는 것을 말한다. 시각적 스캐닝의 경우에는 의사소통기기에서 불빛이 정해진 순서대로 천천히 이동하면서 학생이 원하는 항목에 불빛이 왔을 때 스위치를 누르거나 소리 내기, 손 들기 등으로 선택하는 방법을 말한다(박은혜 외, 2019 : 323-324).

3) 절차별 시행 방법은 다음과 같다.

절차	방법
스위치를 혜지의 손 가까이 두고 어떠한 촉진도 없이 4초간 기다린다.	시간 지연
스위치를 교사의 손가락으로 가리키고 4초간 기다린다.	지적하기 촉진 (시각적 촉진 제공)
교사가 "혜지가 오늘 연주하고 싶은 악기를 말해볼까?"라고 말하고 4초간 기다린다.	언어적 촉진
교사는 구체적인 설명과 함께 스위치 누르는 것을 시범보이고 4초간 기다린다.	모델링
교사가 혜지의 손등을 가볍게 톡톡 건드리고 4초간 기다린다.	부분적 신체 촉진
교사가 혜지의 손을 잡고 스위치를 누른다.	전반적 신체 촉진

Check Point

✓ 체계적 교수

① 체계적 교수(systematic instruction)란 연구 결과와 학생의 개인적 요구를 기반으로 하여 잘 계획되고 효과적인 교수전략을 사용한 교수를 말한다. 체계적 교수는 자료의 습득과 유창성, 파지 및 일반화를 촉진하는 데 목적이 있다(Best et al., 2018 : 521).

② 체계적 교수는 응용행동분석 원리에 근거하여 학업기술이나 기능적 일상생활 기술을 포함하여 광범위한 범위의 기술 등을 지도하는 데 활용되고 있다. 체계적 교수에서 가장 핵심적인 부분은 단연코 과제분석이다(Collins, 2019 : iii).

54

2020 초등B-6

모범답안

1)	시뮬레이션형(또는 모의실험용)

해설

1) 컴퓨터 보조수업이란 컴퓨터가 직접 교사의 수업기능을 대신하여 교과내용의 지식이나 기능, 태도 등을 학생들에게 가르치는 것(김용욱 외, 2003 : 245)으로 학습내용의 구성에 따라 반복연습형, 개인교수형, 시뮬레이션형, 게임형, 발견학습형, 문제해결형으로 구분한다. 시뮬레이션형(또는 모의실험형)은 가상적 상황에서 과제를 수행하고 그 결과를 확인함으로써 구체적인 지식을 습득할 수 있도록 한다.

55

2020 중등A-7

모범답안

- ㉡ 문법적 범주의 구성
  어휘를 왼쪽에서 오른쪽으로 명사(대명사), 조사, 동사의 순이 되게 배열한다.(또는 어휘를 왼쪽에서 오른쪽으로 구어의 어순에 따라 배열한다.)
- ㉢ 해제 활성화 전략

해설

㉢ • 화면이나 대체 입력기기를 직접 접촉하거나 누르고 있을 동안에는 선택되지 않음. : 기법의 종류를 제시하는 것으로 직접선택 기법임을 의미한다.
• 선택하고자 하는 해당 항목에 커서가 도달했을 때, 접촉하고 있던 것을 떼게 되면 그 항목이 선택됨. : 상징이 선택되는 방법에 대한 설명으로 해제의 방법을 이용하여 상징을 선택함을 의미한다. 해제 활성화 전략은 컴퓨터 화면을 손으로 지적하고 원하는 항목을 지적해도 활성화되지 않다가, 원하는 항목에 도달해서 접촉을 유지하다가 손을 떼었을 때 해당 항목이 활성화되도록 하는 기능을 말한다. 손으로 지적하는 것에서 접촉이 해제되었을 때 활성화되며, 접촉 시간은 학생의 능력과 요구에 따라 조정해 준다. 학생이 너무 느리거나 비효율적으로 움직여서 시간이 설정된 활성화 전략(= 시간 활성화 전략)만으로는 컴퓨터의 사용이 어려운 경우 사용된다(박은혜 외, 2018 : 492).

Check Point

✓ 어휘 목록 구성 전략

① 문법적 범주의 구성
② 의미론적 범주의 구성
③ 환경/활동 중심으로 구성

56 2020 중등B-4

(모범답안)

- ㉡ 공간지능

Check Point

⊗ 다중지능 유형

지능 영역	주요 신경체제	지능의 핵심요소	지능 개발을 위한 학급 활동
언어 지능	좌뇌 측두엽, 전두엽	언어의 소리, 구조, 의미와 기능에 대한 민감성	의성어와 은유법에 대해 토론
논리 수학 지능	좌뇌 두정엽, 우뇌	논리적·수리적 유형에 대한 민감성과 구분 능력, 연쇄적으로 추리하는 능력	삼각형의 넓이에 대한 공식을 이용해 건물의 한 측면에서 다른 측면까지의 거리 계산하기
공간 지능	우뇌 후두엽	시공적 세계를 정확하게 지각하고, 최초의 지각에 근거해 형태를 바꾸는 능력	그림을 그릴 때 투시법 사용하기
대인 관계 지능	전두엽, 측두엽(우뇌), 변연계	타인의 기분, 기질, 동기, 욕망을 구분하고 적절하게 대응하는 능력	학급 친구들 간의 논쟁에서 두 가지 의견 모두를 경청하기
자기 성찰 지능	전두엽, 두정엽, 변연계	자기 자신의 감정에 충실하고 자신의 정서들을 구분하는 능력, 자신의 장점과 약점에 대한 인식	자신의 욕구 좌절에서 통찰을 획득하기 위해 문학에서 등장인물 역할극하기
신체 운동 지능	소뇌, 기저핵, 운동 피질	자기 몸의 움직임을 통제하고, 사물을 능숙하게 다르는 능력	민속춤 추기, 노래하기
음악 지능	우뇌 측두엽	리듬, 음조, 음색을 만들고 평가하는 능력, 음악적 표현 형식에 대한 평가 능력	노래의 리듬, 박자 결정하기
자연 친화 지능	우뇌 측두엽	자연적으로 유형을 이해하는 능력	식물의 주기에서 유형 관찰하기

출처 ▶ 민은지(2018 : 16-17), Sternberg et al.(2010 : 107)

57 2021 유아A-1

(모범답안)

1)	다양한 방식의 참여 수단 제공

해설

1) 유아들의 관심과 흥미를 유발하는 데 초점을 두고 있음에 주목한다.

Check Point

⊗ 보편적 학습설계의 원리

① 다양한 방식의 표상 수단 제공
② 다양한 방식의 행동과 표현 수단 제공
③ 다양한 방식의 참여 수단 제공

58 2021 초등A-6

(모범답안)

2)	다양한 방식의 표상 수단 제공

해설

2) 분석 결과 자료를 인쇄물 또는 음성 자료로만 제공하거나 서책형 자료로만 제공하는 것에 대한 대안으로 다양한 방법으로 정보를 제시함을 의미하기 때문에 보편적 학습설계의 원리 중 다양한 방식의 표상 수단 제공과 관련된다.

59 2021 초등B-4

모범답안

2)	스위치를 활성화하여 포인터나 커서가 움직이면 미리 설정된 훑기 형태에 따라 움직이도록 스위치를 계속 누르고 있어야 하며 원하는 상징에 도달했을 때 스위치를 해제하면 선택이 이루어지는 방식이다.

해설

2) 유도된 스캐닝(또는 반전 스캐닝)은 주로 스위치 활성화에 어려움을 보이지만, 일단 활성화가 이루어지면 이를 유지하고 스위치를 정확하게 해제할 수 있는 사람에게 유용하다.

Check Point

선택 조절 기법

기법	작동 원리
자동 스캐닝	보완대체의사소통기기가 훑기를 계속해 가는 도중, 사용자가 원하는 상징에 도달하였을 때 스위치를 누르면 선택된 상징이 작동하는 방식
단계별 스캐닝	사용자가 커서를 이동시키기 위하여 스위치를 반복적으로 눌러야 하고, 원하는 상징에 도달했을 때 시간을 기다리거나 제2의 스위치를 누르면 선택된 상징이 작동하는 방식
반전 스캐닝	스위치를 활성화하여 포인터나 커서가 움직이면 미리 설정된 훑기 형태에 따라 움직이도록 스위치를 계속 누르고 있어야 하며 원하는 상징에 도달했을 때 스위치를 해제하면 선택이 이루어지는 방식

60 2021 초등B-6

모범답안

1)	흑백 상징

61 2021 중등B-10

모범답안

- 학생 L: 청지각 변별에 어려움이 있기 때문에 멀티미디어 대체 수단을 제공하는 인식의 용이성을 고려해야 한다.(또는 색 변별에 어려움이 있기 때문에 명료성을 위해 인식의 용이성을 고려해야 한다.)
  학생 M: 시각자극에 민감하여 발작 증세가 나타나므로 광과민성 발작 예방을 위해 운용의 용이성을 고려해야 한다.(또는 모든 기능을 키보드 조작해야 하기 때문에 입력장치의 접근성을 보장하는 운용의 용이성을 고려해야 한다.)
- CAI의 유형: 시뮬레이션형
  장점: 다음 중 택 1
  - 실제로 행하는 것보다 위험 부담이 적다.
  - 비용이 절감된다.
  - 실제 상황보다 더 간편하다.
  - 시간을 절약할 수 있다.
  - 어떤 현상의 구체적인 상황에 초점을 맞추는 능력이 증가된다.
  - 경험을 반복할 수 있다.

해설

학생의 특성과 웹 접근성을 정리하면 다음과 같다.

학생	특성	관련 검사 항목	관련 지침	관련 원리
L	청지각 변별의 어려움	자막제공	멀티미디어 대체 수단	인식의 용이성
	색 변별의 어려움	색에 무관한 콘텐츠 인식	명료성	
M	시각 자극에 민감	깜빡임과 번쩍임 사용 제한	광과민성 발작 예방	운용의 용이성
	마우스 사용의 어려움	키보드 사용 보장	입력장치 접근성	

Check Point

컴퓨터 보조 수업 유형별 기본 구조

① 반복연습형

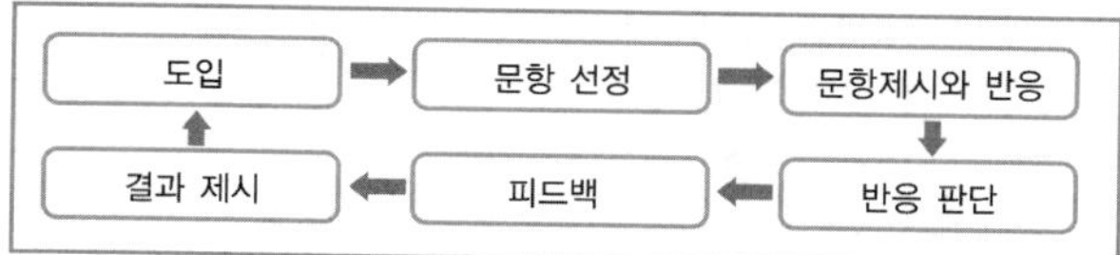

② 개인교수형

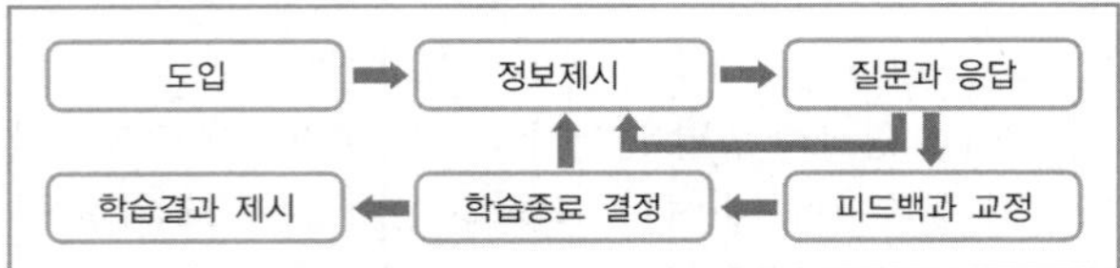

③ 시뮬레이션형

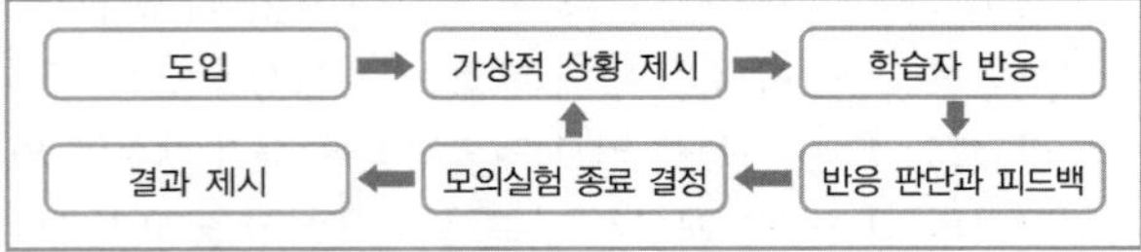

62

2022 유아B-2

모범답안

1)	현우에게 딱딱하지 않은 재질로 되어 있는 주사위를 제공한다.
2)	① 인지 능력 ② 직접선택이 적절함

해설

1) (가)의 [A]에서 사용한 교수적 수정 유형은 교수자료의 수정이다.

2) ① 인지 능력 진단에는 AAC 적용과 관련된 기본 인지 능력으로 사물 연속성, 부분과 전체의 개념 이해, 범주화 능력을 알아본다. 뿐만 아니라 사물의 기능에 대한 이해 및 사물과 상징의 대응관계를 평가하는 것도 중요하다(박은혜 외, 2019 : 334).

② 제시된 [C]의 내용에 의하면 한 손가락으로도 버튼을 잘 누를 수 있고 기다리지 않고 도움 없이 버튼 누르는 것을 좋아하므로 직접선택이 적절하다.

- 기법이란 보완대체의사소통 체계 사용자가 전하고자 하는 메시지를 선택하거나 판별하는 방식으로 직접선택과 간접선택(또는 스캐닝)으로 구분된다.
- 직접선택 방법은 손, 발, 팔 등과 같이 스스로 일관성 있게 의도적으로 움직일 수 있는 신체 부분을 사용하여 그림 의사소통판의 상징을 짚거나 상징이 부착된 기기를 누르는 것을 말한다. 간접선택 방법은 손으로 직접선택하기를 못하는 경우 신체의 한 부위로 스위치를 눌러서 선택하게 하는 간접적인 방법이다(박은혜 외, 2019 : 321-323).

Check Point

✓ 보완대체의사소통 지도를 위한 평가

- 파라다이스 보완대체의사소통 기초 능력 평가(PAA)

운동 능력	자세 및 이동 능력의 평가	바른 자세를 취할 수 있는지, 어떤 자세 보조기기가 필요한지 등을 평가하여 AAC 체계를 사용할 때의 적절한 자세에 대해 알아본다.
	신체 기능의 평가	• 상징 선택 및 표현에 필요한 운동 능력을 알아보는 것이다. • 의사소통판이나 AAC 기기를 사용할 경우 상징을 직접 지적하거나 스위치 등의 간접적인 방법을 사용하기 때문에 학생의 신체 기능을 알아보아야 한다.
감각 능력	• AAC 기기에 사용할 상징의 유형, 크기, 사용자 눈으로부터의 거리 등을 결정하고 의사소통 상징과 기기들의 적절한 배치와 정렬, AAC의 상징 배치, 항목 간 간격 등을 결정하기 위해 시야를 측정하고 시각 관련 근육들의 기능성과 시각을 고정하고 유지하는 능력, 사물들의 위치를 파악하고 훑어보기, 추적하기와 같은 움직임을 진단한다. • 청력 진단은 의사소통기기를 사용할 수 있는지의 기능을 파악하기 위해 필요하며 일반적인 청력검사에 의해 실시한다.	
인지 능력	• 인지 능력 진단에서는 AAC 적용과 관련된 기본 인지 능력으로 대상 영속성, 부분과 전체의 개념 이해, 범주화 능력을 알아본다. • 사물의 기능에 대한 이해 및 사물과 적절한 상징의 대응관계를 평가하는 것도 중요하다.	
언어 능력	• 수용어휘 및 기본적인 인지 능력을 알면 AAC 체계를 계획하는 데 도움이 된다. • 여러 상징체계 중 어떤 것이 사용자에게 처음 시작하기에 좋은지, 미래를 위해서는 어떤 상징체계로 발전시켜야 할지를 결정하기 위한 평가도 AAC 평가에 포함되는 부분이다. • 언어 평가는 대안적 방법으로 가족구성원, 양육자를 통해 관찰에 의해서 어휘이해 정도를 측정할 수도 있다.	

63

2022 초등A-4

모범답안

2)	ⓑ, (듣기에는 이상이 없으나 읽기에는 어려움을 보이는) 은수를 대신해 제시된 내용을 읽어 주는 보조공학기기의 지원이 필요하기 때문이다.

해설

2) 은수는 읽기에 어려움이 있으나 감각적으로 청각에는 이상이 없다. 따라서 화면에 제시된 글을 읽어줄 수 있는 보조공학기기가 필요하다.
   - 대체 출력장치에는 화면확대, 스크린 리더 등이 포함된다.

64

2022 중등B-3

모범답안

- ㉠ 행렬 스캐닝(또는 집단-항목 스캐닝)
- ㉡ 자동 스캐닝
- ㉢ 다음 중 택 1
  - 머리 또는 다리를 이용할 수 있도록 각도 조절이 자유롭다.
  - 집게(또는 조임쇠)를 이용하여 책상이나 휠체어의 다양한 곳에 고정시켜 사용할 수 있다.

해설

지문 돋보기

(가)
먼저 미리 설정된 '한글 자음', '한글 모음', '문장 부호' 등 3개의 셀에서 '한글 자음' 셀을 선택하고, 그다음 여러 자음이 활성화되면 'ㄱ'을 선택하여 입력하는 방식: 디스플레이 형태는 행렬 스캐닝에 해당한다.

(나)
- 사용자가 스위치를 누르고 있는 동안에는 커서가 이동하고, 스위치에서 손을 떼면 커서가 멈춰 해당 내용을 선택하는 기법: 반전 스캐닝
- 미리 설정한 형태로 커서가 움직이다가 스위치를 누르거나 치면 커서가 멈춰서 해당 내용을 선택하는 기법: 자동 스캐닝

㉠ 행렬 스캐닝은 선택해야 할 버튼/아이콘의 수가 많을 때, 행과 열 단위로 먼저 선택한 후에 선택한 행과 열의 선형 스캐닝을 하는 것을 말한다. 선형 스캐닝 방법에 비해 빠르게 선택할 수 있다는 장점을 가진다(박은혜 외, 2019: 325).

㉡ 선택 조절 기법이란 도구 자체가 디스플레이 항목을 체계적으로 훑는 동안 원하는 항목을 선택할 수 있도록 하는 기법을 의미한다. 일반적으로 자동 스캐닝, 단계별 스캐닝, 반전 스캐닝의 세 가지가 사용된다. ㉡의 내용은 자동 스캐닝의 작동원리에 해당한다.

Check Point

마운팅 시스템

움직일 수 있는 마운팅 시스템은 다양한 위치로 조절할 수 있고 설치될 수 있다. 이것은 한 명 이상의 사람이 스위치 장착을 필요로 하는 상황일 때 장점이 있다. 여러 사람이 다른 시간대에 같은 마운팅 시스템을 사용하는 것으로 비용이 좀 더 조절될 수 있다. 이러한 유형의 마운팅 시스템은 또한 변동되는 기능이나 요구 때문에 제어 인터페이스의 위치를 변화시키는 것이 필요한 사람에게 유익하다. 이렇게 움직일 수 있는 마운팅 시스템의 단점은 수시로 제어 인터페이스가 제자리에 위치하고 있는지를 판단해야만 한다는 것이다(Cook et al., 2014: 377)

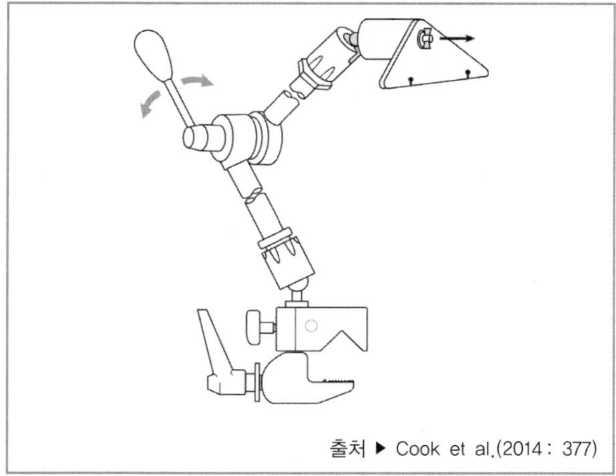

출처 ▶ Cook et al.(2014: 377)

65

2023 유아A-8

모범답안

2)	태도

해설

2) 기회장벽이란 정책, 실제, 지식, 기술, 태도의 네 가지 유형을 의미한다.

66

2023 초등B-1

모범답안

1)	① ㉠ 텍스트가 아닌 콘텐츠에는 대체 텍스트를 제공해야 한다. ② ㉡ 멀티미디어 콘텐츠를 이해할 수 있도록 대체 수단(또는 자막)을 제공하여야 한다.
2)	① 고정키 ② 다음 중 택 1 • 반복된 키 입력을 무시한다. • 가볍게 누른 키 입력을 무시한다.
3)	① 화면 키보드 ② 개별화교육계획

해설

지문 톺 보기

[A] 동물이 해주는 일에 대한 내용이 그림 자료로 제시되고 있다. 시각장애 학생이 화면읽기 프로그램을 이용하기 위해서는 그림 자료(이미지)에 대한 대체 텍스트가 제공되어야 한다.
[B] 보청기를 착용해도 들을 수 없는 청각장애 학생에게 동물이 해주는 일에 대한 내용을 다큐멘터리, 인터뷰 등의 멀티미디어 자료로 제공하고 있다.

- 표준 키보드의 사용이 어렵다: 대체 입력장치 필요
- 소프트웨어적으로 해결, 운영체제에 내재: 기본적으로 제공되는 프로그램
- 대체 마우스와도 연결되는 특성: 머리제어 마우스와도 같이 사용 가능

1) ㉠ 이미지 등 텍스트 아닌 콘텐츠를 이용할 경우, 그 의미나 용도를 동등하게 인식할 수 있도록 적절한 대체 텍스트를 제공해야 한다.
㉡ 장애인도 비장애인과 동등하게 멀티미디어 콘텐츠를 인식할 수 있도록 제작하기 위해서는 자막, 대본 또는 수화 등과 같은 대체 수단을 제공해야 한다.

2) ① 고정키 기능은 일반적으로 동시에 키를 눌러야 하는 기능키를 실행할 때 순차적으로 키를 눌러도 작동하도록 해준다. 고정키 기능이 활성화되면, 일반 키만 눌러도 모디파이어 키(Shift, Control, Alt)가 동시에 눌린 것처럼 반응한다. 동시에 단 하나의 키만 누를 수 있는 학생은 소프트웨어 프로그램과 운영체계 기능에 액세스하기 위해 키보드 단축키를 사용할 수 있다(Dell et al., 2011: 181).
② • 탄력키는 발작 증세를 보이는 사람과 파킨슨병이 있는 사람을 포함한 손떨림이 있는 이들을 돕는다. 프로그램은 빠른 속도로 계속해서 두 번 누르는 것을 수용하지 않는다. 만약 평상시와 같은 시간적 간격을 두고 같은 키를 두 번 누른다면, 탄력키는 입력을 받아들일 것이다(Bowe, 2010: 118).
• 느린키는 키스트로크가 인정될 수 있는 최소 시간을 연장하여 우연히 짧은 시간 동안 눌려졌을 때는 이를 무시하도록 해준다. 이 기능은 한 번 키를 누르면 손을 떼기 어려운 학생이나 타이핑을 위해 손을 움직일 때 의도하지 않게 다른 키를 건드리는 학생이 효율적으로 키보드를 사용할 수 있게 해 준다(Dell et al., 2011: 181).

3) ① 화면 키보드는 키보드를 사용할 만큼 운동 기술이 충분하지 않지만 조이스틱, 트랙볼 또는 헤드 콘트롤 마우스와 같은 마우스 에뮬레이터를 조작할 수 있는 학생에게 컴퓨터 접근성을 제공한다. 또한 모니터에서 키보드로 주의를 옮길 때 시각적으로 초점을 맞추기 어려운 학생에게도 도움이 된다(Dell et al., 2011: 205).
② "특수교육 관련서비스"란 특수교육대상자의 교육을 효율적으로 실시하기 위하여 필요한 인적·물적 자원을 제공하는 서비스로서 상담지원·가족지원·치료지원·지원인력배치·보조공학기기지원·학습보조기기지원·통학지원 및 정보접근지원 등을 말한다(「장애인 등에 대한 특수교육법」 제2조 제2항).
• 개별화교육계획에는 특수교육대상자의 인적사항과 특별한 교육지원이 필요한 영역의 현재 학습수행수준, 교육목표, 교육내용, 교육방법, 평가계획 및 제공할 특수교육 관련서비스의 내용과 방법 등이 포함되어야 한다(「장애인 등에 대한 특수교육법 시행규칙」 제4조 제3항).

Check Point

⊘ 미드테크에서 하이테크까지의 대체 마우스

대체 마우스	형태	학생의 특성
트랙볼	미니 트랙볼	관절운동범위의 제한은 있지만 소근육운동 조절이 좋은 경우
	표준형 트랙볼	• 관절운동범위가 큰 경우 • 중등도의 소근육운동 조절 기술이 있는 경우 • 대근육운동 기술이 좋은 경우
	대형 트랙볼	• 어린아이 • 소근육운동 기술이 좋지 않은 경우 • 발로 트랙볼을 조정하는 경우
	개조 트랙볼	• 소근육운동 기술이 좋지 않은 경우 • 키가드에 손목지지대가 필요한 경우

조이스틱	마우스 조정을 위해 게임용 조이스틱을 전환하는 소프트웨어	표준형 게임 조이스틱을 조정할 수 있는 경우
	개조 조이스틱	• 클릭을 위해 스위치를 사용해야 할 경우 • 키가드가 필요한 경우 • 손보다 신체의 다른 부위로 조이스틱을 조정해야 하는 경우
터치스크린	내장 터치스크린	• 어린아이 • 인과관계 학습이 필요한 경우
	부속 터치스크린	직접적이고 직관적인 인터페이스가 필요한 경우
헤드 포인팅 시스템	헤드셋과 반사 물질	• 손을 사용할 수 없는 경우 • 마우스 포인터의 움직임을 보고 따라 갈 수 있는 경우 • 머리조절 능력이 좋은 경우
아이 게이즈 시스템	모니터, 안경 또는 고글에 설치된 카메라	• 손이나 머리를 사용할 수 없는 경우 • 안구 운동을 조절할 수 있는 경우

67

2023 중등A-7

모범답안

- ㉢ 인지 방법의 다양한 선택 제공

해설

㉢ 정보의 제시 방식을 학습자에게 맞게 설정하는 방법 제공하기, 청각 정보의 대안 제공하기, 시각 정보의 대안 제공하기의 체크 포인트와 관련된 지침은 인지 방법의 다양한 선택 제공하기이다.

68

2023 중등B-9

모범답안

- ㉠ 보완대체의사소통
  ㉡ 픽토그램
- 학생 A는 통합학급 수업 시간에 헤드 마우스를 머리로 조절하여 편지 쓰기를 할 수 있다.

해설

지문 톺보기

맥락	통합학급 수업 시간
인간 기술	학생 A의 기능을 평가하여 선택한 보조공학기기가 헤드마우스라는 것은 머리 조절이 가능하다는 것을 의미한다.
보조공학	헤드 마우스
활동	편지 쓰기

㉢, ㉣ HAAT 모델은 인간, 활동, 보조공학 그리고 배경(맥락)의 요소로 구성되어 있고, 배경은 환경과 물리적 상황(예 온도, 소음 수준, 조명)뿐만 아니라 사회적·문화적 측면도 포함된다. … (중략) … 글을 쓴다거나 요리를 하는 활동은 보조공학의 목표를 분명하게 한다. 이러한 활동은 일련의 과제를 수행함으로써 성취될 수 있고, 각 활동은 주변 배경 안에서 이루어진다. 활동과 주변 배경이 결합되어 목표를 달성하는데 요구되는 인간의 기술을 구체화시킨다. 활동 수행기술이 부족한 사람은 보조공학이 사용되고, 보조공학을 활용하기 위해서는 또 다시 기술이 요구된다. 그러나 이러한 기술은 그 사람의 개인적인 능력에 맞게 조정되고, 그런 다음 보조공학 시스템에 연계되는데, 결과적으로 그러한 보조공학 시스템의 기능을 통해 원하는 활동을 달성하게 된다(정동훈 외, 2018: 201).

- 인간은 보조공학 활용 여부와 관계없이 활동과 과제를 수행하는 주체다. 보조공학을 적용하고자 할 때에는 무엇을 할 수 있는지(기술), 무엇을 못하는지(제한), 그리고 무엇을 하고자 하는지(동기)에 대해 알아야 한다. 이를 위해서는 인간의 기능에 대한 이해가 선행되어야 하며, 인간의 기능은 크게 감각기능, 정보처리기능, 그리고 운동 기능으로 나누어 볼 수 있다(정동훈 외, 2018: 202).

Check Point

HAAT 모형 적용 예시

쓰기 과제를 수행하려 하는 척수손상장애 학생 홍길동을 가정해 보자. 홍길동은 척수 손상으로 손을 사용할 수 없지만 말은 분명하게 할 수 있으므로 음성 언어를 문자로 변환시켜 주는 음성인식장치로 쓰기 과제를 수행할 수 있다. 그러나 학교나 공공장소에는 여러 사람이 있기 때문에 음성인식에 오류가 생기지 않도록 소음제거 마이크를 사용해야 한다. 이러한 상황에서 홍길동을 위한 보조공학 시스템은 활동(글쓰기), 주변 배경(소음이 많은 공간), 인간 기술(말하는 것), 보조공학(음성인식장치)으로 구성된다(정동훈 외, 2018 : 201).

69

2024 초등A-2

(모범답안)

2)	전자적 훑기를 처음 사용하기
3)	① 실천적 사정 ② 과제

해설

2) Ⓠ에 의하면 학생의 특성은 인지 기능은 정상이며, 운동 장애가 점차 심해지고 있다. 그러나 Ⓐ에서는 단계적 훑기를 인지 기능이나 운동 기능보다는 다른 이유에서 추천하고 있을 것으로 추측하고 있다. 따라서 단계적 스캐닝 사용에 적절한 대상을 고려할 때 전자적 훑기를 처음 사용하기 때문에 추천한 것으로 볼 수 있다.
   - 단계적 스캐닝은 운동 조절이나 인지 능력의 제한이 심한 사람들 혹은 전자 스캐닝 조작을 처음 배우는 사람들이 종종 사용한다(Beukelman et al., 2017 : 146).

3) ② SETT 모델에 근거하여 모델의 구성 요소와 제시된 내용을 비교하면 다음과 같다.

학생(S)	• 인지 기능은 정상임. • 호흡이 거칠고 불규칙함. • 운동장애가 심해지고 있음.
환경(E)	• 현재의 의사소통 방법과 다른 방법이 요구됨. • 태도 및 기대 : 학교와 집에서 사용하기를 희망함.
도구(T)	• 보조공학 도구 : 단계적 훑기 기법을 이용한 보완 · 대체의사소통 방법 활용

   - 학교와 집에서 어떤 과제(예 사회성, 의사소통 기술 향상 등)를 수행하기 위한 것인지에 대한 설명은 제시되어 있지 않다.

Check Point

보조공학 사정의 일반적 특성

생태학적 사정	• 보조공학의 사정은 보조공학과 관련된 다양한 요소들을 모두 고려해야 한다. • 효과적인 사정은 사용자에게 영향을 끼칠 사람들과 기기가 사용될 다양한 환경을 고려해야 한다.
실천적 사정	• 보조공학 사정은 학생들의 행동이 나타날 상황에서 보조공학기기들을 사용함으로써 현실적으로 계속되어야 한다. • 보조공학기기가 선택되고 사용자에게 맞춰진 후, 사정은 보조공학기기들이 사용될 복잡한 상황에서 계속된다.
계속적 사정	• 사정은 한 가지 형식이나 다른 형식으로 계속된다. • 사정팀의 결정이 정확하고 보조공학기기가 효과적이고 올바른 방법으로 사용되고 있는지 확인하기 위해 보조공학기기의 사용이 감시되고 지속적으로 평가되어야 한다.

70

2024 중등A-7

(모범답안)

- ㉠ 아이 게이즈 시스템
- ㉡ 평균 활성화 전략(또는 여과 활성화 전략)

해설

㉠ 아이 게이즈 시스템은 마우스 포인터 조정을 위해 안구 움직임을 사용하는 것이다. 아이 게이즈 시스템은 적외선 센시티브 비디오 카메라를 사용하여 학생이 보는 곳을 정한 다음 그 지점에 마우스 포인터를 위치시킨다. 안경이나 고글에 아이 트래킹 장치를 설치하기도 하고, 일부 시스템은 컴퓨터 모니터에 장치를 두는 경우도 있다. 아이 게이즈 시스템에 따라 스위치, 시스템 자체 또는 눈을 깜빡거리는 방법을 이용하여 클릭을 시행한다(Dell et al., 2011 : 198).

Check Point

✓ 활성화 전략

시간 활성화 전략	• 작동 원리: 사용자가 어떠한 방법으로든 화면의 항목을 확인하는 것이 필요하고, 장치에 의한 선택이 인식되어지기 위해서는 일정한 시간 동안 접촉을 유지시키는 것이 필요한 방법 • AAC 의존자가 일정한 방식(예 신체적 접촉, 광선이나 레이저 빔 발사, 응시)으로 디스플레이의 항목을 식별한 다음, 그 도구가 선택 항목을 인식하도록 미리 결정되어 있는 시간 동안 접촉(또는 그 위치에 머무르기)을 유지하도록 요구한다.
해제 활성화 전략	• 작동 원리: 화면에 직접적인 접촉이 유지되는 동안은 선택이 이루어지지 않지만 어느 항목에서 접촉을 중단하면 그 항목이 선택되는 방법 • 사용자가 디스플레이에 손가락을 갖다 대고 원하는 항목에 도달할 때까지 접촉을 유지해야 한다. 사용자가 디스플레이와 직접적인 접촉을 유지하는 동안에는 선택이 이루어지지 않기 때문에 디스플레이 상의 어디에서든지 자신의 손가락을 움직일 수 있다. 항목을 선택하려면 사용자는 자신이 원하는 디스플레이의 어떤 이미지(상징)에서 접촉을 해제하면 된다. 접촉시간은 개인의 능력과 요구에 따라 조정될 수 있다. • 사용자로 하여금 손의 안정성을 유지하면서 디스플레이를 사용하도록 해주며, 너무 느리거나 비효율적으로 움직여서 시간이 설정된 활성화 전략으로는 이득을 얻을 수 없는 사용자의 오류를 최소화할 수 있는 장점이 있다.
평균 활성화 전략	• 작동 원리: 광선이나 광학 포인터의 움직임을 단시간 내에 평균화해서, 가장 오랫동안 가리킨 항목을 작동시키는 방법 • 시간 활성화 전략 혹은 해제 활성화 전략이 어려운 이들을 대상으로 하는 방법으로, 일반적인 영역은 선택할 수 있으나 특정 항목을 선택하기 위해 요구되는 접촉을 안정적으로 유지하는 데 어려움이 있는 최중도 장애인들을 위한 전략으로 활용 가능하다.

71

2024 중등A-11

모범답안

• ㉠ 대인관계 지능

72

2024 중등B-4

모범답안

• ㉠ 불기-빨기 스위치

해설

㉠ 불기-빨기 스위치는 스위치를 향해 개인이 숨을 불어넣거나 스위치 밖으로 공기를 빨아내는 것에 의해 작동된다. 사용자는 프로세서에 각기 다른 명령을 전달하기 위해 스위치에 다양한 정도의 공기 압력을 보낼 수 있다(Cook et al., 2014: 372).

Check Point

(1) 단일 스위치의 유형

범주	정의
기계 스위치	• 몸의 특정 부분에서 작용되는 힘에 의해 작동된다. • 단일 스위치 유형에 가장 일반적으로 사용되며, 다양한 모양과 크기가 있다.
전자기 스위치	빛이나 무선전파와 같은 전자기에 의해 활성화된다.
전기 제어 스위치	물체표면으로부터 전기적 신호를 감지함으로써 활성화된다.
근접 스위치	• 몸의 움직임으로 작동되지만 스위치에 직접적인 힘이 가해지는 것을 요구하지 않거나 혹은 살짝 대기만 해도 작동되는 스위치를 말한다. • 근접 스위치는 작동하기 위해 건전지와 같은 외부 전원을 필요로 하기 때문에 '능동적 스위치'라고 한다.
공기압 스위치	호흡 또는 공기 흐름 감지로 활성화된다.
발성 스위치	음성이나 소리 감지로 활성화된다.

(2) 공기압 스위치

불기-빨기 스위치	• 불기-빨기 스위치는 스위치를 향해 개인이 숨을 불어 넣거나 스위치 밖으로 공기를 빨아내는 것에 의해 작동된다. • 사용자는 프로세서에 각기 다른 명령을 전달하기 위해 스위치에 다양한 정도의 공기 압력을 보낼 수 있다.
베개 스위치	베개 스위치는 쥐어짜거나 압력이 쿠션에 작용할 때의 공기 압력에 반응한다.

73

2024 중등B-8

- ㅂ 도상성

해설

ㅂ 도상성이란 용어는 "사람들이 상징과 그 지시 대상에 대해 품고 있는 어떤 연상"을 의미한다(Beukelman et al., 2017: 70).

Check Point

☑ 도상성

도상성은 하나의 연속체로 언급될 수 있다.

투명 상징	지시 대상이 없어도 그 상징의 의미를 추측할 수 있을 정도로 지시 대상의 형태, 움직임, 기능 등이 예상되는 것들이다.
불투명 상징	그 의미가 제시될 경우에도 상징과 지시 대상 간의 관계가 이해되지 않는 것들이다.
반투명 상징	지시 대상의 의미가 명확할 수도 있고 불명확할 수도 있다. 그러나 일단 그 의미가 제공되면 상징과 지시 대상 간의 관계가 이해될 수 있는 것들이다.

출처 ▶ Beukelman et al.(2017 : 70-71). 내용 요약정리

74

2024 중등B-9

모범답안

- ㄷ 다양한 방식의 행동과 표현 수단 제공

09 지체장애아교육

본책 p.166

01

2009 유아1-10

정답 ⑤

해설

⑤ 느리게 심호흡을 하고, 날숨을 조절해서 길게 내쉬도록 한다. 들숨은 빨리 쉬게 한다.

Check Point

(1) 뇌성마비 학생의 호흡 특성

① 날숨의 지속시간이 너무 짧다.
② 역호흡 증상이 나타난다.
③ 호흡량이 부족하다.
④ 음절당 소모되는 공기의 양이 많다.

출처 ▶ 고은(2021 : 386)

(2) 뇌성마비 학생의 언어 특성

뇌성마비 학생의 언어 특성은 유형에 따라 다르게 나타난다.

① 경직형
㉠ 경직형으로 인해 발음기관이 완전히 차단되어 음성기관을 움직이기 어렵다.
㉡ 호흡이 빠르고 얕으며 들숨 후에 길게 충분히 내쉬는 것이 어렵다.
㉢ 말을 하더라도 힘들게 말을 하여 성대의 과도한 긴장으로 후두에서 쥐어짜는 듯한 소리가 나며 소리의 크기나 높이를 조절하기 어렵다.
㉣ 과대 비음을 보이고 억양 변화가 없거나 단조로우며 느리게 말을 하고 음절을 한 음씩 끊어서 말하는 특성을 보인다.

② 불수의 운동형
㉠ 호흡이 거칠고 불규칙적이며 기식성의 소리가 많고 역호흡을 보인다.
㉡ 경도장애의 경우에는 가벼운 조음의 장애만을 보이나, 심한 경우에는 말을 전혀 할 수 없다.
㉢ 목을 가누지 못하고, 침을 흘리고 삼키는 것이 어려워 말하는 것을 방해한다.
㉣ 발음이 명료하지 못하고, 조음장애가 많으며, 적절한 호흡조절이 어려워 헐떡거리는 듯한 호흡으로 잡음이 나타난다.
㉤ 지도 방법으로는 입과 코로 부드럽게 숨을 쉬게 하고 날숨과 발성의 지속시간을 연장하고 긴장하지 않고 여유있게 심호흡을 하여 길게 소리내게 한다.

③ 진전형
• 말을 할 때 떨림과 말더듬 현상이 심하게 나타난다.

출처 ▶ 박은혜 외(2019 : 74)

02

2009 중등1-27

정답 ②

해설

ㄱ. 튜브를 통해 음식물을 섭취하는 학생이 상호작용에 참여할 수 있도록 튜브 섭식은 또래들의 평상 시 간식 시간, 식사 시간에 이루어지도록 한다(박은혜 외, 2019 : 448).

ㄴ. 문제에서처럼 혀의 조절장애가 있는 경우 연식에 비해 유동식은 통제가 어렵기 때문에 액체류가 바로 기도로 넘어갈 위험이 있다. 뿐만 아니라 지속될 경우 변비나 치아의 문제를 야기하는 것은 연식에 대한 설명에 해당한다.

ㄷ. 신경근육계 손상으로 혀의 조절장애가 있는 학생은 유동식보다 연식(軟食)으로 제공하는 것이 좋다. 하지만 지속될 경우 변비나 치아의 문제를 야기할 수 있으므로 주의한다. 일반적으로 구강 조절기능이 저하된 환자는 진하게 만든 액체가 가장 용이하고 그 다음 연한 농도의 음식 순이며, 인두삼킴이 지연된 환자는 사과잼이나 으깬 감자처럼 진한 농도의 음식이 가장 용이하다(Logemann, 2007 : 213). 따라서 신경근육계 손상으로 혀의 조절장애가 있는 학생은 유동식보다 연식(軟食)으로 제공하는 것이 좋다. 이에 반해 혀의 기저부나 인두 벽의 수축이 저하된 환자는 액체에서 가장 양호할 것이며, 후두 상승이 저하되었거나 상부식도조임근의 이완이 저하된 환자는 액체에서 좀 더 양호할 것이다.

ㄹ. 구역질 반사(gag reflex, 구역반사, 구토반사)는 유해한 물질 혹은 음식을 인두에서 제거하는(뱉어내는) 반사를 의미한다. 따라서 구역질 반사는 유해한 물질이 입안으로 들어오는 것을 막으므로 사레가 들리지 않도록 하며 이 반사가 둔해지면 큰 조각의 음식물이나 이상한 물체를 삼키는 것을 막지 못한다.
• 구역질 반사는 일생 동안 나타나는 생존반사이다. 신생아는 혀 뒤쪽이나 목구멍(예 인두 부분)에 닿기만 해도 매우 강한 구토반응을 나타낸다. 아기가 입안에 손가락이나 장난감을 가져가며 더 많은 단단한 음식물을 견디기 시작하면서 구역질 반사는 점차 줄어들고 약 7개월 때 성인의 인식적 구역질과 비슷하게 변한다(Best et al., 2018: 315−316)

Check Point

(1) 여러 가지 질감의 음식물
일반적으로 음식물은 질감에 따라 액체류(= 유동식, full liquid diet)에서 이유식(퓌레), 부드러운 음식(= 연식, 부드러운 고형 음식, soft diet, 예 치즈케이크, 사과소스, 스프, 요거트 등) 그리고 고형 음식, 혼합된 음식으로 구분할 수 있다(Best et al., 2018 : 317).

(2) 신경운동적 장애를 가진 아동의 섭식
근육 긴장 이상이나 무정위 운동형 뇌성마비 아동은 섭식과 삼키기 기능에서 사용되는 구강 움직임의 독립과 협응을 발달시키지 못한다. 실질적으로 신체에 과신전이 있는 아동은 혀를 강하게 수축시키거나 내밀 수 있다. 혀를 강하게 수축하면 젖 빨기에 사용되는 혀의 위아래 움직임과 빨기에 사용되는 혀의 앞뒤 움직임이 어려워져 액체류, 이유식, 고형 음식물을 먹기 힘들어진다. 삼키기를 위한 혀의 움직임이 최소화되고, 제대로 통제되지 못한 상황에서 음식물이 목구멍으로 넘어가므로 목 걸림을 유발할 수 있다(Best et al., 2018 : 323).

03

2009 중등1-28

정답 ⑤

해설

ㄱ. 욕창 방지 쿠션 휠체어에 오래 앉아 있는 학생을 위해 좌석에 욕창 방지 쿠션을 깔아 주면 체중을 분산시켜 욕창을 예방할 수 있는 이점이 있다. 학생이 앉아 있을 때는 욕창 방지 쿠션의 사용여부와 관계없이 자세나 체위를 일반적으로 30분마다 바꾸어 주어 욕창이 발생하지 않도록 하는 것이 바람직하다.

ㄴ. 욕창은 다양한 원인에 의해 발생한다. 척수에 손상이 있는 경우 감각 마비로 혈액순환의 장애가 있어도 불편한 느낌을 알 수 없고, 운동마비로 움직일 수 없으므로 혈액순환을 위한 자세 변경이 어렵기 때문에 발생한다(정동훈 외, 2018 : 51). 따라서 신체 움직임으로 인해 욕창이 발생한다고 할 수 없으며 오히려 적절한 신체 움직임은 필요하다.

ㄷ. 척수 손상으로 인한 욕창은 주로 좌골과 꼬리뼈, 발뒤꿈치 같이 뼈가 돌출되고 살이 마른 부위에 많이 발생한다. 예방이 중요한데 누워 있을 때는 적어도 2시간마다, 휠체어에 앉아 있을 때는 30분마다 자세 변화를 해주어야 한다. 그리고 압력 경함을 위한 위한 쿠션을 사용하거나 단백질 등 균형있는 영양섭취, 자주 발생하는 부위를 항상 청결하고 건조한 상태로 유지하는 것이 좋다(정동훈 외, 2018 : 51-52).

04

2009 중등1-33

정답 ④

해설

지문 돋보기

문항의 내용(하지의 내전 구축으로 '가위' 형태의 자세를 보이기도 하며, 걸을 수 있는 경우 첨족 보행을 특징으로 하는 뇌성마비)과 그림은 경직형 뇌성마비를 나타내고 있다.

① • 경직형은 근긴장도가 높다(과다긴장형). 경직형 뇌성마비는 근긴장도가 높아서 근 수축이 계속되어 운동이 과장되어 나타난다.
  • 몸통과 사지를 일정하게 비튼다 : 불수의 운동형의 특성이다. 불수의 운동형은 사지를 불규칙하게 뒤틀거나, 팔다리를 움찔거리는 행동을 보인다.
  • 운동의 중복성 : 불수의 운동형의 특성이다. 수의적 조절의 어려움으로 인해 의도하지 않게 신체의 두 부위를 함께 움직이는 운동의 중복성이 나타나 동작의 선택을 어렵게 한다.

② 강직형 뇌성마비에 대한 설명이다.

③ 진전형 뇌성마비에 대한 설명이다.

④ 원시적 집단반사(또는 원시적 공동운동 패턴)란 신체 전체에서 신전 혹은 굴곡이 나타나는 것을 말한다. 즉, 무릎을 구부리면 고관절과 발목 관절, 발가락도 전부 구부러지고, 펴면 전부가 펴지는 패턴의 움직임이다. 유아에게는 보통의 패턴이지만, 뇌성마비 아동은 위와 같은 패턴이 종종 나타난다.

⑤ 운동실조형 뇌성마비에 대한 설명이다.

05

2009 중등1-36

정답 ①

해설

ㄱ. 헤드포인터: 선택/포인팅 장치이다.

ㄴ. 음성합성장치: 듣기를 위한 보조공학기기이다.

ㄹ. 전자지시기기: 사용자가 초음파 기기, 적외선 빔, 눈동자 움직임, 신경 신호, 뇌파 등을 이용하여 화면상의 커서를 움직일 수 있도록 해 준다. 화면 키보드를 사용할 때도 전자지시기기는 사용자들이 글의 입력뿐만 아니라 여러 가지 자료에 접근할 수 있도록 해준다(김용욱, 2005: 279).

ㅁ. 음성인식장치: 지체장애 학생 A는 말을 할 수 없으므로 사용이 불가능하다.

ㅂ. 폐쇄 회로 텔레비전(CCTV): 확대 독서기라고도 하며 저시력장애 학생들의 읽기에 활용되는 보조공학기기이다. 지체장애 학생 A의 시력은 정상이므로 불필요하다.

ㅅ. 광학 문자 인식기: 시각장애 학생들에게 유용한 보조공학기기로 스캐너 또는 카메라로 인쇄물을 스캔하여 저장한 후 문자 인식 프로그램을 통해 이미지를 제외한 문자만을 추출하여 텍스트 파일로 변환하는 시스템이다. 지체장애 학생 A에게는 불필요하다.

Check Point

전자지시기기

① 전자지시기기의 주요 적용
   ㉠ 컴퓨터 활용 시 손을 사용할 수 없는 경우
   ㉡ 머리(목)나 눈의 움직임이 원활한 경우, 혹은 신경신호나 뇌파를 조절하는 능력을 익힐 수 있는 경우

② 전자지시기기의 특징 및 주요 고려사항
   ㉠ 어떤 기기는 선택을 하기 위해 스위치를 움직여야 한다.
   ㉡ 어떤 기기는 선택을 하기 위해 스위치로 멈추게 하거나 머물 수 있도록 해야 한다.
   ㉢ 어떤 기기는 선택을 하기 위해 눈을 깜빡여야 한다.
   ㉣ 모든 작동은 화면 키보드에서 이루어진다.
   ㉤ 어떤 기기는 머리 움직임을 이용하여 커서를 움직인다.
   ㉥ 어떤 기기는 눈움직임을 통해 컴퓨터를 사용할 수 있기 때문에 머리를 조절할 수 있는 근력이 필요하다.
   ㉦ 어떤 기기는 컴퓨터와 유선으로 연결되어 있으며, 어떤 기기는 무선으로 연결되어 있어 적절한 거리를 유지하여 컴퓨터를 원격 조정할 수 있다.

출처 ▶ 김용욱(2005: 280-281)

06

2010 유아1-19

정답 ①

해설

① 긴장성 미로반사의 영향을 받은 아동은 복와위 시 머리를 들어올릴 수 없고 앉기나 무릎으로 기기를 할 수 없다. 앙와위 시에는 머리를 들 수 없고, 앉기 위하여 몸을 일으킬 수 없으며, 신체 중심선에 팔을 모으기도 어렵다. 이러한 반사의 영향을 피하기 위하여 누워 있을 때에는 옆으로 눕는 자세를 취하는 것이 좋고, 앉은 자세에서 적절한 자세 잡기 기기를 이용하면 이 반사의 영향을 많이 줄일 수 있다(박은혜 외, 2019: 364-365).

② 머리-신체 일치반사에 대한 설명이다.

③ 비대칭 긴장성 경반사에 대한 설명이다.

④ 대칭 긴장성 경반사에 대한 설명이다.

⑤ 비대칭 긴장성 경반사에 대한 설명이다.

Check Point

머리-신체 일치반사

① 시기: 생후 2~6개월까지 나타남.

② 유발 자극: 반듯이 누운 상태에서 머리나 몸통을 한쪽 방향으로 돌리는 자극에 의해 나타남.

③ 동작: 반듯하게 누운 상태에서 머리를 돌리면 몸통이 머리와 같은 방향으로 돌아감. 혹은 반듯하게 누운 상태에서 몸통을 돌리면 머리가 몸통과 같은 방향으로 돌아감.

④ 기타: 성장 이후 구르기 동작의 기초가 됨.

출처 ▶ 김선진(2003: 110)

PART 09

07

2010 유아2B-4

모범답안 개요

부적절한 상황과 개선방안	• 또래들에게 자기가 주워온 나뭇잎을 동호에게 주도록 한다. → 이동을 위한 보조공학기기, 나뭇잎 수집을 위해 개조된 보조공학기기를 지원하여 스스로 나뭇잎을 수집하게 한다. • 앉기 자세가 불안정한 동호를 위해 따로 활동하도록 별도의 공간을 제공한다. → 동호의 특성에 적합한 맞춤식 의자 등을 제공하여 또래들과 같은 공간에 있게 한다. • 작품에 대한 또래의 이야기를 듣게 한다. → 보완대체의사소통을 이용하여 또래들과 의사소통하게 한다.
지도상 오류	• 동호에게 지원이 필요할 때에는 교사가 동호의 옆쪽에서 도와준다. → 동호는 비대칭 긴장성 경반사이므로 목의 좌우 운동에 의해 움직임이 유발된다. 따라서 동호의 정면 중심선 앞에서 도와줘야 한다. • 왼손의 소근육 운동기술을 집중적으로 발달시켜야 하므로 주로 왼손을 사용하여 만들게 한다. → 양손을 모두 사용하여 만들게 한다.

08

2010 초등1-8

정답 ③

해설

지문 톺보기

윤 교사가 뇌성마비 학생 경수의 일상생활과 학습 장면에서 관찰한 결과에 의하면 경수의 특성은 다음과 같이 요약할 수 있다.
- 소리나 움직임에 크게 놀라는 반응을 보인다. : 원시반사의 잔존 영향이 남아있다.
- 얼굴과 팔을 함께 움직인다. : 운동의 중복성이 나타난다.
- 불안정한 목소리로 말한다. : 소리가 현저하게 떨린다.
- 다른 학생이 주목하는 긴장된 상황에서 더욱 심하게 일어난다, 의도하지 않은 불필요한 동작이나 이상한 방향으로 돌발적인 동작이 일어난다. : 변화성 근긴장으로 비자발적이고 불수의적인 운동이 나타난다.

이와 같은 특성을 보이는 뇌성마비는 불수의 운동형 뇌성마비에 해당한다.

ㄱ. 불수의 운동형 뇌성마비는 근육의 떨림이나 근긴장도가 수시로 변한다.

ㄹ. 뇌성마비 학생의 비정상적인 반사와 자세의 문제, 근긴장도의 이상은 고관절 탈구, 척추 측만증, 관절 구축 등의 정형외과적 문제를 유발한다. 이는 원인이 아닌 장애의 영향에 해당한다.

09

2010 초등1-34

정답 ⑤

해설

ㄱ. 같은 색깔의 그림을 찾게 하는 것은 항상성 지각에 도움이 된다.
- 고유수용성 감각(= 자기수용감각, 고유감각)이란 자신의 신체 위치, 자세, 평형 및 움직임(운동 정도, 운동 방향)에 대한 정보를 파악하여 중추신경계로 전달하는 감각이다. 고유수용성 감각은 특징상 우리 몸이 움직이는 동안에 주로 발생하지만 서 있는 동안에도 자세 등에 대한 정보를 대뇌에 전달한다(특수교육학 용어사전, 2018 : 42).

ㄴ. 형태 지각력은 형태의 정확성을 관찰하고 구분짓는 것을 의미하기 때문에 사람의 형태나 모양을 말하도록(또는 찾도록) 지도한다.
- 그려진 사람의 위치를 말하게 하는 것은 공간위치 지각력 또는 공간관계 지각력 향상과 관련이 있다. 즉, 철수를 기준으로 사람 그림의 위치를 파악하고 있다면 공간위치 지각력을 고려한 것이고, 밑그림 내에서 다른 그림을 기준으로 사람 그림의 위치를 말하게 하는 것이라면 공간관계 지각력을 파악하는 것이 된다.

Check Point

✓ 뇌손상에 의한 지체장애 아동의 지각 특성

① 공간위치 지각
- ㉠ 물체가 있는 공간과 관찰자 간의 관계를 지각하는 것이다.
  - 예 물체가 자신을 중심으로 앞, 뒤, 위, 아래, 옆에 있는 것을 지각하는 것이다.
- ㉡ 뇌성마비 아동의 경우 자신의 신체를 중심으로 좌우, 위아래와 같은 위치지각에 어려움이 있다.

② 공간관계 지각
- ㉠ 둘 이상의 물체의 위치 및 물체 상호 간의 위치, 즉 물체 상호 간의 관계를 지각하는 능력이다.
  - 예 저금통에 동전을 넣는 아동은 자신과 저금통과 손에 잡은 동전의 위치뿐만 아니라 동전과 저금통의 위치도 지각할 수 있어야 한다.
- ㉡ 뇌성마비 아동이 공간관계의 지각이 덜 발달될 경우 학습에 있어 글자를 바르게 읽기, 바르게 쓰기, 지도 찾기, 그래프 이해하기 등의 과제에서 어려움을 나타낸다.

③ 시각-운동 협응
㉠ 시각을 신체운동 혹은 신체 일부와 조정시키는 능력이다.
㉡ 뇌성마비의 경우 시각-운동의 어려움으로 문장을 읽을 경우 시각 추적이 원활하지 못해 문장을 다 읽지 못하거나 글자 혹은 문장을 빼고 읽거나 그리기, 쓰기, 가위질, 착탈의가 미숙한 경우가 많다.

④ 항상성
㉠ 5세에서 7세 사이에 급속히 발달하며 사물을 보는 조건(크기, 밝기, 색, 형)은 변해도 대상물은 항상 그대로의 사물이라고 인지하는 능력이다.
예 사진의 토끼와 실물토끼는 크기는 달라도 같은 토끼로 인식하는 것이다.
㉡ 뇌성마비의 경우 항상성에 어려움을 보여 같은 단어나 도형을 크기나 글자체를 다르게 나타내면 다른 것으로 인식할 수 있다. 즉, 위치와 배경에 따라 크기와 형태가 달라 보이지만 같은 글자와 도형이라는 인지가 어렵다.

⑤ 전경-배경 지각
㉠ 뇌성마비의 경우 전경-배경 지각의 곤란으로 주자극과 배경자극의 선택에 어려움을 겪으며 이는 아동의 주의를 산만하고 혼란스럽게 한다. 책의 페이지나 사물 찾기가 어눌하고 글의 행을 건너뛰곤 한다.
㉡ 뇌성마비 아동은 전반적으로 일반아동에 비해 전경보다 배경에 더 반응하는 경향이 높게 나타난다.

출처 ▶ 박화문 외(2011 : 85-87)

10

2010 중등1-20

정답 ①

해설

ㄱ. 머리가 뒤로 젖혀지면 양팔은 펴지고(신전근의 증가) 양쪽 다리는 구부려진다(굴곡근의 증가).: 대칭 긴장성 경반사
ㅂ. 스위치로 조작하는 의사소통판을 사용할 때, 스위치를 세워주어 A가 조작을 위해 머리를 숙여 반사가 활성화되지 않도록 한다.: 대칭 긴장성 경반사

11

2010 중등1-34

정답 ②

해설

ㄱ. 뇌성마비의 조건에서 합병증으로 인해 후천적으로 척추 측만이 나타난 경우 척추 측만의 유형 중 신경근성 척추 측만증으로 분류되는 것이지 뇌성마비가 발생학적으로 신경근성 척추 측만으로 분류하는 것은 아니다.
ㄹ. 척추 측만증 교정을 위해 맞춤화된 앉기 보조 도구를 제공하여 가장 편하고 바른 자세를 잡아 주되, 그 자세를 일정 시간 마다 바꿔주는 것이 좋다. 한 자세를 오랜 시간 동안 유지하는 것은 욕창 또는 정형외과적 변형을 가져올 수 있기 때문에 바람직하지 않다.
ㅁ. 척추 주위의 운동 자극점을 지속적으로 눌러주어 비정상적인 자세긴장도를 정상화하는 것: 보이타 치료법에 대한 설명이다.

Check Point

(1) 지체장애의 원인 증후별 분류
교육적인 입장에서 보면 중복·지체장애는 질환을 가지고 있는 환자가 아니고 일반 학생과 같은 교육 대상자로 보며 신체 기능 장애를 가진 증후군이다. 이러한 증후군은 매우 다양하게 나타나는데, 크게 신경성 증후군과 운동기 증후군으로 나눌 수 있다. 그중 주된 증후군은 다음과 같다(전헌선 외, 2006 : 29-31).

① 신경성 증후군: 마비성 증후군
㉠ 뇌성마비
㉡ 진행성 근위축증
㉢ 척수성 소아마비

② 운동기 증후군
㉠ 결핵성 증후군
㉡ 골 증후군: 골형성 부전증, 연골무형성증, 골수염 등
㉢ 관절 증후군: 선천성 고관절탈구, 병적 탈구, 관절염, 관절구축 등
㉣ 외상성 증후군: 절단, 반흔구축 등
㉤ 형태 이상 증후군: 만족골, 내반슬, 외반슬, 척추측만, 척추후만, 척추전만, 단지증 등

(2) 척추 측만증의 원인
① 척추 측만증의 특징은 그 원인에 따라 결정된다. 소아과 연령대에서 발병되는 변인의 대부분은 다섯 가지 범주로 분류될 수 있다. 즉, 특발성, 선천성, 유전성 증후군, 비기능적인 것, 그리고 신경근성이다(Heller et al., 2012 : 277-280).

척추 측만증
- 비구조적 척추 측만증: 고정된 기형 아님, 단순 만곡, 일시적
- 구조적 척추 측만증
  - 특발성 척추 측만증: 원인 불명
  - 선천성 척추 측만증: 출생시
  - 신경근성 척추 측만증: 신경질환, 근육질환으로 발생
  - 기타

② 대다수의 환자에서는 그 원인을 알 수 없는 특발성 척추측만증으로 분류되나 발생학적 척추의 이상을 가진 선천성 척추 측만증과 여러 가지 신경 질환 또는 근육질환에 이차적으로 발생하는 신경근성 척추 측만증이 있다(특수교육학 용어사전, 2018: 453).

12 2010 중등1-36

정답 ②

해설

① 기동성을 높이기 위해서는 앞바퀴와 뒷바퀴 모두 작을수록 좋다. 뒷바퀴의 경우 크기가 클수록 지면에 전달되는 힘은 적어지기 때문에 기동성이 떨어진다.

③ 등받이의 재질은 다소 딱딱한 것이 좋다.

④ 랩 트레이(휠체어용 책상)는 몸통과 머리의 안정성에 도움이 된다.

⑤ 팔걸이는 상지의 지지를 도와 몸무게를 지지할 수 있으므로 몸통의 안정성에 도움이 된다.

Check Point

✓ 수동 휠체어의 구성

머리받침대	머리 조절이 어려운 학생에게 필요하며 머리의 자세, 근긴장, 목의 자세 또는 연하작용을 보조해 준다.
등받침	• 접을 수 있도록 제작된 형태가 대부분이다. • 학생의 자세를 위해서는 딱딱한 재질이 더 바람직하다. • 고개를 가누는 정도에 따라 높이 조절이 필요하다.
의자	• 자세의 지지를 위해 단단한 것일수록 좋다. • 엉덩이의 크기에 적절하게 맞추는 것이 좋다.
좌석 벨트	이동 시 안정성을 제공하며, 몸통 및 골반의 위치를 잡아 주고, 미끄러짐 현상을 방지한다.
팔걸이	• 상지의 지지를 도와 몸무게를 지지할 수 있으므로 척추의 기형을 예방할 수 있다. • 의자에서 휠체어로 이동 시 팔걸이를 잡고 이동하게 되므로 적절한 높이와 안정성이 필요하다. • 팔걸이를 지지하여 체중을 분산시키거나 체중이동 훈련을 할 수 있으므로 둔부의 압력을 줄이고 욕창 등의 문제를 예방할 수 있다.
뒷바퀴	플라스틱 소재의 딱딱한 바퀴보다는 공기가 들어가는 바퀴가 충격 흡수 면에서 우수하여 승차감이 좋으나 공기주입 장치 및 바퀴 수리 등 보수 관리가 필요하다.
손 조절바퀴 (핸드림)	이동 시 손으로 잡는 둥근 손잡이 부분으로 직경이 클 경우에는 힘을 이용하여 출발 및 가속이 쉽고, 직경이 작을 경우에는 속도의 유지가 용이하다.
브레이크 및 조절장치	전동 휠체어의 경우 조이스틱형 조절장치가 적합하며 헤드스틱이나 입을 이용하는 스위치로 된 장치도 사용된다.
앞바퀴 (보조바퀴)	• 앞바퀴의 크기가 큰 경우에는 이동 시 충격을 흡수하여 승차감이 좋고 장애물 통과가 쉽다. 그러나 기동성이 떨어지고 앞바퀴의 크기가 발의 배치를 방해할 수 있다. • 앞바퀴가 작은 경우에는 회전이 쉽고 바퀴 흔들림이 적으며 이상진동이 덜하다. 그러나 충격 흡수가 나빠 승차감이 좋지 않으며 틈에 빠지기 쉽다.
발 받침대, 다리 받침대	무릎과 다리, 발의 각도를 올바르게 위치할 수 있도록 한다.
휠체어용 책상	• 휠체어를 이용하는 학생의 섭식과 의사소통 기기를 놓는 등 학습활동에 사용이 편리하다. • 독립적인 이동을 방해하며 휠체어의 무게와 전후 좌우의 길이를 증가시켜 불편을 초래한다.

13 2011 유아1-16

정답 ④

해설

ㄷ. 낮 동안의 훈련이 성공적으로 끝나면 밤 동안의 배변패턴 조사와 훈련을 실시한다(김영한 외, 2022: 156).

- 독립적인 화장실 사용 단계에서는 가정과 연계하여 학교에서 이루어지는 낮 동안의 화장실 사용 습관이 가정에서의 밤 시간의 화장실 사용 습관으로 이어질 수 있게 지도한다(김영한 외, 2022: 160).

Check Point

⊘ 용변기술의 지도 단계

단계		지도 내용
1단계	습관 만들기	• 1단계의 목적은 학생이 규칙적인 계획표에 따라 변기에 앉는 경험을 하게 하는 것이다. – 용변 패턴을 파악한 후 학생에게 시간에 맞춰 용변을 보도록 하는 것으로, 예측되는 시간 10분 전에 화장실에 가도록 하며 5분 동안 변기에 앉아 있도록 한다. • 훈련을 돕기 위한 환경 조절 방법은 학생의 습관 만들기에 도움이 된다. • 화장실에 가는 것을 꺼리거나 공포를 느끼는 학생들의 경우에는 강제로 실시하지 않는다.
2단계	스스로 화장실 사용 시도하기	• 화장실에 가야 할 필요를 인식하고 징후를 나타내도록 하는 단계이다. 학생이 용변을 보자마자 칭찬해 줌으로써 방광이 가득 찬 것과 배설하는 것의 관계를 인식하도록 돕는다. • 아동이 젖어 있다는 느낌을 방해하는 것(예 기저귀)을 몸에서 제거하고, 입고 벗기 편한 속옷을 입도록 지도한다. 처음에는 바지를 정기적으로 점검하며 마른 채로 있을 때에는 강화하며, 실수 시에는 관심이나 강화를 하지 않고 옷을 갈아입히는 등의 단계를 통해 훈련을 시작한다. • 다리를 꼬거나, 얼굴을 찡그리거나, 구석으로 가는 등과 같이 화장실에 가고자 하는 학생의 행동 표현에 대해 민감한 관찰이 요구된다.
3단계	독립적으로 화장실 사용하기	• 3단계의 목적은 화장실에 가야 한다는 것을 깨닫게 하고, 화장실에서 이루어지는 모든 과정을 스스로 해야 한다는 것을 알게 하는 것이다. • 변기에 앉아 있는 시간이 많을수록 배변할 확률이 높으나 학교에서는 자주 화장실에 갈 수 있는 여건이 안 되므로 시간당 10~15분 정도 화장실에 머물면서 훈련하는 것이 효과적이다. • 용변 기술을 일반화하고 좀 더 숙달되게 하는 것이 중요하며, 낮 시간 동안에 이뤄지는 기술들이 점차로 밤 시간 동안에도 이뤄질 수 있도록 가정에서도 같이 시작한다.

14

2011 유아1-23

정답 ①

해설

① 턱 조절을 돕기 위해서는 아동의 구강과 안면의 과민반응을 줄이는 것이 필요하다. 구강운동을 촉진하는 활동은 입술, 안면, 뺨 주변 두드리기, 잇몸과 입 천장 마사지하기, 씹기, 삼키기, 입술 닫기 등과 관련한 부위의 피부 문지르기, 입 주위에 얼음을 대 보고 감각 느끼기, 입술과 뺨 주위의 근육 스트레칭하기, 구강과 안면근육 진동시키기, 혀를 입 안에서 여러 방향으로 움직이기 등이 있다.

② 편안하게 누운 자세를 취하게 한 다음: 앉거나 비스듬히 기댄 자세를 취하게 한 다음

③ 실리콘 소재나 플라스틱 소재가 적절하다. 그러나 일회용 플라스틱 숟가락은 부러지기 쉽기 때문에 사용하지 않는다.

④ 신체적 보조를 과다하게 사용하는 것은 학생이 스스로 식사하는 기술을 방해하며 의존적인 태도를 형성하게 한다. 가능하면 아동의 머리나 턱, 얼굴부위를 고정해 주는 등의 신체적 보조보다는 쿠션같은 자세 보조공학기기를 이용하여 머리의 움직임을 고정해 주거나 유지해 주는 것이 좋다(박은혜 외, 2019: 446).

⑤ 컵을 사용하여 음료 마시기를 지도할 때에는 컵의 가장자리를 아동의 아랫입술에 놓아서 깨무는 자극을 줄인다. 음료가 입 안으로 잘 들어가도록 충분히 기울이되, 아동의 윗입술이 음료에 닿을 수 있도록 한다.

Check Point

(1) 식사 관련 비정상적인 반사

설근반사	• 유아가 입을 음식 쪽으로 향하는 반사이다. • 생후 초기에 나타나는 행동은 정상이나, 생후 몇 달이 지나도 계속되면서 식사 시간에 자발적인 머리 조절을 방해하게 된다.
강직성 씹기반사	• 입안에 음식을 넣어 주면 의도하지 않게 갑자기 입을 다무는 강직성이 나타나, 숟가락으로 음식을 먹이는 것을 방해하고 씹는 것을 극도로 어렵게 한다. • 입안에 들어오는 자극에 대한 민감도가 강하고 비자발적이다.
혀 밀기/ 혀 돌출행동	• 음식을 씹거나 삼키는 행동을 해야 할 때에 치아 사이로 혀를 밀어내는 비자발적 행동이다. • 입 밖으로 음식이나 음료를 밀어내거나 치아의 위치를 본래 위치에서 밀어낸다.
빨고 삼키는 행동	• 음식을 씹지 않고 빨다가 삼켜버리는 행동이다. • 신생아 시기에 가지고 있던 빨기 행동을 그대로 유지하고 있어서 고형의 음식물 섭취를 방해한다.

(2) 식사 자세의 교정

① 식사하는 데 가장 좋은 최적의 자세는 주의 깊은 관찰을 통해 개인적으로 결정되어야 한다.

② 안정성을 보장하기 위해 적절한 높이의 의자와 식탁을 제공하고 가능한 한 직립 자세로 앉게 하는 것이 좋다.
- 앉은 자세에서 식사하는 것이 힘든 아동의 경우라도 상체를 30도 이상 세워서 먹도록 하고, 식사 후 반쯤 기댄 자세나 앉은 자세가 역류 예방에 도움이 된다.

③ 자연스러운 자세를 유지할 수 있도록 해주는 것이 좋으며, 새로운 자세에 적응하고 편안하게 되기 위해서는 식사 시간 10~15분 전부터의 자세가 중요하다.

④ 아동이 스스로 식사를 하지 못하는 경우에는 다른 사람의 도움을 통해 음식을 섭취하게 되는데, 이때 음식을 제시하는 태도는 매우 중요하다.
- 음식이 아동의 얼굴 아래에 오는 것이 좋고 먹이는 사람의 얼굴이 눈높이, 또는 눈 아래에 있도록 하기 위해 낮은 의자에 앉는다.
- 아동의 목은 뒤로 젖혀 있는 것보다는 목을 약간 구부리게 하는 자세가 질식 없이 쉽게 삼키도록 하며 비정상적인 반사작용을 최소화한다.
- 먹이는 사람은 아동과 가능한 가깝게 위치하고 아동의 옆, 또는 뒤에서 신체적 도움을 주는 것이 좋다.
- 입 안에 음식을 넣어 줄 때는 혀의 중앙 부분에 넣어준다. 그러나 턱의 움직임에 제한이 많은 경우에는 쉽게 씹을 수 있도록 치아 사이에 직접 음식을 놓아준다.

(3) 음식의 수정

① 지체장애 아동 중 일반 음식을 먹지 못하는 경우에는 채소 등을 삶아 걸쭉하게 만든 음식인 퓌레(puree)형 음식을 제공한다.
- 퓌레형 음식은 삼키는 자극 없이 쉽게 넘어가므로 기도폐쇄의 위험이 높으며, 변비와 충치를 일으키고, 구강 구조를 약하게 하며, 비타민 결핍을 가져올 수 있음에 유의해야 한다. 또한 고형의 음식을 먹을 때 습득할 수 있는 기능을 경험하지 못하게 되므로 가능한 한 고형 음식을 먹도록 지도하는 것이 필요하다.

② 위식도 역류를 보이는 아동들은 더 자주, 보다 조금씩 작은 조각으로 음식을 나누어 주는 것이 도움이 되며, 걸쭉한 음식을 주거나 식사 후에 약 1시간 정도는 비스듬히 앉은 자세를 통하여 위에서 음식물이 비워지도록 해주는 것이 좋다.

③ 음식의 형태를 수정해 줄 때는 다음 사항에 유의한다.
- 작은 알갱이 형태의 음식보다 으깬 바나나 등 부드러운 음식부터 먹을 수 있도록 지도한다.
- 당근, 완두콩과 같은 채소를 감자에 으깨서 먹게 하고 좀 더 단단한 음식을 먹을 수 있게 되면 점차로 다른 종류로 확대한다.
- 일반유아의 경우 치아가 없어도 씹는 기능을 배우므로 음식을 입에 넣었을 때 씹지 않아도 삼킬 수 있도록 익힌 야채 등을 먼저 제공한다.

(4) 식사 방법 및 도구의 수정

① 스스로 식사하기를 시도조차 하지 않는 아동은 손을 이용하여 음식을 먹는 행동을 지도한다. 손으로 먹기를 지도하는 것은 식사도구를 바르게 사용하기 위한 전 단계이며, 반드시 적절한 시기에 도구 사용 방법을 중재해야 한다.

② 컵 사용과 관련한 중재 방법은 다음과 같다.

㉠ 컵을 사용하여 음료 마시기를 지도할 때는 컵의 가장자리를 아동의 아랫입술에 놓아서 깨무는 자극을 줄인다. 음료가 입 안으로 잘 들어가도록 충분히 기울이되, 아동의 윗입술이 음료에 닿을 수 있도록 한다.

㉡ 컵 안의 음료가 보이도록 컵 윗부분을 잘라낸 컵은 목이 뒤로 젖혀지는 것을 막아 주고 음료가 코에 닿지 않게 한다.

㉢ 컵을 사용하여 음료 마시기를 지도할 때 유의해야 할 사항을 추가적으로 살펴보면 다음과 같다.
- 처음에는 물이나 맑은 음료보다는 걸쭉한 상태의 음료를 이용하여 지도한다. 이후 보통의 음료 농도에 가깝게 조금씩 묽게 한다.
- 처음에는 컵을 아동의 얼굴에 가까이 접근시킨 후 숟가락을 사용하여 음료를 떠서 먹게 한다. 이것이 습관화된 후 숟가락으로 음료를 입에 넣을 때 동시에 컵이 입술에 닿게 지도한다. 위의 과정이 익숙해지면 컵에 입을 대고 천천히 마시게 한다.
- 컵에 음료를 조금만 담아준 뒤 컵을 쥐는 방법을 가르친다.
- 음료를 마시기 위해 고개를 들었을 때 몸의 균형을 잃는 아동의 경우에는 컵의 윗부분이 대각선으로 잘라진 형태의 컵을 사용한다.

③ 숟가락 사용과 관련한 중재 방법은 다음과 같다.

㉠ 숟가락을 사용하기 위해서는 식사행동에 대한 정확한 과제 분석이 필요하다. 과제 분석 단계에 따라 수정된 식사도구를 이용하면 좀 더 쉽게 지도할 수 있다.

㉡ 입 부위의 감각이 예민하거나 강직성 씹기반사를 가진 아동의 경우 금속 재질의 숟가락은 적당하지 않다. 자극을 최소화하기 위해서는 플라스틱이나 실리콘 소재가 좋다. 그러나 부러지기 쉬운 일회용 플라스틱 숟가락은 적절하지 않다.

(5) 신체적 보조 방법

① 식사를 돕는 신체적 보조 방법은 자세의 교정, 음식의 수정, 식사도구 및 환경을 먼저 수정한 후에 되도록 적게 사용하는 것이 좋다.

② 가능하면 아동의 머리나 턱, 얼굴부위를 고정해 주는 등의 신체적 보조보다는 쿠션같은 자세 보조공학기기를 이용하여 머리의 움직임을 고정해 주거나 유지해 주는 것이 좋다.

③ 아동이 스스로 씹는 능력이 부족한 경우는 턱의 움직임을 촉진하되 아동의 뒤 또는 옆에서 최소한의 방법으로 보조한다.

④ 중지는 턱, 검지는 턱과 입술 사이, 엄지는 눈 주변의 얼굴 옆에 위치하고 아래턱의 개폐를 보조하고 조절할 수 있게 한다.

⑤ 턱의 움직임을 조절해 줄 때 윗입술을 아래로 당기는 것은 입술 수축을 자극할 수 있기 때문에 피해야 한다.

15

2011 초등1-10

정답 ②

해설

지문 돋보기

이름	장애 유형	관찰 내용
수지	뇌성마비	(가) 어떤 동작을 수행하면 자신의 의지와 상관없는 불필요한 동작이 수반된다. : 불수의 운동의 증상
현우	근이영양증	(다) 종아리 부위의 근육이 뭉친 것처럼 크게 부어올라 있다. : 가성비대
영수	이분척추	(마) 척추 부위에 혹과 같은 모양으로 근육이 부어올라 있다. : 수막류, 척수 수막류의 외형적 특징

ㄴ. 뇌성마비는 비진행성이다.

ㄷ. 듀센형에서 볼 수 있는 가성비대에 대한 설명이다.
- 듀센형은 X 성염색체에 위치하고 있는 디스트로핀의 부재(디스트로핀의 끝 부분)로 발생한다.

ㅁ. "척추 뼈가 완전히 닫히지 않아 분리된 척추 사이로 척수액이나 신경섬유가 돌출된 것이 원인"은 척수 수막류에 대한 설명이다.

Check Point

(1) 뇌성마비의 개념

① 뇌성마비: 미성숙한 뇌 혹은 뇌의 손상으로 말미암은 운동장애와 자세의 이상을 보이는 비진행성 증후군

② 이상의 정의는 다음과 같은 의미를 내포하고 있다.

㉠ 뇌성마비는 근육의 긴장 상태, 자세를 바꾸기 위한 조절 및 운동에 영향을 미친다.

㉡ 뇌성마비는 비진행성이기 때문에 기능을 변화시키는 결과를 유발하지 않는다.

※ 비진행성: 두뇌 손상이 진전되지 않는다는 것을 의미한다(일부 임상적 유형은 성장함에 따라 변화할 수 있다).

㉢ 뇌성마비는 태어나기 전 혹은 아동기 초기에 뇌를 미성숙 상태로 만드는 손상이라는 뜻을 포함하고 있으므로 '발달장애'에 속한다.

(2) 근이영양증의 형태

① 듀센형 근이영양증

㉠ 듀센형은 X염색체의 결함으로 나타나며, 반성 열성으로 유전된다.

㉡ 듀센형은 디스트로핀의 부재(디스트로핀의 끝 부분)로 발생한다.
- 디스트로핀 단백질의 유전자는 X 성염색체에 위치하고 있으며 주로 2~6세 정도의 남아에게 많이 발생한다.

㉢ 듀센형은 가장 일반적인 근이영양증의 형태이며, 가장 증상이 심하고 진행 속도도 빠르다.

㉣ 듀센형의 근력 약화는 대부분 다리와 고관절 부분에서 시작되고, 어깨와 목 근육으로 진행된다. 마지막으로 호흡 근육의 기능 장애를 일으키고 마침내 사망에 이르게 된다. 듀센형은 이러한 근력의 약화 정도가 빠르게 진행되어 대부분 20대 초반에 사망한다.

㉤ 듀센형은 다음과 같은 신체적 특성이 나타난다.

가우어 징후	듀센형 근이영양증 아동들은 근력이 약화되기 때문에 앉기와 서기 동작의 독특한 특성을 나타낸다. 하지 근육이 약해지기 시작하는 초기에는 앉는 자세에서 일어서기가 어려워서 손을 사용하는 형태가 나타난다.
가성비대	종아리 부분의 약해진 근육을 보상하기 위해 근육이 지방섬유로 대치되어 마치 건강한 근육조직처럼 보이는 것을 말하는데, 실제로 비대해지는 것이 아니고 근섬유가 괴사한 자리에 지방 및 섬유화가 진행되어 단단해지고 커진 것처럼 보이는 것을 말한다.
트렌델렌버그 보행	둔근의 약화로 둔부의 요동성 보행인 트렌델렌버그 보행이 나타날 수 있다. 트렌델렌버그 보행에서는 아동이 걷는 동안 몸체 각각의 사지를 앞뒤로 흔들기 위해 다리 위 상체의 무게를 이용한다.
멀온 증후	상지와 견갑대까지 근력의 약화가 진행되면 겨드랑이 아래에 손을 넣어 들어 올릴 때 상지가 위로 올라가는 멀온 증후가 나타난다.

② 베커형 근이영양증

㉠ 베커형은 X염색체의 결함으로 나타나며, 반성 열성으로 유전된다.

㉡ 베커형은 근디스트로핀이 전혀 존재하지 않는 듀센형과는 달리 근디스트로핀의 양이 부족하거나 비효과적이고 비정상적인 형태로 존재한다(디스트로핀의 중앙 부분 결손). 베커형은 디스트로핀의 양에 따라 증상의 정도와 진행속도에서 차이를 보인다.

㉢ 베커형 역시 듀센형과 마찬가지로 다리와 고관절의 약화부터 시작된다.

㉣ 베커형은 발병시기가 보통 5~20세로 듀센형보다 조금 늦고 질환의 진행도 느리다. 20대 이후에도 생존하며 심근장애를 갖지 않는다.

③ 안면 견갑상완형 근이영양증

㉠ 안면 견갑상완형 근이영양증: 안면근, 견갑근(어깨근), 상완(어깨와 팔꿈치 사이 근육)과 허리, 엉덩이 근육 등이 약화되기 시작하며 날개 모양의 어깨를 특징으로 하는 질병

㉡ 안면 견갑상완형의 원인은 우성유전과 단백질 이상으로 밝혀졌다.

㉢ 다른 유형과는 달리 안면 견갑상완형 근이영양증의 대부분은 10대에서 20대 청소년기에 처음 증상이 나타나서 느리게 진행되고 수명에는 영향을 미치지 않는다.

④ 지대형 근이영양증

㉠ 지대형 근이영양증은 상염색체 우성유전으로 발생한다.

㉡ 지대형 근이영양증의 발병 연령은 유아기부터 50세 이후까지 매우 넓다.

㉢ 증상은 다양하지만 근력 저하와 같은 임상적 증상은 나타나지 않으며, 전체적으로 볼 때 듀센형보다는 증상이 가볍고 진행도 늦다.

㉣ 듀센형과 마찬가지로 보행의 어려움이 발생하며 잘 넘어지고 달리기나 계단 오르내리기를 힘들어하게 된다. 일어설 때 손으로 무릎을 짚고 몸을 일으키는 움직임의 특성이 나타난다.

㉤ 관절 구축으로 인해 보행 시 발뒤꿈치를 들고 걸으며, 전신의 관절이 굳으며 보행의 어려움은 있으나 호흡부전과 심부전은 적기 때문에 생명에는 지장이 없다.

(3) 이분척추의 유형 및 특성

유형	특성
잠재 이분척추	• 척추뼈의 결손만 일어난 것으로 눈에 띄는 장애를 유발하지 않는다. • 마비나 감각 손상은 없으나 기형인 추골을 덮는 피부가 변색되거나 털이 나는 등의 증상이 있을 수 있다.
수막류	• 수막류는 분리된 척추 사이로 척수막이 돌출된 상태를 말하는 것으로 척수 자체가 손상된 것은 아니다. • 척수 신경은 영향을 받지 않기 때문에 운동마비나 감각 손상은 나타나지 않는다. • 수막류는 대부분 외과적 수술을 통해서 완치될 수 있다.
척수 수막류	• 척수 수막류는 이분척추의 유형들 중 가장 심각한 유형으로, 척추를 둘러싸고 있는 척추뼈의 뒷부분이 완전히 닫히지 않아 분리된 척추뼈 사이로 척수 신경과 수막이 탈출하여 손상된 상태를 말한다. 이분척추를 언급할 때는 척수 수막류를 중심으로 고려한다. • 손상된 척수 신경 아래쪽이 뇌와 교류되지 않기 때문에 운동마비와 감각손상을 나타낸다. – 신경손상으로 인해 하지 마비와 항문 및 방광 괄약근의 마비가 수반되는 경우가 많다. • 외과적 수술을 받을 수도 있으나 영구적인 장애를 가질 수도 있다. • 척수 수막류를 가진 사람의 70~90%는 뇌척수액이 뇌에 고이는 수두증(= 뇌수종)으로 발전된다. 이러한 경우에는 뇌실 내에 축적된 뇌척수액을 다른 신체부위로 흘려보내는 션트(shunt) 삽입 수술을 고려할 수 있다.

16

2011 초등1-19

정답 ②

해설

ㄱ. 쉼표, 물음표, 마침표의 문장부호 사용에 오류를 보이고 있다.

ㄴ. 사용된 모든 문장의 종류를 구분하면 다음과 같다.

영수의 표현	문장의 종류	학교문법에 의한 문장의 짜임
오늘은 어린이대공원에 소풍가는 날이다.	단문	홑문장
나는 너무 아파서 학교에 안갔다.	복문	겹문장(종속적으로 연결된 이어진 문장)
엄마가 참 조타.	단문	홑문장
나는 집에 있는데 아무도 집에 있는 친구는 없다.	중문	겹문장(대등하게 연결된 이어진 문장)
슬슬 아파서 눈을 감는다.	복문	겹문장(종속적으로 이어진 문장)

- 모든 문장을 분석할 경우 단문 2개, 중문 1개, 복문 2개로 된 일기이다.
- 맞춤법 등 쓰기 과정에 어려움을 보이고 있다.

ㄷ. 정음법이란 파닉스를 의미한다. '안가따', '조타', '칭구'는 정음법적 전략을 사용한 철자 오류에 해당한다.

ㄹ. 패그워드 전략(또는 말뚝어 방법)은 순서에 맞게 외워야 하는 내용을 학습할 때 사용하는 기억전략이다.

Check Point

✓ 문장의 종류

① 단문

㉠ 주어와 서술어의 구성이 한 번만으로 이루어진 문장을 의미한다.

㉡ 단문 중 가장 간단한 구조는 주어 하나와 서술어 하나로 이루어진 구조이다. 여기에 목적어나 보어 등이 덧붙을 수 있다. 즉, "눈이 온다."나 "설악산은 국립공원이다."도 단문이요, "아이들은 눈을 좋아한다."나 "대구는 항구가 아니다.", "아우는 등산을 낙으로 삼는다."도 단문이다. 그리고 이들에 다시 관형어나 부사어가 덧붙어도 단문임에는 변함이 없다. "하얀 눈이 곱게 내린다."나 "저 아이들이 눈을 훨씬 더 좋아한다." 등도 모두 단문인 것이다.

② 중문

㉠ 두 개의 문장이 대등한 관계로 접속하여 이루어진 문장을 의미한다.

㉡ "겨울이 가고, 봄이 온다."는, "겨울이 간다."는 문장과 "봄이 온다."는 문장이 대등한 관계로 접속, 병렬된 문장인데 이러한 문장을 "봄이 오면, 건강이 좋아지겠지."와 같은 문장과 구별하여 중문이라 부른다.

㉢ "봄이 오면, 건강이 좋아지겠지."는 역시 "봄이 온다."와 "건강이 좋아지겠지."의 두 문장이 접속된 문장이나 이들은 대등한 관계로 만난 것이 아니고 뒤쪽이 주절로, 앞쪽이 종속절로 만난 것이다.

㉣ 이에 비하여 "겨울이 가고, 봄이 온다."는 두 문장이 대등절로 만나는 것이다. 중문의 두 대등절은 대등한 관계이므로 두 절의 자리를 서로 뒤바꾸어도 의미의 변동이 거의 생기지 않는다. "봄이 오고, 겨울이 간다."라고 하여도 자연스러운 문장일 뿐만 아니라 "겨울이 가고, 봄이 온다."라고 할 때와 근본적으로 동일한 의미를 나타낸다.

③ 복문

㉠ 한 문장 속에 다른 문장이 종속되어 있거나 포유되어 있는 문장을 말한다.

㉡ 주어와 서술어의 관계, 즉 주술관계(主述關係)가 한 번만 이루어지는 단문(單文)이 확대되는 방식은, ⓐ 서로 대등한 단문들끼리 연결되는 방식, ⓑ 하나의 문장이 다른 문장에 대해 종속적으로 연결되는 방식, ⓒ 하나의 문장이 다른 문장을 문장성분으로 포유하고 있는 방식, ⓓ 이 모든 방식이 다 나타나는 방식 등이다. ⓐ의 문장을 중문(重文), ⓑ번과 ⓒ번 방식의 문장을 복문, ⓓ의 문장을 혼성문(混成文)이라고 부른다.

[학교문법에 따른 문장의 짜임]

1. 홑문장과 겹문장

학교 문법에 의하면 문장은 주어와 서술어의 관계가 몇 번 나타나느냐에 따라 홑문장과 겹문장으로 나뉜다. 주어와 서술어의 관계가 한 번 나타나는 문장은 홑문장, 두 번 이상 나타나는 문장은 겹문장이라 한다.

- 문장
  - 홑문장
  - 겹문장
    - 안은 문장
      - 명사절을 가진 안은문장
      - 관형절을 가진 안은문장
      - 부사절을 가진 안은문장
      - 서술절을 가진 안은문장
      - 인용절을 가진 안은문장
    - 이어진 문장
      - 대등하게 연결된 이어진문장
      - 종속적으로 연결된 이어진문장

2. 겹문장

① 안은문장

㉠ 한 문장이 그 속에 홑문장을 한 성분으로 안아서 겹문장을 이룰 때 안은문장이라 한다.

㉡ 큰 문장 안에 한 성분으로 안겨 있는 문장을 안긴 문장이라고 한다. 안긴 문장은 하나의 '절'이 되는데 크게 '명사절, 관형절, 부사절, 서술절, 인용절' 다섯 가지로 나뉜다.

예 • 수학 문제 풀기가 어렵다.
• 나는 집으로 가는 철수를 만났다.
• 영희가 내가 읽던 책을 가져갔다.

② 이어진문장

㉠ 두 개 이상의 홑문장이 연결 어미에 의해 결합된 문장을 이어진 문장이라고 한다.

㉡ 의미 관계가 대등한 두 홑문장이 이어진문장을 대등하게 이어진문장이라고 한다.

• 두 홑문장은 의미적으로 대등하기 때문에 두 홑문장의 순서를 바꾸어도 의미의 변화가 없다.

예 산이 높고 물이 맑다. 철수는 서울로 가고 민호는 부산으로 갔다.

㉢ 앞 절과 뒤 절의 의미가 독립적이지 못하고 종속적인 문장을 종속적으로 연결된 이어진문장이라고 한다.

• 앞 절이 뒤 절에 대하여 '이유, 의도, 목적, 배경, 조건, 양보, 선택'등의 여러 가지 의미 관계를 가지며 이에 따라 다양한 종속적 연결 어미('-아서/-어서, -(으)려고, -는데, -(으)면, -(으)니까, -(으)ㄹ지라도' 등)가 사용된다.

예 냇물이 깊어서 아이가 건널 수 없었다. 날씨가 좋으면 산책을 하자.

출처 ▶ 김홍범 외(2021 : 39-51)

17

2011 중등1-23

정답 ③

해설

ㄱ. 교사는 학생 A의 등과 무릎 아래로 손을 넣고 교사의 다리를 구부려 학생을 힘껏 들어 올려서 안는다.

ㄷ. 학생 A를 쉽게 들어올리기 위해 학생의 앉은 자세를 먼저 잡아 주고, 학생의 근육이 이완된 상태를 유지하며 들어 올린다. 이동 전 근육의 긴장 여부를 확인하고 아동이 이완하는 것을 돕기 위해 가슴 부분에 손을 평평하게 하여 강한 힘을 준다. 아동 몸의 긴장이 풀리고 바른 자세가 되는 것을 확인할 때까지 기다린다.

Check Point

(1) 들어올리기와 이동시키기 과정

단계	활동	기대되는 반응
접촉하기	아동의 팔이나 어깨에 손을 얹고, 이동할 곳에 대해 이야기한다.	아동이 긴장을 풀고 편안해질 때까지 기다린다.
의사소통하기	아동에게 이동할 장소의 사진이나 사물을 제시	얼굴 표정과 소리로 반응할 때까지 기다린다.
준비하기	이동 전 근육의 긴장 여부를 확인하고 아동이 이완하는 것을 돕기 위해 가슴 부분에 손을 평평하게 하여 강한 힘을 준다.	아동 몸의 긴장이 풀리고 바른 자세가 되는 것을 확인할 때까지 기다린다.
들어 올리기	• 아동이 서 있지 못할 경우는 앉은 자세 그대로 앉은 채로 옮기도록 한다. • 이동할 장소에 대해 이야기하고 아동의 등과 무릎 아래를 팔로 감싸고 편안한 자세를 유지할 수 있도록 가슴 쪽으로 무릎을 구부린다.	아동이 스스로 팔을 내밀 때까지 기다리고 10초 이내에 팔을 내밀지 못한다면 아동의 어깨를 사용한다.
이동하기	• 아동이 어디로 움직이는지 볼 수 있도록 아동과 거리를 두고 몸을 지지할 수 있도록 아동이 등을 기대도록 한다. • 아동의 다리가 앞으로 향할 수 있게 하면서 골반 아래쪽을 잡도록 한다. • 다리가 경직되면 다른 팔을 사용해서 다리를 떼어 놓은 후, 부드럽게 지탱할 수 있도록 한다.	아동은 자신이 이동하는 방향을 보고 자신의 팔로 그 위치를 나타낸다.
다시 자세 잡기	다음 활동에 참여할 수 있도록 자세를 잡고 무엇을 할 것인지 이야기하도록 한다.	아동은 다음 활동에 참여할 준비하기

(2) 들어올리기와 이동시키기 전략

① 아동에게 무엇을 할 것인지 설명하고 아동이 가능한 한 적극적으로 참여하도록 하기

② 들거나 이동시킬 아동에게 직접 다가가서 자세 취하기

③ 몸통을 똑바로 세우고 허리를 구부리기보다는 다리를 구부리고 안을 자세 취하기

④ 아동에게 몸을 밀착하여 안을 준비하기

⑤ 자신의 몸을 회전하지 말고 아동을 안을 준비하기

⑥ 바닥에 평평하게 발을 대고 편안하게 한 쪽 발을 다른 발 앞에 놓기

⑦ 이동할 때 가능한 한 많은 무게를 아동 스스로 지지하게 하기

⑧ 들어올리기가 어렵거나 약 16kg 이상 무게가 나가는 아동의 경우 도움을 요청하여 두 사람이 함께 들어올리기

18

2011 중등1-24

정답 ①

해설

(나) 빨대로 음료를 마실 수 없는 이유가 빨대 이용 방법을 모르는 것이 아닌 삼킴의 문제 때문인 것으로 제시되어 있다. 따라서 삼킴의 문제가 무엇인지에 대해 파악하는 것이 우선이다.

(라) 방광 기능의 문제로 배뇨 조절이 안 되고 있다. 따라서 학생에게 생리적인 요인이 있을 경우 우선적으로 의료적 처리를 제공하는 것이 필요하다.

19

2011 중등1-25

정답 ③

해설

지문 돋보기

그림은 일차 운동 피질에 손상이 있음을 나타낸 것으로 특히 일차 운동 피질의 양쪽 위쪽이 심각한 손상이 있는 것으로 표현되어있다. 따라서 양쪽 상지보다는 양쪽 하지에 심각한 손상이 있음을 유추할 수 있다.

	운동 특성	말 특성
①	운동실조형	• 말하는 속도가 느리고: 경직형, 운동실조형 • 음절을 한 음 한 음씩 끊어서 말한다.: 운동실조형
②	• 몸의 같은 쪽 상지와 하지의: 편마비 • 근육 긴장도가 높아 발끝으로 걷는다.: 경직형	• 억양이 거의 없어 단조로우며: 경직형, 운동실조형 • 과대비음이 나타난다.: 경직형
④	진전형	진전형
⑤	불수의형	불수의형

Check Point

⊘ 추체계

① 구성

추체계(피라미드 체계)는 운동 피질과 운동 피질에서 척수로 내려오는 경로(추체로로 알려진)로 구성되어 있다. 운동 피질은 전두엽의 뒷부분 1/3 정도를 차지하며, 주운동 피질, 보충운동 영역, 전운동 영역의 세 부분으로 나뉜다. 주운동 피질의 운동뉴런(상단 운동 뉴런으로 알려진)은 수의적인 움직임을 조절한다. 보충 그리고 전운동 영역은 복잡한 형태의 동작(외과의사의 손동작)과 같은 동작기능을 지원한다. 운동 피질의 부분으로서 특정한 기능을 하는 영역에는 발화에 필요한 동작을 조절하는 브로카 영역이 있다.

② 일차 운동 피질

일차 운동 피질의 영역은 특정 신체 부분의 동작을 조절한다. 이것은 거꾸로된 이상한 사람의 그림인 운동 호문쿨루스로 나타나기도 하는데, 일차 운동 피질 위에 신체의 조절하는 부분을 그린 것이다. 호문쿨루스는 라틴어로 '난쟁이'를 의미하기 때문에 보통 '두뇌 안의 작은 사람'으로 불린다. <그림>에서 보는 것과 같이, 주운동 피질의 윗부분에는 다리와 고관절의 동작을 조절하는 뉴런이 있고 바닥 부분에는 입술과 턱을 조절하는 뉴런이 있다. 호문쿨루스의 손은 손으로 할 수 있는 미세운동 움직임에 기여하는 일차운동 피질 위의 수많은 뉴런으로 되어 있기 때문에 특별히 큰 영역을 차지한다.

③ 축색돌기

추체로는 일차 운동 피질의 축색돌기로 구성되어 있다. 이러한 축색돌기는 두뇌에서 내려와서 뇌간 정도의 수준에서 대부분은 반대편으로 교차한다. 여기서부터 계속 내려와서 척수의 뉴런(하단 운동 뉴런으로 알려진)과 이어진다. 하단 운동 뉴런에서 나온 축색돌기는 척수를 떠나 다양한 신체 근육으로 내려간다. 대부분의 축색돌기는 교차하기 때문에 두뇌의 좌측은 신체의 우측 움직임을 조절하고, 그 반대도 마찬가지다.

만약 사람이 공을 차기 위해 오른쪽 다리를 움직이고자 한다면 좌측 일차 운동 피질의 윗부분에 위치한 상단 운동 뉴런이 자극을 받게 될 것이다. 자극은 축색돌기를 타고 내려와 척수의 아랫부분에 있는 하단 운동 뉴런으로 가게 된다. 자극은 척수를 빠져나가 하단의 운동 뉴런 축색돌기를 따라 다리 근육에 도착하여 근육이 수축하고 움직이도록 한다. 두뇌에서 공을 찼다는 것을 인지하도록 하기 위해 감각 뉴런으로 알려진 다른 뉴런의 연결고리가 정보를 다리에서 두뇌의 체지각 피질로 전달하여, 두뇌가 다리의 움직임과 공을 찬 감각을 알 수 있게 한다.

④ 경직형 뇌성마비의 발생

생애 초기나 분만 시 추체계에 손상을 입게 되면 경직형 뇌성마비가 발생한다. 경직형 뇌성마비는 뇌성마비의 가장 흔한 형태로 뇌성마비 중 70% 이상을 차지한다. 피라미드 체계의 손상은 일차 운동 피질의 손상된 뉴런에 위치한 부분과 대응하는 신체 부분의 근긴장을 증가시키는 결과를 초래한다. 예를 들어, 양쪽 일차 운동 피질의 윗부분 쪽에 손상이 발생했다면 두 다리는 경직성이 될 것이다(양하지마비). 두뇌의 왼쪽 운동 피질이 손상될 경우에는 신체 오른편에 경직성이 생기게 된다(박은혜, 외, 2012 : 151－152).

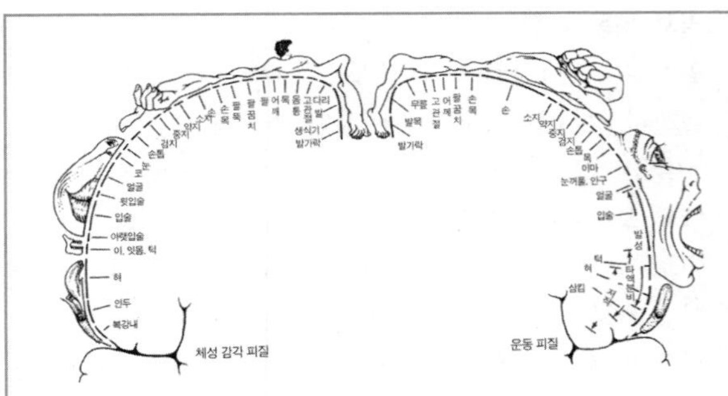

| 운동 피질과 체지각 피질의 지각과 운동에 대응하는 운동 호문쿨루스와 감각 호문쿨루스 |

20

2011 중등1-26

정답 ②

해설

그림은 비대칭 긴장성 경반사의 자세 특성을 나타낸다.

(가) • 학생 A를 매트에 똑바로 누이고 양 다리 밑에 지름 20cm 정도인 롤(roll)을 받쳐 준 후 양손으로 책을 잡도록 한다.

• 다리가 신전되어 있다면 양 다리 아래 쿠션을 받쳐 고관절과 무릎 관절을 굽혀준다(김혜리 외, 2021 : 206).

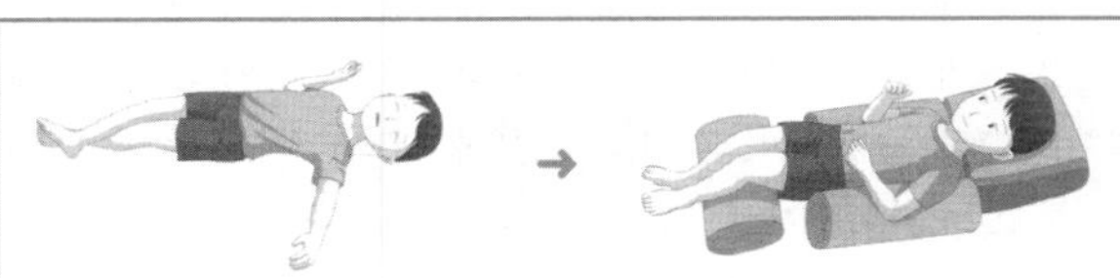

| 바로 누운 자세 지도 예시 |

출처 ▶ 김혜리 외(2021)

• 뇌성마비 아동의 경우에는 복와위 자세로 잠을 재우지 않으면 안 되는 경우가 상당히 있다. 그래도 하루 중 옷을 갈아 입히고, 이불도 정리하고, 집안을 청소할 때 움직이게 해야 한다. 그래야 마음도 신체도 생기 있게 해서 자발적인 움직임이 유발되기 때문이다. 뇌성마비 아동에게는 앙아위 자세를 하면 하지를 교차시키려고 하는 것이 종종 발견된다. 양 무릎 사이에 베개라도 넣어 다리가 벌어지지 않으면 점차적으로 굳어져 고정될 수 있다. 허벅지가 붙어 있기 때문에 허벅지 사이가 불결해서 피부병의 원인이 되기도 하며 고관절 탈구를 일으키는 경우가 많다(정재권 외, 2000 : 96-97).

(마) 책상에 앉을 경우 겹쳐있는 다리를 외전시켜 주는 외전대를 사용하면 다리의 정렬을 도와줄 수 있다.

Check Point

비대칭 긴장성 경반사(ATNR)

① 목(경부)의 움직임에 의해서 반사가 활성화되며, 반사가 활성화되면 근육 긴장도가 높아지고(긴장성), 자세는 좌우를 기준으로 비대칭의 형태(비대칭성)가 되는 원시반사의 유형이다(= 비대칭 긴장성 경부반사).

② ATNR은 목의 좌우 움직임에 의해 발생한다. 목이 움직여 시선이 향하는 쪽의 상지와 하지는 신전되고, 반대쪽 상지와 하지는 굴곡된다.

③ ATNR은 앉은 자세나 등을 대고 누운 자세(앙와위)에서 쉽게 유발된다.

④ ATNR이 나타나는 아동은 다음과 같은 어려움을 겪을 수 있다.

㉠ 머리 조절, 눈과 손의 협응, 신체의 대칭성 유지, 식사, 시각적 추적, 신체의 중앙부분에서 양손 사용하기 등에 어려움이 있다.

㉡ 고관절이나 좌골에 욕창을 유발하며, 비대칭적 앉기 자세, 척추 측만증 등이 나타날 수 있다.

㉢ 근육조절의 비협응으로 언어장애가 나타날 수 있다.

⑤ ATNR의 영향을 통제하기 위해 ATNR을 보이는 아동에게 과제를 제시할 때는 측면이 아닌 아동의 정면 중심선 앞에서 제시한다.

21

2012 유아1-22

정답 ②

Check Point

프래더-윌리 증후군

① 부계 유전된 15번 염색체 장완의 부분적 결손이 주원인

② 작은 키, 다양한 정도의 인지적 문제

행동표현형
• 손상된 포만감, 탐식행동과 비만 • 시각적 처리와 퍼즐을 해결하는 데 강점 • 모든 연령대에 걸쳐 흔한 강박장애와 충동조절장애 • 성인기에 간혹 정신 이상

22

2012 초등1-10

정답 ④

해설

ㄱ. 시각-운동 통합 발달검사(VMI)는 시지각 및 소근육 운동 협응 능력의 평가를 목적으로 한다. 대근육 운동 능력은 오세레츠키 검사, 대근육운동 기능 평가를 사용할 수 있다.

ㄷ. 물리치료사는 특수학교 교사에게 자문 및 역할방출: 물리치료사가 민수에게 직접적으로 서비스를 제공하는 직접 서비스가 아닌 교사에게 전문적인 지식을 전달 후 대신 중재를 제공할 수 있도록 하는 것이므로 간접 서비스를 제공하는 것이다.

Check Point

✓ 대근육운동기능분류체계(GMFCS)

① 심각도에 따른 분류는 신뢰도와 타당성 부족이 꾸준히 논란이 되면서 표준화된 분류체계에 대한 요구가 있어 왔다.

② 대근육운동기능분류체계(GMFCS)는 현재 널리 사용되는 체계로, 뇌성마비 학생의 기능수준에 따른 분류체계이다.

③ GMFCS는 자발적으로 시작하는 동작을 평가하고 학생의 최대 능력치가 아닌 일상생활을 관찰하여 평가한다.

④ 일반 아동도 1세 미만에서는 제한 없이 걷지 못하므로 모든 나이에 같은 기준을 적용할 수 없기 때문에 GMFCS는 나이별로 그 기준을 달리하고 있다.

⑤ GMFCS는 5개의 연령군(2세, 2~4세, 4~6세, 6~12세, 12~18세)으로 나누고, 일상생활에서의 운동 기능을 기준으로 I수준에서부터 독립적인 이동이 심각하게 제한된 V수준에 이르는 5단계 수준으로 구분되어 있다. 각 수준별 구체적인 내용은 다음과 같다(박은혜 외, 2018: 163-166).

㉠ 제한 없이 걷는 I단계 수준

㉡ 걷지만 제한적인 II단계 수준

㉢ 손으로 보행 보조기구를 잡고 걷거나 휠체어를 움직여 걷는 III단계 수준

㉣ 스스로 이동은 가능하지만 이동이 제한적이고 전동 휠체어 등의 이동기구를 사용하는 IV단계 수준

㉤ 수동 휠체어로 다른 사람이 이동시켜 주어야 하는 V단계 수준

23

2012 중등1-35

정답 ①

해설

㉡ 케톤 식이요법은 지방은 늘리고, 단백질과 탄수화물은 적게 섭취하는 식이요법이다.

㉣ 하임리히 구명법은 기도폐색이 된 학생을 뒤에서 팔로 안듯이 잡고, 명치 끝(또는 횡경막하, 배꼽과 흉골 사이)에 힘을 가해 복부 위쪽으로 쓸어올림으로써 이물질을 토하게 하는 방법이다.

㉤ 의식불명 등으로 뒤에서 안을 수 없는 상황이라면, 환자를 바닥에 반듯하게 눕게 하고 환자의 무릎 쪽에 앉아 두 손을 환자의 명치 끝(또는 횡경막하, 배꼽과 흉골 사이)에 놓은 다음 선 자세와 마찬가지로 압박을 가하게 된다.

Check Point

(1) 전신발작 시 대처 방법

해야 할 일	하지 말아야 할 일
학생 곁에 있는다. • 발작 지속시간을 기록한다. • 학생을 안심시킨다. • 학생이 갑자기 쓰러지지 않도록 부축한다. • 부상 위험을 최소화한다. – 부상을 입힐 수 있는 단단하고 날카로운 물체를 치운다. – 머리에 쿠션을 대 준다. – 안경을 벗겨준다. • 호흡을 확인한다. – 학생을 옆으로 눕혀 사례가 들 위험을 줄인다. – 입을 아래쪽으로 향하게 하여 침이 기도로 들어가지 않고 흐르게 한다. – 호흡을 어렵게 하는 스카프나 넥타이 등을 풀어 준다. • 다른 학생들을 다른 곳으로 안내해 프라이버시를 지켜 준다.	• 학생을 혼자 있게 둔다. • 위험한 상황(예 계단, 수영장)이 아니면 학생을 옮긴다. • 움직이지 못하게 한다. • 입을 강제로 벌린다. • 입 안에 물체를 넣는다. • 혀를 잡아당기려 한다. • 의식과 자각 증세가 완전히 돌아올 때까지 음료나 음식을 제공한다.

출처 ▶ Brown et al.(2017: 262)

(2) 케톤 생성 식이요법

① 케톤 생성 식이요법은 발작활동을 통제하기 위한 특정 상황에서 사용된다. 이 방법은 아동의 식사에서 탄수화물과 단백질의 양을 제한하는 대신에 대부분의 열량은 지방이 함유된 식품을 통해 제공하는 섭식 방법이다. 탄수화물과 지방은 보통 1:4의 비율이다. 음식은 반드시 가중치를 두어야 하며, 각 식사는 신중히 계산되어야 한다. 식사가 발작 감소에 어떠한 영향을 주는지에 대한

정확한 기제는 완전히 밝혀지지 않았지만, 식사에서 발생하는 케톤의 축적 때문에 항경련제 효과가 나타나는 것으로 밝혀졌다.

② 케톤 생성 식이요법은 전신발작이나 부분발작 등 다양한 발작에 효과적인 것으로 밝혀졌다. 약 30% 사람들이 식이요법으로 발작이 현저히 억제되었으며, 약 60%는 주요한 효과를 경험하였다. 케톤 생성 식이요법은 그 효과 면에서 매우 우수한 방법이나, 불균형 식이를 지속하여 위험한 합병증이 따를 수 있고, 식사를 준비하는 보호자의 철저한 교육이 필요하다는 점에서 많은 어려움이 있다. 일부 부모는 식이요법이 너무 어렵다고 지적하며, 많은 아동이 식사가 즐겁지 않으며 군것질에 끌리는 등의 문제점을 나타냈다(Heller et al., 2012 : 490).

24

2012 중등1-36

정답 ④

해설

ㄱ. 학생 A는 경직형이며 착석 자세에서 몸통이 전방굴곡되므로 책상 높이를 높여주는 것이 좋다. 외전대는 하지의 외전을 돕는 역할을 하는 것으로, 몸통의 전방굴곡과는 무관하지만 경직형의 경우 가위 모양의 다리와 같은 자세 특성을 보이므로 휠체어에 외전대를 사용하여 양다리를 곧게 뻗게 하면 신체의 정렬을 도울 수 있다.

ㄴ. 관절의 운동범위가 제한되면 필수적으로 활동 범위도 제한된다. 따라서 제한된 활동 범위만으로도 과제에 참여할 수 있도록 보조기기나 교수적 수정이 필요하다.

ㄷ. 선택의 기회를 제공하는 것은 선행자극의 조정 방법 중 하나로 자기결정력을 향상시키고 문제행동을 감소시킨다.

ㄹ. 다면적 점수화는 학생의 능력, 노력, 성취 영역을 모두 평가하는 것이다. 아동이 학습동기가 낮기 때문에 노력에 대한 평가로 아동이 성공경험을 가져 학습참여에 대한 동기를 높일 수 있도록 한다.

ㅁ. 자극 촉진은 정반응을 높이기 위해 제공되는 자극을 변화(수정)시키는 것이고 반응 촉진은 정반응을 높이기 위해 학생에게 제공하는 교사의 부가적인 도움을 의미한다. 따라서 자극 촉진만 교수 자극을 수정하는 유형에 해당한다.

Check Point

선행사건 중재 전략

기능	중재 전략	예시
관심 끌기	성인의 관심, 시간, 계획	• 성인과 함께 작업한다. • 성인이 주기적으로 관심을 제공한다.
	또래의 관심, 시간, 계획	• 또래와 짝을 지어 준다. • 또래가 교수한다.
	아동에 대한 접근성 증가	• 좌석 배치를 바꿔 준다. • 주기적으로 교실을 돌아다닌다.
	좋아하는 활동 제공	교사가 자리를 비울 때는 더 좋아하는 과제를 하게 한다.
회피하기	과제의 난이도 조절	쉬운 과제를 제시한다.
	선택 기회 제공	• 아동에게 선택의 기회를 제공한다. – 수행할 과제 – 수행할 과제의 순서 – 사용할 재료 – 과제 수행 장소 – 과제 수행 시기 – 함께 수행할 사람
	아동의 선호도와 관심사를 활동에 추가	아동의 취미나 관심사를 활동에 포함시킨다.
	활동을 통하여 의미 있고 기능적인 성과를 얻게 함	가치 있는 성과가 이루어질 수 있는 활동을 제공한다.
	과제의 길이 조절	• 짧은 활동을 제공한다. • 쉬는 시간을 자주 제공한다.
	과제 수행 양식 조절	• 자료/매체를 변경한다. • 필기도구 대신 컴퓨터를 사용하도록 한다.
	행동적 모멘텀 및 과제 분산 사용	어려운 과제를 제시하기 전에 쉬운 과제를 제시한다.
	예측 가능성 향상	앞으로 할 일이나 활동의 변화에 대한 교수적·시각적·청각적 단서를 제공한다.
	교수 전달방식 변경	즐거운 톤의 목소리를 사용한다.
물건/활동 획득	미리 알려줌	활동을 마칠 시간이 다 되어 감을 알려준다.
	전이 활동 계획	아주 좋아하는 활동과 좋아하지 않는 활동 사이에 보통으로 좋아하는 활동을 계획한다.
	근접성 증진	매우 선호하는 물건을 아동의 손이 닿는 범위에 둔다.

자기조절 (감각자극 얻기)	대안적 감각 강화 제공	청각적 자극을 강화하기 위하여 라디오를 제공하거나 시각적 강화를 제공하기 위하여 시각적 자극을 제공한다.
	풍부한 환경 제공	흥미롭고 자극이 많은 활동으로 환경을 구성한다.

25

2012 중등1-38

정답 ②

해설

ㄱ. 뇌성마비는 비진행성 질환이다.

ㄷ. 관절 주위 근육의 경직으로 인해 골격이 관절에서 이탈된 상태를 의미하는 용어는 '탈구(dislocation)'이다.

- '관절 구축'이란 근긴장도의 지속적인 증가로 근육, 인대, 관절막의 길이가 단축되어 나타나는 현상이다.

ㅁ. 비정상적인 근긴장은 근골격 구조의 변화를 유발하는데 스스로 자세를 바꾸거나 팔을 이용하여 신체를 지지하는 것과 같은 보상적 운동 패턴을 통해 이차적 장애를 유발한다.: 비정상적인 근긴장은 보상운동 패턴의 사용을 촉진하게 되며, 이는 빈약한 운동협응 패턴을 유도하고, 근육과 골격 구조의 신체적인 변형을 가져오게 하며, 정형외과적인 기형을 가져오게 되는데, 이는 또 다른 보상운동 패턴과 더 심한 정형외과적 결함으로 연결된다. 운동장애를 가진 많은 아동들은 시간이 흘러 학령기가 되면 태어날 때와 아동기에 나타났던 운동장애 외에 이차적인 운동장애와 정형외과적인 기형을 유발하게 된다.

Check Point

⊘ 비정상적인 근긴장의 영향

① <그림 1>은 시간이 흐를수록 자세와 움직임이 비정상적으로 변화해갈 수 있다는 것을 보여주는 설명이다. 아래의 순환 모형은 비정상적인 근육 긴장도를 가진 신생아가 태어났을 때, 사고나 상해로 인한 뇌손상 때문에 얻은 비전형적인 근육 긴장도를 가진 경우이다. 특별히 머리와 몸통에서의 근육 긴장도는 미성숙아로 태어나는 신생아의 대다수에게 과소긴장형의 형태로 나타난다. 운동 능력에 문제가 있는 다른 신생아들도 초기발달 과정에서 머리와 몸통 부분에서 낮은 긴장도를 가지게 된다. 시간이 지나면 이들 신생아의 많은 수가 발달하면서 신체 말단부위의 긴장도가 증가한다. 학령기가 되면 이들의 근육 긴장도는 과다긴장형이나 경직형으로 나타난다.

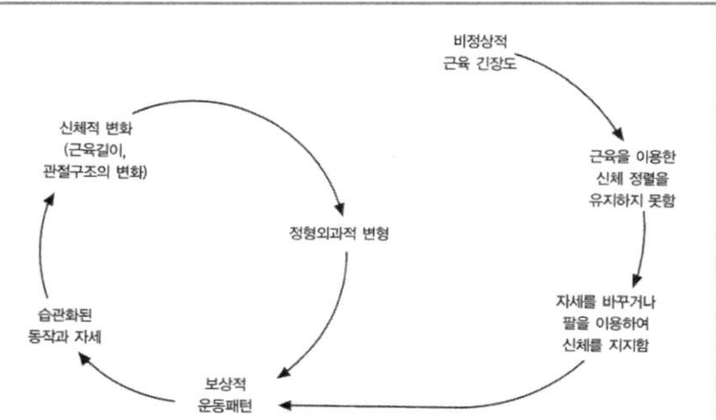

이 그림은 시간이 흐를수록 자세와 움직임의 발달이 비정상적으로 진행되고 있는 것을 나타낸 그림이다. 자세에서의 일탈은 중력에 대해 신체를 바르게 유지하려는 보상작용에서 나오는 것으로 자세의 적응 결과이다. 이러한 적응은 순환하여 여러 종류의 움직임에 영향을 준다.

|〈그림 1〉 비정상적인 움직임 발달에 대한 순환 모형|

아동이 나이가 들어가면서 태어날 때는 없었던 다양한 이차적인 운동장애가 나타날 수 있다. 비정상적인 운동의 순환 모형은 비정상적인 근육 긴장도를 가진 아동이 시간이 지나면서 어떻게 이차적인 장애를 가지게 되는가를 설명하고 있다. 먼저 반중력적 자세를 지지하기 위해 신체를 사용하거나 팔을 사용하게 되면 보상운동 패턴의 사용을 촉진하게 되며, 이는 빈약한 운동협응 패턴을 유도하고, 근육과 골격 구조의 신체적인 변형을 가져오게 하며, 정형외과적인 기형을 가져오게 되는데, 이는 또 다른 보상운동 패턴과 더 심한 정형외과적 결함으로 연결된다. 운동장애를 가진 많은 아동들은 시간이 흘러 학령기가 되면 태어날 때와 아동기에 나타났던 운동장애 외에 이차적인 운동장애와 정형외과적인 기형을 유발하게 된다.

② 이차적인 신체적 변화

이차적인 장애는 관절 움직임의 범위에 있어서의 신체적인 제한성을 포함한다. 예를 들어 아동은 팔을 곧게 펼 수 없게 될 수도 있다. 움직임의 제한성은 경직성이라 불리는 근육의 긴장도라는 또 다른 이차적인 장애와도 관계가 있다. 긴장된 근육은 쉽게 뻗지 못하기 때문에 움직임의 범위를 제한하게 된다. 예를 들어 엉덩이와 무릎의 근육이 긴장되고 짧아지게 된 학생은 거의 모든 시간 두 관절이 구부러져있기 때문에, 사춘기나 성인기가 되어서는 의자에 앉은 자세에서 화장실 변기로 이동을 할 때나, 학교버스를 탈 때, 차를 탈 때, 혹은 다른 자세로 이동할 때 두 사람의 도움이 필요하게 될지도 모른다. 어떤 아동들은 근육의 긴장도로 인해 다리의 안쪽 근육이 당겨져서, 두 다리가 꼭 붙어 있게 되거나 어떤 아동들에게는 한쪽 다리가 교차되는 형태로도 나타난다. 심한 근육의 긴장도와 움직임의 범위의 제한성은 정형외과적인 변형을 가져온다. 예를 들어 이동의 다리 골격은 근육이 짧아지고 경직되면서 골반으로부터 탈구되기도 한다. 근육은 지나치게 길어지거나 늘어나기도 한다. 등 윗부분이 굽은 학생의 경우는 어깨 근육이 경직되어서 어깨를 앞쪽으로 당김으로 인해 등 윗부분의 근육이 늘어나게 된 것일 수 있으며, 근육이 약한 것도 특정 근육을 잘 사용하지 않음으로 인한 이차적 장애일 수 있다. 근육의 취약성은 근육의 경직성과 저긴장성 양쪽 다 연관될 수 있다. 경직성과 근육의 취약성을 함께 가진 아동은 경직성이 감소된 후에도 움직이는 데 어려움이 남게 된다.

③ 보상적 운동

대부분의 신생아와 유아는 본능적으로 움직이고자 하기 때문에 장애를 가진 아동도 어떠한 방법으로든지 움직이려고 한다. 기본적인 신체적인 제한성을 보상할 수 있는 움직임의 방법은 몇 가지가 있다. 흔한 예로는 다리 근육의 경직성이 심한 아동의 경우에는 바닥에 앉을 때 다리를 쭉 뻗고 앉기보다는 무릎을 구부리고 앉는 아동들이 있다. 또는 <a>처럼 팔을 이용하여 신체를 지지하고 앉는 경우도 있으며, <b>처럼 어깨 앞쪽으로 팔을 당겨서 앉는 경우도 있다. 다리 근육이 짧아진 것이나 경직성을 보상하기 위한 자세이다. 또 다른 보상 방법으로는 팔을 이용하여 앉는 방법이다. 예를 들어 어린 아동은 바닥에 앉을 때 <c>처럼 양팔을 지지하지 않고 몸을 똑바로 세워 자세를 유지하고 몸통 근육의 부족함을 보상하기 위해 양팔을 이용하여 지지하기도 한다.

<그림 2>의 아동들은 어느 정도 바닥에 독립적으로 앉기가 가능한 아동들이다. 그러나 아동들은 앉아 있기 위해 고도의 신체적 노력을 하고 있다. 대근육 운동 발달이나 기술수행이 즉각적인 관심의 초점이 되는 동안 각 아동의 앉기 자세가 초래하는 장기적인 부정적 결과를 잊어버리게 된다. 아동 스스로 독립적인 수행을 한다는 사실이 어떤 방법으로 수행하는가에 대한 문제를 덮어주는 것은 아니다. <그림 2-a>에서 보는 아동은 머리와 팔의 긴장도가 증가되어 있고, 이러한 높은 긴장성이 신체 윗부분을 세우도록 하여 성인의 도움으로 앉을 수 있게 한다. 아동은 몸통 신전 근육의 충분한 근육 긴장도가 부족하여 몸이 앞으로 기울어지고, 중력에 대항하여 몸을 바로 세우지 못하고 정렬이 흐트러지게 된다. 몸통 신전 근육이 충분한 긴장도를 가지고 있다면 몸통을 똑바로 세우고 바르게 앉을 수 있다. <그림 2-b>는 성인의 보조 없이 앉아 있는 아동인데 균형을 유지하기 위해 등을 앞으로 구부린 상태에서 고개는 거북이처럼 어깨 속으로 들어가고 양팔은 가슴 안쪽으로 당기듯 앉아 있게 된다.

<그림 2-c>에서 아동은 균형과 안정성을 유지하기 위해 팔을 이용한 보상운동을 하고 있는 것을 알 수 있다. 각각의 아동의 앉기 자세에서 어깨와 몸통의 낮은 근육 긴장도로 인한 보상을 위해 팔을 이용하고 있는 것을 볼 수 있다. 그들은 모두 앉아 있지만 중력에 대하여 똑바로 정렬된 자세로 앉아 있는 아동은 없다. 이러한 자세는 앉을 수는 있지만 다음과 같은 문제점을 가지고 있다. ㉠ 아동은 앉기 자세를 취하기 위해 경직성을 이용하고자 하므로, 근육 긴장도가 높아진다. ㉡ 중력에 대해 정렬되지 못한 자세를 나타낸다. ㉢ 몸을 똑바로 유지하기 위해 팔을 사용하여 지지하고 있다(장난감 가지고 놀기나 다른 기능적 활동을 하기 위해 팔을 유용하게 사용하지 못하는 자세이다). 대부분의 아동들은 의자에 앉는 것 자체가 목적이 아니다. 아동들은 사물을 가지고 놀고, 그들 주변의 것들을 탐색하고, 구르기나 서기, 걷기 등과 같은 다른 자세로 이동하기 위해서 앉은 자세를 취한다. 운동장애를 가진 아동들도 앉을 수는 있으나, 앉아서 이러한 기능들을 잘 수행할 수 있는 것은 아니다.

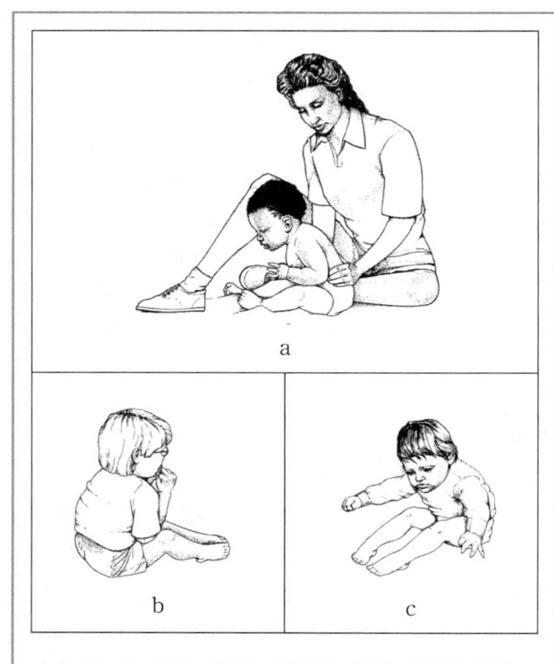

|〈그림 2〉 근육 긴장도 유형과 신체 부위의 적응|

26

2013 유아B-2

모범답안

4)	흡인되는 것(또는 기도로 흡입되는 것)

27

2013 초등B-1

모범답안

2)	앉아서 하는 모둠 활동이므로 민수도 활동에서 고립되지 않고 상호작용을 저해하지 않기 위해서는 서기 보조기기인 프론 스탠더보다는 눈높이를 맞출 수 있는 앉기 보조기기인 휠체어가 효과적이다.
3)	다음 중 택 1 • 바른 자세를 통해 비정상적인 근육의 긴장도를 최소화시켜서 신체의 안정감을 높여 주기 때문이다. • 신체의 좌우 대칭을 유지하면서 움직임을 도울 수 있어 기형과 이차적인 변화와 장애를 방지할 수 있기 때문이다.

Check Point

(1) 서기 자세 보조공학기기

프론 스탠더	• 프론 스탠더는 스스로 서기가 어려운 아동에게 엎드린 자세로 다리와 몸통을 고정시킨 후 전동이나 수동 장치를 이용하여 각도를 세워 바로 설 수 있도록 하는 기기이다. • 머리를 스스로 가눌 수 있는 경우 사용할 수 있으며, 특히 상체의 조절이 어느 정도 가능한 경우는 상지 기능 강화를 위해 사용할 수 있다.
수파인 스탠더	• 수파인 스탠더는 상체와 하체의 조절 능력이 저조하여 세우기가 힘든 경우 등을 대고 누운 자세에서 다리 및 몸통을 고정시킨 후 전동이나 수동 장치를 이용하여 각도를 세워 바로 설 수 있도록 보조하는 기기이다. • 머리를 스스로 가누지 못하는 아동은 수파인 스탠더를 사용하여 기립 자세를 유지한다.
스탠딩 테이블	• 스탠딩 테이블은 몸통이나 다리 근육의 제한으로 스스로 서기 어려운 아동을 세울 수 있게 지원하는 보조공학기기이다. • 아동의 신장에 따라 높이와 각도를 조절할 수 있으며 테이블이 있어 서기 자세에서 상지를 활용한 활동을 한다.

(2) 적절한 자세지도 및 신체 관리의 목적

① 바른 자세는 신체의 정렬과 안정성을 제공한다. 비정상적인 근긴장도는 정상치보다 낮은 저긴장성과 정상치보다 높은 수준의 과다긴장성에 의해 발생하므로, 바른 자세를 통해 비정상적인 근육의 긴장도를 최소화시켜서 신체를 바르게 유지하며 균형 있는 자세를 취하게 해 주어 신체의 안정감을 높인다.

② 바른 자세는 근긴장도를 적절하게 유지시켜 준다. 잘못된 자세는 과다긴장 상태를 유발하여 자발적인 움직임을 제한한다. 예를 들면, 경직형 뇌성마비 학생의 경우 적합하지 않은 자세로 방치하면 근육의 긴장도가 높아져서 스스로 할 수 있는 신체활동도 점차 할 수 없게 된다.

③ 바른 자세는 기형과 이차적인 근육의 장애를 예방한다. 신경학적 손상이 있는 지체장애 학생은 근육 긴장도의 불균형과 고정된 자세 습관으로 인한 기형과 이차적인 근육 문제가 나타난다. 바른 자세의 지도는 신체의 좌우 대칭을 유지하면서 움직임을 돕기 때문에 기형과 이차적인 변화와 장애를 방지한다.

④ 불안한 자세로 인한 심리적인 두려움을 줄여 주며, 눈맞춤을 하고 타인의 표정을 읽음으로써 정서적 안정과 상호작용을 촉진할 수 있다. 부적절한 자세에서는 신체적인 두려움으로 인해 근육의 긴장도가 증가하고 이로 인해 움직임의 제어 기능을 악화시킬 수 있다. 자세 지도용 보조기기를 사용하면 물리적인 안전성을 제공하므로 공포감을 줄이고 신체적인 안정감을 높일 수 있다.

⑤ 안정된 자세는 상지 사용 기능을 극대화한다. 손을 최대한 사용 가능하게 하여 환경과의 능동적인 작용을 이끌어 내고 몸통과 하지의 안정된 자세는 학생의 머리, 팔, 손의 사용 능력에 직접적인 영향을 준다.

이 외에도 적절한 자세 지도를 통해 시각이 확보되어 환경으로부터 보다 다양한 정보를 얻을 수 있고, 호흡과 발성, 구강 운동 기능의 발달을 촉진할 수 있으므로 적절한 자세 지도는 매우 중요하다(박은혜 외, 2018 : 388－389).

28

모범답안

2)	자세를 자주 바꾸어 준다.
3)	창가로 이동하기 쉽도록 공간을 확보해 준다.(또는 창가와 책상 사이의 간격을 넓혀준다.)

해설

2) 욕창을 예방하기 위해서는 피부를 청결하게 유지하고, 에어 매트리스를 사용하거나 자세를 자주 변화시켜 주는 것이 필요하다.

29

2013 중등1-11

정답 ②

해설

ㄷ. 자연스러운 의사소통 상대에서부터, 상호작용할 사람의 범위에 포함되지 않을 수 있는 덜 자연스러운 의사소통 상대까지 모두 고려한다.

ㄹ. 상징과 비상징이 결합된 다중양식을 사용한다. 의사소통 방법은 하나의 방법을 선택하기보다는 개별 학생의 의사표현과 소통의 효율성을 고려하여 필요한 경우 구어를 이용한 의사소통의 지도 외에 다양한 양식의 사용을 허용하는 접근이 이루어져야 한다. 뇌성마비 학생의 의사소통 지도는 학생이 가지고 있는 모든 잔존 능력, 즉 구어, 발성, 제스처, 수화, 도구를 사용하는 의사소통 방식을 포함하여 지도하는 것이 효과적이다. 의사소통은 쌍방 간의 소통이며, 적절한 시간 내에 정확하게 표현하는 것이 의사소통의 성패를 좌우하기 때문에 비상징적·상징적 의사소통 양식 중 상황에 더 적합한 양식체계를 사용할 수 있도록 지도한다. 이러한 다중양식체계를 활용한 AAC 방법은 뇌성마비 학생들의 의사소통 효율성을 높일 수 있다(박은혜 외, 2018: 282-286).

Check Point

⊘ 의사소통을 위한 교수 기회의 제공

교수 기회를 확인하기 위해서는 (a) 교수가 일어나는 환경, (b) 의사소통 상대, (c) 교수 기회를 시작할 사람, (d) 중재 회기의 빈도/회기당 기회의 횟수와 같은 여러 요소를 고려해야 한다.

① **교수가 일어나는 환경**

㉠ 교수가 일어나는 환경은 의사소통 행동이 발생하도록 기대되는 자연적인 환경에서부터 분리된 환경까지 연속선상에서 개념화될 수 있다.

- 자연적 환경에서 교수를 제공하는 것의 이점은 관련된 환경적 특성의 맥락에서 기술이 획득되기 때문에 학습된 기술이 일반화되고 유지될 가능성이 더욱 증가하는 점이다.
- 자연적인 환경으로부터 분리된 교수를 제공하는 것의 이점은 학생의 기술 획득에 영향을 미칠 수 있는 방해요소와 다른 변인들을 통제할 수 있다는 것이다.

㉡ 교수가 일어나는 환경에 관해 결정할 때, 하나의 환경만을 선택해야 하는 것이 아니며 여러 환경에서 가르칠 수 있음을 인식해야한다.

예 자연적 및 분리된 환경에서의 상대적인 이점을 최대화하기 위해 팀은 점심시간 동안 학교 식당(자연적 환경)에서 교수를 일부 제공하고, 교실(약간 덜 자연적인 환경)에서 소집단 활동 중에 교수를 일부 제공하고, 일대일 회기(분리된 환경) 동안에 교수를 일부 제공하기로 결정했다.

② **의사소통 상대**

㉠ 의사소통 상대는 일단 의사소통 행동이 습득되면 아동이 상호작용할 상대의 범위에 포함되는 자연스러운 의사소통 상대(예 학교의 또래)에서부터, 상호작용할 사람의 범위에 포함되지 않을 수 있는 덜 자연스러운 의사소통 상대(예 학급의 보조교사)까지 연속선상에서 개념화될 수 있다.

- 자연스러운 의사소통 상대를 활용하는 이점은 그 기술이 일반화되고 유지될 수 있는 가능성을 더욱 증가시킨다는 것이다.
- 덜 자연스러운 의사소통 상대를 활용하는 이점은, 후속결과, 촉진 등의 변인을 통제할 수 있다는 점이다.

㉡ 의사소통 상대에 관한 의사결정을 할 때도 하나만 선택해야한다고 생각하지 않아야 하며, 팀은 다양한 의사소통 상대를 사용하거나 교수를 제공하기 위해 자연스러운 의사소통 상대를 훈련시킬 수 있다.

예 자연스럽거나, 덜 자연스러운 의사소통 상대들의 상대적 이점을 최대화하기 위해 점심시간 동안 학교식당 직원을 자연스러운 의사소통 상대로 활용하고, 학급에서 소집단 활동 동안에 교수를 제공하기 위해 또래를 훈련시키고, 일대일 회기 동안에는 의사소통 상대로 보조교사가 역할을 할 수 있도록 결정할 수 있다.

③ **교수 기회를 시작할 사람**

교수 기회를 시작할 사람을 결정할 때 학생, 의사소통 상대, 또는 학생과 의사소통 상대가 함께 교수 기회를 시작하도록 선택할 수 있다.

㉠ 학생이 기회를 시작하는 것의 장점은 학생이 그 자극에 집중하고 동기가 부여된다는 점이다.

㉡ 의사소통 상대가 기회를 시작하는 것의 장점은 교수 기회의 수를 조절할 수 있다는 점이다.

㉢ 학생과 의사소통 상대가 함께 기회를 시작하는 데는 두 장점이 모두 포함된다.

④ **중재 회기의 빈도/회기당 기회의 횟수**

중재 회기의 빈도와 회기당 기회의 횟수에 관한 결정은 다음과 같은 요인에 따라 달라질 수 있다.

㉠ 교수할 행동: 보다 복잡한 행동은 더 많은 시행/회기를 필요로 할 수 있음.

㉡ 개인의 기술/능력: 일부 학생은 다른 학생보다 더 많은 시행/회기를 필요로 할 수 있음.

㉢ 기술 습득의 긴급성: 개인의 안전성과 의사소통 상대에 대한 영향 때문에 빨리 습득할 필요가 있는 기술은 더 많은 시행/회기를 필요로 할 수 있음.

출처 ▶ Brown et al.(2017: 401-403)

30

2013 중등1-27

(정답) ④

해설

① 위식도 역류란 위에 있는 음식이 식도로 역류되는 것이다. 이는 내용물이 식도(목의 뒷부분과 위가 연결된 통로)로 밀려나오는 것으로 잦은 구토와 염증을 유발한다.

> 위식도 역류를 보이는 학생에게 제공되는 음식의 질감에 대한 다양한 표현: 거친 질감의 음식, 걸쭉한 음식, 뻑뻑한 질감의 음식
>
> - 위식도 역류를 보이는 학생은 작은 조각으로 음식을 잘라주거나 거친 질감의 음식 또는 고체 형태의 음식을 제공하는 것이 적절하다(박은혜 외, 2019: 442).
> - 위식도 역류를 막기 위해서는 더 자주, 보다 조금씩 음식을 나누어 주는 것이 도움이 되며 걸쭉한 음식을 주거나 식사 후에 약 1시간 정도는 비스듬히 앉은 자세를 취하여 위에서 음식물이 비워지도록 해 주는 것이 좋다(박은혜 외, 2019: 77).
> - 위식도 역류는 위에 있는 음식이 식도로 역류되는 것이다. 이는 내용물이 식도(목의 뒷부분과 위가 연결된 통로)로 밀려 나오는 것으로, 잦은 구토와 염증을 유발한다. 식사 후에 약 1시간 동안 수직 혹은 반수직 자세를 취해 주거나, 작은 조각 또는 뻑뻑한 질감의 음식은 위식도 역류를 개선할 수 있고, 약물도 사용할 수 있다(Heller et al., 2012: 127).

- 위식도 역류를 보이는 경우 식사 후 약 1시간(또는 45분) 정도는 바르게 앉거나 비스듬히 앉은 자세(또는 수직/반수직)를 취하여 위에서 음식물이 비워지도록 해 주는 것이 좋다.

② 금속재질보다는 플라스틱 소재나 실리콘 소재의 숟가락을 사용한다.

③ 입 안에 음식을 넣어 줄 때는 목구멍 쪽 혀의 뿌리가 아닌 혀의 중앙 부분에 넣어 주어야 한다. 그리고 턱의 움직임에 제한이 많은 경우에는 쉽게 씹을 수 있도록 치아 사이에 직접 음식을 놓아 준다.

- 혀 내밀기 반사는 혀를 강하게 밀어내는 현상으로 겉보기에 단단하고 경직되어 보이며 일반적으로 혀 수축에 대한 보상적 동작으로 시도하게 된다(Best et al., 2018: 322).
- 생후 4개월의 영아에게 나타나는 '혀밀기 반사'는 모유나 분유를 주식으로 하던 영아가 다른 것이 입안에 들어오면 본능적으로 삼키지 못하고 뱉는 반사이지만, 소멸되지 않을 시 입술 닫기를 어렵게 하고 혀로 음식을 옮기거나 씹는 것을 방해한다(김혜리 외, 2021: 240).

⑤ 고개를 뒤로 젖히고 턱을 들어올리기(신전)보다는 목을 약간 구부리게 하는 자세가 질식 없이 쉽게 삼키도록 하며 비정상적인 반사작용을 최소화한다.

Check Point

⊘ 삼킴 동작

① 정의

일반적으로 음식물을 입에서 식도를 통해 위장으로 옮기는 과정에서의 장애를 말하지만, 넓은 의미로는 음식을 먹게 되는 상황에 대한 기대, 음식물에 대한 시각적·후각적 지각을 비롯하여 침의 분비 등 식사 전반에 걸친 모든 과정을 포함한다(심현섭, 2017: 326).

② 정상 삼킴이 단계

㉠ 전통적으로 삼킴 동작은 4단계로 설명된다.

단계	설명
구강준비단계	필요한 경우 음식을 씹거나 입 안에서 조작하여 삼킬 수 있는 농도와 형태로 만드는 단계
구강단계	혀가 음식을 뒤로 밀어 넘겨 인두삼킴이 유발되기까지의 단계
인두단계	인두삼킴이 유발되고 음식덩이가 인두 안으로 넘어가는 단계
식도단계	식도의 연동운동으로 음식덩이가 경부식도와 흉부식도를 통과하여 위장으로 옮겨가는 단계

㉡ 각 단계에 소요되는 시간이나 특성은 삼키게 되는 음식의 종류나 크기 그리고 이에 대한 자발적인 노력에 따라 달라진다. 따라서 삼키고자 하는 음식의 특성이나 수의적인 통제력에 따라 정상적인 삼키기의 유형은 다양하게 나타난다.

출처 ▶ 권미선 외(2007: 45-46)

31 2013 중등1-28

정답 ①

해설

ㄴ. 학생 A가 휠체어에 앉아 있을 때는 원시적 공동운동패턴을 최대한 줄여 구축과 변형을 예방한다.
학생 A는 비대칭 긴장성 경부반사를 보이는 뇌성마비이므로 주로 좌골과 고관절에 욕창이 나타난다. 천골과 미골에 욕창이 자주 발생하는 유형은 대칭 긴장성 반사 뇌성마비이다.

ㄷ. 모니터는 고개가 돌아간 방향이 아니라 정면 중심선 앞에 위치하도록 한다.

ㅁ. 직접선택하기가 가능한 신체의 부위를 찾을 때는 조절하기 쉽고 사용하기에 더욱 우세한 손과 팔의 조절 능력을 평가한다. 그다음에는 머리와 목의 조절 능력을 평가하며, 마지막으로 신체적 손상이 있는 사람은 직접선택 기술에 필요한 팔다리의 미세한 운동 조절 기능이 낮으므로 발과 다리의 조절 능력을 평가하는 것이 효과적이다.

Check Point

(1) 원시적 공동운동 패턴

무릎을 구부리면 고관절과 발목 관절, 발가락도 전부 구부러지고, 펴면 전부가 펴지는 패턴의 움직임을 원시적 공동운동 패턴(또는 공동운동 패턴)이라고 부른다. 유아에게는 보통의 패턴이지만, 뇌성마비 아동은 위와 같은 패턴이 종종 나타난다.

(2) 선택하기를 위한 평가 단계

① 직접선택

Lee와 Thomas는 직접선택하기를 평가할 때의 단계를 3단계로 설명하고 있다.

㉠ 첫 단계는 손이 가장 조절하기 쉽고 가장 사회적으로 수용되므로 손과 팔의 조절 능력을 평가한다.

㉡ 둘째 단계에서는 머리와 목의 조절 능력을 평가한다.

㉢ 신체적 손상이 있는 사람은 직접 선별 기술에 필요한 팔다리의 미세한 운동 조절 기능이 낮으므로 다음 단계에서는 발과 다리의 조절 능력을 평가한다.

② 간접선택

㉠ 사용자가 신체의 한 부위를 이용하여 직접선택하기를 하지 못할 경우 스캐닝을 위한 스위치 평가를 해야 한다.

㉡ 스위치를 작동할 신체 부위가 어느 부위인지 평가하기 위해서는 손가락, 손, 머리, 발, 다리, 무릎 순서로 평가한다.

32 2013 중등1-29

정답 ①

해설

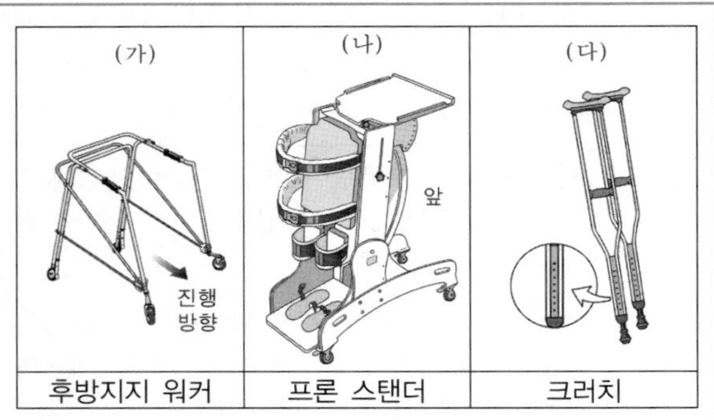

ㄷ. 프론 스탠더는 머리를 스스로 가눌 수 있는 경우 사용할 수 있으며, 특히 상체의 조절이 어느 정도 가능한 경우는 상지 기능 강화를 위해 사용할 수 있다.

ㅁ. 내려갈 때는 크러치와 불편한 발을 먼저 내딛고 불편하지 않은 발이 내려가도록 지도하는 것이 안전하다.
- 올라갈 때는 불편하지 않은 발을 먼저 내딛은 다음 크러치와 불편하지 않은 받을 내딛는다.

ㅂ. 어깨와 팔의 각도가 25~30도 정도 되도록 높이를 조절한다. 그리고 크러치의 길이는 겨드랑이에 손가락 2~3개가 들어갈 정도로 조절하는 것이 바람직하다.

Check Point

(1) 서기 자세 보조공학기기

프론 스탠더	• 프론 스탠더는 스스로 서기가 어려운 아동에게 엎드린 자세로 다리와 몸통을 고정시킨 후 전동이나 수동 장치를 이용하여 각도를 세워 바로 설 수 있도록 하는 기기이다. • 머리를 스스로 가눌 수 있는 경우 사용할 수 있으며, 특히 상체의 조절이 어느 정도 가능한 경우는 상지 기능 강화를 위해 사용할 수 있다.
수파인 스탠더	• 수파인 스탠더는 상체와 하체의 조절 능력이 저조하여 세우기가 힘든 경우 등을 대고 누운 자세에서 다리 및 몸통을 고정시킨 후 전동이나 수동 장치를 이용하여 각도를 세워 바로 설 수 있도록 보조하는 기기이다. • 머리를 스스로 가누지 못하는 아동은 수파인 스탠더를 사용하여 기립 자세를 유지한다.
스탠딩 테이블	• 스탠딩 테이블은 몸통이나 다리 근육의 제한으로 스스로 서기 어려운 아동을 세울 수 있게 지원하는 보조공학기기이다. • 아동의 신장에 따라 높이와 각도를 조절할 수 있으며 테이블이 있어 서기 자세에서 상지를 활용한 활동을 할 수 있다.

(2) 지팡이와 크러치

① 크러치 사용자의 체격이나 키에 따라 높이를 조절하여 사용하는데, 키의 16%를 감산하여 크기를 정하고, 어깨와 팔의 각도가 25~30도 정도 되도록 높이를 조절한다. 크러치의 길이는 겨드랑이에서 손가락 2~3개 아래에 있도록 조절하는 것이 바람직하다.

② 크러치를 이용하여 계단을 올라갈 때는 불편하지 않은 발을 먼저 내딛고 이후 크러치와 불편한 발을 내딛도록 지도하고 계단을 내려갈 때는 크러치와 불편한 발을 먼저 내딛고 불편하지 않은 발이 내려가도록 지도하는 것이 안전하다.

(3) 워커

① 워커는 독립적인 보행이 가능한 아동의 수직적 움직임을 가능하게 하는 이동 기기이다.

② 보행 훈련을 마친 후 크러치를 사용하기에는 적절하지 않은 경우에 사용한다.

③ 이동 방법에 따라 전방지지형, 후방지지형, 몸통이나 팔로 지지할 수 있는 워커 등이 있으며 장애 정도에 따라 선택이 가능하다.

33

2013추시 초등A-2

모범답안

1)	• 번호와 수정 내용: ①, 단순 모방 능력이 떨어지기 때문에 교사의 신체적 보조를 통해 턱을 조절하여 씹을 수 있도록 한다. • 번호와 수정 내용: ③, 지시 따르기에 어려움이 있으므로 청각적 자극을 제공하는 것 보다는 보조공학기기를 제공하여 자세 유지, 움직임과 이동의 신체발달을 촉진하는 것이 바람직하다.
2)	① 청결 ② 수분
3)	• 번호와 수정 내용: ①, 식사 후에 약 1시간(또는 45분) 정도는 똑바로 있거나 비스듬히 앉은 자세를 유지하여 위에서 음식물이 비워지도록 해 주는 것이 좋다. • 번호와 수정 내용: ③, 거친(또는 뻑뻑한, 걸쭉한) 질감의 음식을 숟가락으로 떠먹인다.

해설

1) ① 단순 모방 능력이 매우 떨어져 기능 훈련에 어려움이 있는 만큼 교사 모델링을 통해 턱을 조절하여 씹기는 어렵다.

② 다양한 감각을 활용하여 외부 환경 및 대상을 직접 경험할 수 있도록 하는 것은 자세 유지, 움직임과 이동을 위해 적용 가능한 교육 목표이다.

③ 지시 따르기에 어려움이 있으므로 청각적 자극의 효과를 보장할 수 없으며 현우의 전반적 특성에 정서적 이상에 대해서는 언급된 바가 없다. 자세 유지, 움직임과 이동이 곤란한 만큼 보조공학기기 지원을 통해 신체 발달을 촉진하는 것이 바람직하다.

④ 용변 의사를 표현할 수 없기 때문에 칩톡, 테크톡과 같은 음성 출력 의사소통기기를 통해 용변 의사를 표현할 수 있도록 하는 것이 필요하다. 다만 상징 이해 능력이 부족한 현우의 특성을 고려하여 음성 출력 의사소통기기에 사용되는 상징의 수를 제한할 필요가 있다.

3) ③ 일반적으로 위식도 역류가 있는 경우는 작은 조각의 음식이나 거친 음식을 제공하거나(2013 중등1-27), 더 자주, 보다 조금씩 음식을 나누어 주는 것이 도움이 되며 걸쭉한 음식을 주도록(박은혜 외, 2019: 77) 하는 것이 바람직하다고 제시된다. 문제에서 현우는 씹기, 빨기, 삼키기 등의 섭식 기능에 문제가 있으면서 동시에 위식도 역류 증상도 있다. 따라서 섭식 기능의 문제를 해결하기 위해서는 씹기에 어려움이 있는 고형의 음식물은 피하는 것이 좋다. 그리고 위식도 역류 개선을 위해서는 뻑뻑한(또는 걸쭉한) 질감의 음식을 제공하는 것이 바람직하다.

④ 위식도 역류에 대해 약물을 사용할 수도 있으며 식도염증도 있기 때문에 건강상의 문제를 치료하기 위해서는 약물을 복용할 필요가 있다.

Check Point

(1) 요로 감염

뇌성마비 학생은 일반학생에 비해 요로 감염이 3배 정도 많이 나타난다. 요로 감염은 발열, 구토, 설사, 복통, 배뇨통 등을 유발할 수 있다. 요로 감염은 기저귀 사용과 청결 문제로 인해 일어나기도 한다. 항생제를 이용하여 요로 감염을 치료하나 학생에게는 충분한 수분 섭취, 청결 지도를 통해 요로계통을 깨끗하게 하는 것이 도움이 된다(박은혜 외, 2019: 77).

(2) 섭식과 위식도 역류

① 섭식 기능은 크게 씹기, 빨기, 삼키기 기능으로 나눌 수 있다. 씹기(chewing)는 음식물을 깨물어 씹어서 부수고 타액과 혼합하여 음식물 덩어리로 만드는 과정을 말하며, 빨기는 음식물을 컵이나 숟가락 등을 이용하여 구강으로 보내는 과정을 말한다. 삼키기는 저작된 음식물을 식도를 통해 위장으로 보내는 과정을 말한다(한경근 외, 2013: 210).

② 위식도 역류는 위에 있는 음식이 식도로 역류되는 것이다. 이는 위에 있는 내용물이 식도로 밀려나오는 것으로, 잦은 구토와 염증을 유발한다. 식사 후 약 1시간 동안 수직 또는 반수직 자세를 취해 주거나, 작은 조각 또는 뻑뻑한 질감의 음식은 위식도 역류를 개선할 수 있고, 약물도 사용할 수 있다(Heller et al., 2012 : 127).

㉠ 위에서 식도로 음식이 역류하는 것을 방지하는 조임근의 문제로 나타나는 위식도 역류는 뇌성마비 학생에게서 흔히 볼 수 있다. 위로 들어간 음식물이 역류하고 때로는 입으로 나오고, 음식물로 인해 목이 자주 메고, 구역질, 기침 등이 나타난다. 뇌성마비 학생의 위식도 역류를 막기 위해서는 더 자주, 보다 조금씩 음식을 나누어 주는 것이 도움이 되며 걸쭉한 음식을 주거나 식사 후에 약 1시간 정도는 비스듬히 앉은 자세를 취하여 위에서 음식물이 비워지도록 해주는 것이 좋다(박은혜 외, 2019 : 77).

㉡ 퓌레형 음식은 삼키는 자극 없이 쉽게 넘어가므로 기도폐쇄의 위험을 증가시키며, 변비와 충치를 일으키고, 구강구조를 약하게 하며, 비타민 결핍을 가져올 수 있다. 또한 고형 음식을 먹을 때 습득할 수 있는 기능을 경험하지 못하게 하므로 가능한 퓌레형 음식을 피하고 고형 음식을 먹도록 지도하는 것이 필요하다. 위식도 역류를 보이는 학생은 작은 조각으로 음식을 잘라 주거나 거친 질감의 음식 또는 고체 형태의 음식을 제공하는 것이 적절하다(박은혜 외, 2019 : 442).

(3) 삼킴장애와 음식 수정

① 일반적으로 구강 조절기능이 저하된 환자는 우선 진하게 만든 액체가 가장 용이할 것이고 그 다음 연한 농도의 음식의 순이다.

② 인두삼킴이 지연된 환자는 사과쨈이나 의깬 감자처럼 진한 농도의 음식이 가장 용이하다.

③ 혀의 기저부나 인두 벽의 수축이 저하된 환자는 액체에서 가장 양호하다.

④ 후두 상승이 저하되었거나 상부식도조임금의 이완이 저하된 환자는 액체에서 좀 더 양호하다.

⑤ 후두 입구의 폐쇄가 저하된 환자는 진한 농도의 음식이 가장 양호하다.

⑥ 여러 기능저하가 합병되어 있을 때는 음식의 선택이 더욱 어려워진다. 가령 구강기능에 장애가 있고 인두삼킴이 지연되는 환자는 액체와 으깬 음식 사이의 어느 정도의 농도에서 가장 양호할 것이다.

출처 ▶ Logemann(2007 : 213)

각 삼킴장애에서 가장 쉬운 음식의 농도와 피해야할 음식의 농도는 다음의 표와 같다.

삼킴장애	가장 쉬운 음식농도	피해야 하는 음식농도
혀 움직임의 범위 저하	진한 액체	된 음식
혀 협응운동 저하	진한 액체	된 음식
혀의 근력 감소	액체	되거나 다루기 힘든 음식
인두삼킴의 지연	진한 액체, 된 음식	묽은 액체
기도폐쇄의 감소	푸딩, 된 음식	묽은 액체
후두 움직임의 감소로 인한 반지인두근 기능장애	액체	되거나 점도가 높은 음식
인두벽 수축의 저하	액체	되거나 점도가 높은 음식
혀의 기저부의 뒤쪽 움직임 저하	액체	점도가 높은 음식

출처 ▶ Logemann(2007 : 241)

34 2014 유아A-7

모범답안

1)	• 번호: ③ • 이유: 반복연습보다는 자세 조정 훈련을 실시하는 것이 효과적이다.

해설

1) ③ /ㅅ/와 /ㄹ/(치조음), /ㅈ/(경구개음) 등은 조음 위치에 따른 조음 오류인 만큼 단순한 반복 훈련이 아닌 자세 조정 훈련을 통해 이루어져야 한다.

Check Point

(1) 뇌성마비 유형별 구어 산출 특성

경직형	• 과도한 근긴장 때문에 매우 경직된 발화 특성을 보인다. • 말더듬의 '막힘'과 같이 쥐어짜는 듯한 긴장된 발성과 비정상적인 호흡은 경직형 뇌성마비 아동들의 주요한 발성 특성이다. • 말이 폭발적이고, 일시적인 호흡 이상으로 말이 끊어지거나 느리며, 소리의 크기나 높이 조절이 어렵다. • 연인두 개폐 기능의 부전으로 과대비성과 보상조음이 나타난다. • 치조음의 발성에 특히 어려움을 보인다.
불수의 운동형	• 가벼운 조음장애부터 말을 전혀 할 수 없는 경우까지 매우 다양한 언어 형태를 보인다. • 보통은 음의 강도가 약해 속삭이는 듯한 소리를 내는 경우가 많다. 이러한 특성은 단어의 어미 음과 구의 마지막 단어에서 특히 자주 나타난다. • 불수의 운동형은 조음 오류가 많은데 미세한 협응이 필요한 음일수록 왜곡이 많고, 치조음의 조음이 어렵다. • 호흡이 거칠고 불규칙적이다. 호흡의 문제는 높이, 억양, 강세 등의 이상을 유발하고 명료하지 못한 음을 산출하게 한다. • 구어를 산출할 때 정상적인 자세 유지가 어렵기 때문에 발음이 명료하지 못하고 조음장애가 많다. 기식성, 가성대 발성을 나타내거나 헐떡거리는 듯한 호흡으로 잡음이 나타난다. • 불수의 운동의 특성으로 소리가 현저하게 떨리면서 산출되고, 성대 진동이 매우 빨라 가성대발성이 나타나며, 목쉰 음성을 내는 경우도 많다. • 갑작스럽고 조절되지 않는 근육의 긴장과 변화로 인해 경직형보다 더 심한 이탈을 보인다는 견해도 많다.
운동 실조형	• 조음의 왜곡이나 대치보다는 심한 부정확성을 보이며, 말을 더듬고, 리듬 없는 말을 하며, 말하는 속도가 느리고, 소리의 크기와 높이는 단조로우며, 때때로 급격하게 변화한다. • 로봇이 말하듯 끊어지는 듯한 소리로 음절이 단절된다. • 조음이 불명확하고 말하는 속도가 느리다.

(2) 의사소통 지도

뇌성마비 아동들의 언어적 특성을 고려한 의사소통 지도는 호흡 능력을 강화하기 위한 지도와 자세 조정 훈련으로 구분된다.

① 호흡 능력 강화

㉠ 호흡근육 조절 능력의 부족으로 발생하는 역호흡은 호흡기량을 짧게 하고, 따라서 발화가 짧고 끊어질 듯한 현상을 가져온다.

㉡ 바람개비 불어 돌리기, 비눗방울 불기, 빨대로 물 불어 소리내기 등과 같은 활동은 역호흡을 억제하고 호흡량을 증가시킬 수 있다.

② 자세 조정 훈련

㉠ 뇌성마비 아동의 조음치료에 있어서 적절한 자세란 이상반사 패턴을 억제하고 조음기관의 최소한의 노력(움직임)으로 조음이 가능하도록 하는 자세이다.

㉡ 조음 위치에 따른 조음 오류를 수정하기 위한 대표적인 자세 조정 방법은 다음과 같다.

양순음	머리를 앞으로 숙여서 양 입술의 폐쇄가 쉽게 이루어지게 한다.
경구개음, 치조음	머리를 앞으로 숙여서 설첨 부위나 경구개가 치조에 보다 가깝게 위치하게 한다. 이를 통해 혀가 조금만 움직여도 조음위치에 닿을 수 있기 때문에 정상 조음에 도움을 받을 수 있다.
연구개음	목을 뒤로 젖혀 혀뿌리가 중력 작용으로 구강의 뒤쪽으로 위치하게 한다.

PART 09

35

2014 초등A-6

모범답안

1)	과도한 근긴장으로 연인두 폐쇄 부전(또는 연인두 개폐 기능의 부전)이 발생하기 때문이다.

Check Point

(1) 연인두 폐쇄

① 구개는 경구개와 연구개로 나눌 수 있는데, 숨을 쉬는 동안에는 일반적으로 연구개의 위치가 후인두벽으로부터 떨어져 있어서 공기가 비강과 인두 사이를 이동하도록 한다. 그러나 연구개의 위치가 상승되면 후인두를 폐쇄시켜 구강과 인두강 사이를 막게 되는데, 그로 인하여 비음인 /m/, /n/, /ŋ/음을 제외한 소리를 산출한 경우 기류가 비강으로 새어 나가는 것을 막아 준다. 이것을 연인두 폐쇄라고 한다.

② 비음을 산출한 경우 연구개가 다시 낮아지면서 비강으로도 공기가 방출된다. 만약에 구개파열로 인하여 연인두 폐쇄 기능이 적절하게 이루어지지 않으면 과대비음이 발생한다(고은, 2014 : 59).

(2) 보상조음

① 보상(적)조음이란 조음구조에 장애를 가진 아동이 구조적인 결함으로 인한 발음문제를 최소하려고 자신도 모르게 개발한 조음형태다(심현섭 외, 2017 : 235).

② 구개파열 아동에게서 나타나는 보상조음은 연인두 폐쇄 부전으로 인하여 기류가 비강으로 빠져나가고, 구강 내의 압력이 형성되지 못함에 따라 특정한 말소리 산출을 잘못 학습하여 조음하는 것을 말한다(고은, 2014 : 210).

(3) 기식성/기식성 음성

① 기식성이란 조음 시 성문 마찰이 동반되는 성질을 의미한다.

※ 기식성 음성은 목소리를 내는 동안 성문 사이로 공기가 빠져나가면서 생기는 잡음이 귀에 들리는 것이다.

② 성문 사이를 통해서 과도한 공기가 빠져나간다는 것은 성대가 진동하는 동안 성문의 폐쇄가 불완전하다는 것을 의미한다. 성대가 진동하는 동안 성문을 완전히 닫지 못한다는 것은 성대 표면에 폐쇄를 방해하는 병소가 있거나 어떤 신경학적 문제가 동반되어 있는 것과 관련이 있을 수 있다(김화수 외, 2007 : 296).

③ 성대의 구조(가성대/진성대)

㉠ 정상적인 음성 산출에는 진성대가 진동하고, 반면에 진성대(true vocal fold) 위에 자리잡고 있는 가성대(false vocal fold/ventricular folds)는 진동하지 않는다.

㉡ 가성대는 음성장애가 있는 경우나 아주 낮은 소리를 낼 경우에 진동할 수 있다. 따라서 일반적으로 '성대'라고 할 때에는 진성대를 뜻한다(심현섭 외, 2017 : 289).

36

2014 중등A-13

모범답안

㉠	가우어 징후
㉡	가성비대

해설

㉠ 가우어 징후는 뒤센형 증후군 아동이 바닥에 앉았다가 일어나려고 할 때 볼 수 있다. 대개 아동은 발과 손을 바닥에 넓게 벌려 짚은 상태에서 시작한다. 그리고 완전히 서기까지 손을 사용하여 무릎과 허벅지를 밀어 올린다. 이것은 근육의 약화로 인해 발생한다. 가우어 징후는 대개 3세까지 나타나지 않지만, 가장 이른 경우에는 15개월 만에도 발생한다.

㉡ 가성비대증은 가성, 즉 '허위'라는 의미의 단어와 비대, 즉 '커지다'라는 의미의 단어에서 나오게 되었다. 이것은 근육질의 다리처럼 보이는 종아리의 증대를 나타내지만, 사실 지방 세포와 결합 조직과 섬유질 조직이 근육 조직으로 침입한 결과이다(Heller et al., 2012 : 403-404).

37

2014 중등A-서4

모범답안

㉠을 위한 보조기구	웨지(또는 삼각대)
㉡을 하는 이유	긴장성 미로반사는 머리를 신전시키고 바로 누워 있을 때에는 몸 전체에 신전근의 긴장이 증가하고, 엎드려 누워 있는 경우에는 굴곡근의 긴장이 증가하는 특성이 있기 때문에 반사의 영향을 피하기 위해서는 옆으로 눕는 자세를 취하는 것이 좋기 때문이다.
㉢의 장점	다음 중 택 1 • 학생은 학습장면으로부터 분리되지 않아도 된다. • 치료사들과 교사들 간의 협력이 이루어져 학생들의 요구를 충족시킬 수 있다. • 학생의 수업참여가 높아질 수 있다.

해설

지문 톺 보기

(다) 학생 A를 위한 지원 계획
㉢ 특수교사가 미술 수업을 하는 동안 물리치료사는 학생 A가 '우리 마을 지도'를 잘 그릴 수 있도록 바른 자세를 잡아준다. : 서비스 유형은 '통합된 치료'이다.
㉣ 물리치료사는 학교 내 치료 공간에서 학생 A에게 치료 지원을 제공한다. : 서비스 유형은 'pull-out'이다.

Check Point

(1) 긴장성 미로반사(TLR)

① 머리를 신전시키고 바로 누워 있을 때에는 몸 전체에 신전근의 긴장이 증가하고, 엎드려 누워 있는 경우에는 굴곡근의 긴장이 증가하는 반사이다.

② TLR은 미로가 중력의 균형 이상을 감지할 때 나타난다.
- 중력에 대한 균형이 앞쪽으로 깨어지면 신체 전반에 걸쳐서 굴곡이 나타나고, 중력에 대한 균형이 뒤쪽으로 깨어지면 신체 전반에 걸쳐서 신전이 나타난다.

③ 앉은 자세에서 등받이를 뒤로 기울일 경우 이 반사가 나타나지 않도록 특히 주의해야 한다. 특히 휠체어가 뒤로 기울어지면 몸 전체에서 강한 신전 패턴이 나타나면서 갑자기 휠체어에서 움직이게 되면 앞으로 미끄러지므로 주의 깊게 평가한다.

④ TLR이 나타나는 아동은 다음과 같은 어려움을 겪을 수 있다.
㉠ 엎드린 자세 때는 머리를 들어올릴 수 없고, 앉기나 무릎기기를 할 수 없다.
㉡ 등으로 누운 자세 때는 머리를 들어올릴 수 없고, 몸을 일으키거나 신체 중심선으로 팔을 모으기 어렵다.
㉢ 머리조절과 호흡, 돌아눕기 등에 어려움을 겪는다.

⑤ 반사의 영향을 피하기 위해 누워 있을 때는 옆으로 눕는 자세를 취하는 것이 좋고, 앉은 자세에서는 적절한 자세를 잡아주는 기기를 이용하면 이 반사의 영향을 많이 줄일 수 있다.

(2) 자세를 위한 보조기기

① 누운 자세 보조기기

자세교정용 쿠션	머리 가누기, 균형 유지하기 외에 운동 활동과 독서 등의 편안한 자세를 제공해 준다.
웨지(wedge)	높은 쪽으로 머리를 엎드리게 되면 고개 조절이 잘되며, 손과 팔에 적절하게 체중이 실리게 된다.

② 앉기 자세 보조기기

피더시트	주로 근긴장도가 낮은 아동에게 사용하며 각도 조절용 받침대를 이용하여 각도 조절이 가능하며 일상생활 중 편안함을 제공하기 위해 사용된다.
학습용 의자	일반 의자의 모양에 쿠션이나 벨트, 팔걸이, 발받침대 등을 부착하여 편안한 자세로 앉을 수 있도록 수정한 의자이다.
맞춤형 착석 시스템	• 개인의 신체적 특성과 용도에 맞게 맞춤 제작한 것으로 다양한 부속장치를 부가적으로 부착하여 의자, 휠체어 등에 앉을 수 있도록 수정한 보조공학기기이다. • 주로 머리나 몸통 조절이 어려운 경우나 경직이 심한 경우에 사용하며 장시간 착석으로 인한 욕창 발생 위험이 있을 경우 사용한다.
코너 체어	• 척추의 지지나 머리 조절을 도울 수 있는 모양의 의자로 장소에 따라서 좌식생활 시 앉기 자세를 보조하며 이동을 위해 의자 밑에 바퀴를 달아 사용하기도 한다. • 근긴장의 이상으로 인해 온몸이 당기거나 어깨가 뒤로 끌리거나 하지의 벌림이 제한되는 등의 이상 자세 패턴을 보이는 뇌성마비에 대해서 이상 자세 패턴을 억제하기 위해 사용되는 의자이다.

③ 서기 자세 보조기기
㉠ 프론 스탠더
㉡ 수파인 스탠더
㉢ 스탠딩 테이블 등

(3) 서비스 전달 모델

개별적 풀아웃	치료사들은 교실에서 개별 학생을 교내의 다른 교실이나 운동장으로 데리고 나온다. 이 접근은 학생이 매우 특정한 필요가 있거나, 주변의 또래를 산만하게 하거나, 중재가 기자재나 공간 또는 다른 특별한 환경적 특성을 필요로 할 경우 사용된다.
소그룹 풀아웃	치료사는 교실에서 IEP에 비슷한 중재 목표를 가지고 있는 장애학생들의 소그룹을 교내의 다른 교실이나 공간 또는 운동장으로 데리고 나온다.
교실 내 일대일 중재	학생은 교실 환경 안에서 IEP에 명시된 구체적 필요에 대한 중재를 받는다. 중요한 점은 학생이 교실을 떠나지 않고, 치료사가 교실 환경 안에서 학생을 직접 치료한다는 점이다.
교실 내 그룹 활동	유사한 IEP 목표를 갖는 소그룹의 장애학생들이 교실 내에서 그들의 필요에 초점을 둔 중재를 받는다. 중요한 점은 학생들이 교실을 떠나지 않고 치료사가 교실 안에서 소그룹의 장애학생들을 직접 중재한다는 점이다.
학급 전체 활동	치료사나 다른 관련서비스 제공자는 1명 혹은 그 이상의 장애학생의 필요에 맞게 고안된 학급 전체의 활동을 진행하며, 이때 모두 같은 활동과 수업, 개별 학생과 학급 전체의 성과를 함께 살피면서 학급을 잘 운영하기 위해 함께 일할 수 있다.
자문	치료사나 관련서비스 제공자는 학생의 필요에 대한 문제를 파악하고 해결하는 데 교사를 도울 수 있는 전문가로 간주된다.

출처 ▶ Brown et al.(2017 : 292)

38

2014 중등B-3

모범답안

영양공급 시기	또래들과의 평상시 간식 시간, 식사 시간에 이루어지도록 한다.
자세	위루관을 통한 섭식 시 직립 자세나 45도 각도의 자세가 적절하다.
판단 근거	소변 보는 시간이 비교적 정기적이면서 소변을 한 시간 이상 참을 수 있기 때문에 소변 훈련을 받을 준비가 되어 있다.

Check Point

(1) 튜브를 통한 음식물 섭취

① 위식도 역류, 씹고 삼키기 등 연하 기능의 문제, 비정상적인 구강운동반사 등으로 인해 지체장애 학생이 구강으로 음식 섭취가 어렵거나 충분한 양의 영양분을 섭취하기 어려운 경우, 복부를 통해 위까지 연결된 위루관(G-tube) 또는 코, 목, 식도를 거쳐 위에 이르는 비위관(N-G tube)을 통해 음식물을 섭취한다.

② 튜브 섭식의 경우 직립 자세나 45도 각도의 자세가 음식물의 역류를 막으며, 식사 후 최소한 45분은 똑바로 있거나 반쯤 기대어 앉도록 지도한다.

③ 튜브를 통해 음식물을 섭취하는 학생이 상호작용에 참여할 수 있도록 튜브 섭식은 또래들과의 평상시 간식 시간, 식사 시간에 이루어지도록 한다.

④ 튜브 섭식 시 지체장애 학생이 음식에 대한 주의를 기울이게 하여 식사활동에 능동적인 참여자가 되도록 지도한다.

⑤ 위루관 삽입 부위의 피부상태를 점검하고, 위루관 막힘 등에 유의할 필요가 있으며, 학교에 있는 동안 튜브가 빠지는 상황이 발생하면 깨끗한 거즈로 입구를 덮어두고 즉시 병원에 연락을 취한다.

출처 ▶ 박은혜 외(2018 : 448)

(2) 용변 기술의 평가

일반적으로 용변 훈련은 배설하는 시간이 비교적 정기적이고 예측 가능하며, 옷에 실수하지 않고 적어도 한 두 시간은 버틸 수 있는 능력을 가졌을 때 시작할 수 있다. 용변 기술을 지도하기 위해서는 훈련을 시작하기 위한 준비가 되어 있는지 다음과 같은 요소를 고려해야 한다(박은혜 외, 2018 : 449−450).

① **준비도 평가**

㉠ 생활연령은 2세 이상이어야 한다.

㉡ 기저귀의 마른 상태를 최소한 1~2시간 정도는 유지해야 한다.

㉢ 하루 평균 3~5번의 소변이 같은 시간에 보이는 정도로 일정한 패턴이 나타나야한다.

② **배설 패턴 평가**

배설 패턴에 대한 평가는 자연스러운 배변 습관을 알기 위한 것으로 부모의 참여를 통해 배설 형태와 장운동의 패턴을 확인하는 단계이다. 자료 수집을 위해서는 약 2~4주 정도의 기간 동안 매시간 15~30분 간격으로 적절한 기호를 사용하여 언제 교사가 학생을 화장실에 데려다 주었는지, 학생이 소변을 보았는지, 또 음식과 어떤 관계가 있는지 기록하며, 자료 수집을 통해 주된 배설 시간, 간격, 양 등을 평가한다. 이러한 기록은 규칙적인 배설 패턴이 정해지기 전까지 자료 수집을 한다. 처음에는 낮 시간 동안의 배설 패턴을 조사하고 낮 시간 동안의 훈련이 성공적으로 끝난 후에는 밤 시간 동안에도 조사와 훈련을 실시한다.

③ **배변 관련 기술의 평가**

배변과 관련한 기술에는 옷 입기, 벗기, 닦기, 물 내리기, 손 닦기 등의 행동과 배변에 대한 의사표현, 어휘 이해 능력 등이 모두 포함된다. 그러므로 화장실 훈련을 하기 위해서는 이러한 활동들을 하나의 분리된 목표로 설정하여 체계적으로 지도한다.

39

2015 유아A-8

모범답안

1)	① 준비 여부: 준비가 되어 있지 않다. ② 판단 근거: 진희는 소변을 1~2시간 참지 못하기 때문이다.
2)	• A: 신체 정렬

해설

1) 소변 간격을 보면 10~60분임이 제시되어 있다. 따라서 이를 근거로 볼 때 아직은 한 시간 이상은 버틸 수 없기 때문에 용변 훈련을 시작하기에는 이르다고 볼 수 있다.

2) • 적절한 자세 잡기는 화장실 훈련에서 필수적인 요소이다. 골반과 엉덩이, 몸통 근육의 자세 조절과 근육의 긴장도와 신체 정렬을 통한 안정성 확보는 화장실 훈련을 위해 지도되어야 한다. … (중략) … 화장실 훈련의 첫 번째 단계는 적절한 자세를 갖도록 도와주는 것이다(박은혜 외, 2019: 450-451).

• 신체의 정렬이란 신체 각 부위의 상대적 관계로서 공간 속 혹은 중력의 방향에 대한 신체 전체의 관계를 의미한다. 적절한 신체 정렬과 자세는 신체의 각 부분이 최적의 균형과 최대의 신체 기능을 증진시킬 수 있는 상태를 말하는 것으로, 신체의 중력 중심이 정렬과 균형에 영향을 미친다. 신체가 좋은 정렬을 유지할 때 관절, 근육, 건, 인대에 가해지는 압력이 낮아지고, 내부 구조와 장기들이 지지되어 바른 자세를 취할 수 있다(박은혜 외, 2019: 359).

Check Point

⊘ 용변기술 중재 방법

① 자세의 교정

㉠ 적절한 자세 잡기는 화장실 훈련의 필수적인 요소이다. 골반과 엉덩이, 몸통 근육의 자세 조절과 근육의 긴장도와 신체정렬을 통한 안정성 확보 등이 지도되어야 한다.

- 근긴장도가 높은 아동: 화장실을 사용하는 동안 골반과 엉덩이, 다리의 근긴장이 증가하게 되므로 긴장을 소거하는 것이 우선이다.
- 근긴장도가 낮은 아동: 장이나 방광 등의 움직임을 나타내는 근육의 수축 능력이 부족하므로 화장실 훈련의 첫 번째 단계는 적절한 자세를 갖도록 도와주는 것이다.

㉡ 화장실을 이용하는 데 필요한 자세를 지도하기 위해 자세유지를 위한 보조공학기기들을 활용할 수 있다. 개인의 특성에 따라 약간의 지지만으로도 도움을 받을 수 있는 환경 수정 방법을 사용할 수도 있다.

② 관련 기술의 지도

㉠ 스스로 화장실에 가서 배변 처리를 하기 위해서 필요한 여러 가지 기능과 기술들은 자연스러운 환경에서 동시에 가르친다.

- 화장실로 이동하기, 필요한 경우 변기 올리기와 내리기, 바지를 내리거나 치마 올리기, 물 내리기, 손 씻기, 화장실에서 돌아오기 등은 배변 훈련을 가르칠 때 필요한 기술이다. 이러한 기술들은 따로 분리하며 가르칠 수 있는 것이 아니라 배변훈련과 동시에 자연스러운 기회를 통해 지도한다.

㉡ 배변 기술은 신체적인 기능 외에 배변에 대한 의사를 표현하고 적절한 도움을 요청하는 것을 포함하여 지도한다.

- 화장실에 가고 있을 때는 얼굴표정이나 손으로 지적하거나 일정한 제스처 등을 사용하여 다른 사람이 알아들을 수 있는 방법으로 표현하도록 지도한다.

40

2015 초등A-6

모범답안

1)	교사는 션트가 감염되거나 막힐 수 있다는 것을 알고 아동을 주의 깊게 살펴야 한다.
2)	이동 시 충격을 흡수하여 승차감을 좋게 한다.
3)	경직된 왼손을 서서히 펴고 휘어져 있는 손의 자세를 바로잡아 주기 위해 사용하였다.

해설

2) 턱을 넘을 때, 몸통의 근간강도가 높아지고 놀라는 반응을 보인다는 점을 고려할 때 승차감이 좋아야 한다.

3) 오른손 손가락은 상징을 지적할 수 있는 정도이나 왼손은 항상 주먹이 쥐어진 채 펴지 못하고 몸의 안쪽으로 휘어져 있다. 따라서 주먹 쥔 왼손을 펴고 휘어져 있는 손의 자세를 바로 잡기 위해 스프린트가 사용되었다고 볼 수 있다.

Check Point

(1) 션트

① 뇌수종이 나타날 때 가장 흔한 처치는 뇌실복막 션트를 수술로 삽입하는 것이다. 션트는 측뇌실로 들어가는 근위부 도뇨관(관), 밸브(배액을 조절하는), 그리고 목과 가슴 피부 밑에서 복막(복부)강이나 대체 장소로 가는 원위부 도뇨관으로 구성되어 있다.

② 션트는 넘치는 뇌 척수액이 두뇌에서 나와 튜브를 타고 내려와 복막강으로 이동해서 몸에 재흡수되도록 하여, 두뇌에서 뇌 척수액의 축적을 막아 주고 뇌손상을 일으킬 수 있는 두뇌에 대한 압력을 막아준다.

③ 션트는 감염되거나 막힐 수 있다. 막힘이 발생했을 때 아동은 두통, 흐릿한 시야, 구역질이나 구토, 무기력, 팔 힘의 약화, 혹은 심할 경우 동공 확대를 경험할 수 있다. 그러한 실수가 자주 일어날 경우 정서장애(폭력 포함), 학교 수행 능력 감소 등과 같은 증상도 나타날 수 있다. 션트가 고장난 것은 응급 상황으로, 검사를 위해 병원에 보내야 한다. 아동이 성장하게 되면 성장에 맞추어 교정할 수 있도록 정기적인 션트 수정이 필요하다.

④ 션트의 밸브에도 고장이 생길 수 있다는 것을 인지하는 것은 중요하다. 어떤 션트 밸브의 경우 프로그램될 수 있고 부주의로 압력 환경이 바뀔 때(예 장난감 마그넷에 노출되어서) 알려주므로 정기적인 측정이 필요하다. 뇌수종에 대한 다른 치료로 제3뇌실 개창술이 있는데, 막힌 곳 주변에 뇌 척수액이 흐를 수 있도록 입구를 만드는 수술과정이다. 그러나 이 수술 절차를 뇌수종과 척수수막류를 가진 사람에게 적용하는 것에 대해서는 아직 더 많은 정보가 필요하다.

출처 ▶ Heller et al.(2012 : 203-204)

(2) 보장구(보조기기)

보장구에는 브레이스(보조기), 스플린트(부목), 석고붕대 등이 있다.

구분	주요 특징
브레이스	• 사지나 체간 외부에 착용하여 교정 자세로 신체의 움직임을 유지하고 지탱해 주는 정형외과적 장치이다. • 단단한 플라스틱으로 만들며, 다리 또는 발의 안정화와 자세 잡기, 긴장도 감소를 위해 사용한다. 통증을 완화시켜 기능을 회복하고, 약화된 근 골격계를 고정하거나 보호하며, 체중을 지탱하게 하며 변형 발생 예방 및 변형의 고정, 마비된 근육의 작용을 대신하는 기능을 한다. • 종류: 척추 보조기, 상지 보조기, 하지 보조기(족부 보조기, 단하지 보조기, 장하지 보조기, 슬관절 보조기) 등
스플린트	• 보통 단단한 플라스틱 모형으로 만들며, 팔과 손의 자세를 잡기 위해 사용한다. 어떤 환경에서는 부드러운 스플린트가 사용될 수 있다. • 어떤 활동을 위해 밤에만 착용하거나 하루 대부분의 시간 동안 착용하거나 하루 중 일부 시간 동안 착용하거나 떼어낼 수 있다. • 일반적으로 손의 보장구를 스플린트라하고 상지 보조기는 브레이스라고 한다.
석고붕대	• 보통 비정상적으로 과도한 근긴장도를 줄이거나, 근육이 짧아져 생기는 관절 구축을 완화하여 근육을 펴기 위해 사용한다. • 석고붕대는 대체로 좀 더 중도의 장애를 가진 아동이 기능적인 자세 잡기를 취하도록 하는 데 사용되므로 브레이스와 스플린트는 그 다음에 사용될 수 있다. • 일반적으로 팽팽한 근육을 좀 더 늘리기 위한 기능을 가지고 있으므로 몇 주마다 교체해 주는 것이 필요하다.

41 2015 중등B-논2

모범답안 개요

㉠	목이 움직여 시선이 향하는 쪽의 상지와 하지는 신전되고, 반대쪽 상지와 하지는 굴곡된다.
㉡	공간 속에서 자신의 신체 위치를 파악하는 데 어려움이 있다.
㉢	비전형적인 운동 패턴을 억제하고 전형적인 운동 패턴을 촉진하여 정상적인 자세반사와 운동 반응을 유도한다.
㉣	• 학생 A의 정면 중심선 앞에서 교사, 칠판 등을 볼 수 있는 곳에 배치한다. • 이유: 반사의 영향을 최소화기 위해(또는 비대칭성 긴장성 경반사가 발생하지 않도록 하기 위해)
㉤	• 높이를 높여준다. • 이유: 대근육 운동 능력 분류체계 5수준으로 반중력 머리 들기와 몸통 자세를 유지하는 능력에 어려움을 보이기 때문에
㉥	• 정면 중심선 앞에 배치한다. • 이유: 반사의 영향을 최소화기 위해(또는 비대칭성 긴장성 경반사가 발생하지 않도록 하기 위해)

Check Point

(1) 고유 수용성 감각 장애

① 고유 수용 감각에 문제가 있는 학생은 공간 속에서 자신의 신체위치를 파악하는 데 어려움이 있다. 그 결과 학생은 좌우를 비롯한 방향 개념의 구별이 어렵고, 책에서 읽어야 할 행을 찾아내지 못하고, 심지어 벽과 같은 단단한 표면에 부딪혀야만 움직임을 멈추어야 한다는 것을 알게 된다. 학습장애를 수반한 뇌성마비 학생에게는 정보처리과정과 고유 수용 감각의 결함을 극복할 특별한 보상 전략이 필요하다(Best et al., 2018 : 87).

② 균형 및 협응 담당기관의 장애는 지체장애 학생에게 가장 방해가 되는 부분이다. 근긴장도, 근력, 그리고 주변의 다른 물건이나 사람들과 비교했을 때 자신의 신체가 어디에 위치하고 있는지 이해하는 능력이 움직임을 제어한다. 이 능력을 고유 수용성 감각이라고 하며 관절과 뇌의 수용기가 이 역할을 담당하고 있다. 고유 수용성 감각 장애가 있는 학생들은 이동 중 장애물을 피하기 위해 이동경로를 변경하는 데 어려움을 겪을 수 있다. 해당 학생들은 다른 학생과 너무 가깝게 서 있거나 부딪힘으로 인해 단체 활동 참여가 어려울 수 있다. 물건이나 사람의 위치를 비교하여 공의 궤적을 이해하고 따라갈 수 없기 때문에 공놀이 하는 것에도 제한이 있다(Orelove et al., 2019 : 93-94).

③ 고유 수용성 감각 체계는 개인이 공간에서의 신체 자세 및 근육의 움직임을 인식하도록 돕는 역할을 한다. 고유 수용성 감각 체계의 수용기는 근육과 관절인데, 고유 수용성 감각을 통해 입력된 정보는 신경 체계에 입력되고 입력된 정보를 활용하여 공간 안에서 신체를 움직이는 데 활용한다. 학생들은 탐색 활동을 통하여 고유 수용성 감각 체계를 자연스럽게 자극하고 공간에서의 신체 자세 및 근육의 움직임을 인식하고 조절하게 된다. 근긴장에 이상을 보이는 중도·중복장애 학생의 경우에는 근육, 관절을 통한 고유 수용성 감각에서 잘못된 정보를 받아들일 수 있고, 결국 움직임 조절에 어려움을 보일 수 있다(강혜경 외, 2018 : 321).

(2) 신경 발달 처치법(보바스 치료)

① 신경 발달학적 치료로도 알려진 보바스 치료법은 영국의 Berta Bobath와 Karel Bobath에 의해 알려졌으며, 미국에서 뇌성마비아동에게 가장 많이 사용되는 치료법 중 하나다.

② 치료법의 목표는 '기능적 움직임', 즉 식사하기, 옷 입기, 목욕하기 등과 같이 가능한 독립적으로 살아가는 데 필요한 동작들이 가능하도록 아이들의 자세와 움직임을 준비시키는 것이다. 즉, 치료를 통해 비정상적인 운동 패턴보다는 정상적인 운동 패턴을 사용하도록 권장하고 운동 기술의 발달을 저해하는 근육의 구축과 기형을 예방하도록 한다. 따라서 보바스 치료에서는 단순히 기능을 습득한다는 것보다는 동작의 질을 중요하게 여긴다.

③ 보바스 치료에는 억제, 촉진, 자극 기술이 사용되는데, 이는 아동들의 필요에 의해 조정된다. 단, 가능하면 아동을 울리지 않고 함께 놀아 주면서 비정상적 반사가 최대로 줄어드는 자세에서 정상적인 정위반사와 평형반응을 계속 유도하되 정상발달 순서에 따라 머리 가누기, 잡기, 뒤집기, 배밀이, 앉아 있기, 네발서기, 기기, 서기, 걷기 등을 꾸준히 훈련하여 정상 동작이 완전히 몸에 배도록 한다.

출처 ▶ 한경근 외(2013 : 270-271)

42

2016 초등B-4

모범답안

2)	• 엉덩이(골반): 골반은 중립에 위치해 있어야 하며 앉아 있을 때 등과 수직이 되게 하고 체중이 양쪽 엉덩이에 고르게 지지되도록 한다.(또는 골반과 등이 수직이 되게 하여 체중이 엉덩이 양쪽에 균형 있게 분산되도록 한다.) • 무릎: 무릎과 의자 밑판의 앞부분과의 거리가 손가락 1~2개(또는 1인치) 정도가 되게 하고, 발판의 높이를 조절하여 슬관절이 약 90도를 유지할 수 있도록 한다. • 발: 족관절의 각도가 90도인 상태로 발바닥이 바닥이나 지면에 닿을 수 있도록 한다.
3)	① 은지의 눈높이에 맞게 배치한다. ② 은지의 오른쪽에 수직으로 배치한다.

해설

3) ② 관절운동범위(ROM)와 자발적 신체 움직임을 고려하여 스위치의 위치를 정한다(2013 중등1-28 기출). 따라서 위치는 운동관절범위를 고려할 때 은지의 오른쪽이 되어야 하며 방향은 수직으로 배치하는 것이 바람직하다.

Check Point

(1) 신체 부위별 자세지도 전략

① 골반과 고관절

㉠ 골반은 중립의 위치에 있어야 하며, 앞으로 휘거나 좌우로 흔들리거나 몸이 앞으로 기울지 않아야 한다. 바른 자세는 골반이 등과 수평이거나 앉아 있을 때 수직일 때다. 골반이 바르게 위치되었을 때 몸과 머리의 조절이 용이하다.

㉡ 골반은 의자 벨트로 지지해 줄 수 있고, 기형을 막기 위해 45도 각도로 제공하는 것이 좋다.

㉢ 좀 더 편안한 자세를 위해서는 팔걸이나 책상 등을 제공한다. 이때 책상은 휠체어를 이용하는 아동이 사용할 수 있는 높이가 되어야 한다.

② 하지

㉠ 아동의 다리가 바르게 정렬되고 교실 바닥이 휠체어 발판에 바르게 지지할 수 있도록 해준다.

㉡ 의자에 앉았을 때 무릎과 의자 밑판의 앞부분과의 거리가 손가락 1~2개 정도일 때 가장 적절한 의자의 깊이이다. 너무 깊으면 고관절의 정상 각도를 유지하지 못하고, 골반의 후방 경사가 일어나며, 슬과 절도 과다신전된다.

㉢ 체중이 엉덩이에 고르게 지지되어야 하므로 비대칭적 엉덩이를 가진 경우에는 이를 고려한 특수 밑판을 제작하여 체중으로 인한 압력이 고르게 지지되도록 한다.

㉣ 다리를 모으지 못하고 발판 밑으로 떨어뜨리거나, 다리를 바짝 붙이거나, 벌리지 못하는 등 다리를 적절히 정렬하지 못하는 경우에는 외전대 또는 내전대 등으로 다리가 정렬되도록 한다.

㉤ 다리는 다리 분리대와 발을 고정할 수 있는 밸크로 등의 고정 끈을 이용하여 발바닥의 전면이 바닥에 닿도록 하는 것이 안정감을 유지하는 데 좋다. 이때 슬관절이 약 90도를 유지할 수 있도록 발판의 높이를 조절한다.

③ 어깨 및 상체의 지지

㉠ 상체를 지지하는 어깨 벨트나 가슴 벨트를 이용하여 가슴의 압력을 제공하여 안정감을 준다. 몸통이 안정되어야 상지와 머리의 조절이 용이하므로 몸통을 적절히 고정하여 안정성을 확보하는 일은 매우 중요하다.

㉡ 측방굴곡의 경우에는 몸통의 좌우에 지지대를 설치하는데, 이때 지나치게 특정 부위에 체중이 쏠려서 통증이나 피부의 손상을 초래하지 않도록 주의해야 한다. 또한 측방굴곡이 근육 자체의 잡아당김에서 비롯된 것이 아니라 앉은 자세에서의 중력의 힘에 의한 것이라면, 의자의 등판을 약간 뒤로 젖혀 주면 효과가 있다.

㉢ 전방굴곡의 경우에 가장 흔히 사용되는 방법은 가슴, 혹은 어깨에 벨트를 두르는 방법이다. 벨트를 두르는 방법에는 나비형, H형, V형 등의 여러 유형이 있으며 벨트가 아동의 목을 스쳐서 자극하지 않도록 띠의 끝부분을 어깨보다 아래쪽에 고정시키는 것이 좋다.

㉣ 휠체어에 부착하여 사용할 수 있는 책상을 사용하여 몸통을 지지하게 한다.

④ 머리 조절

㉠ 머리를 똑바로 세우고 턱을 약간 밑으로 잡아당기는 듯한 자세가 가장 바람직하며 이러한 자세 유지를 돕기 위해 다양한 머리 지지대가 사용된다.

㉡ 어느 정도 머리 조절 능력이 있는 경우에는 단순히 의자의 등판을 머리 뒤까지 오도록 연장시키는 것만으로도 도움이 된다.

㉢ 조절 능력이 낮은 경우에는 그러한 보조대는 목근육의 굴곡을 초래하므로 바람직하지 않고 머리의 밑부분을 감싸듯 받쳐 주는 보조대가 바람직하다.

⑤ 상지의 지지

㉠ 어깨와 팔꿈치가 적절한 각도를 이루고 편안한 자세로 의자의 팔걸이나 무릎판에 손을 놓는 자세가 바람직하다.

㉡ 어깨 관절은 약간 굴곡되는 것이 좋으며, 주관절은 40~100도 정도로 굴곡되고, 손은 손바닥이 완전히 위나 아래로 향하도록 하지 않고, 손의 옆면을 바닥에 닿도록 하는 자세가 좋다.

(2) 신경운동장애

비대칭 긴장성 경반사	대칭 긴장성 경반사
• 촉진자나 AAC 디스플레이가 어느 한쪽에 위치해서는 안 된다. ⇨ 정면 중심선 배치 선호 • 스위치가 어느 한 쪽에 배치되어서는 안 된다. ⇨ 정면 중심선 배치 선호	• AAC 디스플레이나 스위치의 수평적 배치는 대칭 긴장성 경반사를 활성화할 수 있다. ⇨ AAC 디스플레이는 눈높이에 배치하고 스위치는 수직적으로 조정되어야 한다. • 촉진자가 위쪽 또는 아래쪽에서 접근하는 것은 대칭 긴장성 경반사를 활성화할 수 있다. ⇨ 촉진자는 눈높이에서 접근해야 한다.

43

2016 중등A-5

모범답안

유형	부재발작
방법	발작 후에 수업의 어느 부분을 학습하고 있는지를 찾도록 도와주는 또래도우미를 지정하여 지원한다.

해설

지문 돋보기

• 종종 전조나 전구 증상도 없이 : 부재발작은 갑작스럽게 시작하고 전조가 동반되지 않는다.
• 잠깐 동안 의식을 잃고, : 부재발작은 약 1~30초의 짧은 시간 동안 의식을 잃는다.
• 아무런 움직임 없이 허공만 응시하고 있었다. 말을 하다가도 순간적으로 말을 중단하고, 움직임이 없어지며 얼굴이 창백해졌다. 발작이 끝나면 아무 일도 없었던 것처럼 이전에 하던 활동을 계속 이어서 하지만 발작 중에 있었던 교실 상황은 파악하지 못하여 혼란스러워 했다. : 부재발작이 보이는 행동 특성에 대한 내용이다.

Check Point

(1) 발작의 유형

① 부분발작

단순 부분발작	• 의식의 소실 없이 침범된 뇌 영역에 따른 다양한 증상이 나타난다. • 다음과 같은 증상이 나타날 수 있다. – 한쪽 손이나 팔을 까딱까딱하거나 입고리가 당기는 형태의 단순부분운동발작 – 한쪽의 얼굴, 팔, 다리 등에 이상감각이 나타나는 단순부분감각발작 – 속에서 무언가 치밀어 올라오거나, 가슴이 두근거리고 모공이 곤두서고 땀이 나는 등의 증상을 보이는 자율신경계증상 – 이전의 기억이 떠오른다거나 물건이나 장소가 친숙하게 느껴지는 증상 등이 나타나는 정신증상
복합 부분발작	• 단순부분발작과는 달리 의식의 손상이 나타나는 것이 특징적인 소견이다. • 하던 행동을 멈추고 초점 없는 눈으로 한 곳을 멍하게 쳐다보는 증상이 대표적이다. • 비교적 흔하게, 입맛을 쩝쩝 다시던가 물건을 만지작거리거나 단추를 끼웠다 풀었다 하는 등의 의미 없는 행동을 반복하는 경우를 볼 수 있는데 이를 '자동증'이라고 한다. 가끔, 비우성반구(오른손잡이의 경우 우측 뇌)에서 발생하는 발작의 경우에는 자동증이 나타나면서 의식이 보존되어 있거나 말을 하는 경우도 있어 진단에 주의를 요하는 경우도 있다.

부분발작에서 기인하는 이차성 전신발작	• 발작 초기에는 단순부분발작이나 복합부분발작의 형태를 보이다가 이상 전위가 뇌반구의 양측으로 퍼지게 되면 쓰러져서 전신이 강직되고 얼굴이 파랗게 되며(청색증) 소변을 바지에 지리거나 혀를 깨무는 증세가 나타나다 팔다리를 규칙적으로 떨게 되는 발작이 나타나는 형태이다. • 누가 보아도 발작을 한다는 것을 쉽게 알 수 있다.

② 전신발작

전신 긴장성–간대성 발작	• 발작 초기부터 갑자기 정신을 잃고 호흡곤란, 청색증, 근육의 지속적인 수축이 나타나다 몸을 떠는 간대성 운동이 나타나는 형태이다. • 일반적으로 '뇌전증 발작'이라고 이야기할 때 이와 같은 발작을 상기하게 된다. • 사람에 따라서는 발작 전에 전조라고 불리는 평상시와는 다른 특유한 감각을 느끼기도 한다. • 발작이 시작되면 의식불명 상태에서 온몸이 경직되고, 호흡 곤란이 생길 수도 있으며, 배변 통제가 안 되고, 격렬한 발작으로 인해 신체적으로 상해를 입기도 한다. • 발작이 진정되면 기억을 못하기도 하는데, 대개는 졸려하며 휴식을 취하게 된다.
부재발작	• 갑자기 하던 행동을 중단하고 멍하니 바라보거나 고개를 떨어뜨리는 증세가 5~10초 정도 지속되는 발작이다. • 갑작스럽게 시작되고 전조가 동반되지 않는다. • 한곳에 시선을 정지한 채 쳐다본다거나, 눈을 깜박거리거나, 신체의 한 부분에 가벼운 경련을 일으키거나, 어떤 일정 행동을 반복적으로 나타내기도 한다. 가끔 눈 주위나 입 주위가 경미하게 떨리는 것도 관찰할 수 있다. • 발작 후에는 혼란이나 졸림 증상 없이 하던 활동을 계속할 수 있다. 그러나 아동은 발작 중에 교실에서 무슨 일이 있었는지 알 수 없으므로 매우 혼란스러워한다. – 지원방안: 발작 후에 수업의 어느 부분을 학습하고 있는지를 찾도록 도와주는 또래도우미를 지정하여 지원한다.
간대성 근경련발작	• 깜짝 놀란 듯한 불규칙한 근수축이 양측으로 나타나는 발작이다. • 식사 중 숟가락을 떨어뜨리거나 양치질 시 칫솔을 떨어뜨리거나 하는 것을 볼 수 있다.
무긴장발작	근육의 긴장이 갑자기 소실되어 머리를 반복적으로 땅에 떨어뜨리던지 길을 걷다 푹 쓰러지는 발작의 형태로 머리나 얼굴에 외상을 많이 입는 것이 특징이다.

(2) 발작 아동의 학습요구

① 학업적 능력은 모든 유형의 발작에 의해 직간접적인 영향을 받는다. 심지어 심각하지 않은 정도의 발작도 발작 동안 또는 후에 학생이 학습 내용을 망각하게 하는 결과를 가져온다. 교사는 발작 때문에 놓친 학습 정보에 대하여 필요한 경우 추가 교수를 제공하는 것이 필요하다.

② 부재발작을 자주하는 아동의 경우에는 발작 후에 수업의 어느 부분을 학습하고 있는지를 찾도록 도와주는 또래도우미를 지정하여 지원해 줄 수 있다. 또래도우미는 발작이 끝난 후 책의 어느 페이지를 읽고 있는지 찾아주는 것만으로도 학생을 지원할 수 있으며, 이는 읽기 활동 시 특히 유용하다.

③ 투여 중인 약물이 각성도와 피로에 영향을 주어 학습 문제가 나타날 수도 있다. 만약 학교 교사가 이 사실을 모른다면 아동을 학습부진아로 생각할 수 있다. 그러므로 교사는 이러한 약물의 부작용에 대하여 알아야 하며, 학습이 영향을 받게 된다면 부모와 의사에게 알려야 한다.

출처 ▶ Heller et al.(2012 : 497–498)

44

2016 중등B-4

모범답안

㉠	내전대를 사용하여 다리를 안쪽으로 내전시켜 정렬되도록 한다.
㉡	다음 중 택 1 • 가슴, 혹은 어깨에 벨트를 두른다. • 머리 지지대와 어깨 지지대를 활용하여 신체를 정렬한다.
명칭	수파인 스탠더
장점	다음 중 택 1 • 신체의 적절한 근긴장도와 몸통의 안정성을 유지할 수 있게 하여 서기에 대한 두려움을 감소시킨다. • 신체의 정중선을 중심으로 신체부위의 정렬을 유지시킨다. • 스스로 앉거나 서지 못하는 아동에게 수직 자세의 대안적인 자세를 취하게 해줌으로써 신체의 건강 증진과 편안함을 가져온다. • 몸통 조절력이 향상되어 아동의 팔과 손의 사용 능력이 증가하게 된다. • 머리 조절과 손의 사용을 자유롭게 하며, 좀 더 쉽게 기능적 움직임을 가능하게 하고 활동과 일과에 참여를 촉진시킨다.

해설

㉡ 장점에는 제시된 내용 외에도 서기 자세 보조공학기기의 장점은 대부분 해당된다.

Check Point

내전대와 외전대

① 종류(기능에 따른 구분)

내전대	• 내전(근육이 몸통 중심 쪽으로 당겨지는 것)을 돕는 역할을 하는 것 • 도구가 몸의 중심으로 모아주는 역할
외전대	• 외전(몸통 정중선에서 바깥으로 당겨지는 것)을 돕는 역할을 하는 것 • 도구가 몸의 중심에서 바깥쪽으로 벌어지도록 유도하는 역할

② 활용

㉠ 내전근 경직으로 다리가 X자형으로(흔히, 외반슬이라고 함) 변형된 아동의 경우 외전대를 이용하여 X자형으로 모인 다리가 바르게 정렬될 수 있도록 한다.

㉡ 내전근 기능 약화로 다리가 바깥으로 신전된 학생의 경우(흔히, 내반슬이라고 하며 O자형 다리) 내전대를 사용하여 다리를 모아준다.

45

2017 유아A-1

모범답안

1)	① 경직형 사지마비 ② ⓓ, 어깨 관절은 약간 굴곡되는 것이 좋다.

해설

지문 돋보기

• 근긴장도가 높아서 : 과다긴장성
• 팔다리를 모두 움직이기가 어렵고, : 마비 부위에 따른 지체장애 유형 중 사지마비
• 근긴장도가 높아서, 몸을 움직이려고 하면 뻗치는 경우가 많잖아요. : 운동장애 형태 중 경직형 뇌성마비

PART 09

46

2017 유아B-4

모범답안

3)	① ⓑ, 기도가 막힐 수 있기 때문에 물이나 마실 것을 주지 않는다. ② ⓓ, 질식을 예방하기 위해 유아를 옆으로 눕혀준다.

Check Point

발작 시 대처 방안

교실 또는 학교에서 아동이 발작을 일으키면 교사는 적절한 단계에 따라 아동을 보호하기 위한 조치를 취해야 한다. 수업 중 아동이 발작을 보일 경우 교사는 상황에 따라 다음과 같이 대처해야 한다.

구분	학생의 행동	대처 방안	유의사항
발작 시	갑자기 바닥에 쓰러지면서 온몸이 뻣뻣해지고, 몸을 떨기 시작하며, 안색은 창백하거나 푸름.	• 머리를 보호하고 편안히 누울 수 있도록 머리 밑에 부드러운 물건을 받쳐 줌. • 안경 등 깨지기 쉬운 물건을 치우고 옷을 느슨하게 풀어 줌. • 날카롭거나 딱딱한 물건을 치움. • 구토로 인한 질식을 예방하기 위해 학생을 옆으로 뉘어 입으로부터 침이 흘러나오도록 함.	• 학생의 입에 어떤 물건도 강제로 밀어 넣지 않음. • 발작을 억제하기 위해 학생을 흔들거나 억압하지 않음. • 학급 또래를 안정시킴.
발작 후	발작 후 깨어났으나 기억력 상실과 정신착란을 보임.	학생이 완전히 깰 때까지 한 사람이 곁에서 지켜봄.	• 기도가 막힐 수 있으므로 학생에게 음식물이나 음료수를 주지 않음. • 상처 입은 곳을 살펴봄.
비상 시	발작 후 숨을 쉬지 않음. 발작이 계속됨.	발작이 끝나고 1분이 지나도 숨을 쉬지 않거나 대발작의 지속(5분 이상), 연이어 발작이 나타날 때는 구급차를 불러 즉각 병원으로 후송함.	비상연락망 확보

47

2017 초등A-3

모범답안

2)	왼쪽 손을 이용하여 오른쪽 소매를 먼저 끼워 넣어 어깨까지 입힌 후 왼쪽의 소매를 끼워 넣는다.
3)	철수의 양 하지를 벌리고 무릎을 구부려 교사의 허리에 걸치도록 한다.

해설

3) 문제는 [A]의 그림에서 다리가 가위자 모양으로 되어 있음과 교사의 신체를 이용하여 안정적으로 안는 자세에 초점을 맞추는 것이며, 철수의 신체적 특성에 비춰 볼 때 철수의 머리가 체간과 수직이 되도록 머리를 뒤에서 받쳐 안는 자세 또한 중요한 요소이다.
   - 누워 있을 때, 다리는 펴지고 팔은 앞으로 구부러져 있는 경직을 가지고 있는 뇌성마비 환아는 안아서 옮길 때 엉덩이와 무릎 관절은 구부러지고 팔은 펴지도록 자세를 취하여 이동시켜야 한다. 그리고 근육 긴장도가 낮은 뇌성마비 환아들은 관절의 기동성이 증가되어 있고, 자신의 머리와 몸통을 바로 세울 만한 근육 긴장도를 가지고 있지 않기 때문에 팔과 다리, 몸통을 한꺼번에 지지해 주어야 한다(정진엽 외, 2019: 125-130).

Check Point

지체장애 유형별 옷 입기

① 편마비

상의	입을 때	• 앞이 트인 셔츠: 마비쪽 소매를 먼저 끼워 넣어 어깨까지 입힌 후 마비가 없는 쪽의 소매를 끼워 넣는다. • 머리부터 입는 셔츠: 마비쪽 소매를 끼워 넣은 후 마비가 없는 쪽의 소매를 끼워 넣는다. 셔츠 뒤의 옷자락을 잡고 머리부터 씌운다.
	벗을 때	• 앞이 트인 셔츠: 마비쪽 어깨를 벗긴 다음 마비가 없는 쪽의 상지를 소매부터 빼고 이어서 마비쪽 소매를 뺀다. • 머리부터 입는 셔츠: 목 뒤의 옷자락을 잡아 앞으로 당겨 머리를 뺀 후 마비가 없는 쪽 상지를 빼고 마비쪽 상지를 뺀다.
하의	• 입을 때: 마비쪽을 대퇴 부위까지 먼저 입고 나서 마비가 없는 쪽의 바지를 입는다. • 벗을 때: 입을 때와 반대로 마비가 없는 쪽부터 벗으면 된다.	

② 뇌성마비

불수의 운동형 뇌성마비	• 불수의 운동과 변화하는 근긴장의 문제로 일정한 자세를 유지하기 어렵다. 특히 하지에 비해 상지나 몸통의 마비가 심한 경우가 많아 상지에 의존하는 ADL 수행이 어려운데, 머리나 몸통을 고정하거나 벽에 기댄다든지 난간을 잡으면 불수의 운동이 감소하여 자세 안정성이 좋아진다. • 지적 능력과 운동 기능이 좋은 경우에는 스스로 옷을 입을 수 있으나 동작 시 움직임 패턴의 예측이 어렵기 때문에 전적으로 의존하거나 보조하는 수준에 머무르는 경우가 대부분이다.
원시반사	• 긴장성 미로반사가 나타날 때에는 옆으로 누운 자세에서 옷을 입히면 수월하다. • 긴장성 경반사가 나타나는 아동은 머리를 중립에 위치시키고 옷 입기를 수행하도록 한다.

③ 근이영양증

상의	• 휠체어에 앉는 자세 유지가 가능하며 좌우로 몸을 흔들어 체중 이동시에도 넘어지지 않는 경우에는 시간이 오래 걸리지만 옷 입기가 가능하다. – 팔을 올리거나 옷을 입으려면 휠체어 랩보드 같은 받침이 필요하고, 받침 위에 옷을 올려 머리가 들어가기 쉽도록 옷을 벌리고 정리해 둔다. – 팔꿈치를 받침에 지지한 상태에서 양손으로 옷을 들고 머리 가까이 대면 몸을 앞으로 숙여 머리를 안에 넣는다. 양손을 머리끝까지 올려 옷을 붙잡은 후 목을 뒤로 젖혀 머리가 옷깃에 나올 때까지 조금씩 내린다. 그런 후에 한쪽씩 소매를 넣고 손가락을 움직여 소매를 걷어 올리고, 몸을 옆으로 움직이고 옷을 완전히 내린다. • 벗는 방법은 옷의 뒷자락을 잡고 앞으로 당겨 머리를 뺀 후 다시 잡아당겨서 벗는다.
하의	• 바지 입기는 몸을 앞으로 숙이고 손을 발로 가져가야 하므로 휠체어에서 수행하기는 어렵다. • 따라서 바닥에 무릎을 펴고 앉은 자세를 취한 채 한쪽 다리의 무릎을 구부린 후 발 밑에 있는 바지 허리춤에 손을 가져간다. 손가락을 이용해 바지를 무릎까지 입히면 대퇴를 따라 미끄러져 간다. 몸을 옆으로 움직여서 지면과 엉덩이 사이에 공간을 만들고 손가락을 바지허리 부분에 걸어 끌어올리면 된다.

48 .... 2017 초등B-2

모범답안

1)	다음 중 택 1 • 불필요한 키보드 사용 및 조작을 줄여 피로감을 감소시킬 수 있다. • 쓰기 및 입력 시 생산성과 정확성을 증가시킬 수 있다. • 단어 이해 증진을 통하여 어휘 사용 기능을 증가시킬 수 있다.
3)	① 단하지 보조기 ② 욕창, 기형 등의 이차적인 문제가 발생할 수 있다.

해설

1) 단어 예측 프로그램(word prediction program)이란 사용자가 화면상에 나타난 단어 목록에서 원하는 단어를 선택하여 문장을 완성할 수 있게 하는 프로그램으로, 일반적으로 워드프로세서 프로그램에서 많이 채용하고 있다. 이와 같은 단어 예측 프로그램은 인터넷 웹브라우저에서도 확인할 수 있는데, 인터넷 주소를 쓰는 부분에 웹 사이트 주소를 쓸 경우, 예전에 입력한 주소인 경우는 첫 자만 입력하면 그와 유사한 사이트 주소를 보여준다. 뿐만 아니라 각 포털 사이트(portal site)에서 제공하고 있는 검색어 서제스트(search word suggest) 기능 역시 이에 해당한다.

3) ① 보조기기의 유형이 아닌 예를 묻는 질문이다. 단하지 보조기(AFO)는 아킬레스건의 단축으로 흔히 까치발 서기나 보행을 하는 아동들의 발목관절 구축을 예방하고 진행을 억제시킬 목적으로 가장 많이 사용한다(장동훈 외, 2018: 41).

Check Point

단어 예측 프로그램의 대안 – 단어 축약 프로그램

단어 예측 프로그램의 대안으로 컴퓨터에 내장하는 단어 축약 프로그램이 있다. 예를 들면, 고빈도 단어를 축약 프로그램을 사용하여 축약어로 추가 수정할 수 있다. 가령, 학생이 'sw'를 입력한 후 스페이스바를 누르면 'Stephen Williamson'이라는 그의 이름으로 재빨리 자동 대체된다. 다른 예로는 학생이 자유의 여신에 대하여 학습하기 위하여 'sl'을 입력하면 자동으로 'Statue of Liberty'가 출력된다. 이 프로그램은 시간을 절약하고 불필요한 신체적 노력을 감소시킨다. 쓰기 소프트웨어 프로그램 중 대부분은 이와 같은 축약기능이 있다(Best et al., 2018: 504).

49 2017 중등A-4

모범답안

㉠	척추 측만증
㉡	골절

Check Point

(1) 척추 측만증의 유형별 원인과 특성

척추 측만증
- 비구조적 척추 측만증: 고정된 기형 아님, 단순 만곡, 일시적
- 구조적 척추 측만증
  - 특발성 척추 측만증: 원인 불명
  - 선천성 척추 측만증: 출생시
  - 신경근성 척추 측만증: 신경질환, 근육질환으로 발생
  - 기타

특발성 척추 측만증	• 원인을 알 수 없는 척추 측만을 의미 • 척추 측만증을 갖고 있는 사람의 약 80%가 해당하며, 가장 일반적인 형태 • 발병 시기에 따라 유아기(3세까지), 아동기(3~9세), 청소년기(10세~성숙기), 성인기로 분류 • 장애가 없는 청소년에게 종종 발견되며, 10~16세 아동의 약 2~3% 정도로 나타남. • 경도 척추 측만증이 청소년기에 나타나더라도, 척추 성숙이 완성된 후에는 일반적으로 진행되지 않음.
선천성 척추 측만증	• 출생 시 척추의 구조적 비정상이 나타나고, 그 결과로 척추 측만증이 되는 것 • 임신 기간 동안 추골이 완만한 형태가 되는 데 실패하는 것이 원인 • 단독으로 나타나지만, 척수 결함을 가진 척추 측만이 있는 사람의 수치도 높음. – 선천성 척추 측만증은 이분척추에서 발견됨. 이것은 가장 양성의 이분척추 형태(잠재 이분척추)뿐만 아니라 신경근육 척추 측만이 발병할 수 있는 가장 심각한 형태(척수수막류)를 모두 포함함.
신경근성 척추 측만증	• 신경운동장애와 근육 질병으로 발생하는 척추 측만증 • 뇌성마비, 척수 손상, 척수 종양, 척수 수막류, 소아마비, 다발성 관절구축증, 듀센형 근이영양증, 척수성 근위축증과 같은 조건에서 합병증으로 나타남. • 이러한 조건에는 자라나는 척추의 낮은 근육 조절력, 근육 불균형, 구축 등이 포함되고, 이들은 종종 척추 측만증을 일으키는 원인이 됨.

(2) 골형성 부전증

① 뼈가 약하여 신체에 큰 충격이나 특별한 원인이 없어도 뼈가 쉽게 부러지는 유전질환이다.

② 일생 동안 몇 차례 정도의 골절을 겪기도 하며 아동에 따라서는 다발성 골절을 경험하기도 하지만 이러한 골절의 빈도는 나이가 많아짐에 따라 점차 감소한다.

③ 대부분 정상적인 지능을 가지고 있으며, 운동 발달이 늦고, 유스타키오관(= 이관)의 문제로 인해 귀가 자주 감염된다.

④ 척추문제로 인한 수술과 다리교정을 위한 보조공학기기가 필요하며 척추 측만을 예방하기 위한 자세교정이 요구된다. 그 밖에 운동을 통한 체중 조절과 물리치료 및 작업치료 제공이 도움이 된다.

⑤ 골형성 부전증을 갖고 있는 아동들을 위해 다음과 같은 교육적 지원이 요구된다.

㉠ 척추 측만을 예방하기 위한 자세교정이 요구되며 다리 교정을 위한 보조공학기기 및 운동을 통한 체중 조절이 필요하다.

㉡ 남아 있는 뼈 조직을 건강하게 하기 위하여 적당한 신체활동을 권장한다. 단, 뼈에 손상을 줄 수 있는 철봉이나 달리기 등의 활동은 제한한다.

㉢ 필요한 경우에는 청각재활 훈련을 실시한다.

㉣ 신체에 맞는 의자를 제공한다.

㉤ 교실은 1층에 배치하고, 교실 간 이동거리를 줄이기 위해 시간표를 조정한다.

50

2017 중등B-1

모범답안

㉠ 특징	뇌성마비 아동이 자발적으로 시작하는 동작을 평가하고 최대 능력치가 아닌 일상생활을 관찰하여 평가한 후 기능수준에 따라 5단계 수준으로 분류한다.
㉡ 이유	• 신체 기능적인 측면: 아동이 스스로 머리를 가눌 수 있는 GMFCS 4수준이므로, 머리의 지지가 필요 없는 프론 스탠더를 제공하는 것이 적절하다. • 교수·학습 측면: 체중을 앞으로 실은 채 기댈 수 있으므로 교수·학습 과정에 두 손을 기능적으로 사용할 수 있기 때문에 적절하다.
고려사항	강직성 씹기 반사가 나타나므로 금속재질의 숟가락보다는 플라스틱이나 실리콘 재질의 숟가락을 사용하도록 한다.

해설

㉠ 대근육운동기능분류체계(GMFCS)는 현재 널리 사용되는 체계로 뇌성마비학생의 기능수준에 따른 분류체계이다. GMFCS는 자발적으로 시작하는 동작을 평가하고 학생의 최대 능력치가 아닌 일상생활을 관찰하여 평가한 일반 아동도 1세 미만에서는 제한없이 걷지 못하므로 모든 나이에 같은 기준을 적용할 수 없기 때문에 GMFCS는 나이별로 그 기준을 달리하고 있다. GMFCS는 5개의 연령군(2세, 2~4세, 4~6세, 6~12세, 12~18세)으로 나누고, 일상생활에서의 운동 기능을 기준으로 I수준에서부터 독립적인 이동이 심각하게 제한된 V수준에 이르는 5단계 수준으로 구분되어 있다(박은혜 외, 2018 : 73).

㉡ Ⅳ단계인 경우 "대부분의 환경에서 타인의 신체적 도움을 받거나 전동 휠체어를 사용하고, 몸통과 골반의 자세 조절을 위해 개조된 의자가 필요하고 이동 시 대부분 신체적 도움이 필요하고, 가정에서는 바닥에서 구르거나 기어서 이동하고 신체적 도움을 받아 짧은 거리를 걷거나 전동 휠체어를 사용하고, 자세를 잡아 주면 학교나 가정에서 체간지지워커를 사용할 수 있고, 학교/야외/지역사회에서 타인이 학생의 수동 휠체어를 밀어 주거나 전동 휠체어를 사용하여 이동하고, 이동성의 제한으로 인해 체육 및 스포츠활동에 참여하기 위해서는 신체적 도움이나 전동 휠체어와 같은 장치가 필요"한 수준이다. 따라서 머리를 가눌 수 있는 경우에 사용할 수 있으며 상체의 조절이 어느 정도 가능한 경우 상지 기능 강화를 위해 사용할 수 있는 프론 스탠더가 적절하다.

Check Point

GMFCS 단계별 수준

• 대상: 6세 이상~12세 미만

Level I	학생은 가정/학교/실외/지역사회에서 보행이 가능하고, 신체적 보조 없이 경계석을 오르내릴 수 있고, 난간을 잡지 않고 계단을 오르내릴 수 있고, 달리기와 뛰기 등 대근육운동 기능을 수행할 수 있으나 속도, 균형, 협응 면에서 제한이 있으며, 개인의 선택과 환경적 요인에 따라 체육 및 스포츠활동에 참여할 수 있다.
Level II	학생은 대부분의 환경에서 걸을 수 있고, 먼 거리 걷기/평평하지 않고 경사진 길 걷기/사람이 붐비는 곳이나 좁은 곳 걷기/걸으면서 물건을 옮기기에 제한을 보이고, 난간을 잡고 계단을 오르나 난간이 없으면 신체적 보조를 받아서 계단을 오르고, 야외와 지역사회에서 신체적 도움을 받거나 손으로 잡는 이동기구를 이용하여 걷고, 먼거리는 휠체어를 사용하여 이동하고, 달리기와 뛰기 등 대근육운동 기술 능력은 매우 부족하며, 체육 및 스포츠활동 참여를 위해서는 수정이 필요하다.
Level III	학생은 실내에서 대부분 손으로 잡는 이동기구를 이용하여 걷고, 앉을 때는 골반의 정렬과 균형을 위해 좌석 벨트를 사용하고, 앉았다 일어나거나 바닥에서 일어날 때 타인의 신체적 도움이나 지지면이 필요하고, 먼 거리 이동 시 휠체어를 사용하고, 다른 사람이 옆에 서 있거나 신체적 보조를 제공하면 난간을 잡고 계단을 오르내릴 수 있고, 보행 능력이 제한적이므로 체육 및 스포츠활동에 참여하기 위해 수동 휠체어 및 전동휠체어와 같은 기구가 필요하다.
Level IV	학생은 대부분의 환경에서 타인의 신체적 도움을 받거나 전동 휠체어를 사용하고, 몸통과 골반의 자세 조절을 위해 개조된 의자가 필요하고 이동 시 대부분 신체적 도움이 필요하고, 가정에서는 바닥에서 구르거나 기어서 이동하고 신체적 도움을 받아 짧은 거리를 걷거나 전동 휠체어를 사용하고, 자세를 잡아 주면 학교나 가정에서 체간지지워커를 사용할 수 있고, 학교/야외/지역사회에서 타인이 학생의 수동 휠체어를 밀어 주거나 전동 휠체어를 사용하여 이동하고, 이동성의 제한으로 인해 체육 및 스포츠활동에 참여하기 위해서는 신체적 도움이나 전동 휠체어와 같은 장치가 필요하다.
Level V	학생은 모든 환경에서 수동 휠체어로 다른 사람이 옮겨 주어야 하고, 중력에 대항하여 머리와 몸통의 자세를 유지하기 어렵고 다리의 움직임 조절에 제한이 있고, 머리를 가누고/앉고/서고/이동하기 등을 위해 보조공학을 사용하나 이런 장비로 완전히 보완되지는 않고, 이동할 때에는 전적으로 타인의 신체적 도움을 받아야 하고, 가정에서 학생은 바닥에서 짧은 거리를 이동하거나 성인이 안아서 옮겨 주어야 하고, 좌석과 조작 방법을 수정한 전동 휠체어를 사용해 스스로 이동할 수도 있지만 이동성의 제한으로 체육 및 스포츠활동에 참여하기 위해서는 신체적 도움과 전동 휠체어와 같은 장치가 필요하다.

51

2018 초등A-3

모범답안

1)	① 오른쪽으로 고개를 돌려 TV를 볼 수 있게 자리를 배치한다. ② 오른쪽 편마비 학생은 오른쪽을 조금이라도 사용하도록 유도하는 것이 좋기 때문이다.
4)	ⓐ 등받이 ⓑ 휠체어용 책상(또는 랩트레이)

Check Point

(1) 수업 참여를 위한 뇌성마비 유형별 고려사항

① 경직형

㉠ 앞자리보다는 (교사의 관찰이 용이한) 뒷자리에 배치하며 활동 가능한 아동 옆에 앉히는 것이 좋다.

㉡ 수업 중 개별 지도를 할 때에는 가능한 한 많은 움직임을 요구한다.

㉢ 움직임을 방해받지 않도록 책상을 낮추어 주되, U자형 책상을 제공한다. U자형 책상은 팔의 움직임을 지원할 수 있어 대부분의 지체장애 아동들에게 효과적으로 활용된다.

㉣ 특히 경직형 편마비 아동을 교수할 때에는 다음과 같은 사항을 고려하도록 한다.

- 마비가 심한 쪽을 사용할 수 있도록 자리를 배치한다(예 오른쪽 편마비 아동의 경우라면 오른쪽으로 고개를 돌려서 칠판을 볼 수 있도록 자리를 배치한다).
- 마비가 심한 쪽을 사용할 수 있도록 학습교재를 배치한다(예 오른쪽 편마비 아동의 경우라면 책 또는 필통을 오른쪽에 배치하여 오른쪽이 조금이라도 사용되도록 유도해 주는 것이 좋다).
- 양손은 모두 사용하도록 한다(예 책을 펼 때 두 손으로 책을 잡도록 항상 주의하는 것이 좋다).

② 불수의 운동형

㉠ 신체의 비대칭성이 가장 중요한 문제이므로 반드시 칠판을 정면으로 볼 수 있는 위치에 배치한다.

㉡ 팔꿈치를 지지할 수 있도록 책상 높이를 조정해주고, 의자와 책상이 신체와 거의 밀착되게 앉도록 지도한다.

㉢ 수업 중 개별 학습 지도를 할 때 신체의 중심(머리, 어깨, 골반)을 유지하고 두 손이 중심선상에서 교차되도록 유지하면서 교육하는 것이 좋다.

③ 운동실조형

㉠ 몸통의 협응력과 회전운동이 자연스럽게 발생할 수 있도록 자리를 측면에 배치하는 것이 좋다.

㉡ 주의가 산만하기 때문에 앞자리나 교사와 가까운 곳에 배치하여 아동의 산만성을 지도할 수 있도록 한다.

㉢ 수업 중 개별 지도를 할 때에는 교사가 아동의 어깨를 잡아 안정된 자세를 유지시킨다.

㉣ 보행을 방해하지 않도록 최대한의 공간을 확보해 준다.

④ 혼합형

㉠ 움직임이 동반되도록 하면서 신체를 중심선상에 놓는 것이 바람직하다. 즉, 칠판을 정면으로 볼 수 있도록 하여 신체의 대칭성을 유지하고 활동 가능한 잔존 능력을 최대한 활용할 수 있도록 한다.

㉡ 개별 학습 지도 시에는 두 손이 중심선상에서 움직이도록 하면서 어깨와 허리 골반이 움직일 수 있도록 하는 것이 바람직하다.

(2) 휠체어의 구성

의자	• 자세의 지지를 위해 단단한 것일수록 좋다. • 엉덩이의 크기에 적절하게 맞추는 것이 좋다.
등받침	• 접을 수 있도록 제작된 형태가 대부분이다. • 학생의 자세를 위해서는 딱딱한 재질이 더 바람직하다. • 고개를 가누는 정도에 따라 높이 조절이 필요하다.
팔걸이	• 상지의 지지를 도와 몸무게를 지지할 수 있으므로 척추의 기형을 예방할 수 있다. • 의자에서 휠체어로 이동 시 팔걸이를 잡고 이동하게 되므로 적절한 높이와 안정성이 필요하다. • 팔걸이를 지지하여 체중을 분산시키거나 체중 이동 훈련을 할 수 있으므로 둔부의 압력을 줄이고 욕창 등의 문제를 예방할 수 있다.
머리받침대	머리 조절이 어려운 학생에게 필요하며 머리의 자세, 근긴장, 목의 자세 또는 연하작용을 보조해 준다.
좌석 벨트	이동 시 안정성을 제공하며, 몸통 및 골반의 위치를 잡아 주고, 미끄러짐 현상을 방지한다.
브레이크 및 조절장치	전동 휠체어의 경우 조이스틱형 조절장치가 적합하며 헤드스틱이나 입을 이용하는 스위치로 된 장치도 사용된다.
뒷바퀴	플라스틱 소재의 딱딱한 바퀴보다는 공기가 들어간 바퀴가 충격 흡수 면에서 우수하여 승차감이 좋으나 공기주입 장치 및 바퀴 수리 등 보수 관리가 필요하다.
앞바퀴(보조바퀴)	앞바퀴의 크기가 큰 경우에는 이동 시 충격을 흡수하여 승차감이 좋고 장애물 통과가 쉬우나 기동성이 떨어지며, 앞바퀴가 작은 경우에는 회전이 쉽고 바퀴 흔들림이 적으며 이상진동이 덜하나 충격 흡수가 나쁘며 틈에 빠지기 쉽다.
손 조절바퀴	이동 시 손으로 잡는 둥근 손잡이 부분으로 직경이 클 경우에는 힘을 이용하여 출발 및 가속이 쉽고, 직경이 작을 경우에는 속도의 유지가 용이하다.
발 받침대, 다리 받침대	무릎과 다리, 발의 각도를 올바르게 위치할 수 있도록 한다.

휠체어용 책상	휠체어를 이용하는 학생의 섭식과 의사소통기기를 놓는 등 학습활동에 사용이 편리하나, 독립적인 이동을 방해하며 휠체어의 무게와 전후좌우의 길이를 증가시켜 불편을 초래한다.
기타	안전벨트, 주차 시 브레이크 장치, 기울임 방지 장치

52

2018 중등A-10

모범답안

- ㉡ 하지 및 오른쪽 상지 이용에 어려움이 있다.
- ㉤ 다음 중 택 1
  - 이동시 충격을 흡수한다.
  - 승차감이 좋다.
  - 장애물 통과 능력이 좋다.

해설

㉡ 휠체어가 제시된 것을 통해 하지 기능에 이상이 있음을 유추할 수 있다.

- 휠체어의 왼쪽 바퀴뿐만 아니라 오른쪽 바퀴의 동력도 왼쪽에서 통제하도록 하고 있다. 이를 통해 오른쪽 상지 이용에 어려움이 있음을 유추할 수 있다.

Check Point

⊘ 보조바퀴

① 보조바퀴가 클수록 부드럽게 움직이지만 반응성이 떨어지며 발의 배치를 방해할 수 있다. 보조바퀴가 작을수록 반응성이 증가하며 추진력의 효율이 좀 더 좋아지며, 발 위치의 유연성이 높아지지만 이러한 장점은 거친 승차감으로 인해 상쇄된다(오길승 외, 2014: 601).

② Tracker와 Sprigle, 그리고 Morris는 캐스터의 흔들림을 줄일 수 있는 네 가지 방법을 제안하였다(Angelo, 2004: 159).

㉠ 작거나 가벼운 캐스터 바퀴를 사용한다.

㉡ 트레일의 길이를 증가시킨다(캐스터의 회전축으로부터 캐스터의 지면 접촉점까지의 수직거리).

㉢ 회전축을 견고하게 고정시킨다.

㉣ 캐스터의 회전축이 지면과 수직을 이룬다.

53

2018 중등A-14

모범답안

- ㉠ 오른손으로 왼손을 받친 후, 양손을 이용하여 얼굴을 씻도록 한다.
  한쪽만 지나치게 사용할 경우 발작의 우려가 있기 때문이다.
- ㉡ 오른발을 먼저 올라갈 다음 계단에 내딛도록 한 다음 목발과 왼발을 동시에 내딛는다.
- ㉢ 침의 흡입, 구토 발생으로 인한 사고를 방지하기 위해서이다.(또는 타액 배출과 기도 확보를 위해서이다. 질식을 예방하기 위해서이다.)

해설

- ㉡ 목발을 이용한 계단 오르내리기 방법: 크러치를 사용할 때에는 미끄러운 양말, 신발, 슬리퍼 또는 굽이 높은 신발은 삼가고 밑바닥이 평평하고 단단한 재질로 되어 있는 것이 좋다. 보행 전에 상지(팔)의 힘을 기르고, 몸의 균형을 잡는 훈련과 크러치의 크기를 조절하여 미끄럽지 않은 장소에서 연습하도록 한다. 평지에서 걷기가 익숙해지면 계단이나 언덕 내리막길 등에서 연습하여 다양한 환경에 적응하도록 한다. 계단을 내려갈 때는 크러치와 불편한 발을 먼저 내딛도록 한 다음 손상되지 않은 발이 내려가도록 한다. 이와 반대로 계단을 올라갈 때는 불편하지 않은 발을 먼저 내딛도록 한 다음 크러치와 불편한 발을 내딛는 것이 안전한 보행법이다. 특히 크러치 걷기 연습에는 헬멧을 착용하여 안전을 도모해야 하는데, 간질이 있는 아동의 경우는 반드시 헬멧을 착용하고 연습한다(구본권, 200 7: 218-219).
- ㉢ 발작을 하는 동안 불충분한 삼킴으로 인한 침의 흡입, 자신의 혀 깨물기, 구토 발생으로 인한 사고를 방지하기 위해 몸을 옆으로 몸을 돌려주어야 한다. 발작 중에 방광 통제 기능을 상실하여 소변을 보는 경우도 자주 발생한다. 일반적으로 발작은 1~2분간 지속된다. 발작 후에 아동은 소진될 것이고 보통 30분에서 2시간 동안 잠들게 된다. 아동이 일어났을 때는 혼란해 하거나 무기력함을 나타낼 수 있으며, 근육통, 구토, 두통 등이 나타날 수 있다(Heller et al., 2012: 483-484).

54

2018 중등B-3

모범답안

- ㉢ 물을 마시기 위해 목을 신전시킬 경우 상지는 신전되고 하지는 굴곡되는 반사의 활성화를 예방할 수 있기 때문이다.
- ㉣ 식사 후에 약 1시간 정도(또는 약 45분 정도)는 똑바로 있거나 비스듬히 앉은 자세를 통하여 위에서 음식물이 비워지도록 해 주는 것이 좋다.

Check Point

흡인의 예방과 처치

① 흡인이란 액체나 작은 음식조각이 폐로 가는 것을 말한다.
② 흡인은 음식물이나 액체가 위로 내려갈 때뿐만 아니라 위의 내용물이 식도로 역류할 때도 발생할 수 있다.
③ 흡인의 예방과 치료에 필수적인 전략은 자세교정이다. 구강으로 식사하는 아동은 머리를 약간 앞쪽으로 구부리고 바른 자세로 식사를 하게 한다. 이 자세는 능동적 삼키기를 촉진하고 수동적으로 음식물이 목으로 내려가는 것을 예방한다.
④ 식사를 마친 뒤 흡인이 발생할지 모르기 때문에, 식사 후 적어도 45분간은 똑바로 있거나 반쯤 기댄 자세를 유지하도록 한다.
⑤ 잘게 갈린 음식이나 묽은 액체는 아무런 자극 없이 목으로 넘어가기 때문에 흡인의 위험을 높일 수 있다. 반대로 고체나 반고체 혹은 거친 자연식품이나 진한 액체는 삼키는 데 도움이 되는 자극을 제공하며, 흡인의 위험을 줄일 수 있다.
⑥ 지체장애 아동은 흡인으로 인하여 기도폐쇄의 위험이 상대적으로 높은데, 응급 시 처치 가능한 방법으로는 '하임리히 구명법'이 있다

55

2018 중등B-5

모범답안

- ㉠ 구강 주변을 충분히 마사지 해준다.
  ㉡ 부드러운 칫솔모의 칫솔을 이용하여 지도한다.

해설

(가)에 제시된 학생 G의 특성은 구강과 안면에 과민 반응이 있음을 보여주고 있다.

Check Point

이 닦기 지도

① 중도·중복장애 학생들의 이 닦기는 세수할 때와 같은 자세를 취해 주고 환경을 만들어 주어 시작할 수 있다.
② 구강 방어가 심한 학생이 있을 수 있으므로 갑작스럽게 칫솔을 입 안으로 넣기보다는 구강 주변을 충분히 마사지해주고 어느 정도 안정된 상태에서 부드러운 칫솔모의 칫솔을 이용하여 지도한다. 시판되고 있는 전동칫솔이나 분사식 세정기를 사용할 때는 학생이 거부하지 않는 경우에 실시하되, 강하게 거부하는 경우는 구강 주변에 다양한 감각 자극을 주어 외부 자극을 수용할 수 있도록 하는 것이 도움이 된다.
③ 중도·중복장애 학생들의 경우에는 혼자서 이를 깨끗이 닦을 수 없는 경우도 있으므로 성인이 마무리를 해주되, 가능하면 학생과 함께 하는 것이 좋다. 특히 장애 상태에 따라서 칫솔의 길이, 두께 등을 바꾸어 주어야 한다. 이는 상지의 움직임이 제한되어 있는 학생들에게는 많은 도움을 줄 수 있기 때문이다.
④ 이 닦기 지도를 할 때 혹시 씹기 어려운 학생이 항경련제를 복용하는 학생은 충치에 매우 약하며 잇몸은 염증이 생겨 부을 수 있으므로 치아관리를 잘해야 한다. 치아는 음식을 먹는데 있어 가장 중요한 역할을 한다.
⑤ 이를 닦을 때 머리를 뒤로 넘기면 기침을 하거나 사레가 들 수 있으므로 어깨와 머리를 앞쪽으로 약간 내밀게 한다(한경근 외, 2013 : 258-260).

〈이 닦기 절차 안내〉

□ 스스로 할 수 있는 학생은 교사의 양치질하는 시범을 보고 따라 하기

- 교사가 적당량의 치약을 묻힌 후 칫솔로 양치질하는 모습을 살펴본다.
- 학생은 교사의 시범에 따라 혼자 이를 닦는다.
- 교사는 보완할 사항에 대해 언어적·신체적 촉구 수준을 높여 접근한다.

□ 교사의 보조하에 양치질하는 방법 익히기(전동칫솔 사용하기)

- 세면대 앞에서 안정감을 갖고 앉거나 선다(교사가 뒤에서 골반을 보조하거나 몸통을 밀착시켜 준다).
- 치약을 칫솔에 묻힌 다음 칫솔을 앞니에 갖다 댄다(과민 감각이 있거나 입을 여는 데 어려움이 있으면 구강 훈련을 실시해 준다). [그림①]
- 양치질은 치아의 뿌리 쪽을 향해야 하고 서서히 약간의 압력을 주면서 한다(교사가 어깨 및 팔꿈치를 보조하여 준다). [그림②, ③]
- 이의 바깥면, 안쪽 면, 어금니, 혀와 입천장, 잇몸을 부드럽게 닦는다(이때 턱은 고정하고 머리를 약간 앞으로 구부린 상태에서 실시한다).
- 컵에 물을 적당히 받아 입안을 헹굴 때 고개를 뒤로 넘기지 말고 컵을 기울인다.
- 물을 머금은 채로 교사가 턱을 조절하여 주면서 입안을 씻어낼 수 있도록 도움을 준다. [그림④]
- 전동칫솔을 깨끗이 씻는다.
- 입 주위를 닦는다.

		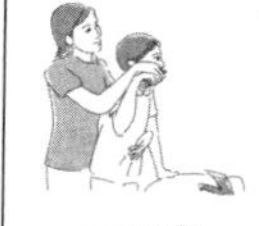	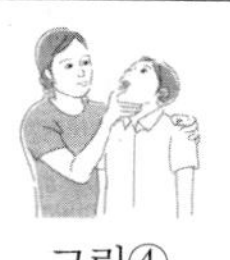
그림①	그림②	그림③	그림④

출처 ▶ 한경근 외(2013 : 259-260)

56

2019 초등A-6

모범답안

1)	① 전신 긴장성-간대성발작 ② 기도폐쇄
2)	다음 중 택 1 • 넓은 지지면을 제공해 주기 때문이다. • 체중을 앞뒤로 옮기기 편하기 때문이다. • 앉기 자세에서 감소한 균형 능력을 보상하고 안정성을 얻기 위해서이다.
3)	ⓐ, 양쪽 다리 길이가 다르면 휠체어 발판의 높이를 다르게 한다.
4)	프론 스탠더

2) • W자형으로 앉는 자세는 넓은 지지면을 제공하고 체중을 앞뒤로 옮기기 편한 자세여서 뇌성마비 학생이 선호하나 이러한 자세는 엉덩이와 무릎 관절의 긴장을 높이고 회전운동과 측면으로의 체중 이동을 어렵게 한다(박은혜 외, 2019 : 68).
 • 앉기 자세에서 감소한 균형 능력을 보상하고 안정성을 얻기 위해 'W 앉기' 자세를 취하는 경우가 많으나 비정상적인 하지 정렬을 초래하고 관절에 무리가 가는 자세이므로 피해야 한다(정동훈 외, 2018 : 34).

Check Point

⊙ 전신발작 대처 방법

해야 할 일	하지 말아야 할 일
• 학생 곁에 있는다. • 발작 지속시간을 기록한다. • 학생을 안심시킨다. • 학생이 갑자기 쓰러지지 않도록 부축한다. • 부상 위험을 최소화한다. 　– 부상을 입힐 수 있는 단단하고 날카로운 물체를 치운다. 　– 머리에 쿠션을 대 준다. 　– 안경을 벗겨준다. • 호흡을 확인한다. 　– 학생을 옆으로 눕혀 사레가 들 위험을 줄인다. 　– 입을 아래쪽으로 향하게 하여 침이 기도로 들어가지 않고 흐르게 한다. 　– 호흡을 어렵게 하는 스카프나 넥타이 등을 풀어 준다. • 다른 학생들을 다른 곳으로 안내해 프라이버시를 지켜 준다.	• 학생을 혼자 있게 둔다. • 위험한 상황(예 계단, 수영장)이 아니면 학생을 옮긴다. • 움직이지 못하게 한다. • 입을 강제로 벌린다. • 입안에 물체를 넣는다. • 혀를 잡아당기려 한다. • 의식과 자각 증세가 완전히 돌아올 때까지 음료나 음식을 제공한다.

출처 ▶ Brown et al.(2017 : 262)

57 2019 중등B-6

모범답안

- ㉠ 경직형 : 근긴장도가 높아서 근육이 뻣뻣하며 움직임이 둔하다.(또는 근긴장도가 높아서 움직임이 둔하고 운동이 과장되어 나타난다.)
  무정위 운동형 : 근긴장도 변화가 심하여 불수의적인 움직임이 나타난다.
- ㉡ 추체로
- ㉢ 출생 시 존재하는 것으로, 신생아의 생존과는 관계없는 반사적이고 자동적인 반응을 보이는 것이다.
  원시반사가 소실되어 나타나는 정위반응, 보호반응, 평형반응 등의 자세반사가 지연되거나 나타나지 않을 수 있다.

해설

㉠ 경직형은 근육이 뻣뻣하며 움직임이 둔한 특징을 갖는다. 근긴장도가 높아서 움직이기 어렵고 움직인다 해도 속도가 느리다(박은혜 외, 2019 : 67).

- 경직형의 운동은 심하게 몸이 뻗치는 현상을 보이므로 정교한 움직임이 어렵고 계속된다. 뻗침반사와 간헐적 경련 증상이 일어난다. 뻗침반사로 인해 근육의 움직임을 통제하지 못하고 갑자기 움직이는 현상과 이 움직임을 방해하는 길항근의 폭발적인 움직임으로 간헐적 경련 현상을 보인다(박화문 외, 2011 : 21).

Check Point

(1) 원시반사

생후 전형적인 유아의 움직임은 원시반사, 또는 다양한 종류의 외적 자극에 의해 나타나는 비자발적인 움직임에 의해 좌우된다. 이러한 반사는 유전적으로 프로그램화되어 있다. 어떤 기능은 아기를 보호하고, 다른 기능은 운동기술의 기초를 형성한다. 예를 들어, 아기가 자신의 손에 있는 물체를 움켜잡는 초기 반사 작용은 궁극적으로 수의적인 움켜쥐기 기술을 발달시킨다. 그리고 아기는 머리를 돌릴 때 시각 및 청각자극에 반응하여 팔을 밖으로 뻗치게 된다. 이것은 비대칭성 긴장형 목반사 또는 펜싱 자세로 불린다. 이 반사는 유아가 시각적으로 사물을 보고 손을 뻗는 기술을 촉진할 뿐만 아니라 등을 대고 누워있다가 옆으로 구르는 행동의 발달에도 기여한다.

중추신경계의 성숙으로 보통 생후 6개월쯤 되면 이러한 움직임의 원시반사 유형은 더 높은 수준의 자동적인 자세반응으로 서서히 통합되고 대체된다. 예를 들어, ATNR 반응은 사라지기 시작하고, 좀 더 성장한 유아는 앉은 자세에서 팔을 굽혔다 펴며 밀기, 손 및 무릎으로 밀기와 같은 좀 더 성숙한 신체 움직임을 가능하게 하는 자세 반응이 발달하기 시작한다.

전형적으로 발달하고 있는 아동에게 원시반사가 모두 필수적인 것은 아니다. 즉, 원시반사가 발생하지 않을 수도 있다. 적절한 자극을 통해 자동적인 반응을 이끌어낼 수 있지만, 정상적인 중추신경계 기능을 가진 아동은 다른 환경적 자극에 반응함으로써 기대되는 자동 반응으로 대체할 수 있다. 앞서 제시된 예에서 만약 강한 환경적 자극이 생기면 반사적인 ATNR 자세는 나타나지 않을 수 있다. 예를 들어, 엄마가 아동에게 장난감을 주었다면, 아동은 ATNR의 영향에 방해받지 않고 손을 뻗어 장난감을 잡을 것이다. 원시반사가 존재할 것이라고 기대되는 연령에서 나타나지 않거나, 존재할 것이라 기대되는 연령의 범위를 지나 계속하여 나타나는 것은 중추신경계의 미성숙이나 기능 이상을 보여주는 것이다(Heller et al., 2012 : 117－118).

(2) 자세반응

중력에 저항하는 자세 조절을 돕기 위해 초기 원시반응은 중추신경계의 성숙에 따라 더 높은 수준의 반응으로 대체된다. 이 시기에 수립된 자세반응은 정위반응, 방위반응, 평형반응이다. 이러한 자세반응의 지연이나 결손은 중추신경계의 미성숙이나 손상을 보여주는 것이다(Heller et al., 2012 : 119).

① 정위반응
- ㉠ 정위반응 : 시각적 정보, 전정기관을 통한 정보, 촉각 및 고유 수용 감각수용기에서 얻은 정보 등을 활용하여 머리와 신체를 능동적으로 조절하는 것
- ㉡ 정위반응을 통해 이동할 때 정상적인 머리 위치를 잡아줄 수 있고, 모든 활동에서 머리, 몸통, 사지의 정상적인 자세 관계가 유지된다.
- ㉢ 정위반응이 수립되면 아동은 구르기, 손과 무릎으로 움직이며 탐색하기, 바른 자세로 앉기, 서기 등을 배울 수 있다.

② 보호반응
- ㉠ 보호반응 : 중력의 중심이 깨어져서 지지면의 범위를 벗어나 넘어지는 것을 막기 위하여 이동하는 방향으로 팔이나 다리를 곧게 뻗고, 바깥 방향으로 움직이는 것
- ㉡ 보호반응에서 팔은 처음에는 앞으로 향하고, 다음에는 옆으로, 마지막에는 뒤로 향하는 순서로 발달한다.

③ 평형반응
- ㉠ 평형반응은 아동의 몸이 중력의 중심에서 벗어나거나, 신체가 움직일 때 균형을 유지하기 위해 나타난다.
- ㉡ 평형반응은 보호반응과 다르게 빠르지 않고, 아동이 지지하고 있는 영역의 범위를 넘어서지 않는다.

58

2020 유아A-2

모범답안

1)	불수의 운동형

59

2020 초등B-2

모범답안

1)	① 단백질 부족으로 안면근육을 조절하는 데 어려움이 있기 때문이다. ② 모든 환경에서 수동 휠체어로 다른 사람이 옮겨 주어야 한다.
2)	① 준우 뒤쪽에서 겨드랑이 사이로 팔을 넣어 준우의 양 손목을 단단히 잡는다. ② 목발과 좌측 발을 먼저 내딛은 다음, 우측 발을 내려놓는다.

해설

1) ① 안면 견갑상완형 근이영양증은 안면근, 견갑근(어깨근), 상완(어깨와 팔굽 사이 근육)과 허리, 엉덩이근육 등이 약화되기 시작하며 날개 모양의 어깨를 특징으로 하는 질병으로 우성유전과 단백질 이상이 원인으로 밝혀졌다.

② GMFCS(6~12세) V수준: 모든 환경에서 수동 휠체어로 이동한다. 머리와 몸통의 자세를 중력에 대항하여 유지하는 능력이 부족하며, 팔과 다리 움직임을 조절하는 능력도 부족하다. 머리의 정렬을 개선하고, 의자에 앉기, 서기, 이동하기 등을 위해 보조공학이 사용되지만 이러한 도구로 완전히 보상되지는 않는다. 옮기기는 완전한 성인의 보조가 필요하다. 가정에서 아동은 짧은 거리를 바닥으로 이동하거나 성인이 안아서 이동시킨다. 앉기와 조작 방법을 많이 수정하여 전동 휠체어를 사용해 스스로의 이동성을 성취할 수도 있다. 이동성의 제한으로 인해 신체 활동이나 스포츠에 참여하기 위해서는 신체적 보조나 전동휠체어와 같은 적합화를 필요로 한다(박은혜 외 역, 2017: 286).

60

2020 중등B-10

모범답안

- 운동실조형
- ㉠ 근섬유가 지방세포로 대치되었기 때문이다.(또는 종아리 부분의 약해진 부분을 보상하기 위해 근육이 지방섬유로 대치되었기 때문이다.)
  ㉡ 가우어 징후
- ㉢ 오른쪽을 대퇴 부위까지 먼저 입고 나서 왼쪽의 바지를 입는다.

해설

지문 돋보기

㉠ 가성비대: 종아리 부분의 약해진 부분을 보상하기 위해, 근육이 지방섬유로 대치되어 마치 건강한 근육 조직처럼 보이는 것을 말한다. 실제로 근육이 비대해지는 것이 아니고 근섬유가 괴사한 자리에 지방 및 섬유화가 진행되어 단단해지고 커진 것처럼 보이는 것을 말한다(박은혜 외, 2019: 88).

㉡ 가우어 징후: 듀센형 근이영양증 아동들에게 나타나는 앉기와 서기 동작의 독특한 특성을 의미하며 근력이 약화되기 때문에 생긴다. 하지 근육이 약해지기 시작하는 초기에는 앉는 자세에서 일어서기가 어려워서 손을 사용하는 형태가 나타난다.
- 가우어 징후는 골반 주위 근육 약화로 인한 요추 전만과 척추, 다리 근육 등이 약화되었기 때문에 나타나는 현상이다(정동훈 외, 2018: 45).

61

2021 초등B-1

모범답안

1)	① 경직형 양마비 ② 학교·야외·지역사회에서 타인이 학생의 수동 휠체어를 밀어주어야 이동할 수 있다.

해설

1) ② GMFCS 4단계: 학생은 대부분의 환경에서 타인의 신체적 도움을 받거나 전동 휠체어를 사용하고, 몸통과 골반의 자세 조절을 위해 개조된 의자가 필요하고 이동 시 대부분 신체적 도움이 필요하고, 가정에서는 바닥에서 구르거나 기어서 이동하고 신체적 도움을 받아 짧은 거리를 걷거나 전동 휠체어를 사용하고, 자세를 잡아 주면 학교나 가정에서 체간지지워커를 사용할 수 있고, 학교/야외/지역사회에서 타인이 학생의 수동 휠체어를 밀어 주거나 전동 휠체어를 사용하여 이동하고, 이동성의 제한으로 인해 체육 및 스포츠활동에 참여하기 위해서는 신체적 도움이나 전동 휠체어와 같은 장치가 필요하다.

62 2021 중등B-6

모범답안

- 긴장성 미로반사
  ㉠ 옆으로 누운 자세로 과제에 참여할 수 있도록 지원한다(또는 학생 G를 옆으로 눕히고, 양다리는 가슴 쪽으로 구부려 준다.)
- ㉡, 마우스 포인터를 따라가는 머리의 움직임에 의해 중력에 대한 균형이 앞쪽이나 뒤쪽으로 깨지면 몸 전체가 신전 또는 굴곡되기 때문에 활용해서는 안된다.
  ㉣, 한 번에 같은 키 값이 여러 번 찍히지 않도록 하는 것은 필터키 시스템의 기능이기 때문이다.

해설

㉠ 긴장성 미로반사의 영향은 받은 아동은 복와위 시 머리를 들어올릴 수 없고 앉기나 무릎으로 기기를 할 수 없다. 앙와위 시에는 머리를 들 수 없고, 앉기 위하여 몸을 일으킬 수 없으며, 신체 중심선에 팔을 모으기도 어렵다. 이러한 반사의 영향을 피하기 위하여 누워 있을 때에는 옆으로 눕는 자세를 취하는 것이 좋고, 앉은 자세에서 적절한 자세 잡기 기기를 이용하면 이 반사의 영향을 많이 줄일 수 있다(박은혜 외, 2019 : 364-365).

㉡ 머리로 조절하는 헤드 포인팅 시스템은 마우스 포인터를 움직이는 등 다른 모든 마우스 기능을 위해 사용된다.

㉢ 앉은 자세에서 등받이를 뒤로 기울일 경우 긴장성 미로반사가 나타나지 않도록 주의해야 한다. 특히 휠체어가 뒤로 기울어지면 몸 전체에서 강한 신전 패턴이 나타나면서 갑자기 휠체어에서 움직이게 되면 앞으로 미끄러지므로 주의를 기울여야 한다.

㉤ 단어 예측 프로그램(word prediction program)이란 사용자가 화면상에 나타난 단어 목록에서 원하는 단어를 선택하여 문장을 완성할 수 있게 하는 프로그램이다.

63 2022 유아A-4

모범답안

2)	다음 중 택 1 • 워커 • 게이트 트레이너

해설

2) • 워커는 독립적인 보행이 가능한 학생의 수직적 움직임을 가능하게 하는 이동 기기이다.
   • 게이트 트레이너는 균형 잡기나 근육 통제에 문제가 있는 학생들의 걷기 훈련을 위해 사용되는 이동 기기이다. 주로 어린 학생들의 걷기 훈련을 위해 사용되는 이동 기기이다.

64 2022 초등B-2

모범답안

1)	① 양다리를 가슴 쪽으로 구부려 준다. ② 까치발로 인한 발목관절 구축을 예방하고 진행을 억제시킬 목적으로 착용한다.

해설

1) ① 긴장성 미로반사인 혜지를 옆으로 눕히고 팔을 이용하여 스위치를 누를 수 있는 자세가 되어야 한다. 긴장성 미로반사의 아동들은 누워 있을 때 활처럼 뻗치고, 엎드려 있을 땐 강하게 구부리는 모습을 보인다. 이때 아동을 옆으로 눕히고, 양팔은 앞으로 펴주고, 양다리는 가슴 쪽으로 구부려 준다. 양손을 가지고 놀지 못하는 아기에게 양손을 갖고 놀 수 있도록 유도해 주는 것이며 다리를 뻗대는 아동을 억제해 주는 자세가 된다(Bobath, 1993 : 110).
   ② 단하지 보조기(AFO)는 아킬레스건의 단축으로 흔히 까치발 서기나 보행을 하는 아동들의 발목관절 구축을 예방하고 진행을 억제시킬 목적으로 가장 많이 사용한다(장동훈 외, 2018 : 41).

65 2022 중등A-11

모범답안

- 경직형
- ㉠, 비대칭 긴장형 목반사의 경우 학생 E의 정면 중심선 앞에서 지도해야 한다.
  ㉣, 고개를 가누지 못하므로 수파인 스탠더를 이용하여 서기 자세를 취할 수 있도록 한다.
- ㉥ 후방지지 워커

해설

㉠ 비대칭 긴장성 경반의 영향을 통제하기 위해 비대칭 긴장성 경반사를 보이는 아동에게 과제를 제시할 때는 아동의 정면 중심선 앞에서 제시한다. 그리고 대칭 긴장성 경반사를 보이는 아동에게 과제를 제시할 때는 목의 굴곡과 신전을 방지할 수 있도록 아동의 눈높이에 맞춰 제시한다.

㉣ 프론 스탠더는 머리를 스스로 가눌 수 있는 경우 사용할 수 있다.

㉤ GMFCS 2수준은 난간을 잡고 계단을 오르나 난간이 없으면 신체적 보조를 받아서 계단을 오르는 수준이다. 그리고 GMFCS 3수준은 다른 사람이 옆에 서 있거나(또는 다른 사람의 관찰 하에 있거나) 신체적 보조를 제공하면 난간을 잡고 계단을 오르내릴 수 있는 수준이다. 따라서 GMFCS 3수준인 경우, 계단을 오를 때 난간을 잡고 이동할 수 있도록 지도하는 것은 타당하다.

㉥ 보행 시 신체의 무게중심이 앞으로 기울어지는 경향이 있기 때문에 후방지지 워커를 이용하는 것이 바람직하다.

66 2023 유아A-5

모범답안

1)	① ㉢, 가성비대가 나타나는 근육도 근력 유지를 위해 효과적으로 사용하도록 하는 것 ② ㉣, 힘들어서 피로하다고 하면 운동을 멈추도록
3)	① 욕창 방지 ② 자세 바꾸기

해설

1) ㉢ • 듀센형 근이영양증의 지원에서 가장 중요한 목표는 운동 기능 즉, 이동 및 자세 유지 기능의 향상이다. 이를 위해서는 기능 유지와 관절 구축의 예방의 필요하다. 근력 저하는 계속 진행되고 운동기능도 점점 약해지기 때문에 매일 적당한 운동을 하며 근 관절 운동 부족에 의한 하반신 근력량의 저하, 즉 폐용성 위축을 가능한 피하는 것이 기본이다(김혜리 외, 2021 : 74).

• 근이영양증의 하위 유형에 따라 진행의 속도와 특성은 다르지만 이 학생들에게는 장애 상태의 개선보다는 유지하도록 지원해 주는 것이 중요하다. 그러므로 근육을 이완하고 근육의 협응을 강화하기 위한 매일의 적당한 스트레칭 운동이나 악기 연주, 수영, 자전거 타기 등을 통해 가능한 한 남아 있는 근력을 효과적으로 사용하고 서기, 걷기, 이동 능력을 유지할 수 있도록 지원한다(박은혜 외, 2019 : 91).

㉣ 운동하지 않는 것은 해가 되고 악화를 촉진하기 때문에 뒤센형 근이영양증을 가진 사람에게 운동은 중요하다. 그러나 잘못된 방법의 운동이나 지나치게 격렬한 운동은 해로울 수 있다. 현재연구는 뒤센형 장애를 위한 근육운동은 질환 진행의 초기에 시작해야 한다고 제안하지만, 근육조직 손상과 심폐의 피로를 줄이기 위해 저항이 낮은 운동으로 제한되어야 한다고 말하고 있다. 모든 일상생활을 위해서도 과한 운동이나 피로를 피하고, 근육의 손상을 초래하는 격렬한 운동은 삼가도록 반드시 주의해야 한다(Heller et al., 2012 : 409).

Check Point

욕창 예방

욕창은 다음과 같은 방법으로 예방할 수 있다.

① 욕창을 방지할 수 있는 특수 쿠션(욕창 방지 쿠션)을 이용한다.

② 자세를 자주 바꿔준다.
- 누워 있을 때는 적어도 2시간마다, 휠체어에 앉아 있을 때는 30분마다 자세를 변화시켜 주어야 한다.
- 욕창 방지 쿠션을 사용한다고 하더라도 자세나 체위를 자주 바꿔주어야 한다.

③ 실금으로 인해 기저귀를 착용하는 아동은 기저귀를 자주 점검하고 오염된 부위를 씻어 청결을 유지하도록 해야 한다.
- 빈번하고 과도한 씻기는 마찰 저항력을 낮추어 피부 통증을 유발할 수 있으므로 주의해야 한다.

④ 단백질 등 균형 있는 영양섭취와 수분 공급이 필요하다.

67

2023 초등B-5

모범답안

1)	수파인 스탠더

해설

1) 수파인 스탠더는 상체와 하체의 조절 능력이 저조하여 세우기가 힘든 경우 등을 대고 누운 자세에서 다리 및 몸통을 고정시킨 후 전동이나 수동 장치를 이용하여 각도를 세워 바로 설 수 있도록 보조하는 기기이다. 머리를 스스로 가누지 못하는 학생은 수파인 스탠더를 사용하여 기립 자세를 유지한다(박은혜 외, 2019 : 412).

68

2023 초등B-6

모범답안

1)	다음 중 택 1 • 스위치 • 머리로 조절 가능한 조이스틱
2)	모로반사

해설

지문 톺 보기

세희	• 뇌성마비를 가지고 있음 • 일상생활 중 근긴장의 변화를 자주 보이며, 상지와 몸통이 본인의 의지와 상관없이 움직임 : 불수적인 운동 특성을 보임. • 대근육 운동기능 분류체계(GMFCS) 5단계에 속함 – 모든 환경에서 수동 휠체어로 다른 사람이 옮겨 주어야 함. – 중력에 대항하여 머리와 몸통의 자세를 유지하기 어렵고 다리의 움직임 조절에 제한이 있음. – 머리를 가누고/앉고/서고/이동하기 등을 위해 보조공학을 사용하지만 완전히 보완되는 것은 아님. • 현재 스캐닝 기법을 이용하여 보완대체의사소통 기기를 사용하고 있음 : 방향지향 스캐닝에 사용되는 제어 인터페이스인 스위치 또는 스캐너 조작 가능 • 야외 활동을 할 때에는 특수 전동 휠체어를 사용함 – GMFCS 5단계임에도 특수 전동 휠체어를 사용하고 있음. – 상지의 불수의적인 운동 특성으로 인해 전동 휠체어에 기본적으로 부착되어 있는 조이스틱 사용에 어려움이 있으며, GMFCS 5단계의 특성상 다리의 움직임 조절에 제한이 있음을 고려할 것

1) 세희는 상지의 불수의적 운동 특성으로 인해 머리 움직임을 통해 전동 휠체어를 작동시켜야 한다. 머리 움직임으로 전동 휠체어를 이용할 수 있는 방법은 머리 받침대에 스위치를 설치하는 방법이 있으며, 머리 움직임이 가능한 자리에 조이스틱을 설치하는 방법 등을 생각할 수 있다.
- 전동 휠체어를 제어할 수 있는 많은 방법이 있다. 동력 휠체어의 대부분 일반적인 제어 방식은 4방향 조이스틱을 사용한 직접선택이다. 일반적으로 조이스틱은 손이나 팔뚝으로 제어할 수 있도록 휠체어의 각 면이나 중앙선에 위치해 있다. 조이스틱은 아래턱, 발, 다리 머리로 사용할 수 있도록 배치할 수 있다(Cooper et al., 2014 : 604−605).

- 머리받이의 헤드 어레이에 배열된 여러 가지 머리 제어 시스템도 사용할 수 있다. 일반적으로 사용자는 3개의 스위치를 이용하는데 머리를 뒤로 이동하면 휠체어가 앞으로 가며 왼쪽으로 기울이면 휠체어가 오른쪽 방향으로 이동하며, 반대로 하면 왼쪽으로 이동한다. 머리를 앞으로 기울이면 휠체어가 멈춘다(Cooper et al., 2014 : 605).

2) 모로반사는 Moro가 발견한 반사행동이다. 갑작스런 목의 신전으로 머리가 뒤로 떨어지면 팔을 신전하며 몸 밖으로 펼치는 동작(팔의 신전－외전)에 이어서 몸을 향해 팔을 다시 구부린다(팔의 굴곡－내전).

- 모로반사는 놀람반사와 구별되어야 하는데 놀람반사는 큰 자극에 의해 나타나며 반응 없이 곧바로 내전과 굴곡되는 양상을 보이며 평생 동안 지속된다(정진엽, 2013 : 60).

69

2023 중등A-11

모범답안

- ㉠ 척수 수막류
- ㉣ 목을 왼쪽으로 돌리면
  ㉤ 목을 위쪽으로 신전시키면
- ㉥ 전신 긴장성－간대성발작

해설

지문 돋보기

(가) 학생의 특성

A	• 신경계 일부가 돌출된 상태로 태어남 : 척수를 둘러싸고 있는 척추뼈의 뒷부분이 완전히 닫히지 않아 분리된 척추 사이로 척수나 신경섬유가 돌출된 상태이다. • 뇌수종으로 인한 지적장애 : 척수 수막류를 가진 사람의 70~90%가 뇌척수액이 뇌에 고이는 뇌수종으로 발전된다. • 방광 조절 기능장애 : 척수 손상으로 인한 가장 큰 영향은 결함이 일어난 부분 아래의 기능 마비다. 장과 방광의 통제는 척수의 아랫부분에서 관장하기 때문에 척수 수막류를 가진 사람들은 대부분 배변 조절 기능의 문제가 있다. • 하지마비 : 척수 수막류 학생은 하지마비로 인해 보조기구나 휠체어, 보행기, 목발을 이용하여 이동하게 되며 시각장애와 하지의 감각 상실을 포함해 중복장애가 있을 수 있다.
B	• 대뇌피질(cerebral cortex) 손상 : 추체로의 손상 • 비대칭성 긴장성 목반사(ATNR)가 남아 있음 : 목(경부)의 움직임에 의해서 반사가 활성화되며, 반사가 활성화되면 근육 긴장도가 높아지고(긴장성), 자세는 좌우를 기준으로 비대칭의 형태(비대칭성)가 되는 원시반사의 유형
C	• 대칭성 긴장성 목반사(STNR)가 남아 있음 : 목의 움직임에 의해서 반사가 활성화되며, 반사가 활성화되면 근육 긴장도가 높아지고(긴장성), 자세는 좌우를 기준으로 대칭의 형태(대칭성)가 되는 원시반사의 유형

70 2023 중등B-4

모범답안

- ㉣ 목을 뒤로 젖혀 혀뿌리가 중력 작용으로 구강의 뒤쪽으로 위치하게 한다.

해설

㉣ 뇌성마비와 같이 조음과 관련된 근육의 협응 문제로 조음기관의 기민성과 정확성이 떨어져 조음이 부정확한 경우 적절한 자세란 이상반사 패턴을 억제하고 조음기관의 최소한의 노력(움직임)으로 조음이 가능하도록 하는 자세이다(고은, 2021 : 388). 연구개음의 경우 목을 뒤로 젖혀 혀뿌리가 중력 작용으로 구강의 뒤쪽으로 위치하게 한다.

Check Point

자세 조정 훈련

양순음	머리를 앞으로 숙여서 양 입술의 폐쇄가 쉽게 이루어지게 한다.
치조음 경구개음	머리를 앞으로 숙여서 설첨 부위가 치조나 경구개에 보다 가깝게 위치하게 한다. 이를 통해 혀가 조금만 움직여도 조음 위치에 닿을 수 있기 때문에 정상 조음에 도움을 받을 수 있다.
연구개음	목을 뒤로 젖혀 혀뿌리가 중력 작용으로 구강의 뒤쪽으로 위치하게 한다.

71 2023 중등B-5

모범답안

- ㉠ 정서・행동장애
  ㉡ 중도・중복장애가 아니라 시청각장애로 분류되기 때문
- ㉣ 배변 시점 10분 전에 화장실에 가도록 하여 5분 정도 변기에 앉아 있게 한다.

해설

지문 돋보기

(나) 배변 훈련 계획

단계	내용	지도 중점
사전 단계	배변일지 작성	매 15~30분 간격으로 기록
1단계	습관 훈련하기	• 반복적 훈련을 지속적으로 실시 • 배변 패턴을 파악한 후 규칙적인 시간 계획에 따라 학생이 변기에 앉는 경험을 갖도록 지도하는 단계
2단계	스스로 시도하기	• 다양한 신호 관찰 • 화장실에 가야 하는 필요성을 인식시키고 학생이 스스로 배변 신호를 알아채고 화장실 사용에 대한 표현을 할 수 있도록 지도하는 단계
3단계	독립적으로 용변 보기	• 일반화 및 유지 • 학생이 화장실 사용에 대한 신호를 알아채고 화장실을 이용하는 것까지 모두 스스로 할 수 있도록 지도하는 단계

㉠ 중도중복(重度重複)장애: 다음의 구분에 따른 장애를 각각 하나 이상씩 지니면서 각각의 장애의 정도가 심한 경우. 이 경우 장애의 정도는 법 제14조 제1항에 따른 선별검사의 결과, 제9조 제4항에 따라 제출한 진단서 및 「장애인복지법 시행령」 제2조 제2항에 따른 장애의 정도 등을 고려하여 정한다.

> 1) 지적장애 또는 자폐성장애
> 2) 시각장애, 청각장애, 지체장애 또는 정서・행동장애

㉡ 시청각장애: 시각장애 및 청각장애를 모두 지니면서 시각과 청각에 의한 학습이 곤란하고 의사소통 및 정보 접근에 심각한 제한이 있는 경우

㉣ 예측되는 시간 10분 전에 화장실에 가도록 하여 5분 정도 변기에 앉아 있게 한다. 화장실에 가까이 가는 것을 시작으로 변기에 앉기, 변기에 앉는 시간 늘려 가기 단계로 점진적으로 지도한다. 가장 중요한 것은 학생이 변기에 앉았을 때 편안해야 한다는 것이다(김영한 외, 2022 : 159).

Check Point

⊘ 중도중복장애를 지닌 특수교육대상자의 선정

① '중도중복장애를 지닌 특수교육대상자'란 지적장애(또는 자폐성장애)를 지니면서 시각장애, 청각장애, 지체장애, 정서·행동장애 중 하나 이상을 가지고 있고, 지적장애(또는 자폐성장애)를 포함한 최소 두 가지의 장애는 장애의 정도가 심한 경우여야 함.

요건 2 / 요건 1	시각장애	청각장애	지체장애	정서·행동장애	의사소통장애	학습장애	건강장애	발달지체
지적장애(또는 자폐성장애)	○	○	○	○	×	×	×	×

※ 요건 1과 요건 2에 해당하는 장애 모두 정도가 심한 경우여야 함.

② '시청각장애를 지닌 특수교육대상자'란 시각과 청각 모두 장애의 정도가 심하여 두 감각에 의한 학습활동이 어려운 경우여야 함.

출처 ▶ 교육부(2022)

72

2024 유아A-2

모범답안

2)	프론 스탠더

Check Point

⊘ 서기 자세 보조공학기기

프론 스탠더	• 머리를 스스로 가눌 수 있는 경우 사용할 수 있으며, 특히 상체의 조절이 어느 정도 가능한 경우는 상지 기능 강화를 위해 사용할 수 있다. • 고관절 수술 후 관절 근육을 형성하거나 원시반사를 경감시켜 주는 효과가 있고, 체중을 앞으로 실은 채 기댈 수 있으므로 두 손을 기능적으로 사용할 수 있다.
수파인 스탠더	머리를 스스로 가누지 못하는 학생은 수파인 스탠더를 사용하여 기립 자세를 유지한다.
스탠딩 테이블	몸통이나 다리 근육의 제한으로 스스로 서기 어려운 학생을 세울 수 있게 지원하는 보조공학기기이다.

73

2024 초등A-2

모범답안

1)	① 첫 글자에 대응하는 여러 가지 단어가 스크린 위에 나타난다. ② 체간지지워커

해설

1) ① 단어 예측 프로그램은 학생이 타이핑할 단어 목록을 제공한다. 학생이 단어의 첫 글자를 타이핑하면 여러 가지 단어가 스크린 위에 나타난다. 단어에 대응되는 번호를 타이핑하면 원하는 단어가 선택된다. 첫 글자에 대응하는 단어가 없는 경우 두 번째 글자를 타이핑하게 된다. 그러면 앞의 문자와 두 번째 문자가 같은 단어들이 동시에 배열되고, 학생은 단어의 나머지 글자들을 입력하는 대신 단어를 선택하기 때문에 자판을 두드리는 횟수가 감소한다.

② 대근육운동기능평가(GMFCS) 4단계의 구체적인 내용은 다음과 같다.

- 학생은 대부분의 환경에서 타인의 신체적 도움을 받거나 전동 휠체어를 사용하고, 몸통과 골반의 자세 조절을 위해 개조된 의자가 필요하고 이동 시 대부분 신체적 도움이 필요하고, 가정에서는 바닥에서 구르거나 기어서 이동하고 신체적 도움을 받아 짧은 거리를 걷거나 전동 휠체어를 사용하고, 자세를 잡아 주면 학교나 가정에서 체간지지워커를 사용할 수 있고, 학교/야외/지역사회에서 타인이 학생의 수동 휠체어를 밀어 주거나 전동 휠체어를 사용하여 이동하고, 이동성의 제한으로 인해 체육 및 스포츠활동에 참여하기 위해서는 신체적 도움이나 전동 휠체어와 같은 장치가 필요하다(박은혜 외, 2023: 177).

74

2024 중등A-7

모범답안

- ㉢ 목을 움직여 돌아간 쪽의 팔다리가 신전되면 그 방향의 팔을 사용할 수 없기 때문이다.
  반사가 활성화될 경우 도움 없이는 정중선 위치로 돌아올 수 없기 때문이다.

해설

㉢ 비대칭 긴장성 경반사는 주로 생후 6개월 이내에 사라진다. 이 반사는 유아의 머리가 한쪽으로 돌려지면 활성화되는데, 머리가 돌아간 쪽의 팔다리는 쭉 뻗어지는 반면에 반대쪽 팔다리는 만곡하게 된다. 일단 이 반사가 활성화되면 많은 사람이 비정상적인 운동 패턴에 빠져 도움 없이는 정중선 위치로 돌아올 수가 없다. 따라서 비대칭 긴장성 경반사를 보이는 사람의 AAC 체계는 일단 머리를 돌리게 되면 직접선택을 위해 그 방향의 팔을 사용할 수 없기 때문에, 이들이 디스플레이를 스캐닝하기 위해 머리를 돌리지 않도록 설계되어야 한다(Beukelman et al., 2017 : 205).

75

2024 중등B-4

모범답안

- ㉡ 속도
- ㉣ 휠체어용 책상(또는 랩트레이)을 설치해 준다.
  높이 조절이 가능한 책상을 준비해 둔다.

해설

㉡ 전동 휠체어를 제어하기 위한 제어 방식은 비례 제어와 비비례 제어의 두 가지로 구분되는데, 비례 제어란 휠체어가 조이스틱이 움직이는 방향이면 어디든 움직이며, 빠르게 움직일수록 휠체어도 빠르게 움직인다는 것을 의미한다. 전동 휠체어의 조이스틱이 갖는 기능을 고려할 때 방향과 관련된 내용은 제시되어 있으므로 "미는 정도"가 의미하는 것은 속도라고 볼 수 있다.

76

2024 중등B-8

모범답안

- ㉤ 행동 규칙 스크립트(또는 행동 규칙에 대한 시각적 지원)

해설

㉤ 행동 규칙 스크립트(또는 행동 규칙에 대한 시각적 지원)는 교사가 학생에게 기대하는 행동에 대한 구체적인 목표가 있을 때 적용하는 것이 효과적이다. 학생이 스스로에게 기대되는 행동을 명확히 인지하고, 이를 시각적인 상징을 통해 자기점검하여 행동의 일반화와 유지를 촉진할 수 있다(강혜경 외, 2023 : 130).

77

2024 중등B-11

모범답안

- ㉢, 죽(퓌레) 형태의 음식보다는 계속적인 저작 연습과 식사 습관 형성을 통해 점차 고형 음식을 먹을 수 있도록 지도한다.
  ㉤, 학생 A의 옆 또는 뒤에서 지원한다.
- ㉦ 모로반사

해설

㉢ 일반적으로 음식 섭취가 어려운 학생에게는 쌀, 채소, 등을 삶아 죽 형태로 제공하는 것이 좋다. 죽 형태의 음식은 삼키기에 용이하다는 장점이 있으나 저작 활동을 하지 않아도 쉽게 목 넘김이 가능하므로 기도 폐쇄의 위험성을 증가시키고 구강구조를 약하게 만든다. 또한 삶으면서 열을 가하므로 조리과정 중에 비타민이 파괴되어 비타민 결핍을 일으킬 수 있고, 변비와 충치를 일으키기도 한다. 따라서 죽 형태보다는 계속적인 저작 연습과 식사 습관 형성을 통해 점차 고형 음식을 먹을 수 있도록 지도하는 것이 중요하다(김영한 외, 2022 : 137).

㉤ 비정상적인 반사작용을 최소화하고 음식을 쉽게 삼키게 하기 위해서는 목이 약간 앞으로 구부러져 있는 것이 좋은데, 음식을 제공해 주는 사람은 학생과 최대한 가깝게 앉아 학생의 옆 또는 뒤에서 지원할 수 있도록 한다(김영한 외, 2022 : 136).

10 건강장애아교육

본책 p.221

01

2009 중등1-14

(정답) ⑤

해설

ㄱ. 교육장 또는 교육감은 일반학교에서 통합교육을 받고 있는 특수교육대상자를 지원하기 위하여 일반학교 및 특수교육지원센터에 특수교육교원 및 특수교육 관련서비스 담당 인력을 배치하여 순회교육을 실시하여야 한다(장애인 등에 대한 특수교육법 제25조 제1항).

ㄴ. 순회교육의 수업일수는 매 학년도 150일을 기준으로 하여 각급학교의 장이 정하되, 순회교육을 받는 특수교육대상자의 상태와 교육과정의 운영상 필요한 경우에는 지도·감독기관의 승인을 받아 30일의 범위에서 줄일 수 있다(장애인 등에 대한 특수교육법 시행령 제20조 제2항).

ㄷ. 교육장 또는 교육감은 제3항에 따른 순회교육의 실시를 위하여 의료기관 및 복지시설 등에 학급을 설치·운영하는 등 필요한 조치를 강구하여야 한다(장애인 등에 대한 특수교육법 제25조 제4항).

02

2011 초등1-6

(정답) ③

해설

ㄱ. 창수의 학적은 병원학교에 두고: 학적은 학생의 소속학교에 두는 것을 원칙으로 하므로, 창수의 학적은 샛별 초등학교에 두어야 한다.

ㄴ. 병원학교에서는 입급일로부터 14일 이내에: 병원학교에서는 매 학기 시작일 또는 배치일로부터 30일 이내에 개별화교육계획을 작성해야 한다.

ㄷ. 수업 결손을 막기 위해 재량활동을 교과 재량활동으로 운영한다.: 병원학교에 입급할 경우 수업 결손을 막기 위해 병원학교에서 교과 수업뿐만 아니라 필요에 따라 화상 강의(원격 수업)도 제공한다. 또한 창수는 초등학생이기 때문에 재량활동을 창의적 재량활동으로 운영한다. 2010 개정 특수교육 교육과정서부터는 재량활동과 특별활동이 통합되어 "창의적 체험활동"으로 운영되고 있다.

ㅁ. 학교복귀란 건강장애 학생이 장기 입원이나 장기 통원치료를 마치고 학교 교육을 받기 위해 학교로 돌아오는 것을 의미한다.

Check Point

✓ 2008 개정 특수학교 교육과정

① 2008 개정 특수학교 교육과정을 기준으로 국민 공통 기본 교육과정은 교과, 재량 활동, 특별 활동으로 편성하며, 재량 활동은 교과 재량 활동과 창의적 재량 활동으로 한다.

교과 재량 활동	중등학교의 선택 과목 학습과 국민 공통 기본 교과의 심화·보충 학습을 위한 것
창의적 재량 활동	학교의 독특한 교육적 필요, 학생의 요구 등에 따른 범교과 학습과 자기 주도적 학습, 체험 활동, 치료 지원 활동을 위한 것

② 초등학교의 재량 활동은 창의적 재량 활동으로 운영한다.

03

2011 중등1-39

정답 ③

해설

㉠ 장애인 등에 대한 특수교육법에서 건강장애 특수교육대상자의 선정 기준은 만성질환으로 인하여 3개월 이상의 장기입원 또는 통원치료 등 계속적인 의료적 지원이 필요하여 학교생활, 학업수행에 어려움이 있는 사람으로 규정되어 있다.

㉡ 장애인 등에 대한 특수교육법 시행령 제3조 의무교육의 비용 등에 근거하여 국가 또는 지방자치단체가 부담하여야 하는 비용은 입학금, 수업료, 교과용 도서대금 및 학교급식비로 한다.

㉣ 건강장애 학생의 선정과 배치 과정은 다른 특수교육대상자와 동일하다. 만성질환을 가진 학생 중에서 장기치료로 인해 해당 학년의 진도를 따라가지 못하거나 유급 위기에 있는 등 학업 수행에 어려움이 있는 것으로 판단되는 학생에 한해 특수교육운영위원회에서 결정한다. 이때 만성질환은 장애인 증명서, 장애인 수첩, 진단서를 통해 확인한다.

Check Point

(1) 장애인 등에 대한 특수교육법 시행령 제3조(의무교육의 비용 등)

① 법 제3조제3항에 따라 국가 또는 지방자치단체가 부담하여야 하는 비용은 입학금, 수업료, 교과용 도서대금 및 학교급식비로 한다.
② 국가 및 지방자치단체는 제1항의 비용 외에 학교운영 지원비, 통학비, 현장·체험학습비 등을 예산의 범위에서 부담하거나 보조할 수 있다.

(2) 장애인 등에 대한 특수교육법 제3조(의무교육 등)

① 특수교육대상자에 대하여는 「교육기본법」 제8조에도 불구하고 유치원·초등학교·중학교 및 고등학교 과정의 교육은 의무교육으로 하고, 제24조에 따른 전공과와 만 3세 미만의 장애영아교육은 무상으로 한다.
② 만 3세부터 만 17세까지의 특수교육대상자는 제1항에 따른 의무교육을 받을 권리를 가진다. 다만, 출석일수의 부족 등으로 인하여 진급 또는 졸업을 하지 못하거나, 제19조 제3항에 따라 취학의무를 유예하거나 면제받은 자가 다시 취학할 때의 그 학년이 취학의무를 면제 또는 유예받지 아니하고 계속 취학하였을 때의 학년과 차이가 있는 경우에는 그 해당 연수(年數)를 더한 연령까지 의무교육을 받을 권리를 가진다.
③ 제1항에 따른 의무교육 및 무상교육에 드는 비용은 대통령령으로 정하는 바에 따라 국가 또는 지방자치단체가 부담한다.

(3) 병원학교 입교 신청 절차

학생(보호자)	• 필요 서류를 갖추어 소속 학교로 건강장애 학생 신청(병원학교로 직접 신청하지 않음) 1. 특수교육대상자 진단·평가 의뢰서 1부 2. 건강진단서 1부 3. 병원학교 입교신청서(또는 위탁교육신청서) 1부 등
⬇	
소속 학교(교사)	• 필요 서류를 갖추어 해당 교육청에 신청 • 입교를 희망하는 병원학교를 서류에 표시하여 제출 • 시·도교육청 서식에 따라 작성하고 관련 내용을 추가보완 • 서명이 들어간 관련 서류는 스캔하여 파일로 공문에 첨부, 제출
⬇	
시·도교육(지원)청	• 건강장애 선정 결과 확정된 병원학교 입교 대상자 명단을 첨부하여 병원학교로 공문 발송 • 3개월 이상 외상적 부상 학생은 서류를 확인하여 기준에 적합하면 병원학교로 입교신청 공문 발송 • 만성질환 등 건강장애 선정이 확실시될 경우 교육감 또는 교육장이 병원학교에 우선 배치 공문 발송
⬇	
병원학교	• 학부모나 학생에게 수업 기준 및 수업 방법에 대한 안내 • 병원학교 교육과정 안내 및 협의 • 학생 기초 정보 수집 및 개별화교육계획 작성 • 수업 진행 • 입교 승인은 교육청 공문으로 일괄함 • 병원학교 입교 후 소속 학교로 입교 관련 안내(전화나 이메일 등) • 소속 학교로 월별 출석 현황 공문 발송

출처 ▶ 김정연(2020 : 247)

04

2012 초등1-6

정답 ②

해설

② 청색증이 심한 학생은 추위에 잘 적응하지 못하므로 추운 날씨에는 실외에서 하는 교육을 피하는 특별한 조치가 필요하다. 따라서 체육수업 장소를 운동장이 아닌 체육관 등 실내로 변경하는 등의 조치를 취하는 것이 바람직하다. 야외 수업 시 특수학급에 가서 다른 교과의 수업을 받도록 하는 교육적 조치는 최소제한환경에 위배되는 것이며, 통합교육의 맥락과도 맞지 않다.

④ 병원학교의 수업 참여를 출석으로 인정하고, 출석은 초등학생 1일 1시간 이상, 중학생 1일 2시간 이상을 최소 수업 시간으로 정하되, 1시간의 적정 수업 시간은 20분 이상을 기준으로 하여 학교 재량에 따라 융통성 있게 증감할 수 있다(김정연, 2020 : 210).

Check Point

(1) 소아천식 아동을 위한 특수교육 지원

환경 조절	• 교사는 부모와 보건교육교사와 상의하여 음식을 통제하고 교실환경을 평가하여 자극을 줄인다. • 환경 조절만으로 증상을 줄이기가 충분하지 않다면 중재기술을 익히는 것도 중요하다. • 학생의 호흡을 관찰하고 자극이 될 수 있는 것은 학생 주위에서 제거하고 학생의 약물복용이 용이하도록 한다.
응급 상황 시 대처 계획	• 필요시에는 위급한 상황을 대비하여 학교의 보건교육교사와 연계하여 응급 상황에 대한 계획을 수립한다. 계획서에는 아동의 상황에 대해 기록하고 부모에게는 상호 합의된 방법으로 정보가 제공되어야 한다. • 교사와 관련 전문가들은 이러한 긴급 상황에 대해 정해진 방법에 따라 적절하게 반응할 수 있어야 한다.
자기 관리	• 만성적 질환에 대한 치료는 아동 스스로가 적절하게 의료적인 처치를 조절할 수 있도록 하는 개인의 자율성 지도가 중요하다. • 의료 용구는 학교에 비치되어 있어야 하며 언제든지 쉽게 사용할 수 있어야 한다. • 아동이 현장학습 등으로 학교 외부로의 이동이 있을 경우 항상 의료물품도 함께 이동할 수 있도록 한다.

(2) 심장장애 아동을 위한 특수교육 지원

① 대부분의 학생은 일반학교에 다닐 수 있으며 모든 정상적인 활동을 할 수 있다. 하지만 청색증(cyanosis)이 심한 학생은 추위에 잘 적응하지 못하므로 추운 날씨에는 실외에서 하는 교육을 피하는 특별한 조치가 필요하다.

② 호흡 곤란이 심한 학생은 힘들어할 경우 휴식을 취하도록 한다.

③ 상급 학교에 진학해서도 과격한 스포츠나 태권도, 유도 및 조정 등은 피하는 것이 바람직하나 적당량의 운동과 수영 등은 권할 만하다.

④ 힘든 운동을 제외한 운동, 즉 빠르게 걷기, 가볍게 달리기, 자전거 타기, 수영, 가벼운 등산, 계단 오르기 등의 유산소 운동은 도움이 된다.

(3) 신장장애 아동을 위한 특수교육 지원

① 정서적 적응을 위해 교사는 이들이 감정을 잘 표현하도록 도와주는 것이 중요하다.

② 피곤하지 않도록 활동량을 조절해야 하기 때문에 정상적으로 교과를 다 수행하기가 어렵다. 적당한 운동은 신장병에 도움이 되므로 무조건 배제하기보다는 체육시간에 학생의 상태를 고려하여 적절하게 참여할 수 있도록 도와준다.

③ 신장장애 학생의 경우 투석으로 인해서 커진 혈관 때문에 반팔 옷을 기피하는 경우도 많으므로 학생이 긴팔 교복을 입고자 할 경우 이에 대한 배려가 필요하다.

④ 신장장애가 있는 학생들은 교사나, 친구들과 자신의 병에 대해서 편안하게 이야기하게 될 때 학교생활에 잘 적응하게 된다.

⑤ 질병으로 인한 한계를 인식하고 학교에서 언제 도움을 요청할 수 있는지에 대해서 배울 수 있도록 한다.

⑥ 학업 결손에 대한 부담과 걱정이 많으므로 이에 대한 적절한 지원이 필요하다.

(4) 소아암 아동을 위한 특수교육 지원

① 소아암에 걸린 학생의 반에 수두나 홍역에 걸린 학생이 있다면 소아암 학생의 부모에게 사전에 연락하고 학생이 등교했을 경우 그 학생과 접촉하지 않도록 해야 한다. 혹시라도 수두나 홍역을 앓고 있는 학생과 접촉한 경우에는 빨리 부모에게 알려 예방할 수 있도록 한다.

② 학교생활 중에 면역력이 약한 학생의 감염을 예방하기 위해 공동 컵을 사용하거나 생수를 마시지 않도록 하고 별도의 개인 컵과 보리차 등 끓인 물을 가지고 다니도록 한다.

③ 급식의 경우 균형 잡힌 식사는 투병할 수 있는 체력의 기반이 되기 때문에 일반적인 학교급식을 해도 괜찮다.

④ 백혈구 수치가 낮아 별도의 식이요법을 할 경우에는, 가정에서 준비해 온 식사와 간식 등을 다른 학생들이 잘 이해할 수 있도록 알려 준다.

⑤ 식사하기 전에는 반드시 손을 씻고 먹도록 주의를 준다.

⑥ 수업활동 참여에서는 힘든 운동과 과격하게 몸을 부딪치는 운동만 피하면 된다.

⑦ 상급 학교 진학을 위해 중학교나 고등학교 진학 원서를 작성할 때는 미리 부모님께 알리도록 한다.

(5) 소아당뇨 학생을 위한 특수교육 지원

① 학기 초 시간을 내어 학생(고학년 학생인 경우)이 직접, 또는 학생의 부모가 반 학생들에게 소아당뇨에 대한 간단한 소개와 함께 당뇨 학생을 도울 수 있는 방법에 대해 설명할 수 있는 시간을 마련해 준다면 학생의 병 관리 및 정신적인 안정에 도움이 된다.

② 수학여행, 현장학습 등과 같은 학교 행사들은 당뇨 학생들이 부모에 대한 의존에서 벗어나 당뇨병의 자기관리에 대한 필요성과 책임감을 가질 수 있는 좋은 기회로 이들이 반드시 참석할 수 있도록 해야 한다. 이런 기회를 통해 당뇨 학생들은 병 관리와 정상생활에 많은 자신감을 얻게 된다.

③ 당뇨병을 남에게 알리고 싶어 하지 않는 학생들의 경우 주사와 검사를 위해 조용한 장소를 제공해 주는 것과 같은 작은 배려만 있다면 크게 걱정할 일은 없다.

④ 당뇨 학생이 정기적인 병원 진료를 빠지지 않도록 하는 교사의 따뜻한 배려와 격려는 이들에게 큰 힘이 될 수 있다.

⑤ 점심시간이 늦어질 때에는 당뇨 학생이 제시간에 점심 식사를 할 수 있도록 하고, 또한 학교 급식 시 필요량 이상을 먹도록 요구당하거나 반대로 부족하지 않도록 해야 한다.

⑥ 반찬이 부족하여 식사량이 부족하면 혈당 조절문제가 생길 수 있으므로 당뇨 학생이 스스로 적정량을 식사하도록 지도한다.

⑦ 당뇨 학생 가운데는 다른 사람들에게 병이 알려지는 것을 꺼려 남의 눈에 띄지 않는 학교 화장실 같은 곳에서 인슐린 주사를 맞거나 혈당 검사를 하는 학생이 있다. 당뇨 학생이 주사와 검사를 위해 보건교육실을 자유롭게 이용하고 비밀이 유지되도록 해주는 것이 필요하다.

⑧ 교사는 수업 시간이나 학교 활동 중 저혈당이 생겼을 때의 응급조치 방법에 대해 미리 숙지해야 한다.

05

2013 중등1-8

정답 ②

해설

① 교육감은 장애 정도가 심하여 장·단기의 결석이 불가피한 특수교육대상자의 교육을 위하여 필요한 경우 순회교육을 실시하여야 한다.: 현재(주체: 교육부장관 또는 교육감)와 같이 개정된 것은 법률 제17494호(2020. 10. 20., 일부개정)부터이다.

② 교육장이나 교육감은 법 제25조제1항에 따른 순회교육을 하기 위하여 순회교육을 받는 특수교육대상자의 능력, 장애 정도 등을 고려하여 순회교육계획을 작성·운영하여야 한다(장애인 등에 대한 특수교육법 시행령 제20조 제1항).

Check Point

장애인 등에 대한 특수교육법 제25조(순회교육 등)

① 교육장 또는 교육감은 일반학교에서 통합교육을 받고 있는 특수교육대상자를 지원하기 위하여 일반학교 및 특수교육지원센터에 특수교육교원 및 특수교육 관련서비스 담당 인력을 배치하여 순회교육을 실시하여야 한다.

② 교육감은 장애정도가 심하여 장·단기의 결석이 불가피한 특수교육대상자의 교육을 위하여 필요한 경우 순회교육을 실시하여야 한다.

③ 교육감은 이동이나 운동 기능의 심한 장애로 인하여 각급학교에서 교육을 받기 곤란하거나 불가능하여 복지시설·의료기관 또는 가정 등에 거주하는 특수교육대상자의 교육을 위하여 필요한 경우 순회교육을 실시하여야 한다.

④ 교육장 또는 교육감은 제3항에 따른 순회교육의 실시를 위하여 의료기관 및 복지시설 등에 학급을 설치·운영하는 등 필요한 조치를 강구하여야 한다.

⑤ 국가 또는 지방자치단체는 제4항에 따라 학급이 설치·운영 중인 의료기관 및 복지시설 등에 대하여 국립 또는 공립 특수교육기관 수준의 교육이 이루어질 수 있도록 대통령령으로 정하는 바에 따라 행정적·재정적 지원을 할 수 있다.

⑥ 제1항부터 제4항까지의 규정에 따른 순회교육의 수업일수 등 순회교육의 운영에 필요한 사항은 대통령령으로 정한다.

06

2017 초등A-3

모범답안

4)	(갑작스런 천식발작을 일으켜 의사소통 능력을 상실하는 경우 도움을 요청하는 그리고 응급조치 방법에 대한 내용이 적힌) 도움요청 카드를 이용하여 도움을 요청하도록 한다.

07

2017 중등A-5

모범답안

㉠	신장장애
㉡	각급학교의 장, 매 학년도 150일

해설

지문 돋보기

- 소변검사에서 단백뇨와 혈뇨가 나와서 이 질병을 발견하게 되었는데 : 단백뇨와 혈뇨가 나오는 것은 사구체신염의 대표적인 증상에 해당하기 때문에 사구체신염이 의심되기는 하지만 단언할 수는 없다. 왜냐하면 소변에서 단백이나 피가 섞여 나오는 경우 또는 몸이 붓거나 소변 보는 횟수가 줄어든 경우는 신장질환을 의심할 수 있는 일반적인 증상이기는 하지만 혈뇨와 단백뇨가 검출된 원인에 대해서는 명확히 제시되어 있지 않기 때문이다(합병증인 경우에도 나타날 수 있는 현상이다). 따라서 신장 기능에 이상이 있음을 언급하고 있다고 보는 것이 타당하다. 구체적인 기간이 언급되지 않았기 때문에 '만성'이라고 할 수도 없다.
- 지금은 혈액 투석을 하고 있습니다. 그리고 더 심해지면 이식 수술을 해야 한다고 걱정을 많이 하고 있어요. 식이요법도 해야 하고, 수분과 염분 섭취량을 조절해야 합니다. : 신장의 기능이 상당히 좋지 않아서 신대체요법까지 병행해야 함을 의미한다.

㉠ 신장기능의 이상으로 인해 식이요법은 물론 신대체요법에 의한 치료를 받아야 하는 신장장애에 대해 언급하고 있다.

- 「장애인복지법 시행령」(대통령령 제33382호) 제2조 제1항 별표에서는 신장장애인을 "신장의 기능장애로 인하여 혈액투석이나 복막투석을 지속적으로 받아야 하거나 신장기능의 영속적인 장애로 인하여 일상생활에 상당한 제약을 받는 사람"으로 정의하고 있다.

㉡ 순회교육의 수업일수는 매 학년도 150일을 기준으로 하여 각급학교의 장이 정하되, 순회교육을 받는 특수교육대상자의 상태와 교육과정의 운영상 필요한 경우에는 지도·감독기관의 승인을 받아 30일의 범위에서 줄일 수 있다.

Check Point

✓ 신장장애의 종류(원인)

사구체신염	신장의 여과 부위인 사구체에 염증 반응이 생겨 발생하는 신장질환을 총칭하는 말
신증후군	심한 단백뇨(1일 3.5g 이상)의 지속적인 배설, 저알부민혈증(혈청 알부민치 3.0g/dL 이하), 고지혈증, 전신부종 등 4대 증상 및 증후가 복합된 증후군
급성신부전	신기능이 갑작스럽게 상실되는 것으로, 하루 소변량이 400mL 이하이면 신장 기능 상실을 의미
급성신우신염	요로 감염으로 인한 신장의 세균 감염
신장결석	신장에서 형성된 작은 입자가 신장 내부나 요도에 존재하는 질환

08

2018 초등A-1

모범답안

3)	순회교육

PART 10

09

2018 중등A-4

모범답안

㉠	2시간 이상
㉡	출석확인서(또는 수업확인증명서)
㉢	학업성적관리

Check Point

병원학교 학사관리

① 병원학교에서의 학적은 학생의 소속 학교에 두고 출석확인서를 소속 학교에 통보하여 출결을 처리한다.

② 출석확인서는 해당 교육청에서 발급하며 학생 1일 적정 교육시수는 초등학생 1시간 이상, 중고등학생은 2시간 이상을 1일 최소 수업시수로 한다. 이때 1단위시간은 최소 20분으로 한다.

- 정규교사 미배치 병원학교의 경우 수업확인증명서 발급을 통해 수업으로 인정한다.

③ 학력평가는 원 소속 학교에서 처리하되, 학업성취도 평가 시 가능하면 학생의 평가 당일 소속 학교 출석을 권장하며, 건강상의 이유로 출석이 곤란한 경우에는 병원학교 담당교사와 소속 학교 담임 간의 협의를 통해 가정이나 병원에서 평가할 수도 있다.

- 직접평가가 불가능한 경우에는 학교장이 당해 학교의 '학업성적관리규정'에 의거하여 성적을 결정한다.

④ 병원학교 교육과정 운영을 위해 배치된 특수교사 외 인근 학교 교사자원봉사단, 예비교사도우미 등의 방문교육, 사이버 가정학습 서비스, 화상강의 시스템을 적극 활용하도록 하고 있다.

10

2019 중등A-8

모범답안

㉡	부작용

11

2020 중등A-12

모범답안

- ㉡ 다음 중 택 1
  - 건강장애 선정의 직접적인 원인이 된 질병이 완치된 경우에 취소할 수 있다.
  - 소속 학교로 복귀하여 정상적인 출석을 하는 경우에 취소할 수 있다.
  - 소속 학교에서 휴학 또는 자퇴를 하고자 하는 경우에 취소할 수 있다.
- ㉢ 소아당뇨(또는 제1형 당뇨)

  ㉣ 사탕이나 초콜릿 등을 먹을 수 있도록 허용한다.(또는 오렌지 주스나 소다 같은 당이 많이 함유된 음식을 섭취할 수 있도록 허용한다.)

해설

㉡ 건강장애 학생으로 선정된 학생이라도 몇 가지 사유에 해당할 경우 선정 취소가 가능하다.

- 첫째, 건강장애 선정의 직접적인 원인이 된 질병이 완치된 경우이다.
- 둘째, 소속 학교로 복귀하여 정상적인 출석을 하는 경우이다. 치료 또는 진단을 위해 월 1~2회 외래 치료하는 경우도 포함된다.
- 셋째, 소속 학교에서 휴학 또는 자퇴를 하고자 하는 경우이다.

특수교육 대상자는 의무교육 대상자이므로 선정 취소를 한 후 필요한 학적 처리를 해야 한다. 건강장애 선정을 취소하려면 특수교육 대상자(건강장애) 선정·배치 취소 신청서와 특수교육 대상자 선정·배치 취소 동의서(학부모용)를 제출해야 한다(박은혜 외, 2018: 133).

㉢ 당뇨란 인슐린이 부족하거나 기능에 이상이 발생하는 질환으로서 몸에 섭취된 당분이 잘 사용되지 못하고 혈액 속을 떠돌다가 소변으로 배설되는 것이다. 특히, 어린 연령에 발병하는 소아당뇨는 성인의 당뇨와는 발병 원인, 치료 등에서 명백한 차이가 있다. 일생 동안 인슐린 주사를 계속해서 맞아야 하므로 과거에는 '인슐린 의존성 당뇨병'이라고 하였으나, 현재는 제1형 당뇨로 불린다(박은혜 외, 2018: 127).

Check Point

(1) 당뇨의 유형

당뇨는 몇 가지 다른 유형으로 나누어진다. 이것은 1형 당뇨, 2형 당뇨, 비전형 당뇨, 이차성 당뇨, 그 밖에 임신성 당뇨와 신생아 당뇨 등이 있다(박은혜 외, 2012 : 534-535).

제1형 당뇨	• 제1형 당뇨는 대개 소아 당뇨와 인슐린 의존형 당뇨로 알려져 있다. • 인슐린 의존형인 제1형 당뇨는 체내에서 혈당을 조절하는 인슐린이 거의 분비되지 않아 인슐린 주사에 의존해야 하는 경우를 말한다.
제2형 당뇨	• 제2형 당뇨는 성인 당뇨 혹은 인슐린 비의존형 당뇨라고 불린다. • 제2형 당뇨는 주로 성인에게만 발병하는 것으로 알려져 왔다.
비전형적 당뇨	• 비전형적 당뇨는 주로 아프리카나 아시아계 사람에게서 발견된다. • 제1형과 제2형 당뇨의 구분이 어려운 비전형적 당뇨는 특발적(원인 불명) 1형 당뇨, 혹은 1.5형 당뇨로 불린다.
이차성 당뇨	• 낭포성 섬유증과 같은 다른 질병이나 선천적 풍진과 같은 감염, 갑상선 호르몬 등의 약물 유발로 발병하는 당뇨를 말한다. • 이차성 당뇨는 다운증후군과 같은 특정한 유전적 이상과 관련된 당뇨를 포함한다.

(2) 제1형 당뇨의 특징

① 고혈당증

㉠ 고혈당증은 혈중 당의 수치가 과도하게 높게 나타나는 증상이며, 인슐린의 부족으로 혈당이 올라가는 당뇨의 초기 증상이다.

㉡ 일반적으로 고혈당증의 증상으로는 다뇨, 다음, 다식의 세 가지 특징이 나타난다.

- 다뇨증은 제일 먼저 나타나는 증상으로 소변량이 많아지는 것이다. 인체가 혈액에서 과도한 포도당 수치를 감지하면 소변의 노폐물을 통해 포도당을 방출하여 포도당의 양을 줄이게 된다.
- 두 번째로 나타나는 증상인 과도한 수분 섭취다. 소변이 과도하게 배출되면서 갈증을 느끼고 탈수 증상을 막기 위해 과도한 수분을 섭취하게 된다.
- 세 번째 증상은 소변을 통해 소모된 열량을 보충하기 위해 음식을 과도하게 섭취하게 되는 증상을 말한다. 그 밖의 증상으로 체중 감소, 피로감, 의욕 상실이 나타난다.

② 케톤산증

㉠ 만약 세 가지 일반적 증상이 진단되고 치료되지 않는다면 케톤산증(ketoacidosis)이 나타난다.

㉡ 케톤산증이란 혈중에 케톤체가 축적되어 산증이 나타내는 상태를 말한다. 세포에서 부족한 포도당을 보충하기 위해 간에서 포도당을 분해할 때 부산물로 산성의 케톤을 생산하게 되는데, 이때 케톤이 축적되면 케톤산증의 증상이 나타난다.

㉢ 케톤산증의 초기 증상은 복통, 구역질, 구토 등이며, 이때 소모된 수분을 보충할 능력이 떨어져 탈수증이 가속화된다. 케톤산증이 진행되면 쿠스마울 호흡(Kussmaul respirations)이라고 부르는 가쁘고 깊은 호흡을 하고, 호흡을 할 때 입에서 아세톤 냄새를 풍기며 신경인지 능력이 훼손된다.

출처 ▶ Heller et al.(2012 : 538-539)

(3) 고혈당과 저혈당

유형	증상	원인	처치
고혈당증과 케톤산증	• 혈당 수준이 높게 나타남 • 증상이 서서히 나타남 • 고혈당증: 다뇨증, 다음, 다식, 피로와 허약 • 케톤산증: 구토, 구취, 가쁘고 깊은 호흡, 주의집중 문제와 혼란, 당뇨성 혼수	• 인슐린 부족 • 질병, 상해, 심리적 스트레스 등	• 인슐린 투여 • 치료 이행
저혈당증	• 포도당의 수치 저하 • 증상이 빠르게 나타남 • 경도 저혈당증: 땀, 발작, 허기, 두통, 어지럼증과 현기증, 행동 변화 • 중도 저혈당증: 발작과 당뇨성 혼수	• 인슐린 과다 • 식사 시간 지연, 심한 운동	• 포도당 섭취 • 치료 이행

출처 ▶ 박은혜 외(2012 : 546)

PART 10

12 2021 중등B-9

모범답안

- ㉠ 입술로 기계의 입구를 막아 공기가 새지 않도록 한 후 최대한 빠르고 힘차게 숨을 내뱉는 것을 시범 보인다.
- ㉤, 천식발작이 나타나면 즉시 조치를 취하도록 도와준다.
  ㉦, 대개는 누워있는 자세보다 앉은 자세가 더 바람직하다.

해설

㉢ 천식이 있는 학생을 위해서는 HEPA 필터를 사용하여 교실이나 가정의 유발인자를 제거해 주어야 한다. 그 밖에 환경에 대한 예방책으로는 집먼지 진드기 방지용 이불이나 특수 베개 커버, HEPA 필터가 있는 청소기 등을 사용하는 것이 도움이 된다. 먼지가 천식의 유발인자인 경우에는 먼지가 쌓이기 쉬운 커튼이나 블라인드, 주름이 있는 전등 갓, 카펫 등을 최대한 제거해준다. 꽃가루에 노출되는 것이 유발인자라면 꽃가루가 많은 시간 동안에는 외출을 줄이거나 창문을 닫고, 잔디를 자주 깎아 주어 꽃가루가 발생하지 않도록 한다. 곰팡이가 유발인자인 경우에는 화장실 청소를 철저히 한 후 습기를 없애고 건조한다. 천식의 유발인자와 환경 간의 상호작용을 잘 파악하여 환경을 적합화해주는 것이 증상을 예방할 수 있다(Heller et al., 2012 : 524).

㉣ 천식발작은 개인에 따라 그 정도와 유형이 다양하게 나타난다. 천식발작을 시작하면 기침, 쌕쌕거리는 숨소리, 짧은 호흡, 호흡 곤란 등이 나타나고, 숨쉴 때 코를 벌렁거리거나 입술 또는 손톱 아래가 푸르스름한 색을 띠게 된다. 호흡이 짧기 때문에 숨을 쉬거나 말하는 것이 어렵다(Heller et al., 2012 : 522).

Check Point

✓ 최대호기유속량 측정기(최대호기량 측정기) 사용법

① 바늘을 '0'에 오게 한다.
② 바로 선 자세에서 입을 벌리고 숨을 깊게 들이마신다.
③ 입술로 기계의 입구를 막아 공기가 새지 않도록 한 후 최대한 빠르고 힘차게 숨을 내뱉는다.
④ 바늘이 움직인 곳의 수치를 읽는다(①~④의 과정을 2회 더 반복한다. 정확한 측정값을 위해 1분 간격으로 3회 반복한다).
⑤ 가장 높은 수치를 기록한다.

13 2022 중등B-9

모범답안

- 다음 중 택 1
  - 원격수업
  - 순회교육
- ㉡ 다음 중 택 1
  - 장애인증명서
  - 장애인 수첩
  - 진단서
- ㉢, 학생 H의 학적은 원소속 학교에 둔다.
  ㉧, 적절한 신체활동과 체육활동을 할 수 있도록 한다.

해설

건강장애 학생은 현재 소속된 일반학교의 학급에 그대로 배치되며, 교육은 특수학급이나 병원학교, 가정에서의 원격수업이나 순회교육을 이용할 수 있다. 건강장애 학생으로 선정되면 주된 수업의 형태는 병원학교, 원격수업, 순회교육을 이용할 수 있다(김정연, 2020 : 244).

- 교육부장관 또는 교육감은 장·단기 결석이 불가피한 특수교육대상자의 교육을 위하여 필요한 경우 순회교육 또는 원격수업을 실시하여야 한다(「장애인 등에 대한 특수교육법」 제25조 제2항).

㉡ 건강장애 학생의 선정은 장애인 등에 대한 특수교육법 시행규칙 제2조(장애의 조기발견 등) 제1항에 따른 특수교육대상자 선별검사 및 진단·평가를 별도로 실시하지 않는다. 만성질환을 가진 학생 중에서 장기치료로 인해 해당 학년의 진도를 따라가지 못하거나 유급 위기 등에 있는 등 학업 수행에 어려움이 있는 것으로 판단되는 학생에 한해 특수교육운영위원회에서 결정한다. 이때 만성질환은 장애인증명서, 장애인 수첩, 혹은 진단서를 통해 확인한다(김정연, 2020 : 239).

㉧ 소아암 학생에게 운동은 매우 필요하다. 1주일에 5일 이상 적어도 60분 정도의 중등도 또는 강한 운동이 필요하다(김정연, 2020 : 65).

14 2023 초등B-6

모범답안

1)	3개월

15 2023 중등B-7

모범답안

- ⓑ, 건강장애로 진단받을 수 없다.
  ⓔ, 학적은 원격수업 기관 → 학적은 학생의 소속 학교
- ㉠ 학업성적관리위원회
- ㉡ 학교장이 해당학교의 학업성적관리규정에 의거하여 성적을 결정한다.

해설

ⓑ 외상성 부상 학생이란 건강장애 선정대상은 아니지만 3개월 이상의 치료를 필요로 하는 화상, 교통사고 등의 심각한 외상적 부상으로 불가피하게 장기결석이 예상되는 학생을 말한다(김정연, 2020 : 243). 건강장애로 진단받을 수는 없으나 건강장애 학생에 준하는 교육지원을 받을 수는 있다. 즉 외상적 부상 학생은 해당 치료 기간에 한해 건강장애 학생들의 교육지원인 병원학교와 원격수업을 이용할 수 있으며, 해당 기관 이용일수를 출석으로 인정하고 있다.

㉠ 병원학교 및 원격수업 등 정보통신매체를 이용하여 수업을 받는 건강장애 학생의 평가는 평가 당일 소속 학교에 출석함을 원칙으로 하며, 부득이한 경우 소속 학교 학업성적관리위원회의 결정에 따른다(교육부 훈령 195호 별지 제8호).

㉡ 건강상의 이유로 (시험을 위한) 출석이 곤란한 경우 병원학교 담당교사와 소속 학교 담임교사 간 협의를 통해 가정이나 병원에서 평가를 할 수 있다고 규정하고 있다. 직접 평가가 불가능한 경우에는 학교장이 당해 학교의 '학업성적관리 규정'에 따라 성적을 결정한다(김정연, 2020 : 256).

16 2024 중등A-2

모범답안

㉠	심장장애
㉡	개별화된 학습

해설

㉠ 특수교사의 발화 내용 중 "부정맥이 있고 청색증이 심하므로 추운 날씨에 야외 활동이나 야외 수업은 피해야 하고, 호흡이 곤란한 경우에는 휴식을 취하도록 지도해야" 한다는 것은 심장장애에 대한 단서가 된다.

- 부정맥은 심장의 박동이 고르지 않고 불규칙하게 뛰는 상태로 맥박의 리듬이 빨라졌다가 늦어졌다가 하는 불규칙한 상태를 말한다(김정연, 2020 : 93).
- 신생아나 영유아에게 선천성 심장 질환으로 인한 청색증이 나타나면 매우 위험하며, 즉각적인 처치가 필요한 응급상황이기 때문에 빠른 진단과 치료가 필요하다(김정연, 2020 : 94).

㉡ 병원학교는 만성질환을 치료하기 위해 학업을 중단하고 있는 건강장애 학생의 교육을 지원하기 위한 제도이다. 학생들의 학업 연속성 유지 및 학습권 보장과 개별화된 학습지원, 심리정서적 지원 등을 통해 학교생활 적응을 도모하고 삶에 대한 희망과 용기를 심어 주어 치료 효과를 증진하기 위한 목적으로 운영하고 있다(교육과학기술부, 2010 : 김정연, 2020 재인용).

PART 10

김남진

KORSET 특수교육학 기출분석 2

초판인쇄 | 2024. 4. 11. **초판발행** | 2024. 4. 15. **편저자** | 김남진
발행인 | 박 용 **발행처** | (주) 박문각출판 **등록** | 2015년 4월 29일 제2015-000104호
주소 | 06654 서울특별시 서초구 효령로 283 서경 B/D **팩스** | (02) 584-2927
전화 | 교재 주문 (02) 6466-7202, 동영상 문의 (02) 6466-7201

저자와의 협의하에 인지생략

ISBN 979-11-6987-878-4 / ISBN 979-11-6987-876-0(세트)

DORSEY

2023 고객선호브랜드지수 1위
교육서비스 부문

2020 한국 산업의 1등
브랜드 대상 수상

2017 대한민국 고객만족
브랜드 대상 수상

2022 한국 브랜드 만족지수 1위
교육(교육서비스)부문 1위

2019 한국 우수브랜드평가대상
교육브랜드 부문 수상

2017 한국소비자선호도 1위
브랜드 대상 수상

2021 대한민국 소비자 선호도 1위
교육부문 1위 선정

2018 대한민국 교육산업 대상
교육서비스 부문 수상

브랜드스탁 BSTI
브랜드 가치평가 1위

교재관련 문의 02-6466-7202
학원관련 문의 02-816-2030
동영상 문의 02-6466-7201

www.pmg.co.kr

ISBN 979-11-6987-878-4
979-11-6987-876-0(세트)

김남진 KORSET
특수교육학
기출분석 2